한국수력원자력
청원경찰
한권으로 끝내기

시대에듀

2025 시대에듀 한국수력원자력(한수원) 청원경찰 한권으로 끝내기

Always with you

사람의 인연은 길에서 우연하게 만나거나 함께 살아가는 것만을 의미하지는 않습니다.
책을 펴내는 출판사와 그 책을 읽는 독자의 만남도 소중한 인연입니다.
시대에듀는 항상 독자의 마음을 헤아리기 위해 노력하고 있습니다. 늘 독자와 함께하겠습니다.

 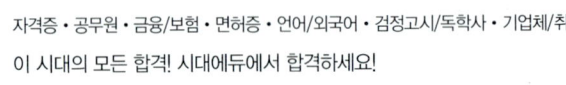 

PREFACE 머리말

미래를 여는 에너지 한국수력원자력은 2025년 상반기에 고리본부, 한빛본부, 월성본부, 새울본부 청원경찰을 선발할 예정이다. 한국수력원자력 청원경찰의 선발절차는 「지역주민 확인 ➡ 지원서 접수 ➡ 1차 전형(체력검증 · 필기시험 · 인재상 및 조직적합도 검사 · 심리건강진단) ➡ 2차 전형(면접) ➡ 신체검사 · 비위면직자 조회 · 청원경찰 임용 승인(신원조사 포함) ➡ 최종 합격자 발표」 순서로 이루어진다. 필기시험에서 상식(일반 · 회사)뿐만 아니라 관련 법령(청원경찰법 · 통합방위법 · 방사능방재법)도 함께 치르기 때문에 필기시험 고득점을 위해 다양한 유형에 대한 연습과 문제해결력을 높이는 등 철저한 준비가 필요하다.

이에 출간 이후 20년 동안 경비지도사 시험 교재 부문에서 베스트셀러의 자리를 굳건히 지키고 있는 시대에듀에서는 그간의 노하우를 집약시켜 한국수력원자력 청원경찰을 꿈꾸는 모든 수험생들에게 합격의 지름길을 제시하고자 하는 염원으로 본서를 출간하게 되었다.

"2025 시대에듀 한국수력원자력(한수원) 청원경찰 한권으로 끝내기"의 특징은 다음과 같다.

도서의 특징

❶ 1차 전형 필기시험에 대비할 수 있도록 회사상식 · 일반상식 및 관계법령을 한권에 모두 수록하였다.

❷ 각 CHAPTER별 핵심이론 + 실전동형문제로 구성하여 학습효과를 높였다.

❸ 일반상식은 분야별로 핵심 키워드를 정리하였고, 공공기관에서 빈번히 출제되는 최신이슈를 정리하여 최신상식도 놓치지 않고 학습할 수 있도록 하였다.

❹ 각종 법령을 최신개정에 맞춰 완벽하게 반영하여 수록하였으며, 시험에 자주 출제되는 중요 포인트를 선별하여 꼭 학습해야 할 핵심내용을 중심으로 교재를 구성하였다

끝으로 본서가 모든 수험생들에게 합격의 지름길을 제시하는 안내서가 될 것을 확신하면서, 본서로 공부하는 모든 수험생 여러분이 합격의 기쁨을 누리기를 진심으로 기원한다.

청원경찰교육연구회 씀

한국수력원자력 소개

▌ 미션

> 친환경 에너지로 삶을 풍요롭게

▌ 비전

> 탄소중립 청정에너지 리더

▌ 핵심가치

안전 최우선 (Safety First)
- 안전책임의식 : '안전의 최종책임자는 나'라는 인식을 바탕으로, 안전을 생활화함
- 기본과 원칙준수 : 안전과 관련한 기본과 원칙을 철저히 준수함
- 진화하는 안전체계 : 더욱 안전한 환경을 만들기 위해 안전체계를 지속적으로 발전시킴

지속 성장 (Sustainable Growth)
- 탁월함 추구 : 맡은 업무에 필요한 역량을 지속적으로 개발하여 전문성을 확보함
- 끊임없는 개선 : 현재에 만족하지 않고 더 나은 모습을 위해 업무와 프로세스를 끊임없이 혁신하고 개선함
- 발전적 도전 : 회사와 나의 지속적 발전과 경쟁력 강화를 위해 새로운 시도를 함

상호존중 (Shared Respect)
- 다양성 인정 : 동료 및 타 조직에 대한 이해를 바탕으로 다름을 인정하고 존중함
- 열린 소통 : 다른 사람의 의견을 경청하고 자유롭게 서로의 의견을 나눔
- 참여와 협업 : 공동의 목표를 달성하기 위해 적극적인 참여와 협업으로 시너지를 만듦

사회적 책임 (Social Responsibility)
- 공익 중시 : 공기업인으로서의 사명감과 책임의식을 바탕으로 국가와 국민의 이익을 우선함
- 상생 협력 : 다양한 이해관계자들과의 소통과 협력을 통해 함께 성장함
- 에너지 안보 : 내가 하는 일이 국가 에너지 안보에 기여한다는 자긍심을 갖고, 친환경 에너지의 안정적인 공급을 위해 노력함

▌ 전략방향 및 전략과제

전략방향	전략과제
안전 기반 원전 경쟁력 확보	세계 최고 수준 원전 안전성 강화 등 5개 과제
차별적 해외사업 수주	원전 수출 역량 강화 등 6개 과제
그린 융복합 사업 선도	수력·양수 미래 성장동력 창출 등 7개 과제
지속성장 기반 강화	자원배분 최적화 등 7개 과제

선발 모집요강(2025)

🚩 모집단위 및 예정인원

구 분	모집단위 및 선발예정인원				직무 내용
	고리	한빛	월성	새울	
일반전형	2명	2명	2명	1명	시설 경비 및 방호, 출입수속, 서무업무, 기타 지시사항 등
보훈특별전형	1명	–	–	1명	

※ 모집분야는 입사 후 최초 근무지를 의미하며, 인사운영 방침에 따라 근무지 변경이 가능합니다.
※ 선발인원은 당사 사정에 의해 일부 변경될 수 있으며, 일반전형과 보훈특별전형은 중복 지원이 불가합니다.

🚩 전형절차 개요

1차 전형	2차 전형	최종합격자 결정
• 필기시험(50점) • 체력검증(50점) • 인재상 및 조직적합도 검사(적/부) • 심리건강진단(면접자료) • 가점	• 직업기초능력면접(100점) • 가점	• 신체검사 • 비위면직자 확인 • 청원경찰 임용 승인(신원조사 포함)
선발예정인원의 3배수	선발예정인원의 1배수	선발예정인원의 1배수

🚩 1차 전형 내역

❶ 필기시험(50점)

구 분	시험과목	문 항	비 고
상 식	일반상식, 회사상식	25	40분, 4지선다형, 객관식
관련 법령	청원경찰법, 통합방위법, 원자력시설 등의 방호 및 방사능 방재 대책법	25	

※ 관련 법령은 해당 법령의 시행령 및 시행규칙을 포함합니다.

❷ 인재상 및 조직적합도 검사 : 적격/부적격 판정

❸ 심리건강진단 : 면접 시 보조자료로 활용

❹ 체력검증(50점)

입사 지원 시 국민체육진흥공단의 국민체력100 인증서를 첨부해야 합니다.

등 급	1등급	2등급	3등급	그 외 등급
점 수	50점	42.5점	35점	부적격

※ 자세한 내용은 한수원 공지사항 '청원경찰 입사지원 가이드'를 필히 확인 및 참조하시길 바랍니다.
※ (접속경로) 채용홈페이지 ➜ 채용공고 ➜ 공지사항 게시물 확인

이 책의 구성과 특징

1 회사상식 + 일반상식

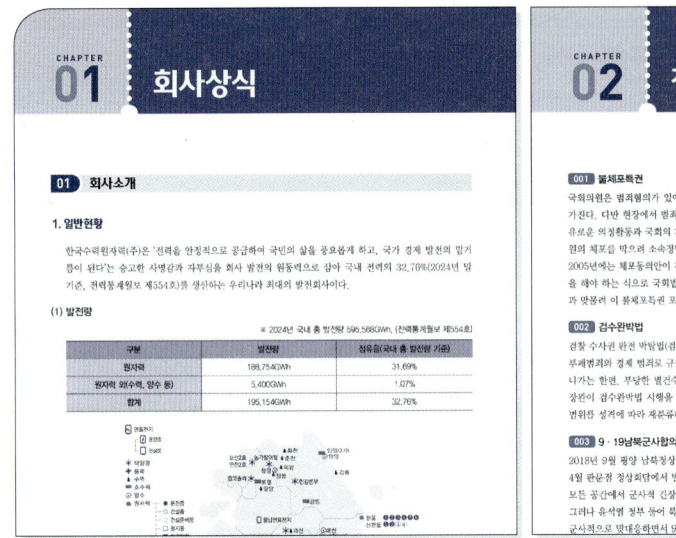

▶ 한국수력원자력과 관련된 회사상식과 일반상식(한국사 등 6개 영역)의 핵심이론을 수록하였다.

2 관계법령

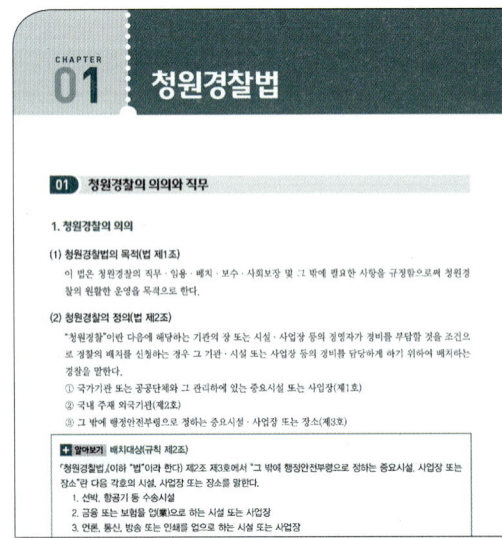

▶ 청원경찰법, 통합방위법, 방사능방재법(약칭)과 관련된 핵심이론을 수록하였다.

3 적중예상문제

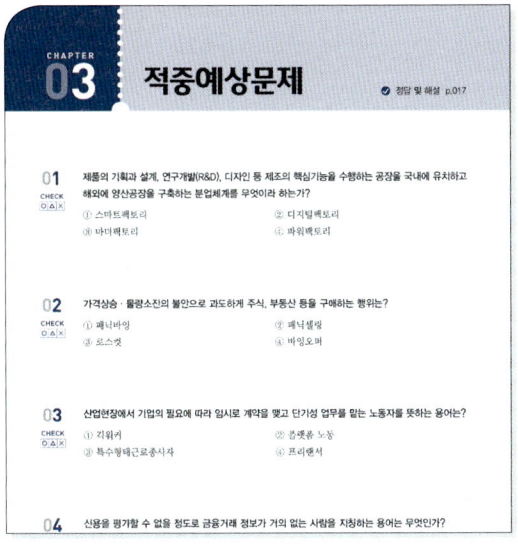
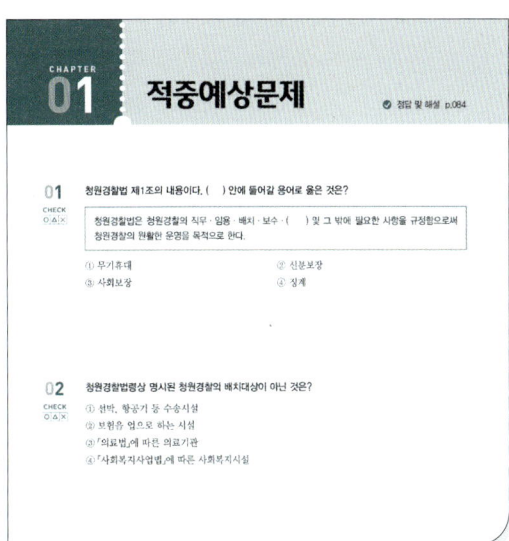

▶ 청원경찰 채용시험의 출제경향을 반영한 최신 회사상식 + 일반상식과 관계법령의 적중예상문제를 통해 실전 연습이 가능하도록 구성하였다.

4 정답 및 해설

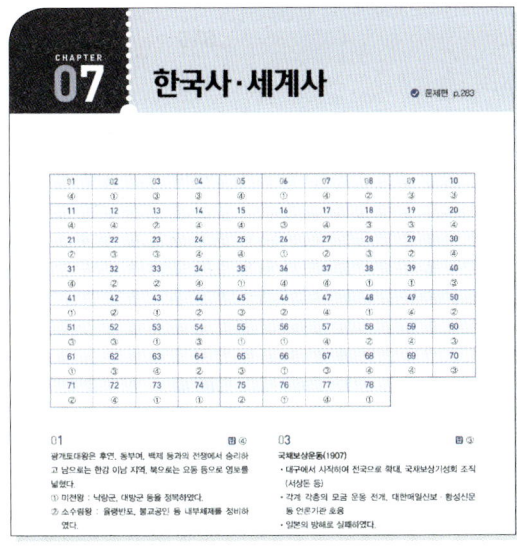
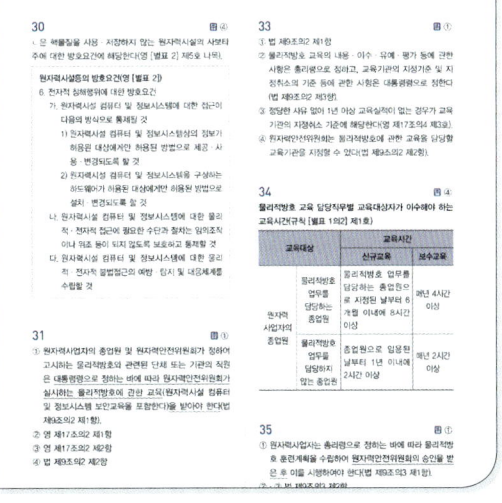

▶ 상세한 해설을 통해 핵심내용에 대한 심화학습이 가능하며, 관계법령의 경우 관련 법령을 첨부하여 학습에 도움을 줄 수 있도록 구성하였다.

이 책의 차례

PART 1 　회사상식 + 일반상식

CHAPTER 01　회사상식	002
적중예상문제	026
CHAPTER 02　정치·국제·법률	031
적중예상문제	050
CHAPTER 03　경제·경영·금융	076
적중예상문제	093
CHAPTER 04　사회·노동·환경	128
적중예상문제	145
CHAPTER 05　과학·컴퓨터·IT	174
적중예상문제	192
CHAPTER 06　문화·예술·미디어·스포츠	216
적중예상문제	240
CHAPTER 07　한국사·세계사	272
적중예상문제	283

PART 2 　관계법령

CHAPTER 01　청원경찰법	304
적중예상문제	322
CHAPTER 02　통합방위법	345
적중예상문제	365
CHAPTER 03　원자력시설 등의 방호 및 방사능 방재 대책법	378
적중예상문제	450

PART 3 　최신 시사상식

CHAPTER 01　시사상식 31선	478
CHAPTER 02　빈출 Awards	494

책속의 책 　정답 및 해설

PART 01　회사상식 + 일반상식	002
PART 02　관계법령	084

PART 1
회사상식 + 일반상식

CHAPTER 01　회사상식
CHAPTER 02　정치·국제·법률
CHAPTER 03　경제·경영·금융
CHAPTER 04　사회·노동·환경
CHAPTER 05　과학·컴퓨터·IT
CHAPTER 06　문화·예술·미디어·스포츠
CHAPTER 07　한국사·세계사

CHAPTER 01 회사상식

01 회사소개

1. 일반현황

한국수력원자력(주)은 '전력을 안정적으로 공급하여 국민의 삶을 풍요롭게 하고, 국가 경제 발전의 밑거름이 된다'는 숭고한 사명감과 자부심을 회사 발전의 원동력으로 삼아 국내 전력의 32.76%(2024년 말 기준, 전력통계월보 제554호)를 생산하는 우리나라 최대의 발전회사이다.

(1) 발전량

※ 2024년 국내 총 발전량 595,568GWh, (전력통계월보 제554호)

구분	발전량	점유율(국내 총 발전량 기준)
원자력	188,754GWh	31.69%
원자력 외(수력, 양수 등)	5,400GWh	1.07%
합계	195,154GWh	32.76%

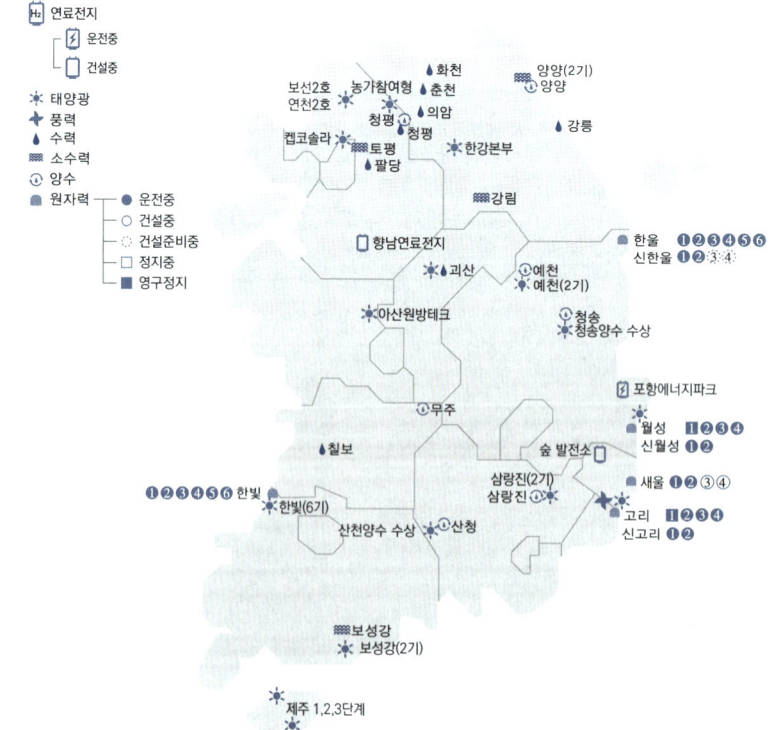

(2) 발전설비현황

※ 2024.12.31. 기준

구분		운전기수(호기)	설비용량(MW)	점유율	
				한수원 기준	국내 기준
원자력	고리	3	2,550	82.79% (26,050MW)	17.01%
	신고리	2	2,000		
	새울	2	2,800		
	한빛	6	5,900		
	한울	6	5,900		
	신한울	2	2,800		
	월성	3	2,100		
	신월성	2	2,000		
신재생	수력	21	595.78	1.93% (607.48MW)	0.46%
	소수력	16	11.70		
	태양광	67	84.682	0.33% (105.232MW)	
	풍력	1	0.75		
	연료전지	1	19.8		
양수		16	4,700	14.93% (4,700MW)	3.07%
합계		148	100%(31,462.712MW)		20.55%

※ 한국수력원자력(주) 자체 설비용량(SPC, ESS 제외) / 2024년 12월 국내 총 설비용량 153,071.207MW(전력통계월보 제554호)

(3) 수력·소수력 발전소 현황

① 수력

※ 2024.12.31. 기준, 총 21기 595.78MW

구분	화천	춘천	의암	청평	팔당	칠보	강릉
설비용량 (MW)	108 (4기)	62.28 (2기)	48 (2기)	140.1 (4기)	120 (4기)	35.4 (3기)	82 (2기)
총저수량 (백만m³)	1,018	150	80	185.5	244	466	51.4
시설년도 (년)	1944	1965	1967	1943 (2011)	1972	1945 (1965)	1990

② 소수력

※ 총 16기 11.695MW

구분	강림	보성강	괴산	무주	양양	산청	예천	토평
설비용량 (MW)	0.48 (3기)	4.5 (2기)	2.8 (2기)	0.4 (1기)	1.55 (3기)	0.995 (2기)	0.925 (2기)	0.045 (1기)
시설년도 (년)	1978	1937	1957	2003	2004 (2020)	2010	2011 (2018)	2011
위치	강원 횡성	전남 보성	충북 괴산	전북 무주	강원 양양	경남 산청	경북 예천	경기 구리

(4) 원자력발전소 현황

※ 2024.12.31. 기준

발전소명		위치	원자로형	설비용량(MW)	상업운전
고리	2호기	부산광역시 기장군	가압경수로	650	1983년 7월 25일
	3호기			950	1985년 9월 30일
	4호기			950	1986년 4월 29일
신고리	1호기		가압경수로	1,000	2011년 2월 28일
	2호기			1,000	2012년 7월 20일
새울	1호기	울산광역시 울주군	가압경수로	1,400	2016년 12월 20일
	2호기			1,400	2019년 8월 29일
월성	2호기	경상북도 경주시	가압중수로	700	1997년 7월 1일
	3호기			700	1998년 7월 1일
	4호기			700	1999년 10월 1일
신월성	1호기		가압경수로	1,000	2012년 7월 31일
	2호기			1,000	2015년 7월 24일
한빛	1호기	전라남도 영광군	가압경수로	950	1986년 8월 25일
	2호기			950	1987년 6월 10일
	3호기			1,000	1995년 3월 31일
	4호기			1,000	1996년 1월 1일
	5호기			1,000	2002년 5월 21일
	6호기			1,000	2002년 12월 24일
한울	1호기	경상북도 울진군	가압경수로	950	1988년 9월 10일
	2호기			950	1989년 9월 30일
	3호기			1,000	1998년 8월 11일
	4호기			1,000	1999년 12월 31일
	5호기			1,000	2004년 7월 29일
	6호기			1,000	2005년 4월 22일
신한울	1호기			1,400	2022년 12월 7일
	2호기			1,400	2024년 4월 5일

(5) 원자력발전소 정지 현황

※ 2024.12.31. 기준

발전소명		위치	원자로형	설비용량(MW)	상업운전	비고
고리	1호기	부산광역시 기장군	가압경수로	587	1978년 4월 29일	영구정지(2017년 6월 18일)
월성	1호기	경상북도 경주시	가압중수로	679	1983년 4월 22일	영구정지(2019년 12월 24일)

(6) 양수발전소 현황

※ 2024.12.31. 기준, 총 16기 4,700MW

구분		청평양수	삼랑진양수	무주양수	산청양수	양양양수	청송양수	예천양수
설비용량(MW)		400(2기)	600(2기)	600(2기)	700(2기)	1,000(4기)	600(2기)	800(2기)
댐(상부)	높이(m)	62	88	60.7	86.9	72	89.8	73
	길이(m)	290	269	287	360	347	400	620
총저수량(백만 톤)		2.7	6.5/10.1	3.7/6.7	6.4/7.4	4.9/9.2	7.1/10.2	6.9/8.9
시설연도(년)		1980	1985	1995	2001	2006	2006	2011

(7) 그 외 발전소 현황

※ 2024.12.31. 기준

구분		사업명	설비용량(MW)	준공연도(년)	위치
태양광	자체	한빛솔라 1~6호기	21.364	2007 / 2008 / 2012 / 2020	전남 영광
		한빛본부 주차장	0.194	2019	전남 영광
		예천 1, 2호기	2.015	2012	경북 예천
		고리 1, 2호기	6.855	2021	부산 기장
		삼랑진양수 1, 2호기	2.773	2019	경남 밀양
		보성강 1, 2호기	1.991	2018	전남 고흥
		농가참여형	0.073	2017	경기 가평
		수력교육훈련센터	0.091	2017	경기 가평
		청평양수	0.095	2018	경기 가평
		청평양수 유휴부지 1, 2호기	0.697	2022	경기 가평
		한강본부	0.098	2021	강원 춘천
		청송양수	0.046	2018	경북 청송
		청송양수 수상 1호기	4.445	2021	경북 청송
		청송양수 수상 2호기	0.787	2024	경북 청송
		괴산수력	0.245	2018	충청 괴산
		보선 2호기	0.498	2019	경기 연천
		연천 2호기	0.498	2019	경기 연천
		월성 태양광	3.397	2020	경북 경주
		월성자재창고	1.391	2022	경북 경주

		월성3발 주차장	1.968	2022	경북 경주
		한솔 태양광	0.998	2020	경북 경주
		대성메탈	0.983	2021	경북 경주
		본사사옥 지붕	1.296	2021	경북 경주
		녹동산단2~4호기	0.744	2022	경북 경주
		광진상공	1.820	2022	경북 경주
		세진이앤드티	0.840	2022	부산 강서
		제주 1단계	4.907	2019/2020	제주시, 서귀포시
		제주 2단계	4.923	2021	
	자체	제주 3단계	4.251	2021	
		울산남부 지붕	1.000	2023	울산 북구
		TSP상개	2.992	2023	울산 울주군
		산청양수 수상	3.024	2023	경남 산청
		원방테크	0.999	2023	충남 아산
		삼홍기계 제3공장	0.499	2023	경남 함안
		하나3공장	1.628	2023	경기 화성
		거평그린	0.708	2023	경북 영천
		팔팔온유어완트	0.250	2023	경북 경산
		대명산업사	0.393	2024	경북 구미
		산호수출포장	0.907	2024	경남 함안
		삼홍기계 제2공장	1.999	2024	경남 창원
	소계		84.682	-	-
풍력	자체	고리 풍력	0.75	2008	부산 기장
	소계		0.75	-	-
연료전지	자체	포항연료전지	19.8	2023	포항 남구
	소계		19.8	-	-

※ 한국수력원자력(주) 자체 설비 용량(SPC, ESS 제외)

2. 가치체계

(1) 핵심가치

핵심가치	세부속성과 의미
안전 최우선(Safety First) 우리 모두가 안전의 최종책임자라는 책임의식을 바탕으로, 기본과 원칙을 준수하며 더욱 안전한 환경을 만들기 위해 지속적으로 안전체계를 진화시킨다.	• 안전책임의식 : '안전의 최종책임자는 나'라는 인식을 바탕으로, 안전을 생활화함 • 기본과 원칙준수 : 안전과 관련한 기본과 원칙을 철저히 준수함 • 진화하는 안전체계 : 더욱 안전한 환경을 만들기 위해 안전체계를 지속적으로 발전시킴
지속 성장(Sustainable Growth) 구성원 모두가 각자 맡은 업무에서 탁월함을 추구하며, 끊임없는 개선과 발전적 도전을 통해 글로벌 최고 수준의 경쟁력을 확보한다.	• 탁월함 추구 : 맡은 업무에 필요한 역량을 지속적으로 개발하여 전문성을 확보함 • 끊임없는 개선 : 현재에 만족하지 않고 더 나은 모습을 위해 업무와 프로세스를 끊임없이 혁신하고 개선함 • 발전적 도전 : 회사와 나의 지속적 발전과 경쟁력 강화를 위해 새로운 시도를 함
상호 존중(Shared Respect) 공동의 목표 달성을 위해 서로의 다양성을 인정하고 열린 소통과 자발적 참여와 협업을 바탕으로 시너지를 창출한다.	• 다양성 인정 : 동료 및 타 조직에 대한 이해를 바탕으로 다름을 인정하고 존중함 • 열린 소통 : 다른 사람의 의견을 경청하고 자유롭게 서로의 의견을 나눔 • 참여와 협업 : 공동의 목표를 달성하기 위해 적극적인 참여와 협업으로 시너지를 만듦
사회적 책임(Social Responsibility) 국가와 국민에 대한 높은 사명감을 갖고, 우리를 둘러싼 다양한 이해관계자들과 소통하고 협력하여 친환경 에너지 공급을 통해 국가 에너지 안보에 기여한다.	• 공익 중시 : 공기업인으로서의 사명감과 책임의식을 바탕으로 국가와 국민의 이익을 우선함 • 상생 협력 : 다양한 이해관계자들과의 소통과 협력을 통해 함께 성장함 • 에너지 안보 : 내가 하는 일이 국가 에너지 안보에 기여한다는 자긍심을 갖고, 친환경 에너지의 안정적인 공급을 위해 노력함

(2) 미션 및 비전

① **미션** : 친환경 에너지로 삶을 풍요롭게
② **비전** : 탄소중립 청정에너지 리더

(3) 2036 중장기 전략목표

低탄소·청정e 기반 사업성과 창출	효율성 기반 공공가치 창출
• 매출액 21.8조원(해외사업 3.6조원) • WANO PI 98점(글로벌 1위) • 해외 원전 신규 수주 10기+α • 신재생에너지 설비용량 9.8GW • 청정수소 생산량 33만 톤	• 중대재해 Zero • 온실가스 감축 1.1억 톤 • 지역수용성 75점

(4) 2036 중장기 경영 전략방향 및 전략과제(25개)

안전 기반 원전 경쟁력 확보	세계 최고 수준 원전 안전성 강화 등 5개 과제
차별적 해외사업 수주	원전 수출 역량 강화 등 6개 과제
그린 융복합 사업 선도	수력·양수 미래 성장동력 창출 등 7개 과제
지속성장 기반 강화	자원 배분 최적화 등 7개 과제

02 원자력

1. 원자력안전

(1) 원자력안전 개요

① **안전목표** : "방사선 재해로부터 국민의 생명과 재산을 보호하는 것"
   ㉠ 원자력안전 목표 : 개인, 사회, 환경보호
      - 원전에서의 방사선재해에 대한 효과적인 방호대책 수립 및 유지
   ㉡ 방사선 방호 목표 : 작업종사자 및 대중보호
      - 정상운전 시 : 발전소 내 방사선 피폭과 외부로 방사성물질의 배출 제한
      - 사고 시 : 방사선 피폭의 정도를 완화
   ㉢ 기술 안전 목표 : 원자력 시설의 안전 확보
      - 높은 신뢰도 확보를 통한 사고예방
      - 설계 시 고려된 모든 사고에 대한 방사능 피해 최소화
      - 중대사고의 가능성이 극히 적도록 보장

② **심층방어(Defense in Depth)** : 이상상태의 발생을 방지, 이상상태 발생 시 확대 억제, 사고로 진전 시 그 영향 최소화 및 주변 주민 보호를 위해 사고의 진전 단계마다 적절한 방어체계를 갖추는 것
   ㉠ 심층방어 전략 : 다단계 방호+다중방벽
   ㉡ 다단계 방호(Multiple Levels of Protection) : 정상상태 유지, 이상상태 조기대응, 사고방지, 사고완화, 소외 대응조치(5단계)

단계	목표	핵심수단
1단계	이상 작동 및 고장 예방	보수적인 설계, 고품질 건설 및 운전
2단계	이상 상태의 제어 및 고장 탐지	제어 및 보호계통, 감시 설비
3단계	설계기준 범위 내에서 사고제어	공학적 안전 설비 및 사고 관리
4단계	사고의 진행 방지 및 완화를 포함한 중대사고 제어	추가적 안전 설비 및 사고 관리
5단계	방사성 물질의 대량 누출로 인한 방사선 영향 완화	소외 비상조치

   ㉢ 다중방벽(Multiple Barriers) : 방사성물질이 발전소 외부로 누출되는 것을 방지하기 위하여 여러 겹의 방호벽을 설치하는 것

③ **안전설비**
   ㉠ 사고예방설비 : 원자로보호계통, 원자로정지계통, 비상노심냉각계통
   ㉡ 사고완화설비 : 원자로격납건물, 원자로격납건물 살수계통(Spray System), 공기재순환계통, 비상가스 처리계통
   ㉢ 안전설비 설계특성 : 다중성(Redundancy), 독립성(Independence), 다양성(Diversity), 견고성(Durability), 운전 중 상시 점검기능(Testability), 고장 시 안전한 방향으로 작동(Fail to Safe)

④ **안전관리 역할분담** : 원전 운영 및 관리가 관련 규정과 절차를 엄격하게 준수하도록 보증하기 위하여 사업자, 정부, 규제기관이 기능별, 단계별 안전관리 역할 분담

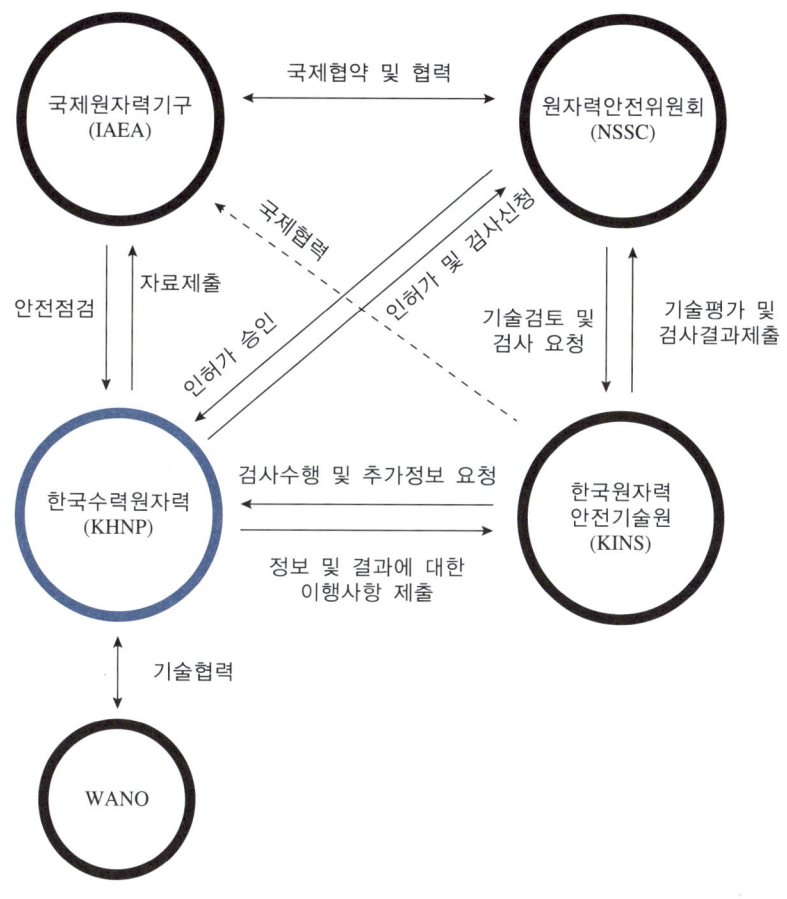

⊙ 정부
- 관련 법령을 통하여 원전 운영의 제반 안전요건과 지침을 제시
- 설계, 제작, 시공, 운전 등의 과정에서 인허가 심사 및 검사 수행

ⓒ 규제기관
- 정부의 안전관리 활동 중 기술적 전문지식이 요구되는 부분을 정부로부터 위탁받아 수행

ⓒ 사업자
- 원전의 안전에 대한 궁극적인 책임을 가지고 원전 현장에서 실무적인 안전관리 활동 수행

(2) 원자력 안전문화

① **원자력 안전문화 정의** : "국민의 생명과 환경 보존을 위해 원자력 안전을 어떠한 목표보다 우선시하는 조직 구성원들의 핵심가치와 행동"[원자력안전문화 증진 및 평가 절차(표준안전-1078A)]

② **원자력 안전문화 10대원칙**
 ⊙ 모든 종사자는 원자력 안전에 책임이 있다.
 ⓒ 모든 종사자는 자만하지 않고 지속적으로 의문을 제기한다.
 ⓒ 모든 종사자는 원자력안전에 중점을 두고 의사소통한다.
 ⓔ 리더는 원자력안전을 위한 의사결정과 행동으로 모범을 보인다.
 ⓜ 원자력안전에 관한 의사결정은 체계적이고 엄격해야 한다.

- ⓑ 신뢰와 존중의 업무환경을 조성한다.
- ⓢ 지속적으로 학습할 수 있는 분위기를 조성한다.
- ⓞ 원자력안전에 영향을 줄 수 있는 문제를 즉시 확인하고 조치한다.
- ⓩ 원자력안전에 관한 우려사항을 자유롭게 제기할 수 있는 안전중시 업무환경을 조성한다.
- ⓧ 원자력안전 유지를 위한 작업활동을 계획하고 관리하는 프로세스를 운영한다.

2. 원전해체

(1) 개요 및 추진전략

① 해체 개요
- ㉠ 해체정의 : 시설운영을 영구적으로 정지한 후, 해당시설과 부지를 철거하거나 방사성오염을 제거함으로써 법 적용대상에서 배제하기 위한 모든 활동(원자력안전법 제2조 제24항)
- ㉡ 사업특성 : 방사선안전관리, 기계, 전기, 화학, 토건 등 여러 분야의 지식과 기술이 복합된 종합엔지니어링·융합 기술

② 추진공정(안)
- ㉠ 원전해체는 영구정지 전 준비, 사용 후 핵연료 냉각 및 안전관리, 제염 및 해체, 부지복원의 순서로 추진(최소 15년 이상 소요)
- ㉡ 해체과정

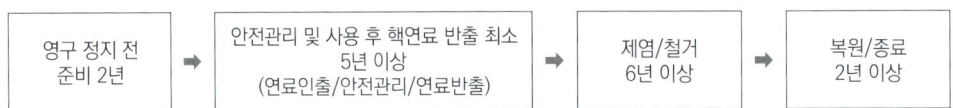

(2) 해체기술

① 해체기술
- ㉠ 원전 해체기술은 플랜트 철거, 기계, 제어 기술에 방사선 안전 및 폐기물 관리 등이 복합된 종합엔지니어링·융합기술임
- ㉡ 상용화된 일반산업 분야의 기술을 접목하여 방사선 환경에서의 최적화된 기술임
- ㉢ 일부 해체작업은 고방사선의 극한 환경에서 이뤄지기 때문에 제염, 철거, 원격제어 등 고난이도의 기술이 필요하기도 함

② 공정 진행에 따른 분류

분야	기술개요	세부기술
설계 및 인허가	준비단계에 필요한 기술들로 사업관리기술, 비용평가, 특성평가, 계통재설계 등이 핵심	사업관리, 엔지니어링, 특성평가, 방사선관리 등
제염	방사선 방호 또는 방사성폐기물 저감 목적으로 시행되는 기기제염 또는 계통제염을 위한 기술	물리적, 화학적, 전기적 제염 등
해체	구조물 및 계통을 절단, 파쇄하기 위한 기술로 고방사선 원자로 원격절단 기술이 핵심	기계적 절단, 열적·전기적 절단, 원격제어 등

폐기물 처리	방사성폐기물을 적절히 분류·처리하기 위한 기술로 특히 방사성폐기물 저감 및 재활용 기술이 핵심	고체·액체·기체 폐기물처리, 특수폐기물 처리, 재활용 등
부지복원	제염 및 해체 완료 후 부지를 제한적 또는 무제한적으로 사용하기 위해 복원하는 기술	잔류방사능 측정, 부지복원, 부지 규제해제 등

③ 기술 확보 내역

구분	세부 내용(시기)
소규모 원자력 시설	• 연구로 1~2호기(1997~) • 우라늄변환시설(2001~2011)
운영 원전 대형기기 교체	• 증기발생기 교체 : 고리 1호기(1998), 한울 1호기(2012), 한울 2호기(2011), 한울 3호기(2014), 한울 4호기(2013), 한빛 3호기(2022), 한빛 4호기(2018), 한빛 5호기(2020), 한빛 6호기(2021) • 중수로 압력관 교체 : 월성 1호기(2008~2011) • 원자로 헤드 교체 : 고리 1호기(2003), 고리 2호기(2018), 한빛 3호기(2015), 한빛 4호기(2015), 한울 2호기(2023)

④ 기술개발 동향

   ㉠ 해외 기술개발 동향 : 원전해체 완료 경험을 바탕으로 기술의 안전성 및 경제성 향상을 통한 기술 경쟁력 확보에 주력하고 있으며, 세계 해체 시장의 요구에 맞추어 일반 산업에서 적용했던 기술을 원전해체에 응용하는 방식으로 기술개발 사업을 추진 중에 있음

   ㉡ 국내 기술개발 동향 : 기 개발된 기술의 고도화, 기술 실증, 세계 최초 중수로 상용로 원전해체 고유 기술 확보, 4차 산업혁명 ICT 기반 융·복합 해체기술 개발을 추진 중에 있음

3. 방사능 방재대책

(1) 방사선 비상의 종류

① **방사선 비상 및 방사능 재난**

   원자력시설에서 방사성물질 또는 방사선이 누출되거나 누출될 우려가 있어 긴급한 대응조치가 필요한 방사선 비상상황을 방사선 비상이라 하며 방사선 비상이 국민의 생명과 재산 및 환경에 피해를 줄 수 있는 상황으로 확대되어 긴급한 대응조치가 필요한 상황을 방사능 재난이라 함

② **방사선 비상의 종류**

   ㉠ 백색비상 : 방사성물질 밀봉상태의 손상 또는 원자력시설의 안전 상태 유지를 위한 전원공급 기능에 손상이 발생하거나 발생할 우려가 있는 등의 사고로서 방사성 물질의 누출로 인한 방사성영향이 원자력시설의 건물 내에 국한될 것으로 예상되는 비상사태

   ㉡ 청색비상 : 백색비상 등에서 안전상태로의 복구기능의 저하로 원자력시설의 주요 안전 기능에 손상이 발생하거나 발생할 우려가 있는 등의 사고로서 방사성물질의 누출로 인한 방사선영향이 원자력시설 부지 내에 국한될 것으로 예상되는 비상사태

   ㉢ 적색비상 : 노심의 손상 또는 용융 등으로 원자력시설의 최후방벽에 손상이 발생하거나 발생할 우려가 있는 사고로서 방사성물질의 누출로 인한 방사선영향이 원자력시설 부지 밖으로 미칠 것으로 예상되는 비상사태

③ 방사선 비상시 행동요령 통보방법
　㉠ 차량 가두방송
　㉡ 텔레비전, 라디오
　㉢ 민방위 경보망
　㉣ 발전소 비상방송망(반경 약 5km 이내)
　㉤ 전화
④ 방사선 비상시 행동방법
　㉠ 실내 대피를 통보받았을 때
　　• 집으로 돌아가 창문 및 장독대 등을 꼭 닫고, 음식물은 랩을 씌우거나 밀봉한다.
　　• 에어컨이나 환풍기를 끄고, 밖에 있었다면 손과 얼굴을 씻거나 샤워를 한다.
　㉡ 구호소 대피통보를 받았을 때
　　• 복용 중인 약과 간단한 생필품을 준비하고, 가축 및 애완동물은 우리에 가둔 후 충분한 먹이를 준다.
　　• 화재 등의 위험이 있는 전기, 환풍기, 수도꼭지, 보일러, 가스 등은 모두 끄거나 잠가야 한다.
　　• 모든 출입문과 창문을 잠근 후 대피 완료 표시로 흰 수건을 걸어놓고 집결지 또는 구호소로 가서 인적사항을 기록한다.

(2) 방사능 방재훈련

① **훈련의 개요**
　원자력발전소의 방사능 방재훈련은 발전소의 사고완화 및 대처능력을 확인하고, 방재 관련기관 간 협조체계의 유효성을 점검하며, 주민 및 환경 피해의 최소화와 주민보호조치능력을 확인하기 위하여 실시하는 훈련으로 훈련의 종류에 따라 중앙행정기관, 지방자치단체, 지정기관(원자력안전기술원, 원자력의학원, 군부대, 경찰서, 소방서 등), 지역주민 등이 다양하게 참여하여 실시하게 되며, 훈련평가에서 나타난 미비점은 비상계획에 반영하여 비상시 대응능력을 보완, 유지하게 됨

② **훈련의 종류**
　㉠ 연합훈련 : 중앙정부, 지방자치단체, 지정기관, 한수원㈜ 등 국가 모든 방사능 방재 관계기관이 참여하는 국가 주도의 훈련
　　• 훈련주기 : 1회/년
　　• 훈련주관 : 원자력안전위원회
　㉡ 합동훈련 : 지방자치단체, 지정기관, 한수원㈜ 등이 참여하는 지자체 주도의 훈련
　　• 훈련주기 : 부지별 1회/2년
　　• 훈련주관 : 지방자치단체
　㉢ 전체훈련 : 발전소 내 전 비상조직이 참여하는 훈련
　　• 훈련주기 : 발전소별 1회/년
　　• 훈련주관 : 한수원㈜
　㉣ 부분훈련 : 발전소 내 비상조직별로 특정 주제를 선정하여 부분적으로 실시하는 훈련
　　• 훈련주기 : 발전소별 1회/분기
　　• 훈련주관 : 한수원㈜

03 신사업

1. 신·재생에너지

(1) 신·재생에너지의 의의

기존의 화석연료를 변화시켜 이용하거나 햇빛·물·지열·강수·생물유기체 등을 포함하는 재생 가능한 에너지를 변환시켜 이용하는 에너지

(2) 신·재생에너지 종류

① **신에너지** : 수소에너지, 연료전지, 석탄을 액화 가스화한 에너지 및 중질 잔사유를 가스화한 에너지 등
  ㉠ 수소에너지 : 수소를 기체상태에서 연소 시 발생하는 폭발력을 이용하여 기계적 운동에너지로 변환하여 활용하거나 수소를 다시 분해하여 에너지원으로 활용하는 기술
  ㉡ 연료전지 : 수소, 메탄 및 메탄올 등의 연료를 산화(酸化)시켜서 생기는 화학에너지를 직접 전기에너지로 변환시키는 기술
  ㉢ 석탄가스화·액화 : 석탄, 중질잔사유 등의 저급원료를 고온, 고압하에서 불완전연소 및 가스화 반응시켜 일산화탄소와 수소가 주성분인 가스를 제조하여 정제한 후 가스터빈 및 증기터빈을 구동하여 전기를 생산하는 신발전기술

② **재생에너지** : 태양에너지, 풍력, 수력, 해양에너지, 지열에너지, 바이오에너지 등
  ㉠ 태양광 : 태양광발전시스템(태양전지, 모듈, 축전지 및 전력변환장치로 구성)을 이용하여 태양광을 직접 전기에너지로 변환시키는 기술
  ㉡ 태양열 : 태양열이용시스템(집열부, 축열부 및 이용부로 구성)을 이용하여 태양광선의 파동성질과 광열학적성질을 이용분야로 한 태양열 흡수·저장·열변환을 통하여 건물의 냉난방 및 급탕 등에 활용하는 기술
  ㉢ 풍력 : 풍력발전시스템(운동량변환장치, 동력전달장치, 동력변환장치 및 제어장치로 구성)을 이용하여 바람의 힘을 회전력으로 전환시켜 발생하는 유도전기를 전력계통이나 수요자에게 공급하는 기술
  ㉣ 바이오에너지 : 태양광을 이용하여 광합성되는 유기물(주로 식물체) 및 동 유기물을 소비하여 생성되는 모든 생물 유기체(바이오매스)의 에너지
  ㉤ 폐기물에너지 : 사업장 또는 가정에서 발생되는 가연성 폐기물 중 에너지 함량이 높은 폐기물을 열분해에 의한 오일화기술, 성형고체연료의 제조기술, 가스화에 의한 가연성 가스 제조기술 및 소각에 의한 열회수기술 등의 가공·처리 방법을 통해 연료를 생산
  ㉥ 지열에너지 : 지표면으로부터 지하로 수 m에서 수 km 깊이에 존재하는 뜨거운 물(온천)과 돌(마그마)을 포함하여 땅이 가지고 있는 에너지를 이용하는 기술
  ㉦ 수력에너지 : 개천, 강이나 호수 등의 물의 흐름으로 얻은 운동에너지를 전기에너지로 변환하여 전기를 생산, 시설용량 5,000kW(5MW) 이하는 소수력 발전시설로 규정
  ㉧ 해양에너지 : 해수면의 상승하강운동을 이용한 조력발전과 해수의 조류흐름을 이용한 조류발전, 해안으로 입사하는 파랑에너지를 회전력으로 변환하는 파력발전, 해저층과 해수표면층의 온도차를 이용, 열에너지를 기계적 에너지로 변환 발전하는 온도차 발전이 있음

(3) 추진전략

- 경제성, 개발잠재성 고려한 신규사업 적극 개발
- 지자체, 정부기관 공동개발 적극 참여

- 회사특성에 맞는 전원개발에 선택과 집중
- 국내 개발가능 자원특성을 고려한 최적전원 구성

- 대규모 사업은 특수목적법인 지분참여
- 투자비 경감 및 사업비 리스크 분산

※ RPS(Renewable Portfolio Standard) : 신재생에너지 공급의무화 제도
- 신·재생에너지 수요를 조정하는 제도로 미국, 영국 등(16개국)에서 시행 중
- 우리나라는 2012년 1월 신·재생에너지 확보에 따른 재정부담 완화를 위해 시행 중임

(4) 사업목표
① 기업이념에 부합된 신·재생에너지에 선택과 집중
② RPS를 통하여 인간, 환경, 기술을 중시하는 글로벌 그린에너지 리더 실현
③ 국내 최대 공급의무자로서 의무목표를 완벽히 이행하여 RPS를 선도

2. 수력

(1) 원리 및 이용
① **원리** : 하천 또는 호소(湖沼) 등에서 물이 갖는 위치에너지를 수차를 이용하여 기계에너지로 변환하고 이것을 다시 전기에너지로 변환하는 발전방식
② **이용** : 수력발전소는 외부의 전원 없이 자체 기동이 가능하며 짧은 시간 내에 전출력까지 송전할 수 있으므로 전 지역 광역정전 또는 일부지역 정전 시 인접한 계통으로부터 수전이 불가능하거나 수전에 30분 이상 소요될 때에는 정전된 지역 내의 자체 기동 발전소를 가동하여 전력계통에 전력을 공급함

(2) 고려사항
댐의 합리적인 운영을 위해서는 "이수"와 "치수"라는 2가지 측면을 고려해야 한다.

구분	내용
이수적 측면	댐 저류량을 최대로 확보하고자 하면, 홍수 조절에 위험부담을 가중
치수적 측면	홍수조절을 원활하게 하기 위하여 예비방류, 제한 수위 하향조정 등을 하게 되면 용수 이용 측면에서 불리

(3) 우리나라 물관리 여건

강수량의 계절별·지역별·연도별 편차가 크고, 산악지형이 많아 짧은 유로 연장, 급한 경사 등으로 유량 변동계수가 크며, 유출량 대부분이 홍수기에 편중되어 물관리가 매우 어려운 여건

요인	내용
기상학적 요인	연평균 강수량 1,252mm의 55.4%(693.9mm)가 여름에 집중되어 여름에는 홍수, 겨울과 봄철에는 가뭄 발생
지형학적 요인	국토의 63%가 산악지형으로 유역면적이 작고 유로연장이 짧으며, 급한 경사로 강수 후 짧은 시간에 바다로 유출됨
인구 요인	1인당 이용 가능한 수자원량은 1,507㎥/년 규모로 타 국가대비 적은 편이며, 이는 세계 중위값의 1/3, 세계 평균의 1/13 정도 수준임
운영 방안	상류유역에 저수지를 건설하여 홍수 시 이를 저류하였다가 평상시 저류된 수량을 각종 용수로 활용

〈출처〉 제1차 국가물관리기본계획(2021~2030) 관계부처 합동

(4) 홍수조절 절차

① 각 댐 수문자료 자동계측 및 전산 입력
② 수자원통합운영센터 WIOS를 통한 수문분석 및 방류계획 작성
③ 한강홍수통제소에 수문조작 승인 요청
④ 수문조작 완료 보고 (해당 댐 → 수자원통합운영센터 → 한강홍수통제소)

(5) 물공급 절차

① 근거댐과 보 등의 연계운영규정(환경부훈령 제 1555호, '22.7.6.)
② 용수계획연계운영협의회 의결(발전용댐과 다목적댐 연계) → 각 댐별 공급량 배분
③ 용수공급댐 관리자(한수원(주), 수자원공사)가 각 댐 별 배분수량 방류
④ 한강수계 댐과 보 등의 연계운영협의회(위원장 : 한강홍수통제소장)

3. 양수

(1) 양수발전의 원리

전력수요가 적은 심야의 저렴한 전력을 이용하거나, 주간시간대 태양광으로 발생하는 과잉출력을 저장하였다가, 전력수요가 증가할 때 상부댐의 물을 하부댐으로 낙하시켜 전력을 생산하는 방식

(2) 공정도(양수 및 발전)

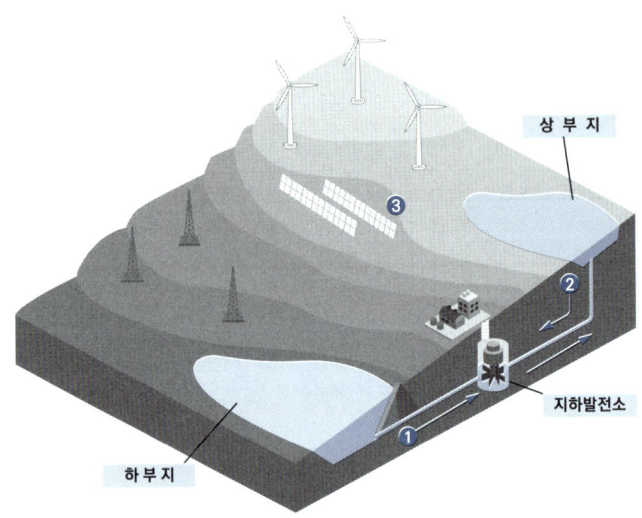

① 전력 수요가 낮을 때 또는 태양광, 풍력 등의 잉여 재생에너지를 활용하여 상부지로 물을 끌어올림
② 전력 수요가 증가할 때, 하부지로 물을 내려 터빈을 통해 전력을 생산함
③ 태양광, 풍력 등 재생에너지와 양수발전은 수요자에게 신뢰도 높은 전력공급이 가능함

〈출처〉 International Forum on Pumped Storage Hydropower(IHA, '21.9)

(3) 양수발전의 가치와 편익

① **경제적 전력공급**
  ㉠ 대용량 기저발전원의 잉여 전기에너지 및 태양광발전소의 여유전력을 위치에너지(상부저수지물)로 변환시켜 저장하기 때문에 전기를 저장하고, 전력계통 전체로 보아 발전원가를 절감하게 됨
  ㉡ 전기수요의 변동에 따른 대용량 화력 및 원자력발전소의 출력변동으로 인한 기기의 수명단축, 효율 저하 등을 보완하여 이들 발전소 열효율과 이용률 향상에 기여

② **전력계통 신뢰도 향상**
  ㉠ 기동성이 타 에너지원의 발전설비보다 상대적으로 우수하고 대용량 발전소의 고장 시 또는 전력계통의 돌발적인 사고나 긴급한 부하변동으로 인하여 발생되는 예기치 못한 상황 등에 적극적인 대처가 가능하므로 국가 전력수급상의 신뢰도 제고 및 양질의 전력공급에 중요한 역할을 담당
  ㉡ 전력계통의 전압과 주파수 조절을 하며, 계통 출력제어량을 확보하여 고품질의 전력을 공급하는 역할을 함

③ **대규모 정전 시 최초 전력공급**
  대규모 정전 시 자체기동발전을 통하여 타 발전소에 최초로 전력을 공급해 주는 역할을 수행함

04 ESG경영

1. ESG경영의 의의

(1) 개념

ESG경영은 기업의 존속과 지속가능성을 확보하기 위해 Environment(환경), Social(사회), Governance(지배구조)를 중시하는 경영전략을 의미

(2) 중요성

① ESG는 전 세계적인 트렌드로 확산되며 이에 따른 모든 사회구성원들의 관심과 함께 기업의 선택이 아닌 생존과 성장의 핵심 요소로 부상함

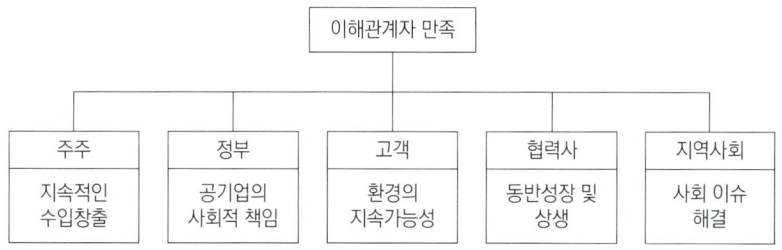

② 기업의 사회적 책임이 강조되면서 '재무적 가치'뿐만 아니라 '비재무적 가치'도 함께 중요시되고 있음

과거		현재
영업이익 재무재표	⇨	지속가능경영 동반성장

2. ESG경영의 3가지 핵심 구성요소

ESG경영	Environment	• 기후변화 및 탄소배출 • 환경오염 및 환경규제 • 생태계 보전 및 생물 다양성
	Social	• 인권 및 양성평등 • 다양성 및 노동환경 • 상생 및 지역사회 기여
	Governance	• 기업의 투명한 운영 • 윤리적인 기업경영 • 이사회 다양성

3. ESG경영전략

(1) 미션 및 비전
① 미션
친환경 에너지로 삶을 풍요롭게
② 비전
친환경 무탄소 에너지 기반 넷제로 시대 선도

(2) ESG경영슬로건
Clean Energy로 지속가능한 미래를 선도하는 한국수력원자력

(3) ESG경영목표
① 한국수력원자력 탄소중립 조기 달성
② 국민체감 사회가치 창출
③ 청렴 투명성 세계 최고 기업

(4) 중점추진방향

C	Coexistence of nuclear power & renewable energy 원전과 재생에너지의 공존
L	Leading to Net Zero 탄소중립 선도
E	Enhanced safety 안전한 일터 조성
A	Assisting partners & communities 원전 생태계 및 지역주민과의 상생
N	Networking with stakeholder 투명한 지배구조

(5) 추진과제

원전과 재생에너지의 공존	탄소중립 선도	안전운영 강화	원전 생태계 및 지역 상생	투명한 지배구조
• 무탄소 전원인 원자력 적극 활용으로 온실가스 감축 극대화 • 친환경 재생에너지 사업 확대로 청정에너지 시장선도 • 재생에너지의 든든한 백업, 신규양수 적기 건설	• i-SMR 개발 및 사업화로 탄소중립 신시장 창출 • 청정수소 생산 실증 및 대규모 사업화 추진 • CO_2 포집 기술개발로 발전사업 지속 확장 • RE100의 한계를 극복할 CFE(무탄소에너지) 확산	• AI 기반 원전 운영체계 고도화로 운영 안전성 강화 • 현장 맞춤형 산업안전 점검을 통한 중대재해 Zero 달성 • 협력사 안전소통 및 협업 강화로 산업재해 감소 노력	• 원전 생태계 경쟁력 강화를 위한 협력기원 전방위 지원 • 에너지 취약계층 지원을 통한 에너지 복지 실현 • 원자력 안전을 넘어 국민 모두를 위한 안심 사회공헌 확대	• 핵심 위험에 대한 내부통제 강화 • 임직원·협력사 대상 인권존중 문화 확립 • 이해관계자와의 투명한 소통채널 활성화

4. 친환경경영(E)

(1) 추진전략

① **기본방향**
　㉠ 환경·안전 최우선 경영
　㉡ 환경보전활동 선도, 환경정보 투명공개 및 이해관계자 협력
　㉢ 국내외 환경기준 준수 및 환경 오염물질 최소화

② **주요사업**

연도	사업 내용
2018년	전원전 환경안전분야 리스크 자체진단체계(표준지침) 개선
	녹색기업 유효기간 만료사업장 재지정 추진(산청·삼랑진·예천·청송양수)
	기후변화 적응대책 이행평가 및 보고(환경부)
2019년	녹색기업 유효기간 만료사업장 재지정 추진(월성·한울, 춘천수력)
	폐수 유기물 관리지표 전환(COD → TOC) 대비 실태조사 및 자체기준 수립
	동해연안 냉수대 출현 예측정보 제공을 통한 수산양식 피해 저감
2020년	폐수처리시설 배관 건전성 평가 시행
	녹색기업 유효기간 만료사업장 재지정 추진(무주·양양양수)
	국제기준의 ISO 14001 요구사항 준수 및 인증 갱신(유효기간 : 3년)
2021년	녹색기업 유효기간 만료사업장 재지정 추진(산청·삼랑진·예천·청송양수)
	해양폐기물 자원순환 인프라 구축 및 해양 정화사업 확대
	유해 화학물질 취급시설 안전진단 시행
2022년	기후위기적응 1차 종합대책('23~'27년) 수립 추진
	녹색기업 유효기간 만료사업장 재지정 추진(월성·한울, 춘천수력)
	폐수저감 기술개발 및 유해물질 사용저감 운영개선

(2) 지구온난화

① **최근의 기후변화 현상**
　㉠ 북반구의 봄과 여름의 빙산이 1950년 이래로 약 1~15% 감소
　㉡ 지난 100년 동안 지구 해수면의 높이가 10~25cm 상승함으로 투발루, 키리바시 공화국의 일부 도서, 몰디브, 파푸아뉴기니 등 남태평양 섬나라가 물에 잠기고 있음
　㉢ 폭염과 폭풍 등의 기상이변 및 사막화

② **지구온난화(Global Warming) 현상**
　㉠ 지구온난화 현상의 의의
　　• 이산화탄소(CO_2) 등과 같은 온실가스(Greenhouse Gas)의 증가로 인해 대기의 기온이 상승하는 온실효과(Natural Temperature Control System)에 기인한 현상을 의미
　　• 기상이변, 해수면 상승 등을 초래하여 사회·경제 분야에 지대한 영향을 끼침

- ⓒ 온실효과 메커니즘
  - 태양에서 지구로 오는 빛에너지 중에서 약 34%는 구름이나 먼지 등에 의해 반사되고, 지표면에는 44% 정도만 도달함
  - 지구는 태양으로부터 받은 이 에너지를 파장이 긴 적외선으로 방출하는데, 이산화탄소 등의 온실가스가 적외선 파장의 일부를 흡수함
  - 적외선을 흡수한 이산화탄소 내의 탄소 분자는 들뜬 상태가 되고, 안정상태를 유지하기 위해 에너지를 방출하는데, 이 에너지로 인해 지구가 따뜻하게 됨
- ③ **온실가스와 이산화탄소**
  - ⓐ 온실가스의 종류 : 아산화질소(N_2O), 수소불화탄소(HFC_S), 과불화탄소(PFC_S), 육불화황(SF_6), 이산화탄소(CO_2), 메탄(CH_4)
  - ⓑ 6대 온실가스

구분	CO_2	CH_4	N_2O	HFC_S, PFC_S, SF_6
배출원	에너지사용 산업공정	폐기물/농업/축산	산업공정 비료사용	냉매/세척용
지구온난화지수 (CO_2=1)	1	21	310	140~23,900
온난화기여도(%)	55	15	6	24
국내총배출량(%)	91.7	3.8	2.0	2.5

  *국내 총배출량 : 2017년 국가온실가스인벤토리보고서(2015년 실적)
  - ⓒ 온실가스별 주요 특성
    - 이산화탄소(CO_2) : 주로 화석 연료와 삼림 등의 연소로 대기 중에 방출되며, 일단 방출되면 100년 이상 대기 중에 머무른다. 열을 흡수하는 기체로는 수증기 다음으로 풍부하다(지구 온난화 지수는 낮지만 전체 온실가스 중 80% 이상을 차지하므로 중요 온실가스로 고려되고 있음).
    - 메탄(CH_4) : 가축들의 배설물 및 범람원 등 주로 산소가 없는 환경에서 박테리아가 유기물을 분해할 때 생성된다. 일단 배출된 메탄은 대기 중에 10년 정도 분해되지 않고 머무르며, 열을 흡수하는 능력은 이산화탄소의 약 20~30배에 이른다.
    - 염화불화탄소(CFC_S) : 주로 냉장고, 에어컨 등의 냉매재, 절연체 및 반도체의 세척제, 그리고 각종 스프레이 제품에 사용된다. 일단 대기 중에 방출된 프레온 가스는 400년 이상 분해되지 않고 머무르며, 열을 흡수하는 능력은 이산화탄소의 1만 6천 배에 이른다.
    - 아산화질소(N_2O) : 일명 '웃음 가스(Laughing Gas)'로 알려진 아산화질소는 토양이나 화학 비료, 그리고 화석 연료의 연소, 가축분뇨처리 등에서 배출되며, 대기 중에는 약 180년 동안 머무른다. 이산화탄소에 비해 150배 정도 열을 잘 흡수한다.

(3) **기후변화협약**
- ① **기본원칙(협약서 제3조)**
  - ⓐ 공동의 차별화된 책임 능력에 입각한 의무부담의 원칙(온실가스 배출에 역사적인 책임과 기술, 자정 능력이 있는 선진국의 선도적 역할을 강조)
  - ⓑ 개발도상국의 특수사정 배려의 원칙

ⓒ 기후변화의 예측, 방지를 위한 예방적 조치
ⓔ 모든 국가의 지속가능한 성장의 보장원칙

② **의무부담원칙(협약서 제4조)**

ⓐ 공통의무사항
- 온실가스 배출감축을 위한 국가전략을 자체적으로 수립, 시행하고 공개
- 온실가스 배출량 및 흡수량에 대한 국가 통계와 정책이행에 관한 국가보고서 작성 및 당사국총회 (Conference of Parties)에 제출

ⓑ 특정의무사항
- 공통, 차별화 원칙에 따라 협약 당사국을 Annex I, Annex II 및 Non-Annex I 국가로 구분, 각기 다른 의무를 부담하도록 규정

ⓒ 국가군과 특정의무

구분	부속서 I (Annex I) 국가	부속서 II (Annex II) 국가	비부속서 I (Non-Annex I) 국가
국가	협약체결 당시 OECD 24개국, EU와 동구권 국가 등 40개국	Annex I 국가에서 동구권 국가가 제외된 OECD 24개국 및 EU	우리나라 등
의무	온실가스 배출량을 1990년 수준으로 감축 노력, 강제성을 부여하지 않음	개발도상국에 재정지원 및 기술이전 의무를 가짐	국가 보고서 제출 등의 협약상 일반적 의무만 수행

ⓓ 기후변화협약의 주요 내용

구분		내용
목적(제2조)		지구온난화를 방지할 수 있는 수준으로 온실가스의 농도 안정화
원칙(제3조)		• 형평성 : 공통의 차별화된 책임, 국가별 특수사정 고려
		• 효율성 : 예방의 원칙, 정책 및 조치, 대상온실가스의 포괄성, 공동이행
		• 경제발전 : 지속가능한 개발의 촉진, 개방적 국제경제체제 촉진
의무사항	공통의무사항	온실가스 배출동태 작성발표, 정책 및 조치의 이행(제4조 제1항), 연구 및 체계적 관측(제5조), 교육훈련 및 공공인식(제6조), 정보교환사항
	특정의무사항	배출원 흡수원에 관한 특정의무사항 : 1990년 수준으로 온실가스 배출 안정화에 노력(제4조 제2항)
기구 및 제도	기구	재정직원 및 기술이전에 관한 특정공약(제4조 제3항~제5항)
		개도국의 특수상황 고려(제4조 제8항~제10항)/당사국총회(제7조)/사무국(제8조)/과학기술자문 부속기구(제9조)/이행자문기구(제10조)/ 재정기구(제11조)
	제도	• 서약 및 검토(Pledge and Review) 제도(제12조) : 국가보고서 제출 및 당사국 총회 검토 이행과 관련된 의문점 해소를 위한 다자간 협의 과정(제13조), 분쟁 조정제도(제14조)

③ **교토의정서**

ⓐ 주요 내용
- 선진국(Annex I)의 구속력 있는 감축 목표 설정(제3조)
- 공동이행, 청정개발체제, 배출권거래제 등 시장원리에 입각한 새로운 온실가스 감축수단의 도입 (제6조, 제12조, 제17조)
- 국가 간 연합을 통한 공동 감축목표 달성 허용(제4조) 등

ⓒ 온실가스 배출 세부사항 : 의정서에 따르면 기후변화협약 Annex I 국가들은 2008~2012년 기간 중 자국 내 온실가스 배출총량을 1990년대 수준 대비 평균 5.2% 감축하여야 함
- 대상국가 : 38개국(협약 Annex I 국가 40개국 중 1997년 당시 협약에 가입하지 않은 터키, 벨라루스 제외)
- 목표 연도 : 2008~2012년
- 감축 목표율 : 1990년 배출량 대비 평균 5.2% 감축(각국의 경제적 여건에 따라 -8%~+10%까지 차별화된 감축량 규정)
- 감축대상 온실가스 : CO_2, CH_4, N_2O, HFC_S, PFC_S, SF_6 6종(각국 사정에 따라 HFC_S, PFC_S, SF_6 가스의 기준연도는 1995년도 배출량 이용 가능)
- 온실가스 배출원 : 에너지 연소, 산업공정, 농축업, 폐기물 등으로 구분
- 온실가스 감축 도입 수단 : 교토 메커니즘 도입

ⓒ 발효요건
55개국 이상의 협약 당사국들이 비준서를 기탁해야 하고, 그중 비준서를 기탁한 부속서 I 국가들의 1990년 기준 이산화탄소 배출량의 합이 전체 부속서 I 국가들의 1990년 기준 이산화탄소 배출량의 55% 이상을 차지해야 함

ⓔ 교토 메커니즘
- 도입경위 : 대부분 선진국들은 온실가스 배출량이 계속 증가하고 있어 국내적 수단에만 의존하여 감축목표를 달성하는 경우 경제적 비용이 막대할 것으로 분석, 이를 최소화하기 위해 시장성(또는 신축성) 원리가 도입된 교토 메커니즘을 고안. 공동이행제도, 청정개발제도 및 배출권거래제도가 이에 속함
- 공동이행제도(JI; Joint Implementation) : 교토의정서 제6조에 규정된 제도로써 선진국인 A국이 선진국인 B국에 투자하여 발생된 온실가스 감축분의 일정분을 A국의 배출저감 실적으로 인정하는 제도. 온실가스 대상 물질 등을 명시함
- 청정개발체제(CDM; Clean Development Mechanism) : 교토의정서 제12조에 규정된 것으로 선진국이 개도국과 공동이행(JI)을 통하여 발생되는 온실가스 배출감축분을 자국의 감축실적에 반영할 수 있도록 하는 동시에 부담금(User Fee)을 납부토록 하여, 이를 청정개발체제운영비 및 개도국의 기후변화에도 적응비용에 충당하는 제도. 청정개발체제는 공동이행제도와는 달리 1차 의무기간(2008~2012년) 이전의 조기감축활동(Early Action)을 인정하는데, 2000~2007년에 발생한 CERs(Certified Emission Reductions, CDM 사업을 통해 인정받은 온실가스 감축량)을 소급하여 인정함
- 배출권리거래제(ET; Emision Trading) : 교토의정서 제17조에 규정된 제도로서 온실가스 감축의무가 있는 국가에 배출 쿼터를 부여한 후, 동 쿼터를 초과한 경우 배출권을 구매하고, 미달하는 경우 잉여분을 판매하도록 하는 제도. 미국의 경우, 국내에서만 감축의무를 이행하는 경우 저감비용이 530억 불이 소요되나, Annex I 국가 간 배출권 거래가 이루어지는 경우 동비용이 270억 불, 개도국이 참가하는 경우 120억 불로 각각 줄어들 것으로 전망함

5. 사회책임(S)

(1) 사회공헌

① **사회공헌 전략체계**

　㉠ 비전 : 우리 모두가 안전하고 행복한 세상

　㉡ 미션 : 나눔의 온기, 희망찬 미래

　㉢ 핵심가치

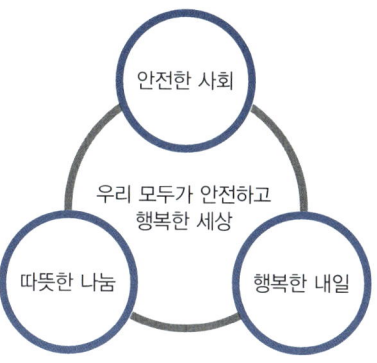

　㉣ 활동영역

- 아동복지시설「안심카 플러스」
- 「지역아동센터 행복나눔」
- 자립준비청년「열여덟 혼자서기」

- 안전 취약 지역「안심가로등 플러스」
- 긴급구호물품「안심구호 키트」

- 에너지 취약계층 보호지원사업
- 퇴직 임직원 참여「시니어 봉사단」

- 「글로벌 봉사단」

(2) 지역지원

「발전소주변지역 지원에 관한 법률」에 따라 발전소 주변지역의 주민들과 상생을 위해 지역지원사업으로 사업자지원사업과 기금지원사업을 시행하고 있음

① **사업자지원사업의 개요**
   ㉠ 목표 : 지역과 함께 따뜻한 공동체를 만들어가는 KHNP
   ㉡ 추진전략

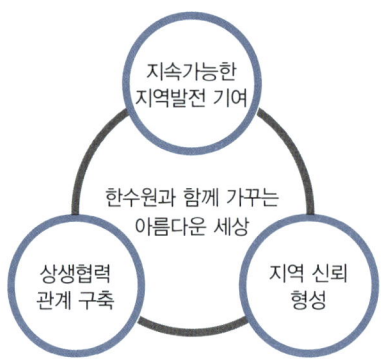

   ㉢ 대상지역 : 발전소 주변지역(발전기로부터 반지름 5km 이내의 육지 및 섬지역이 속하는 읍·면·동)
   ㉣ 사업주체 : 한국수력원자력
   ㉤ 시행기간 : 발전소 건설 및 가동기간(시행령 제27조의2 제7항)
   ㉥ 지원사업의 종류

사업종류	세부내용
교육장학지원	우수인재육성 프로그램, 특기적성교육 등 교육 관련 사업
지역경제협력	지역산업의 경쟁력 강화, 지역특산물 판로지원 등 경제활성화 사업
주변환경개선	바다정화, 방역, 주거환경 개선 등 지역의 생활환경 개선 사업
지역복지사업	복지시설·체육시설 건립, 건강검진 등 지역주민 복지 향상 사업
지역문화진흥	행사 개최·지원, 문화시설 건립 등 지역주민의 문화생활 지원 사업
그 밖의 사업	지역현안 해결 및 지역이미지 제고 등을 위한 사업(부대사업 포함)

② **기금지원사업 사업개요**
   ㉠ 목표 : 풍요로운 지역사회 건설
   ㉡ 추진전략

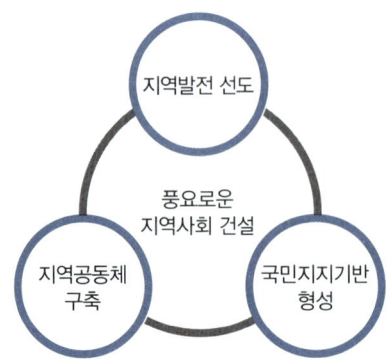

ⓒ 슬로건 : 지원사업의 효율적 시행 및 내실화

지역인재 육성	주민복지 증진	지역경제 활성화
• 장학금 지원확대 • PC 등 교육기자재 지원 • 지역주민 우선고용 • 차세대 인재 육성	• 소득 공공사업 시행 • 전기요금보조(주택용) • 사회복지사업 시행 • 지역문화행사지원	• 지역숙원사업 해결 • 지역주민 고용창출 • 기업유치 지원 • 전기요금보조(산업용)

ⓓ 지원사업의 종류

지원사업		시행자
기본지원사업	소득증대	지방자치단체
	공공·사회복지	
	주민복지	
	기업유치	
	육영사업	지방자치단체(원전), 발전사업자(수력, 양수)
	전기요금보조	발전사업자
특별지원사업		지방자치단체
홍보사업		한국에너지정보문화재단
기타 지원사업		–

CHAPTER 01 적중예상문제

정답 및 해설 p.002

01 다음 중 한국수력원자력에 대한 설명으로 옳은 것을 모두 고르면?

> ㄱ. 한국수력원자력의 비전은 '탄소중립 청정에너지 리더'이다.
> ㄴ. 한국수력원자력의 2036년 탄소중립 중장기 전략 중 온실가스의 목표 감축량은 1.1억 톤이다.
> ㄷ. 한국수력원자력의 ESG 경영 슬로건은 'Clean&Smart 에너지 리더'이다.
> ㄹ. 한국수력원자력의 핵심 가치는 '안전 최우선', '상호 존중', '사회적 책임' 3가지이다.

① ㄱ, ㄴ
② ㄱ, ㄷ
③ ㄴ, ㄷ
④ ㄷ, ㄹ

02 다음 빈칸 A, B에 들어갈 단어를 바르게 나열한 것은?

> 〈한국수력원자력 2036 중장기 전략체계도〉
> • 미션 : (A) 에너지로 삶을 풍요롭게
> • 비전 : (B) 청정에너지 리더

① 친환경, 탄소중립
② 친환경, 글로벌
③ 고효율, 탄소중립
④ 고효율, 글로벌

03 한국수력원자력의 인재상으로 옳지 않은 것은?

① 기본에 충실한 인재
② 배려하는 상생 인재
③ 글로벌 전문 인재
④ 혁신을 선도하는 인재

04 2024년 말 기준 한국수력원자력이 국내에서 생산하는 전력량은 국내 총전력량의 몇 %인가?

① 약 28.4%
② 약 32.76%
③ 약 34.5%
④ 약 37.29%

05 다음 중 한국수력원자력에서 사용하는 발전설비가 아닌 것은?

① 양수
② 태양광
③ 풍력
④ 화력

06 다음 중 우리나라 원자력발전소로 옳지 않은 것은?

① 고리
② 나라
③ 한빛
④ 한울

07 다음 중 한국수력원자력의 2036 중장기 경영 전략방향이 아닌 것은?

① 안전 기반 원전 경쟁력 확보
② 차별적 해외사업 수주
③ 그린 융복합 사업 선도
④ 뉴딜 기반 미래경영

08 다음 글에서 설명하고 있는 원전설비의 원칙은?

> 원자력 발전소의 안전성을 확보하는 주요 계통은 정지냉각계통과 안전주입계통, 원자로건물 살수계통이 있다. 이 중 안전주입계통은 원자로가 자동 정지된 상태에서도 원자로를 순환하는 1차 냉각재가 급격히 감소하거나 냉각재 압력이 비정상으로 떨어지게 되었을 때, 고농도 붕소를 포함한 냉각재를 자동으로 주입해 핵분열 연쇄반응이 발생하지 못하게 하고 핵연료의 열도 식혀주는 역할을 한다. 만의 하나 작동이 되지 않을 경우를 대비하여 같은 용량, 같은 기능의 설비를 이중으로 설치하여 작동될 수 있도록 설계가 되어 있다.
> … 생략 …

① 다중성
② 다양성
③ 견고성
④ 독립성

09 다음의 세부속성이 설명하는 한국수력원자력의 핵심가치는 무엇인가?

- 탁월함 추구
- 끊임없는 개선
- 발전적 도전

① 안전 최우선　　　　　　　　② 지속 성장
③ 상호 존중　　　　　　　　　④ 사회적 책임

10 2024년 12월 31일 기준 한국수력원자력에서 운영 중인 26기의 원자력 발전소 중 가압경수로형 발전소는 총 몇 기인가?

① 23기　　　　　　　　　　　② 22기
③ 21기　　　　　　　　　　　④ 20기

11 다음 중 한국수력원자력의 핵심가치가 아닌 것은?

① 안전 최우선(Safety First)
② 지속 성장(Sustainable Growth)
③ 상호 존중(Shared Respect)
④ 사회적 협동(Social Cooperation)

12 다음 중 원자력의 생산과 이용에 따른 방사선 재해로부터 국민의 건강과 국토환경을 보전하기 위해 설립된 원자력안전규제 전문기관은?

① 한국수력원자력
② 한국원자력안전기술원
③ 한전원자력연료
④ 한국원자력통제기술원

13 다음 중 방사선 비상 단계가 아닌 것은?

① 흑색비상
② 백색비상
③ 청색비상
④ 적색비상

14 다음 중 양수발전에 대한 설명으로 옳지 않은 것은?

① 산간 지역에 주로 설치된다.
② 물이 부족해지는 시기나 전력이 많이 필요한 시기에 방수한다.
③ 발전소보다 충분히 높은 위치에 자연호수 또는 인공호수가 있어야 한다.
④ 일반적인 수력발전소보다 자연유량에 더욱 제한을 받는다.

15 다음 중 한국형 원전인 APR 1400이 첫 해외진출을 이룬 국가는?

① 터키
② 베트남
③ 아랍에미리트
④ 사우디아라비아

16 다음 중 한국수력원자력에 대한 설명으로 옳지 않은 것은?

① 한수원의 인재상은 '기본에 충실한 인재', '배려하는 상생 인재', '글로벌 전문 인재'이다.
② 한수원의 비전은 '탄소중립 청정에너지 리더'이다.
③ 2001년에 한전에서 분할되었다.
④ 월성원전은 대한민국 1호 상업용 원전이다.

17 다음 중 수력발전에 대한 설명으로 옳지 않은 것은?

① 무공해 청정에너지이다.
② 외부의 전원 없이 자체 기동이 가능하다.
③ 발전기의 출력은 낙차와 수량과의 곱에 비례한다.
④ 원자력보다 부하변동에 대한 속응성이 나쁘다.

18 다음 글에서 설명하는 기후 협약은?

> 2015년에 채택된 기후 협약으로, 지구의 평균 온도가 산업화 이전에 비해 2도 이상 상승하지 못하게 하고, 이산화탄소 순 배출량 0을 목표로 각 국가가 스스로 온실가스 감축목표를 설정하고 이행하게 하는 협약이며, 기존의 기후협약과 달리 종료 시점이 없는 협약이다.

① 파리 협정　　　　　　　　　② 교토 의정서
③ 몬트리올 의정서　　　　　　④ 유엔 기후변화 협약

19 다음의 내용이 설명하는 추진과제는 한국수력원자력의 ESG 중 무엇에 관한 것인가?

> • 원전 생태계 경쟁력 강화 위한 동반성장
> • 지역경쟁력 확보 위한 경제협력사업 고도화
> • 사람 중심의 안전한 일터 조성

① 환경　　　　　　　　　　　② 지속 성장
③ 지배구조　　　　　　　　　④ 사회

20 다음의 내용이 설명하는 방사선 비상의 종류는 무엇인가?

> 방사성물질 밀봉상태의 손상 또는 원자력시설의 안전상태 유지를 위한 전원공급 기능에 손상이 발생하거나 발생할 우려가 있는 등의 사고로서 방사성 물질의 누출로 인한 방사성영향이 원자력시설의 건물 내에 국한될 것으로 예상되는 비상사태

① 적색비상　　　　　　　　　② 청색비상
③ 흑색비상　　　　　　　　　④ 백색비상

CHAPTER 02 정치·국제·법률

001 불체포특권

국회의원은 범죄혐의가 있어도 회기 중에 국회 동의 없이는 체포 또는 구금되지 않을 권리인 불체포특권을 가진다. 다만 현장에서 범죄를 저질러 적발된 현행범인 때는 예외다. 불체포특권을 둔 목적은 국회의원의 자유로운 의정활동과 국회의 기능을 보장하기 위함이다. 그러나 불체포특권을 남용해 수사가 진행 중인 국회의원의 체포를 막으려 소속정당에서 임시국회를 고의로 여는 소위 '방탄국회' 소집도 발생했다. 이를 막기 위해 2005년에는 체포동의안이 제출되면 본회의를 열고 보고한 다음, 24시간 후 72시간 내에 무조건 동의안 표결을 해야 하는 식으로 국회법이 개정됐다. 2023년 여야는 이재명 더불어민주당 대표의 사법리스크 등의 사안과 맞물려 이 불체포특권 포기에 대한 문제로 논쟁을 벌였다.

002 검수완박법

검찰 수사권 완전 박탈법(검수완박)은 2022년 5월 3일 의결된 법안으로 검찰이 수사를 개시할 수 있는 범죄를 부패범죄와 경제 범죄로 규정하는 등 검찰의 직접수사 범위를 축소하고 검찰 내에서도 수사와 기소를 분리해 나가는 한편, 부당한 별건수사를 금지하는 등의 내용을 담고 있다. 그러나 윤석열 정권 이후 한동훈 법무부 장관이 검수완박법 시행을 앞두고 시행령을 개정하여 검찰이 직접 수사할 수 있는 부패범죄와 경제 범죄의 범위를 성격에 따라 재분류하고 명확하게 규정함으로써 수사할 수 있는 범위를 대폭 확대했다.

003 9·19남북군사합의

2018년 9월 평양 남북정상회담에서 남북이 일체의 군사적 적대행위를 전면 중지하기로 한 합의다. 같은 해 4월 판문점 정상회담에서 발표한 '판문점 선언'의 내용을 이행하기로 한 것이다. 지상과 해상, 공중을 비롯한 모든 공간에서 군사적 긴장과 충돌의 근원이 되는 상대방에 대한 일체의 적대행위를 전면 중지하기로 했다. 그러나 윤석열 정부 들어 북한이 NLL 이남에 탄도미사일을 발사하는 등 도발수위를 높이고, 우리나라도 이에 군사적으로 맞대응하면서 9·19군사합의가 사실상 무용지물이 되었다는 평가가 나오기도 했다.

004 출생통보제

출생통보제는 부모가 고의로 출생신고를 누락해 '유령아동'이 생기지 않도록 의료기관이 출생정보를 건강보험심사평가원(심평원)을 통해 지방자치단체에 통보하고, 지자체가 출생신고를 하는 제도다. 2024년 7월 19일부터 시행되었으며, 의료기관은 모친의 이름과 주민등록번호, 아이의 성별과 출생연월일시 등을 진료기록부에 기재해야 한다. 의료기관장은 출생일로부터 14일 안에 심평원에 출생정보를 통보하고, 심평원은 곧바로 모친의 주소지 시·읍·면장에 이를 전달해야 한다. 미혼모나 미성년 임산부 등 사회·경제적 위기에 놓인 산모가 신원을 숨기고 출산해도 정부가 출생신고를 할 수 있는 '보호출산제'도 함께 도입되어 현재 시행 중에 있다.

005 노동이사제

2022년 하반기부터 시행된 제도로 131개 공공기관에 '노동이사'를 두는 법률이다. 공기업·준정부기관의 경영 투명성 확보를 위해 이사회에 노동자 대표 추천 또는 동의를 받은 비상임 이사 1명을 선임하도록 하는 내용을 담고 있다. 노동이사 자격은 3년 이상 재직한 근로자로 임기는 2년으로 하되 1년 단위로 연임할 수 있다. 노동이사제는 노동자의 경영참여를 보장하기 위해 노동자 대표가 기업의 이사회에 참여해 중요한 의사결정을 함께 내릴 수 있도록 하는 제도다. 노동자도 기업에 중요한 지분을 갖는 이해당사자라는 인식이 제도의 기저에 깔려 있다.

006 머그샷

피의자를 식별하기 위해 구치소, 교도소에 구금될 때 촬영하는 얼굴사진이다. '머그(Mug)'는 정식법률용어는 아니며, 영어에서 얼굴을 속되게 이르는 말이기도 해 이러한 명칭이 생겼다. 미국은 머그샷을 일반에 공개하는 것이 합법이나 우리나라에서는 불법이다. 피의자의 정면과 측면을 촬영하며, 재판에서 최종 무죄판결이 나더라도 폐기되지 않고 보존된다. 한편 우리나라에서는 2023년 들어 '부산 돌려차기 사건'과 '또래 살인사건' 등 강력범죄가 불거지면서, 중대 범죄자에 대한 신상공개제도의 실효성이 도마에 올랐다. 이에 따라 정부와 여당은 머그샷을 공개하는 내용을 포함한 중대범죄신상공개법을 제정하여 2024년 1월 25일부터 시행 중에 있다.

007 노란봉투법

기업이 노조의 파업으로 발생한 손실에 대해 무분별한 손해배상소송 제기와 가압류 집행을 제한하는 등의 내용을 담은 법안이다. '노동조합 및 노동관계조정법 개정안'이라고도 한다. '노란봉투법'이라는 명칭은 2014년 법원이 쌍용차 파업에 참여한 노동자들에게 47억원의 손해를 배상하라는 판결을 내리자 한 시민이 언론사에 4만 7,000원이 담긴 노란봉투를 보내온 데서 유래했다. 해당법안은 19·20대 국회에서 발의됐으나 모두 폐기됐고, 21대 국회에서도 관련 법안이 계류됐다.

008 칩4(Chip4)

2022년 3월 미국이 한국, 일본, 대만과 함께 안정적인 반도체 생산·공급망 형성을 목표로 제안한 반도체동맹으로 미국에서는 팹4(Fab4)라고 표기한다. '칩'은 반도체를, '4'는 총 동맹국의 수를 의미한다. 이는 미국이 추진하고 있는 프렌드쇼어링 전략에 따른 것으로 중국을 배제한 채 반도체 공급망을 구축하겠다는 의도로 풀이되고 있다. 미국은 반도체 제조공정 중 설계가 전문화된 인텔, 퀄컴, 엔비디아 등 대표적인 팹리스업체들이 있고, 대만과 한국은 각각 TSMC, 삼성전자가 팹리스업체가 설계한 반도체를 생산·공급하는 파운드리 분야에서 1, 2위를 다투고 있다. 일본 역시 반도체 소재시장에서 큰 비중을 차지한다.

009 PGII(Partnership for Global Infrastructure and Investment, 글로벌 인프라 파트너십)

2022년 6월 26일 독일 바이에른 엘마우 G7 정상회의에서 공식 출범을 선언한 글로벌 인프라·투자 파트너십이다. 2021년 영국 콘월 G7 정상회의에서 제안한 B3W 구상을 구체화한 것으로 중국 등 권위주의 체제에 맞서 개발도상국의 인프라 개발을 지원하기 위해 출범했다. 중국의 인프라 개발사업인 일대일로에 대응하는 성격을 띤다. 인프라 투자는 기후변화와 청정에너지, 안전하고 개방적인 인터넷·정보 시스템, 성 평등, 보건 등 4대 축을 중심으로 진행되며 기후위기 대응, 무공해에너지 확산, 핵심광물 채굴·제련 과정에서의 환경파괴 최소화, 정보통신망 확대 및 정보보호 강화 등을 위한 인프라 구축에 나설 예정이다.

010 슬로벌라이제이션(Slowbalisation)

영국의 경제 전문 주간지 〈이코노미스트〉가 2020년 커버스토리를 통해 진단한 세계경제 흐름이다. 세계화(Globalization)의 속도가 점차 늦어진다(Slow)는 의미를 담고 있다. 2008년 미국발 금융위기로 인해 많은 국가들이 자국 산업의 보호를 위해 부분적 보호무역주의를 실시했고 코로나19 사태 이후 이 같은 경향이 심화되면서 이러한 진단이 나오게 되었다. 개발도상국의 성장으로 무역 시장의 역할 변화가 이뤄지면서 선진국과 개도국의 관계가 상호 호혜적 관계에서 경쟁적 관계로 변화한 것이 큰 요인이라고 평가된다.

011 비토권

한 사안에 대해서 거부·거절할 수 있는 권리를 말한다. 'Veto'는 거부라는 뜻의 영단어다. 국제연합(UN)의 안전보장이사회(안보리)는 비토권 5개국으로 불린다. 만약 5개국 중 1개국이라도 비토권을 행사하면 해당 국가를 제외하고 만장일치를 이뤄도 안건이 통과되지 않는다. 우리나라에도 비토권이 존재한다. 국회, 즉 입법부에서 의결된 안건을 대통령이 재의 요구할 수 있다. 재의라고 명시되어 있지만 비토권과 같은 역할을 한다. 법률안이 재의되더라도 다시 국회로 넘어와 재적의원 과반수 출석과 출석의원 3분의 2 이상의 동의를 얻으면 법률로서 제정된다.

012 만 나이 통일법

2022년 12월 8일 민법 일부개정법률안과 행정기본법 일부개정법률안이 국회 본회의를 통과했다. 민법 개정안에는 '만 나이' 표현을 명시하고, 출생일을 포함해 나이를 계산하되 출생 후 만 1년이 지나기 전에만 개월 수로 표시하도록 했다. 행정기본법 개정안에도 행정 관련 나이계산을 만 나이로 통일하는 내용이 담겼다. 이로써 개정안 시행 시기인 2023년 6월 28일부터 태어나자마자 먹었던 나이만큼 1~2살 젊어지게 됐다. 그러나 만 나이 통일법 시행에도 취학연령, 주류·담배 구매, 병역 의무, 공무원 시험응시 등에는 계속 연 나이를 적용한다.

013 쿼드(Quad)

미국, 일본, 인도, 호주로 구성된 안보협의체다. 2007년 당시 아베 신조 일본총리의 주도로 시작됐으며 2020년 8월 미국의 제안 아래 공식적인 국제기구로 출범했다. '법치를 기반으로 한 자유롭고 개방된 인도·태평양(FOIP ; Free and Open Indo-Pacific)' 전략의 일환으로 시진핑 중국주석이 이끄는 일대일로를 견제하기 위한 목적도 갖고 있다. 이 때문에 반(反)중국의 성격을 가지고 있는데 당시, 미국은 쿼드를 인도-태평양판 나토(NATO, 북대서양조약기구)로 추진했다. 한편 쿼드는 한국, 뉴질랜드, 베트남이 추가로 참가하는 쿼드 플러스로 기구를 확대하려는 의지를 내비치기도 했다.

014 김용균법

산업재해 방지를 위해 산업현장안전과 기업의 책임을 대폭 강화하는 법안으로서, 2018년에 태안화력발전소 비정규직 노동자였던 고 김용균 씨 사망사건 이후 입법 논의가 시작되어 고인의 이름을 따서 발의된 법안이다. 고 김용균 씨 사망은 원청관리자가 하청노동자에게 직접 업무지시를 내린 불법파견 때문에 발생한 것으로 밝혀져 '죽음의 외주화' 논란을 일으켰다. 이 사건의 원인이 안전관련법안의 한계에서 비롯되었다는 사회적 합의에 따라 산업안전규제 강화를 골자로 하는 산업안전보건법이 2020년에 개정되었고, 이후 산업재해를 발생시킨 기업에 징벌적 책임을 부과하는 중대재해 기업처벌법이 2021년에 입법됐다.

015 파이브 아이즈(Five Eyes)

미국, 영국, 캐나다, 호주, 뉴질랜드 등 영어권 5개국이 참여하고 있는 기밀정보 동맹체다. 2013년 6월 미국 국가안보국(NSA) 요원이던 에드워드 스노든에 의해 그 실상이 알려졌다. 당시 스노든이 폭로한 NSA의 도·감청 기밀문서를 통해 미국 NSA가 영국·캐나다·호주·뉴질랜드 정보기관과 협력해 벌인 다양한 첩보활동의 실태가 드러났다. 파이브 아이즈는 1946년 미국과 영국이 공산권과의 냉전에 대응하기 위해 비밀 정보교류 협정을 맺은 것이 시초로 1960년에 개발된 에셜론(Echelon)이라는 프로그램을 통해 전 세계 통신망을 취합한 정보를 공유하는 것으로 알려져 있다.

016 하이브리드 전쟁

군사적 수단과 비군사적 수단을 동원해 전쟁 상대국의 혼란과 불안을 야기하는 것을 말한다. 재래전을 포함해 가짜뉴스, 정치공작, 사이버 공격, 난민 유입 등 여러 방법으로 상대국에 공포와 혼란을 일으킨다. 모든 수단을 총동원한다는 특징 때문에 '복합전쟁', '비대칭 전쟁'이라고도 한다. 전쟁에는 무력충돌이 반드시 수반되는 데 비해 하이브리드 전쟁은 군사력 사용을 줄임으로써 공격 주체 및 의도가 잘 드러나지 않고 피해자 입장에서는 신속한 방어가 어렵다. 여기에 가능한 모든 수단을 동원해 내부분열, 여론악화, 사회혼란 등을 일으키기 때문에 상대에게 투입한 비용이나 노력보다 훨씬 더 큰 타격을 가할 수 있다.

017 소프트파워(Soft Power)

교육·학문·예술 등 인간의 이성 및 감성적 능력을 포함하는 문화적 영향력을 말한다. 군사력이나 경제력과 같은 하드파워(Hard Power)에 대응하는 개념으로 설득을 통해 자발적 순응을 유도하는 힘을 말한다. 21세기에 들어서며 세계가 군사력을 바탕으로 한 하드파워, 즉 경성국가의 시대에서 소프트파워를 중심으로 한 연성국가의 시대로 접어들었다는 의미로 하버드대 케네디스쿨의 '조지프 나이'가 처음 사용했다. 대중문화의 전파, 특정 표준의 국제적 채택, 도덕적 우위의 확산 등을 통해 커지며, 우리나라를 비롯한 세계 여러 나라에서 자국의 소프트파워를 키우고 활용하기 위한 노력을 계속하고 있다.

018 워싱턴선언

2023년 4월 26일 한미정상회담에서 채택된 선언으로 더욱 확장된 대북억제 조치에 대한 내용을 골자로 한다. 한미 간 핵운용 관련 공동기획과 실행 등을 논의하기 위한 '핵협의그룹(NCG)' 창설 등이 주요 내용이다. 윤석열 대통령은 조 바이든 대통령과의 공동기자회견에서 한미 양국이 북한의 위협에 대응해 핵과 전략무기 운영계획에 대한 정보를 공유하고, 한국의 첨단 재래식 전력과 미국의 핵전략을 결합한 공동작전을 실행하기 위한 방안을 논의할 것이라 밝혔다. 특히 미국의 핵 자산에 대한 정보를 공유하는 것을 두고 김태효 국가안보실 1차장은 '사실상 미국과의 핵공유'라고 강조했다. 그러나 이후 미국 측에서는 "핵공유라고 보지 않는다"고 반박하면서 "한반도에 핵무기를 다시 들여오는 게 아니라는 점을 매우 분명히 하고 싶다"고 덧붙였다.

019 CPTPP

미국이 TPP(환태평양경제동반자협정)에서 탈퇴한 후 일본, 캐나다 등 11개국이 추진해 출범한 무역협정이다. 가입국은 일본, 캐나다, 멕시코, 호주, 뉴질랜드, 베트남, 말레이시아, 싱가포르, 칠레, 페루, 브루나이다. 2018년 3월 11개국이 공식서명하며 출범했고, 그해 12월 30일부터 공식 발효됐다. CPTPP의 원칙은 다양한 제품의 무역에 대한 관세를 전면적으로 철폐하는 것이고, 외국 자본의 투자 규제를 완화하며 자유로이 고급 인력이 이동하는 것을 허용하는 것이다.

020 오커스(AUKUS)

오커스는 미국과 영국, 호주가 2021년 9월 15일 발족한 안보협의체다. 호주(Australia), 영국(United Kingdom), 미국(United States)의 국가명 앞 글자를 따 이름이 붙여졌다. 3국이 정기적으로 교류하며, 인도 태평양 지역의 안보와 평화 구축을 위해 출범했다. 미국과 영국이 호주의 핵잠수함 개발을 지원하는 것이 주요 계획이다. 미국이 태평양 지역에서 중국을 견제하기 위한 목적으로 출범했다는 분석이 나온다.

021 탄소국경세(CBAM ; Carbon Border Adjustment Mechanism)

이산화탄소 배출이 많은 국가에서 생산·수입되는 제품에 부과하는 관세로 '탄소국경조정제도'라고도 한다. 미국 조 바이든 행정부와 유럽연합(EU)이 주도적으로 추진하고 있다. 특히 EU는 2021년 7월, 2030년 유럽의 평균 탄소배출량을 감축하기 위한 입법패키지 '핏 포 55(Fit for 55)'를 발표하면서 탄소국경세 입법안도 함께 공개했다. 유럽 역내로 수입되는 제품 가운데 자국 제품보다 탄소배출량이 많은 제품에 관세를 부과하는 조치다. EU는 2023년 철강, 시멘트, 비료, 알루미늄, 전기, 수소 등 특정 항목에 대하여 CBAM 초안을 발표하였으며, 2025년 EU 기업 80% 이상에 CBAM 적용을 면제하는 규제 간소화를 실시하였다.

022 B3W(Build Back Better for the World)

중국에 대항하기 위해 미국이 추진하는 글로벌 인프라 파트너십이다. 조 바이든 미국 대통령이 2021년 6월 영국에서 열린 G7 정상회의에서 제안한 것으로 중국의 '일대일로(一帶一路)'에 대항하는 글로벌 인프라 파트너십을 말한다. 바이든 대통령의 대선 캠페인 '더 나은 건설(Build Back Better)'에서 차용한 명칭이다. 미국은 약화됐던 민주주의 리더십을 회복하여 동맹국들과 함께 중국의 부상을 견제하는 것은 물론, 주요 인프라를 비롯해 기후·보건·디지털 기술·성평등의 분야에도 집중적으로 자본을 조달한다는 계획이다. G7 정상회담에서 합의된 B3W는 중남미와 아프리카 등 지역에서 기후변화 대응과 보건·디지털화·사회적 평등 등과 관련된 대형 프로젝트를 전개한다는 내용을 담고 있다.

023 SLBM(잠수함 발사 탄도미사일)

잠수함에 탑재되어 잠항하면서 발사되는 미사일 무기로, 대륙 간 탄도미사일(ICBM), 다탄두미사일(MIRV), 전략 핵폭격기 등과 함께 어느 곳이든 핵탄두 공격을 감행할 능력을 갖췄는지를 판단하는 기준 중 하나다. 잠수함에서 발사할 수 있기 때문에 목표물이 본국보다 해안에서 더 가까울 때에는 잠수함을 해안에 근접시켜 발사할 수 있으며, 조기에 모든 미사일을 탐지하기가 어렵다는 장점이 있다. 북한은 2021년 초 미국 바이든 행정부 출범을 앞두고 신형 잠수함 발사 탄도미사일(SLBM) '북극성-5형'을 공개했다. 우리나라는 지난 2021년 9월 15일 독자개발한 SLBM 발사시험에 성공하면서 세계 7번째 SLBM 운용국이 됐다.

024 중국이 발표한 주요 정책 관련 한자어

쌍궤병행(雙軌竝行)	한반도 비핵화 프로세스와 북미 평화 협정을 진행시키자는 것으로, 중국이 제시한 한반도 핵문제 해결 방안이다.
쌍중단(雙中斷)	북한의 핵·미사일 개발과 대규모 한미 연합훈련을 동시에 중단하자는 것이다.
삼불일한(三不一限)	한중 관계 회복을 위해 중국이 요구한 조건이다. 사드 추가 배치 금지, 미국 MD(미사일 방어체계) 가입 금지, 한·미·일 군사동맹 금지, 배치한 사드의 한계적 사용이 해당한다.
일대일로(一帶一路)	중국을 중심으로 육상·해상 실크로드 주변의 60개국을 포함한 거대 경제권을 구축하려는 중국의 대외 경제 전략이다.
흑묘백묘(黑猫白猫)	1970년대 등소평이 인민을 잘살게 하기 위해선 개혁·개방과 자본주의도 받아들일 수 있다며 꺼낸 말로, '검은 고양이든 흰 고양이든 인민을 잘살게 하면 그만이듯이 공산주의, 자유주의 정책을 구분하지 않겠다'는 의미가 담겨 있다.

025 ICAN

핵무기폐기국제운동(ICAN ; International Campaign to Abolish Nuclear Weapons)은 101개국의 468개 연대 단체가 활동하는 국제비정부기구(NGO) 연합체이다.

026 세컨더리 보이콧

제재국가와 거래하는 제3국의 기업, 은행, 정부 등에 광범위한 제재를 가하는 것을 말한다. 북한에 대한 유엔 제재 중 정상적인 경제활동이더라도 제재국과 거래하는 제3국의 기업과 은행, 정부 등에도 제재를 가하는 강력한 제재방식으로 장거리 탄도 미사일 발사에 대한 대북제재 중 수위가 가장 높은 방식이다.

027 자율협약

경영난에 빠진 기업과 돈을 빌려준 금융회사로 구성된 채권단이 맺는 경영지원 협약을 말하는데, 주로 제1금융권, 즉 시중은행으로 채권단이 구성된다. 기업이 지원을 요청하면 채권단이 실사를 통해 지원 여부를 결정한다. 자율협약이 진행되려면 채권단의 100% 동의를 얻어야 한다.

028 엽관제도(Spoils System)

19세기 중반 미국에서 성행한 공무원 임용제도에서 유래한 것으로 정당에 대한 공헌이나 인사권자와의 친밀도를 기준으로 공무원을 임용하는 인사관행을 말한다.

029 리쇼어링(Reshoring)

해외에 나간 자국기업을 각종 세제 혜택과 규제 완화 등을 통해 자국으로 불러들이는 정책이다.

030 연결되지 않을 권리

퇴근 후 직장 상사로부터 이메일이나 전화, 메시지, SNS에 응답하지 않아도 되는 권리를 말한다. 디지털 시대를 살아가고 있는 근로자들의 사생활 보호와 자유권을 보장하기 위하여 프랑스에서 처음으로 법률로써 명문화하였다. 2017년 1월 1일부터 프랑스 근로자들은 업무시간 외에는 상사의 연락에 응답하지 않아도 된다.

031 국민의 4대 의무
대한민국 헌법은 국민의 기본적 의무에 대해 납세·국방·교육·근로·재산권의 행사·환경보전의 의무 6가지 의무로 규정하고 있다. 그중 근로의 의무, 납세의 의무, 국방의 의무, 교육의 의무를 국민의 4대 의무라 한다.

032 게리맨더링(Gerrymandering)
1812년 미국 매사추세츠 주지사 게리가 당시 공화당 후보에게 유리하도록 선거구를 재조정하였는데 그 모양이 마치 그리스 신화에 나오는 샐러맨더와 비슷하다고 한데서 유래한 말이다. 즉, 특정 정당이나 후보자에게 유리하도록 선거구를 인위적으로 조작하는 것을 의미하며, 이를 방지하기 위해 선거구 법정주의를 채택하고 있다.

033 국가의 3요소
국가가 존립하기 위해서는 국민(사람)과 영토, 주권(정부)이라는 3가지 요소가 있어야 한다. 그중 주권은 국가의 의사를 결정할 수 있는 권력을 말한다.

034 국회가 하는 일
- **입법에 관한 일** : 법률제정, 법률개정, 헌법개정 제안·의결, 조약체결·비준 동의
- **재정에 관한 일** : 예산안 심의·확정, 결산 심사, 재정 입법, 기금심사, 계속비 의결권, 예비비 지출 승인권, 국채동의권, 국가의 부담이 될 계약체결에 대한 동의권
- **일반 국정에 관한 일** : 국정감사·조사, 탄핵소추권, 헌법기관 구성권, 긴급명령·긴급재정경제처분 명령 승인권, 계엄해제 요구권, 일반사면에 대한 동의권, 국무총리·국무위원 해임건의권, 국무총리·국무위원·정부위원 출석 요구권 및 질문권

035 국회의원의 특권
- **면책특권** : 국회의원이 국회에서 직무상 행한 발언과 표결에 대해 국회 외에서 책임을 지지 아니하는 특권을 말한다. 그러나 국회 내에서는 책임을 추궁할 수 있다.
- **불체포특권** : 국회의원은 현행범인 경우를 제외하고는 회기 중에 국회의 동의 없이 체포 또는 구금되지 아니하며, 회기 전에 체포·구금된 때에는 현행범이 아닌 한, 국회의 요구가 있으면 회기 중 석방되는 특권을 말한다.

036 대통령의 지위와 권한
선출 방식이나 임기는 나라 또는 정부 형태에 따라 다르다.
- **국가 원수로서의 권한** : 긴급 명령권, 조약 체결·비준권, 국민투표 부의권 등
- **행정부 수반으로서의 권한** : 국군 통수권, 법령 집행권, 국가 대표 및 외교에 관한 권한 등

037 독트린(Doctrine)
어원은 종교의 교리나 교의를 뜻하는 말인 라틴어 'Doctrina'이다. 정치나 학문 등의 '주의' 또는 '신조'를 나타내는 뜻으로 쓰이거나, 강대국 외교 노선의 기본 지침으로 대내외에 천명될 경우에도 사용된다.

038 재정신청제(裁定申請制)

기소편의주의와 기소독점주의를 견제하기 위한 제도로 경찰, 검찰 등 수사공무원이 직무와 관련해 범죄를 저질렀을 때, 검찰이 공정성을 잃을 경우 이를 바로잡기 위해 만든 제도이다.

039 민주 선거의 4대 기본 원칙

- **보통선거** : 18세 이상 국민은 성별·재산·종교·교육에 관계없이 선거권을 주는 제도 ↔ 제한선거
- **평등선거** : 모든 유권자에게 한 표씩 주고, 그 한 표의 가치를 평등하게 인정하는 제도 ↔ 차등선거
- **직접선거** : 선거권자가 대리인을 거치지 않고 자신이 직접 투표 장소에 나가 투표하는 제도 ↔ 대리선거
- **비밀선거** : 누구에게 투표했는지 알 수 없게 하는 제도 ↔ 공개선거

040 신의성실의 원칙

신의성실에 반하는 권리의 행사는 권리남용이 되고, 의무이행도 신의성실의 원칙에 반할 때에는 의무불이행으로 간주된다. 신의성실의 원칙은 사법은 물론, 공법에도 적용되는 일반원칙(행정법상, 민사소송법상의 신의성실의 원칙 등)으로서 권리의 행사와 의무의 이해에 관한 적정성의 판단기준이며, 법률행위(계약 등)의 해석원리이다.

041 언더독(Under Dog) 효과

개싸움 중에 밑에 깔린 개(Under Dog)가 이기기를 바라는 마음과 절대 강자에 대한 견제심리가 발동하게 되는 현상으로, 선거철에 유권자들이 지지율이 약한 후보에게 동정표를 주는 현상을 말한다. 여론조사 전문가들은 밴드왜건 효과와 언더독 효과가 동시에 발생하기 때문에 여론조사 발표가 선거결과에 미치는 영향은 중립적이라고 보고 있다.

042 선거구(選擧區)

- **소선거구제** : 선거구별 1인을 선출하는 제도로 다수대표제와 연관된다.

장점	• 군소정당의 난립을 방지하여 정국의 안정 촉진 • 후보자에 대한 판단이 쉬워 정확한 선택 가능 • 투표율이 높고 선거공영제 실시 유리
단점	• 사표가 많이 발생함 • 부정선거가 이뤄질 수 있으며 소수당에 불리함

- **중선거구제** : 선거구별 2~4인을 선출하는 제도로 소수대표제와 관련 있다.

장점	• 사표를 방지할 수 있음 • 지연, 혈연에 의한 당선을 줄이고 신진세력 진출에 용이
단점	• 선거비용이 증가하고, 관리가 어려움 • 후보자가 난립하고, 후보자에 대한 판단이 어려움

043 우리나라 국회의원 선거 채택제도

- **직접선거** : 선거권자가 후보자에게 직접 투표하는 제도
- **소선거구제** : 선거구마다 한 사람의 대표를 선출하는 제도
- **다수대표제** : 한 선거구에서 최다 득표자 한 사람만을 당선시키는 제도
- **선거구 법정주의** : 특정 정당·후보자에게 유리하지 않도록 국회가 선거구를 법률로 정함
- **비례대표제** : 각 정당별로 득표비율에 따라 의석을 배정하는 제도
- **선거공영제** : 국가기관(선거관리위원회)이 선거를 관리하는 제도로, 선거의 공정성 확보를 목적으로 하며 선거운동의 기회균등·선거비용의 국가부담을 내용으로 한다.
- **지역대표제** : 일정 지역을 기준으로 선거구를 확정하여 대표자를 선출하는 제도

044 치킨게임(Chicken Game)

1970년대 미국 청년들 사이에서 유행한 자동차 게임이론에서 유래되었는데, 두 대의 차량이 마주보며 돌진하다가 충돌 직전에 누군가 양보하지 않으면 양쪽 모두 자멸하게 된다는 게임의 이름이다. 1950~1970년대 미국과 소련 사이의 극심한 군비경쟁을 꼬집는 용어로 사용되면서 국제정치학 용어로 정착되었다. 그 예로는 한 국가만의 정치나 노사협상, 국제외교 등에서 상대의 양보를 기다리다가 파국으로 끝나는 것 등이 있다.

045 캐스팅보트(Casting Vote)

합의체의 의결에서 가부동수인 경우에 의장이 가지는 결정권이다. 또한, 양대 당파의 세력이 거의 비슷하여 제3당이 비록 소수일지라도 의결의 가부를 좌우할 경우에도 제3당이 캐스팅보트를 쥐고 있다고 말한다.

046 포퓰리즘(Populism)

'대중영합주의' 혹은 '민중주의'라고도 하며 1870년대 러시아의 브나로드(V narod)운동에서 비롯된 정치적 이데올로기이다. 현대의 포퓰리즘은 정치적인 목적으로 일반대중, 저소득계층, 중소기업 등의 지지를 확보하기 위해 본래의 목적은 뒤로한 채 취하는 지나친 대중화를 일컫는다.

047 동해병기

국제적으로도 동해의 명칭 문제는 시비가 끊이지 않고 있다. 지금은 일본의 영향력으로 지도에 일본해가 훨씬 더 많이 표기되어 있지만, 18세기 후반까지만 하더라도 한국해(Sea of Korea)가 더 많이 표기되어 있었다. 현재 동해의 명칭은 우리나라에서는 동해, 북한에서는 조선동해, 일본에서는 니혼카이(日本海 : 일본해), 러시아에서는 야폰스코예모레(일본해)로 부른다.

048 10 · 4 남북공동선언

2007년 10월 2~4일까지 평양에서 열린 제2차 남북정상회담에서 노무현 대통령과 북한의 김정일 국방위원장이 회담을 통해 함께 채택하고 선언한 남북공동선언이다. 6 · 15 남북공동선언의 적극 구현, 상호 존중과 신뢰의 남북관계로 전환, 군사적 적대관계 종식, 한반도 핵(核) 문제 해결을 위한 3자 또는 4자 정상회담추진, 남북 경제협력사업의 적극 활성화, 사회문화 분야의 교류와 협력, 이산가족 상봉 확대 등을 내용으로 한다.

049 6·15 남북공동선언

김대중 대통령은 2000년 6월 13~15일 북한 평양을 방문하여 김정일 국방위원장과 분단 55년 만의 첫 남북 정상회담을 갖고 마지막 날인 6월 15일에 6·15 남북공동선언을 발표하였다. 합의된 5개항은 통일문제의 자주적 해결, 1국가 2체제의 통일방안 협의, 이산가족 문제의 조속한 해결, 경제협력 등을 비롯한 남북 간 교류의 활성화, 조속한 당국 대화 개최 등이다.

050 4자회담

남·북한 정전협정은 6·25 전쟁 후 교전 당사자인 미국(유엔군), 중국, 북한 3자간이 체결한 것으로, 4자회담은 여기에 새롭게 한국이 참여해 남·북한과 미국, 중국 4개국이 기존의 정전협정을 평화협정으로 대체하자는 것이다. 1996년 제주에서 열린 '한·미 정상회담'에서 김영삼 대통령과 미국 빌 클린턴 대통령이 '한·미 공동 발표문'을 통해 개최를 제의했다. 1997년 제네바에서 1차 회담을 가지고 1999년까지 6차에 걸쳐 회담이 진행됐지만 주목할 만한 해법이나 성과를 이끌어내지는 못했다.

051 6자회담

2002년 10월 북한의 핵 개발 의혹이 제기되면서 2003년 북한은 핵확산금지조약(NPT) 탈퇴를 선언한 뒤 북한의 핵 포기를 강력하게 주장하는 미국과의 대립 구도 속에서 북한의 핵 문제를 평화적으로 해결하고 한반도의 평화 체제를 구축하자는 차원에서 6자회담이 제안되었다. 제1차 회담은 2003년 8월 중국 베이징에서 개최되었고 2007년 9월까지 모두 6차례 회담이 열렸다. 2007년 제6차 회담에서는 북한이 핵시설을 불능화하고, 핵 프로그램을 신고하면 미국은 북한을 테러지원국 명단에서 삭제하고 적성국 무역법에 따른 제재해제 및 중유를 제공하기로 하는 내용의 '10·3 합의'가 채택되었다. 그러나 2008년 12월 핵 검증 의정서 채택 실패로 실행되지는 못하였다.

052 7·4 남북공동성명

서울에서는 이후락 중앙정보부장, 평양에서는 김영주 노동당 조직지도부장을 대리하여 제2부수상 박성철이 동시에 성명을 발표하였다. 이 성명은 통일의 원칙으로 자주·평화·민족 대단결의 3대 원칙을 공식 천명하였다. 이 밖에도 상호 중상비방(中傷誹謗)과 무력도발의 금지, 다방면에 걸친 교류 실시 등에 합의하고 합의 사항의 추진과 남북 사이의 문제해결 및 통일문제의 해결을 위해 남북조절위원을 구성·운영하기로 하였다. 그러나 통일논의를 자신의 권력 기반 강화에 이용하려는 남·북한 권력자들의 정치적 의도로 인해 방향성을 잃게 되었고, 김대중 납치사건(1973년 8월)을 계기로 조절위원회마저 중단되었다.

053 뉴거버넌스

국가 정부의 주도하에 이루어졌던 고전적 거버넌스와 달리 시민사회를 국정운영에 포함시킴으로써 정부와 민간의 협력적 네트워크를 형성하고, 시민사회의 민주적 참여를 중시한다.

054 외국인투자촉진법(외촉법)

1998년 제정되었으며 외국인 투자에 대한 지원과 편의 제공 등에 관하여 규정한 법률이다. 외국인 투자는 외국인이 외국인투자촉진법에 의해 한국의 법인 및 기업의 경영활동에 참여하기 위해 기업의 주식 등을 보유하는 것을 말한다. 이 법에 의하여 우리나라에 투자하는 외국인은 법인세 등의 감면, 관세면제 등 조세특례를 받을 수 있다. 한국의 법인이나 기업에 투자를 하고자 하는 외국인은 미리 산업통상자원부 장관에게 신고하여야 한다.

055 작계-5027

작계는 작전계획의 줄임말로 한반도 작전계획은 작계-5026, 작계-5027, 작계-5028, 작계-5029, 작계-5030 등이 있다. 주한미군을 지휘하는 미 태평양사령부가 계획을 총괄한다. 앞의 숫자인 '50'은 미 국방부 작전 암호상 한반도 지역을 뜻하고, 뒤의 두 자리 숫자는 상황에 따른 계획을 뜻한다. 1974년에 처음 만들어진 작계-5027은 미국이 주도적으로 작성하며 1~2년마다 개정되고 있다. 한편, 전시작전권 반환을 2025년으로 조정하면서 작계-5027을 대체할 예정이었던 공동작계-5015의 도입도 무산되었다.

056 자유무역협정(FTA ; Free Trade Agreement)

국가 간의 자유로운 무역을 위해 무역 장벽, 즉 관세 등의 여러 보호 장벽을 철폐하는 것으로 경제 통합의 두 번째 단계이다. 이로써 좀 더 자유로운 상품거래와 교류가 가능하다는 장점이 있으나 자국의 취약산업 등의 붕괴 우려 및 많은 자본을 보유한 국가가 상대 나라의 문화까지 좌지우지한다는 점에서 논란이 많다. 상호 간에 관세는 폐지하지만 협정국 외의 다른 나라에 대한 관세를 동일하게 설정할 필요는 없는 것이 관세 동맹과의 차이점이다. 2025년 4월 트럼프 대통령이 한국에 대한 25% 관세를 발표하면서 논란의 대상이 되고 있다.

057 북방한계선(NLL ; Northern Limit Line)

해양의 북방한계선은 서해 백령도·대청도·소청도·연평도·우도의 5개 섬 북단과 북한 측에서 관할하는 옹진반도 사이의 중간선을 말한다. 1953년 이루어진 정전협정에서 남·북한 간 육상경계선만 설정하고 해양 경계선은 설정하지 않았는데, 당시 주한 유엔군 사령관이었던 클라크는 정전협정 직후 북한과의 협의 없이 일방적으로 해양경계선을 설정했다. 북한은 1972년까지 이 한계선에 이의를 제기하지 않았으나, 1973년부터 북한이 서해 5개 섬 주변 수역을 북한 연해라고 주장하며 NLL을 인정하지 않고 침범하여 남한 함정들과 대치하는 사태가 발생하기도 했다.

058 비무장지대(DMZ ; Demilitarized Zone)

비무장지대에는 군대의 주둔이나 무기의 배치, 군사시설의 설치가 금지된다. 주로 적대국의 군대 간에 발생할 수 있는 무력충돌을 방지하거나, 운하·하천·수로 등의 국제교통로를 확보하기 위해서 설치된다. 한국의 DMZ는 군사분계선(MDL)을 중심으로 남북 2km, 약 3억 평의 완충지대이다.

059 필리버스터(Filibuster)

주로 소수파가 다수파의 독주를 저지하거나 의사진행을 막기 위해 합법적인 방법을 이용하여 고의적으로 방해하는 것이다. 장시간 연설, 신상 발언의 남발, 의석 이탈 행위 등의 방법이 있다. 정국을 불안정하게 만드는 요인이 되기도 하기 때문에 우리나라 등 많은 나라들은 발언시간 제한 등의 규정을 강화하고 있다.

060 양해각서(MOU ; Memorandum of Understanding)

국가 간 정식계약 체결에 앞서 이루어지는 문서로 된 합의이다. 당사국 사이의 외교교섭 결과에 따라 서로 양해된 사항을 확인·기록하거나, 본 조약·협정의 후속 조치를 목적으로 작성한다. 공식적으로는 법적 구속력을 갖지 않지만 조약과 같은 효력을 갖는다. 포괄적 개념으로는 국가기관 사이, 일반기관 사이, 일반기업 사이 등에서도 다양한 문서의 형태로 이루어질 수 있다.

061 방공식별구역(ADIZ ; Air Defense Identification Zone)

방공식별구역은 국제법적으로 인정되는 것은 아니며, 임의로 선포하는 것이다. 하지만 다른 나라가 이를 인정한 이후에는 해당 공역에 진입하기 전에 미리 비행계획을 제출하고 진입 시 위치 등을 통보해줘야 한다. 2013년 중국이 이어도와 댜오위다오를 포함하는 새로운 CADIZ를 선포한 데 대응하여, 한국도 이어도를 포함하는 KADIZ를 선포하였다.

062 재스민 혁명

2010~2011년까지 튀니지에서 일어난 혁명을 튀니지의 국화에 빗대어 재스민 혁명이라 부른다. 대학 졸업 후 취직을 하지 못하고 무허가 노점상을 하던 한 청년이 경찰의 단속에 걸리자 이에 항의하며 분신자살을 했고, 이 사건을 발단으로 독재정권에 불만이 쌓여 있던 시민들이 전국적인 민주화 시위를 벌였다. 결국 지네 엘아비디네 벤 알리 튀니지 대통령은 사우디아라비아로 망명했다. 이러한 튀니지 혁명은 아프리카 및 아랍권에서 쿠데타가 아닌 민중봉기로 독재정권을 무너뜨린 첫 사례가 되었고, 이집트, 알제리, 예멘, 요르단, 시리아 등의 주변국에까지 민주시위가 점차 확산되는 계기를 만들었다.

063 전시작전통제권(WOC ; Wartime Operational Control)

평상시에는 작전통제권을 우리가 갖고 있지만 대북정보태세인 '데프콘'이 적의 도발 징후가 포착되는 상황인 3단계로 발령되면 한미연합사령관에게 통제권이 넘어가도록 되어 있다. 다만 수도방위사령부 예하부대 등 일부 부대는 작전통제권이 이양에서 제외돼 유사시에도 한국군이 독자적으로 작전권을 행사할 수 있다. 2007년 미국 워싱턴에서 열린 한·미 국방장관 회담에서 전시작전통제권을 2012년 4월 17일부로 우리 군으로 환수하기로 하였으나, 2014년 한미안보협의회(SCM)에서 전환 시기를 정하지 않고 무기한 연기하였다. 김명수 합동참모본부 의장은 2024년 전작권 전환은 정상 추진되고 있다고 밝혔다.

064 이어도

마라도에서 서남쪽 149km에 위치한 수중암초로 가장 높은 곳은 해수면 약 4.6m 아래에 위치하고 있다. 한국과 중국 그리고 일본의 방공식별구역이 서로 겹치고 있는 지역이다. 우리나라는 2003년 이어도 해양과학기지를 준공하였다. 우리나라는 배타적 경제 수역(EEZ)은 영해로부터 일반적으로 200해리 지점이나, 두 나라의 수역이 겹칠 경우, 그 중간지점을 기준으로 삼는 국제 해양법 재판소 중간선 원칙을 근거로 부근해역은 한국 관할지역이라고 주장하고 있다. 중국은 대륙붕을 기준으로 정하여야 한다면서 관할권을 주장하고 있다.

065 키 리졸브(Key Resolve)

키 리졸브는 '중요한 결의'라는 뜻으로, 한반도에 전쟁이 발발했을 때 대규모 미 증원군 병력·장비를 신속하고 안전하게 최전방 지역까지 파견·배치하는 절차를 숙달하는 연합 전시증원 훈련이다. 1976년부터 1993년까지 매년 실시되었던 대규모 한·미 연합훈련인 팀 스피리트 훈련이 1994년 북한과 핵 협상의 와중에 취소되자 이를 대체하여 RSOI 연습이 실시되었고, 2008년에 키 리졸브 훈련으로 이름을 바꾸었다. 한미연합사령부가 주관하고 주한미군사령부, 각 구성군 사령부 요원들이 참여하며 2002년부터 야외 기동훈련인 독수리연습(Foal Eagle)과 통합하여 실시하고 있으나, 북한은 훈련실시 때마다 강력하게 반발하고 있다.

066 군사분계선(MDL ; Military Demarcation Line)

한국의 경우 1953년 7월 유엔군 측과 공산군 측이 합의한 정전협정에 따라 규정된 휴전의 경계선을 말하며, '휴전선'이라 한다. 휴전선의 길이는 약 240km이며, 남북 양쪽 2km 지역을 비무장지대로 설정하여 완충구역으로 둔다. 정전협정 제1조는 양측이 휴전 당시 점령하고 있던 지역을 기준으로 군사분계선을 설정하고 상호 간에 이 선을 침범하거나 적대행위를 하는 것을 금지하고 있다.

067 일국양제(一國兩制)

한 국가 안에 두 체제가 공존한다는 뜻으로 1980년대 덩샤오핑이 영국으로부터 홍콩을, 포르투갈로부터 마카오를 반환받고자 할 때 제안한 것이다. 반환 이후에도 두 도시의 자유주의·자본주의 체제를 보장할 것을 시민들과 상대국에게 보장함으로써 1997년에 홍콩을, 1999년에 마카오를 반환받을 수 있었다. 현재 홍콩과 마카오는 중국의 특별자치구 기본법에 의거하여 고도의 자치권을 영유할 수 있으며, 독자적인 외교권을 행사할 수 있게 되어 있다.

068 핵확산금지조약(NPT ; Nuclear Non-proliferation Treaty)

1968년 미국, 소련, 영국 등 총 56개국이 핵무기 보유국의 증가 방지를 목적으로 체결하였고 1970년에 발효된 다국 간 조약이다. 핵보유국에 대해서는 핵무기 등의 제3자로의 이양을 금지하고 핵군축을 요구한다. 비핵보유국에 대해서는 핵무기 개발·도입·보유 금지와 원자력시설에 대한 국제원자력기구(IAEA)의 사찰을 의무화하고 있다. 우리나라는 1975년 86번째로 정식 비준국이 되었으며, 북한은 1985년 가입했으나 IAEA가 임시 핵사찰 이후 특별핵사찰을 요구한 데 반발하여 1993년 3월 NPT 탈퇴를 선언하였다. 하지만 같은 해 6월 미국과의 고위급회담 후에 탈퇴를 보류하였으나, 2002년에 불거진 북한 핵개발 문제로 2003년 1월 다시 NPT 탈퇴를 선언하였다.

069 기소독점주의(起訴獨占主義)

공소를 제기하고 수행할 권한을 검사가 독점하는 것으로 다시 말하면 재판을 받게 할지 여부를 결정할 수 있는 권한을 오직 검사만 갖는다는 뜻이다. 우리나라는 '공소는 검사가 제기하여 수행한다(형사소송법 제246조)'고 규정하여 기소독점주의와 기소편의주의를 채택하고 있다. 기소독점주의는 공소제기(公訴提起)의 권한을 검사에게만 부여하는 것이며, 기소편의주의는 형사소송법상 공소의 제기에 관하여 검사의 재량을 허락하고 불기소(기소유예와 무혐의 처분)를 인정하는 제도이다.

070 기소유예(起訴猶豫)

소송조건을 준비하여 범죄의 객관적 혐의가 있는 경우라도 범인의 연령, 지능, 환경, 피해자에 대한 관계, 범행동기와 수단, 결과, 범죄 후의 정황 등의 사항을 참작하여 공소를 제기할 필요가 없을 때 검사는 공소를 제기하지 않을 수 있다. 이 제도는 범행이나 범죄인의 성격 및 행위 등 제반 사항을 참작하여 재판에 회부하지 않고 범죄인에게 다시 기회를 주자는 형사정책상의 배려에서 비롯되었다.

071 조세법률주의(租稅法律主義)

근대 세제의 기본원칙 중 하나이자 법률의 근거 없이 조세를 부과하거나 징수할 수 없다는 원칙으로, 근대국가는 모두 이 주의를 인정하고 있다(헌법 제59조). 조세법률주의는 국민의 재산권 보호와 법률생활의 안정 도모를 목적으로 하고 과세요건법정주의, 과세요건 명확주의, 소급과세의 금지, 합법성의 원칙을 그 내용으로 한다.

072 상소제도

- **항소** : 제1심 판결에 불복하여 고등법원 또는 지방법원 합의부에 다시 재판을 청구하는 절차이다.
- **상고** : 제2심 판결에 불복하여 대법원에 재판을 청구하는 절차이다.
- **항고** : 판결 이외의 법원의 결정이나 명령에 불복하여 상급 법원에 다시 상소하는 절차이다.

073 죄형법정주의(罪刑法定主義)

어떤 행위가 범죄가 되고, 그 범죄에 대하여 어떤 처벌을 할 것인가는 미리 성문 법률에 규정되어 있어야 한다는 원칙이다. '법률이 없으면, 범죄도 없고, 형벌도 없다'는 형식적 법치주의로 표현된다.

074 판옵티콘(Panopticon)

판옵티콘은 '모두'를 뜻하는 'Pan'과 '본다'는 뜻의 'Opticon'을 합성한 것이다. 계몽시대 공리주의사상가 제러미 벤담이 죄수를 감시할 목적으로 고안한 원형감옥으로, 중앙의 감시탑과 이를 둘러싼 개인감방들로 구성된다. 감시탑 안에서는 감방 속 수감자들의 일거수일투족을 속속들이 들여다볼 수 있다. 1975년 프랑스의 철학자 푸코가 그의 저서 〈감시와 처벌〉에서 컴퓨터 통신망과 데이터베이스를 개인의 사생활 감시 또는 침해 대상으로 비유하여 감시체계의 원리를 재조명하였다.

075 플리바게닝(Plea Bargaining)

검찰 등 수사기관이 여러 건의 죄를 저지른 피의자를 수사할 때 일단 하나의 혐의로 구속한 뒤 조직 범죄의 몸통을 밝힐 수 있도록 피의자와 유죄협상을 거래한다. 수사의 편의와 효율성 도모라는 취지이지만 수사권 남용을 우려하는 목소리도 있다.

076 헌법재판소(憲法裁判所)

1987년 이전에는 대법원과 헌법위원회가 헌법재판소의 기능을 담당하였으나 제6공화국 때 개정된 헌법에 의해 1988년 헌법재판소가 출범하였다. 헌법재판소장은 대통령이 국회의 동의를 얻어 임명하며 재판관은 총 9명으로 대통령과 국회, 대법원장이 각각 3명씩 선출하고 대통령이 임명한다. 헌법재판소 재판관의 임기는 6년이며 연임이 가능하고 정년은 70세이다. 헌법재판소 재판관은 정당에 가입하거나 정치에 관여할 수 없고, 탄핵 또는 금고 이상의 형의 선고에 의하지 아니하고는 파면되지 않는다.

077 야경국가

시장에 대한 개입을 최소화하고 질서 유지 임무만을 수행하는 국가이다. 독일의 사회주의자 F. 라살이 그의 저서 〈노동자 강령〉에서 당시 영국 부르주아의 국가관을 비판하는 뜻에서 쓴 것으로, 국가는 외적의 침입을 막고 국내 치안을 확보하여 개인의 사유재산을 지키는 최소한의 임무만을 행하며, 나머지는 자유방임에 맡길 것을 주장하는 국가관을 말한다.

078 미란다(Miranda)

피통치자가 정치권력에 대해 무조건적으로 신성함과 아름다움을 느끼고 예찬하는 비합리적 상황을 가리키는 말로 셰익스피어의 희곡 〈템페스트(The Tempest)〉의 여주인공 이름인 '미란다'에서 유래했다. 미란다의 조작 방식으로 국가적 영웅의 이야기, 국가기념일, 국기, 제복 등의 형식을 만들어낸다.

079 조어도 분쟁

조어도를 둘러싼 일본과 중국·대만 간의 영유권 분쟁을 말한다. 조어도는 일본 오키나와에서 약 300km, 대만에서 약 200km 떨어진 동중국 해상 8개 무인도다. 현재 일본이 실효 지배하고 있으나 중국과 대만이 영유권을 주장하고 있다. 조어도의 전체 면적은 6.3㎢에 불과하지만, 배타적 경제수역(EEZ)의 기점으로 경제·전략적 가치가 높다.

080 섀도 캐비닛(Shadow Cabinet)

그림자 내각이라는 의미로, 야당에서 정권을 잡았을 경우를 예상하여 조직하는 내각을 말한다. 19세기 이후 영국에서 시행되어온 제도로 야당이 정권획득을 대비하여 총리와 각료로 예정된 멤버를 미리 정해두는 것이다. 즉, 야당 최고 간부들 사이에 외무, 내무, 노동 등 전담부서를 나누고 있으며 이는 집권 뒤에도 연장된다. 그리고 정권을 획득하면 그 멤버가 내각을 구성하여 당 운영의 중추가 된다.

081 징고이즘(Jingoism)

편협한 애국주의, 맹목적인 주전론, 대외적 강경론을 말한다. 1877년 러시아 투르크 전쟁에서 영국의 대러시아 강경책을 노래한 속가 속에 'By Jingo'는 '어림도 없다'는 뜻에서 유래했다. 자신의 집단(국가, 민족)을 다른 집단보다 우월하다고 여기며 특히 자신의 집단적 이해를 위해 다른 집단들에 대해 실제적 위협을 가하거나 위협적 행위를 보이는 것 등을 일컫는다.

082 코이카(KOICA)

1991년 4월 1일 설립된 한국국제협력단(KOICA ; Korea International Cooperation Agency)은 대한민국의 대외 무상 협력 사업을 주관하는 외교통상부 산하 정부출연기관이다. 주요 활동으로는 건물, 시설물 및 기자재 등을 이용한 물적 협력과 전문가 파견 및 연수생 초청사업, 월드프렌즈코리아 해외봉사단 파견, 글로벌 연수사업, 국제기구, NGO, 수원국 정부와의 파트너십을 통한 인도적 지원 및 해외긴급구호, ODA연구교육 평가, 민간협력사업 등을 전개하고 있다.

083 이지스함

이지스함은 이지스 시스템을 탑재한 구축함으로, 동시에 최고 200개의 목표를 탐지·추적하고 그중 24개의 목표를 동시에 공격할 수 있다. 이지스 레이더는 최대 1,000km 밖의 적 항공기를 추적할 수 있고, 탄도미사일의 궤적까지 탐지할 수 있다. 현재 이지스함 보유국으로는 우리나라를 포함해 미국, 일본, 스페인, 노르웨이, 호주 등이 있다. 우리나라의 이지스함에는 세종대왕함, 율곡이이함, 서애류성룡함이 있으며, 2024년 정조대왕함이 취역함으로써 총 4척의 이지스함을 보유 중이다.

084 스핀닥터(Spin Doctor)

정부 고위관료와 국민 간의 의사소통을 돕는 전문가로 정책을 시행하기 전에 국민들의 의견을 대통령에게 전달하여 설득하고, 대통령의 의사를 국민에게 설명하는 역할을 한다. 이러한 과정에서 대통령에게 유리한 여론을 조성하거나 왜곡할 수 있다.

085 호르무즈해협(Hormuz Strait)

페르시아만과 오만만을 잇는 좁은 해협으로, 북쪽으로는 이란과 접하며 남쪽으로는 아랍에미리트에 둘러싸인 오만의 월경지이다. 이 해협은 페르시아만에서 생산되는 석유의 주요 운송로로 세계원유 공급량의 30% 정도가 영향을 받는 곳이기도 하다. 미국이 이란에 대해 경제제재 조치를 가하자 이 해협을 봉쇄하겠다고 맞선 분쟁지이다.

086 FFVD(Final Fully Verified Denuclearization)

최종적이고 완전히 검증된 비핵화를 말한다. 마이크 폼페이오 미 국무장관이 지난 2018년 7월 세 번째로 북한을 방문하기에 앞서 언급하면서 알려진 비핵화 용어이다. "충분히 검증된, 최종적 비핵화"라는 말은 온전한 신뢰가 바탕이 되는 비핵화 의지를 드러낸 것이다. "완전하고 검증 가능하며 되돌릴 수 없는 핵폐기, CVID"에 비하면 표현은 부드럽지만 비핵화 의지만은 똑같이 확고한 용어이다.

087 ICBM(Intercontinental Ballistic Missile)

대륙간 탄도 미사일을 말한다. 5,500km 이상 사정거리의 탄도미사일로 핵탄두를 장착하고 한 대륙에서 다른 대륙까지 공격이 가능하다. 1957년 러시아는 세계 최초의 ICBM인 R-7을 발사했고, 미국은 1959년부터 배치하기 시작했다. 현재 미국, 러시아, 중국, 인도, 이스라엘 등 5개국이 공식적으로 ICBM을 보유하고 있다. 북한 역시 1990년대부터 ICBM 개발에 나섰다. 우리 군은 2019년 이래로 ICBM 타격이 가능한 최신예 스텔스 전투기인 F-35A를 도입했다.

088 한미 방위비분담 특별협정(SMA)

한미가 주한미군 주둔 비용의 분담을 위해 1991년부터 하고 있는 협정이다. 영어로는 SMA(Special Measures Agreement)다. 방위비 분담금은 미군이 한국에서 고용하는 근로자의 인건비(비중 약 40%), 군사건설 및 연합방위 증강사업(40%), 군수지원비(20%) 등의 명목으로 지원된다. 한국은 1991년부터 방위비분담 특별협정에 따라 주한미군 주둔비용 일부를 분담해오고 있다.

089 신원권

죽은 가족을 대신해 억울함을 밝혀주는 제도로서, 국가에 의해 개인의 인권이 침해된 경우 이에 대한 진실을 밝혀 사면과 배상을 가능하게 하고, 적법한 사후 처리를 시행하게 한다. 1993년 故 박종철 군의 유족들이 국가를 상대로 낸 손해배상청구소송 항소심 선거공판에서 신원권의 개념을 처음 도입하였다. 신원권의 목적은 인권에 대한 부당한 침해 전의 상태인 '원상회복'과 부당한 침해의 '재발방지'에 대한 신원권을 인정하려는 것에 있다.

090 특검법(특별검사의 임명 등에 관한 법률)

수사가 공정하게 이루어졌다고 볼 수 없는 사건에 대해 특별검사에게 수사권을 맡기는 제도이다. 대통령 측근이나 고위공직자 등 국민적 관심이 집중된 대형 비리사건에 있어 검찰 수사의 공정성과 신뢰성 논란이 생길 때마다 특별검사제도를 도입·운용했다. 그러나 특별검사제도의 도입에는 여러 논란이 있어 이를 해소하고자 미리 특별검사제도의 발동경로와 수사대상, 임명절차 등을 법률로 제정해두고 대상사건이 발생하면 곧바로 특별검사를 임명하여 최대한 공정하고 효율적으로 수사하기 위해 마련한 법률이다.

091 국민참여재판

우리나라에서 2008년 1월부터 시행된 배심원 재판제도이다. 만 20세 이상의 국민 중 무작위로 선정된 배심원(예비배심원)이 참여하는 형사재판으로, 배심원으로 선정된 국민은 피고인의 유무죄에 관하여 평결을 내리고 유죄 평결이 내려진 피고인에게 선고할 적정한 형벌을 토의하는 등 재판에 참여하는 기회를 갖게 된다. 국회의원이나 변호사, 법원·검찰공무원, 경찰, 군인 등은 배심원으로 선정될 수 없다. 배심원의 의견은 원칙적으로 만장일치제로 하되, 의견 통일이 되지 않을 경우 법관과 함께 토론한 뒤 다수결로 유·무죄 여부를 가린다. 이와 함께 배심원 의견의 '강제력'은 인정하지 않고, 권고적인 효력만 인정한다.

092 투키디데스의 함정

신흥 강대국과 기존 강대국의 필연적인 갈등을 말한다. 새로운 강대국이 떠오르면 기존의 강대국이 이를 두려워하여 견제하므로 서로 부딪칠 수밖에 없는 상황을 의미하는 이 용어는 아테네와 스파르타의 전쟁에서 유래했다.

093 고노 담화

일본군 위안부 모집에 대해 일본군이 강제 연행했다는 것을 인정하는 내용이 담긴 담화이다.

094 감사원

헌법에 의해 설치된 정부기관으로, 국가의 세입·세출을 결산하고 국가 및 법률이 정한 단체의 회계검사와 행정기관 및 공무원의 직무에 관한 감찰을 하는 기관이다.

095 레임덕

절름발이 오리라는 뜻이며, 현직에 있던 대통령의 임기 만료를 앞두고 나타나는 것으로 대통령의 권위나 명령이 제대로 시행되지 않거나 먹혀들지 않아서 국정 수행에 차질이 생기는 일종의 권력누수 현상이다.

096 옴부즈만 제도
입법부와 법원이 가지고 있는 행정 통제의 고유 권한이 제 기능을 발휘하지 못함에 따라 1809년 스웨덴에서 처음 창설된 대국민 절대 보호 제도이다. 옴부즈만과 비슷한 제도로 우리나라에는 '국민권익위원회'가 있다.

097 교섭단체
국회에서 정당 소속 의원들의 의견과 정당의 주장을 통합하여 국회가 개회되기 전에 반대당과 교섭·조율하기 위해 구성하는 단체이다. 소속 국회의원의 20인 이상을 구성 요건으로 하며 하나의 정당으로 교섭단체를 구성하는 것이 원칙이지만 복수의 정당이 연합해 구성할 수도 있다.

098 정족수
정족수에는 의결정족수와 의사정족수가 있다. 의결정족수는 의결을 유효하게 성립시키는 데 필요한 정족수를 말하고, 의사정족수는 회의를 열고 진행하기 위해 필요한 정족수를 말한다.

099 정기국회
매년 9월 1일에 열리며 정기회의 회기는 100일을 초과할 수 없다. 정기회의의 주요 업무는 다음 해의 예산안을 심의·확정하는 일이다.

100 주요 공직자의 임기
- 임기 2년 : 검찰총장, 국회의장, 국회부의장
- 임기 4년 : 감사원장, 감사위원, 국회의원
- 임기 5년 : 대통령
- 임기 6년 : 헌법재판소재판관, 중앙선거관리위원장, 대법원장, 대법관
- 임기 10년 : 일반법관

101 보궐선거
대통령이나 국회의원 또는 기초·광역단체장 등의 자리가 비었을 때 이를 메우기 위해 실시하는 선거를 말한다. 일반적으로 보궐선거의 선거일은 4월과 10월의 마지막 수요일로 법정화되어 있다.

102 오픈 프라이머리
미국에서 본선거를 치르기 전에 선거구별로 후보자를 선정하는 예비선거(Primary)의 한 방식으로 투표 자격을 당원으로 제한하지 않고 무소속 유권자나 다른 정당원에게도 투표할 수 있는 자격을 개방하는 것을 말한다.

103 헌법개정 절차
제안(헌법 제128조) → 공고 → 국회의결(헌법 제130조 제1항) → 국민투표(헌법 제130조 제2항) → 공포(헌법 제130조 제3항) → 시행(헌법 부칙 제1조)

104 탄핵

신분이 보장된 고위직 공무원의 잘못과 비리에 대해 국회의 소추에 의해 해임하거나 처벌하는 제도이다.

> **알아보기** 탄핵에 필요한 국회 정족수
> - 대통령 : 국회 재적의원 과반수 발의, 국회 재적의원 3분의 2 이상의 찬성
> - 국무총리·국무위원·행정각부의 장(長)·헌법재판소 재판관·법관·중앙선거관리위원회위원·감사원장·감사위원·기타 법률이 정한 공무원 : 국회 재적의원 3분의 1 이상의 발의, 국회 재적의원 과반수의 찬성

105 죄수의 딜레마

게임 이론의 유명한 사례로, 2명이 참가하는 비제로섬 게임의 일종이다. 두 공범자를 심문할 때, 상대방의 범죄 사실을 밝히면 형량을 감해준다는 수사관의 말에 넘어가 상대방의 죄를 말함으로써 무거운 형량을 선고받게 되는 현상이다.

106 김영란법

2016년 9월 28일부터 시행된 공직자의 비리 근절을 위한 「부정청탁 및 금품 등 수수의 금지에 관한 법률」이다. 공무원이나 공공기관 임직원, 학교 교직원 등이 일정 규모[식사대접 5만원, 선물 5만원(농축수산물 15만원), 경조사비 5만원(축의금·조의금을 대신하는 화환·조화는 10만원)] 이상의 금품을 받으면 직무 관련성이 없어도 처벌받게 된다.

107 일사부재리의 원칙

어떤 사건에 대해 일단 판결이 확정되면 다시 그 사건을 소송으로 심리·재판하지 않는다는 원칙이다. 형사소송법상 어떤 사건에 대하여 유죄 또는 무죄의 실체적 판결 또는 면소의 판결이 확정되었을 때 판결의 기판력 효과이다.

108 공소시효

검사가 일정 기간 동안 어떤 범죄에 대해 공소를 제기하지 않고 방치하는 경우에 국가의 소추권 및 형벌권을 소멸시키는 제도이다.

CHAPTER 02 적중예상문제

정답 및 해설 p.005

01 핵확산금지조약에서 인정하는 핵보유국에 해당하는 나라는?
① 러시아
② 독일
③ 캐나다
④ 이탈리아

02 2022년 2월 러시아의 우크라이나 침공 이후 북대서양조약기구 가입을 선언한 국가는?
① 북마케도니아
② 몬테네그로
③ 크로아티아
④ 스웨덴

03 2023년 5월 웨스트민스터 사원에서 70년 만에 대관식을 치른, 엘리자베스 2세에 이은 영국의 국왕은?
① 윌리엄 1세
② 에드워드 8세
③ 조지 6세
④ 찰스 3세

04 2021년 치안경찰과 수사경찰을 분리해 새롭게 출범한 수사조직은?
① 국가수사본부
② 특별수사본부
③ 중대범죄수사청
④ 고위공직자범죄수사처

05 다음 중 '쿼드'라고 불리는 4자 안보 대화에 포함된 국가가 아닌 것은?
① 호주
② 중국
③ 인도
④ 미국

06 다음 중 기밀정보 동맹체인 '파이브 아이즈'의 회원국이 아닌 나라는?

① 뉴질랜드　　　　　　　　　② 영국
③ 캐나다　　　　　　　　　　④ 일본

07 다음 중 국교가 이슬람교가 아닌 국가는?

① 터키　　　　　　　　　　　② 예멘
③ 사우디아라비아　　　　　　④ 파키스탄

08 미얀마에 거주하는 수니파 무슬림 소수민족은?

① 라오족　　　　　　　　　　② 로힝야족
③ 호아족　　　　　　　　　　④ 후이족

09 중국이 북한 핵문제의 해법으로 제시한 '한반도 지역의 장기적인 안정 실현 방안'을 가리키는 한자어는 무엇인가?

① 쌍궤병행(雙軌竝行)　　　　② 삼불일한(三不一限)
③ 일대일로(一帶一路)　　　　④ 흑묘백묘(黑猫白猫)

10 선거에 출마한 후보가 내놓은 공약을 검증하는 운동을 무엇이라 하는가?

① 아그레망　　　　　　　　　② 로그롤링
③ 플리바게닝　　　　　　　　④ 매니페스토

11 정치상황과 이슈에 따라 선택을 달리하는 부동층 유권자를 의미하는 스윙보터와 유사한 의미를 가진 용어가 아닌 것은?

① 언디사이디드보터(Undecided Voter)
② 플로팅보터(Floating Voter)
③ 미결정 투표자
④ 코테일(Coattail)

12 다음 중 중국과 일본의 영토 분쟁지에 해당하는 곳은?

① 난사군도
② 센카쿠열도
③ 쿠릴열도
④ 이어도

13 출처를 위장하거나 밝히지 않은 의도적인 흑색선전을 무엇이라 하는가?

① 마타도어(Matador)
② 발롱데세(Ballon D'essai)
③ 데마고그(Demagogue)
④ 매니페스토(Manifesto)

14 형법에서는 형사미성년자를 몇 살로 규정하고 있는가?

① 14세 미만
② 15세 미만
③ 16세 미만
④ 17세 미만

15 정치인이 정당의 이익을 위해 경쟁세력과 암묵적으로 동의·결탁하는 것은 무엇인가?

① 미란다
② 로그롤링
③ 포크배럴
④ 아그레망

16 다음 중 헌법재판소가 관장하는 영역으로 볼 수 없는 것은?

① 위헌 법률 심사 제청권
② 정당 해산 심판
③ 일정 공무원 탄핵 심판
④ 위헌 법률안 심사

17 다음 중 우리나라가 채택하고 있는 의원내각제적 요소는?

① 대통령의 법률안 거부권
② 의원의 각료 겸직
③ 정부의 의회 해산권
④ 의회의 내각 불신임 결의권

18 선거에서 약세 후보가 유권자들의 동정을 받아 지지도가 올라가는 경향을 무엇이라 하는가?

① 밴드왜건 효과
② 언더독 효과
③ 스케이프고트 현상
④ 레임덕 현상

19 노래, 슬로건, 제복 등을 통해 정치권력을 신성하고 아름답게 느끼는 현상을 무엇이라 하는가?

① 플레비사이트
② 옴부즈만
③ 크레덴다
④ 미란다

20 정당의 대통령 후보를 뽑는 본 경선에 앞서 일정 순위 밖의 열세 후보를 걸러내는 예비 경선을 무엇이라 하는가?

① 게리맨더링　　　　　　　　② 매니페스토
③ 오픈프라이머리　　　　　　④ 컷오프

21 선거철 사전 여론조사 등에서 우세한 후보에게 대중의 표가 쏠리는 현상은 무엇인가?

① 베블런 효과　　　　　　　　② 밴드왜건 효과
③ 스노브 효과　　　　　　　　④ 언더독 효과

22 미 대륙에 대한 유럽의 내정 간섭을 거부한다는 내용의 미국의 정책 원칙은?

① 트루먼 독트린　　　　　　　② 부시 독트린
③ 닉슨 독트린　　　　　　　　④ 먼로 독트린

23 김영란법에 따를 때 처벌 대상에서 제외하는 경조사비의 최고가액은?

① 3만원　　　　　　　　　　　② 5만원
③ 7만원　　　　　　　　　　　④ 10만원

24 법률 용어인 인 두비오 프로 레오(In dubio pro reo)는 무슨 뜻인가?

① 의심스러울 때는 피고인에게 유리하게 판결하라.
② 위법하게 수집된 증거는 증거 능력을 배제해야 한다.
③ 범죄 용의자를 연행할 때 그 이유와 권리가 있음을 미리 알려주어야 한다.
④ 재판에서 최종적으로 유죄 판정되기 전까지는 무죄로 추정한다.

25 작은 무질서를 가볍게 여기면 나중에 심각한 범죄를 불러온다는 의미를 담고 있는 범죄이론은?

① Parkinson's Law
② Broken Window Theory
③ Zero Tolerance
④ Tragedy of Commons

26 '고문이나 불법 도청 등 위법한 방법으로 수집한 자료는 증거로 쓸 수 없다'는 뜻의 법률 용어는?

① 독수독과　　　　　② 배상명령
③ 작량감경　　　　　④ 기소

27 헌법재판소에서 권한쟁의심판의 판결이 가능한 정족수는?

① 재판관 5인 이상 찬성
② 재판관 6인 이상 찬성
③ 재판관 7인 이상 찬성
④ 재판관 7인 이상 출석, 출석 과반수 이상 찬성

28 특별 의결 정족수로 옳은 것은?

① 법률안의 재의결은 재적의원 과반수의 출석과 출석의원 과반수 이상의 찬성이 있어야 한다.
② 국무총리·국무위원 해임건의는 재적의원 과반수 출석과 2/3 이상의 찬성이 있어야 한다.
③ 헌법개정안 발의는 재적의원 2/3 이상의 찬성이 있어야 한다.
④ 계엄령해제는 재적의원 과반수의 찬성이 있어야 한다.

29 국회에 관한 내용 중 옳은 것은?

① 한 번 부결된 의안은 같은 회기 중 다시 제출할 수 없다.
② 국회의원은 현행범이라 할지라도 회기 중 국회 동의 없이 체포할 수 없다.
③ 임시국회는 대통령 또는 국회 재적의원 3분의 1 이상의 요구로 열린다.
④ 국회의장은 무기명투표로 선거하되 재적의원 3분의 2의 득표로 당선된다.

30 대통령에 당선되어 측근들을 공무원으로 임명하는 정치관행은?

① 실적제　　② 스핀닥터
③ 엽관제　　④ 다면평가제

31 여성의 참정권을 최초로 보장한 나라는?

① 노르웨이　　② 미국
③ 덴마크　　④ 뉴질랜드

32 다음 중 의원내각제에 대한 설명으로 옳지 않은 것은?

① 내각은 의회에 대해 연대적으로 책임을 진다.
② 내각의 각료는 의회의 신임 여하에 따라 임명된다.
③ 의회다수파의 횡포 가능성이 존재한다.
④ 정치적 책임에 둔감하다.

33 다음 중 국제원자력기구(IAEA)에 대한 설명으로 옳지 않은 것은?

① 본부는 스위스 제네바에 있다.
② 한국은 설립연도인 1957년에 가입했다.
③ 원자력의 평화적 이용과 국제적인 공동 관리를 목적으로 한다.
④ 핵무기 비보유국이 핵연료를 군사적으로 전용하는 것을 방지하기 위해 핵무기 비보유국의 핵물질관리 실태를 점검하고 현지에서 직접 사찰할 수 있다.

34 검찰이 법원의 구속영장 기각에 불복해 상급법원에 항고하는 제도를 무엇이라 하는가?

① 영장실질심사제　　② 구속영장항고제
③ 구속적부심제　　④ 구속전피의자심문제도

35 헌법상 대법원장에 대한 설명으로 바르지 못한 것은?

① 대법원장은 국회의 동의를 얻어 대통령이 임명한다.
② 대법원장의 임기는 6년으로 하며, 중임할 수 있다.
③ 대법관은 법률이 정하는 바에 의하여 연임할 수 있다.
④ 대법원장과 대법관이 아닌 법관의 임기는 10년으로 하며, 법률이 정하는 바에 의하여 연임할 수 있다.

36 예비후보자 등록제에 대한 내용으로 옳지 않은 것은?

① 선거관리위원회에 예비후보자로 등록하면 공식적인 선거운동을 할 수 있다.
② 예비후보자는 선거사무소를 열고 선거사무원을 선임할 수 있다.
③ 예비후보자는 모든 유권자에게 선거운동 내용이 담긴 e-메일을 보낼 수 있다.
④ 예비후보자로 등록하려면 모든 공직에서 사직해야 한다.

37 다음 방공식별구역에 대한 설명으로 옳지 않은 것은?

① 타국의 항공기에 대한 방위 목적으로 각 나라마다 독자적으로 설정한 지역이다.
② 영공과 같은 개념으로 국제법적 기준이 엄격하다.
③ 한국의 구역임을 명시할 때는 한국방공식별구역(KADIZ)이라고 부른다.
④ 방공식별구역 확대 문제로 현재 한·중·일 국가 간의 갈등이 일고 있다.

38 다음 중 일본·중국·대만 간의 영유권 분쟁을 빚고 있는 곳은?

① 조어도　　　　　　　　　　② 대마도
③ 남사군도　　　　　　　　　④ 북방열도

39 다음 중 대통령직 인수위원회에 대한 설명으로 틀린 것은?

① 대통령 당선인이 임명한다.
② 대통령 취임 이후 20일까지 존속할 수 있다.
③ 통상 위원장 1인, 부위원장 1인, 24인 이내의 인수위원으로 구성된다.
④ 대통령직 인수위원회는 활동이 끝난 후 활동 경과, 예산 사용 내역을 공개하여야 한다.

40 다음 중 우리나라 선거와 관련하여 옳지 않은 것은?

① 우리나라 국회의원 정수는 고정되어 있지 않고 법률로 정하도록 되어 있다.
② 무소속 후보는 후보자의 나이 순서대로 기호 순위가 정해진다.
③ 국회의원선거와 지방자치단체의 의회의원 및 장의 선거기간은 14일이다.
④ 후보자의 배우자가 대한민국 국민이 아니어도 선거운동을 할 수 있다.

41 특정 정당이나 정치인에게 유리하도록 선거구를 획정하는 것으로, 우리나라는 이것을 막기 위해 선거구를 법률로 정하는 선거구 법정주의를 채택하고 있다. 이것은 무엇인가?

① 로그롤링　　　　　　　　　② 포크배럴
③ 캐스팅보트　　　　　　　　④ 게리맨더링

42 다음 중 국정조사에 대한 설명으로 틀린 것은?

① 비공개로 진행하는 것이 원칙이다.
② 재적의원 4분의 1 이상의 요구가 있을 때에 조사를 시행하게 한다.
③ 특정한 국정사안을 대상으로 한다.
④ 부정기적이며, 수시로 조사할 수 있다.

43 '출처를 위장하여 공개하지 않고 근거 없는 사실 등을 조작해 상대방을 혼란과 위험에 빠뜨리거나 그 내부를 교란시키기 위한 정치적 술책'과 관련이 없는 말은?

① 흑백선전　　　　　　　　　② 살라미
③ 중상모략　　　　　　　　　④ 마타도르

44 대통령제의 요소와 의원내각제의 요소를 결합한 절충식 정부형태는?

① 일국이체제　　　　　　　　② 연방제
③ 연립내각제　　　　　　　　④ 이원집정부제

45 외교상의 중립정책, 즉 일종의 고립주의를 무엇이라 하는가?

① 먼로주의
② 패권주의
③ 티토이즘
④ 삼민주의

46 다음 중 국회 재적의원 과반수의 찬성이 필요한 것은?

① 헌법개정안 의결
② 대통령 탄핵소추 발의
③ 국회의원 제명
④ 법률안 거부로 인한 재의결

47 형사소송법상 영장에 의한 체포에 대한 내용으로 틀린 것은?

① 피의자가 죄를 범하였다고 의심할 만한 상당한 이유가 있고, 정당한 이유 없이 규정에 의한 출석요구에 응하지 아니하거나 응하지 아니할 우려가 있는 때 검사는 관할 지방법원판사에게 청구하여 체포영장을 발부받아 피의자를 체포할 수 있다.
② 지방법원판사가 체포영장을 발부하지 아니할 때에는 청구서에 그 취지 및 이유를 기재하고 서명날인하여 청구한 검사에게 교부한다.
③ 동일한 범죄사실에 관하여 그 피의자에 대하여 전에 체포영장을 청구하였거나 발부받은 사실이 있는 때에는 다시 체포영장을 청구하는 취지 및 이유를 기재하여야 한다.
④ 체포한 피의자를 구속하고자 할 때에는 체포한 때부터 24시간 이내에 구속영장을 청구해야 한다.

48 의원이 소속 정당의 당론과는 상관없이 주관적인 판단으로 투표하는 것을 무엇이라고 하는가?

① 캐스팅보트
② 크로스보팅
③ 로그롤링
④ 롤콜방식

49 국가 간의 대립과 긴장이 완화되어 화해의 분위기가 조성되는 상태를 뜻하는 용어로 알맞은 것은?

① 스몰딜
② 미니뱅
③ 데탕트
④ 스핀 닥터

50 청소년의 게임 중독을 막기 위해 심야 시간대의 온라인 게임 접속을 차단했던 법적 조치로서, 현재는 폐지된 이 제도는 무엇인가?

① 셧 다운제도
② 타임오프제
③ 패스트트랙
④ 테뉴어제도

51 국민들이 배심원으로 형사재판에 참여할 수 있는 국민참여 재판제도에 관한 내용으로 옳지 않은 것은?

① 만 20세 이상의 국민 가운데 무작위로 배심원을 선정한다.
② 만 70세 이상인 국민일 경우 배심원의 면제 사유가 된다.
③ 군인인 경우 직업 등의 사유로 인해 배심원에서 제외된다.
④ 판사는 배심원의 결정과 다른 판결을 내릴 수 없다.

52 법률에 시행일에 관한 규정을 두지 않을 경우 효력발생일은?

① 제정된 날부터 14일
② 제정된 날부터 20일
③ 공포된 날부터 14일
④ 공포된 날부터 20일

53
다음이 설명하는 것은 무엇인가?

> 행정청의 위법 또는 부당한 처분 그 밖에 공권력의 행사·불행사 등으로 인한 국민의 권리 또는 이익의 침해를 구제하고, 아울러 행정의 적정한 운영을 도모하기 위하여 이루어지는 행정기관의 심급제도로서, 권력분립과 자율적 행정통제, 사법기능의 보충 및 부담경감, 행정능률의 보장 등에 그 존재이유가 있다. 청구기간은 원칙적으로 처분이 있음을 안 날부터 90일 이내 또는 처분이 있었던 날부터 180일 이내이며, 이는 불변기간이다.

① 항소
② 행정심판
③ 이의제기
④ 행정소송

54
범인이 유죄를 인정하는 대신에 협상을 통하여 형량을 줄여주거나 조정해주는 제도를 무엇이라 하는가?

① 선고유예
② 가처분
③ 면소판결
④ 플리바게닝

55
각 나라마다 다른 공업규격을 통일하고 물자와 서비스 등의 국제교류를 활발히 하며, 과학·경제·기술 등의 활동분야의 협력 증진을 목적으로 활동하는 국제기구는?

① FAO
② ISO
③ ILO
④ IEA

56
다음 중 북방한계선(NLL)에 대한 설명으로 옳지 않은 것은?

① 1953년 정전 직후 주한 유엔군 사령관이 북한과의 협의하에 해상경계선을 설정하였다.
② 북한은 북방한계선을 자주 침범하면서 해상경계선의 효력을 부정해왔다.
③ 서해 백령도·대청도·소청도·연평도·우도의 5개 섬과 북한 측에서 관할하는 옹진반도 사이의 중간선이다.
④ NLL을 둘러싼 남북의 대립은 연평해전과 서해교전으로 이어져 수십 명의 사망자를 냈다.

57 일본이 위안부 모집에 대해 강제 연행했다는 것을 인정하는 내용이 담긴 담화는?

① 고노담화
② 미야자와담화
③ 무라야마담화
④ 노변담화

58 다음 중 레임덕에 관한 설명으로 옳지 않은 것은?

① 대통령의 임기 만료를 앞두고 나타나는 권력누수 현상이다.
② 대통령의 권위나 명령이 먹혀들지 않아서 국정 수행에 차질이 생긴다.
③ 임기 만료가 얼마 남지 않은 경우나 여당이 다수당일 때 잘 나타난다.
④ 절름발이 오리라는 뜻에서 유래했다.

59 다음 중 보기에 대한 설명으로 가장 거리가 먼 것은?

> 기본권을 침해 받은 국민이 직접 헌법재판소에 구제를 제기하는 기본권 구제수단

① 대한민국 국민이면 누구나 청구할 수 있고, 회사와 같은 법인도 청구 가능하다.
② 미성년자도 청구할 수 있으나 부모 등 법정대리인이 소송행위를 대신하여야 한다.
③ 사건이 발생한 날로부터 2년 이내, 기본권 침해 사유를 안 날로부터 1년 이내에 청구해야 한다.
④ 권리구제형 헌법소원과 위헌심사형 헌법소원으로 나뉜다.

60 다음 중 유로존 가입 국가가 아닌 것은?

① 에스토니아
② 벨기에
③ 독일
④ 영국

61 다음 중 댜오위다오(일본명 : 센카쿠열도)에 대한 설명으로 옳지 않은 것은?

① 8개 무인도로 구성되어 있다.
② 현재 중국이 점유하고 있으나 일본과 대만이 영유권을 주장하고 있다.
③ 중동과 동북아를 잇는 해상교통로이자 전략 요충지로 주목받고 있다.
④ 2012년 일본의 국유화에 따라 중·일 간의 갈등이 격화되었다.

62 다음 중 대통령 선거에 대한 설명으로 옳은 것은?

① 우리나라 대통령의 임기는 4년 단임이다.
② 대통령 선거에 출마하기 위해서는 선거일 현재 10년 이상 국내에 거주하고 있는 40세 이상 국민이어야 한다.
③ 18세 이상의 국민에게 투표권이 주어진다.
④ 선거·당선의 효력에 관하여 이의가 있는 경우 선거일 또는 당선인 결정일부터 90일 이내에 대법원에 소송을 제기할 수 있다.

63 다음 보기와 가장 관련이 깊은 것은?

> 파랑도, 쑤옌자오, 해양과학기지, 소코트라호

① 조어도
② 이어도
③ 독도
④ 울릉도

64 다음 중 정치권력자가 자신의 가족이나 친족들에게 정치적 특혜를 베푸는 것은?

① 네오콘
② 네오뎀
③ 네포티즘
④ 뉴데모크래츠

65 원래는 기상상태를 관측하기 위해 띄우는 시험용 기구였으나, 정치가가 여론의 동향이나 주위의 반향을 살피기 위해 의도적으로 관계 정보를 흘리거나 특정 발언을 하는 것을 가리키는 말은?

① 발롱데세
② 스핀닥터
③ 그리드락
④ 코아비타시옹

66 다음 중 워치콘에 대한 설명으로 옳지 않은 것은?

① 정규전에 대비해 발령하는 전투준비태세이다.
② 평상시에는 '5'수준에 있다가 위기가 높아질수록 4, 3, 2, 1로 단계적으로 높아진다.
③ 워치콘 격상을 위해서는 한미 양국 정보당국의 합의가 있어야 한다.
④ 워치콘 1은 정전 이후 아직까지 발령된 적이 없다.

67 다음 중 외교상의 기피인물을 가리키는 용어는?

① 아그레망
② 페르소나 그라타
③ 페르소나 논 그라타
④ 페르소나

68 다음 중 석패율 제도에 대한 설명으로 옳지 않은 것은?

① 당선자와 낙선자 간에 득표한 비율을 나타낸다.
② 비율이 낮을수록 아깝게 떨어졌다는 것을 의미한다.
③ 일본은 1996년부터 실시해오고 있다.
④ 지역구에서 아깝게 떨어진 후보를 구제함으로써 사표를 축소한다.

69 다음 중 학문적 성취를 기반으로 하여 현실 정치에 적극적으로 참여하는 교수를 가리키는 말은?

① 폴리테이너
② 소셜테이너
③ 폴리페서
④ 테크노크라트

70 다음 보기에 나온 사람들의 임기를 모두 더한 것은?

> 국회의원, 대통령, 감사원장, 대법원장

① 17
② 18
③ 19
④ 20

71 UN상임이사국에 속하지 않는 나라는?

① 중국
② 러시아
③ 프랑스
④ 스웨덴

72 다음 중 전당대회와 같은 정치 이벤트 직후 해당 후보의 지지율이 상승하는 효과는 무엇인가?

① 전시 효과
② 컨벤션 효과
③ 베블렌 효과
④ 데킬라 효과

73 다음 중 피선거권의 나이가 잘못 연결된 것은?

① 대통령 – 40세
② 국회의원 – 18세
③ 지방자치단체의 장 – 25세
④ 지방의회 의원 – 18세

74 다음 중 정치인들이 지역주민의 인기를 지나치게 의식해 특정 지역구의 선심성 사업에 대한 예산을 확보하려는 행위는?

① 포퓰리즘
② 포크배럴
③ 로그롤링
④ 그리드락

75 다음 보기의 괄호 안에 들어가기에 적절한 것은?

> 배타적 경제수역(EEZ)이란 자국 연안으로부터 (   )해리까지의 모든 자원에 대해 독점적 권리를 행사할 수 있는 수역이다. 영해와 달리 영유권이 인정되지 않으므로 어업행위 등의 경제활동은 연안국의 허가를 받아야 한다.

① 100
② 200
③ 300
④ 400

76 다음 중 코이카(KOICA)에 대한 설명으로 옳지 않은 것은?

① 정부 차원의 대외무상협력사업을 전담실시하는 기관이다.
② 한국과 개발도상국의 우호협력관계 및 상호교류 증진을 목적으로 한다.
③ 주요 활동으로 의사, 태권도 사범 등의 전문인력 및 해외봉사단 파견, 국제비정부기구(NGO) 지원 등을 전개하고 있다.
④ 공식 로고에 평화와 봉사를 상징하는 비둘기를 그려 넣어 국제협력단이 세계평화와 인류번영에 이바지하고 있음을 나타내고 있다.

77 다음 중 선거에서 누구에게 투표할지 결정하지 못한 유권자를 가리키는 말은?

① 로그롤링
② 매니페스토
③ 캐스팅보터
④ 스윙보터

78 쿠릴열도를 둘러싸고 분쟁을 벌이는 국가는?

① 일본 – 중국
② 일본 – 러시아
③ 중국 – 러시아
④ 중국 – 대만

79 다음 중 친고죄에 해당하지 않는 것은?

① 비밀침해죄
② 사자(死者) 명예훼손죄
③ 모욕죄
④ 협박죄

80 다음 중 교섭단체에 대한 설명으로 옳지 않은 것은?

① 국회의 원활한 의사진행을 위해 구성한다.
② 소속 국회의원의 20명 이상을 구성 요건으로 한다.
③ 하나의 정당으로만 교섭단체를 구성해야 한다.
④ 교섭단체 구성 시 매년 임시회와 정기회에서 연설을 할 수 있다.

81 다음 중 공법에 해당하지 않는 것은?

① 민법
② 형법
③ 소송법
④ 행정법

82 다음의 용어 설명 중 틀린 것은?

① JSA – 공동경비구역
② NLL – 북방한계선
③ MDL – 남방한계선
④ DMZ – 비무장지대

83 다음 중 정부의 정책이 의회의 반대에 부딪혀 추진되지 못하는 상황을 뜻하는 용어는?

① 로그롤링　　② 필리버스터
③ 그리드락　　④ 아그레망

84 다음 중 헌법의 개정 절차에 대한 설명 중 틀린 것은?

① 헌법개정은 국회재적의원 과반수 또는 대통령의 발의로 제안된다.
② 대통령은 제안된 헌법개정안을 20일 이상 공고하여야 한다.
③ 국회는 헌법개정안이 공고된 날로부터 30일 이내에 의결하여야 하며, 국회의 의결은 재적의원 3분의 1 이상의 찬성을 얻어야 한다.
④ 헌법개정안은 국회가 의결한 후 30일 이내에 국민투표에 붙여 국회의원선거권자 과반수의 투표와 투표자 과반수의 찬성을 얻어야 한다.

85 다음 설명에서 연상되는 단체는?

> • 1947년 미국과 이스라엘의 관계증진을 목적으로 유대계 미국인과 미국 의회 인사들의 친목 단체로 출발
> • 홀로코스트 악몽이 낳은 '신의 조직'

① ASEAN　　② ASEM
③ APEC　　④ AIPAC

86 다음 중 셰일가스에 대한 설명으로 옳지 않은 것은?

① 진흙이 수평으로 퇴적하여 굳어진 암석층에 함유된 천연 가스이다.
② 탄화수소가 풍부한 셰일층(근원암)에서 생산된다.
③ 셰일가스는 2000년대 들어서면서 신에너지원으로 급부상하고 있다.
④ 지구온난화를 해결하는 천연가스라는 점에서 각광받고 있다.

87 야당이 정권을 잡는 경우를 대비하여 각료 후보로 조직한 내각을 뜻하는 용어는?

① 키친 캐비닛
② 섀도 캐비닛
③ 이너 캐비닛
④ 세컨 캐비닛

88 다음 중 소선거구제에 대한 설명으로 옳지 않은 것은?

① 하나의 선거구에서 1명의 의원을 선출하며 다수대표제의 성격을 띤다.
② 군소정당의 난립을 방지할 수 있다.
③ 한국이나 미국 등의 선거에서 사용된다.
④ 사표의 발생을 줄일 수 있다.

89 다음 중 국회에서 원내 교섭단체를 이룰 수 있는 최소 의석수는?

① 50석
② 40석
③ 30석
④ 20석

90 정당에 대한 설명으로 옳지 않은 것은?

① 국민의 다양한 요구를 집약하여 법률이나 정책을 직접 결정한다.
② 선거에 후보자를 추천하여 국민의 의사를 대변할 대표자를 배출한다.
③ 정치권력을 획득함으로써 정치를 통해 자신들의 주장을 실현하고자 한다.
④ 개인이나 집단이 표출하는 다양한 의견을 조직화하여 정부에 전달하는 역할을 한다.

91 다음 중 우리나라 최초의 이지스함은?

① 서애류성룡함
② 세종대왕함
③ 율곡이이함
④ 권율함

92 록히드 마틴사가 개발한 공중방어시스템으로, 미국을 향해 날아오는 미사일을 고(高)고도 상공에서 격추하기 위한 목적으로 개발된 방어 체계는?

① 사드(THAAD)
② 중거리탄도미사일(IRBM)
③ 레이저빔(Laser Beam)
④ 대륙간탄도미사일(ICBM)

93 다음 중 국가정보원에 대한 설명으로 옳지 않은 것은?

① 대통령 직속하의 국가 최고 정보기관이다.
② 국가안보 관련 정보의 수집 및 분석 등의 업무를 수행한다.
③ 국정원의 조직과 정원, 예산 규모, 소재지는 비공개 처리된다.
④ 원장·차장 및 기획조정실장은 정당에 가입하거나 정치활동을 할 수 없다.

94 다음의 괄호 안에 해당하는 숫자를 모두 더한 것은?

- 헌법재판관 수 : (　)명
- 대법관 임기 : (　)년
- 선거 가능한 법정 나이 : (　)세 이상

① 32　　　　　　　　　　② 33
③ 35　　　　　　　　　　④ 36

95 다음 중 역대 대통령의 업적으로 잘못 연결된 것은?

① 박정희 – 새마을 운동
② 김영삼 – 금융실명제 실시
③ 김대중 – 노벨평화상 수상
④ 노무현 – 6·15 남북공동선언

96 협상 단계를 잘게 나누어 하나씩 단계별로 해결해 나가는 협상전술을 무엇이라 하는가?

① 살라미 전술
② 쿼터리즘
③ 벼랑끝 전술
④ 니블링 전술

97 다음 중 사후매수죄와 관련한 설명으로 옳지 않은 것은?

① 후보자의 사퇴를 목적으로 재산상의 이익이나 공사의 직무를 제공하는 것이다.
② 사전 이익제공 못지않게 사후 이익제공 역시 피선거권 행사의 자유를 훼손한다고 보았다.
③ 곽노현 전 교육감이 당선 후 박명기 전 서울교대 교수에게 2억원을 전달했는데, 이를 후보사퇴에 따른 대가로 보았다.
④ 헌법재판소는 사후매수죄 조항에 대해 위헌 결정을 내렸다.

98 다음 중 오픈 프라이머리에 대한 설명으로 옳지 않은 것은?

① 공직 후보를 선출할 때 일반 국민이 직접 참여하는 방식이다.
② 투표자들은 정당의 성향을 밝히고, 특정 정당의 예비선거에 투표할 수 있다.
③ 국민에게 인기 있고 명망 있는 인물을 후보로 영입하는 데 유리하다.
④ 정당정치를 약화시키고, 국민들의 영향력을 강화한다.

99 공직자와 그 임기가 바르게 묶이지 않은 것은?

① 헌법재판소 재판관 – 6년
② 중앙선거관리위원회 위원 – 6년
③ 대법관 – 6년
④ 감사원장 – 6년

100 전당대회 후에 정당의 지지율이 상승하는 현상을 뜻하는 용어는?

① 빨대효과 ② 컨벤션효과
③ 메기효과 ④ 헤일로효과

101 다음 내용과 관련 있는 용어는?

> 영국 정부가 의회에 제출하는 보고서의 표지가 흰색인 데서 비롯된 속성이다. 이런 관습을 각국이 모방하여 공식 문서의 명칭으로 삼고 있다.

① 백서 ② 필리버스터
③ 캐스팅보트 ④ 레임덕

102 다음 빈칸 안에 공통으로 들어갈 말로 적당한 것은?

> • ( )는 주로 소수파가 다수파의 독주를 저지하거나 의사진행을 막기 위해 합법적인 방법을 이용해 고의적으로 방해하는 것이다.
> • ( )는 정국을 불안정하게 만드는 요인이 되기도 하기 때문에 우리나라 등 많은 나라들은 발언시간 제한 등의 규정을 강화하고 있다.

① 필리버스터 ② 로그롤링
③ 캐스팅보트 ④ 치킨게임

103 다음 중 UN 산하 전문기구가 아닌 것은?

① 국제노동기구(ILO)
② 국제연합식량농업기구(FAO)
③ 세계기상기구(WMO)
④ 세계무역기구(WTO)

104 그림자 내각이라는 의미로 야당에서 정권을 잡았을 경우를 예상하여 조직하는 내각을 일컫는 용어는?

① 키친 캐비닛
② 이너 캐비닛
③ 캐스팅 캐비닛
④ 섀도 캐비닛

105 다음 중 영국의 의회민주주의 발전과 관련 없는 사건은?

① 청교도 혁명
② 명예혁명
③ 권리장전
④ 2월 혁명

106 일정 기간이 지나면 공소 제기가 불가능한 제도는?

① 면소판결
② 공소기각
③ 소멸시효
④ 공소시효

107 다음 중 중대선거구제에 대한 설명으로 틀린 것은?

① 사표가 많이 발생하게 된다.
② 지역구마다 2~5명의 의원을 선출한다.
③ 유권자의 민의가 충분히 반영되지 않는다.
④ 많은 군소정당의 후보들이 선거에 뛰어들게 된다.

108 덴마크의 자치령 중 하나로 세계에서 가장 큰 섬은?

① 그린란드
② 버진아일랜드
③ 미드웨이제도
④ 웨이크섬

109 독일 최초의 여성 국방부 장관이자 제13대 유럽연합 집행위원장은?

① 우르줄라 폰데어라이엔　② 마린 르펜
③ 조르자 멜로니　④ 엘리자베트 보른

110 다음 중 선거로 뽑는 것이 아닌 직무는?

① 국회의원　② 교육감
③ 장학사　④ 기초단체장

111 우리나라 국회의원의 정수는?

① 200명　② 250명
③ 280명　④ 300명

112 우리나라가 193번째로 정식 수교를 맺은 국가는?

① 캄보디아　② 모나코
③ 북마케도니아　④ 쿠바

113 다음 중 범죄 성립의 3요소에 해당하지 않는 것은?

① 구성요건 해당성　② 위법성
③ 모욕성　④ 책임성

114 다음 중 헌법 개정 시 의결정족수에 관한 내용으로 옳은 것을 모두 고르면?

ㄱ. 헌법 개정은 국회 재적의원 과반수 찬성 또는 대통령의 발의로 제안된다.
ㄴ. 국회의원 선거권자 100만 명 이상의 찬성이 있으면 개정안을 발의할 수 있다.
ㄷ. 국회의 의결은 재적의원 1/3 이상의 찬성을 얻어야 한다.
ㄹ. 국회의 의결 이후 국회의원 선거권자 과반수의 투표와 투표자 과반수의 찬성을 얻어야 한다.

① ㄱ, ㄷ
② ㄱ, ㄹ
③ ㄱ, ㄴ, ㄹ
④ ㄴ, ㄷ, ㄹ

115 재정·실현가능성은 생각하지 않는 대중영합주의 정치를 뜻하는 말은?

① 포퓰리즘
② 프리거니즘
③ 리버테리아니즘
④ 맨해트니즘

116 우리나라 선거제도에 관한 설명으로 틀린 것은?

① 대통령의 임기는 5년, 국회의원의 임기는 4년이다.
② 국회의원 선거는 중선거구제를 채택하고 있다.
③ 선거권은 만 18세 이상의 국민에게 주어진다.
④ 특정 정당·후보자에게 유리하지 않도록 국회가 선거구를 법률로 정한다.

117 다음 중 OPEC+에만 해당하는 국가는?

① 러시아
② 쿠웨이트
③ 이란
④ 베네수엘라

CHAPTER 03 경제·경영·금융

001 마더팩토리(Mother Factory)
제품의 설계와 연구개발(R&D), 디자인 등 제조의 핵심기능을 수행하는 공장을 의미하며, 국내외 생산기지의 두뇌 역할을 담당한다. 최첨단 설비를 갖춘 공장은 국내에 설치하고 해외에는 양산공장을 구축하는 분업체계를 '마더팩토리 전략'이라고 한다. 마더팩토리 전략은 2010년대 국내기업들이 저렴한 인건비를 이유로 해외에 공장을 설립하면서 처음 등장했는데, 고부가가치 기능과 첨단 제조시설을 국내에 남겨 핵심역량을 지키도록 하고 있다.

002 테이퍼링(Tapering)
벤 버냉키 미국 전 연방준비제도(Fed) 의장이 처음 사용한 용어로 미국의 양적완화정책을 점진적으로 줄여 나가는 것을 말한다. 즉, 출구 전략의 일환으로서 그동안 매입하던 채권의 규모를 점진적으로 축소하는 정책을 취하는 것이다.

> **➕ 알아보기 양적완화**
> 금리중시 통화정책을 시행하는 중앙은행이 정책금리가 0%에 근접하거나 혹은 다른 이유로 시장경제의 흐름을 정책금리로 제어할 수 없는 이른바 유동성 저하 상황에서, 유동성을 충분히 공급함으로써 중앙은행의 거래량을 확대하는 정책이다.

003 에코플레이션(Ecoflation)
환경을 뜻하는 'Ecology'와 물가상승을 의미하는 '인플레이션(Inflation)'의 합성어다. 물가상승이 환경적인 요인에 의해 발생하는 것을 뜻한다. 지구 온난화와 환경파괴로 인한 가뭄과 홍수, 산불 같은 자연재해의 영향을 받아 상품의 원가가 상승하는 것이다. 지구촌에 이상기후가 빈번히 자연재해를 일으키면서 식료품을 중심으로 물가가 급등하는 에코플레이션이 발생하고 있다.

004 옴니보어
김난도 서울대학교 소비자학과 교수가 2025년 트렌드를 전망하며 저서 〈트렌드 코리아〉를 통해 소개한 키워드 중 하나로, 기존의 소비자 분류 방식에서 벗어나 자신의 개성에 따라 자유롭게 소비하는 새로운 소비자 유형을 말한다. 2025년 제시된 10대 키워드는 ▲ #아보하 ▲ 토핑경제 ▲ 페이스테크 ▲ 무해력 ▲ 그라데이션K ▲ 물성매력 ▲ 기후감수성 ▲ 공진화 전략 ▲ 원포인트업이 있다. 김 교수는 2009년부터 매년 소비트렌드를 분석해 〈트렌드 코리아〉를 출간하고 있다.

005 파운드리(Foundry)

반도체 생산 기술과 설비를 보유해 반도체 상품을 위탁생산해 주는 것을 말한다. 제조과정만 담당하며 외주업체가 전달한 설계 디자인을 바탕으로 반도체를 생산한다. 주조 공장이라는 뜻을 가진 영단어 'Foundry(파운드리)'에서 유래했다. 대만 TMCZ가 대표적인 파운드리 기업이다. 팹리스(Fabless)는 파운드리와 달리 설계만 전문으로 한다. 반도체 설계 기술은 있지만 공정 비용에 부담을 느껴 위탁을 주거나 비메모리에 주력하는 기업으로 애플, 퀄컴이 대표적인 팹리스 기업이다.

006 K-택소노미(한국형 산업 녹색분류체계)

K-택소노미(K-Taxonomy)는 어떤 경제활동이 친환경적이고 탄소중립에 이바지하는지 규정한 한국형 녹색분류체계로 2021년 12월 환경부가 발표했다. 환경개선을 위한 재화·서비스를 생산하는 산업에 투자하는 녹색금융의 '투자기준'으로서 역할을 한다. 환경에 악영향을 끼치면서도 '친환경인 척'하는 위장행위를 막는 데 도움이 된다. 녹색분류체계에 포함됐다는 것은 온실가스 감축, 기후변화 적응, 물의 지속가능한 보전, 자원순환, 오염방지 및 관리, 생물다양성 보전 등 '6대 환경목표'에 기여하는 경제활동이라는 의미다. 그런데 윤석열 정부 들어 애초 제외됐던 원자력발전을 여기에 포함하게 되면서 원전에 대한 논쟁이 다시 불거지기도 했다.

007 유동성 함정(Liquidity Trap)

경제주체들이 돈을 움켜쥐고 시장에 내놓지 않는 상황으로, 기업의 생산·투자와 가계의 소비가 늘지 않아 경기가 나아지지 않고 저성장의 늪으로 빠지는 것처럼 보이는 현상이다.

008 더블딥(Double Dip)

침체기를 벗어난 경제가 다시 불황에 빠지는 현상이다. '두 번'이라는 뜻의 '더블(Double)'과 '내려가다'라는 뜻의 '딥(Dip)'을 더한 말이다. 경제하강과 상승을 두 번 반복하는 W자형 경제구조라고 볼 수 있다. 우리말로는 이중하강이라고 부른다. 경기침체에 빠진 뒤 다시 회복해도 기업의 경영부진으로 인한 실업률이 올라가며 소비력이 줄어들어 다시 경기침체에 빠지는 구조다. 1930년대 발생한 미국 대공황이 더블딥의 대표적 사례다. 더블딥에서 한 번 더 경기침체에 빠지면 트리플딥이 된다. 불황을 겪고 재빨리 회복하는 V자형 그래프와 불황에서 머문 뒤 천천히 회복하는 U자형 그래프도 있다.

009 만타(MANTA)

미국 증시를 주도하는 마이크로소프트(MS)와 애플(Apple), 엔비디아(NVIDIA), 테슬라(TESLA), 구글 모기업인 알파벳(Alphabet)의 머리글자를 딴 용어다. 글로벌 투자은행 골드만삭스가 팡(FAANG)이 저물고 만타(MANTA)의 시대가 왔다고 분석하면서 사용되기 시작했다. 팡은 미국 IT산업을 선도한 페이스북(현 메타 플랫폼스), 아마존, 애플, 넷플릭스, 구글을 일컫는 말이다. 만타에는 2021년 새롭게 활약한 기업들이 포함됐다.

010 소프트패치(Soft Patch)

경기가 상승하는 국면에서 본격적인 침체국면에 접어들거나 후퇴하는 것은 아니지만 일시적으로 성장세가 주춤해지며 어려움을 겪는 현상을 의미한다.

> **➕ 알아보기** 러프패치(Rough Patch)
> 소프트패치 국면이 상당기간 길어질 수 있다는 뜻으로, 소프트패치보다 더 나쁜 경제상황을 의미한다.

011 뉴 노멀(New Normal)

뉴 노멀은 2008년 글로벌 경제 위기 이후 등장한 새로운 세계 경제질서를 의미한다. 2003년 벤처투자가인 로저 맥너미가 처음 제시하였고 2008년 세계 최대 채권운용회사 '핌코'의 경영자인 무하마드 엘 에리언이 다시 언급하면서 확산됐다. 주로 과거에 대한 반성과 새로운 질서를 모색하는 시점에 등장하는데 2008년 경제위기 이후 나타난 저성장, 높은 실업률, 규제 강화, 미국 경제 역할 축소 등이 뉴 노멀로 지목된 바 있다. 최근에는 사회 전반적으로 새로운 기준이나 표준이 보편화되는 현상을 이르기도 하며 우리말로는 '새 일상', '새 기준'으로 대체할 수 있다.

012 그린플레이션(Greenflation)

탄소규제 등의 친환경정책으로 원자재 가격이 상승하면서 물가가 오르는 현상으로서, 친환경을 뜻하는 '그린(Green)'과 화폐가치 하락으로 인한 물가상승을 뜻하는 '인플레이션(Inflation)'의 합성어다. 친환경정책으로 탄소를 많이 배출하는 산업을 규제하면 필수원자재 생산이 어려워지고 이것이 생산 감소로 이어져 가격이 상승하는 현상을 가리킨다. 인류가 기후변화에 대응하기 위해 노력할수록 사회 전반적인 비용이 상승하는 역설적인 상황을 일컫는 말이다. 대표적인 예로 재생에너지 발전 장려로 화석연료 발전설비보다 구리가 많이 들어가는 태양광·풍력 발전설비를 구축해야 하는 상황이 해당된다. 이로 인해 금속원자재 수요가 급증했으나 원자재 공급량이 줄어들면서 가격이 치솟았다.

013 퀵커머스

물품을 빠르게 배송한다는 의미의 '퀵(Quick)'과 상거래를 뜻하는 '커머스(Commerce)'의 합성어로 유통업계의 즉시배송, 혹은 빠른배송 서비스를 뜻한다. 소비자가 상품을 주문하는 즉시 배송이 시작되며 일반적으로 30분 이내에 배송을 완료하는 것을 목표로 한다. 식품이나 음료는 물론 신선식품이나 밀키트, 의류, 도서, 애견상품 등을 판매·배송하고 있다. 국내 유통시장에서는 지난 2018년 12월부터 시작한 배달의 민족의 'B마트'가 대표적이다. 코로나19의 장기화로 늘어난 퀵커머스 서비스의 수요는 현재까지도 이어져, 서비스 범위를 꾸준히 넓혀가고 있다.

014 스팩(SPAC)

아직 상장하지 않은 타 기업과의 합병 또는 인수를 목적으로 만든 페이퍼컴퍼니를 말한다. 스팩(SPAC)은 'Special Purpose Acquisition Company'의 약자로 특별한 목적을 가진 회사라는 뜻이다. 기업이 몸집을 불리기 위해서는 다른 회사와 인수합병(M&A)이 필요한데 스팩 상장으로 M&A 비용을 조달받는 것이다. 스팩주는 3년 내에 목적을 달성하지 못하면 상장폐지된다. 상장폐지되더라도 투자 원금과 3년 치의 예금이자 수준을 받을 수 있기 때문에 비교적 안전한 투자라는 평가가 있지만, 비우량 기업과 인수합병을 하면 주가하락으로 투자금에 손실이 갈 위험이 존재한다.

015 쇼퍼블

쇼핑과 결제가 즉시 가능한 온라인 쇼핑 시스템을 말한다. 소비자가 인스타그램, 페이스북과 같은 SNS를 하다가 게시물이나 스토리에 걸린 태그를 통해 상품을 구매하는 것이다. 유튜브 광고 재생 중 바로 구매할 수 있는 링크를 첨부하는 것이 쇼퍼블의 한 예다. 쇼핑몰 홈페이지에 방문하지 않아도 바로 가격을 확인할 수 있고 간편결제 시스템의 발달로 원하는 물건을 쉽게 구매할 수 있는 것이 장점이다. 디지털마케팅이 확대되며 쇼퍼블시장은 더 커질 전망이다.

016 캐리트레이드(Carry Trade)

금리가 낮은 국가에서 자금을 차입해 이를 환전한 후 상대적으로 금리가 높은 국가의 자산에 투자해 수익을 올리고자 하는 거래를 말한다. 이때 저금리국가의 통화를 '조달통화', 고금리국가의 통화를 '투자통화'라고 부른다. 수익은 국가 간의 금리 또는 수익률 차에 의해 발생하는 부분과 환율 변동으로 인해 발생하는 환차익으로 나누어진다. 캐리트레이드가 통상적인 금리 차 거래와 구분되는 점은 금리 차에 의한 수익과 환율변동에 의해 발생하는 수익을 동시에 추구한다는 데 있다.

017 프로토콜 경제(Protocol Economy)

프로토콜 경제는 블록체인 기술을 핵심으로 탈중앙화·탈독점화를 통해 여러 경제주체를 연결하는 새로운 형태의 경제모델이다. 플랫폼 경제가 정보를 가진 플랫폼(중개업자)이 주도하는 경제라면 프로토콜 경제는 블록에 분산된 데이터 기술을 체인형태로 연결해 수많은 컴퓨터에 복제·저장해 여러 상품을 빠르고 안전하게 연결한다. 즉 경제 참여자들이 일정규칙(프로토콜)을 통해 공정하게 참여가능한 체제다. 독점적 비즈니스 환경인 플랫폼 경제의 대안이라고 할 수 있으며, 플랫폼 경제가 가진 불공정 문제를 해결할 수 있는 수단이라 평가된다.

018 패닉바잉(Panic Buying)

패닉바잉은 향후 가격상승이나 물량소진이 일어날 것이 예상될 때 그 이전에 최대한의 물량을 확보하려는 불안감으로 가격에 관계없이 주식, 부동산 등을 매점매석하는 현상이다. 우리말로는 '공황구매'라고 한다. 이 때문에 물량확보를 위한 거래량이 증가하고 가격도 치솟는다. 패닉바잉으로 인해 가격이 급등하는 현상이 벌어진 시장은 '패닉마켓(Panic Market)'이라고 한다. 우리나라에서는 20·30대 젊은 세대가 부동산과 주식시장의 파동으로 소위 영혼까지 끌어모은다는 '영끌'을 통한 패닉바잉에 빠지는 현상이 발생했다.

019 긱워커(Gig Worker)

긱워커는 기업이 산업현장에서 필요에 따라 임시직으로 계약한 근로자를 뜻하는 말이다. 1920년대 미국 재즈공연장 주변에서 연주자를 그날그날 섭외해 단기공연계약을 맺어 공연했던 '긱(Gig)'에서 유래했다. 또한 긱이코노미(Gig Economy)는 필요에 따라 정규직보다는 임시직이나 단기계약직 등의 인력을 고용해 산업현장의 수요를 충족하는 노동방식을 말한다. '배달의 민족' 같은 온라인 플랫폼이 폭발적으로 성장하고, 코로나19 이후 재택·비대면·온라인 근무 등의 근로형태가 활성화되면서 긱워커와 긱이코노미에 대한 관심이 증대되고 있다. 긱워커들은 근무가 유연하고 자유롭다는 장점이 있지만, 한편 수입과 고용이 불안정하다는 단점도 있다.

020 리니언시(Leniency)

담합 사실을 처음 신고한 업체에게는 과징금 100%를 면제해주고, 2순위 신고자에게는 50%를 면제해준다. 이 제도는 상호 간의 불신을 자극하여 담합을 방지하는 효과를 얻을 수 있다. 매출액이 클수록 과징금이 많아지기 때문에 담합으로 인해 가장 많은 혜택을 본 기업이 자진신고를 하여 처벌을 면할 수 있다는 한계도 있다.

021 ESG

기업의 비재무적 요소인 환경(Environment)·사회(Social)·지배구조(Goverment)의 영어 앞 글자를 딴 말로서, 기업을 경영할 때 세 요소를 중시하는 것이 장기적이고 지속가능한 성장에 도움이 된다는 경영철학이다. 상품생산에 있어 탄소배출을 억제하는 등 친환경적이고, 고용과 빈곤·인권문제 같은 사회현안에도 책임감 있게 접근하며, 투명하고 윤리적으로 지배구조를 전환하는 기업들이 장기적인 성장가능성을 인정받고 있다. 따라서 ESG는 투자자들이 유망기업을 판단하고 선택하는 지표가 되고 있다. 전 세계 기업들이 이 ESG를 경영에 도입하고 있는 추세다.

022 금융노마드

금융 유목민을 뜻하는 것으로, 금융상품들을 비교하여 자신에게 이익이 많은 상품으로 자산을 옮겨다니는 현상을 말한다. 최근 금융노마드가 주목받는 이유는 세계적으로 금리가 낮아지면서 개인 소비자가 예적금 상품을 통한 이자 수익을 기대하기가 어려워졌기 때문이다. 이에 사람들은 조금이라도 더 나은 혜택을 받을 수 있는 금융상품을 찾기 시작했다. 또한 초연결사회에 접어들며 여러 금융 기관의 금융상품을 한눈에 살펴보고 비교할 수 있게 되었다. 여기에 인터넷 은행이나 핀테크업 등 새로운 형태의 금융이 등장하면서 시장 내 경쟁은 더욱 치열해졌다.

023 사모펀드

49인 이하 투자자에게 비공개로 자금을 모아 투자하는 상품을 말한다. 자산가를 중심으로 비공개적으로 설정되는 경우가 대부분이어서 가입 기회가 많지 않고 최저 가입액도 많아 문턱이 높은 편이다. 또 금융 당국의 투자자 보호 등의 규제가 가장 느슨하기 때문에 가입자 스스로 상품 구조나 내용을 정확히 파악할 수 있어야 한다. 사모펀드는 크게 '일반 사모펀드'와 '사모투자전문회사(PEF)'로 나뉜다. 일반 사모펀드는 소수 투자자로부터 단순 투자 목적으로 자금을 모아 운용하는 펀드이고, PEF로 불리는 사모투자 전문회사는 특정 기업의 주식을 대량 인수하여 경영에 참여하는 방식으로 기업 가치를 높여 되팔아 수익을 남기는 펀드이다.

024 회색 코뿔소(Gray Rhino)

세계정책연구소의 대표이사 미셸 부커가 2013년 다보스포럼에서 처음 발표한 개념으로, 모두가 알고 있지만 마땅히 해결 방법이 없어 방치하게 되는 위험 요인을 가리킨다. 이런 위험 요인에는 결국 아무런 대처도 할 수 없으며, 오히려 중요한 판단의 시기에 간과하게 되는 경향이 있다.

025 공유경제

용어 자체는 2008년 하버드대학교의 로렌스 레식 교수가 자신의 책〈리믹스〉에서 처음 사용하면서 등장하였다. 현대사회에 맞춘 합리적인 소비를 하자는 인식에서 공유경제라는 개념이 부각되었고, 스마트폰의 발달이 활성화에 기여하면서 보편적인 개념으로 발전하였다. 모바일 차량 서비스인 우버, 집을 공유하는 에어비앤비, 카셰어링 서비스인 쏘카 등이 공유경제의 대표적인 사례이다. 개인 항공기 대여 서비스인 비스타제트 또한 하늘의 공유경제형 사업 모델이라는 평가를 받고 있다.

026 레드 머니(Red Money)
한국 업체에 투자하는 중국 자본을 레드 머니라고 부른다.

027 퍼펙트 스톰
위력이 세지 않은 태풍이 다른 자연현상과 만나 엄청난 파괴력을 갖게 되는 현상을 말하며, 경제 분야에서 대위기를 뜻한다.

028 COFIX
은행연합회가 시중은행으로부터 정보를 제공받아 산출하여 발표하는 은행권 자금조달비용 지수이다. 2010년 처음 도입된 주택담보대출 기준금리인데, 은행은 고객에게 대출할 때 코픽스를 기준으로 일정한 가산 금리를 더한 금리를 적용한다.

029 CSR(Corporate Social Responsibility)
CSR(Corporate Social Responsibility)은 기업이 지역사회 및 이해관계자들과 공생할 수 있도록 의사결정을 해야 한다는 윤리적 책임의식을 말한다. 기업의 활동으로 인해 직·간접적으로 영향을 주고받는 이해관계자들에 대해, 향후 발생할 수 있는 사건 사고 등 이슈에 대한 법적·경제적·윤리적 책임을 감당하는 것이다.

030 노쇼(No-Show)
노쇼는 예약을 하였으나 말없이 나타나지 않은 승객을 말한다. 이에 항공사는 예약부도 수수료를 No-Show 고객에게 부과하거나, 초과예약을 받는 형식으로 대비하고 있다.

031 킬 스위치(Kill Switch)
한국거래소가 2016년 6월 27일부터 증권시장에서 일어나는 착오매매에 따른 대규모 손실을 방지하기 위해 도입한 거래안정화 장치로 일종의 자폭 기능을 뜻하기도 한다.

032 세뇨리지 효과(Seigniorage Effect)
미국과 같이 기축통화를 보유한 국가가 누리는 경제적 이익을 가리키는 용어로, 원래는 중세 시기 화폐 주조에 대한 배타적 독점권을 갖고 있던 군주가 성내에서 재정을 메우려고 금화에 불순물을 섞어 유통시킨 데서 유래했다. 미국은 끝없이 기축통화인 달러를 찍어냄으로써 새로운 신용을 창출하여 대외 적자를 메울 수 있는 특권을 누리고 있다.

033 경제분석일반
주가는 경기변동의 선행지표이며 경제성장률은 주가와 양(+)의 상관관계를 갖는다.
① **통화량과 주가**
- 통화량 증가 → 유동성 풍부 → 명목소득 상승 → 주식수요 증가 → 주가상승
- 통화량 감소 → 인플레이션 압박 → 주가하락

② **금리와 주가**
- 금리하락 → 자금조달 확대 → 설비투자 확대 → 수익성 상승 → 주가상승
- 금리상승 → 자금조달 축소 → 설비투자 축소 → 수익성 하락 → 주가하락

③ **물가와 주가**
- 완만한 물가상승 → 기업판매이윤 증가 → 주가상승
- 급격한 물가상승 → 제조비용 증가 → 실질구매력 감소 → 기업수지 악화 → 주가하락

④ **환율과 주가**
- 환율인하 → 수입증가, 수출감소 → 기업의 수익성 하락 → 주가하락
- 환율상승 → 수입감소, 수출증가 → 기업의 수익성 증가 → 주가상승

⑤ **원자재가격과 주가**
- 원자재가격 상승 → 제조비용 상승 → 국내제품가격 상승 → 판매하락 → 주가하락
- 원자재가격 하락 → 제조비용 하락 → 국내제품가격 하락 → 판매상승 → 주가상승

034 분양가상한제

건설사가 아파트를 짓고 최초 분양할 때 정부가 나서서 매매가를 일정 이상 넘지 못하도록 제한하는 제도이다. 본래 공공주택의 경우 실시했던 분양가상한제를 투기과열지구의 민간주택에까지 확장시키도록 변경되었다. 분양가상한의 기준은 '감정평가된 아파트 부지의 금액 + 정부가 정해놓은 기본형 건축비 + 가산비용'으로 결정된다.

035 골디락스(Goldilocks)

영국 동화 〈골디락스와 곰 세 마리〉에 등장하는 소녀 이름에서 유래한 용어이다. 동화에서 여주인공 골디락스는 곰이 끓이고 나간 세 가지의 수프인 뜨거운 것과 차가운 것, 적당한 것 중에서 적당한 것을 먹고, 딱딱한 침대, 너무 물렁한 침대, 적당한 침대 중 적당한 침대에 누워 쉬는데 이러한 골디락스를 경제에 비유하여 뜨겁지도 차갑지도 않은 경제 호황을 의미한다. 가격이 아주 비싼 상품과 싼 상품, 중간 가격의 상품을 함께 진열하여 중간 가격의 상품을 선택하게 유도하는 판촉기법을 '골디락스 가격'이라고도 한다.

036 국내총생산(GDP ; Gross Domestic Product)

일정 기간 동안에 한 나라의 국경 안에서 생산된 모든 최종생산물의 시장가치
- **일정기간 동안** : 유량개념을 의미하며 보통 1년을 단위로 측정
- **한 나라의 국경 안** : 속지주의 개념으로, 외국인이 국내에서 생산한 것은 포함되지만 내국인이 국외에서 생산한 것은 제외
- **최종생산물** : 중간생산물은 제외
- **시장가치** : 시장에서 거래된 것만 포함

037 국민총생산(GNP ; Gross National Product)

한 나라의 거주자가 일정 기간 동안 생산한 모든 최종생산물과 용역의 시장가치이다.

038 기업공개(IPO ; Initial Public Offering)

형식적으로 주식회사가 일반대중에게 주식을 분산시킴으로써 기업공개 요건을 갖추는 것을 의미하며, 실질적으로 소수의 대주주가 소유한 주식을 일반대중에게 분산시켜 증권시장을 통해 자유롭게 거래될 수 있게 함으로써 자금조달의 원활화를 기하고 자본과 경영을 분리하여 경영합리화를 도모하는 것을 말한다. 법률에서 말하는 기업공개는 상장을 목적으로 50인 이상의 여러 사람들을 대상으로 주식을 파는 행위이다.

039 롱테일 법칙(Long Tail Theory)

파레토 법칙과 반대되는 이론으로 '역 파레토 법칙'이라고도 한다. 비주류 상품들의 매출인 80%에 해당하는 나머지가 20%의 주류 상품 못지않은 경제성을 지니고 있다는 이론이다. 미국 대형 온라인 서점인 '아마존'의 베스트셀러에 해당하는 20% 도서들보다 가끔 1, 2권씩 나가는 도서(전체의 80%)의 매출을 합친 것이 더 많은 매출을 차지하고 있는 사례도 이에 적용된다.

040 북미자유무역협정(USMCA)

미국, 멕시코, 캐나다 3개국 간의 자유무역협정으로, 경제적 무역 블록을 형성하여 재화와 서비스 이동에 대한 각종 관세 및 비관세장벽을 단계적으로 철폐하는 것을 골자로 한다. 1992년 체결되어 1994년부터 발효된 NAFTA를 재협상한 것으로, 2020년부터 발효되었다. 2025년 2월 트럼프 대통령이 멕시코와 캐나다에 25% 관세를 부과하면서 논란의 대상이 되고 있다.

041 경제활동인구

만 15세 이상 인구 중 노동 능력이나 노동 의사가 있어 경제활동에 기여할 수 있는 인구이다. 한편 경제활동참가율은 만 15세 이상 인구 중 경제활동인구(취업자+ 실업자)가 차지하는 비율을 말한다. 즉, 수입 목적으로 인한 취업자와 일을 찾고 있는 실업자를 포함한다.

$$경제활동참가율(\%) = \frac{경제활동인구}{만\ 15세\ 이상\ 인구} \times 100$$

> **+ 알아보기** 비경제활동인구
> - 우리나라에서는 15세 이상이 되어야 일할 능력이 있다고 보는데, 15세 이상 인구 가운데 일할 의사가 없는 사람을 말하며, 가정주부, 학생 등이 속한다.
> - 15세 이상 인구 = 경제활동인구 + 비경제활동인구 = 취업자 + 실업자 + 비경제활동인구

042 빅맥지수

영국 이코노미스트지는 전 세계적으로 팔리고 있는 맥도날드 햄버거인 빅맥지수를 분기별로 발표하는데 이것은 '환율은 두 나라에서 동일한 상품과 서비스의 가격이 비슷해질 때까지 움직인다'는 구매력 평가설을 근거로 적정 환율을 산출하는 데 활용된다.

043 세계무역기구(WTO ; World Trade Organization)

1994년 우루과이라운드 협상이 마무리되고 마라케시 선언을 공동으로 발표함으로써 1995년 1월 정식 출범하였고, 1947년 이래 국제무역질서를 규율해 오던 '관세 및 무역에 관한 일반협정(GATT)'체제를 대신하게 되었다. WTO는 세계무역 분쟁조정, 관세인하 요구, 반덤핑규제 등 막강한 국제적인 법적권한과 구속력을 행사한다. 1975년에 설립되었으며, 본부는 제네바에 있다. 우리나라에서는 WTO 비준안 및 이행방안이 1994년 통과되었다.

044 소비자물가지수(CPI ; Consumer Price Index)

최종소비자 구입단계에서의 물가변동을 파악하여 일반 도시가구의 평균적인 생계비 내지 소비자 구매력을 측정하기 위한 특수목적지수로, 우리나라의 소비자물가지수는 1990년을 100으로 하여 매월 통계청에서 작성·발표한다. 조사대상 품목은 일반소비자 가계지출 가운데 중요도가 큰 상품과 서비스 중 470개 품목이다.

045 시장의 종류
- **완전경쟁시장** : 수많은 판매자와 수많은 구매자가 주어진 조건에서 동일한 재화를 사고파는 시장
- **독점적 경쟁시장** : 기업들이 독점적 입장의 강화를 꾀하면서도 서로 경쟁하는 시장
- **독점시장** : 특정 기업이 생산과 시장을 지배하고 있는 시장

046 버블경제
특정 상황이나 투자자산 또는 기업의 가치 등에 있어서 그것이 갖고 있는 내재적 가치에 비해 시장에서 형성되어 있는 가격이 과대평가된 상황이다. 흔히 시장이 과열되었다고 말하며 비이성적인 투기행위로 본다. 가장 최초의 버블경제로 여겨지는 것은 17세기 네덜란드의 튤립 파동이며, 가장 파장이 컸던 사례는 1980년대 일본의 버블경제이다. 당시 일본에서는 주가가 상승하면서 집값이 실제 자산 가치에 비해 폭등하였으나 주가와 지가가 하락하게 되면서(거품이 빠지면서) 1990년대 초부터 일본 경제는 큰 침체로 접어들었다.

047 베블런 효과(Veblen Effect)
미국의 사회학자이며 사회평론가인 베블런(Thorstein Bunde Veblen)이 1899년 출간한 〈유한계급론(有閑階級論)〉에서 쓰인 말로, 상류층의 소비자들이 자신의 성공을 과시하기 위한 것으로, 가격이 오르는데도 불구하고 수요가 줄지 않고 오히려 증가하는 것을 말한다.

048 윔블던 효과(Wimbledon Effect)
영국의 금융산업이 런던을 중심으로 1980년대 이후 매우 성공적인 성장을 보였던 데 반해, 정작 영국의 금융회사 중에서 성공한 회사가 거의 없었던 것을 영국이 주최하는 윔블던 테니스 대회에서 영국인이 우승한 전적이 거의 없는 사례에 비유하여 설명하는 용어이다.

049 지니(Gini)계수
각 계층 사이에서 이루어지는 소득 분배가 얼마나 공평하고 평등한지를 나타내는 수치이며 계층의 빈부격차를 한눈에 보여준다. 저소득층에서 고소득층을 향하는 사람의 수를 누적 백분율로 하여 가로축으로 나타내고 그 사람들의 소득에 대한 누적 백분율을 세로축으로 나타낼 때 그려지는 대각선을 활 모양의 곡선인 로렌츠 곡선과 대각선으로 둘러싸인 면적을 대각선 아래쪽의 직각 삼각형의 면적으로 나눈 비율이다. 지니계수는 0에서 1 사이의 수치로 표시되는데 소득분배가 완전평등한 경우가 0, 완전불평등한 경우가 1이다. 이 수치가 0에 가까울수록 소득분배가 평등하게 이루어졌다고 판단한다.

050 통화정책
중앙은행이 재할인정책, 지급준비정책, 공개시장정책 등의 수단을 통해 정책목표를 이루려는 것을 말한다.
- **경기침체 시** : 중앙은행이 통화량을 늘리거나 이자율을 인하하는 등 확장통화정책을 펴면 투자지출과 소비지출이 증가하여 총수요가 확대되면서 경기가 회복
- **경기과열 시** : 중앙은행이 시중의 돈을 환수하여 통화량을 줄이거나 이자율을 인상하는 긴축통화정책을 펴면 투자와 소비가 감소하면서 총수요가 줄어들어 경기가 회복

051 필립스 곡선

실업률이 낮으면 임금상승률이 높고, 실업률이 높으면 임금상승률이 낮다는 관계를 나타낸 곡선이다. 영국경제학자 필립스가 실제 영국의 사례를 토대로 분석한 결과에서 $x=$실업률, $y=$임금상승률로 하여 $\log(y+0.9)=0.984-1.394x$라는 관계를 도출하였다. 이 경우 실업률이 5.5%일 때 임금상승률은 0이 된다. 최근에는 임금상승률과 실업률의 관계보다는 물가상승률과 실업률의 관계를 보는 것이 일반적이다.

052 한계효용체감의 법칙

어떠한 재화를 소비함에 있어 추가적으로 얻는 효용을 한계효용이라고 한다. 즉, 어떤 상품을 한 단위 더 추가적으로 소비함으로써 소비자가 얼마만큼 더 만족을 느낄 수 있는가를 말하는 것이다. 예를 들어 입으면 20도의 온도를 보장하는 점퍼가 있다고 하자. 추운 겨울 반팔을 입고 있는 사람이 이 점퍼 1벌을 구입하면 만족도가 크지만 이후에는 굳이 필요하지 않기 때문에 추가 구매 시 만족도가 떨어지게 된다. 이것이 한계효용체감의 법칙이다.

053 개인 워크아웃(Workout)

원래 부실기업 회생제도를 가리키는 말이지만 개인도 기업처럼 워크아웃제가 도입되어 일정 자격자에게 대출 원리금을 감면해주고 상환기간을 연장하는 등의 방법으로 시행된다. 개인 워크아웃을 신청하면 채권행사 중지나 부채탕감 등 금융지원을 받게 된다.

054 경영진 매수(MBO ; Management Buy Out)

일반적인 M&A는 외부 제3자에 의해 이루어지지만 MBO는 회사 내부의 임직원에 의해 이루어진다. 따라서 기존 임직원이 신설회사의 주요 주주이면서 동시에 경영인이 된다. 이는 기존 경영자가 그대로 사업을 인수함으로써 경영의 일관성을 유지하고, 고용안성과 기업의 효율성을 동시에 추구할 수 있는 장점이 있다.

055 독약처방(포이즌 필, Poison Pill)

위협적인 M&A 세력이 나타났을 때 극단적인 방법을 동원해 주가를 높이거나 대상 기업의 매력을 감소시켜 적대적 M&A를 포기하게 만드는 전략으로, '독소증권'이라고도 한다.

056 모라토리엄(Moratorium)

외채의 상환시점이 찾아왔지만 국가가 채무상환을 일시적으로 연기하겠다고 대외적으로 선언하는 것을 말한다. 모라토리엄이 선언되면 해당 국가는 빚을 갚기 위한 시간을 벌기 위해 정부 차원에서 긴급 발표로 해외 채권자들에게 알리고 협의를 통해 갚아 나가게 된다. 모라토리엄 선언국은 대외 신인도가 크게 떨어지고 구조조정, 세금 인상 등 불이익을 감수해야 한다.

057 앰부시(Ambush) 마케팅

'매복 마케팅'이라고도 하며, 공식 스폰서의 권리를 획득하지 못한 다른 기업들이 마치 자신이 공식 스폰서인 것처럼 대중들을 현혹한다. 공식 스폰서 활동을 통해 얻고자 하는 기대효과의 일부분을 자신들이 빼앗을 목적으로 각종 이벤트와 함께 실시한다.

058 황금낙하산(Golden Parachute)

인수대상 기업의 경영자가 임기 전에 사임할 경우 일정 기간 동안 보수나 상여금 등을 받을 권리를 미리 고용계약에 기재해 인수비용 부담을 주는 효과를 노리는 것이다.

059 레버리지 ETF

ETF(Exchange Traded Fund, 상장지수펀드)는 인덱스펀드를 거래소에 상장시켜 투자자들이 주식처럼 편리하게 거래할 수 있도록 만든 상품이다. 일반 ETF가 코스피 200과 같은 지수와 비슷한 수익률을 내는 것을 목표로 하는 데 비해, 레버리지 ETF는 선물투자 등을 통해 주가지수가 오르면 ETF 수익률이 2배로 오르는 것을 추구하는 상품이다. 레버리지 ETF는 상승장에서는 높은 수익률을 기대할 수 있다는 장점이 있지만, 하락장에서는 손실 위험도 커져 고위험·고수익 상품으로 분류된다.

060 배드뱅크(Bad Bank)

신용불량자에게는 채권추심에 대한 부담을 덜어주면서 신용회복의 기회를 제공해 주고, 금융기관 입장에서는 채권추심 일원화에 따라 채권추심 비용을 절약하고 채권 회수 가능성도 제고하는 등 부실채권을 효율적으로 정리할 수 있게 한다.

061 사이드 카(Side Car)

프로그램 매매 호가 관리제도의 일종으로 선물가격이 기준가 대비 5% 이상(코스닥은 6% 이상)인 상황이 1분간 지속하는 경우 선물에 대한 프로그램 매매를 5분간 중단한다. 5분이 지나면 자동으로 해제되며 1일 1회만 발동될 수 있다.

062 서킷브레이커(CB ; Circuit Breaker)

코스피나 코스닥지수가 전일 대비 10% 이상 폭락한 상태가 1분간 지속하는 경우 시장 모든 종목의 매매거래를 중단한다. 20분간 매매정지 후 10분간 동시 호가로 접수해서 매매를 재개하며, 1일 1회만 발동할 수 있다.

063 주가지수연동형 상품(ELD, ELS, ELF)

[주가지수연동형 상품의 비교]

구분	ELD(주가지수연동예금)	ELS(주가지수연동증권)	ELF(주가지수연동펀드)
판매기관	은행	증권사(투자매매·중개업자)	집합투자업자
상품성격	예금	증권	증권펀드
만기수익	지수에 따라 사전에 제시한 수익 확정지급	지수에 따라 사전에 제시한 수익 확정지급	운용성과에 따라 실적배당
예금보호	보호	비보호(발행사 신용 중요)	비보호(실적배당상품)
중도해지	가능(원금손실 가능)	제한적(유가증권에서 매도, 원금손실발생 가능)	가능(원금손실 가능)
장점	은행이 제시한 수익보장	증권사가 제시수익을 달성할 수 있도록 상품을 구성	추가수익발생 가능
단점	추가수익 없음	추가수익 없음	제시수익 보장 없음

064 채권

차입기간 동안 확정이자 및 원금의 지급을 약속하는 하나의 금융상품으로, 상환기한이 정해져 있는 기한부증권이자 상환 시 받을 이자가 결정되어 있는 확정 이자부 증권이다. 채권은 투자자 보호조치 차원에서 발행할 수 있는 기관이나 발행할 수 있는 회사를 법률로 정한다.

[채권과 주식의 비교]

구분	채권	주식
발행주체	정부, 지방자치단체, 특수법인, 주식회사	상장법인의 주식회사
자본성격	타인자본	자기자본
경영참가권 여부	의결권 없음	의결권 있음
원금상환	만기 시 상환	상환의무 없음
유동성	낮음	높음
위험도	낮음	높음
존속기간	기한부 증권	영구증권
배당 및 이자	원금과 이자를 받음	경영성과에 따른 배당금을 지급받음
소유자의 권리	확정부 이자의 수취, 회사 해산 시 주식에 우선하여 원리금 우선 지급받음	배당금 수취, 잔여재산 분배청구권

065 카르텔(Cartel)

공정거래법상 부당한 공동행위에 해당하며 담합으로도 불린다. 시장에서 자율적으로 결정되어야 할 가격이나 거래조건을 사업자들이 인위적으로 조절함으로써 시장경제질서를 왜곡시켜 기업 간 경쟁으로 인한 이익을 소비자들로부터 박탈하고, 기업 간 경쟁 유인을 줄여 기업들의 경쟁력 제고 노력을 약화시킨다.

066 세이프가드(Safeguard)

한국어로는 '긴급 수입 제한 조치'라 한다. 수입 품목 중 특정 상품이 매우 경쟁력이 있어 자국 시장을 잠식하고 자국 산업에 큰 피해를 입힐 우려가 있을 경우 긴급 수입 제한을 하거나 해당 상품에 큰 관세를 매길 수 있다. 세계무역기구는 각 국가의 이러한 긴급 수입 제한 권리를 인정하고 있다.

067 구글세(Google Tax)

특허료 등 막대한 이익을 올리고도 조세 조약이나 세법을 악용해 세금을 내지 않았던 다국적 기업에 부과하기 위한 세금을 말한다. 정식 명칭은 디지털세(Digital Tax)이며, 구글과 애플, 페이스북, 아마존 등의 글로벌 IT기업을 대상으로 하기에 가파세(GAFA Tax)라고도 부른다. 그동안 구글 등 다국적 IT기업들은 전 세계로부터 특허료 등 막대한 이익을 얻었음에도 합당한 세금을 내지 않았기 때문에 이를 방지하겠다는 취지이다.

068 경기확산지수(DI ; Diffusion Index)

경기동향요인이 다른 부문으로 점차 확산·파급되어 가는 과정을 파악하기 위한 지표로서, 경기의 변화방향만을 지수화한 것이며 경기동향지수라고도 한다. 즉, 경기국면의 판단 및 예측, 경기전환점을 식별하기 위한 지표이다.

069 앳킨슨지수(Atkinson Index)

평가자의 주관적 가치판단을 고려하여 소득 분배의 불평등 정도를 나타내는 지수로 소득 분배가 불평등하다고 여길수록 지수가 커진다. 즉, 균등분배라는 전제에서 지금의 사회후생수준을 가져다줄 수 있는 평균소득이 얼마인가를 주관적으로 판단하고 그것과 한 나라의 1인당 평균소득을 비교하여 그 비율을 따져보는 것이다.

070 칵테일리스크(Cocktail of Risk)

여러 가지 악재가 동시에 발생하는 경제위기 상황을 칵테일리스크라고 하는데, 다양한 술과 음료를 혼합해 만드는 칵테일에 빗대 표현한 말이다. 세계적인 경기침체, 이슬람 무장단체의 테러 등이 혼재된 경제위기를 의미한다.

071 리디노미네이션(Redenomination)

한 나라에서 통용되는 화폐의 액면가를 동일한 비율의 낮은 숫자로 변경하는 조치로서, 화폐의 가치적인 변동 없이 액면을 동일 비율로 하향 조정하는 것을 말한다. 경제 규모가 커지고 물가가 상승함에 따라 거래되는 숫자의 자릿수가 늘어나는 계산상의 불편을 해소하기 위해 도입한다.

072 스텔스 세금(Stealth Tax)

스텔스 세금은 부가가치세, 판매세 등과 같이 납세자들이 인식하지 않고 내는 세금을 레이더에 포착되지 않고 적진에 침투하는 스텔스 전투기에 빗대 표현한 것이다. 담배세가 대표적이다.

073 AIIB(Asian Infrastructure Investment Bank)

아시아 인프라 투자은행을 말한다. 미국과 일본이 주도하는 세계은행(World Bank)과 아시아개발은행(ADB) 등에 대항하기 위해 중국의 주도로 설립된 국제은행으로 아시아·태평양 지역 국가들의 도로, 철도, 항만 등의 인프라(사회간접자본) 건설자금 지원을 목적으로 한다.

074 엥겔계수(Engel Coefficient)

저소득 가계일수록 가계 지출 중 식료품비가 차지하는 비율이 높고, 고소득 가계일수록 식료품비가 차지하는 비율이 낮은 것을 엥겔의 법칙이라고 한다. 식료품은 필수품이기 때문에 소득수준과 관계없이 반드시 일정한 비율을 소비해야 하며 동시에 어느 수준 이상은 소비할 필요가 없는 재화이다. 따라서 엥겔계수는 소득 수준이 높아짐에 따라 점차 감소하는 경향이 있다.

075 스태그플레이션(Stagflation)

경기침체를 의미하는 '스태그네이션(Stagnation)'과 물가상승을 의미하는 '인플레이션(Inflation)'을 합성한 용어로, 경제활동이 침체되고 있는 상황에서도 물가는 지속적으로 상승하고 있는 현상이다.

076 경제협력개발기구(OECD)

제2차 세계대전 뒤 유럽 각국은 협력체제의 정비가 필요하여 1948년 4월 마셜플랜을 수용하기 위한 기구로서 유럽경제협력기구(OEEC)를 출범시켰다. 이후 1960년 12월 OEEC의 18개 회원국과 미국·캐나다를 포함하여 20개국 각료와 당시 유럽경제공동체(EEC), ECSC(유럽석탄철강공동체), EURATOM(유럽원자력공동체)의 대표들이 모여 '경제협력개발기구조약'(OECD조약)에 서명하고, 1961년에 협정문이 발효됨으로써 탄생하였다. 우리나라는 1996년 12월에 29번째 회원국으로 가입하였다.

077 상계관세
국내 산업의 경쟁력을 유지하기 위한 제도로, 수출을 하는 나라가 수출기업에 보조금이나 장려금을 지급하여 수출상품의 경쟁력을 높일 경우 수입국이 보조금이나 장려금에 해당하는 금액만큼 수입상품에 대해 추가로 부과하는 특별관세를 의미한다.

078 버즈 마케팅(Buzz Marketing)
소비자가 자발적으로 상품에 대해 주위 사람들에게 긍정적인 입소문을 내게 하는 마케팅 기법이다. 이 마케팅 기법을 잘 활용하려면 우선 고객과의 상호작용이 중요하다. 바이럴 마케팅(Viral Marketing)도 비슷한 의미로 쓰인다.

079 BIS 비율(자기자본비율)
은행의 건전성과 안정성을 확보할 목적으로 은행의 위험자산에 대해 일정비율 이상의 자기자본을 보유하도록 하는 것으로, 은행의 신용위험과 시장위험에 대비해 최소한 8% 이상이 되도록 권고하고 있으며, 10% 이상이면 우량은행으로 평가받는다.

080 세계 3대 신용평가기관
세계 3대 신용평가기관은 각국의 정치·경제 상황과 향후 전망 등을 고려하여 국가별 등급을 매김으로써 국가신용도를 평가한다.

피치 Ratings (Fitch Ratings)	• 1913년 존 놀스 피치(John Knowles Fitch)가 설립한 피치퍼블리싱(Fitch Publishing Company)에서 출발 • 1924년 'AAA~D'까지 등급을 매기는 평가방식 도입 • 뉴욕·런던에 본사 소재
무디스 (Moody's Corporation)	• 1909년 존 무디(John Moody)가 설립 • 기업체 및 정부를 대상으로 재무에 관련된 조사 및 분석 • 뉴욕 증권거래소 상장기업
스탠더드 앤드 푸어스 (Standard & Poor's)	• 1860년 헨리 바늄 푸어(Henry Varnum Poor)가 설립한 후 1942년 스탠더드와 합병하며 지금의 회사명으로 변경 • 미국의 3대 지수로 불리는 S&P 500지수 발표 • 뉴욕에 본사 소재

081 숏커버링(Short Covering)
공매도한 주식을 되갚기 위해 다시 사는 환매수를 말한다. 주식시장에서 주가가 하락할 것이 예상될 때 공매도를 하게 되는데, 이후 주가가 하락하면 싼 가격에 사서 돌려줌으로써 차익을 챙길 수 있지만 주가가 상승할 때는 손실을 줄이기 위해 주식을 매수하게 된다. 이러한 숏커버링은 주가 상승을 가져온다.

082 정맥산업
더러워진 피를 새로운 피로 만드는 정맥의 역할과 같이, 쓰고 버린 제품을 수거해서 산업 쓰레기를 해체·재생·재가공 등 폐기 처리하는 산업이다. 또한 농업 폐기물을 이용해 플라스틱이나 세제를 만들고, 돼지의 배설물에서 돼지의 먹이를 재생산하는 산업이다.

083 환매조건부채권(RP ; Repurchase Agreement)

일정기간이 지난 후에 정해진 가격으로 같은 채권을 다시 구매하거나 판매하는 조건으로 채권을 거래한 방식을 말한다. RP거래는 콜거래, 기업어음거래 등과 같이 단기자금의 대차거래이지만 그 거래대상이 장기금융자산인 채권이며, 이 채권이 담보의 성격을 지닌다는 점에서 다른 금융거래와는 다르다.

084 뱅크런(Bank Run)

대규모 예금 인출사태를 의미한다. 금융시장이 불안정하거나 거래은행의 재정 상태가 좋지 않다고 판단할 때, 많은 사람들이 한꺼번에 예금을 인출하려고 하면서 은행은 위기를 맞는다.

085 규제 샌드박스

'샌드박스(Sand Box)'는 모래로 채워진 상자에서 어린이들이 자유롭게 노는 것에서 따온 용어로 기업이 새로운 기술이나 서비스를 자유롭게 시도할 수 있게 일정 기간 규제를 유예하거나 면제해주는 제도다. 영국에서 핀테크 산업을 빠르게 발전시키기 위해 이 제도를 처음 도입했다.

086 헤지펀드

소수의 고액투자자를 대상으로 하는 사모펀드다. 주가의 장·단기 실적을 두루 고려해 장·단기 모두에 투자하는 식으로 포트폴리오를 구성하여 위험은 분산시키고 수익률은 극대화한다. 또한, 헤지펀드는 원래 조세회피 지역에 위장거점을 설치하고 자금을 운영하는 투자신탁으로 자금은 투자 위험을 회피하기 위해 펀드로 사용한다.

087 어닝 시즌(Earning Season)

기업은 일정기간(1년에 4번, 분기별) 동안 실적을 발표하여 이를 종합하여 반기보고서, 연간결산보고서를 발표한다. 이때가 보통 12월인데, 실적 발표가 집중되는 만큼 주가의 향방이 결정되는 중요한 시기이기 때문에 투자자들은 어닝 시즌에 집중하게 된다.

088 인덱스펀드

인덱스펀드는 주가지표의 변동과 동일한 투자성과를 내기 위해 구성된 포트폴리오로 증권시장의 장기적 성장 추세를 전제로 한다. 그러므로 인덱스펀드의 목표수익률은 시장수익률 자체가 주된 목적이 되며 지수추종형 펀드 또는 패시브형 펀드라고도 한다.

089 유로존

유럽연합(EU)의 단일화폐인 유로를 국가통화로 도입하여 사용하는 국가나 지역이다. 2024년 기준 오스트리아, 핀란드, 독일, 에스토니아, 프랑스, 아일랜드, 스페인, 라트비아, 벨기에, 키프로스, 그리스, 슬로바키아, 이탈리아, 룩셈부르크, 몰타, 네덜란드, 포르투갈, 슬로베니아, 리투아니아, 크로아티아 등 총 20개국이 가입되어 있다.

090 APEC

태평양 주변 국가들의 정치·경제적 결속을 다지는 기구로 지속적인 경제성장과 공동의 번영을 위해 1989년 호주 캔버라에서 12개국 간의 각료회의로 출범했으며, 현재는 21개국이 회원국으로 참여하고 있다.

> **+ 알아보기** APEC 회원국
>
> 한국, 미국, 일본, 호주, 뉴질랜드, 캐나다, 아세안 6개국(말레이시아, 인도네시아, 태국, 싱가포르, 필리핀, 브루나이), 중국, 홍콩, 대만, 멕시코, 파푸아뉴기니, 칠레, 러시아, 베트남, 페루

091 EU

1993년 마스트리흐트 조약에 따라 1994년부터 사용된 유럽공동체 EC의 새로운 명칭이다. 유럽연합에는 28개 국가가 가입되어 있었으나 영국이 2016년 국민투표로 EU 탈퇴를 결정하였고, 2020년 12월 31일(현지시간) EU와 공식적으로 결별했다.

> **+ 알아보기** EU 회원국
>
> 독일, 프랑스, 이탈리아, 네덜란드, 벨기에, 룩셈부르크, 아일랜드, 덴마크, 그리스, 스페인, 포르투갈, 스웨덴, 핀란드, 오스트리아, 헝가리, 폴란드, 체코, 슬로베니아, 에스토니아, 사이프러스, 라트비아, 리투아니아, 몰타, 슬로바키아, 루마니아, 불가리아, 크로아티아

092 G7

세계 경제가 나아갈 방향과 각국 사이의 경제정책에 대한 협조 및 조정에 관한 문제를 논의하기 위한 주요 7개국의 모임으로, 미국·영국·프랑스·독일·이탈리아·캐나다·일본이 회원국이다.

093 스톡옵션

기업이 임직원에게 자기회사의 주식을 일정 수량, 일정 가격으로 매입할 수 있는 권리를 부여하는 제도이다.

094 마케팅믹스 4P

표적시장에서 마케팅 목표를 달성하기 위해 필요한 요소들의 조합으로, 제품(Product), 가격(Price), 유통(Place), 촉진(Promotion)의 요소로 구성된다.

095 퍼플오션

레드오션과 블루오션의 장점만을 따서 만든 새로운 시장이다. 레드와 블루를 섞었을 때 얻을 수 있는 보라색 이미지를 사용한다. 경쟁이 치열한 레드오션에서 자신만의 차별화된 아이템으로 블루오션을 개척하는 것을 말한다.

> **+ 알아보기**
>
> - 레드오션 : 경쟁이 치열해 성공을 낙관하기 힘든 시장을 의미
> - 블루오션 : 경쟁자가 없는 미지의 시장을 의미

096 콜금리
자금이 부족한 금융기관이 자금이 남는 다른 기관에 자금을 빌려달라고 요청할 때 적용되는 금리다.

097 LTV(Loan to Value Ratio) : 주택담보대출비용
집을 담보로 은행에서 돈을 빌릴 때 집의 자산가치를 얼마로 보는지의 비율을 의미한다. 주택의 종류 및 주택의 소재 지역에 따라 담보자산의 시가 대비 처분가액 비율이 달라질 수 있다.

098 DTI(Debt To Income) : 총부채상환비율
총소득에서 부채(빚)의 연간 원리금 상환액이 차지하는 비율을 말한다. 수치가 낮을수록 빚 상환능력이 양호하거나 소득에 비해 대출규모가 작다는 의미이다.

099 DSR(Debt Service Ratio) : 총부채원리금상환비율
주택에 대한 대출 원리금뿐만 아니라 전체 금융 부채에 대한 원리금 상환액 비율을 말한다.

CHAPTER 03 적중예상문제

정답 및 해설 p.017

01 제품의 기획과 설계, 연구개발(R&D), 디자인 등 제조의 핵심기능을 수행하는 공장을 국내에 유치하고 해외에 양산공장을 구축하는 분업체계를 무엇이라 하는가?

① 스마트팩토리
② 디지털팩토리
③ 마더팩토리
④ 파워팩토리

02 가격상승·물량소진의 불안으로 과도하게 주식, 부동산 등을 구매하는 행위는?

① 패닉바잉
② 패닉셀링
③ 로스컷
④ 바잉오퍼

03 산업현장에서 기업의 필요에 따라 임시로 계약을 맺고 단기성 업무를 맡는 노동자를 뜻하는 용어는?

① 긱워커
② 플랫폼 노동
③ 특수형태근로종사자
④ 프리랜서

04 신용을 평가할 수 없을 정도로 금융거래 정보가 거의 없는 사람을 지칭하는 용어는 무엇인가?

① 월광족
② 신 파일러
③ 잘파세대
④ BNPL

05 물가상승이 환경적인 요인에 의해 발생하는 것을 뜻하는 것으로, 지구 온난화와 환경파괴로 인한 가뭄과 홍수, 산불 같은 자연재해의 영향을 받아 상품의 원가가 상승하는 것을 설명하는 용어는 무엇인가?

① 보틀넥인플레이션
② 에코플레이션
③ 디맨드풀인플레이션
④ 디스인플레이션

06 기업의 비재무적 요소인 환경·사회·지배구조를 뜻하는 경영 용어는?

① CSR
② ESG
③ CSV
④ 공유가치경영

07 다음 중 최근 금융노마드 현상이 주목받는 이유로 적절하지 않은 것은?

① 낮은 금리
② 초연결사회 도래
③ 핀테크업 등장
④ 비트코인 등장

08 소수의 투자자로부터 비공개 방식을 통해 자금을 조성해 주식, 채권 등을 운용하는 펀드는?

① 공모펀드
② 인덱스펀드
③ 사모펀드
④ 헤지펀드

09 1980년대 미국에서 처음 등장한 신조어로, 경기침체 후 잠시 회복기를 보이다가 다시 침체에 빠지는 이중침체 현상을 뜻하는 경제용어는?

① 더블딥
② 트리플위칭
③ 스톡옵션
④ 거품경제

10 다음 중 공유경제와 가장 관련이 없는 것은?

① 체리피커(Cherry Picker)
② 우버(Uber)
③ 에어비앤비(Air BnB)
④ 비스타제트(Vista Jet)

11. 가상화폐 발행업체가 해당 화폐를 시장에 공개하고, 투자자금을 모으는 크라우드 펀딩을 일컫는 말은?

① ICO ② IPO
③ IR   ④ PER

12. 전세가와 매매가의 차액만으로 전세를 안고 주택을 매입한 후 부동산 가격이 오르면 이득을 보는 '갭 투자'와 관련된 경제 용어는 무엇인가?

① 코픽스   ② 트라이슈머
③ 레버리지 ④ 회색 코뿔소

13. 주식투자에서 특정 기업에 집중함으로써 발생할 수 있는 위험을 피하고, 투자수익을 극대화하기 위해 여러 종목에 분산 투자하는 방법을 무엇이라 하는가?

① 리베이트 ② 포트폴리오
③ 베이시스 ④ 골든크로스

14. 주가가 떨어질 것을 예측해 주식을 빌려 파는 공매도를 했지만 반등이 예상되자 빌린 주식을 되갚으면서 주가가 오르는 현상은?

① 숏 드로잉 ② 숏 커트
③ 쇼트키 효과 ④ 숏 커버링

15. 다음의 내용과 관계가 깊은 것은?

> 환율이 1달러당 1,250원일 때 ○○날드 ○○버거가 미국에서는 2.5달러에 판매되고, 한국에서는 2,500원에 판매된다.

① 원화의 평가절하로 우리나라의 햄버거 구매력 지수가 미국보다 상대적으로 낮다.
② 원화의 평가절상으로 우리나라의 햄버거 구매력 지수가 미국보다 상대적으로 높다.
③ 미국의 2.5달러를 기준으로 한국에서 판매할 경우 최소한 3천 원에 팔아야 한다.
④ 위 조건이라면 한국보다 미국은 대일(對日) 수입이 유리하다.

16 소비자를 활용하는 마케팅 기법을 무엇이라고 하는가?

① 프로슈머 마케팅 ② 풀 마케팅
③ 심바이오틱 마케팅 ④ 노이즈 마케팅

17 중세 가톨릭교회 세금징수원에서 기인한 것으로, 상호·특허상품·노하우를 소유한 자가 계약을 통해 다른 사람에게 상표의 사용권과 제품의 판매권·기술 등을 제공하고 그 대가로 가맹비·보증금·로열티 등을 받는 시스템을 무엇이라고 하는가?

① OEM ② ODM
③ 프랜차이즈 ④ 라이센스

18 환율이 상승할 때 일어나는 경제적 변화로 틀린 것은?

① 국제수지가 개선된다.
② 국내 물가가 상승한다.
③ 외채상환부담이 증가한다.
④ 수출이 감소된다.

19 국내 시장에서 외국 기업들이 활개를 치고 다니는 반면, 자국 기업들은 부진을 면하지 못하는 현상을 무엇이라 하는가?

① 윔블던 효과 ② 롱테일 법칙
③ 서킷 브레이커 ④ 스핀 오프

20 한 사람이 소유하고 있는 모든 주택과 토지를 합하여 일정 금액 이상이 될 때 부과하는 세금을 무엇이라 하는가?

① 종합부동산세 ② 종합토지세
③ 양도소득세 ④ 재산세

21 적대적 M&A 방어책 중, 예를 들어 동시 2인 이상의 이사 해임을 결의하는 경우 출석한 주주 의결권의 90% 이상으로 해서 경영권을 방어하는 방법은?

① 황금 낙하산
② 백기사 전략
③ 독약 처방
④ 초다수 의결제

22 환율제도에 대한 설명 중 틀린 것은?

① 고정환율제 – 외환시세의 변동을 전혀 인정하지 않고 고정시켜 놓은 환율제도
② 시장평균환율제 – 외환시장의 수요와 공급에 따라 결정되는 환율제도
③ 복수통화바스켓 – 자국과 교역비중이 큰 복수국가의 통화들의 가중치에 따라 반영하는 환율제도
④ 공동변동환율제 – 역내에서는 변동환율제를 채택하고, 역외에 대해서는 제한환율제를 택하는 환율제도

23 다음 중 소득이 증가할 때 소비가 늘어나는 정도를 표현한 경제용어는 무엇인가?

① 유효수요
② 잉여가치
③ 한계저축성향
④ 한계소비성향

24 다음 재화에 대한 설명 중 바르지 못한 것은?

① 필수재는 가격에 탄력적이다.
② 기펜재는 대체효과보다 소득효과가 더 커서, 가격 하락에 따라 수요량이 감소한다.
③ 정상재는 소득이 증가(감소)함에 따라 수요도 증가(감소)하는 재화이다.
④ 베블런재는 사람들의 선호가 가격에 직결되고, 가격에 따라 선호도가 올라가는 것이다.

25 환율이 1,000원에서 1,100원으로 올랐을 때의 결과는?

① 외채 상환부담이 줄어든다.
② 내국인의 해외여행이 증가한다.
③ 국내 물가가 상승한다.
④ 무역수지가 악화된다.

26 가격 대비 최고의 가치를 안겨주는 상품을 구입하려고 끊임없이 정보를 탐색하려는 소비자는?

① 넥소블리안 ② 트윈슈머
③ 크리슈머 ④ 트레저 헌터

27 국내외 여건에 유동적으로 대처하기 위해 수입품의 일정한 수량을 기준으로 부과하는 탄력관세를 무엇이라 하는가?

① 상계관세 ② 조정관세
③ 할당관세 ④ 계절관세

28 미군이 베트남전에서 전쟁을 종료하고 희생을 최소화하면서 빠져나오기 위해 사용했던 전략에서 유래된 말로 금리인상, 흑자예산 등 경기회복 시점에서 사용하는 경제정책은?

① 후퇴전략 ② 출구전략
③ 회복전략 ④ 기만전략

29 부자에게서 세금을 거둬 저소득층을 지원하거나, 부유한 지역의 재정을 가난한 지역에 나눠주는 정책을 무엇이라 하는가?

① 로빈후드세 ② 퍼플오션
③ 테뉴어 제도 ④ 출자총액제한제도

30 단기투자에 관한 설명 중 틀린 것은?

① 헤지펀드는 주가의 장·단기 실적을 두루 고려해 장·단기 모두 투자하는 식으로 포트폴리오를 구성하여, 위험은 분산시키고 수익률은 극대화한다.
② 헤지펀드는 원래 조세 회피 지역에 위장거점을 설치하고 자금을 운영하는 투자신탁으로 자금은 투자 위험을 회피하기 위해 펀드로 사용된다.
③ 스폿펀드는 3개월, 6개월 등 일정 기간 내에 정해 놓은 목표수익률이 달성되면 조기 상환되는 상품이다.
④ 국내에서도 최근 개인이 자유롭게 설립해 어떤 규제도 받지 않고 투자하는 헤지펀드는 허용되고 있다.

31 다음 지수 중 구매력 평가지수(PPP)라 볼 수 없는 것은?

① 빅맥지수
② 콤섹아이팟지수
③ 카페라떼지수
④ 필라델피아 반도체지수

32 기업이 은행에 예금이 없으면서 양도성예금증서를 발행하는 것을 무엇이라 하는가?

① RP
② 무보증 CP
③ 무보증 CD
④ CR REITs

33 랩어카운트(Wrap Account)에 관한 내용으로 바르지 않은 것은?

① 증권사에서 고객이 예탁한 재산에 대해 자산 구성에서부터 운용 및 투자 자문까지 통합적으로 관리해주는 종합금융서비스이다.
② 서비스에 대한 운용수수료는 연 2% 안팎이며, 거래가 없을 때는 수수료를 받지 않는다.
③ 주식은 물론 펀드·채권·파생상품·실물자산 등 투자 대상이 다양해 장세에 유연하게 대응할 수 있다.
④ 수익률이 바로 공개되기 때문에 다양한 랩어카운트와 비교해 선택할 수 있다.

34 주식 시장에서 일반적으로 쓰는 용어로, 주가가 단기간에 과다하게 급락하는 상황을 뜻하는 말은?

① 언더슈팅
② 오버슈팅
③ 언더제트
④ 오버제트

35 다음 중 인플레이션으로 가장 피해를 많이 보는 사람은?

① 제조업자 ② 채권자
③ 채무자 ④ 물가연동 임금자

36 신기술에 대한 정보를 원천봉쇄하기 위해 특허출원을 하지 않는 전략은?

① 블랙박스 전략 ② 스키밍 전략
③ 갈라파고스 전략 ④ 니블링 전략

37 한 번 또는 몇 번의 거래로서 사업이 끝나는 프로젝트 사업을 공동으로 경영하기 위해서 2인 이상이 상호 출자하여 설립하는 것은?

① 합명회사 ② 합자회사
③ 유한회사 ④ 민법상의 조합

38 최근 주식회사 경영의 투명성을 확보하기 위한 제도로서 주식회사의 사외이사의 역할이 아닌 것은?

① 경영자 지배의 독선을 시정한다.
② 넓은 시야와 경영에 의하여 기본방침의 결정에 적극적으로 공헌한다.
③ 책임의 소재가 명백해진다.
④ 이사회의 감사기능을 담당한다.

39 채권가격의 변동요인에 대한 설명으로 옳지 않은 것은?

① 채권가격과 채권수익률은 역의 방향으로 움직인다.
② 채권의 만기가 증가할수록 채권가격의 변동성도 커진다.
③ 일정한 수준의 채권수익률 변동에 따른 채권가격의 변화율은 만기까지의 기간에 비례하여 증가하지 않고 체감하면서 증가한다.
④ 채권가격의 변동은 채권의 만기와 함께 감소한다.

40 다음 중 예금자보호의 주체가 다른 하나는?

① 은행
② 새마을금고
③ 증권회사
④ 저축은행

41 다음 중 직접세가 아닌 것은?

① 소득세
② 법인세
③ 종합부동산세
④ 개별소비세

42 자기주식처분이익은 다음 중 어느 항목으로 분류하는가?

① 영업외수익
② 특별이익
③ 이익준비금
④ 기타 자본잉여금

43 대기업들이 간과하고 있거나 무시하고 있는 시장을 중소기업들이 개척하는 전략은?

① 시장세분화 전략
② 제품차별화 전략
③ 적소시장 전략
④ 가격차별화 전략

44 다음은 FTA 독소조항 중 무엇에 대한 설명인가?

> 한 번 개방된 수준은 어떠한 경우에도 되돌릴 수 없는 조항으로, 예를 들어 한번 의료보험이 영리화 되고 병원이 사유화된 후에는 예전으로 되돌릴 수 없게 되는 것을 의미한다.

① 래칫 조항
② 스냅백 조항
③ 투자자국가소송제도(ISD)
④ 정부의 입증 책임

45 달러를 기준통화로 사용하는 이유로 옳지 못한 것은?

① 전 세계에서 무역량이 가장 많기 때문에
② 국방력이 세계 최고이기 때문에
③ 세계 공용어가 영어이기 때문에
④ 세계 금융의 중심이기 때문에

46 다음 중 지역경제동맹이 아닌 것은?

① 관세동맹
② FTA
③ 최혜국 대우
④ WTO

47 다음 중 연결이 잘못된 것은?

① 벌처펀드 – 고위험 고수익
② 인덱스펀드 – 주가지표 연동수익
③ 스폿펀드 – 장기 고수익
④ 뮤추얼펀드 – 회사형 투자신탁

48 다음에서 각 국가와 주가지수가 바르게 연결되지 않은 것은?

① 한국 – KOSPI
② 독일 – DAX
③ 미국 – Dow Jones
④ 일본 – Hang Seng

49 블록체인 기술을 핵심으로 하는 경제모델로서 탈독점화·탈중앙화를 추구하는 경제형태는?

① 창조 경제
② 플랫폼 경제
③ 프로토콜 경제
④ 비대면 경제

50 각국의 단기금리의 차이와 환율의 차이에 의한 투기적 이익을 위해 국제금융시장을 이동하는 단기 부동 자본을 무엇이라 하는가?

① 마진머니(Margin Money)
② 핫머니(Hot Money)
③ 스마트머니(Smart Money)
④ 시드머니(Seed Money)

51 선진국에는 기술과 품질에서, 개도국에는 가격 경쟁력에서 밀리는 현상을 무엇이라 하는가?

① ODM
② BOP
③ 부메랑 효과
④ 넛크래커

52 다음 중 주식 우량주를 뜻하는 말은?

① 레드칩
② 옐로칩
③ 밀레니엄주
④ 블루칩

53 B국의 통화 가치가 평가 절하될 경우 나타날 수 있는 현상이 아닌 것은?

① 수입이 감소한다.
② 물가가 안정된다.
③ 수출기업의 주가가 상승한다.
④ Z국에 빌린 부채상환에 어려움이 생긴다.

54 다음 경제이론 중 설명이 잘못된 것은?

① 엥겔의 법칙 – 가계소득 지출 중에서 식료품비가 차지하는 비율을 말한다.
② 세이의 법칙 – 수요는 스스로 공급을 창출한다.
③ 슈바베의 법칙 – 근로자의 소득과 주거비에 대한 지출의 관계를 나타낸다.
④ 그레샴의 법칙 – 악화가 양화를 구축한다.

55 다음 중 리디노미네이션(Redenomination)에 대한 설명으로 옳지 않은 것은?

① 나라의 화폐를 가치의 변동 없이 모든 지폐와 은행권의 액면을 동일한 비율의 낮은 숫자로 표현하는 것을 말한다.
② 리디노미네이션의 목적은 화폐의 숫자가 너무 많아서 발생하는 국민들의 계산이나 회계 기장의 불편, 지급상의 불편 등의 해소에 있다.
③ 리디노미네이션은 인플레이션 기대심리를 유발할 수 있다는 문제점이 있다.
④ 화폐단위가 변경되면서 새로운 화폐를 만들어야 하기 때문에 화폐제조비용이 늘어난다.

56 다음의 설명과 관련 있는 것은 무엇인가?

- 2009년 11월 미국 오바마 대통령이 중국 방문 시 세계경제의 위기와 선진국 경제의 무역불균형이 심화됨에 따라 위안화 시스템을 개혁해야 한다고 주장하면서 위안화 절상을 촉구하였다.
- 경기회복 시점에 과도하게 풀린 자금이나 각종 완화정책을 인플레이션 등의 부작용을 일으키지 않고 회수하는 것을 말한다.

① 출구전략　　　　　　　　　② 디레버리지
③ 양적완화정책　　　　　　　④ 통화스와프

57 수출국이 특정 수출산업에 대해 장려금이나 보조금을 지급하여 수출상품의 가격경쟁력을 높일 경우, 수입국이 그 수입상품에 대해 보조금액에 해당하는 만큼의 관세를 부과하는 것을 무엇이라고 하는가?

① 상계관세　　　　　　　　　② 조정관세
③ 탄력관세　　　　　　　　　④ 보호관세

58 은행에서 보험상품을 함께 판매할 수 있게 한 금융서비스는?

① 랩 어카운트　　　　　　　② 커버드 본드
③ 신디케이트론　　　　　　　④ 방카슈랑스

59 BIS비율에 관한 설명 중 올바른 것은?

① 위험자산을 자기자본으로 나눈 값이다.
② 은행의 건전성을 나타내는 지표이다.
③ 이 비율의 계산에 쓰이는 자기자본은 기본자본에서 보완자본을 뺀 것이다.
④ 이 비율이 8% 이하이면 우량은행으로 평가받는다.

60 소비재 A를 하나 더 생산하기 위해서 다른 소비재 B가 여러 개 생산된 후 희생되어야 한다면, 이때 추가된 소비재 A의 비용을 B의 수량으로 표시한 것을 무엇이라 하는가?

① 실질비용　　　　　　　　　② 명목비용
③ 가변비용　　　　　　　　　④ 기회비용

61 모든 생활용품을 취급하는 대형 할인점이나 슈퍼마켓·백화점과는 달리 분야별로 특정한 품목만을 취급하는 전문할인점을 뜻하는 용어는?

① 컨틴전시 플랜　　　　　　　② 로스 리더
③ 플래그십 스토어　　　　　　④ 카테고리 킬러

62 다음 보기에서 설명하는 것과 관련 있는 것은?

> - 미국에서 11월 추수감사절의 다음 날을 일컫는 용어
> - 미국에서 전통적으로 연말 쇼핑시즌을 알리는 시점이나 연중 최대의 쇼핑이 이뤄지는 날
> - 2004년 국회에서 노무현 전 대통령에 대한 탄핵이 가결된 후 한국금융시장의 폭락 장세 지칭

① 블랙먼데이　　　　　　　　② 블랙프라이데이
③ 화이트먼데이　　　　　　　④ 화이트프라이데이

63 다음 중 경기부양을 위해 어떤 정책을 내놓아도 경제주체가 반응을 보이지 않는 불안한 경제상황을 빗댄 용어는?

① 유동성 함정 ② 마냐나경제
③ 좀비경제 ④ 자전거경제

64 다음 보기에서 설명하는 것과 관계 깊은 용어는?

- 산업폐기물을 해체·재생·재가공하는 사업
- 농업 폐기물을 이용해 플라스틱이나 세제를 만들고, 돼지의 배설물에서 돼지의 먹이를 재생산하는 것 등

① 정맥산업 ② 동맥산업
③ 재생산업 ④ 포크배럴

65 한 국가의 금융·통화 위기가 주변의 다른 국가로 급속히 확산되는 현상을 지칭하는 용어는?

① 카페라떼 효과 ② 데킬라 효과
③ 카푸치노 효과 ④ 스필오버 효과

66 다음 중 재정절벽에 대한 설명으로 옳지 않은 것은?

① 정부의 재정 지출이 갑작스럽게 줄거나 중단되면서 경제에 충격을 준다.
② 미국은 2013년 1월부터 자동적으로 시작된 연방정부 지출 삭감과 세금 인상으로 재정절벽이 최대화두로 떠올랐었다.
③ 재정절벽이 현실화될 경우 세금이 오르고, 정부의 지출 또한 증가한다.
④ 재정절벽은 기업투자와 소비의 위축을 불러오면서 전 세계 경제에 큰 타격을 준다.

67 다음 중 기업이 공익을 추구하면서도 실질적인 이익을 얻을 수 있도록 공익과의 접점을 찾는 마케팅은?

① 바이럴 마케팅
② 코즈 마케팅
③ 니치 마케팅
④ 헤리티지 마케팅

68 다음 보기에서 설명하는 용어는 무엇인가?

> • 전체 결과의 80%가 전체 원인의 20%에서 일어나는 현상을 가리킨다.
> • 20%의 고객이 백화점 전체 매출의 80%에 해당하는 만큼 쇼핑하는 현상

① 롱테일 법칙
② 파레토 법칙
③ 하인리히 법칙
④ 세이의 법칙

69 다음 중 엥겔계수에 대한 설명으로 옳지 않은 것은?

① 총 가계 지출액 중에서 식료품비가 차지하는 비율을 의미한다.
② 식료품은 소득수준과 관계없이 소비되는 동시에 일정 수준 이상은 소비할 필요가 없다.
③ 엥겔계수는 소득 수준이 높아짐에 따라 점차 증가하는 경향이 있다.
④ 일반적으로 엥겔계수가 50% 이상이면 후진국, 30% 이하일 경우 선진국으로 분류한다.

70 경기침체 속에서 물가상승이 동시에 발생하는 상태를 가리키는 용어는?

① 디플레이션
② 하이퍼인플레이션
③ 스태그플레이션
④ 애그플레이션

71 다음 중 프로젝트 파이낸싱(PF ; Project Financing)의 특징으로 옳지 않은 것은?

① 금융기관이 사업의 수익성과 장래의 현금흐름을 보고 자금을 지원한다.
② 프로젝트 자체를 담보로 장기간 대출을 해준다.
③ 대출을 받는 회사의 사업주가 높은 신용도와 충분한 담보 여력을 갖고 있어야 한다.
④ 본래 석유개발과 같은 고수익 사업을 대상으로 시작되었으나 점차 도로, 공항 등 시설투자 사업으로 확대되었다.

72 경영권을 담보로 하여 대주주에게 보유주식을 시가보다 높은 가격에 파는 행위를 무엇이라 하는가?

① 블랙메일 ② 그린메일
③ 핑크메일 ④ 화이트메일

73 금융시장이 극도로 불안한 상황일 때 은행에 돈을 맡긴 사람들이 대규모로 예금을 인출하는 사태를 무엇이라 하는가?

① 더블딥 ② 디폴트
③ 펀드런 ④ 뱅크런

74 다음 보기와 관련 있는 마케팅 방법은?

- 남성 전용 미용실 '블루클럽'
- 모유, 우유 등에 알레르기를 보이는 유아용 분유
- 왼손잡이용 가위

① 니치 마케팅 ② 스텔스 마케팅
③ 앰부시 마케팅 ④ 매스 마케팅

75 다음 중 신용등급이 높은 사람의 조건이 아닌 것은?

① 과거 또는 현재 연체 경험이 없다.
② 신용카드 이용금액이 많지만 일시불 위주로 결제한다.
③ 대출이 많아야 두 건 정도이며, 주로 제1금융권에서 받았다.
④ 신용카드가 8~10개로 많으며 골고루 사용한다.

76 특정 품목의 수입이 급증할 때, 수입국이 관세를 조정함으로써 국내 산업의 침체를 예방하는 조치는 무엇인가?

① 세이프가드 ② 선샤인액트
③ 리쇼어링 ④ 테이퍼링

77 다음 중 총부채상환비율(DTI)에 대한 설명으로 옳지 않은 것은?

① 금융부채 상환능력을 소득으로 따져 대출한도를 정한다.
② 주택담보대출의 연간원리금 상환액을 연소득으로 나눈 비율이다.
③ 은행 등 금융기관이 대출금액을 정할 때 대출자의 상환능력을 검증하기 위해 활용하는 개인신용평가시스템과 비슷한 개념이다.
④ 수치가 낮을수록 빚 상환능력이 양호하다는 의미이다.

78 우리나라 생산가능인구의 연령기준은?

① 14~60세
② 20~67세
③ 17~65세
④ 15~64세

79 다음 중 물가상승과 연동해 농산물의 가격을 산출할 때 사용하는 지수는?

① 엥겔지수
② 엔젤계수
③ 패리티지수
④ 슈바베지수

80 다음 중 경제고통지수에 대한 설명으로 옳지 않은 것은?

① 국민들이 느끼는 경제적 고통을 계량화하여 수치로 나타낸 것이다.
② 소비자물가 상승률과 실업률을 곱하여 계산한다.
③ 고통지수의 수치가 높다는 것은 경제적 어려움도 크다는 것을 의미한다.
④ 한 나라의 1년간 경제성과를 가늠하는 척도로 널리 활용된다.

81 다음 중 양도성 예금증서(CD)에 대한 설명으로 옳지 않은 것은?

① 은행의 정기예금에 대해 발행하는 무기명의 예금증서이다.
② 은행과 증권사에서 발행한다.
③ 중도해지는 불가능하나 양도가 자유로워 현금화가 용이하다.
④ 제3자에게 양도가 가능하다.

82 다음 중 외국 기업이 자국 이외의 지역에서 현지통화 표시로 발행하는 채권인 외국채의 국가별 연결이 잘못된 것은?

① 김치본드 - 한국
② 양키본드 - 미국
③ 사무라이본드 - 일본
④ 불독본드 - 영국

83 다음 중 경기가 회복되는 국면에서 일시적인 어려움을 겪는 상황을 나타내는 것은?

① 스크루플레이션
② 소프트 패치
③ 러프 패치
④ 그린 슈트

84 가격이 오르는데도 불구하고 수요가 줄어들지 않는 현상은 무엇인가?

① 전시 효과
② 디드로 효과
③ 립스틱 효과
④ 베블런 효과

85 미국 양적완화의 방법 중 하나인 오퍼레이션 트위스트를 시행할 때의 결과가 아닌 것은?

① 단기금리가 하락한다.
② 기업의 투자를 촉진시킨다.
③ 내수가 활성화된다.
④ 가계가 주택 매입에 적극성을 띤다.

86 값싼 가격에 질 낮은 저급품만 유통되는 시장을 가리키는 용어는?

① 레몬마켓　② 프리마켓
③ 제3마켓　④ 피치마켓

87 광고의 제작과정에 직접 참여하는 소비자를 뜻하는 말은?

① 폴리슈머　② 펀슈머
③ 애드슈머　④ 모디슈머

88 경기상황이 디플레이션일 때 나타나는 현상으로 옳은 것은?

① 통화량 증가, 물가하락, 경기침체
② 통화량 증가, 물가상승, 경기상승
③ 통화량 감소, 물가하락, 경기상승
④ 통화량 감소, 물가하락, 경기침체

89 치열한 경쟁이 펼쳐지는 기존 시장에서 발상의 전환을 통해 새로운 가치의 시장을 만드는 것을 무엇이라 하는가?

① 레드오션
② 블루오션
③ 퍼플오션
④ 그린오션

90 다음 중 임금상승률과 실업률 사이의 상충관계를 나타낸 것은?

① 로렌츠 곡선
② 필립스 곡선
③ 지니계수
④ 래퍼 곡선

91 다음 중 스톡 옵션에 대한 설명으로 옳지 않은 것은?

① 일종의 능률급이다.
② 우리나라에서는 1997년 도입되었다.
③ '우리사주조합제도'와 다르다.
④ 상장 회사만 가능하다.

92 다음 보기에서 설명하는 마케팅 방법은 무엇인가?

> 고객들이 자발적으로 상품에 대한 긍정적인 입소문을 내게 만드는 마케팅 기법이다. 저렴한 비용으로 다수의 소비자에게 접근할 수 있다는 장점이 있으며 엄청난 광고효과를 내기도 한다.

① 버즈 마케팅
② 바이러스 마케팅
③ 노이즈 마케팅
④ 다이렉트 마케팅

93 다음 중 (A)와 (B)에 들어갈 말로 알맞은 것은?

> (A) : 여러 선택방안 중 어느 한 가지만을 선택했을 경우 나머지 포기한 방안에서 얻을 수 있는 이익
> (B) : 한 번 의사결정을 하고, 실행한 이후에는 어떤 선택을 하든지 회수할 수 없는 비용

① (A) : 매몰비용, (B) : 기회비용
② (A) : 기회비용, (B) : 기회손실
③ (A) : 기회비용, (B) : 매몰비용
④ (A) : 매몰비용, (B) : 기회손실

94 다음 중 마찰적 실업에 대한 설명으로 옳은 것끼리 묶은 것은?

> ㄱ. 노동자가 직업을 바꾸는 과정에서 발생한다.
> ㄴ. 경기 하강기나 계절에 따라 발생한다.
> ㄷ. 일시적이고 단발적인 원인에 의해 발생한다.
> ㄹ. 일자리가 있음에도 불구하고 고용정보의 부족으로 인해 발생한다.

① ㄱ, ㄴ
② ㄱ, ㄴ, ㄹ
③ ㄱ, ㄷ, ㄹ
④ ㄱ, ㄴ, ㄷ, ㄹ

95 다음 중 단기성 외환거래에 부과하는 것으로, 단기자금이 국경을 넘을 때 매기는 세금은 무엇인가?

① 피구세
② 핫머니
③ 토빈세
④ 로빈후드세

96 다음 중 캐리 트레이드에 대한 설명으로 옳지 않은 것은?

① 금리가 낮은 국가에서 빌린 돈으로 금리가 높은 국가에 투자한다.
② 금리가 낮고 통화가치가 상승할 것으로 예상되는 국가에서 많이 발생한다.
③ 빌린 통화가 달러일 경우 달러 캐리 트레이드, 엔일 경우 엔 캐리 트레이드라고 부른다.
④ 투자 성공 시 높은 수익을 거둘 수 있지만 위험성이 크다.

97 다음 중 그리스 국외채권단 중 하나이자 유럽 경제권의 통화·금융정책을 담당하는 기관은 무엇인가?

① 유럽중앙은행(ECB)
② 국제통화기금(IMF)
③ 유럽경제위원회(ECE)
④ 국제부흥개발은행(IBRD)

98 미국 보스턴 컨설팅 그룹이 개발한 BCG 매트릭스에서 기존 투자에 의해 수익이 계속적으로 실현되는 자금 공급 원천에 해당하는 사업은?

① 스타(Star) 사업
② 도그(Dog) 사업
③ 캐시카우(Cash Cow) 사업
④ 물음표(Question Mark) 사업

99 개발도상국이나 후진국이 선진국의 소비수준의 영향을 받아 그들의 소비패턴을 모방하려는 현상은?

① 가격효과
② 전시효과
③ 자산효과
④ 낙인효과

100 기업의 당기 이익금 중에서 기업 밖으로 유출된 세금, 배당금 등을 제외하고 회사에 축적된 나머지 금액은 무엇인가?

① 유형자산
② 기타충당부채
③ 사내유보금
④ 기타비유동자산

101 서민경제의 3재(災)라고 불리며 스태그플레이션, 애그플레이션과 함께 물가와 경기를 관련지어 설명한 용어는 무엇인가?

① 스크루플레이션
② 에코플레이션
③ 매니플레이션
④ 초인플레이션

102 기업이 실적을 발표할 때 시장에서 예상했던 것보다 저조한 실적을 발표하는 것을 가리키는 증권 용어는?

① 사이드 카(Side Car)
② 서킷 브레이커(Circuit Breaker)
③ 어닝 쇼크(Earning Shock)
④ 어닝 서프라이즈(Earning Surprise)

103 다음 중 세계 3대 신용평가기관이 아닌 것은?

① 무디스(Moody's)
② 스탠더드 앤드 푸어스(S&P)
③ 피치 레이팅스(FITCH Ratings)
④ D&B(Dun&Bradstreet Inc)

104 다음 중 재정절벽에 대한 설명으로 옳지 않은 것은?

① 정부의 재정 지출이 갑작스럽게 줄거나 늘어나면서 경제에 충격을 주는 현상이다.
② 국민들의 세금부담은 늘고, 시중의 돈줄이 말라버리는 결과를 초래한다.
③ 기업 투자와 소비가 위축되는 경기후퇴 상황을 의미한다.
④ 미국이 2013년 1월부터 시작되는 예산자동삭감과 경기부양용 정책의 종료로 미국의 재정지출이 대폭 감소하는 것을 가리킨다.

105 소위 정크본드로 불리는 'BB+' 이하 등급의 투자부적격 신용등급 채권에 투자하는 펀드를 무엇이라 하는가?

① 인덱스 펀드
② 스폿 펀드
③ 엄브렐라 펀드
④ 하이일드 펀드

106 5만원권 품귀현상이 갈수록 심해지고 있다고 한다. 이와 관련해서, 우리나라 조선 후기 18세기 초부터 19세기 초까지 거의 만성적으로 지속된 화폐 부족 현상을 가리키는 말은?

① 전황
② 화폐환각
③ 디플레이션
④ 인플레이션

107 고객층의 성향에 맞게 제품이나 서비스, 판매 방법 등을 다양화하는 마케팅 기법으로 1990년대 후반과 2000년 초에 통신사들은 이 마케팅 기법을 바탕으로 10대와 20대의 소비자층에 맞는 다양한 멤버십 서비스 등을 제공하다 이후 축소하였다. 최근 다시 활발해지고 있는 이 마케팅 기법은 무엇인가?

① 니치 마케팅
② 세그먼트 마케팅
③ 매스 마케팅
④ 다이렉트 마케팅

108 최저생계비 대비 1~1.2배의 소득이 있는 계층과 소득은 최저생계비 이하지만 고정재산이 있어 기초생활보장 대상자에서 제외된 계층을 합쳐 부르는 말은?

① 잠재 빈곤층
② 비수급 빈곤층
③ 차상위 계층
④ 기초생활보장층

109 다음 부동산 관련 세금 중 '보유세'에 해당하는 것이 아닌 것은?

① 재산세
② 종합부동산세
③ 도시계획세
④ 등록세

110 소비자의 구매행동을 이끄는 과정을 설명하는 것으로 AIDMA의 원칙이 있다. 이 과정을 순서대로 옳게 나열한 것은?

① 주의 → 흥미 → 기억 → 욕구 → 행동
② 주의 → 흥미 → 욕구 → 기억 → 행동
③ 흥미 → 주의 → 기억 → 욕구 → 행동
④ 흥미 → 주의 → 욕구 → 기억 → 행동

111 다음 중 리디노미네이션(Redenomination ; 화폐 단위 변경)의 장점으로 잘못된 것은?

① 심리적으로 안정감이 생긴다.
② 자국통화의 대외적 위상이 높아진다.
③ 거래와 회계장부 기장(記帳)이 간편해진다.
④ 지하 퇴장자금의 양성화 촉진이 가능해진다.

112 경쟁관계에 있는 업체들의 전략적 제휴나 합작 관계를 통해 형성되는 기업 네트워크는?

① 가상기업
② 아웃소싱
③ 워크아웃
④ 공동관리

113 주택담보인정비율을 의미하는 용어는?

① LTV
② DTI
③ ABS
④ LOI

114 신용대출금을 연체하지는 않았지만, 제도권 금융회사에서 대출받지 못하는 금융소외계층을 무엇이라 하는가?

① 신용불량자
② 신용정보관리대상자
③ 신용경계인
④ 한정치산자

115 기업 사냥꾼들이 상당량의 주식을 확보한 후 M&A 대상기업의 경영층에 일정한 프리미엄을 얹어 주식을 되사줄 것을 요구하는 행위를 말하는 것은?

① 황금낙하산전략
② 분리설립전략
③ 극약처방전략
④ 그린메일전략

116 금융시장 가운데 특히 자본시장 부문에서 급성장하고 있는 국가들의 신흥시장을 일컫는 용어는?

① 니치마켓
② 이머징마켓
③ 요소시장
④ 선물시장

117 다음과 연관 있는 경제학 용어는 무엇인가?

- 중국의 신용 위기
- 가상화폐 투기 과열
- 부동산 투기 과열

① 언더독(Underdog)
② 외로운 늑대(Lone Wolf)
③ 블랙 스완(Black Swan)
④ 회색 코뿔소(Gray Rhino)

118 통화량 지표 중, 시중의 현금 흐름을 파악할 수 있는 '본원통화'의 구성은?

① 화폐발행액 + 비통화금융기관 예수금
② 화폐발행액 + 요구불예금 + 저축성예금
③ 화폐발행액 + 은행의 요구불예금
④ 화폐발행액 + 은행의 지급준비예치금

119 누적소득분포를 이용하여 소득분배의 불균형을 측정하는 기준으로 널리 사용되는 지표는?

① 허핀달지수
② 피셔지수
③ 지니계수
④ 솔로우지수

120 다음 중 회사 분할의 방법이 아닌 것은?

① 스핀 업(Spin-up)
② 스플릿 오프(Split-off)
③ 스핀 오프(Spin-off)
④ 스플릿 업(Split-up)

121 어떤 재화가 기펜재가 되기 위한 필요조건은?

① 독립재이어야 한다.
② 열등재이어야 한다.
③ 보완재이어야 한다.
④ 소비 지출에서 당재화에 대한 지출 비중이 커야 한다.

122 생활수준을 나타내는 지표로 사용되는 '엥겔계수'는 소비지출 총액에서 차지하는 이것의 지출 비율이다. 이것은 무엇인가?

① 옷 구입비
② 식비
③ 주거비
④ 여행비

123 누진세제(累進稅制)는 다음 중 어느 조세원칙을 구현하기 위한 것인가?

① 공평의 원칙
② 국민경제상의 원칙
③ 최소비용의 원칙
④ 재정정책상의 원칙

124 인플레이션 갭을 제거하기 위한 정책이 아닌 것은?

① 재정지출의 확대
② 소득세율의 향상
③ 건전소비 캠페인
④ 기업의 생산량 확대

125 환율이 오르게 되면 수입과 수출은 어떻게 되는가?

① 수출은 감소하고 수입은 촉진된다.
② 수출 및 수입이 둔화된다.
③ 수출은 증가하고 수입은 감소된다.
④ 수출 및 수입이 촉진된다.

126 제품의 가격을 인하하면 수요가 줄어들고 오히려 가격이 비싼 제품의 수요가 늘어나는 것을 무엇이라고 하는가?

① 세이의 법칙
② 파레토최적의 법칙
③ 쿠즈의 U자 가설
④ 기펜의 역설

127 2009년 1월 나카모토 사토시라는 필명의 프로그래머가 개발한 것으로 각국의 중앙은행이 화폐 발행을 독점하고 자의적인 통화정책을 펴는 것에 대한 반발로 탄생한 가상화폐는?

① 라이트코인(Litecoin)
② 이더리움(Ethereum)
③ 리플코인(Ripplecoin)
④ 비트코인(Bitcoin)

128 다음 중 간접세가 아닌 것은?

① 개별소비세
② 부가가치세
③ 주세
④ 법인세

129 미국의 연방준비제도이사회(FRB)의 양적 완화 정책의 효과 중 바르지 않은 것은?

① 달러화의 가치가 점진적으로 하락한다.
② 한국 원화가치의 상승압력이 나타날 수 있다.
③ 미국의 채권 가격이 하락한다.
④ 원화가치 상승압력으로 한국금리가 상승할 수 있다.

130 돈을 풀고 금리를 낮춰도 투자와 소비가 늘지 않는 현상을 무엇이라 하는가?

① 유동성 함정
② 스태그플레이션
③ 디멘드풀인플레이션
④ 애그플레이션

131 기업이 담합행위를 자진으로 신고한 경우 처벌을 경감하거나 면제해주는 제도는?

① 신디케이트
② 엠네스티 플러스
③ 리니언시
④ 플리바게닝

132 기업의 실적이 시장 예상보다 훨씬 뛰어넘는 경우가 나왔을 때를 일컫는 용어는?

① 어닝쇼크
② 어닝시즌
③ 어닝서프라이즈
④ 커버링

133 다음 내용 중 밑줄 친 비경제활동인구에 포함되지 않는 사람은?

> 대졸 이상 비경제활동인구는 2000년 159만 2,000명(전문대졸 48만 6,000명, 일반대졸 이상 110만 7,000명)이었으나, 2004년 200만 명 선을 넘어섰다. 지난해 300만 명을 돌파했으므로 9년 사이에 100만 명이 늘었다.

① 가정주부
② 학생
③ 심신장애자
④ 실업자

134 둘 이상의 자회사의 주식을 갖고 있으면서 그 회사의 경영권을 가지고 지휘·감독하는 회사는?

① 지주회사
② 주식회사
③ 합명회사
④ 합자회사

135 제품의 가격은 유지하고 수량과 무게 등만 줄이는 전략은?

① 런치플레이션
② 애그플레이션
③ 슈링크플레이션
④ 스킴플레이션

136 바이러스처럼 퍼져나가 소비자들이 자발적으로 제품을 홍보하도록 유도하는 마케팅은?

① 게릴라 마케팅
② 디지털 마케팅
③ 바이럴 마케팅
④ 퍼포먼스 마케팅

137 1990년대 일본에서 버블경제가 붕괴한 뒤 나타난 '100엔숍'은 이 현상을 상징하는 대표 사례로 꼽힌다. 경기침체 상황에서 물가가 지속적으로 하락하는 것을 가리키는 용어는?

① 슬로플레이션
② 디플레이션
③ 슈링크플레이션
④ 스킴플레이션

138 주식을 대량으로 보유한 매도자가 매수자에게 장외 시간에 주식을 넘기는 거래는?

① 숏커버링
② 블록딜
③ 윈도드레싱
④ 스캘핑

139 경제지표 평가 시 기준 · 비교시점의 상대적 차이에 따라 결과가 왜곡돼 보이는 현상은?

① 분수 효과
② 백로 효과
③ 낙수 효과
④ 기저 효과

140 연간 소득 대비 총부채 원리금상환액을 기준으로 부채상환능력을 평가함으로써 대출 규모를 제한하는 기준은?

① DTI
② DSR
③ LTV
④ DTA

141 성장 가능성은 있으나 아직은 성숙하지 못한 산업을 뜻하는 말은?

① 기간산업
② 유치산업
③ 사양산업
④ 후방산업

142 국가와 국가 혹은 국가와 세계의 경기가 같은 흐름을 띠지 않는 현상을 뜻하는 말은?

① 리커플링
② 디커플링
③ 테이퍼링
④ 양적완화

143 플랫폼이 수익 창출을 우선시하면서 품질과 사용자 경험이 떨어지는 현상은?

① 젠트리피케이션
② 엔시티피케이션
③ 워케이션
④ 카니벌라이제이션

144 지지하는 브랜드의 상품을 의도적으로 구입하고, 주변에도 구입을 권장하는 행위는?

① 노멀크러시
② 윤리적 소비
③ 보이콧
④ 바이콧

145 다음 중 한국은행의 기능이 아닌 것은?

① 화폐를 시중에 발행하고 다시 환수한다.
② 통화량 조절을 위해 정책금리인 기준금리를 결정한다.
③ 외화보유액을 적정한 수준으로 유지한다.
④ 금융기관에 대한 감사와 감독 업무를 수행한다.

146 서로 다른 분야의 요소들이 결합해 더 큰 에너지를 분출하는 효과는?

① 플라시보 효과
② 헤일로 효과
③ 메디치 효과
④ 메기 효과

147 다른 사람이 구매한 것을 똑같이 구매하거나 착용하는 효과를 뜻하는 용어는?

① 밴드왜건 효과
② 스놉 효과
③ 오픈런
④ 속물 효과

148 애덤 스미스의 〈국부론〉에 등장하는 조세원칙으로 틀린 것은?

① 편의성
② 최대성
③ 투명성
④ 효율성

149 해외 투자자가 평가하는 투자상대국의 대외신인도를 뜻하는 말은?

① 컨트리 리스크
② 소버린 리스크
③ 폴리티칼 리스크
④ 이머전시 리스크

CHAPTER 04 사회·노동·환경

001 소비기한

소비자가 식품을 섭취해도 건강이나 안전에 이상이 없을 것으로 판단되는 소비의 최종기한을 말한다. 식품이 제조된 후 유통과정과 소비자에게 전달되는 기간을 포함한다. 단, 식품의 유통과정에서 문제가 없고 보관방법이 철저하게 지켜졌을 경우에 해당하며, 식품이 제조된 후 유통될 수 있는 기간을 의미하는 유통기한보다 길다. 2023년부터 우리나라도 식품에 유통기한 대신 소비기한을 표시하는 '소비기한 표시제'가 시행됐다. '식품 등의 표시·광고에 관한 법률' 개정으로 식품업체는 식품의 날짜표시 부분에 소비기한을 적어야 한다. 단, 우유의 경우 2031년부터 적용된다.

002 풍선효과(Balloon Effect)

어떤 문제를 해결하기 위해 정책을 실시하여 그 문제가 해결되고 나면 다른 곳에서 그로 말미암은 또 다른 문제가 발생하는 현상을 말한다. 이러한 현상이 마치 풍선의 한 쪽을 누르면 다른 쪽이 튀어나오는 모습과 같다고 하여 풍선효과라는 이름을 붙였다.

003 워케이션(Worcation)

워케이션(Worcation)은 일(Work)과 휴가(Vacation)의 합성어로, 휴가지에서의 업무를 급여가 발생하는 일로 인정해주는 근무형태이다. 시간과 장소에 구애받지 않고 회사 이외 장소에서 근무하는 텔레워크(Telework) 이후에 새롭게 등장한 근무방식으로 재택근무의 확산과 함께 나타났다. 미국에서 시작됐으며 일본에서 노동력 부족과 장시간 노동을 해결하기 위한 방안으로 점차 확산되고 있다.

004 소득 크레바스

크레바스(Crevasse)는 빙하가 흘러내리면서 얼음에 생기는 틈을 의미하는 것으로, 소득 크레바스는 은퇴 당시부터 국민연금을 수령하는 때까지 소득에 공백이 생기는 기간을 말한다. '생애 주된 직장'의 은퇴시기를 맞은 5060세대의 큰 고민거리라 할 수 있다. 소득 크레바스에 빠진 5060세대들은 소득 공백을 메우기 위해, 기본적인 생활비를 줄이고 창업이나 재취업, 맞벌이 같은 수익활동에 다시금 뛰어들고 있는 실정이다.

005 조용한 사직(Quiet Quitting)

직장을 그만두지는 않지만 정해진 업무시간과 업무범위 내에서만 일하고 초과근무를 거부하는 노동방식을 뜻하는 신조어다. 'Quiet Quitting'을 직역하면 '직장을 그만두겠다'는 의미이지만 실제로는 '직장에서 최소한의 일만 하겠다'는 뜻이다. 미국 뉴욕에 거주하는 20대 엔지니어기사 자이드 플린이 자신의 틱톡 계정에 올린 동영상이 화제가 되면서 전 세계로 확산됐다. 워싱턴포스트는 이에 대해 직장인들이 개인의 생활보다 일을 중시하고 일에 열정적으로 임하는 '허슬 컬쳐(Hustle Culture)'를 포기하고 직장에서 주어진 것 이상을 하려는 생각을 중단하고 있다는 것을 보여주는 현상이라고 분석했다.

006 영츠하이머(Youngzheimer)

20~30대의 젊은 나이에 심각한 건망증 또는 치매를 겪는 현상을 가리키는 말이다. 젊다는 뜻의 '영(young)'과 치매를 뜻하는 '알츠하이머(alzheimer)'의 합성어로 '디지털 치매'라고도 한다. 대체로 스마트폰 등 디지털 기기의 과도한 사용 및 의존이나 과도한 음주 혹은 흡연으로 인해 일상생활에서 필요한 기억들을 잊어버리는 증상이 나타난다. 실제 질병으로 인정되지는 않지만 스트레스와 우울감을 유발해 공황장애와 정서장애 등이 발생할 수 있고 치매로 발전할 가능성도 있다.

007 백래시(Backlash)

흑인인권운동, 페미니즘, 동성혼 법제화, 세금 정책, 총기 규제 등 사회·정치적 움직임에 대해 반대하는 사람들이 단순한 의견개진부터 시위나 폭력과 같은 행동을 통해 자신의 반발심을 표현하는 것을 뜻한다. 주로 진보적인 사회변화로 인해 기득권의 영향력 및 권력에 위협을 느끼는 사람들에 의해 일어난다. 대표적으로 1960년대 흑인인권운동에 대한 백인 차별주의자들의 반발을 화이트 백래시(White Backlash)라고 불렀으며, 2016년 치러진 미국 대선에서 도널드 트럼프 대통령이 당선된 것도 화이트 백래시로 보는 견해가 있다.

008 인구절벽

한 국가의 미래성장을 예측하게 하는 인구지표에서 생산가능인구인 만 15세~64세 비율이 줄어들어 경기가 둔화하는 현상을 가리킨다. 이는 경제 예측 전문가인 해리 덴트가 자신의 저서 〈인구절벽(Demographic Cliff)〉에서 사용한 용어로 청장년층의 인구 그래프가 절벽과 같이 떨어지는 것에 비유했다. 그는 한국 경제는 이미 인구절벽이 시작돼 2024년부터 '취업자 마이너스 시대'가 도래할 것으로 전망하였으며, 한국고용정보원 또한 15세 이상 경제활동인구는 2030년부터 감소세로 전환될 것을 예고하고 있다.

009 미닝아웃(Meaning-out)

자신의 신념을 세상 밖에 내비친다는 뜻으로 신념을 뜻하는 '미닝(Meaning)'과 '커밍아웃(Coming Out)'의 합성어이다. 소비 하나에도 자신의 정치적·사회적 신념을 내비치는 MZ세대의 소비형태를 말한다. 미닝아웃은 의식주 전반에 걸쳐 나타나는데 착한소비를 위해 비건 음식을 구매하거나 친환경 옷을 골라 산 뒤 SNS에 구매 인증사진을 업로드한다. 타인에게 선한 영향력을 끼친 점주나 브랜드의 매출을 올려주며 돈으로 혼쭐을 내준다는 '돈쭐'도 미닝아웃의 한 형태다. 미닝아웃의 소비는 제품 자체를 구매하는 것보다 자신의 신념을 산다는 경향이 강하다.

010 그린워싱(Green Washing)

친환경 제품이 아닌 것을 친환경 제품으로 속여 홍보하는 것이다. 초록을 뜻하는 그린(Green)과 영화 등의 작품에서 백인 배우가 유색인종 캐릭터를 맡을 때 사용하는 화이트 워싱(White Washing)의 합성어로 위장환경주의라고도 한다. 기업이 제품을 만드는 과정에서 환경오염을 유발하지만 친환경 재질을 이용한 제품 포장 등만을 부각해 마케팅하는 것이 그린워싱의 사례다. 2007년 미국 테라초이스가 발표한 그린워싱의 7가지 유형을 보면 ▲ 상충효과 감추기 ▲ 증거 불충분 ▲ 애매모호한 주장 ▲ 관련성 없는 주장 ▲ 거짓말 ▲ 유행 상품 정당화 ▲ 부적절한 인증라벨이 있다.

011 라이프로그(Life Log)

'삶의 기록'을 뜻하는 말로 스마트 기기 등을 활용하여 개인의 일상을 인터넷(SNS)이나 스마트폰 등에 기록·저장하는 것을 말한다. 취미·건강·여가 등에서 생성되는 생활 전반의 기록을 정리·공유하는 활동으로 '일상의 디지털화'라 할 수 있다. 일반적으로 라이프로그 시스템은 사용자가 경험하는 모든 정보를 기록할 수 있는 장치, 수집된 정보를 체계적으로 인식해 분류하는 장치, 분류된 방대한 정보를 저장하는 장치로 구성된다. 라이프로그는 사물인터넷(IoT), 웨어러블 기기, 클라우드 컴퓨팅, 빅데이터 등과 밀접한 관계를 맺고 있으며, 이러한 라이프로그를 남기는 행위를 '라이프로깅(Life Logging)'이라고 한다.

012 그리드 패리티(Grid Parity)

석유, 석탄 등을 사용해 전기를 만드는 화력발전과 풍력, 수력, 태양광 등의 신재생에너지로 전기를 생산하는 원가가 같아지는 균형점을 말한다. 신재생에너지를 사용한 전기발전의 경우 건설비용이 화력발전보다 비싸 초기 경제성이 낮지만 발전비용이 저렴하기 때문에 차츰 경제성을 갖추게 된다. 그리드 패리티는 신재생에너지가 화력발전으로 인한 대기오염과 원료 고갈문제를 해결할 수 있다는 근거가 되기 때문에 중요하다. 그리드 패리티 도달조건으로는 국제유가 상승이 충족돼야 하며, 생산원가의 하락과 관련이 있는 그리드 패리티 기술과 관련된 부품의 가격이 하락해야 한다.

013 MZ세대

1980~2000년대 초에 출생해 디지털과 아날로그를 함께 경험한 밀레니얼 세대(Millennials)와 1990년 중반 이후 디지털 환경에서 태어난 Z세대(Generation Z)를 통칭하는 말이다. 이들은 일에 대한 희생보다 스포츠, 취미 활동, 여행 등에서 삶의 의미를 찾으며 여가와 문화생활에 관심이 많다. 경제활동인구에서 차지하는 비율이 점차 높아지고 있으며, 향후 15년간 기존 세대를 뛰어넘는 구매력을 가질 것으로 평가된다. 디지털 미디어에 익숙하며 스포츠, 게임 등 동영상 콘텐츠를 선호한다.

014 코쿠닝 현상(Cocooning Syndrome)

독일의 미래학자 페이스 팝콘(F. Popcorn)이 '누에고치짓기 현상' 즉, '코쿠닝'이란 용어를 처음 사용하며 현대인들은 마치 누에고치처럼 자신을 보호하기 위해 보호막을 친다고 표현했다. 사회로부터의 도피라는 부정적인 측면과 가정의 회복·결속이라는 긍정적인 측면이 동시에 존재한다.

> **➕ 알아보기** 코쿤(Cocoon)족
> 외부 세상과 현실에서 벗어나 자신만의 안전한 공간에서 안락함을 추구하려는 '나홀로족'을 의미한다. 이들은 자신만의 공간에 음향기기를 구비하여 음악감상을 하거나 컴퓨터를 통해 세상과 접촉한다.

015 RE100(Renewable Energy 100%)

2050년까지 필요한 전력의 100%를 태양광, 풍력 등 재생에너지로만 충당하겠다는 기업들의 자발적인 약속이다. 2014년 영국의 비영리단체인 기후그룹과 탄소공개프로젝트가 처음 제시했다. RE100 가입 기업은 2021년 1월 말 기준으로 미국(51개), 유럽(77개)에 이어, 아시아 기업(24개) 등 총 284곳에 이른다. 우리나라의 경우 제조업의 에너지 사용량 중 전력에 대한 의존도가 48%나 돼 기업이 부담해야 할 비용이 막대하다는 이유로 2020년 초까지만 해도 RE100 참여 기업이 전무했다. 그러나 RE100의 세계적 확산에 따라 2020년 말부터 LG화학, SK하이닉스, SK텔레콤, 한화큐셀 등이 잇따라 참여를 선언했다.

016 잡호핑족

자신의 경력을 쌓고 전문성을 발전시키기 위한 목적으로 2~3년씩 직장을 옮기는 사람을 말한다. 잡호핑(Job-hopping)족은 '폴짝폴짝 여기저기 뛰어다닌다'를 뜻하는 영어단어 'Hop'에서 유래된 용어로 장기간의 경기불황과 저성장 속에 주기적인 이직을 통해 새로운 활로를 개척하려는 젊은 직장인들을 가리킨다. 최근 자신의 경력을 쌓고 전문성을 높이기 위한 목적으로 2~3년씩 단기간에 직장을 옮기는 '잡호핑족'이 늘고 있다고 한다. 이는 장기간의 경기불황 아래 고용불안이 심화되고 평생 직장의 개념이 사라져가는 사회적 현실을 배경으로 하고 있다고 볼 수 있다.

017 플로깅(Plogging)

달리거나 산책을 하면서 쓰레기를 줍는 것을 말한다. '이삭을 줍는다'는 뜻인 스웨덴어 'plocka upp'과 천천히 달리는 운동을 뜻하는 영어단어 '조깅(jogging)'의 합성어다. 쓰레기를 줍기 위해 앉았다 일어나는 동작이 스쿼트 자세와 비슷하다는 데서 생겨났다. 2016년 스웨덴에서 처음 시작돼 북유럽을 중심으로 빠르게 확산했고 최근 기업이나 기관에서도 플로깅을 활용한 마케팅이 활발해지는 추세다. 쓰레기를 담은 봉투를 들고 뛰기 때문에 보통의 조깅보다 열량 소모가 많고 환경도 보호한다는 점에서 호응을 얻고 있다.

018 가스라이팅(Gaslighting)

가스라이팅은 영국의 연극 〈가스등(Gas Light)〉에서 유래한 말로 세뇌를 통해 정신적 학대를 하는 것을 뜻하는 심리학 용어다. 타인의 심리나 상황을 교묘하게 조작해 그 사람이 스스로 의심하게 만들어 타인에 대한 지배력을 강화하는 행위로서, 거부, 반박, 전환, 경시, 망각, 부인 등 타인의 심리나 상황을 교묘하게 조작해 그 사람이 현실감과 판단력을 잃게 만들고, 이로써 타인에 대한 통제능력을 행사하는 것을 말한다. 가스라이팅은 학교폭력이나 직장 내 괴롭힘 등 가정과 학교, 군대, 직장과 같은 일상생활에서 발생할 수 있으며, 상대의 공감능력을 이용해 무력하게 만든다.

019 밈(Meme)

밈은 주로 인터넷이나 TV 등 영상매체를 통해 사람들에게 최근에 유행되는 콘텐츠를 말한다. 이 용어는 리처드 도킨스(Richard Dawkins)의 저서 〈이기적인 유전자(The Selfish Gene)〉에서 처음 제시됐으며, 본래 한 개체에서 다른 개체로 모방 또는 복제되어 전달되는 문화정보 확산을 일컫는 말이었다. 이것이 확장되어 온라인 환경상에서 유행이 빠르게 확산되는 현상을 가리켜 밈이라고 부르게 됐다. 일례로 가상화폐 '도지코인'은 만들어질 당시 유행하던 밈인 시바견의 이미지를 마스코트로 활용했다.

020 PC(Political Correctness : 정치적 올바름)

PC(정치적 올바름)는 말의 표현이나 용어의 사용에서 인종·민족·언어·종교·성차별·장애 등의 편견이 포함되지 않도록 하자는 주장을 나타낼 때 쓰는 말이다. 사회적 운동으로서의 성격을 띠고 다문화주의를 표방하는 운동으로 1980년대부터 시작됐다. 가장 성공적인 PC운동은 인종차별적인 '흑인(Black)'이라는 표현을 '아프리카계 미국인(African Americans)'으로 시정한 것을 든다. 우리나라에서는 북한이탈주민(탈북자)을 '새터민'으로, 살색은 '살구색'으로 고쳐 부르게 된 것이 정치적 올바름의 사례라 할 수 있다.

021 논바이너리(Non-binary)

논바이너리는 인간의 성별을 남성과 여성으로 나누는 이분법적인 시각에서 벗어나는 것, 또는 그러한 성정체성을 갖고 있는 사람을 의미한다. 성정체성에서 소수자라는 의미에서 젠더퀴어(Genderqueer)라고 부르기도 한다. 논바이너리들은 스스로를 그(He)나 그녀(She)라고 하는 대신 그들(They)이라는 표현으로 칭한다. 미국에서는 워싱턴DC를 비롯한 몇 개의 주에서 논바이너리의 정체성을 법적으로 인정하고 있다. 뉴욕시는 출생증명서에 제3의 성별을 반영하게 했고, 오리건주와 캘리포니아주에서도 운전면허증에 제3의 성별을 기재할 수 있도록 하고 있다. 영국 가수 '샘 스미스'와 미국 배우 '앨리엇 페이지'가 스스로 논바이너리임을 밝힌 바 있다.

022 제로웨이스트(Zero Waste)

제로웨이스트는 일상생활에서 배출되는 쓰레기를 최소화하는 사회운동이다. 재활용 가능한 재료를 사용하거나 포장을 최소화해 쓰레기를 줄이고, 그것을 넘어 아예 썩지 않는 생활쓰레기를 없애는 것을 의미한다. 비닐을 쓰지 않고 장을 보거나 포장용기를 재활용하고, 대나무칫솔과 천연수세미를 사용하는 등의 방법으로 이뤄진다. 친환경제품을 사는 것도 좋지만 무엇보다 소비를 줄이는 일이 중요하다는 의견도 공감을 얻고 있다. 제로웨이스트 관련 캠페인이 이어지자 기업에서도 에코프렌들리 제품을 생산하거나, 포장지를 최소화한 제품을 만드는 등 제로웨이스트에 적극 동참하고 있다.

023 넷제로(Net Zero)

넷제로는 배출하는 탄소량과 흡수·제거하는 탄소량을 같게 함으로써 실질적인 탄소배출량을 '0'으로 만드는 것을 말한다. 즉, 온실가스 배출량(+)과 흡수량(-)을 같게 만들어 더 이상 온실가스가 늘지 않는 상태를 말한다. EU는 2050년까지 세계 최초로 탄소중립 대륙이 되겠다는 유럽그린딜을 발표했다. 우리나라 정부도 '2050 넷제로'를 통해 2050년까지 온실가스 순배출을 '0'으로 만들어 장기저탄소발전전략(LEDS)을 세운다는 탄소중립 의제를 세웠다.

024 코로나바이러스감염증-19

코로나는 일반적인 감기부터 사스(SARS·중증급성호흡기증후군)나 메르스(MERS·중동호흡기증후군) 등 호흡기 질환을 유발하는 바이러스군이다. 동물과 사람 모두 감염될 수 있는데, 인간 활동 영역이 광범위해지면서 동물 사이에서만 유행하던 바이러스가 생존을 위해 유전자 변이를 일으켜 사람에게 건너오기도 한다. 코로나바이러스감염증-19(약칭 코로나19)는 2019년 말 중국에서 처음 보고된 중증 호흡기 증후군으로, 전 세계적으로 확산되며 팬데믹을 일으켰다. 2020년부터 백신 접종이 시작되어 점차 안정기에 접어들었고, 2023년 5월 세계보건기구가 공식적으로 '국제공중보건위기상황' 해제를 선언하였다.

025 침묵의 나선 이론(The Spiral of Silence Theory)

독일의 사회학자 노엘레 노이만이 저서 〈침묵의 나선 이론-여론 형성 과정의 사회심리학〉을 통해 제시한 이론이다. 여론이 형성되는 과정에서 자기 입장이 다수 의견과 동일하면 적극적으로 동조하지만, 소수 의견일 경우에는 남에게 나쁜 평가를 받거나 고립되는 것이 두려워 침묵하는 현상을 말한다. 여론의 형성 과정이 한 방향으로 쏠리는 모습이 마치 나선 모양과 같다고 해서 붙여진 이름이다.

026 하인리히 법칙(Heinrich's Law)
하인리히 법칙은 1931년 허버트 W. 하인리히가 펴낸 〈산업재해 예방〉이라는 책에서 소개된 법칙으로, 대형 사고 발생 전에 그와 관련된 수많은 경미한 사고와 징후들이 반드시 존재한다는 내용이다. 하인리히 법칙은 노동현장뿐만 아니라 각종 재난사고 등에도 의미가 확장되어 쓰인다.

027 파이어족(FIRE)
Financial Independence, Retire Early의 약자이다. 젊었을 때 극단적으로 절약하거나 투자를 통해 노후자금을 빨리 모아 30대, 늦어도 40대에는 퇴직하고자 하는 사람들을 의미한다.

028 외로운 늑대
테러단체와 직접 접촉 없이 테러를 계획하고 실행하는 자생적 테러리스트를 이르는 말로, 테러를 일으킬 시점이나 방식에 대한 정보 수집이 어려워 조직에 의한 테러보다 더 큰 위협이 될 수 있다.

029 메기 효과(Catfish Effect)
"청어를 운반해 오는 수조에 천적인 메기를 함께 넣으면, 메기에게 잡혀 먹히지 않으려고 도망 다니는 생존의 몸부림이 청어가 살아 있게 하는 원동력이 되었던 것이다." 아놀드 토인비(Arnold Joseph Toynbee)는 가혹한 환경이 문명을 낳고 인류를 발전시키는 원동력이라고 하였다.

030 KF지수
마스크 등에 표기되어 미세먼지 등 유해물질 입자의 차단 성능을 나타내는데 KF80, KF94, KF99로 3단계로 나누어지며 표기된 숫자가 높을수록 미세먼지 등 유해물질 입자의 차단성능이 높다.

031 초미세먼지
국제사회에서는 지름 2.5㎛ 이하의 물질(PM2.5)을 미세먼지로, 지름 1㎛ 이하의 물질을 초미세먼지라 한다. 이에 환경부는 지름 2.5㎛보다 작은 초미세먼지를 미세먼지로, 지름 10㎛보다 작은 미세먼지를 부유먼지로 변경하기로 했다.

032 퍼플 칼라
퍼플 칼라는 블루 칼라와 화이트 칼라로는 규정짓기 어려운 새로운 형태의 근로자로, 일보다 삶의 질을 높이려는 가치관을 기반으로 생겨났다. 골드 칼라는 정보로 새로운 가치를 창조하여 정보화 시대를 이끌어가는 능력 위주의 전문직 종사자를 가리킨다.

033 샤이 토리
옛 영국 보수당의 명칭인 토리(Tory)당이 예상과 달리 선거에서 승리한 것에서 유래된 것으로 주변 사람들의 시선 때문에 공개적 여론조사 때는 지지를 드러내지 않다가 투표 때 보수당에게 표를 던진 사람들을 일컫는다.

034 욜로족
욜로(YOLO)는 You Only Live Once의 줄임말이다. 남보다는 자신을 중요하게 생각하고 미래보다는 현재의 행복을 중시하는 태도로 미래를 크게 생각하지 않고, 남을 위해 희생하지 않으며, 현재의 행복을 위해 소비하는 라이프스타일을 가진 사람들을 뜻한다.

035 노블레스 말라드(Noblesse malade)

노블레스 말라드(Noblesse malade)는 노블레스 오블리주와 반대되는 개념이다. 노블레스 말라드는 병들고 부패한 귀족이라는 뜻으로 사회지도층이 도덕적 의무와 책임을 지지 않고 부정부패나 사회적 문제를 일으키는 것을 말한다.

036 아도니스 증후군

남성의 외모집착증을 의미하는 용어로 외모를 치장하면 할수록 자신의 가치가 높아진 것 같은 착각을 한다고 한다. 이 증후군을 겪는 남성 대부분이 자존감이 낮고, 본인보다 잘생긴 사람에게 질투하는 모습을 보이는데, 심해지면 섭식 장애나 데이트 기피 증상을 겪을 수도 있다.

037 젠트리피케이션(Gentrification)

본래 이 현상은 중간 계급이 도심 주변 낙후된 지역의 주택으로 이주해옴으로써 낙후된 구도심의 상권이 활발해지면서 땅값 및 임대료가 오르고, 이를 감당하기 어려운 기존 상인들이 쫓겨 가고 기존의 저소득층을 대체하는 현상을 일컬어 젠트리피케이션이라고 한다. 우리나라에서는 홍대 앞, 서촌, 가로수길 등에서 일어나고 있다.

038 고령화사회(高齡化社會, Aging Society)

국제연합(UN)의 기준에 따르면 전체 인구에서 65세 이상이 차지하는 비율인 고령자 인구 비율이 7% 이상이면 고령화 사회, 14% 이상이면 고령 사회, 20% 이상이면 초고령 사회로 구분된다. 우리나라는 2000년에 65세 이상 고령인구가 전체 인구의 7%인 '고령화 사회'에 진입했고, 2026년에는 20.8%인 초고령 사회로 진입할 것으로 전망된다.

039 고용보험(雇傭保險)

4대 보험 중 하나로 1995년 7월부터 시행됐다. 1998년 10월부터는 1인 이상의 근로자가 있는 모든 사업주는 고용보험에 의무적으로 가입해야 한다. 고용보험사업은 고용안정사업, 직업능력개발사업, 모성보호사업으로 구분된다.

040 국민연금(國民年金)

국민연금은 국가가 보험의 원리를 도입해 만든 사회보험의 일종으로 1988년 1월부터 시행됐다. 가입자가 퇴직·노령·사망 등의 이유로 소득원을 잃었을 경우, 본인이나 유족에게 연금으로 지급해 일정 소득을 보장하는 제도이다. 18세 이상 국민이 일정 기간 가입하여 현행 만 60세인 연금수령연령은 2013년 이후부터 5년 단위로 한 살씩 증가해 2033년까지 65세로 연장된다.

041 노동3권(勞動三權)

근로자는 근로조건의 향상을 위하여 자주적인 단결권·단체교섭권 및 단체행동권을 가진다(헌법 제33조 제1항).

042 공소증후군(空巢症候群)

중년의 주부들이 남편을 뒷바라지하고, 자녀들을 기르고, 시부모를 모시며 바쁘게 살다가 어느 날 갑자기 남편과 자식 모두 자신에게서 떠나버렸다는 상실감을 느끼며 자아정체성을 잃게 되는 현상이다. 가정이 든든한 보금자리라고 여겼지만 자녀들이 독립해 떠나가면 가정이 빈 둥치처럼 느껴지고, 자신은 빈 껍데기처럼 느껴지는 증상으로 '빈둥지증후군'이라고도 부른다.

043 매스티지(Masstige)

'대중(Mass)'과 '명품(Prestige Product)'을 조합한 말로 명품의 대중화현상을 뜻한다. 중산층의 소득향상과 삶의 질 추구 경향이 맞물리면서 최근 비교적 값이 저렴하면서도 큰 만족감을 얻을 수 있는 명품을 선호하는 사람들이 크게 늘었다. 명품 이미지를 갖고 있지만 가격은 비교적 저렴하고 대량생산이 가능해 소비자들이 동질감과 자긍심을 느낄 수 있다.

044 프리터(Freeter)족

Free(프리)+Arbeit(아르바이트)를 줄여서 만든 일본에서 생겨난 신조어로, 초반에는 집단에 적응하지 못한 채 상사의 명령을 받아 일하는 것을 거부하는 젊은이들을 칭할 때 사용된 용어다. 하지만 최근에는 경제난이 심화되어 고용 환경이 불안해지면서 어쩔 수 없이 프리터족이 된 젊은이들이 많아졌다.

045 노동자의 분류

구분	내용
논칼라	블루칼라와 화이트칼라 이후에 나타난 무색칼라 세대로, 손에 기름을 묻히지도 않고 서류에 매달리지도 않는 컴퓨터 작업 세대를 말한다.
블루칼라	제조업·건설업 등 작업 현장에서 일하는 노동자로, 주로 청색 작업복을 입기 때문에 붙여진 용어이다.
화이트칼라	하얀 셔츠를 입고 사무실에서 일하는 노동자를 말한다.
그레이칼라	블루칼라와 화이트칼라의 중간층으로, 과학기술의 발달과 생산공정의 자동화로 인해 블루칼라와 화이트칼라의 노동이 유사해지면서 등장한 용어이다.
르네상스칼라	다양한 지식과 경험을 바탕으로 인터넷 분야에서 두각을 나타내는 사람들을 말한다.
퍼플칼라	근무시간과 장소가 자유로워 일과 가정을 함께 돌보면서 일할 수 있는 노동자를 말한다.
골드칼라	1985년 카네기멜론 대학의 로버트 켈리 교수가 최초로 사용한 용어로, 주로 정보를 다루는 첨단기술, 통신, 광고, 서비스직 등에서 아이디어를 무기로 사업 능력을 발휘하는 사람을 말한다.

046 실업의 종류

구분	주요내용
경기적 실업	경기가 침체됐을 때, 인원 감축의 결과로 나타나는 실업으로, 일할 의사는 있지만 경기 악화로 인해서 발생하며 비자발적 실업의 한 형태이다. 경기가 회복되면 해소가 가능하지만, 회복될 때까지 긴 시간이 필요하며 경기변동은 주기적으로 발생하는 속성이 있어 경기적 실업은 끊임없이 발생하게 된다.
구조적 실업	경제가 성장함에 따라 산업구조·기술 등의 변화가 생기는데 이에 적절하게 대응하지 못해 발생한다. 즉, 경제 구조가 바뀌고 기술혁신 등으로 기술격차가 발생할 때 이에 적응하지 못하는 근로자에게 발생하는 실업유형이다. 경기적 실업과 비교할 때 더 오래 지속되는 속성이 있는 장기적·만성적 실업으로, 해결하는 방법은 직업 재훈련·산업구조 재편 등이 있다.
기술적 실업	기술진보로 인해서 기계가 노동인력을 대체함에 따라 노동수요가 감소해 발생하는 구조적 실업 형태 중 하나로, 넓은 의미의 구조적 실업에 포함된다. 기술진보의 영향에 민감한 산업에서 발생하며 일반적으로 선진국에서 볼 수 있는 유형이다.
마찰적 실업	구직자, 근로자들이 더 좋은 조건을 찾는 탐색행위로 인해 발생하는 실업으로, 고용시장에서 노동의 수요와 공급 간에 소통이 원활하지 않아 발생한다. 근로자들이 자발적으로 선택해서 발생하는 일시적인 실업유형이므로 자발적 실업에 해당한다.

비자발적 실업	일하고자 하는 의사는 있지만 고용시장의 사정이 어려워 일자리를 구하지 못해 발생한다. 청년실업은 경기 상황에 따라 일자리가 충분하지 않기 때문에 발생하는 비자발적 실업이라 할 수 있다.
자발적 실업	일할 능력과 의사를 갖고 있지만 현재의 임금수준이나 복지 등에 만족하지 못하고 다른 곳으로의 취업을 원하기 때문에 발생하는 실업으로, 구조적 실업이나 경기적 실업과 같은 비자발적 실업과는 상반되는 개념이다. 소득수준, 여가시간 활용에 대한 사람들의 관심이 증가하면서 자발적실업도 늘고 있다.
잠재적 실업	표면적으로는 취업 중이지만 생계유지를 위해 잠시 만족스럽지 않은 직업에 종사하며 계속 구직에 힘쓰는 상태이다. 형식적으로는 취업 중이기 때문에 실업통계에 실업으로 기록되지 않아 위장실업이라고도 한다. 더 나은 곳으로의 이직을 생각하지만 당장의 생계유지 때문에 저소득·저생산의 직업에 종사하는 상태를 말한다.

047 아웃플레이스먼트(Outplacement)

구조조정이나 정년퇴직 등 비자발적인 상황에 의해 퇴직한 근로자가 새로운 일자리를 찾거나 직접 창업을 할 수 있도록 지원하는 서비스를 말한다. 구조조정에 대한 거부감을 줄이고 인력을 효율적으로 관리해 기업의 경쟁력을 높일 수 있다는 장점도 있고, 퇴직한 근로자는 자신의 적성을 고려한 새로운 일자리를 구할 가능성이 높아져 긍정적이다.

048 에코폴리스(Ecopolis)

생태계를 의미하는 'Ecology'와 도시를 의미하는 'Polis'의 합성어로, 빌딩과 콘크리트로 둘러싸인 기존의 도시와는 다르게 물과 에너지가 순환하고 동·식물이 함께 살아 숨 쉬는 생태도시 조성을 목적으로 한다. 도시에 지금보다 2배 정도 더 많은 녹지를 조성하고, 태양열발전소와 풍력발전소 같은 무공해 발전시설을 도입함으로써 사람과 자연이 함께 어우러져 지속가능한 공생발전을 할 수 있도록 설계된 도시이다.

049 유니언숍(Union Shop)

채용된 근로자가 일정기간 내에 조합에 가입하지 않으면 해고되고, 조합에서 제명 혹은 탈퇴한 근로자는 해고된다. 유니언숍은 채용할 때에는 조합에 가입해야 한다는 점에서 오픈숍과 클로즈드숍을 절충한 것이다.

050 제노포비아(Xenophobia)

제노(Xeno)와 포비아(Phobia)의 합성어로 '낯선 것 혹은 이방인을 싫어한다'라는 의미를 갖고 있다. 단지 자신과 다르다는 이유로 경계하고, 배척하는 경향을 보이는데 자신을 보호하고 싶어 하는 의식 또는 지나친 열등감 때문에 나타나기도 한다.

051 집단지성(集團知性, Collective Intelligence)

집단적으로 정보·능력의 공유를 거치면 한 개체의 능력 범위를 넘어선 큰 힘을 발휘할 수 있다는 것을 의미한다. 집단지성이 발휘되기 위해서는 첫째, 다양한 사람이 모여야 하고 둘째, 타인에게 휩쓸리지 않아야 하며 셋째, 분산돼 있는 정보를 통합하는 메커니즘이 필요하다.

052 참여연대(參與連帶)

크게 시민참여·시민연대·시민감시·시민대안 네 가지 활동방향으로 나뉜다. 1994년에 결성돼 1997년에는 소액주주 운동을 전개해 국민적인 호응을 얻었고, 2000년 4월 제16대 국회의원 선거에서는 무능한 정치인에 대한 낙선운동을 벌여 주목을 받았다.

053 매칭그랜트(Matching Grant)
기업이 사회적 역할과 책임을 다한다는 신념에 따라 실천하는 나눔 경영의 일종으로, 기업 임직원이 비영리단체나 기관에 정기적으로 내는 기부금만큼 기업에서도 동일한 금액을 1:1로 매칭(Matching)시켜 내는 것을 말한다. 매칭그랜트는 기업과 직원이 함께 참여하여 이루어지므로 노사 화합에 긍정적인 영향을 준다.

054 피그말리온 효과(Pygmalion Effect)
그리스 신화에 나오는 조각가 피그말리온의 이름에서 유래한 심리학 용어로, 타인의 기대나 관심으로 인해 능률이 오르거나 결과가 좋아지는 현상을 말한다. 이 효과는 '무언가를 간절히 바라면 결국 그 소망이 이뤄진다'는 상징을 담고 있다.

055 나르시시즘(Narcissism)
자신의 외모, 능력과 같은 어떠한 이유를 들어 자신을 완벽한 사람으로 여기면서 나타나는 현상이다. '자기애(自己愛)'라고 번역하며, 물에 비친 자신의 모습에 반해서 물에 빠져 죽었다는 그리스 신화의 나르키소스라는 이름에서 따와 독일의 네케가 만든 용어이다.

056 사보타주(Sabotage)
'사보(Sabo : 나막신)'는 중세유럽 소작농이 주인에 대항하여 나막신으로 추수한 농작물을 짓밟은 데서 유래된 용어이다. 우리나라에서는 '태업'이라고 하는데, 생산 시설 파괴, 불량품 생산, 원재료 과소비 등을 통해 사용자에게 피해를 입히는 쟁의행위를 말한다.

057 시간 선택제 일자리
근로자의 필요에 따라 전일제 근로자보다 짧게 일하면서 기본적인 근로조건이 보장되고, 차별이 없는 일자리를 말한다. 파트타임 일자리에 대한 부정적 이미지를 개선하기 위해 박근혜 대통령이 제안한 용어이다.

058 NPO(Non-Profit Organization)
특정집단의 이익을 목적으로 설립된 영리조직과 달리 사회 전체의 공익을 목적으로 시민들이 자발적인 비영리 사업을 벌여나가는 조직이다. 비영리 의료법인, 공익재단, 노동조합, 학술 및 전문가 단체 등이 있다. 비정부단체인 NGO와 비슷한 의미로 사용된다.

059 칵테일 파티 효과(Cocktail Party Effect)
칵테일 파티에서처럼 여러 사람들이 모여 한꺼번에 이야기하고 있어도 관심 있는 이야기를 골라 들을 수 있는 능력 또는 현상이다. 즉, 다수의 음원이 공간적으로 산재하고 있을 때 그 안에 특정 음원 또는 특정인의 음성에 주목하게 되면 여러 음원으로부터 분리되어 특정 음만 들리게 된다.

060 노블레스 오블리주(Noblesse Oblige)
사회지도층의 책임 있는 행동을 강조하는 프랑스어로, 초기 로마시대에 투철한 도덕의식으로 솔선수범했던 왕과 귀족들의 행동에서 비롯되었다. 도덕적 책임과 의무를 다하려는 사회지도층의 노력으로써 결과적으로 국민들을 결집시키는 긍정적인 효과를 기대할 수 있다.

061 J턴 현상

지방에서 대도시로 이동하여 생활하던 노동자가 도시생활에 염증을 느끼고 대도시를 탈출하여 출신지 근처 지방도시로 돌아가는 현상이다. 출신지에 일자리가 없거나 고용기회가 적은 경우 출신지와 가깝고 일자리가 있는 지방도시로 가는 것이다.

062 ILO(International Labour Organization)

노동조건 개선과 노동자들의 기본 생활을 보장하기 위한 국제노동기구이다. 국제적으로 노동자들을 보호하기 위해 설립돼 1946년 최초의 유엔전문기구로 인정받았으며 국제노동입법 제정을 통해 고용, 노동조건, 기술원조 등 노동자를 위한 다양한 활동을 하고 있다.

063 핌피(PIMFY) 현상

'제발, 우리 앞마당에!(Please In My Front Yard)'의 약어로, 사람들이 선호하거나 수익성 있는 시설을 자기 지역에 적극적으로 유치하려는 현상이다. 지역이기주의의 일종이다.

064 님비(NIMBY) 현상

'Not In My Back Yard(나의 뒷마당에서는 안 된다)'의 약어로, 폐기물 처리장, 장애인 시설, 교도소 등 혐오시설이나 수익성이 없는 시설이 자기 지역으로 들어오는 것을 반대하는 현상이다. 지역이기주의의 또 다른 형태이다.

065 님투(NIMTOO) 현상

'Not In My Terms Of Office'의 약어로, 쓰레기 매립장, 분뇨처리장, 하수처리장, 공동묘지 등 주민들의 민원이 발생할 소지가 많은 혐오시설을 공직자가 자신의 재임기간 중에 설치하지 않고 임기를 마치려는 현상을 일컫는다. 님트(NIMT ; Not In My Term) 현상이라고도 한다.

066 파파게노 효과(Papageno Effect)

자살 관련 보도를 자제하여 자살을 예방하는 효과를 말한다. '파파게노'는 모차르트의 오페라 <마술 피리>에 등장하는 인물로, 연인과 이루지 못한 사랑을 비관해 자살하려 하지만 요정들이 나타나 희망의 노래를 불러주자 자살의 유혹을 극복한다. 그러자 죽은 줄 알았던 연인이 돌아오고, 둘은 행복한 삶을 이어간다. 그의 이름에서 따온 파파게노 효과는 자살에 대한 보도를 금지하면 자살률이 낮아진다는 주장이다.

067 방관자 효과(Bystander Effect)

주위에 사람들이 많을수록 책임이 분산되어 오히려 어려움·위험에 처한 사람을 돕지 않게 되는 현상을 뜻하는 심리학 용어이다. 이는 자신이 아닌 누군가가 도와줄 것이라는 심리적 요인에 의한 것이다. 방관자 효과 때문에 살해당한 피해자 제노비스의 이름을 따서 '제노비스 증후군(Genovese Syndrome)'이라고도 하고, '구경꾼 효과'라고도 한다.

068 아파르트헤이트(Apartheid)

남아프리카 공화국에서 시행되었던 극단적인 인종차별정책과 제도를 말한다. 남아프리카 공화국은 백인우월주의를 기반으로 반투 홈랜드 정책으로 대표되는 인종격리정책을 비롯하여 경제적·사회적으로 백인의 특권 유지·강화를 기도했다. 아파르트헤이트는 이런 정책을 가리키는 말로, '분리·격리'를 뜻하는 아프리칸스어에서 비롯된 용어이다. 그러나 아프리카민족회의(ANC)의 의장이었던 넬슨 만델라가 최초 흑인 대통령이 되면서 철폐되었다.

069 증후군의 분류

구분	특징
뮌하우젠 증후군 (Munchausen Syndrome)	1951년 미국의 정신과 의사인 리처드 애셔가 〈The Lancet〉에 이 증상을 묘사하며 알려졌는데, 어떠한 신체적인 증상을 의도적으로 만들어내는 정신과적 질환을 말한다.
서번트 증후군 (Savant Syndrome)	사회성이 떨어지고 소통능력이 떨어지는 등의 지적 장애를 갖고 있으나 기억, 암산, 퍼즐 등의 특정 분야에서는 천재적인 능력을 갖는 증상이다.
스톡홀름 증후군 (Stockholm Syndrome)	인질이 인질범에게 동화되어 그들에게 동조하는 비이성적 현상을 가리키는 범죄심리학 용어이다.
리마 증후군 (Lima Syndrome)	인질범이 인질에게 정신적으로 동화되어 자신을 인질과 동일시함으로써 공격적인 태도가 완화되는 현상을 가리키는 범죄심리학 용어이다.
VDT 증후군 (Visual Display Terminal Syndrome)	컴퓨터 단말기를 오랜 시간 사용함으로써 발생하는 질병을 의미하는 것으로 VDT(Visual Display Terminal)란 주로 컴퓨터 모니터를 말한다.
피터팬 증후군 (PeterPan Syndrome)	성년이 되어도 어른들의 사회에 적응할 수 없는 '어린아이'와 같은 남성들에게 나타나는 심리증상을 말한다.
리플리 증후군 (Ripley Syndrome)	남들을 속이는 데 도가 지나쳐 거짓말이 늘고 결국에는 자기 자신도 그 거짓을 진실인 것으로 믿게 되는 증상이다.
파랑새 증후군 (Bluebird Syndrome)	장래의 행복만을 꿈꾸면서 자기 주변에 만족하지 못하는 사람을 의미한다. 즉, 몽상가처럼 지금 시점에 만족하지 못하고 새로운 이상만을 추구하는 것이다.
샹그릴라 증후군 (Shangrila Syndrome)	시간적인 여유와 경제적인 풍요를 가진 시니어 계층을 중심으로 단조롭고 무색무취한 삶의 틀을 깨고, 젊게 살아가고자 하는 노력을 통틀어 말한다.
므두셀라 증후군 (Methuselah Syndrome)	과거는 항상 좋고 아름다운 것으로 생각하려는 현상을 말한다.
스탕달 증후군 (Stendhal Syndrome)	뛰어난 미술품이나 예술작품을 보았을 때 순간적으로 느끼는 각종 정신적 충동이나 분열증상으로, 이 현상을 겪고 처음으로 기록한 스탕달의 이름을 따서 명칭을 붙였다.
LID 증후군 (LID Syndrome)	노인들은 퇴직, 수입 감소, 자녀의 결혼, 배우자와의 사별, 친척·친구의 죽음, 신체적 감퇴 등으로 상실을 경험하면서 고독과 소외감을 느끼는데, 이런 상태가 지속되면 병적인 우울증에 빠지게 된다.
빈둥지 증후군 (Empty nest syndrome)	자녀가 결혼이나 독립을 하면서 집을 떠난 후 부모·양육자가 겪게 되는 외로움과 상실감이 지속되어 우울증에 빠지는 것을 말한다.
쿠바드 증후군 (Couvade Syndrome)	아내가 임신했을 경우 남편도 육체적·심리적 증상을 아내와 똑같이 겪는 현상을 말한다.

070 무리별 분류

구분	내용
딩크족 (DINK族)	'Double Income, No Kids'의 약어로 자녀 양육에 대한 경제적 부담이나 사회적 성공 등을 이유로 의도적으로 자녀를 두지 않는 맞벌이 부부를 말한다.
패러싱글족 (Parasite Single族)	패러사이트(Parasite ; 기생충)와 싱글(Single ; 혼자)이 합쳐진 용어로, 독립할 나이가 됐지만 경제적 이유로 부모 집에 얹혀살면서 자기만의 독립적인 생활을 즐기는 사람들을 가리킨다.
딘트족 (DINT族)	'Double Income, No Time'의 약어로 맞벌이를 해서 수입은 두 배이지만 업무가 바쁘고, 서로 시간이 없어 소비를 못하는 신세대 맞벌이 부부를 지칭하는 신조어다.
그루밍족 (Grooming族)	피부, 두발, 치아관리는 물론 성형수술까지 마다하지 않으면서 자신을 꾸미는 것에 대한 투자를 아끼지 않는 남성들을 가리킨다.
여피족 (Yuppie族)	Young(젊음), Urban(도시형), Professional(전문직)의 머리글자를 딴 YUP에서 나온 용어로, 도시에서 전문직에 종사하는 고수입의 젊은 인텔리를 말한다.
더피족 (Duppie族)	'여피(Yuppie)족'에서 'y'대신 'Depressed(우울한)'의 'D'를 조합하여 만든 용어로, 경기침체로 인해 제대로 된 직장을 구하지 못하고 임시직으로 어렵게 생활하고 있는 도시 전문직을 의미한다.
욘족 (Yawn族)	'Young And Wealthy but Normal'의 준말로, 비교적 젊은 30~40대 나이에 부를 축적하였지만 호화생활을 멀리하고 자선사업을 하며 소박하게 사는 사람들을 가리킨다.
네스팅족 (Nesting族)	'새가 둥지를 짓다'는 뜻의 'Nest'에서 유래한 용어로, 일·돈·명예보다 화목한 가정과 여가·여유를 추구하는 신가정주의를 뜻한다.
슬로비족 (Slobbie族)	'Slow but better working people(천천히 그러나 더 훌륭하게 일하는 사람)'의 뜻을 지닌 용어로, 현대생활의 빠른 속도를 따르지 않고 천천히 느긋하게 살려는 사람들을 말한다.
니트족 (NEET族)	'Not in Education, Employment or Training'의 줄임말로서, 나라에서 정한 의무교육을 마친 후 진학이나 취직을 하지 않고 일할 의지도 없는 청년을 가리킨다.
프리터족 (Freeter族)	일본에서 생겨난 신조어로 Free(프리)+Arbeit(아르바이트)를 줄여 만든 용어로 일정한 직업 없이 돈이 필요할 때 일시적으로 아르바이트를 하며 생활하는 젊은 층을 말한다.
프리커족 (Freeker族)	'프리(Free ; 자유)'와 노동자를 뜻하는 '워커(Worker)'를 합성한 용어로, 1~2년 동안 직장 등에서 일하여 모은 돈으로 1~2년 동안 쉬면서 취미·여가를 즐기거나 자기계발을 하는 새로운 계층을 가리킨다.
시피족 (CIPIE族)	Character(개성), Intelligence(지성), Professionalism(전문성)의 머리글자를 딴 CIP에서 나온 말로, 지적 개성을 강조하고 심플 라이프를 추구하는 신세대 젊은이들을 말한다.
통크족 (TONK族)	'Two Only No Kids'의 준말로, 손주들을 돌보던 할아버지·할머니 역할에서 벗어나 부부끼리 여가생활을 즐기는 노인세대를 말한다.
보보스족 (Bobos族)	부르주아 보헤미안(Bourgeois Bohemian)의 준말로 삶의 여유와 가치를 중시하고, 가치 있다고 판단하는 제품과 서비스에 대해서는 가격에 상관없이 아낌없이 지불하는 젊은 세대이다.
쿠거족 (Cougar族)	원래 쿠거란 북미에 서식하는 동물인데, 연하남과 교제하며 미모와 경제력을 두루 갖춘 자신감 있는 여성을 쿠거에 빗대 표현한 것이다.
오팔족 (OPAL族)	'Old People with Active Life'의 준말인 OPAL은 니시무라 아키라와 하타 마미코가 지은 〈여자의 지갑을 열게 하라〉라는 책에서 처음 사용된 용어로, 활동적인 삶을 사는 노인들을 뜻한다.

071 깨진 유리창 이론(Broken Window Theory)

미국의 범죄학자가 1982년 '깨진 유리창'이라는 글에 처음으로 소개한 이론이다. 길거리에 있는 상점에 어떤 이가 돌을 던져 유리창이 깨졌을 때 이를 방치해두면 그 다음부터는 '해도 된다'라는 생각에 훨씬 더 큰 문제가 발생하고 범죄로 이어질 확률이 높아진다는 이론이다.

072 스마트 그리드(Smart Grid)

기존 전력망에 정보기술을 접목해 전력 공급자와 소비자가 서로 정보를 실시간 교환함으로써 효율적으로 전력을 생산·소비하는 시스템이다. 우리나라는 2030년까지 국내 전역에 스마트 그리드 설치를 완료하는 것을 골자로 한 국가 로드맵을 확정했다.

073 BOD(Biochemical Oxygen Demand)

물속에 있는 호기성 미생물이 유기물을 분해시켜 정화하는 데 사용하는 산소량으로, 5일간을 기준으로 하여 ppm으로 나타낸다. BOD 값이 클수록 오염 정도가 심한 물이고, BOD 값이 작을수록 깨끗한 물이다.

074 엘니뇨(El Nino)

엘니뇨는 주로 열대 태평양 적도 부근 남미 해안이나 중태평양 해상에서 발생하는데, 크리스마스 즈음에 나타나기 때문에 '아기 예수, 남자아이'를 뜻하는 스페인어 '엘니뇨'라고 불린다. 엘니뇨는 대기 순환에 영향을 주어 세계 각 지역에 홍수, 무더위, 가뭄 등 이상기후를 일으킨다.

075 라니냐(La Nina)

여자아이를 지칭하는 스페인어에서 유래했으며 엘니뇨의 반대 현상이다. 평년보다 해수면 온도가 0.5℃ 이상 낮은 상태가 5개월 이상 지속되는 이상 해류 현상이다. 엘니뇨가 발생한 곳과 동일한 지역에서 발생하며 극심한 가뭄과 강추위, 장마 등 각기 다른 현상들이 나타난다.

076 팬데믹(Pandemic)

팬데믹은 세계보건기구(WHO)가 감염병이 전 지구적으로 유행하고 있음을 선포하는 감염병 경고 최고등급이다. 범유행 또는 세계적 대유행이라고 부르기도 한다. 세계보건기구는 감염병의 유행 정도에 따라 그 단계를 6개로 나눈다. 1단계는 동물에 한정된 감염이며, 2단계는 동물에서 소수의 사람에게 감염되는 것, 3단계는 사람 사이에서 감염이 늘어나는 상태, 4단계는 사람 간 감염이 급속하게 확산되면서 유행병이 발생할 초기 무렵, 5단계는 최소 2개국의 나라까지 감염이 널리 확산된 상태이고, 6단계는 국가를 넘어 다른 대륙으로까지 감염이 발생하는 상태다. 세계보건기구는 현재까지 1968년의 홍콩독감, 2009년의 신종플루 그리고 2020년의 코로나19 감염사태에 대해 팬데믹을 선포했다.

077 탄소발자국(Carbon Footprint)

개인 또는 단체가 직접·간접적으로 발생시키는 온실 기체의 총량으로, 우리가 일상생활을 하면서 탄소를 얼마나 배출해내는지 그 양을 한눈에 볼 수 있도록 표시한 것이다. 지구온난화의 가장 큰 원인 중의 하나인 탄소 발생에 대해 경각심을 갖고 정화를 위한 노력을 해나가자는 취지에서 만들어졌다.

078 업사이클링(Up-cycling)

업사이클링(Up-cycling)은 단순히 쓸모없어진 것을 재사용하는 리사이클링(Recycling)의 상위 개념으로 디자인 또는 활용도를 더해 전혀 다른 제품으로 생산하는 것을 말한다.

079 탄소배출권(CERs ; Certified Emission Reductions)

지구온난화를 일으키는 일산화탄소(CO), 메탄(CH), 아산화질소(NO)와 3종의 프레온가스, 6개 온실가스를 배출할 수 있는 권리를 의미한다. 유엔기후변화협약에서 발급하며, 발급된 CERs는 시장에서 상품처럼 거래할 수 있다. 주로 온실가스 배출을 줄여야 하는 의무를 지는 국가와 기업이 거래한다.

080 바젤 협약(Basel Convention)

카이로 지침을 바탕으로 1989년 스위스 바젤에서 채택된 국제협약으로, 유해 폐기물의 불법적인 이동을 막는 데 목적이 있다. 병원성 폐기물을 포함한 유해 폐기물을 국가 간 이동시킬 때, 교역하는 나라뿐만 아니라 경유하는 나라에까지 사전 통보·조치를 취해야 한다는 내용이다.

081 유엔기후변화협약(UNFCCC)

1992년 6월 브라질의 리우회의에서 채택된 협약으로 정식명칭은 '기후변화에 관한 유엔 기본협약(United Nations Framework Convention on Climate Change)'이다. '리우환경협약'이라고도 하는데, 온실가스의 방출을 제한하여 지구온난화를 방지하고자 하는 데 목적이 있다. 협약을 이행하기 위한 교토의정서가 만들어졌다.

082 교토의정서

기후변화협약(UNFCCC)에 따른 온실가스 감축을 이행하기 위한 의정서로서, 1997년 교토에서 열린 기후변화협약 제3차 당사국총회에서 채택됐으며, 탄산가스 배출량에 대한 국가별 목표수치를 제시하고 있다. 선진국의 감축의무 이행에 신축성을 활성화하기 위한 방안으로 배출권거래제도, 공동이행제도, 청정개발체제 등을 도입하였다. 교토의정서에서 정한 삭감 대상 온실가스는 이산화탄소, 메탄, 아산화질소, 과불화탄소, 수소화불화탄소, 불화유황으로 6가지이다.

083 파리기후변화협약

전 세계 온실가스 감축을 위해 2015년 12월 12일 프랑스 파리에서 맺은 국제협약으로, 지구 평균온도가 2도 이상 상승하지 않도록 온실가스를 단계적으로 감축하는 내용을 담고 있다. 2020년 만료된 교토의정서를 대체하는 새로운 기후협약이다.

084 녹색기후기금(GCF ; Green Climate Fund)

UN산하기구로 선진국이 개발도상국의 이산화탄소 감축과 기후변화 대응을 지원하기 위해 만든 기후변화 특화기금이다. 2010년 12월 멕시코 칸쿤에서 열린 유엔기후변화협약(UNFCCC) 제16차 당사국 총회에서 기금 설립이 승인됐고, 사무국은 우리나라 인천 송도에 위치한다.

085 런던협약(London Dumping Convention)
방사성 폐기물을 비롯하여 바다를 오염시킬 수 있는 각종 산업폐기물의 해양 투기나 해상 소각을 규제하는 협약으로, 해양오염을 방지하는 것이 목적이다. 우리나라는 1992년에 가입했다.

086 스톡홀름 협약(Stockholm Convention on Persistent Organic Pollutants)
다이옥신, PCB, DDT 등 12가지 유해물질의 사용이나 생산 및 배출을 저감·근절하기 위해 체결된 국제협약으로, 'POPs 규제협약'이라고도 한다. POPs에 대한 지역별 오염도를 평가하고 아울러 협약 발효 이후 협약 이행의 실효성을 평가하기 위해 국가 또는 지역단위의 모니터링 실시, 측정 자료에 대한 지역적·지구적 차원의 공유를 요구하고 있다.

087 유엔환경개발회의(UNCED)
지구환경문제에 대한 범세계적 차원의 행동계획을 채택할 목적으로 개최된 국제환경회의이다. 정식 명칭은 '환경 및 개발에 관한 국제연합회의(United Nations Conference on Environment and Development)'이며, 개최지 이름을 따서 '리우 정상회의' 또는 '지구정상회의(Earth Summit)'라고 칭한다.

088 스모킹 건(Smoking Gun)
사건·범죄·현상 등을 해결하는 데 사용되는 결정적이고 확실한 증거를 말하는데, 가설을 증명해주는 과학적 근거도 스모킹 건이라고 한다.

089 그루밍 성폭력(Grooming Crime)
피해자와 친분을 쌓아 심리적으로 지배한 뒤 피해자에게 성적가해를 하는 것을 뜻한다. 'Grooming', 즉 길들인다는 의미대로 가해자는 피해자에게 원하는 것을 주어서 성적 가해를 하여도 거부할 수 없게 만든다. 경제적·심리적으로 취약한 아동청소년에 대한 성범죄에서 쉽게 나타난다. 표면적으로는 피해자가 동의한 것처럼 보여 처벌이 어려워지기도 한다.

090 사회보장제도(Social Security)
질병, 상해, 장애, 실업, 사망 등 사회적 위험에서 국민을 보호하고, 국민의 생활의 질을 향상시키기 위해 실시하는 사회보험, 공적부조, 사회복지서비스 등을 말한다.

091 기초연금
65세 이상 노인 중 소득이 하위 70%에 해당되는 저소득층 노인에게 매달 일정액 연금을 지급하는 제도이다. 국민연금과 연계하여 지급한다.

092 합계출산율
인구동향조사에서 15~49세의 가임여성 1명이 평생 동안 낳을 것으로 추정되는 출생아 명수를 통계화한 것이다. 연령별 출산율의 합으로 계산하며, 2024년 우리나라의 합계출산율은 0.75명을 기록했다.

093 근로기준법

근로조건의 기준을 정함으로써 근로자의 기본적 생활을 보장·향상시키고 균형 있는 국민경제의 발전을 위하여 제정한 법이다. 이 법은 상시 5인 이상의 근로자를 사용하는 모든 사업장에 적용하되, 동거하는 친족만을 사용하는 사업장과 가사 사용인에 대해서는 적용하지 않는다.

094 최저임금제도

국가가 근로자 임금액의 최저한도를 결정하고 사용자가 그에 따라 임금을 지급하도록 법적으로 강제하는 제도이다. 고용노동부장관은 다음 연도 최저임금을 최저임금위원회의 심의를 거쳐 매년 8월 5일까지 결정·고시해야 한다.

CHAPTER 04 적중예상문제

정답 및 해설 p.033

01 식품을 섭취해도 건강이나 안전에 이상이 없을 것으로 판단되는 소비의 최종기한을 무엇이라 하는가?
① 유통기한 ② 소비기한
③ 보관기한 ④ 최대소비기간

02 인터넷에서 유행하는 콘텐츠나 최신 트렌드가 빠르게 전파되는 현상을 일컫는 말은?
① 짤방 ② 밈
③ 핫클립 ④ 소셜 아이디어

03 상황조작을 통해 상대방의 판단력을 잃게 하고 지배하는 심리적 학대방식은?
① 중상모략 ② 그루밍
③ 프레이밍 ④ 가스라이팅

04 인간의 성을 남성과 여성으로 나누는 이분법적 시각에서 탈피하고자 하는 성정체성은?
① 논바이너리 ② 크로스드레서
③ 시스젠더 ④ 바이젠더

05 일상에서 사용되는 쓰레기 배출량을 줄이기 위한 캠페인은?
① 미니멀라이프 ② 제로웨이스트
③ 리사이클링 ④ 업사이클링

Chapter 04 | 적중예상문제 **145**

06 우리 정부가 탄소중립을 위해 2050년을 목표로 세운 정책은?
① 2050 넷제로
② 2050 그린뉴딜
③ 2050 카본제로
④ 2050 그린비전

07 최저임금위원회에서 심의·의결된 2025년 최저임금은 시간당 얼마인가?
① 9,160원
② 9,620원
③ 9,860원
④ 10,030원

08 2021년 7월 기후변화 대응을 위해 발표한 유럽연합의 탄소배출 감축계획은?
① RE100
② 유러피언 그린딜
③ 핏 포 55
④ 2050 그린정책

09 대형사고가 터지기 전에 그와 관련한 경미한 사고나 징후가 반드시 존재한다는 것을 밝힌 법칙은?
① 하인리히 법칙
② 깨진 유리창 법칙
③ 도미노 법칙
④ 재해 코스트

10 경제적 안정을 이룬 뒤 빠른 은퇴와 편안한 삶을 추구하는 이들을 가리키는 용어는?
① 욜로족
② 로하스족
③ 나오머족
④ 파이어족

11 국제앰네스티가 규정하는 사실상의 사형제 폐지국(Abolitionist in practice)으로 분류되기 위해 필요한 사형 미집행 기간은?

① 5년　　　　　　　　　　　② 10년
③ 20년　　　　　　　　　　　④ 30년

12 다음은 무엇에 대한 설명인가?

> 이 현상은 저소득층의 주거 지역에 중·상류층이 들어오면서 지역의 임대료가 상승함에 따라 원주민이 밀려나는 현상을 뜻한다. 이 현상은 본래 신사 계급을 뜻하는 말에서 파생된 말로 낙후 지역에 외부인이 들어와 지역이 다시 활성화되는 현상을 뜻했지만, 최근에는 외부인이 유입되면서 본래 거주하던 원주민이 밀려나는 부정적인 의미로 많이 쓰이고 있다. 우리나라에서 이 현상이 일어난 대표적인 장소로 홍대, 가로수길 등이 있다.

① 프레카리아트(Precariat)　　　　② 젠트리피케이션(Gentrification)
③ 스프롤(Sprawl)　　　　　　　　④ 도시재생

13 생명을 위협하는 신체적·정신적 충격을 경험한 후 불면·과민반응 등의 정신장애와 함께 심한 경우 사회복귀가 어려운 질병을 무엇이라 하는가?

① 말로웨이즈 증후군　　　　　② 외상성 스트레스 증후군
③ 뮌하우젠 증후군　　　　　　④ ADHD 증후군

14 노동자가 아닌 사용자 측이 할 수 있는 유일한 쟁의행위는?

① 준법투쟁　　　　　　　　　② 생산관리
③ 피케팅　　　　　　　　　　④ 직장폐쇄

15 속도를 중시하는 정보화시대의 반작용으로, 사회적 지위나 금전적 수입보다 여유 속에서 삶의 만족을 찾는 사람들을 무엇이라 하는가?

① 인스피어리언스족　　　　　② 다운시프트족
③ 프리터족　　　　　　　　　④ 로하스족

16 사람들은 독감을 일반 감기가 좀 오래 가고 심한 것으로 생각한다. 하지만 독감과 감기는 전혀 다른 질병이다. 독감과 감기를 비교한 내용 중 바르지 못한 것은?

① 독감은 인플루엔자 바이러스에 의해 발병하는 '감염병'인 반면에, 감기는 200종류 이상의 다양한 바이러스에 의해 발생할 수 있는 '급성 호흡기 질환'이다.
② 감기와 마찬가지로 독감도 콧물과 재채기가 나고 코가 막히는 증상이 생긴다. 하지만 독감은 갑작스러운 고열, 전신근육통, 관절통, 쇠약감 등 전신 증상이 훨씬 심하다.
③ 감염 경로는 다르다. 감기는 기침이나 재채기를 할 때 콧물 등 분비물로 오염되는 반면, 독감은 인구밀도가 높은 곳에서 공기로 전염된다.
④ 감기와 달리 독감은 병이 회복될 즈음에 다시 열이 나고 기침과 누런 가래가 생기는 등 2차 감염에 의한 폐렴이 생길 수 있다.

17 유엔 정부 간 기후변화위원회(IPCC)가 제안한 온실가스 감축 방안이 아닌 것은?

① 에너지 효율 향상
② 프레온가스 금지
③ 신재생에너지 확대
④ 효율적인 조명

18 자신과는 다른 타인종과 외국인에 대한 혐오를 나타내는 정신의학 용어는?

① 호모포비아
② 케미포비아
③ 노모포비아
④ 제노포비아

19 사회적인 쟁점에 대해 소수의 의견을 다수의 의견으로 또는 다수의 의견을 소수의 의견으로 잘못 인지하는 현상은?

① 공소 증후군
② 노비즘
③ 다원적 무지
④ 스프롤 현상

20 사이코패스에 대한 설명으로 옳지 않은 것은?

① 사이코패스 판정도구(PCL-R)는 캐나다 심리학자 로버트 헤어가 개발하였다.
② 한국판 PCL-R도 개발되어 범죄 피의자를 대상으로 정신병질 및 성격장애의 유무를 판단하는 검사 도구로 활용되고 있다.
③ 보통 사이코패스를 '반사회적 인격장애'라고 부르기도 한다.
④ PCL-R은 쉽게 적용이 가능해 일상생활에서도 많이 사용되고 있다.

21 성공한 남성들이 전업주부보다 고소득 전문직 여성을 아내로 선호하는 추세가 뚜렷해지고 있다. 이런 부부를 무엇이라 하는가?

① 딩크(DINK)족
② 체인지(Change)족
③ 콘트라섹슈얼(Contrasexual)
④ 파워 커플(Power Couple)

22 합리적인 소비와 자신만의 가치를 중시하는 성향을 보이는 실속파, 즉 부가가치를 새롭게 깨닫는 사람들을 일컫는 말은?

① 프라브족
② 좀비족
③ 여피족
④ 딩크족

23 일에 몰두하여 온 힘을 쏟다가 갑자기 극도의 신체·정신적 피로를 느끼며 무력해지는 현상은?

① 리플리 증후군
② 번아웃 증후군
③ 스탕달 증후군
④ 파랑새 증후군

24 다음 중 우리나라의 공공부조에 대한 설명으로 옳지 않은 것은?

① 국가 및 지방자치단체의 책임하에 생활유지 능력이 없거나 생활이 어려운 국민의 최저생활을 보장하고 자립을 지원하는 제도이다.
② 대표적으로 국민기초생활보장제도가 있다.
③ 사회보장제도의 주요 수단으로서 근로자나 그 가족을 상해 · 질병 · 노령 · 실업 · 사망 등의 위협으로부터 보호하기 위해 실시한다.
④ 필요한 재원은 일반 조세수입으로 충당한다.

25 다음 중 비정규직 관련법이 규정하고 있는 비정규직 노동자에 해당하지 않는 것은?

① 기간제 근로자
② 단시간 근로자
③ 파견 근로자
④ 무기계약직 근로자

26 우리나라 근로기준법상 근로가 가능한 최저 근로 연령은 몇 세인가?

① 13세
② 18세
③ 16세
④ 15세

27 정신적 · 육체적 건강에 해로운 음식이나 행동을 철저히 멀리하는 극단적 절제주의를 의미하는 단어는 무엇인가?

① 노니즘
② 웰빙
③ 그린노마드
④ 로하스

28 잘못된 것을 알고 있지만 이를 이야기할 경우 닥칠 위험 때문에 누구도 말하지 못하는 큰 문제를 가리키는 말은?

① 하얀 코끼리
② 검은 백조
③ 샐리의 법칙
④ 방 안의 코끼리

29 채용 당시에는 비조합원이더라도 일단 채용이 허락된 이후 일정한 견습 기간이 지나 정식 종업원이 되면 반드시 조합에 가입해야 하는 조합원 가입제도의 형태는?

① 클로즈드 숍 ② 오픈 숍
③ 유니언 숍 ④ 에이젼시 숍

30 노동조합의 운영제도에 있어서 숍제도가 양적인 파워를 확보하는 수단이라고 보면, 질적인 확보수단은 다음 중 어느 것인가?

① 단체교섭제도 ② 체크오프제도
③ 단결권제도 ④ 경영참가제도

31 대도시 지역에서 나타나는 열섬 현상의 원인으로 적절하지 않은 것은?

① 인구의 도시 집중 ② 콘크리트 피복의 증가
③ 인공열의 방출 ④ 옥상 녹화

32 정치적 홍보나 선동을 위해 인터넷 포털뉴스, SNS를 통해 무차별로 정보를 배포하는 자를 무엇이라고 하는가?

① 사이버 스쿼팅 ② 사이버배팅
③ 폴리스패머 ④ SPA

33 사회적 목표는 분명하지만 그것을 성취할 만한 적절한 수단들이 제공되지 못할 경우에 목표와 수단이 어긋나서 규범의 부재나 혼란의 상태를 보이게 되는 현상으로 무규범상태를 이르는 말은?

① 차별적 접촉이론 ② 아노미 현상
③ 낙인이론 ④ 문화지체 현상

34 다른 사람들이 기대하는 것이 있으면 그에 부응하는 쪽으로 변하게 되는 현상을 가리키는 말은?

① 소크라테스 효과
② 피그말리온 효과
③ 가르시아 효과
④ 베르테르 효과

35 최근 한국사회는 급속히 노령화 사회로 접어들고 있다. 노령화 정도를 측정하는 노령화지수는 노년층 인구를 유소년층 인구로 나눈 값이다. 이때 노년층과 유소년층의 기준연령은?

① 65세, 18세
② 65세, 14세
③ 60세, 12세
④ 63세, 12세

36 UN에서 분류하는 고령사회란 총인구 중 65세 이상의 인구가 얼마 이상인 사회인가?

① 5%
② 7%
③ 10%
④ 14%

37 2007년 환경부가 도입한 제도로서 온실가스를 줄이는 활동에 국민들을 참여시키기 위해 온실가스를 줄이는 활동에 대해 각종 인센티브를 제공하는 제도는?

① 프리덤 푸드
② 탄소발자국
③ 그린워시
④ 탄소포인트제

38 국제원자력기구(IAEA)가 정한 원자력 사고나 고장의 분류기준에 따를 때 등급이 가장 낮은 것은?

① 미국 스리마일섬
② 일본 후쿠시마
③ 우크라이나 체르노빌
④ 일본 미하마

39 2021년 품귀 사태를 빚었던 요소수에 대한 설명으로 옳은 것은?

① 유럽의 배기가스 규제인 유로6의 도입으로 사용이 의무화되었다.
② 가솔린 차량에서 발생하는 질소산화물을 정화시키기 위한 물질이다.
③ 질소산화물을 물과 이산화탄소로 환원시킨다.
④ 요소수가 소모되어도 차량 운행에는 문제가 없다.

40 다음 중 국민의 권리이자 의무가 아닌 것은?

① 납세
② 교육
③ 근로
④ 환경보전

41 노동조합의 조합원만이 사용자에게 고용될 수 있는 숍 제도는 무엇인가?

① 유니언 숍
② 오픈 숍
③ 우선 숍
④ 클로즈드 숍

42 '개구리 소년 실종사건' 등은 단서가 없거나 피해자의 신원조차 파악하지 못한 사건들이다. 이와 같이 장기적으로 오리무중인 미해결 사건을 무엇이라고 하는가?

① 골든 타임
② 콜드 케이스
③ 서스펜스 케이스
④ 프라이머리 케이스

43 중국이 1가구 1자녀 정책을 실시한 이후에 등장한 1980년대 출생한 사람들로, 교육수준이 높고 개성이 강한 것이 특징인 세대를 무엇이라고 부르는가?

① 바링허우 세대
② 에코 세대
③ 가오레이 세대
④ 리엔차이 세대

44 다음은 무엇에 대한 설명인가?

> "그들은 우리의 일상 속에서 늘 함께 있다. 이 사실을 인정하고 그들을 알아야 한다."
> —마샤 스타우트—
>
> 심리학자 마샤 스타우트가 말한 이것은 유전적인 원인으로 잘못을 인지하지 못한다기보다 자라온 환경에 의해 발생한다고 보았다. 잘못을 알면서도 저지르는 반사회적 인격장애로 분류된다.

① 아도니스 증후군 ② 아스퍼거 증후군
③ 사이코패스   ④ 소시오패스

45 다음은 어떤 현상을 나타내는 말인가?

> 사람이 많을수록 어려움에 처한 사람을 돕지 않는 현상으로 1964년 뉴욕의 한 여인이 살해당하는 동안 아무도 구하거나 신고하지 않은 사건에서 유래했다.

① 루키즘   ② 포비아
③ 제노비스 ④ 제노비아

46 온라인상에 남아 있는 개인정보를 삭제 요청할 수 있는 권리는 무엇인가?
① 잊혀질 권리   ② 사라질 권리
③ 삭제할 권리   ④ 정보통제의 권리

47 인터넷상에서의 마녀사냥식 여론몰이를 의미하는 말은 무엇인가?
① 메카시즘   ② 넷카시즘
③ 카파이즘   ④ 아케이즘

48 다음 중 최근의 출산율 저하 현상과 관련된 용어가 아닌 것은?
① 텐포켓   ② 골드 키즈
③ VIB족   ④ 소득 크레바스

49 모든 종류의 편견 섞인 표현을 쓰지 말자는 '정치적 올바름'을 뜻하는 주장은?

① 다원주의
② 페미니즘
③ PC
④ 상호문화주의

50 다음에서 공통으로 연상되는 말은?

- 도시나 넓은 지역의 전기가 동시에 모두 끊기는 정전사태
- 조종사가 전투기를 급상승하거나 급선회시킬 때, 일시적으로 시야가 흐려지는 현상
- 실신, 일시적 기억상실을 뜻하는 의학용어

① 화이트아웃
② 블랙아웃
③ 앨런튜닝
④ 바로미터

51 컴퓨터를 초기화시키듯 현실세계에서도 잘못되거나 실수한 부분이 있으면 얼마든지 리셋이 가능할 것으로 착각하는 현상을 가리키는 용어는?

① 리마 증후군
② 리셋 증후군
③ 베르테르 증후군
④ 스톡홀름 증후군

52 LOHAS에 대한 설명으로 틀린 것은?

① 라이프스타일이다.
② 2006년부터 우리나라 인증제도가 시작됐다.
③ 친환경제품을 소비한다.
④ 사회참여운동이다.

53 다음 중 적조현상이 일어나는 원인으로 바르지 않은 것은?

① 적조현상이 일어나는 가장 큰 원인은 물에 유기양분이 너무 많은 부영양화에 있다.
② 연안 개발 및 간척사업으로 인한 갯벌의 감소도 적조현상의 원인으로 작용한다.
③ 바람에 의해 바닷물이 잘 섞이는 경우에도 적조현상이 발생한다.
④ 기온의 변화로 수온이 상승하여 미생물의 번식이 증가하면 적조현상이 발생한다.

54 수입은 많지만 서로 시간이 없어 소비를 못하는 신세대 맞벌이 부부를 이르는 말은?
① 여피족
② 네스팅족
③ 욘족
④ 딘트족

55 여성들의 영향력 있는 고위직 승진을 가로막는 회사 내 보이지 않는 장벽을 의미하는 용어는 무엇인가?
① 고원현상
② 피그말리온 현상
③ 후광 효과
④ 유리천장 현상

56 프랑스의 사회학자 자크 아탈리(Jacques Attali)가 그의 저서 〈21세기 사전〉에서 21세기형 신인류의 모습을 소개하면서 사용한 이 용어는 무엇인가?
① 디지털 노마드
② 디지털 코쿠닝
③ 디지털 디바이드
④ 디지털 쿼터

57 다음 중 중국의 소셜 네트워킹 및 마이크로 블로그 서비스로 중국판 트위터(현 X)라고 불리는 것은?
① 믹시(Mixi)
② 웨이보(Weibo)
③ 아메바 나우(Ameba Now)
④ 그리(GREE)

58 뛰어난 인재들만 모인 집단에서 오히려 성과가 낮게 나타나는 현상을 일컫는 용어는?
① 번아웃 신드롬
② 샹그릴라 신드롬
③ 스톡홀름 신드롬
④ 아폴로 신드롬

59 과자 봉지 속에 충격 및 산화 방지를 위해 사용되는 기체가 너무 많아 과대포장이라는 의미에서 우리나라 과자에 이름 붙여진 용어는?

① 수소과자
② 헬륨과자
③ 질소과자
④ 산소과자

60 청소년을 대상으로 하는 학교 폭력이 증가하는 것으로 나타났다. 다음 중 인터넷상에서 집단적으로 특정인을 따돌리거나 괴롭히는 행위는?

① 사이버 테러
② 사이버 불링
③ 스쿨슈팅
④ 사이버 슬래킹

61 스마트기기를 사용하는 5·60대 인구가 대폭 늘어난 것으로 조사됐다. 다음 중 중장년층을 중심으로 늙지 않고 젊게 살아가려는 욕구가 확산되는 현상을 가리키는 용어는?

① 샹그릴라 증후군
② 스탕달 증후군
③ 꾸바드 증후군
④ 코르사코프 증후군

62 다음 중 보기에서 공통적으로 설명하는 것은 무엇인가?

- 남아프리카 공화국에서 시행되었던 극단적인 인종차별정책과 제도이다.
- 원래는 분리·격리를 뜻하는 용어이다.
- 경제적·사회적으로 백인의 특권 유지·강화를 기도한 것이다.

① 게토
② 아파르트헤이트
③ 토르데시야스
④ 트란스케이

63 다음 중 유명인의 자살을 모방하는 현상을 이르는 말로 옳은 것은?

① 피그말리온 효과
② 스티그마 효과
③ 플라시보 효과
④ 베르테르 효과

64 유전자변형작물(GMO)이 유통 과정에서 주변 작물이나 잡초 등 생태계로 자연적으로 유출돼 생태계질서를 교란시킬 수 있다는 우려가 나오고 있다. 다음 중 GMO 의무표시 농산물이 아닌 것은?

① 벼
② 콩
③ 콩나물
④ 옥수수

65 기업이 사회적 역할과 책임을 다한다는 신념에 따라 실천하는 나눔 경영의 일종으로, 기업 임직원들이 모금한 후원금 금액에 비례해서 회사에서도 후원금을 내는 제도는?

① 매칭그랜트(Matching Grant)
② 위스타트(We Start)
③ 배리어프리(Barrier Free)
④ 유리천장(Glass Ceiling)

66 다음 중 교토의정서에 대한 설명으로 옳지 않은 것은?

① 이산화탄소와 오존을 포함한 4종의 유해 가스 배출량 감축을 목적으로 한다.
② 의무이행 대상국은 오스트레일리아, 미국, 일본, EU 회원국 등 총 38개국이다.
③ 한국은 개발도상국으로 분류되어 감축의무는 없으나 국가통계 작성 및 보고의무를 진다.
④ 일정한 기준에 맞는 조림사업을 한 나라는 이산화탄소 배출 허용량을 추가로 확보하거나 배출권한을 다른 나라에 팔 수 있다.

67 다음 중 구세군에 대한 설명으로 옳은 것은?

① 19세기 후반기에 영국의 감리교 목사였던 윌리엄 부스가 창시하였다.
② '세상을 구하는 군대'라는 명칭처럼 성직자를 '사관', 교인을 '병사, 군우'라고 부른다.
③ 우리나라에서는 1908년 로버트 호가드 사관이 구세군 선교사업을 시작하였다.
④ 구세군 자선냄비 모금활동은 일제 강점기에 우리나라에서 최초로 시작되었다.

68 인터넷 사용후기를 참조해 물건을 구매하는 소비자를 무엇이라 하는가?

① 넥소블리안 ② 트윈슈머
③ 크리슈머 ④ 리뷰어

69 D. 리즈먼에 의해 '고독한 군중' 또는 '흩어진 모래알'이라 지칭되는 부류는?

① 현대사회의 하류계층 ② 현대사회의 지식계층
③ 현대사회의 대중 ④ 현대사회의 노동자

70 필수 공익 사업의 노·사 양측이 단체협약 등을 둘러싸고 합의된 조정안을 도출해내지 못할 경우 중앙노동위원회가 직권으로 타협안을 제시하는 것을 무엇이라고 하는가?

① 긴급조정 ② 중재재정
③ 임의조정 ④ 조정명령

71 인터넷상의 컴퓨터 주소인 도메인을 투기나 판매 목적으로 선점하는 행위는?

① 사이버 스쿼팅 ② 사이버 테러리즘
③ 사이버 테크 ④ 사이버 파티

72 고소득이나 빠른 승진 등 사회적 성공을 위해 직장에 붙잡혀 사는 것보다 소득이 적더라도 여유 있는 직장생활과 삶의 만족을 중요하게 생각하는 경향이 강한 신세대를 칭하는 말은?

① 여피족
② 니트족
③ 예티족
④ 다운시프트족

73 네티즌으로 구성된 사이버 외교사절단으로, 한국과 한국인에 대해 바르게 홍보하는 것을 목적으로 하는 단체는?

① 주빌리
② 시에라클럽
③ G2K그룹
④ 반크

74 다음 내용에서 밑줄 친 용어에 대한 설명으로 가장 옳은 것은?

> 노스웨스턴대학 캐롤라인 첸 교수는 최근 LA타임스 칼럼에 대학 입시에서 '대나무 천장(Bamboo Ceiling)'이 점점 더 높아지고 있다며 어퍼머티브 액션(Affirmative Action)을 비판했다.

① 공적으로 제시하는 기본 방침
② 소수계를 우대하는 정책
③ 반사회적인 행위
④ 다수의 평등지수 높이기

75 다음 보기에서 설명하는 것은 무엇인가?

> 최근 환경부가 집단 식중독의 원인으로 알려진 이것을 제거하는 정수처리장치를 개발했다. 겨울에도 유행하는 이것은 사람에게 장염을 일으키는 병원성 바이러스로 주로 비위생적인 물이나 어패류를 통해 감염된다.

① 자바바이러스
② 노로바이러스
③ 박테리아
④ 인플루엔자

76 소위 '금수저'층에 속하는 기업체 오너 2세들의 권력을 이용한 행패는 비일비재하다. 이처럼 높은 사회적 지위를 가진 사람들이 도덕적 의무를 경시하고 오히려 그 권력을 이용하여 부정부패를 저지르며 사회적 약자를 상대로 부도덕한 행동을 하는 것은?

① 리세스 오블리주
② 트래픽 브레이크
③ 노블레스 오블리주
④ 노블레스 말라드

77 부자의 부의 독식을 부정적으로 보고 사회적 책임을 강조하는 용어로 월가 시위에서 1대 99라는 슬로건이 등장하며 1%의 탐욕과 부의 집중을 공격하는 이 용어는 무엇인가?

① 뉴비즘
② 노블레스 오블리주
③ 뉴리치현상
④ 리세스 오블리주

78 도시에서 생활하던 노동자가 고향과 가까운 지방도시로 취직하려는 현상은?

① U턴 현상
② J턴 현상
③ T턴 현상
④ Y턴 현상

79 일과 여가의 조화를 추구하는 노동자를 지칭하는 용어는 무엇인가?

① 골드 칼라
② 화이트 칼라
③ 퍼플 칼라
④ 논 칼라

80 인터넷을 통해 특정한 날짜, 시간에 정해진 장소에 모여 짧은 시간 안에 주어진 행동을 동시에 하고 뿔뿔이 흩어지는 현상은?

① 플래시 몹
② 스마트 몹
③ 매스클루시버티
④ 소포모어징크스

81 정보화 시대에 뒤처져서 사람 사이의 단절과 격차가 발생하는 현상을 무엇이라 하는가?

① 사이버 불링
② 디지털 디바이드
③ 사이버 슬래킹
④ 넷셔널리즘

82 엘니뇨현상에 대한 올바른 설명은?

① 도심 지역의 온도가 다른 지역보다 높게 나타나는 현상
② 예년과 비교할 때 강한 무역풍이 지속돼 일어나는 기후 변동 현상
③ 남미의 페루 연안에서 적도에 이르는 태평양 상의 기온이 상승해 세계 각지에서 홍수 또는 가뭄 등이 발생하는 기상이변현상
④ 고층 빌딩들 사이에서 일어나는 풍해현상

83 다음 중 용어의 설명이 바르게 연결된 것은?

① Me Generation – 자기중심적인 사고를 갖고 행동하는 젊은 세대
② Sprawl 현상 – 소도시가 계획적으로 질서 있게 확장하고 발전하는 현상
③ Grand Slam – 테니스에서 한 해에 프랑스 오픈, 호주 오픈, 스웨덴 대회, US 오픈에서 모두 우승하는 경우에 쓰이는 말
④ Hunger Strike – 눈에 띄지 않는 곳에서 단식을 하며 조합원들의 사기를 진작시키는 행위를 뜻하는 말

84 외부 세상으로부터 인연을 끊고 자신만의 안전한 공간에 머물려는 칩거증후군의 사람들을 일컫는 용어는?

① 딩크족
② 딘트족
③ 코쿤족
④ 니트족

85 주로 1980년대 중반에 태어난 이들로, 모바일로 모든 것을 해결하며 오직 관심의 대상을 자기 자신에게 두고 있는 세대는?

① M세대
② N세대
③ X세대
④ P세대

86 다음 중 화이트 칼라 범죄에 대한 설명으로 잘못된 것은?

① 주로 직업과 관련된 범죄이다.
② 대부분 발견되어 처벌받는다.
③ 중산층 또는 상류층이 많이 저지른다.
④ 공금횡령, 문서위조, 탈세 등이 있다.

87 컴퓨터 등의 디스플레이를 장시간 보면서 작업하는 사람에게 일어나는 증후군으로 안질환, 두통, 불안감 등의 증상을 나타내는 것은?

① 모라토리엄 증후군
② 공소 증후군
③ 와부와부 증후군
④ VDT 증후군

88 다음 괄호에 들어갈 말을 순서대로 연결한 것은?

> 장하준 교수는 '그들이 말하지 않는 23가지'라는 저서에서 부자들에게 부를 몰아줌으로써 자유 시장 경제학이 기대한 것, 즉 '윗부분에서 창출된 보다 큰 파이가 아래로 흘러내려 결국 가난한 사람들에게 스며들 것'이라는 (   )도 실제로는 별로 작동하지 않는다고 지적한다. 이에 대응하는 장하준의 이론은 (   )이다. 이 이론에 따르면 부유층에 집중된 자유시장의 자연스러운 작용에 의해 가난한 계급에게 한 방울 한 방울 흘러 떨어지기를 마냥 기다리는 것은 너무 느리고 부족하다. 따라서 아예 전기 펌프를 설치하여 부를 아래로 콸콸 이전시키는 것이 경제 성장의 혜택을 사회 전체로 확산시키기에 훨씬 더 쉽고 빠른 길이고 그 펌프가 바로 복지국가라고 말한다.

① 트리클다운 이론 – 하인리히 법칙
② 펌프 이론 – 트리클다운 이론
③ 트리클다운 이론 – 펌프 이론
④ 펌프 이론 – 파킨슨의 법칙

89 다음 보기에서 괄호 안에 알맞은 말은?

> 수원 여성 피살사건 이후 조선족 혐오증인 (　　　　)가 확산된 적이 있다. 특히 살해범인 조선족 오원춘이 경기도 일대에서 막노동을 해온 사실이 알려지면서 3D 업종에 종사하는 조선족 남자들이 주요 타깃이 되었다. 소셜네트워크서비스(SNS)와 각종 인터넷 포털 사이트에서는 이들을 오원춘과 동일시하며 비난하는 글이 넘쳐나고 조선족에 대해서는 무조건 범죄자나 살인자로 취급하기도 한다.

① 아크로포비아
② 크리스토포비아
③ 아고라포비아
④ 차오포비아

90 우리나라가 국제노동기구(ILO)에 가입한 연도는?

① 1990년　　　　② 1991년
③ 1992년　　　　④ 1993년

91 다음 중 직장폐쇄와 관련된 설명으로 옳지 않은 것은?

① 직장폐쇄 기간 동안에는 임금을 지급하지 않아도 된다.
② 직장폐쇄를 금지하는 단체협약은 무효이다.
③ 사용자의 적극적인 권리행사 방법이다.
④ 노동쟁의를 사전에 막기 위해 직장폐쇄를 실시하는 경우에는 사전에 해당관청과 노동위원회에 신고해야 한다.

92 다음 중 단어의 설명이 잘못 연결된 것은?

① 좀비족 : 향락을 즐기는 도시의 젊은이들
② 여피족 : 새로운 도시의 젊은 전문인들
③ 미 제너레이션 : 자기중심적인 젊은이들
④ 피터팬 증후군 : 현대인들에게서 나타나는 유아적이고 허약한 기질

93 가난을 대물림하지 않기 위해서 시민들이 자발적으로 벌이는 운동은?

① 프로보노 운동
② 뉴스타트 운동
③ 뉴라이트 운동
④ 위스타트 운동

94 노동쟁의 방식 중 하나로, 직장을 이탈하지 않는 대신에 불완전노동으로 사용자를 괴롭히는 방식은 무엇인가?

① 사보타주
② 스트라이크
③ 보이콧
④ 피케팅

95 다음 중 노동 3권이 아닌 것은?

① 단결권
② 노동쟁의권
③ 단체교섭권
④ 단체행동권

96 노동쟁의를 해결하는 방식에 관한 설명으로 틀린 것은?

① '알선'은 노사 쌍방 또는 일방의 신청에 의해 노동위원회가 지명한 알선위원이 노동쟁의의 해결방안을 제시하여 준다.
② '중재'는 노동위원회가 개입하여 중재재정을 내리면 당사자들은 이에 복종해야 한다.
③ '조정'은 노사와 공익을 대표하는 조정위원이 조정안을 제시한다.
④ '긴급조정'은 쟁의가 공익성을 띠거나 국민경제를 위태롭게 할 경우 노동부장관이 긴급조정의 결정을 할 수 있다.

97 사용자가 조합원이든 비조합원이든 자유롭게 노동자를 고용할 수 있지만, 일단 채용된 노동자는 일정한 기간 내에 조합에 가입해야 하는 제도는?

① 클로즈드 숍(Closed Shop)
② 유니언 숍(Union Shop)
③ 프리 숍(Free Shop)
④ 오픈 숍(Open Shop)

98 직장을 그만두지는 않지만 정해진 업무시간과 업무범위 내에서만 일하고 초과근무를 거부하는 노동방식을 뜻하는 신조어는?

① 워케이션
② 조용한 사직
③ 허슬 컬쳐
④ 미닝아웃

99 오존층 파괴물질의 규제와 관련된 국제협약은?

① 리우선언
② 교토의정서
③ 몬트리올의정서
④ 런던협약

100 환경영향평가에 대한 설명으로 옳은 것은?

① 환경보존 운동의 효과를 평가하는 것
② 환경보전법, 해상환경관리법, 공해방지법 등을 총칭하는 것
③ 공해지역 주변에 특별감시반을 설치하여 환경보전에 만전을 기하는 것
④ 건설이나 개발 전에 주변 환경에 미치는 영향을 미리 측정하여 대책을 세우는 것

101 Green Ban 운동이 의미하는 것은?

① 그린 벨트 안에서 자연을 파괴하는 사업에의 착수 거부
② 농민 중심의 생태계 보존운동
③ 정계의 자연 보호 운동을 벌이는 것
④ 환경을 위해 나무를 많이 심자는 운동

102 재활용품에 디자인 또는 활용도를 더해 그 가치를 더 높은 제품으로 만드는 것은?

① 업사이클링(Up-cycling)
② 리사이클링(Recycling)
③ 리뉴얼(Renewal)
④ 리자인(Resign)

103 생물학적 산소요구량을 의미하는 것은?

① BOD
② SO
③ POP
④ CERs

104 환경보호 관련 국제협약과 보호대상이 잘못 연결된 것은?

① 바젤협약 : 유해폐기물
② 비엔나협약 : 습지
③ 런던협약 : 해양오염
④ 스톡홀름협약 : 잔류성오염물질(POPs)

105 여론조사방법 중 RDD 방식에 대한 내용으로 틀린 것은?

① 무작위 임의전화걸기(Random Digit Dialing)방식을 적용하는 기법이다.
② 등록하지 않은 가구의 응답자는 아예 모집단에서 제외된다.
③ ARS 조사방식을 보완하기 위해 도입된 방식이다.
④ 기존 조사에 비해 조사기간도 짧고 추가비용도 적다.

106 네덜란드 정부를 상대로 낸 기후 변화 소송에서 승리한 환경단체는?

① 우르헨다
② 지구의 벗
③ 유넵엔젤
④ 그린피스

107 '생물자원에 대한 이익 공유'와 관련된 국제협약은?

① 리우선언
② 교토의정서
③ 나고야의정서
④ 파리협정

108 지구상의 동·식물을 보호하고 천연자원을 보존하기 위한 국제협약으로 멸종 위기의 동식물을 보존하려는 것이 목적인 협약은?

① CBD
② 람사르 협약
③ WWF
④ 교토의정서

109 매스커뮤니케이션의 효과 이론 중 지배적인 여론과 일치되면 의사를 적극 표출하지만 그렇지 않으면 침묵하는 경향을 보이는 이론은 무엇인가?

① 탄환 이론
② 미디어 의존 이론
③ 모델링 이론
④ 침묵의 나선 이론

110 사소한 것 하나를 방치하면 그것을 중심으로 범죄나 비리가 확산된다는 이론은 무엇인가?

① 낙인 이론
② 넛지 이론
③ 비행하위문화 이론
④ 깨진 유리창 이론

111 공직자가 자신의 재임 기간 중에 주민들의 민원이 발생할 소지가 있는 혐오시설들을 설치하지 않고 임기를 마치려고 하는 현상은?

① 핌투현상
② 님투현상
③ 님비현상
④ 핌피현상

112 핵가족화에 따른 노인들이 고독과 소외로 우울증에 빠지게 되는 것을 무엇이라 하는가?

① LID 증후군
② 쿠바드 증후군
③ 펫로스 증후군
④ 빈둥지 증후군

113 12인승 이하의 승합자동차가 고속도로에서 버스전용차로를 이용하기 위해서는 최소 몇 명이 탑승해야 하는가?

① 2명
② 3명
③ 4명
④ 6명

114 패션과 미용에 아낌없이 투자하는 남성들을 뜻하는 신조어는?

① 더피족
② 딘트족
③ 그루밍족
④ 여피족

115 다음 중 법인승용차 전용번호판의 지정색은?

① 파란색
② 연두색
③ 노란색
④ 빨간색

116 저임금 노동에 시달리는 노동계급을 뜻하는 말은?

① 룸펜
② 부르주아
③ 프롤레타리아
④ 프레카리아트

117 사람의 활동이나 상품을 생산·소비하는 전 과정을 통해 배출되는 온실가스 배출량을 이산화탄소로 환산한 총량을 가리키는 말은?

① 탄소세
② 탄소수지
③ 탄소배출권
④ 탄소발자국

118 하나의 부정적 행동이 연쇄적으로 다른 부분에 영향을 끼치며 전반적 상황을 악화시키는 현상은?

① 피셔 효과
② 둠루프
③ 트리플딥
④ 그레샴의 법칙

119 부유한 가정에서 태어나 별다른 노력 없이도 성공한 삶을 사는 자녀를 뜻하는 말은?

① 눔프
② 킨포크
③ 네포 베이비
④ 텐포켓

120 독일의 사회학자 퇴니에스가 주장한 사회유형 중 이익사회를 뜻하는 말은?

① 게른샤프트
② 게마인샤프트
③ 게노센샤프트
④ 게젤샤프트

121 금지된 것에 더욱 끌리는 심리적 저항 현상을 뜻하는 말은?

① 칼리굴라 효과
② 로미오와 줄리엣 효과
③ 칵테일파티 효과
④ 서브리미널 효과

122 고학력자임에도 불구하고 경력을 쌓지 못하고 희망이나 가능성이 없는 일에 내몰리는 청년세대를 지칭하는 용어는?

① 알파세대
② 마처세대
③ 림보세대
④ 오팔세대

123 다양한 직장 또는 직무를 찾아 일자리를 옮기는 사람을 가리키는 말은?

① 디지털 노마드
② 커리어 노마드
③ 프리터족
④ 프리커족

124 SNS에서 연인 관계를 미끼로 금전을 갈취하는 범죄 수법은?

① 퍼블릭 피겨
② 장미꽃 강매
③ 로맨스 스캠
④ 스피어 피싱

125 자신이 속한 세대의 생활방식에 얽매이지 않고 다양한 문화를 향유하는 세대는?

① 퍼레니얼 세대
② 알파세대
③ 밀레니얼 세대
④ Z세대

126 하루 종일 침대에 누워 SNS 등을 하며 휴식을 취하는 것을 뜻하는 말은?

① 베드 로팅
② 리즈
③ 도파밍
④ 리퀴드폴리탄

127 도심에는 상업기관·공공기관 등만 남아 주거인구가 텅 비어 있고, 외곽에 주택이 밀집되는 현상은?

① 토페카 현상
② 지가구배 현상
③ 스프롤 현상
④ 도넛화 현상

128 상담이나 의사소통을 통해 구축된 상호 신뢰관계를 뜻하는 심리학 용어는?

① 라포
② 그루밍
③ 메타인지
④ 모글리 현상

129 구직자·근로자들이 더 좋은 조건을 찾는 탐색행위로 인해 발생하는 실업은?

① 구조적 실업
② 기술적 실업
③ 마찰적 실업
④ 경기적 실업

CHAPTER 05 과학·컴퓨터·IT

001 누리호(KSLV-Ⅱ)
2023년 5월 25일 한국형 발사체(누리호, KSLV-Ⅱ)가 전남 고흥군 나로우주센터에서 3차 발사에 성공했다. 발사체 3단을 목표 고도에 정확한 속도로 투입시켜 비행정밀도를 확인한 데다가, 누리호에 실린 인공위성 8기 중 주탑재 위성을 포함한 7기를 우주공간으로 내보내는 데 성공하였다. 2009년 6월 나로우주센터가 완공되고, 2013년 나로호가 발사된 이후 10년 만이며, 과학기술정보통신부와 항공우주연구원은 2010년부터 온전한 우리 기술로 만드는 발사체인 누리호 개발에 힘써왔다. 누리호의 3차 발사가 마무리되면서 누리호를 이을 차세대발사체 개발사업도 본격 추진될 예정이다. 차세대 발사체는 정부가 발표한 미래 우주 경제 로드맵을 통해 제시된 2032년 달 착륙을 목적으로 개발되는 발사체이다.

002 Chat GPT
Chat GPT는 인공지능 연구소인 Open AI가 개발한 프로토타입 대화형 인공지능 챗봇(chatbot)서비스를 말한다. 'GPT(Generative Pre-trained Transformer)'는 구글의 '알파고'처럼 AI의 이름으로, Open AI에 접속하면 누구나 GPT와 채팅을 나눌 수 있으며, 다양한 문제해결능력을 가지고 있고 인간에 준하는 수준의 이해력과 문장력을 갖춘 글을 선보일 수 있다. 텍스트만 입력할 수 있던 GPT-3.5와 달리 2023년 출시된 GPT-4는 이미지를 인식하고 해석할 수 있으며, 2024년에는 GPT-4 모델의 경량화된 버전인 GPT-4o가 출시되어 더 작은 컴퓨팅 자원으로 더 빠른 응답이 가능하도록 하였다.

003 LFP 배터리
리튬 인산철을 사용한 양극재가 들어간 배터리다. 니켈, 코발트, 망가니즈를 섞어 양극재를 만든 삼원계(NCM) 배터리보다 가격이 저렴하고, 수명이 길며, 350도 이상의 고온에서도 폭발하지 않아서 안전성이 뛰어나다. 그러나 에너지밀도가 낮아 주행거리가 짧고, 순간출력이 약하며, 무게도 무겁다. NCM 배터리보다 품질이 뒤처진다는 평가가 있었으나 기술이 진화함에 따라 에너지밀도가 향상됐고, 전 세계적 인플레이션으로 인해 전기차 분야에서 가격경쟁력이 중요해지면서 LFP 배터리를 탑재하는 완성차업체가 증가하는 추세다. 이에 한국 배터리업계도 LFP 배터리 개발에 뛰어들고 있다.

004 빅블러(Big Blur)
사회 환경이 급격하게 변하면서 기존에 존재하던 산업 간에 경계가 불분명(Blur)해지고 있음을 말한다. 미래학자 스탠 데이비스가 1999년 그의 저서 〈블러 : 연결 경제에서의 변화의 속도〉에서 이 단어를 처음 사용했다. 사물인터넷이나 인공지능 등 기술의 비약적 발전이 산업 생태계를 변화시켜 산업 간의 경계가 허물어지고 있다고 주장한다. IT기술과 금융이 접목된 인터넷은행이 등장하며 카카오그룹은 금융업에 진출했고, 드론이 발전·보급되어 택배산업에도 도입됐으며 스마트폰의 대중화로 차량 공유 서비스를 이용할 수 있게 되는 것 등이 대표적인 예이다.

005 에이징 테크(Aging-tech)

고령인구를 대상으로 하는 기술로 노인들의 접근 가능성과 용이성을 우선순위로 두며, 실버 기술, 장수기술 등으로도 불린다. 경제 발전에 따른 영양상태 개선, 의학발달에 따른 평균수명의 연장 등으로 전 세계적으로 고령인구가 급증하면서 기업도 노인들의 삶의 질 향상을 위해 에이징 테크의 발전을 모색하고 있다. 대표적인 예시로 신체활동을 돕고 위치추적 기능을 제공하는 시니어 전용 스마트 워치, GPS기능을 탑재해 착용자의 위치를 파악하고 보호자에게 알림을 전송하는 치매노인 실종예방 신발, 노인들의 친구가 되어 외로움을 달래주는 돌봄로봇 등이 있다.

006 도심항공교통(UAM)

기체, 운항, 서비스 등을 총칭하는 개념으로 전동 수직이착륙기(eVTOL)를 활용하여 지상에서 450m 정도의 저고도 공중에서 이동하는 도심교통시스템을 말한다. '도심항공모빌리티'라고도 부르는 도심항공교통(UAM ; Urban Air Mobility)은 도심의 교통체증이 한계에 다다르면서 이를 극복하기 위해 추진되고 있다. UAM의 핵심인 eVTOL은 옥상 등에서 수직이착륙이 가능해 활주로가 필요하지 않으며, 내장된 연료전지와 배터리로 전기모터를 구동해 탄소배출이 거의 없다. 또한 소음이 적고 자율주행도 수월한 편이라는 점 때문에 도심형 친환경 항공 교통수단으로 각광받고 있다.

007 NFT(대체불가토큰, Non Fungible Token)

하나의 토큰을 다른 토큰과 대체하거나 서로 교환할 수 없는 가상화폐. 2017년 처음 시장이 만들어진 이래 미술품과 게임아이템 거래를 중심으로 빠른 성장세를 보이고 있다. NFT가 폭발적으로 성장한 이유는 희소성 때문이다. 기존 토큰의 경우 같은 종류의 코인은 한 코인당 가치가 똑같았고, 종류가 달라도 똑같은 가치를 갖고 있다면 등가교환이 가능했다. 하지만 NFT는 토큰 하나마다 고유의 가치와 특성을 갖고 있어 가격이 천차만별이다. 또한 어디서, 언제, 누구에게 거래가 됐는지 모두 기록되어서 위조가 쉽지 않다는 것이 장점 중 하나다.

008 셰일오일(Shale Oil)

미국에서 2010년대 들어서 개발되기 시작한 퇴적암 오일로서, 퇴적암의 한 종류인 셰일층에서 채굴할 수 있는 '액체 탄화수소'를 가리키는 말이다. 이전에는 채굴 불가능하거나 시추 비용이 많이 들어 채산성이 없다고 여겨진 자원들이었다. 그런데 '수압파쇄', '수평시추' 등의 기술 개발로 셰일오일이 채산성을 갖춘 자원이 되면서 2010년 중반부터 생산량이 폭발적으로 늘어나 2018년에는 미국을 최대 산유국으로 만들었다. 현재 발견된 매장량은 향후 200년가량 사용할 것으로 추정된다. 미국은 셰일오일을 통해 에너지 자립을 이뤘고 중동 산유국 등 유가에 대한 영향력이 축소됐다. 이를 '셰일혁명'이라고 부른다.

009 GMO(Genetically Modified Organism)

병충해에 대한 내성과 저항력을 갖게 하거나 양적인 가치와 보존성을 높이기 위해 외래 유전자를 주입하여 키운 농산물을 일컫는다. 자연의 섭리를 거슬러 해당 작물에 종을 뛰어넘는 유전자를 주입하는 것에 대한 두려움과 공포 때문에 유럽에서는 '프랑켄슈타인식품'이라고 부른다.

010 바이오디젤(Bio-diesel)

폐기되는 식물성 기름이나 동물성 지방을 원료로 해서 만드는 화학 연료이다. 고갈되는 화석 연료를 대체하고 이산화탄소 배출량을 줄일 친환경적 에너지원으로 지목되지만 아직은 생산비용이 높아 지속적인 연구·개발이 이뤄지고 있다. 바이오디젤은 인화점 또한 150℃로 높아 기존 휘발유(-45℃)나 경유(64℃)에 비해 안전하게 이용할 수 있다.

011 제페토(ZEPETO)

네이버제트(Z)가 운영하고 있는 증강현실(AR) 아바타 서비스로 한국의 대표적인 메타버스 전용 플랫폼이다. 2018년 출시된 제페토는 얼굴인식 및 3D 기술 등을 이용해 '3D 아바타'를 만들어 다른 이용자들과 소통하거나 다양한 가상현실을 경험할 수 있는 서비스를 제공하고 있다. 유명 브랜드와 연예기획사와의 제휴도 활발히 진행했는데, 국내 대표적인 엔터테인먼트 업체인 SM·YG·JYP·빅히트 등이 제페토를 통해 K-pop과 관련된 다양한 콘텐츠를 내놓으면서 10~20대 젊은 층을 중심으로 특히 인기를 끌었다. 2024년을 기준으로 글로벌 누적 이용자 약 4억 명, 월간 이용자 2천만 명 선을 유지하며 꾸준한 성장세를 보이고 있다.

012 프롭테크(Proptech)

부동산(Property)과 기술(Technology)의 합성어로, 기존 부동산 산업과 IT의 결합으로 볼 수 있다. 프롭테크의 산업 분야는 크게 중개 및 임대, 부동산 관리, 프로젝트 개발, 투자 및 자금조달 부분으로 구분할 수 있다. 프롭테크 산업 성장을 통해 부동산 자산의 고도화와 신기술 접목으로 편리성이 확대되고, 이를 통한 삶의 질이 향상될 전망이다. 무엇보다 공급자 중심의 기존 부동산 시장을 넘어 정보 비대칭이 해소되어 고객 중심의 부동산 시장이 형성될 것으로 보인다.

013 핀테크(FinTech)

금융(Finance)과 기술(Technology)을 합성한 신조어로, 금융과 기술을 융합한 각종 신기술을 의미한다. 핀테크의 핵심은 기술을 통해 기존의 금융기관이 제공하지 못했던 부분을 채워주고 편의성 증대, 비용 절감, 리스크 분산, 기대 수익 증가 등 고객에게 새로운 가치를 주는 데 있다.

014 RPA 시스템

RPA란 Robotic Process Automation의 줄임말로 사람이 수행하던 반복적인 업무 프로세스를 소프트웨어 로봇을 적용하여 자동화하는 것을 말한다. 즉 저렴한 비용으로 빠르고 정확하게 업무를 수행하는 디지털 노동을 의미한다. RPA를 도입함으로써 기업이 얻을 수 있는 가장 큰 장점은 로봇이 단순 사무를 대신 처리해 주는 것에 따른 '인건비 절감'과 사람이 고부가가치 업무에 집중할 수 있는 것에 따른 '생산성 향상'이다.

015 데이터마이닝(Datamining)

'데이터(Data)'와 채굴을 뜻하는 '마이닝(Mining)'이 합쳐진 단어로 방대한 양의 데이터로부터 유용한 정보를 추출하는 것을 말한다. 기업 활동 과정에서 축적된 대량의 데이터를 분석해 경영 활동에 필요한 다양한 의사결정에 활용하기 위해 사용된다. 데이터마이닝은 통계학의 분석방법론은 물론 기계학습, 인공지능, 컴퓨터과학 등을 결합해 사용한다. 데이터의 형태와 범위가 다양해지고 그 규모가 방대해지는 빅데이터의 등장으로 데이터마이닝의 중요성은 부각되고 있다.

016 퍼서비어런스(Perseverance)

퍼서비어런스는 미항공우주국(NASA)의 15번째 화성탐사선이자 5번째 탐사용 로버다. 2020년 7월 30일 발사된 뒤 4억 7,100만km를 비행했다. 이후 2021년 2월 18일(현지시간) 화성의 고대 삼각주로 추정되는 '예제로 크레이터(Jezero Crater)'에 안착했다. '공포의 7분'으로 불리는 화성 대기권으로의 진입, 하강, 착륙(EDL)의 고난도 비행을 수행한 결과다. 소형 헬리콥터 '인저뉴어티'를 장착한 것이 특징이다. 인저뉴어티는 대기밀도가 지구의 100분의 1에 불과한 화성에서 동력비행에 최초로 성공한 것으로도 화제를 모았다. 퍼서비어런스는 화성에 존재했을지 모를 고대생명체의 흔적을 찾고 지구로 가져올 토양샘플을 채취하는 임무를 맡았다.

017 리질리언스(Resilience)

리질리언스는 일론 머스크가 세운 스페이스X가 2020년 11월 15일(현지시간)에 케네디 우주센터에서 국제우주정거장(ISS)으로 발사한 유인우주선이다. 리질리언스는 '회복력'이라는 뜻으로, 코로나19 이후 시련을 이겨내자는 의미로 임무에 참여한 네 명의 비행사들이 함께 이름 지었다. NASA가 우주인을 공식으로 ISS로 보내는 첫 임무며 향후 민간 우주운송시대의 출발이 될 것으로 전망됐다. 리질리언스는 발사 27시간 만에 ISS에 무사히 도착했고, 탑승한 네 명의 우주인은 6개월간 우주에서 식품생리학과 유전자실험 등을 연구한 후 2021년 5월 2일(현지시간) 지구로 귀환했다.

018 딥페이크(Deepfake)

딥페이크란 사물데이터를 군집화하는 '딥러닝(Deep Learning)'과 '가짜(Fake)'의 합성어로 인공지능(AI) 중 차세대 딥러닝기술인 생성적 적대 신경망(GAN ; Generative Adversarial Network)이라는 기계학습기술을 활용한다. 이 기술을 사용하면 실제인물의 얼굴, 특정부위 등 신체부위를 다른 기존사진이나 영상에 겹쳐 CG처럼 처리할 수 있다. 미국 스탠퍼드대 국제안보협력센터(CISC) 앤드루 그로토 연구원은 "1~2년 안에 진짜 동영상과 가짜 동영상을 구별하기는 정말로 어려워질 것"이라며 많은 나라가 이를 활용하려는 유혹에 빠질 가능성이 크다고 진단했다. 실제로 최근 딥페이크를 악용한 보이스피싱 등의 사기 및 가짜 뉴스와 포르노영상과 같은 성범죄가 발생하고 있어 논란이 되고 있다.

019 코백스 퍼실리티(COVAX Facility)

코백스 퍼실리티는 2021년 말까지 전 인구의 20%까지 백신의 균등공급을 목표로 설립된 국제백신공급기구이자 165개 국가들이 백신을 공동구매하고 배분하기 위한 국제 프로젝트다. 세계보건기구(WHO)가 주관하고 감염병혁신연합(CEPI)은 백신개발을, 세계백신면역연합(GAVI)은 백신공급을 담당한다. COVAX AMC를 통해 백신구매능력이 부족한 취약국가에 코로나19 백신을 지원하고 있다. 우리나라는 코백스 퍼실리티를 통해 2,000만 회분의 코로나19 백신물량을 계약했다.

020 디지털 장의사

고인이 온라인상에서 남긴 기록을 찾아 말끔히 지워주고 유족에게 기록을 전달해주는 일(디지털 장례)을 하는 업체이다. 디지털 장의사는 특정 업체명이기에 디지털 세탁소라고도 한다.

021 빅데이터

인터넷 등의 발달로 방대한 데이터가 쌓이는 것, 그리고 데이터 처리기술의 발달로 디지털 환경에서 만들어지는 방대한 데이터를 분석해 그 의미를 추출하고 경향을 파악하는 것을 말한다.

022 블루투스
1994년 스웨덴의 통신 장비 제조사 에릭슨이 개발한 근거리 무선 통신 산업 표준이다. 전 세계 많은 기업들이 무선장비의 통신 규격으로 사용하고 있으며, 블루투스의 명칭과 로고는 덴마크와 노르웨이를 통일한 왕 하랄드 블라톤의 별칭 '파란 이빨의 왕'에서 따왔다고 한다.

023 ASMR
Autonomous Sensory Meridian Response의 약자이다. 한국어로는 '자율감각 쾌락 반응'이라고 하며, 유튜브 등 멀티미디어 사이트에서 유행하고 있는 콘텐츠로, 주로 청각을 이용하여 시청자들의 쾌감을 유발하는 것이다. 발전한 녹음 장비와 음향 장비를 통해서 콘텐츠 수용자는 콘텐츠 내의 일이 마치 바로 옆에서 일어나고 있는 것처럼 느낄 수 있다.

024 알트코인(Altcoin)
Alternative(대체)와 Coin의 합성어로, 리플·이더리움·라이트코인 등 비트코인 이외의 모든 암호화폐를 통틀어 부르는 말이다. 비트코인의 가치가 지나치게 올랐다는 인식 때문에 암호화폐의 가능성에 주목한 투자자들이 찾는 대체 투자처로 관심을 끌고 있다.

025 퀀텀비트(Quantum Bit)
양자컴퓨터란 기존의 전산 방식의 계산을 양자역학을 이용한 계산 방식으로 바꾸어, 현재 슈퍼컴퓨터의 수억 배의 계산속도를 낼 수 있다고 예상되는 미래의 컴퓨터이다. 양자컴퓨터를 구현하기 위해서는 원자를 고정시켜 신호를 저장할 수 있어야 하는데 이렇게 만들어진 양자 정보를 퀀텀비트라 한다.

026 카시니(Cassini)호
2017년 9월 15일 토성 대기권에서 파괴되기 직전 토성 대기를 분석한 데이터를 전송하는 임무를 끝으로 20년간의 긴 여정을 마쳤다.

027 플래시 메모리
플래시 메모리는 비휘발성 메모리로서 USB, 디지털카메라, 스마트폰 등에서 사용되고 있다. 크게 낸드(NAND)와 노어(NOR) 방식으로 구분한다. 1990년대에는 읽기가 빠른 노어 방식의 플래시 메모리가 주목받았으나, 현재는 3D 낸드플래시 메모리 경쟁이 심화되고 있다.

028 기계학습(Machine Learning)
컴퓨터에 데이터를 제공하여 학습하게 함으로써 새로운 지식을 얻어내게 하는 분야다. 2000년대 중반 기계학습의 기술인 인공신경망 분야에서 딥러닝(Deep Learning)이 탄생하면서 비약적인 발전을 보이고 있다.

029 필즈상
매 4년마다 열리는 세계수학자대회에서 40세 이전에 획기적 연구성과를 낸 수학자에게 수여하는 상으로 수학 분야에서 가장 권위가 있으며 '수학계의 노벨상'이라고 불린다.

030 6차 산업

6차 산업은 1차 산업인 농수산업과 2차 산업인 제조업, 그리고 3차 산업인 서비스업이 복합된 산업을 말한다. 이동필 전 농림축산식품부장관이 한국농촌경제연구원장으로 활동하던 당시 사용한 개념으로, 농산물을 생산만 하던 농가가 고부가가치상품을 가공하고 향토 자원을 이용해 체험 프로그램 등 서비스업으로 확대시켜 높은 부가가치를 발생시키는 산업을 뜻한다.

031 스페이스 오페라

우주공간, 우주여행, 외계인 등을 주 소재로 한다. 1920~1930년대 미국에서 우주선에 탑승한 영웅들의 활약상을 다룬 공상과학소설(SF ; Science Fiction)이 크게 유행하였으며 이와 같은 작품을 약간 경멸적으로 지칭하는 데 스페이스 오페라라는 용어가 쓰였다. 참고로 서부극은 '호스 오페라(Horse Opera)', 로맨스 물은 '소프 오페라(Soap Opera)'라고 지칭한다.

032 비타민(Vitamin)

비타민은 적은 양으로도 영양소를 도와 물질대사와 생리작용에 관여한다. 지용성비타민에는 A, D, E, F, K가 있으며, 수용성비타민에는 B_1, B_2, B_6, B_{12}, C, L, P 등이 있다. 각 비타민이 부족하면 결핍증을 보이는데 다음과 같다.

> **+ 알아보기** 비타민 결핍증
> - A : 야맹증, 각막건조증
> - B_1 : 각기병, 신경염
> - D : 곱추병
> - B_{12} : 악성빈혈
> - C : 괴혈병
> - E : 불임증

033 빅뱅이론

지금도 우주가 팽창하고 있다는 사실로부터 자연스럽게 빅뱅이론이 나왔다. 빅뱅이론 이전에 많은 사람들은 영국의 천문학자 호일이 주장한 정상 상태의 우주를 믿어왔는데 정상상태 우주론에서 우주는 영원하고 근본적으로 정적이다. 그러나 프리드만이 창시한 빅뱅이론에서 우주는 동적이며 팽창하고 있다. 실제로 우주가 팽창하고 있다는 여러 근거들이 관측되기 시작하면서 지금은 정상우주론보다 사람들에게 더 많이 받아들여지게 되었다. 빅뱅이론에 의하면 우주의 나이를 예측할 수 있는데, 허블에 의해 관측된 우주의 팽창 속도에서 역으로 우주의 나이를 계산해낼 수 있지만 허블에 의해 계산된 우주의 나이는 20억 년으로, 지구의 나이인 46억 년보다 짧다는 것이 빅뱅이론의 한계이기도 하다.

034 온난화 현상

지구의 평균 온도를 상승시키는 온실가스에는 이산화탄소, 메탄, 프레온 가스가 있다. 지구의 기온이 점차 상승함으로 인해 해수면이 상승하고 해안선이 바뀌며 생태계에 변화를 가져오게 된다. 이로 인해 많은 환경 문제들이 야기되고 있어 세계적으로도 이산화탄소 배출량을 줄이기 위해 그린업그레이드 운동과 같은 환경운동을 하고 있다.

035 온실효과

지표에서 반사된 복사에너지가 대기를 빠져나가지 못하고 재흡수되어 행성의 기온이 상승하는 현상으로, 대기 자체가 온실의 유리와 같은 기능을 하기 때문에 붙은 이름이다. 온실효과 자체는 원래 행성에 존재하는 것으로 자연발생적인 온실효과는 지구온난화의 원인은 아니지만 산업화 진행에 따라 온실기체의 양이 과거에 비해 늘어나 온실효과가 극대화되고 있다.

036 인슐린(Insulin)

혈액 속의 포도당을 일정하게 유지하는 기능을 하는 호르몬이며, 췌장에서 합성·분비된다. 음식을 소화하고 흡수할 때도 순간적으로 혈당이 높아지는데 그 혈당의 양을 조절하는 것이 인슐린의 역할이다. 그러나 인슐린의 합성과 분비가 잘 이루어지지 않으면 제 기능을 못하게 되고 결국 포도당을 함유한 소변을 배설하는 당뇨병에 걸릴 수 있다.

037 구제역

구제역은 소, 돼지, 양, 사슴처럼 발굽이 둘로 갈라진 '우제류'에 속하는 동물에게 퍼지는 감염병이다. 발굽이 하나인 말이나 당나귀, 코뿔소 등의 기제류 동물은 구제역에 걸리지 않는다. 구제역에 걸린 동물은 입 안에 물집이 생기고, 침을 많이 흘리며, 발굽이 헐어서 제대로 서 있기도 힘들어한다.

038 하이브리드 카(Hybrid Car)

동력을 두 가지 이상 사용하여 휘발유의 사용과 유해가스 배출을 줄인 친환경 자동차이다. 유해가스를 기존의 자동차들보다 90% 이상 줄일 수 있으며 이로 인해 환경을 개선하는 효과도 기대된다. 사용되는 동력원의 조합으로는 전기모터와 엔진, 전기모터와 가스터빈, 전기모터와 디젤, 엔진과 회생시스템, 전기모터와 회생시스템 등이다.

039 허블 망원경

허블 망원경은 1990년 4월에 우주왕복선 디스커버리호에 실려 지구 궤도에 진입하여 현재까지 우주관측활동을 하고 있다. 지구상에 설치된 고성능의 망원경들보다 해상도와 감도가 높으며, 미세한 부분까지 선명하게 관찰이 가능한 광학 망원경이다. 허블은 지구 바깥에 존재하므로 대기의 영향을 받지 않을 뿐만 아니라 우주의 빛을 왜곡 없이 관측할 수 있다는 장점이 있다.

040 광대역통합망(BcN ; Broadband convergence Network)

정부가 추진하고 있는 중점 계획 중 하나로 이 통합 네트워크가 완성되면 초고속 인터넷보다 50배나 빠른 속도의 인터넷을 이용할 수 있다. 유비쿼터스를 통한 홈 네트워킹 서비스를 여는 데 핵심적인 기술로서 전화, 가전제품, 방송, 컴퓨터, 종합 유선방송 등 다양한 기기를 네트워크로 연결해 서비스를 제공할 수 있도록 만드는 인프라로, 정부가 정보통신기술의 최종 목표로 삼고 있다.

041 디도스(DDoS)

특정 컴퓨터의 자료를 삭제하거나 훔치는 것이 목적이 아니라 정당한 신호를 받지 못하게끔 방해하려는 분산 서비스 거부를 말한다. 여러 대의 컴퓨터가 일제히 공격해 대량 접속이 일어나게 함으로써 해당 컴퓨터의 기능이 마비되게 한다. 자신도 모르는 사이에 악성코드에 감염돼 특정 사이트를 공격하는 PC로 쓰일 수 있는데 이러한 컴퓨터를 '좀비PC'라고 한다.

042 스트리밍(Streaming)
스트리밍은 '흐르다', '흘러내리다' 등의 의미로 인터넷상에서 데이터가 실시간으로 전송될 수 있도록 하는 기술을 말한다. 음성, 동영상 등 용량이 큰 파일을 한 번에 다운로드하거나 전송하는 것이 쉽지 않기 때문에 파일의 일부를 조금씩, 실시간으로 전송하는 것이다. 스트리밍의 발전은 인터넷 방송이 활성화될 수 있는 계기가 됐다.

043 스풀(SPOOL)
컴퓨터 중앙처리장치는 명령을 주변장치로 전달하는 식으로 작업을 하는데, 컴퓨터와 주변장치가 서로 데이터를 처리하는 속도가 다르기 때문에 대기시간이 발생할 수밖에 없다. 따라서 프린터나 카드 판독기와 같은 주변장치가 작업 중이더라도 컴퓨터 중앙처리장치는 원활하게 이용할 수 있도록 한 기술을 스풀이라고 한다. 예를 들어 프린트 중에 컴퓨터에서 다른 작업을 동시에 할 수 있는 것도 스풀이라는 기술 덕분이다.

044 악성코드(Malicious Code)
예전에는 단순한 바이러스만이 활동했으나 최근에는 감염 방식과 증상이 다양해져서 악성코드를 찾아내고 치료할 수 있는 통합적인 보안 프로그램 설치의 중요성이 높아지고 있다. 바이러스, 웜 바이러스, 트로이목마 등으로 분류되며 유해가능 프로그램, 스파이웨어와는 다른 개념이지만 비슷한 의미로 혼동해서 사용하기도 한다.

045 클라우드 컴퓨팅(Cloud Computing)
인터넷상의 서버에 저장해 둔 데이터를 언제 어디서나 인터넷에 접속해 다운받을 수 있어서 시·공간의 제약 없이 원하는 일을 할 수 있다. 구름(Cloud)처럼 무형의 형태인 인터넷상의 서버를 '클라우드'라고 하며 데이터의 저장, 처리, 콘텐츠 사용 등 각종 서비스를 제공하는 컴퓨터 기술이다. 자료를 PC에만 보관하면 하드디스크 장애, 바이러스 감염 등으로 자료가 손상, 손실될 수 있지만 클라우드 컴퓨팅을 활용하면 안전하게 자료를 보관할 수 있고 저장 공간의 제약도 극복 가능하다. 이용편리성이 높아 차세대 인터넷 서비스로 주목받고 있다.

046 웨바홀리즘(Webaholism)
'웹(Web)'과 '알코올 중독(Alcoholism)'의 합성어이다. 정신적·심리적으로 인터넷에 과도하게 의존하는 사람들이 생겨나 인터넷에 접속하지 않으면 일상생활을 하기 힘들 정도로 불안감을 느끼며, 수면부족, 생활패턴의 부조화, 업무 능률 저하 등이 나타나기도 한다.

047 하이브리드 컴퓨터(Hybrid Computer)
아날로그 컴퓨터와 디지털 컴퓨터 시스템의 특성을 동시에 갖추고 있어서 아날로그와 디지털의 모든 데이터를 처리할 수 있는 컴퓨터이다. 아날로그 컴퓨터보다 정확도가 뛰어나고, 디지털 컴퓨터보다 속도가 빠르다.

048 해시태그(Hash Tag)

해시(Hash)의 사전적 의미는 '잘게 썬 고기 요리' 또는 '아는 사실의 재탕'이다. 특정 주제에 대한 검색과 불특정 다수와 의견을 공유하고자 할 때, '주제어'식으로 표현한다. 관심사나 주제에 대해 트위터(현 X)상에서 한눈에 파악하는 데 도움이 되며 기업이나 단체가 이벤트를 열 때 많은 사람들의 궁금증을 유발할 수 있다. 트위터(현 X)에는 하루에 수십만 건 정도의 글이 등장했다가 잊혀지는데 워낙 빠른 속도이다 보니 특정 주제, 행사를 분류해서 보는 기능이 필요하다.

049 DRM(Digital Rights Management)

허가된 사용자만 디지털콘텐츠에 접근할 수 있도록 제한해 비용을 지불한 사람만 콘텐츠를 사용할 수 있도록 하는 서비스이다. 불법복제는 콘텐츠 생산자들의 권리와 이익을 위협하고, 출판, 음악, 영화 등 문화산업 발전에 심각한 해가 될 수 있다는 점에서 DRM, 즉 디지털 저작권 관리가 점점 더 중요해지고 있다.

050 N스크린(N Screen)

정보통신의 발달로 스마트폰·PC·태블릿PC 등 다양한 디지털기기들이 나오고 있는데, 하나의 콘텐츠를 여러 개의 디지털기기들을 넘나들며 시간·장소에 구애받지 않고 이용할 수 있는 기술이다. N은 수학에서 아직 결정되지 않은 미지수를 뜻하는데 하나의 콘텐츠를 이용할 수 있는 스크린의 숫자를 한정짓지 않는다는 의미에서 N스크린이라고 부른다.

051 운동법칙

물체의 운동에 관한 기본법칙으로 뉴턴의 운동법칙이라고도 부른다.

- **관성의 법칙(뉴턴의 제1법칙)**

  외부의 힘이 가해지지 않는 한 모든 물체는 자기의 상태를 그대로 유지하려는 성질이 있는데, 이것을 '관성의 법칙'이라고 한다. 즉 정지되어 있는 물체는 계속 정지하고 움직이는 물체는 계속 등속도 운동을 한다는 것이다. 관성은 물체의 질량이 클수록 크다.

  예 멈춰 있던 차가 출발할 때 몸이 뒤로 가는 것, 달리던 차가 급정차할 때 몸이 앞으로 가는 것

- **가속도의 법칙(뉴턴의 제2법칙)**

  물체에 힘이 가해졌을 때 가속도의 크기는 힘의 크기에 비례하고, 질량에 반비례하며, 가속도의 방향은 힘의 방향과 일치한다는 법칙이다.

  예 같은 무게의 볼링공을 어른과 아이가 굴렸을 때 어른이 굴린 볼링공이 더 빠르게 굴러가는 것

- **작용·반작용의 법칙(뉴턴의 제3법칙)**

  두 물체 간에 작용하는 힘은 늘 한 쌍으로 작용하며, 그 방향은 서로 반대이나 크기는 같다.

  예 풍선에서 바람이 빠지며 날아가는 것, 노를 저으면 배가 앞으로 나아가는 것

052 표면장력

액체의 표면을 이루는 분자층에 의하여 생긴 힘이다. 액체 표면의 분자들이 서로 잡아당기는 힘인 인력에 의해 액체 표면이 팽팽히 잡아당겨지는 현상이다.

예 물이 가득 찬 컵에서 물의 표면과 나뭇잎에 맺힌 물방울의 표면이 둥근 것

053 pH(Hydrogen Exponent)

pH란 수소 이온 농도의 역수의 상용log 값을 말한다. pH7(중성)보다 pH 값이 작은 수용액은 산성이고, pH 값이 7보다 크면 염기성, 즉 알칼리성이다. pH가 작을수록 수소 이온($H+$)이 많아 더욱 산성을 띠고, pH가 클수록 수소 이온이 적어 염기성이 강해진다.

054 프레온가스

염화불화탄소(CFC ; Chloro Fluoro Carbon). 염소와 플루오린을 함유한 일련의 유기 화합물을 총칭한다. 가연성, 부식성이 없는 무색무미의 화합물로, 독성이 적으면서 휘발하기 쉽지만 잘 타지 않고 화학적으로 안정하여 냉매, 발포제, 분사제, 세정제 등으로 산업계에서 폭넓게 사용되고 있다. 그러나 화학적으로 안정되었기 때문에 대기권에서 분해되지 않고 오존이 존재하는 성층권에 올라가서 자외선에 의해 분해되어 오존층 파괴의 원인이 된다.

055 희토류

희귀한 흙이라는 뜻의 희토류는 지각 내에 총 함유량이 300ppm(100만분의 300) 미만인 금속이다. 화학적으로 안정되고 열을 잘 전달하는 것이 특징이다. 물리·화학적 성질이 비슷한 란탄, 세륨 등 원소 17종을 통틀어서 희토류라고 부르며, 우라늄·게르마늄·세슘·리튬·붕소·백금·망간·코발트·크롬·바륨·니켈 등이 있다. 희토류의 이용 범위는 점차 넓어지고 있으며, 휴대전화, 반도체, 하이브리드카 등의 생산에 필수 자원으로 각광받고 있다.

056 OLED(Organic Light Emitting Diodes)

OLED(유기 발광 다이오드)는 형광성 유기 화합 물질에 전류가 흐르면 자체적으로 빛을 내는 발광현상을 이용하는 디스플레이를 말한다. LCD보다 선명하고 보는 방향과 무관하게 잘 보이는 것이 장점이다. 화질의 반응속도 역시 LCD에 비해 1,000배 이상 빠르다. 또한 단순한 제조 공정으로 인해 가격 경쟁면에서도 유리하다.

057 세슘(Cesium)

세슘은 핵반응 시 발생하는 방사선 동위원소로 반감기는 30년이다. 호흡기를 통해 몸 안에 흡수되면 주로 근육에 농축된다. 인체에 오래 남아 위험도가 상대적으로 높지만, 정상적 대사 과정으로 방출되고 몸에 남는 양은 극히 적어 실제 생물학적 반감기는 100~150일인 것으로 알려져 있다. 세슘에 많이 노출될 경우 폐암, 갑상선암, 유방암, 골수암, 불임증, 전신마비 등을 유발할 수 있다.

058 GI(Glycemic Index)

GI, 즉 혈당지수는 어떤 식품이 혈당을 얼마나 빨리, 많이 올리느냐를 나타내는 수치이다. 예를 들어 혈당지수가 85인 감자는 혈당지수가 40인 사과보다 혈당을 더 빨리 더 많이 올린다. 일반적으로 혈당지수 55 이하는 저혈당지수 식품, 70 이상은 고혈당지수 식품으로 분류한다.

059 불의 고리

세계의 주요 지진대와 화산대 활동이 중첩되는 환태평양 조산대를 가리키는 말이다. 남극의 팔머반도에서부터 남아메리카 안데스산맥, 북아메리카 산지와 알래스카, 쿠릴 열도, 일본 열도, 동인도 제도, 동남아시아 국가, 뉴질랜드와 태평양의 여러 섬으로 이어지는 지대로 이 지역에 분포하는 활화산을 연결한 것이 원모양이어서 이러한 이름이 붙었다.

060 이안류

이안류는 폭이 좁고 빨라 휴가철 해수욕장에서 이안류로 인한 사고가 자주 발생한다. 이안류에서 빠져나오기 위해서는 잠수하여 해안선에 평행으로 수영하면 된다. 이안류는 다양한 장소에서 짧은 시간에 발생하기 때문에 예측하기가 매우 어렵다.

061 장보고과학기지

2014년에 완공된 대한민국의 두 번째 남극과학기지이다. 연면적 4,458m^2에 연구동과 생활동 등 16개동의 건물로 구성된 장보고과학기지는 겨울철에는 15명, 여름철에는 최대 60명까지 수용할 수 있다.

062 바이오시밀러(Biosimilar)

바이오의약품을 복제한 약을 말한다. 오리지널 바이오의약품과 비슷한 효능을 갖도록 만들지만 바이오의약품의 경우처럼 동물세포나 효모, 대장균 등을 이용해 만든 고분자의 단백질 제품이 아니라 화학적 합성으로 만들어지기 때문에 기존의 특허받은 바이오의약품에 비해 약값이 저렴하다.

063 리튬폴리머 전지(Lithium Polymer Battery)

외부 전원을 이용해 충전하여 반영구적으로 사용하는 고체 전해질 전지로, 안정성이 높고 에너지 효율이 높은 2차 전지이다. 전해질이 고체 또는 젤 형태이기 때문에 사고로 인해 전지가 파손되어도 발화하거나 폭발할 위험이 없어 안정적이다. 또한 제조 공정이 간단해 대량 생산이 가능하며 대용량도 만들 수 있다.

064 컴퓨터의 기본 구성

컴퓨터는 크게 하드웨어와 소프트웨어로 구성되어 작동한다.

하드웨어	중앙처리장치(Central Processing Unit)	CPU라고 부른다. 입력장치, 기억장치로부터 받은 데이터를 분석·처리하는 역할을 하기 때문에 컴퓨터의 두뇌에 해당한다고 볼 수 있다.
	주기억장치(Main Memory Unit)	중앙처리장치가 처리해야 할 데이터를 보관하는 역할을 한다. ROM과 RAM으로 나뉘는데 롬(ROM)은 데이터를 한 번 기록해두면 전원이 꺼져도 남아 있고, 램(RAM)은 자유롭게 데이터 관리가 가능하지만 전원이 꺼지면 모든 데이터가 사라져버린다. 대부분의 컴퓨터가 램을 사용한다.
	보조기억장치(Secondary Memory Unit)	대부분의 컴퓨터가 램을 사용하는데 용량이 적고 전원이 꺼지면 데이터가 지워진다는 단점이 있어서 보조기억장치는 주기억장치를 보완하는 역할을 한다. 하드디스크나 CD-ROM, USB 메모리가 대표적이다.
	입력장치(Input Device)	컴퓨터에 자료나 명령어를 입력할 때 쓰이는 장치를 말하며 키보드, 마우스, 조이스틱 등이 대표적이다.
	출력장치(Output Device)	CPU에서 처리한 정보를 구체화해서 사용자에게 전달하는 장치로, 모니터, 프린터, 스피커 등이 대표적이다.
소프트웨어	운영체제(Operating System)	컴퓨터 시스템을 총괄하는 중요한 소프트웨어이다. 컴퓨터를 구성하는 모든 하드웨어, 응용 소프트웨어는 운영체제가 있어야만 제 기능을 할 수 있다. 운영체제의 성격에 따라 컴퓨터 전반의 성능과 기능이 달라진다. PC용 운영체제로는 마이크로소프트의 윈도우 시리즈가 대표적이다.
	응용 소프트웨어(Application Software)	워드프로세서, 스프레드시트와 같은 사무용 소프트웨어를 비롯해 게임, 동영상 플레이어를 포함하는 멀티미디어 소프트웨어 등 종류가 다양하다.

065 웹2.0(Web2.0)

누구나 손쉽게 데이터를 생산하고 인터넷에서 공유할 수 있도록 한 사용자 참여 중심의 인터넷 환경이다. 블로그, 위키피디아처럼 사용자들이 직접 만들어가는 플랫폼이 대표적이다. 최근에는 블록체인 기술을 기반으로 한 차세대 인터넷 웹 3.0(Web3.0)이 각광받고 있으며, 사용자가 자신의 데이터를 직접 소유하고 제어할 수 있는 탈중앙화된 웹 환경을 지향하고 있다.

066 핵티비즘(Hacktivism)

해커(Hacker)와 행동주의(Activism)의 합성어로, 정치·사회적인 목적을 위해 특정 정부·기관·기업·단체 등의 웹 사이트를 해킹해 서버를 무력화시키거나 과부하가 걸리게 만들어 접속을 어렵게 하는 방식으로 공격을 시도한다. 자신의 정치적·사회적 목적을 이루기 위해 적극적이면서도 다양한 활동을 벌인다. 이라크전 때 이슬람 해커들이 미군의 폭격에 의해 불구가 된 이라크 아이들의 사진을 웹사이트에 올리면서 시작됐다.

067 피싱(Phishing)

개인 정보(Private Data)와 낚는다(Fishing)라는 단어의 합성어로 사람들에게 메일을 보내 위장된 홈페이지로 접속하게 하거나, 이벤트 당첨, 사은품 제공 등을 미끼로 수신자의 개인 정보를 빼내 범죄에 악용하는 수법을 말한다. 주로 금융기관, 상거래 업체를 사칭해 개인 정보를 요구한다.

068 쿠키(Cookie)

쿠키에는 PC 사용자의 ID와 비밀번호, 방문한 사이트 정보 등이 담겨 하드디스크에 저장된다. 이용자들의 홈페이지 접속을 도우려는 목적에서 만들어졌기 때문에 해당 사이트를 한 번 방문하고 난 이후에 다시 방문했을 때에는 별다른 절차를 거치지 않고 빠르게 접속할 수 있다는 장점이 있다. 하지만 개인 정보 유출, 사생활 침해 등 개인 정보가 위협받을 수 있다는 우려가 공존한다.

069 OTT(Over The Top)

'Top(셋톱박스)를 통해 제공됨'을 의미하는 것으로, 범용 인터넷을 통해 미디어 콘텐츠를 이용할 수 있는 서비스를 말한다. 시청자의 다양한 욕구, 온라인 동영상 이용의 증가는 OTT 서비스가 등장하는 계기가 되었으며 초고속 인터넷의 발달과 스마트 기기의 보급은 OTT 서비스의 발전을 가속화시켰다. 현재 전 세계적으로 OTT 서비스가 널리 제공되고 있고, 그중에서도 미국은 가장 큰 OTT 시장을 갖고 있다.

070 노모포비아(Nomophobia)

No, Mobile(휴대폰), Phobia(공포)를 합성한 신조어로 휴대폰이 가까이 없으면 불안감을 느끼는 증상을 말한다. CNN은 노모포비아의 대표적인 증상은 권태, 외로움, 불안함이며 하루 세 시간 이상 휴대폰을 사용하는 사람들은 노모포비아에 걸릴 가능성이 높고, 스마트폰 때문에 인터넷 접속이 늘어나면서 노모포비아가 확산일로에 놓여 있다고 진단했다. 전체 스마트폰 사용자 3명 중 1명 꼴로 증상이 발견되고 있다.

071 제로레이팅(Zero Rating)

특정한 콘텐츠에 대한 데이터 비용을 이동통신사가 대신 지불하거나 콘텐츠 사업자가 부담하도록 하여 서비스 이용자는 무료로 이용할 수 있게 하는 것을 말한다. 예컨대 통신업체들이 넷플릭스나 페이스북 같은 특정 업체들의 사이트에서 영상과 음악, 게시물 등을 무제한 무료로 받을 수 있는 것이다.

072 네카시즘(Netcarthyism)
다수의 누리꾼들이 인터넷, SNS 공간에서 특정 개인을 공격하며 사회의 공공의 적으로 삼고 매장해버리는 현상이다. 누리꾼들의 집단행동이 사법 제도의 구멍을 보완할 수 있는 요소라는 공감대에서 출발했지만 누리꾼들의 응징 대상이 대부분 힘없는 시민이라는 점과 사실 확인이 쉽지 않은 인터넷상의 정보를 기반으로 하기 때문에 피해를 보는 사람이 생길 수 있다는 문제가 제기된다.

073 RFID(Radio Frequency IDentification)
생산에서 판매에 이르는 전 과정의 정보를 극소형 IC칩에 내장시켜 이를 무선주파수로 추적할 수 있도록 하는 기술이다. 실시간으로 사물의 정보와 유통 경로, 재고 현황까지 무선으로 파악할 수 있으며 바코드보다 저장 용량이 커 바코드를 대체할 차세대 인식 기술로 꼽힌다. 대형 할인점 계산, 도서관의 도서 출납관리 등 활용 범위가 다양하다.

074 딥러닝(Deep Learning)
컴퓨터가 다양한 데이터를 이용해 마치 사람처럼 스스로 학습할 수 있게 하기 위해 만든 인공 신경망(ANN ; Artificial Neural Network)을 기반으로 하는 기계 학습 기술이다. 이는 컴퓨터가 이미지, 소리, 텍스트 등의 방대한 데이터를 이해하고 스스로 학습할 수 있게 돕는다. 딥러닝의 고안으로 인공지능(AI)이 획기적으로 도약하게 되었다.

075 5G(5th Generation Mobile Communications)
국제전기통신연합(ITU)은 5G의 공식 기술 명칭을 'IMT(International Mobile Telecommunication)2020'으로 정하고, 최대 20Gbps의 데이터 전송 속도와 어디에서든 최소 100Mbps 이상의 체감 전송 속도를 제공하는 것을 5세대 이동통신이라고 정의했다.

076 NFC(Near Field Communication)
약 10cm 이내의 근거리에서 데이터를 교환할 수 있는 비접촉식 무선통신으로 13.56MHz 대역의 주파수를 사용한다. 스마트폰에 교통카드, 신용카드, 멤버십 카드, 쿠폰 등을 탑재할 수 있어 일상생활에 널리 쓰이고 있다. 짧은 통신 거리라는 단점이 있으나 기존 RFID 기술보다 보안성이 높다는 장점이 있다. 또한 기존 근거리 무선 데이터 교환 기술은 '읽기'만 가능했던 반면, NFC는 '읽기'뿐만 아니라 '쓰기'도 가능하다.

077 그래핀(Graphene)
흑연은 탄소들이 벌집 모양의 육각형 그물처럼 배열된 평면들이 층으로 쌓여 있는 구조를 하고 있는데, 이 흑연의 한 층을 그래핀이라 부른다. 그래핀은 구리보다 100배 이상 전기가 잘 통하고 실리콘보다 100배 이상 전자를 빠르게 이동시킨다. 강도는 강철보다 200배 이상 강하고, 열전도성은 다이아몬드보다 2배 이상 높다.

078 바이오에너지(Bioenergy)
바이오매스(Biomass)를 연료로 하여 얻어지는 에너지를 말한다. 바이오에너지는 저장할 수 있고 재생이 가능하며, 물과 온도 조건만 맞으면 어느 곳에서나 얻을 수 있다. 적은 자본으로도 개발이 가능하며, 원자력 등 다른 에너지와 비교할 때 환경보전에 있어서 안전하다. 하지만 가용에너지량과 채산성 결여의 단점이 있다

079 아폴로 신드롬(Apollo Syndrome)

인재들이 모인 집단에서 오히려 성과가 낮게 나타나는 현상을 말한다. 영국의 경영학자 메러디스 벨빈이 〈팀 경영의 성공과 실패〉라는 책에서 사용한 용어이다. 아폴로 우주선을 만드는 일처럼 복잡하고 어려운 일일수록 뛰어난 인재들이 필요하지만, 실제로 명석한 두뇌를 가진 인재들만 모인 조직이 전반적으로 성과가 우수하지 않은 것을 설명했다.

080 HACCP(Hazard Analysis and Critical Control Point)

식품 원재료의 생산부터 최종 소비자의 섭취 전까지 모든 단계에 걸쳐 식품에 위해요소가 혼입되거나 오염되는 것을 방지하기 위한 식품위생관리 시스템이다. HACCP은 위해분석(HA ; Hazard Analysis)과 중요관리점(CCP ; Critical Control Point)으로 구성되어 있는데, 우리나라는 1995년 식품위생법에 HACCP 제도를 도입하였다.

081 메타버스(Metaverse)

가상·초월을 뜻하는 메타(Meta)와 현실세계를 뜻하는 유니버스(Universe)를 더한 말이다. 현실세계와 가상세계를 더한 3차원 가상세계를 의미한다. 자신을 상징하는 아바타가 게임, 회의에 참여하는 등 가상세계 속에서 사회·경제·문화적 활동을 펼친다. 메타버스라는 용어는 닐 스티븐슨이 1992년 출간한 소설 '스노 크래시(Snow Crash)'에서 처음 나왔다.

082 무궁화 1호

1995년 8월 미국 플로리다 주 케이프커내버럴 우주 기지에서 발사된 우리나라 최초의 위성이다. 뉴미디어 시대를 열고, 미래의 우주 개발 경쟁에 대비하는 것을 목적으로 KT가 추진하였다. 무궁화 1호는 위성의 공전 주기와 지구의 사전 주기가 같아 지표에서 보면 상공의 한 지점에 정지해 있는 것처럼 보이는 정지궤도 위성이다. 무궁화 1호는 2005년 12월, 10년 4개월간의 임무를 끝마쳤다.

083 우리별 1호

과학위성과 통신위성의 역할을 함께 하는 우리나라 최초의 인공위성이다. 한국과 영국이 공동 설계·제작하여 1992년 남아메리카 기아나 쿠루기지에서 아리안 42P로켓에 실려 발사되었다. 우리나라 최초의 국적위성으로 음성 방송과 통신 실험 등 각종 실험과 관측을 위한 과학위성이다.

084 아리랑 1호

한국항공우주연구원에서 발사한 국내 최초로 다목적 실용위성으로, 지리정보시스템, 정지도 제작, 재해예방 등에 사용된다. 우리나라의 주요 위성에는 아리랑 위성과 무궁화 위성이 있는데, 아리랑 위성은 관측을 주목적으로 제작된 것이고, 무궁화 위성은 통신을 주목적으로 제작된 것이다. 아리랑 1호는 1999년 12월 21일 미국 캘리포니아주 반덴버그 발사장에서 발사되었다.

085 다누리(KPLO)

다누리는 2022년 8월 발사된 우리나라의 첫 달 탐사궤도선으로 태양과 지구 등 천체의 중력을 이용해 항행하는 궤적에 따라 이동하도록 설계됐다. 달로 곧장 가지 않고 태양 쪽의 먼 우주로 가서 최대 156만km까지 거리를 벌렸다가 다시 지구 쪽으로 돌아와 달에 접근했다. 다누리는 145일 만에 달 상공의 임무궤도에 안착했으며, 약 2시간 주기로 달을 공전한다. 다누리의 고해상도카메라는 달 표면 관측영상을 찍어 달 착륙 후보지를 고르고, 광시야편광카메라 등은 달에 매장된 자원을 탐색하게 된다.

086 나로우주센터(NARO Space Center)

2009년에 완공된 나로우주센터는 국내의 기술로 만들어진 우주센터로, 인공위성을 발사할 수 있으며 세계에서 13번째로 설립되었다. 로켓을 발사할 수 있는 로켓 발사대와 발사체를 통제하고 관리하는 발사 통제동, 발사된 로켓을 추적하는 추적 레이더, 광학 추적 장비 등을 갖추고 있다. 그 밖에 로켓 전시관, 인공위성 전시관, 우주 과학 전시관, 야외 전시장 등의 우주 과학관이 함께 있다.

087 블록체인(Block Chain)

온라인 거래 시 거래 기록을 영구히 저장하여, 장부를 통한 증명으로 돈이 한 번 이상 지불되는 것을 막는 기술이다. 거래가 기록되는 장부가 '블록(Block)'이 되고, 이 블록들은 시간의 흐름에 따라 연결된 '사슬(Chain)'을 이루게 된다. 이렇게 생성된 블록은 네트워크 안의 모든 참여자에게 전송되는데 모든 참여자가 이 거래를 승인해야 기존의 블록체인에 연결될 수 있다. 이러한 과정의 반복으로 형성된 구조는 거래장부의 위·변조를 불가능하게 만든다.

088 사물배터리(BoT ; Battery of Things)

모든 사물에 배터리가 동력원으로 활용돼 배터리가 미래 에너지산업의 핵심이 되는 것을 일컫는 말이다. '에너지 혁명 2030'의 저자인 미국 스탠퍼드 대학교의 토니 세바 교수가 "모든 사물이 배터리로 구동하는 시대가 올 것"이라고 말한 데서 유래했다. 인터넷을 통해 여러 기기를 연결하는 것을 '사물인터넷(IoT)'이라고 부르듯이 배터리를 중심으로 세상에 존재하는 모든 사물들이 연결돼 일상생활 곳곳에 배터리가 사용되는 환경을 말한다. 스마트폰, 태블릿PC, 각종 웨어러블 기기 등의 IT 제품들이 사물배터리 시대를 열었으며, Non-IT 기기인 전기자전거, 전동공구 등에도 배터리가 사용되고 있다.

089 패스워드리스(Passwordless)

사용자가 직접 비밀번호를 만들고 계정에 접속했던 방식이 아니라 일회용 비밀번호(ORP), 지문인식, 생체인식, 안면인식 등의 방식으로 로그인하는 것을 말한다. 기존의 로그인 방식은 비밀번호를 기억하기 쉽도록 문자를 단순 나열하거나 하나의 비밀번호를 여러 사이트에서 동시에 사용하는 경우가 많아 한 곳에서 유출된 정보를 다른 곳에 무작위로 대입하는 '크리덴셜 스터핑'의 표적이 되기가 쉬웠다. 이에 기존의 로그인 방식을 개선하고 보안성과 편의성을 향상시키기 위해 등장했다.

090 다크 패턴(Dark Pattern)

사용자가 충분한 정보나 선택의 여지를 제공받았다면 자발적으로 선택하지 않았을 소비를 유도하거나 약관 조항에 동의하도록 하는 등의 기만적이고 조작적인 사용자 인터페이스 디자인으로서, 눈속임 패턴이라고도 한다. 공정거래위원회는 "사업자의 이익을 위해 소비자의 착각, 실수, 비합리적인 지출 등을 유도하는 상술"이라고 정의 내리기도 하였다.

091 하이퍼튜브(Hyper Tube)

공기저항이 거의 없는 아진공(0.001~0.01 기압) 튜브 내에서 자기력으로 차량을 추진·부상하여 시속 1,000km 이상으로 주행하는 교통시스템을 말한다. 항공기와 유사한 속도로 달리면서 열차처럼 도심 접근성을 충족시킬 수 있다는 점에서 차세대 운송시스템으로 주목받고 있다. 하이퍼튜브를 실현하기 위해서는 아진공 환경이 제공되고 주행통로가 되는 아진공 튜브, 자기력으로 차량을 추진·부상하는 궤도, 아진공으로부터의 객실의 기밀을 유지하며 주행하는 차량 등 3가지 구성요소가 확보돼야 한다. 현재 많은 국가에서 기술선점을 위한 노력이 계속되고 있으며 국내에서도 핵심기술 연구가 진행되고 있다.

092 뉴로모픽 반도체

인공지능, 빅데이터, 머신러닝 등의 발전으로 인해 방대한 데이터의 연산과 처리를 빠른 속도로 실행해야 하는 필요성에 따라 개발되었다. 뇌신경을 모방해 인간 사고과정과 유사하게 정보를 처리하는 기술로 하나의 반도체에서 연산과 학습, 추론이 가능해 인공지능 알고리즘 구현에 적합하다. 또한 기존 반도체 대비 전력 소모량이 1억분의 1에 불과해 전력 확보 문제를 해결할 수 있는 장점이 있다.

093 유전자가위

동식물 유전자의 특정 DNA부위를 자른다고 하여 '가위'라는 표현을 사용하는데, 손상된 DNA를 잘라낸 후에 정상 DNA로 바꾸는 기술이라 할 수 있다. 1·2세대의 유전자가위가 존재하며 3세대 유전자가위인 '크리스퍼 Cas9'도 개발됐다. 크리스퍼는 세균이 천적인 바이러스를 물리치기 위해 관련 DNA를 잘게 잘라 기억해 두었다가 다시 침입했을 때 물리치는 면역체계를 부르는 용어인데, 이를 이용해 개발한 기술이 3세대 유전자가위인 것이다. 줄기세포·체세포 유전병의 원인이 되는 돌연변이 교정, 항암세포 치료제와 같이 다양하게 활용될 수 있다.

094 ALPS

ALPS는 'Advanced Liquid Processing System'의 약자로 일본 후쿠시마 제1원전 오염수의 방사성물질을 제거하기 위해 운용하는 장치다. '다핵종제거설비'라고도 한다. 2011년 동일본대지진이 일어나 후쿠시마 제1원전이 폭발했고 원자로의 핵연료가 녹아내리면서 이를 식히기 위해 냉각수를 투입했다. 점차 시간이 흐를수록 지하수, 빗물 등이 유입되면서 방사성물질이 섞인 냉각수, 즉 오염수가 일본정부가 감당하기 어려울 만큼 늘어났다. 이에 일본정부는 ALPS로 오염수를 정화시켜 해양에 방류하기로 결정했다. ALPS로 세슘, 스트론튬 등을 배출기준 이하로 제거해 방류하는데, ALPS 처리과정을 거쳐도 삼중수소(트리튬)는 제거할 수 없어 안전성에 대한 우려를 낳았다. 그러나 세계 각국의 우려 표명에도 일본정부가 방류를 강행하기로 결정해 논란이 됐다.

095 클릭화학

분자를 장난감 블록을 결합하듯 군더더기 없이 원하는 물질로 합성하는 기술이다. 미국의 '배리 K. 샤플리스' 교수와 덴마크의 '모르덴 멜달' 교수가 개발했다. 본래 천연분자를 결합시키다 보면 원하는 물질 외에도 부산물이 생성되는데, 부산물이 본래 원했던 생성물보다 더 큰 작용과 반응을 일으킬 수 있다. 클릭화학은 이러한 부산물 없이 분자들이 결합되었을 때 생성되리라 예측되는 물질을 정확히 만들어낸다. 클릭화학을 통해 생체에 주입해도 안전한 물질을 새롭게 만들 수 있게 됐다. 미국의 '캐럴린 버토지' 교수가 창안한 '생체직교화학'은 세포 안에서도 분자들을 특정 생성물로 깔끔하게 합성시킬 수 있다. 그는 분자합성물질로 예상된 생체반응을 이끌어내야 하는 신약품의 개발에 공을 세웠다. 위 세 과학자는 이 같은 업적으로 2022년 노벨화학상을 수상했다.

096 엔트로피

자연계의 무질서도를 나타내는 양이다. 세상의 모든 물질은 반드시 엔트로피가 증가하는 방향, 즉 무질서한 상태로 되려는 경향이 있다.

097 옴의 법칙

독일 물리학자 옴이 발견한 법칙으로, 전류의 세기는 전기의 저항에 반비례하고 두 점 사이의 전위차(전압)에 비례한다는 법칙이다. 전류의 세기를 I, 전압의 크기를 V, 전기저항을 R이라 할 때, $V=IR$의 관계가 성립한다.

098 미국항공우주국(NASA)

미국 대통령 직속의 우주항공 연구개발기관이다. 소련이 미국보다 먼저 발사한 스푸트니크 위성의 충격으로 기존의 미국항공자문위원회를 해체시키고 1958년 발족했다.

> **+ 알아보기**
> - 스카이랩 : NASA의 아폴로계획에 사용된 새턴V로켓, 새턴IB로켓을 이용한 미국 최초의 우주정거장이다.
> - 아르테미스 계획 : NASA의 유인 달 착륙·탐사계획으로 2025년 성공을 목표로 미국을 넘어 세계 각국의 우주 관련 기관과 기업들이 동참하는 글로벌 프로젝트로 진행되고 있다.

099 양자컴퓨터

반도체가 아닌 원자를 기억소자로 활용하는 컴퓨터이다. 고전적 컴퓨터가 한 번에 한 단계씩 계산을 수행했다면, 양자컴퓨터는 모든 가능한 상태가 중첩된 얽힌 상태를 이용한다. 양자컴퓨터는 0 혹은 1의 값만 갖는 2진법의 비트(Bit) 대신, 양자 정보의 기본 단위인 큐비트를 사용한다.

100 랜섬웨어(Ransomeware)

사용자의 컴퓨터 시스템에 침투하여 중요 파일에 대한 접근을 차단하고, 몸값을 요구하는 악성 프로그램이다. 주로 이메일 첨부파일이나 웹페이지 접속을 통해 들어오거나, 확인되지 않은 프로그램이나 파일을 내려받기 하는 과정에서 들어온다.

101 디지털포렌식

범죄수사에서 디지털 증거를 수집·보존·처리하는 과학적·기술적인 기법을 말한다. '포렌식(Forensic)'은 '법의학적인', '범죄 과학수사의'라는 의미다. 범죄의 디지털 증거가 법정에 제출될 때까지 변조 혹은 오염되지 않도록 온전한 상태를 유지하는 일련의 과정을 디지털포렌식이라고 한다.

102 디지털 디바이드(Digital Divide)

디지털 기기를 사용하는 사람과 사용하지 못하는 사람 사이에 정보 격차와 갈등이 발생하는 현상이다. 디지털 기기의 발전과 그에 따른 통신 문화의 확산으로, 이를 제대로 활용하는 사람들은 지식축적과 함께 소득까지 증가하는 반면, 활용하지 못하는 사람들은 심각한 정보격차를 느끼며 소외감을 느끼게 된다.

CHAPTER 05 적중예상문제

정답 및 해설 p.047

01 2023년 5월 25일 전남 고흥군 나로우주센터에서 발사한 한국형 발사체의 이름은?

① 온누리호
② 도요샛 3호
③ 누리호
④ 나로호

02 인공지능 연구소인 Open AI가 개발한 프로토타입 대화형 인공지능 챗봇 서비스는 무엇인가?

① 알파고
② Chat GPT
③ 딥블루
④ 바드

03 인공지능(AI)을 활용해 기존인물의 신체를 CG처럼 합성한 기술은?

① 딥러닝
② 딥페이크
③ 디지털 피핑톰
④ 딥백그라운드

04 2021년 2월 화성에 착륙한 미항공우주국의 탐사선은?

① 리질리언스
② 퍼서비어런스
③ 인저뉴어티
④ 예제로 크레이터

05 반도체 설계와 기술개발만 하고 생산은 위탁하는 반도체 회사는?

① 팹리스
② 퍼실리티
③ 아이디엠
④ 파운드리

06 데이터 마이닝과 가장 관련 있는 IT 기술은 무엇인가?

① 빅데이터
② 딥러닝
③ 머신러닝
④ 인공지능

07 다음 중 프로그램에 대한 설명이 올바르지 않은 것은?

① 어시스턴트 : 구글사의 AI프로그램
② Air Drop : 와이파이와 블루투스를 통해 다른 장치로 파일을 공유하는 애플사의 프로그램
③ 빅스비 : 삼성 갤럭시 핸드폰에 장착된 AI 프로그램
④ 블루투스 : 삼성이 개발한 무선 근거리 데이터 송신 프로그램

08 다음 중 미디어 콘텐츠 'ASMR'의 뜻으로 올바른 것은?

① Autonomous Sensory Meridian Response
② Accelerating Seismic Moment Release
③ Audio Sensory Meridian Response
④ Atraumatic Sensory Meridian Response

09 다음 중 비트코인 이외의 암호화폐(가상화폐)를 통틀어 부르는 용어는?

① 리플(Ripple)
② 알트코인(Altcoin)
③ 이더리움(Ethereum)
④ 라이트코인(Litecoin)

10 양자컴퓨터를 구현하기 위한 핵심기술로, 원자를 고정시키는 방식으로 신호를 만들어낸 것은 무엇인가?

① 퀀텀점프(Quantum Jump)
② 퀀텀닷(Quantum Dot)
③ 퀀텀 디바이스(Quantum Device)
④ 퀀텀비트(Quantum Bit)

11 네트워크를 전송하기 쉽도록 데이터를 일정단위로 나눠서 전송하는 것을 무엇이라 하는가?

① 패킷
② 프로토콜
③ TCP/IP
④ 이더넷

12 컴퓨터 프로그래밍에서 한 사람의 사용자가 2가지 이상의 작업을 동시에 처리하는 것은?

① ITS
② 멀티플렉스
③ 멀티태스킹
④ 태블릿

13 다음 중 OLED에 대한 설명으로 옳지 않은 것은?

① 스스로 빛을 내는 현상을 이용했다.
② 휴대전화 PDA 등 전자제품의 액정소재로 사용된다.
③ 화질 반응속도가 빠르고 높은 화질을 자랑한다.
④ 에너지 소비량이 크고 가격이 높다.

14 특허가 만료된 바이오의약품과 비슷한 효능을 내게 만든 복제의약품을 무엇이라 하는가?

① 바이오시밀러
② 개량신약
③ 바이오베터
④ 램시마

15 다음 보기에서 설명하는 것으로 옳은 것은?

> 악성코드에 감염된 다수의 좀비PC를 이용하여 대량의 트래픽을 특정 시스템에 전송함으로써 장애를 일으키는 사이버 공격이다.

① 해킹
② 스푸핑
③ 디도스
④ 크래킹

16 색상의 차이를 이용해 두 개의 영상을 합성하는 기술은?

① 로토브러시
② 루미넌스 키
③ 크로마 키
④ 크로미넌스

17 우리나라 두 번째 해양과학기지의 이름은?

① 가거초 해양과학기지
② 이어도 해양과학기지
③ 독도 해양과학기지
④ 울릉도 해양과학기지

18 다음 보기의 설명과 관계 깊은 것은?

> 일부 라면에서 1급 발암물질인 이것이 검출돼 논란이 일었다. 석탄의 타르 중에 존재하는 황색 결정 물질로, 인체에 축적될 경우 각종 암과 돌연변이를 유발하는 환경호르몬이다.

① 석면
② 벤조피렌
③ 벤지딘
④ 쿠마린

19 다음 중 리튬폴리머 전지에 대한 설명으로 옳지 않은 것은?

① 안정성이 높고, 에너지 효율이 높은 2차전지이다.
② 외부전원을 이용해 충전하여 반영구적으로 사용한다.
③ 전해질이 액체 또는 젤 형태이므로 안정적이다.
④ 제조공정이 간단해 대량생산이 가능하다.

20 다음 중 모든 컴퓨터 기기를 하나의 초고속 네트워크로 연결시켜 집중적으로 사용할 수 있게 하는 기술은?

① 멀티태스킹
② 그리드 컴퓨팅
③ 빅 데이터
④ 그리드락

21 방사성 원소란 원자핵이 불안정하여 방사선을 방출하여 붕괴하는 원소이다. 다음 중 방사성 원소가 아닌 것은?

① 헬륨
② 우라늄
③ 라듐
④ 토륨

22 다음 보기가 설명하는 것으로 옳은 것끼리 연결된 것은?

- (A) : 미국 항공우주국의 화성 탐사 로봇으로, 화성 적도지역을 돌아다니며 생명체의 흔적을 조사한다.
- (B) : 물질을 구성하는 기본입자 중 유일하게 관측되지 않은 가상의 입자로, '신의 입자'라고 불린다.

① (A) : 힉스, (B) : 라돈
② (A) : 큐리오시티, (B) : 힉스
③ (A) : 힉스, (B) : 쿼크
④ (A) : 쿼크, (B) : 라돈

23 다음 각 용어에 대한 설명이 잘못 연결된 것은?

① ITS : 지능형 교통시스템
② RFID : 스스로 빛을 내는 현상을 이용한 디스플레이
③ ESM : 통합보안관리시스템
④ LAN : 한정된 공간에서 컴퓨터와 주변장치들 간에 정보와 프로그램을 공유할 수 있도록 하는 네트워크

24 다음 중 대규모의 데이터베이스로부터 상관관계를 발견하고 실행 가능한 정보를 추출하여 의사결정에 활용하는 작업은?

① 그리드 컴퓨팅
② LAN
③ 빅 데이터
④ 데이터 마이닝

25 다음 중 증강현실에 대한 설명으로 옳지 않은 것은?

① 현실세계에 3차원 가상물체를 겹쳐 보여준다.
② 스마트폰의 활성화와 함께 주목받기 시작했다.
③ 실제 환경은 볼 수 없다.
④ 위치기반 서비스, 모바일 게임 등으로 활용범위가 확장되고 있다.

26 장보고기지에 대한 설명으로 옳지 않은 것은?

① 남극의 미생물, 천연물질을 기반으로 한 의약품 연구 등 다양한 응용분야 연구가 이뤄진다.
② 대한민국의 두 번째 과학기지이며 한국해양연구원 부설기관인 극지연구소에서 운영한다.
③ 남극 최북단 킹조지섬에 위치한다.
④ 생명과학, 토목공학과 같은 응용 분야 연구에도 확장되고 있다.

27 다음 중 방사능과 관련 있는 에너지(량) 단위는?

① Bq
② J
③ eV
④ cal

28 나침반이 언제나 남북방향을 가리키는 것은 지구의 자기장 때문이다. 지구 자기장의 3요소가 아닌 것은?

① 수평자력
② 수직자력
③ 편각
④ 복각

29 다음 중 탄소나노튜브에 대한 설명으로 바르지 못한 것은?

① 탄소 6개로 이뤄진 육각형들이 서로 연결되어 관 모양을 이루고 있다.
② 전기 전도도는 구리와 비슷하고, 열전도율은 자연계에서 가장 뛰어난 다이아몬드와 같다.
③ 머리카락보다 훨씬 가늘면서도 다이아몬드보다 강한 특성(강철의 100배)을 가지고 있다.
④ 분자들의 끌어당기는 힘으로 인해 안정적인 다발 형태로 존재하기 때문에 산업에 쉽게 응용할 수 있다.

30 가시광선 중에서 파장이 가장 긴 색은?

① 파랑색　　② 초록색
③ 빨간색　　④ 보라색

31 다음 중 탐사대상이 다른 우주 계획은?

① 매리너 계획　　② 아폴로 계획
③ 제미니 계획　　④ 소유즈 계획

32 달 탐사와 관련된 위성들과 업적을 연결한 것 중 바르지 못한 것은?

① 파이어니어 1호(미국) - 최초로 달 궤도 진입
② 루나 9호(소련) - 최초로 달 착륙
③ 아폴로 11호(미국) - 최초로 달 착륙한 유인 우주선
④ 스마트 1호(EU) - 유럽 최초의 달 탐사선

33 태양의 표면이 폭발할 때 단파(短波)를 사용하는 국제 통신에 일시적으로 장애가 발생하는 현상을 무엇이라고 하는가?

① 스프롤현상　　② 태양간섭현상
③ 도넛현상　　④ 델린저현상

34 물리학자들은 우주가 보통물질과 암흑물질, 암흑에너지로 구성돼 있다고 말한다. 이 가운데 암흑물질은 우주의 23% 가량을 차지하면서도 그 정체가 밝혀지지 않고 있는데, 여러 현상을 통해 암흑물질의 존재를 간접 확인할 수는 있다. 다음 중 암흑물질의 존재를 간접 확인할 수 있는 현상과 관련이 적은 것은?

① 별빛의 휨　　② 초신성의 폭발
③ 중력렌즈 효과　　④ 은하의 회전속도

35 여러 금융회사에 흩어진 개인의 금융정보를 통합관리하는 산업은?

① 데이터경제산업　　　　　　　② 오픈뱅킹산업
③ 빅데이터산업　　　　　　　　④ 마이데이터산업

36 각종 물품에 소형칩을 부착해 무선주파수로 정보를 전송·처리하는 무선전자태그를 무엇이라 하는가?

① 와이브로　　　　　　　　　　② 블루투스
③ IrDA　　　　　　　　　　　　④ RFID

37 다음 괄호에 들어갈 용어로 알맞은 것은?

> 이것은 다른 사이트의 정보를 복사한 사이트라고 해서 (　　　)라고 불린다. 사이트가 네트워크에서 트래픽이 빈번해지면 접속이 힘들고 속도가 떨어진다. 이를 예방하려면 네트워크의 이용 효율을 향상시켜야 한다. 즉, 이것은 다른 사이트들에 원본과 동일한 정보를 복사하여 저장시켜 놓는 것을 뜻한다.

① 게더링 사이트　　　　　　　　② 레이더 사이트
③ 옐로 페이지　　　　　　　　　④ 미러 사이트

38 다음 중 물리적 현상은?

① 빨래가 마른다.
② 우유가 상했다.
③ 종이를 불에 댔더니 그을음이 생겼다.
④ 버스가 급정거했더니 몸이 앞으로 쏠렸다.

39 분산 서비스거부 공격을 일컫는 용어로 여러 대의 컴퓨터를 일제히 동작하게 하여 특정 사이트를 공격함으로써 시스템을 마비시키는 사이버테러 방식은?

① 트로이목마　　　　　　　　② DDoS
③ 스턱스넷　　　　　　　　　④ 스네이크

40 이용자의 특정 콘텐츠에 대한 데이터 비용을 이동통신사가 대신 부담하는 것을 무엇이라 하는가?

① 펌웨어　　　　　　　　　　② 플러그 앤 플레이
③ 제로레이팅　　　　　　　　④ 웹2.0

41 인터넷으로 의견수렴을 듣고 필요하면 제품 개발에 반영하는 것을 무엇이라고 하는가?

① UCC　　　　　　　　　　　② Blog
③ Crowdout　　　　　　　　 ④ Crowd sourcing

42 키보드나 마우스 없이 모니터에 나타난 메뉴를 손으로 짚어 선택할 수 있도록 만든 터치스크린은 무엇을 이용해 신호를 감지하는가?

① 체온　　　　　　　　　　　② 적외선
③ 초음파　　　　　　　　　　④ 전기

43 우주에서 가장 밝은 초신성 중 하나가 폭발해 마치 태양이 두 개 떠 있는 듯한 현상이 1~2주일 정도 지속될 가능성이 있다고 알려진 약 640광년 떨어진 초신성의 명칭은?

① 스피카(Spica)　　　　　　 ② 베텔기우스(Betelgeuse)
③ 아크투루스(Arcturus)　　　④ 데네브(Deneb)

44 저주파 소음은 장기간 노출될 경우 신체에 악영향을 끼친다는 연구 결과가 나왔다. 다음 중 저주파의 주파수 범위인 것은?

① 1~20Hz
② 20~200Hz
③ 200~2,000Hz
④ 2,000~20,000Hz

45 가상계의 가상현실이 현실세계와 교차하면서 새로운 가능성을 열어주는 기술을 일컫는 말은?

① 가상현실
② 미래현실
③ 증강현실
④ 내부현실

46 다음 중 가상이동통신망사업자(MVNO)에 대한 설명으로 옳은 것은?

① 무선인터넷 게임에 등장하는 가상의 이동통신사업자이다.
② 원격으로 로봇을 조종하는 서비스를 제공하는 업체다.
③ 가상의 이동통신망을 사용해 온라인게임서비스를 제공하는 사업자이다.
④ 이동통신업체의 통신망을 빌려 이동통신서비스를 제공하는 업체이다.

47 우주에서 블랙홀을 이용해 먼 거리를 지름길로 가로질러 갈 수 있다고 이론상 추정되는 가설적 공간은?

① 퀘이사
② 화이트홀
③ 밴 앨런 구역
④ 웜홀

48 태양계 행성 중의 하나였으나 행성으로서의 지위를 박탈당한 것은?

① 명왕성
② 천왕성
③ 해왕성
④ 토성

49 다음 중 아날로그 신호를 디지털로 변환하여 저장하고, 디지털 데이터를 아날로그로 변환해서 재생하는 장비를 무엇이라고 하는가?

① 모뎀
② DSU
③ 코덱
④ 멀티플렉서

50 넷플릭스를 통해 많은 사람들이 인터넷으로 TV드라마나 영화를 본다. 이렇듯 인터넷으로 TV 프로그램 등을 볼 수 있는 서비스를 무엇이라 하는가?

① NFC
② OTT
③ MCN
④ VOD

51 휴대전화, 노트북, 차세대 전기 자동차의 배터리로 쓰이는 이 광물의 절반이 매장되어 있는 국가가 남미에 있다고 한다. 이 광물과 나라가 올바르게 연결된 것은?

① 콜롬비아 – 니켈
② 브라질 – 리튬
③ 칠레 – 니켈
④ 볼리비아 – 리튬

52 다음 설명 중 틀린 것은?

① 허블에 의하면 우주는 계속 팽창하고 있다.
② 별의 일생은 초신성으로 마감하는데, 초신성이 폭발할 때 여러 물질을 우주에 방출한다.
③ 행성의 밝기는 1등급에서 6등급으로 나누며 등급의 숫자가 클수록 밝은 별이다.
④ 태양과 지구 사이의 평균 거리는 약 1억 5,000만km이며 이를 1AU라고 한다.

53 다음 인터넷 용어 중 허가된 사용자만 디지털콘텐츠에 접근할 수 있도록 제한해 비용을 지불한 사람만 콘텐츠를 사용할 수 있도록 하는 서비스는?

① DRM(Digital Rights Management)
② WWW(World Wide Web)
③ IRC(Internet Relay Chatting)
④ SNS(Social Networking Service)

54 남한과 북한의 컬러TV 방송방식으로 바르게 연결된 것은?

① NTSC – SECAM
② NTSC – PAL
③ PAL – SECAM
④ PAL – NTSC

55 인터넷 사이트를 방문하는 사람들의 컴퓨터로부터 사용자 정보를 얻어내기 위해 사용되는 인터넷의 '숨은 눈'을 지칭하는 것을 무엇이라 하는가?

① 쿠키
② 프록시
③ 자바
④ 캐시

56 초전도 현상의 응용과 거리가 먼 것은?

① 자기부상열차
② 자기공명장치(MRI)
③ 입자가속기
④ 태양전지

57 다음 중 운동의 제3법칙(작용·반작용의 법칙)과 관련 있는 것은?

① 버스가 출발할 때 사람이 뒤로 넘어지려고 하는 것
② 대팻날을 뽑을 때 대패를 두들기는 것
③ 인공위성의 운동
④ 로켓의 발사

58 초전도 현상에 관한 설명 중 맞는 것은?

① 금속의 열전도율이 100%에 달하는 현상
② 금속이 완전 반자성을 띠는 현상
③ 금속의 전기저항이 갑자기 영(零)으로 떨어지는 현상
④ 금속의 자성이 극히 강해지는 현상

59 강한 중력으로 빛을 포함한 모든 것이 빠져나갈 수 없는 천체를 가리켜 무엇이라 하는가?

① 블랙홀 ② 초신성
③ 퀘이사 ④ 중성자성

60 태양의 활발한 활동으로 인해 가끔씩 통신 교란과 인공위성의 고장 등이 일어난다. 또 이 시기에는 북극과 남극 가까운 지방의 공중에서 아름다운 빛을 발하는 현상이 더욱 두드러지는데, 이런 현상을 무엇이라 하는가?

① 코로나 ② 흑점
③ 지자기 폭풍 ④ 오로라

61 지구의 공전주기는 약 365일이다. 다음 중 공전주기가 가장 짧은 행성은?

① 수성 ② 화성
③ 토성 ④ 목성

62 지금보다 수백 배 빠른 반도체, 고효율 태양전지, 슈퍼 커패시터, 셀로판지처럼 얇은 두루마기 형태의 디스플레이, 손목에 차는 휴대전화, 종이처럼 지갑에 넣고 다니는 컴퓨터, 고강도 필름을 포함한 고강도 복합재료 등에 활용될 것으로 예상되는 '꿈의 신소재'는 무엇인가?

① 그래핀 ② 탄소나노튜브
③ 풀러렌 ④ 라듐

63 엔트로피에 관한 다음 설명 중 맞는 것은?

① 엔트로피는 열역학 제1법칙을 설명한다.
② 비가역과정에서 엔트로피는 항상 감소한다.
③ 가역과정에서 엔트로피는 항상 감소한다.
④ 엔트로피는 열역학 제2법칙을 설명한다.

64 원자핵을 구성하는 입자가 아닌 것은?

① 양성자 ② 중성자
③ 중간자 ④ 전자

65 갈릴레이는 같은 높이에서 떨어뜨린 모든 물체는 같은 속도로 떨어진다고 주장했는데, 이것은 이론적으로는 맞지만 실제로는 그렇지 않다. 모든 물체가 같은 속도로 떨어지기 위해서는 어떤 조건이 필요한가?

① 무게가 같은 물체 ② 성분이 같은 물체
③ 바람이 불지 않는 상태 ④ 진공상태

66 5G로 구현할 수 있는 기술이 아닌 것은?

① 가상현실(VR) ② 자율주행
③ LTE ④ 사물인터넷(IoT)

67 다음 내용에서 밑줄 친 이것에 해당하는 용어는?

- 이것은 웹2.0, SaaS(Software as a Service)와 같이 최근 잘 알려진 기술 경향들과 연관성을 가지는 일반화된 개념이다.
- 이것은 네트워크에 서버를 두고 데이터를 저장하거나 관리하는 서비스이다.

① 클라우드 컴퓨팅(Cloud Computing)
② 디버깅(Debugging)
③ 스풀(SPOOL)
④ 멀티태스킹(Multitasking)

68 인터넷 월드 와이드 웹(WWW)에 관한 설명 중 틀린 것은?

① 인터넷에서 문자는 물론, 그림이나 동영상까지 지원하는 시스템이다.
② 월드 와이드 웹을 서비스할 수 있는 시스템을 '웹서버'라 한다.
③ 개인이나 기업의 홍보자료로 활용되고 있는 홈페이지와는 무관하다.
④ 웹서버를 이용하는 개인이나 기업은 서버용 컴퓨터를 항상 켜 놓아야 다른 이용자들의 접속을 확인할 수 있다.

69 원시프로그램에서 목적프로그램으로 번역하는 과정에서 발생하는 오류를 찾아 수정하는 것을 의미하는 것은?

① Editing
② Debugging
③ Coding
④ Searching

70 디지털신호 전송방식에 관한 국제표준을 나타내는 말은?

① MPEG
② ISO
③ DVD
④ VHS

71 별이 방출하는 에너지의 주원천은?

① 화학반응
② 중력붕괴
③ 핵붕괴
④ 핵융합

72 체온이 정상 범위보다 떨어지는 저체온증의 단계별 체온 기준에서 중증 저체온으로 분류되는 중심 체온의 기준 온도는 몇 도인가?

① 35℃ 이하
② 32℃ 이하
③ 30℃ 이하
④ 28℃ 이하

73 유료 방송 시청자가 가입을 해지하고 인터넷 TV, OTT(Over-The-Top) 등 새로운 플랫폼으로 이동하는 현상은?

① 립프로깅
② 사이포닝
③ 코드커팅
④ 클리킹

74 스마트폰 시장에서 기술의 발전으로 인해 제품의 라이프 사이클이 점점 빨라지는 현상을 이르는 법칙은 무엇인가?

① 스마트법칙
② 구글법칙
③ 안드로이드법칙
④ 애플법칙

75 시간과 장소, 컴퓨터나 네트워크 여건에 구애받지 않고 네트워크에 자유롭게 접속할 수 있는 IT환경을 무엇이라고 하는가?

① 텔레매틱스
② 유비쿼터스
③ ITS
④ 스니프

76 컴퓨터 전원을 끊어도 데이터가 없어지지 않고 기억되며 정보의 입출력도 자유로운 기억장치는?

① 램
② 캐시메모리
③ 플래시 메모리
④ 롬

77 클라우드를 기반으로 하는 이 서비스는 하나의 콘텐츠를 여러 플랫폼을 통해 이용할 수 있다. 이 서비스는 무엇인가?

① N스크린
② DMB
③ IPTV
④ OTT

78 첨단기술을 농산물의 파종부터 수확까지 전 과정에 적용하는 것을 무엇이라 하는가?

① 프롭테크 ② 앱테크
③ 핀테크 ④ 애그테크

79 다음 중 RAM에 대한 설명으로 옳은 것은?

① 컴퓨터의 보조기억장치로 이용된다.
② 크게 SRAM, DRAM, ROM으로 분류할 수 있다.
③ Read Access Memory의 약어이다.
④ SRAM이 DRAM보다 성능이 우수하나 고가이다.

80 인터넷상 기관 형태에 따른 도메인 네임 중 한국의 연구기관을 나타내는 것은?

① edu ② gov
③ mil ④ re

81 컴퓨터의 소프트웨어는 상용화 과정을 거쳐 다양한 버전을 일반인들에게 공개해 사용할 수 있는 기회를 제공한다. 이 버전에는 각기 다른 명칭이 있는데 다음 중 잘못된 설명은?

① 베타버전 : 프로그램을 정식으로 공개하기 전에 단순히 테스트를 할 목적으로 한정된 집단 또는 일반에 공개하는 버전
② 셰어웨어 : 사용 기능이나 기간에 제한이 있어서 일정기간 동안 사용해보고 계속 사용하고 싶은 경우에만 정식등록을 통해 구입할 수 있는 버전
③ 프리웨어 : 무료로 사용할 수 있는 소프트웨어로 영리를 목적으로 배포 가능한 버전
④ 트라이얼 : 셰어웨어와 같은 개념으로 다수의 기능 중 일부만을 사용할 수 있도록 만들어 준 버전

82 지나치게 인터넷에 몰두하고 인터넷에 접속하지 않으면 극심한 불안감을 느끼는 중독증을 나타내는 현상은?

① INS증후군
② 웨바홀리즘
③ 유비쿼터스
④ VDT증후군

83 인터넷 주소창에 사용하는 'http'의 의미는?

① 인터넷 네트워크망
② 인터넷 데이터 통신 규약
③ 인터넷 사용 경로 규제
④ 인터넷 포털 서비스

84 기업이나 조직의 모든 정보가 컴퓨터에 저장되면서, 컴퓨터의 정보 보안을 위해 정보통신망에 불법으로 접근하는 것을 차단하는 시스템은?

① 아스키
② DNS
③ 방화벽
④ 아이핀

85 하나의 디지털 통신망에서 문자, 영상, 음성 등 각종 서비스를 일원화해 통신·방송서비스의 통합 등 부가가치가 높은 서비스를 추구하는 종합통신 네트워크는 무엇인가?

① VAN
② UTP케이블
③ ISDN
④ RAM

86 휴대전화, 카메라, MP3, DMB 등 다양한 기능들이 통합돼 있는 휴대 가능한 통신기기는 무엇인가?

① 유비쿼터스
② 모바일 컨버전스
③ 디지로그
④ 텔넷

87 스마트TV와 인터넷TV 각각의 기기는 서버에 연결되는 방식이 서로 달라 인터넷망 사용의 과부하가 발생할 수밖에 없다. 이와 관련해 통신사와 기기회사 사이에 갈등이 빚어지기도 했는데 무엇 때문인가?

① 프로그램편성 ② 요금징수체계
③ 수익모델 ④ 망중립성

88 다음 중 밑줄 친 '이것'이 가리키는 것은?

> 탄수화물을 섭취하면 혈당이 올라가는데, 우리 몸은 이 혈당을 낮추기 위해 인슐린을 분비하고, 인슐린은 당을 지방으로 만들어 체내에 축적하게 된다. 하지만 모든 탄수화물이 혈당을 동일하게 올리지는 않는다. 칼로리가 같은 식품이어도 이것이 낮은 음식을 먹으면 인슐린이 천천히 분비되어 혈당 수치가 정상적으로 조절되고 포만감 또한 오래 유지할 수 있어 다이어트에 도움이 되는 것으로 알려졌다.

① GMO ② 글루텐
③ GI ④ 젖산

89 해안으로 밀려들어오는 파도와 다르게, 해류가 해안에서 바다 쪽으로 급속히 빠져나가는 현상을 일컬어 무엇이라고 하는가?

① 파송류 ② 이안류
③ 향안류 ④ 연안류

90 다음 중 에너지(량)를 나타내는 단위가 아닌 것은?

① cal ② J
③ eV ④ W

91 다음 중 온실효과를 일으키는 것은?

① 이산화탄소(CO_2), 메탄(CH_4)
② 질소(N), 아산화질소(N_2O)
③ 프레온(CFC), 산소(O_2)
④ 질소(N), 이산화탄소(CO_2)

92 다음 중 LNG(Liquefied Natural Gas)에 대한 설명으로 틀린 것은?

① 폭발위험이 비교적 낮다.
② 주성분은 메탄(CH4)이다.
③ LPG보다 운반이 편리하다.
④ LPG보다 액화시키기 어렵다.

93 미국항공우주국(NASA)에서 발사한 최초의 우주왕복선은 무엇인가?

① 디스커버리호 ② 콜럼비아호
③ 아틀란티스호 ④ 챌린저호

94 버스가 갑자기 서면 몸이 앞으로 쏠리는 현상은 무엇과 관련이 있는가?

① 관성의 법칙 ② 작용·반작용의 법칙
③ 가속도의 법칙 ④ 원심력

95 지구가 물체를 끌어당기는 힘은 무엇인가?

① 원심력 ② 만유인력
③ 중력 ④ 구심력

96 블랙홀 이론을 처음 주장한 사람은 누구인가?

① 스티븐 호킹
② 아인슈타인
③ 프리드만
④ 호일

97 우리나라 최초의 인공위성은 무엇인가?

① 무궁화 1호
② 우리별 1호
③ 온누리호
④ 스푸트니크 1호

98 다음 중 뉴턴의 운동 법칙이 아닌 것은?

① 만유인력의 법칙
② 관성의 법칙
③ 작용·반작용의 법칙
④ 가속도의 법칙

99 다음 중 희토류가 아닌 것은?

① 란탄
② 세륨
③ 디스프로슘
④ 구리

100 지구 상공 3만 6,000km에서 지구의 자전속도와 같은 시속 1만 1,000km의 속도로 지구의 주위를 도는 위성은?

① 정지궤도 위성
② 극궤도 위성
③ 저궤도 위성
④ 중궤도 위성

101 태양계에서 여섯 번째 행성은?

① 금성　　　② 목성
③ 토성　　　④ 천왕성

102 공기 중에 가장 많은 원소 종류는?

① 산소　　　② 질소
③ 탄소　　　④ 이산화탄소

103 엘니뇨는 평년보다 해수면 온도가 몇 도 이상 높은 상태가 지속될 때를 말하는가?

① 0.3℃　　　② 0.5℃
③ 1.0℃　　　④ 2.0℃

104 물의 끓는점을 다르게 이르는 말은?

① 인화점　　　② 임계점
③ 이슬점　　　④ 비등점

105 오존층은 대기권 중 어디에 위치해 있는가?

① 대류권　　　② 성층권
③ 중간권　　　④ 열권

106 다음 중 데이터 용량이 가장 작은 것은?

① MB ② GB
③ TB ④ PB

107 가시광선보다 파장이 긴 전자기파는?

① 감마선 ② 엑스선
③ 자외선 ④ 적외선

108 로봇이 인간의 외모와 유사성이 높을수록 호감도가 높아지다 일정 수준이 되면 외려 불쾌감을 느끼는 현상은?

① 게슈탈트 붕괴
② 타나토스
③ 불쾌한 골짜기
④ 언캐니

109 다음 중 화학물질인 다이옥신에 대한 설명으로 옳은 것은?

① 무색무취의 맹독성 물질이다.
② 주로 오염된 생활하수에서 발견된다.
③ 과거에는 살충제로서 널리 사용됐다.
④ 인간을 제외한 동식물에는 무해한 물질이다.

110 스마트폰의 문자메시지를 이용한 휴대폰 해킹을 뜻하는 용어는?

① 메모리피싱 ② 스피어피싱
③ 보이스피싱 ④ 스미싱

111 다음 중 비료의 3요소가 아닌 것은?

① 질소 ② 인산
③ 마그네슘 ④ 칼륨

112 지구의 자전으로 인해 발생하는 현상과 관련이 적은 것은?

① 낮과 밤 ② 계절의 변화
③ 인공위성의 궤도 변화 ④ 달의 위상 변화

113 다음 중 영양소에 대한 설명으로 옳은 것은?

① 5대 영양소에는 알칼리가 포함된다.
② 지용성 비타민은 열과 빛에 약하다.
③ 수용성 비타민은 체내에 저장되지 않는다.
④ 나트륨은 적게 먹을수록 좋다.

114 핵융합을 통해 스스로 빛과 에너지를 내는 천체는?

① 항성 ② 위성
③ 혜성 ④ 행성

CHAPTER 06 문화·예술·미디어·스포츠

001 골든글로브상(Golden Globe Award)
미국의 로스앤젤레스에 있는 할리우드에서 한 해 동안 상영된 영화들을 대상으로 최우수 영화의 각 부분을 비롯하여 남녀 주연, 조연 배우들을 선정해 수여하는 상이다. '헐리우드 외신기자협회(HFPA)'는 세계 각국의 신문 및 잡지 기자로 구성되어 있으며, 골든글로브상은 이 협회의 회원 90여 명의 투표로 결정된다. 1944년 시작된 최초의 시상식은 당시 소규모로 개최되었으나 현재는 세계 영화시장에서 막강한 영향력을 행사하고 있다. 약 3시간 동안 진행되는 시상식은 드라마 부문과 뮤지컬·코미디 부문으로 나뉘어 진행되며 생방송으로 세계 120여 개국에 방영되어 매년 약 2억 5,000만 명의 시청자들이 이를 지켜본다. 한편, 봉준호 감독의 영화 〈기생충〉이 2020년 1월 5일 열린 제77회 골든글로브 시상식에서 외국어 영화상을 수상하며 한국영화 최초의 골든글로브 본상 수상 기록을 달성했고, 2021년에 열린 제78회 시상식에서는 〈미나리〉가 외국어 영화상을 수상하는 쾌거를 이뤘다. 2022년 1월에 열린 제79회 시상식에서는 넷플릭스 오리지널 드라마 〈오징어게임〉에 출연한 오영수 배우가 TV부문 남우조연상을 수상하기도 했다.

002 퍼스널 컬러
퍼스널 컬러는 타고난 개인의 신체적 컬러를 뜻하는 용어로 '봄웜톤', '여름쿨톤', '가을웜톤', '겨울쿨톤' 등 4가지가 있다. 퍼스널 컬러는 개인이 갖고 있는 고유한 피부, 머리카락, 눈동자의 명도와 채도로 결정된다. 이 퍼스널 컬러를 파악하여 잘 어울리는 의상이나 액세서리, 화장품을 선택할 수 있다. 최근 패션·미용업계에서는 고객들의 퍼스널 컬러를 진단해주고, 이에 알맞은 상품을 추천하는 등 마케팅을 펼치고 있다.

003 밈코인
도지코인, 시바이누 등과 같이 인터넷과 SNS에서 인기를 끄는 밈이나 농담을 기반으로 만들어진 가상자산을 말한다. 인기 캐릭터를 앞세운 재미 유발을 목적으로 하며, 2021년 일론 머스크 테슬라 CEO가 도지코인을 지지하는 글을 여러 차례 올려 화제가 됐다. 그러나 유통규모가 크지 않고 특별한 목표나 기술력이 없어서 가격변동성이 크고 투자사기 위험이 있다. 실제로 2021년 넷플릭스 드라마 '오징어 게임'을 주제로 한 '스퀴드게임코인'이 등장해 가격이 급상승했으나, 하루아침에 대폭락하면서 해당 코인에 투자한 사람들이 큰 손실을 입은 바 있다.

004 밀프렙족
'밀프렙(Meal Prep)을 하는 사람들'을 뜻하는 말로, 여기서 밀프렙이란 식사를 뜻하는 영단어 'Meal'과 준비를 뜻하는 'Preparation'이 합쳐진 용어다. 일정기간 동안 먹을 식사를 한번에 미리 준비해두고 끼니마다 먹는 사람을 일컫는 신조어다. 시중에서 사먹는 것보다 건강한 식단을 구성할 수 있고, 시간과 식비를 절감할 수 있다. 특히 최근 고물가시대가 지속되면서 1만 원에 육박하는 점심비용을 아끼려는 직장인 등을 중심으로 밀프렙족이 증가하는 추세다.

005 스낵컬처(Snack Culture)

어디서든 과자를 먹을 수 있듯이 장소를 가리지 않고 가볍고 간단하게 즐길 수 있는 문화스타일이다. 과자를 의미하는 '스낵(Snack)'과 문화를 의미하는 '컬처(Culture)'를 더한 합성어다. 출퇴근시간, 점심시간은 물론 잠들기 직전에도 향유할 수 있는 콘텐츠로 시간과 장소에 구애받지 않는 것이 스낵컬처의 가장 큰 장점이다. 방영시간이 1시간 이상인 일반 드라마와 달리 10~15분 분량으로 구성된 웹드라마, 한 회차씩 올라오는 웹툰, 웹소설 등이 대표적인 스낵컬처로 꼽힌다. 스마트폰의 발달로 스낵컬처시장이 확대됐고 현대인에게 시간·비용적으로 부담스럽지 않기 때문에 지속적으로 성장하고 있다.

006 온택트(Ontact)

온라인(Online)의 'On'과 비대면을 뜻하는 신조어 'Untact'를 합친 말이다. 다른 사람을 직접 만나거나 여가를 즐기기 위해 외부로 나가지 않아도 온라인을 통해 세상과 소통할 수 있는 것을 뜻한다. 온라인으로 진행되는 수업, 공연, 화상회의 등이 모두 온택트의 일환이다. 온택트는 코로나19가 낳은 '뉴 노멀(New Normal)', 즉 새로운 시대의 일상으로 평가받는다. 기업, 지자체를 가리지 않고 온택트 시대에 발맞춰 마케팅을 이어가고 있다.

007 멀티 페르소나(Multi-persona)

페르소나는 고대 그리스의 연극에서 배우들이 쓰던 가면을 의미하고, 멀티 페르소나는 '여러 개의 가면'으로 직역할 수 있다. 현대인들이 직장이나 학교, 가정이나 동호회, 친구들과 만나는 자리 등에서 각기 다른 성격을 보인다는 것을 뜻한다. 일과 후 여유와 취미를 즐기는 '워라밸'이 일상화되고, SNS에 감정과 일상, 흥미를 공유하는 사람들이 늘어나면서 때마다 자신의 정체성을 바꾸어 드러내는 경우가 많아지고 있다.

008 다크 넛지(Dark Nudge)

팔꿈치로 툭툭 옆구리를 찌르듯 소비자의 비합리적인 구매를 유도하는 상술을 지칭하는 신조어다. '넛지(Nudge)'가 '옆구리를 슬쩍 찌른다'는 뜻으로 상대방을 부드럽게 설득해 현명한 선택을 하도록 돕는다는 개념으로 쓰이는데, 여기에 '다크(Dark)'라는 표현이 더해져 부정적인 의미로 바뀌게 된 것이다. 음원사이트 등에서 무료 체험 기간이라고 유인하고 무료 기간이 끝난 뒤에 이용료가 계속 자동결제되도록 하는 것이 대표적인 예다. 국립국어원은 이를 대체할 쉬운 우리말로 '함정 상술'을 선정했다.

009 인포데믹(Infodemic)

'정보'를 뜻하는 'Information'과 '유행병'을 뜻하는 'Epidemic'의 합성어로, 잘못된 정보나 악성루머 등이 미디어, 인터넷 등을 통해 무분별하게 퍼지면서 전염병처럼 매우 빠르게 확산되는 현상을 일컫는다. 미국의 전략분석기관 '인텔리브리지' 데이비드 로스코프 회장이 2003년 워싱턴포스트에 기고한 글에서 잘못된 정보가 경제위기, 금융시장 혼란을 불러올 수 있다는 의미로 처음 사용했다. 허위정보가 범람하면 신뢰성 있는 정보를 찾아내기 어려워지고, 이 때문에 사회 구성원 사이에 합리적인 대응이 어려워지게 된다. 인포데믹의 범람에 따라 정보방역이 중요성도 강조되고 있다.

010 사일로효과(Organizational Silos Effect)

조직의 부서들이 다른 부서와 담을 쌓고 내부이익만 추구하는 현상이다. 구성원이나 부서 사이 교류가 끊긴 모습을 홀로 우뚝 서 있는 원통 모양의 창고인 '사일로'에 비유했다. 주로 조직 장벽과 부서 이기주의를 의미한다. 사일로효과의 원인은 내부의 '과열 경쟁' 때문이다. 조직이 제한적인 보상을 걸어 서로 다른 부서 간의 경쟁을 과도하게 부추길 때 사일로효과가 생겨날 수 있다. 조직의 소통이 가로막히면서 내부의 이해관계로만 결집되어 조직의 전체 성장을 방해하게 된다.

011 빈지 워칭(Binge Watching)

'폭식·폭음'을 의미하는 빈지(Binge)와 '본다'를 의미하는 워치(Watch)를 합성한 단어로 주로 휴일, 주말, 방학 등에 콘텐츠를 몰아보는 것을 폭식에 비유한 말이다. 빈지 워칭은 2013년 넷플릭스가 처음 자체 제작한 드라마 '하우스 오브 카드'의 첫 시즌 13편을 일시에 선보이면서 알려졌고, 이용자들은 전편을 시청할 수 있는 서비스를 선호하기 시작했다. 빈지 워칭 현상은 구독경제의 등장으로 확산되고 있다.

012 사이버 렉카(Cyber Wrecker)

온라인상에서 화제가 되는 이슈를 자극적으로 포장해 공론화하는 매체를 말한다. 빠르게 소식을 옮기는 모습이 마치 사고현장에 신속히 도착해 자동차를 옮기는 견인차의 모습과 닮았다고 해서 생겨난 신조어다. 이들은 유튜브와 인터넷 커뮤니티에서 활동하는데 유튜브의 경우 자극적인 섬네일로 조회수를 유도한다. 사이버 렉카의 가장 큰 문제점은 정보의 정확한 사실 확인을 거치지 않고 무분별하게 다른 사람에게 퍼트린다는 것이다.

013 인스타그래머블(Instagrammable)

'인스타그램에 올릴 만한'이라는 뜻을 가진 단어다. 사진을 주로 올리는 SNS인 인스타그램(Instagram)과 '할 수 있는'이라는 뜻의 접미사 '-able'을 합친 말이다. 최근 인스타그램은 많은 사람의 의식주에 지대한 영향을 끼치고 있다. 특히 젊은 세대가 카페, 식당 등을 방문할 때는 인스타그램에 사진을 게시할 만한 장소를 찾아가는 것이 중요한 기준이 됐다. 이러한 현상은 마케팅업계에서도 감성 마케팅을 펼치기 위한 핵심적인 요소로 평가받는다.

014 넷플릭스 증후군

넷플릭스를 틀어놓고 어떤 영상을 봐야 할지 몰라 고민만 하다가 결국 아무것도 보지 못하는 현상이다. 넷플릭스 증후군에 걸린 이들은 넷플릭스가 제공하는 오리지널 콘텐츠, 영화, 드라마 등 방대한 콘텐츠의 양에 시청할 작품을 쉽게 결정하지 못하고 예고편과 줄거리만 찾아보다가 시간을 모두 허비한다. 콘텐츠를 겨우 선택해 재생해도 제대로 집중하지 못하고 다시 작품목록을 살피는 모습 또한 증후군에 걸린 이들의 특징이다. 2021년 1월 넷플릭스는 넷플릭스 증후군에 걸린 이들을 위해 알고리즘을 이용한 작품추천 서비스를 시작했다.

015 미나리

〈미나리〉는 2020년 미국에서 개봉한 드라마 장르의 영화로 정이삭이 감독했고 각본을 썼다. 미국 아칸소주로 이주한 한인가정의 이야기를 그리고 있으며 정이삭 감독의 자전적 경험을 토대로 했다. 제36회 선댄스 영화제 미국 극영화 경쟁부분 심사위원 대상과 관객상을 수상했다. 뒤이어 제78회 골든글로브 시상식에서는 외국어영화상을 수상했는데, 감독이 한국계 미국인이며 미국영화사가 제작한 미국영화임에도 외국어영화로 분류돼 논란이 일었었다. 미나리는 제93회 아카데미 시상식에서 작품상·감독상 등 6개 부문의 후보로 올랐으며, 윤여정이 여우조연상을 거머쥐는 쾌거를 이루었다.

016 에드워드 호퍼

1882년 출생해 1967년 사망한 미국의 대표적인 사실주의 화가다. 그의 작품은 도시민들이 느끼는 고독감과 절망감을 잘 표현하고 있다. 주로 도시의 일상적인 모습을 그려냈는데 산업화와 세계대전, 경제대공황을 거치며 도시를 잠식한 고독감에 빠진 사람과 건물의 모습을 표현했다. 대표작으로는 〈밤을 지새우는 사람들〉, 〈윌리암스버스 브리지로부터〉 등이 있다. 코로나19로 인한 사회활동 위축으로 우울감과 공포감을 느끼는 이들이 많아졌고, 이 때문에 코로나로 생긴 우울을 뜻하는 '코로나 블루(Corona Blue)'라는 신조어가 등장한 상황이다. 이러한 현실에서 현대 도시인의 고독감과 쓸쓸한 내면을 잘 표현한 호퍼의 그림이 SNS 등에서 화제가 되었다.

017 오리엔탈리즘(Orientalism)

오리엔탈리즘은 유럽의 문화와 예술에서 나타난 동방취미경향을 나타내는 말이지만, 오늘날에는 서양의 동양에 대한 고정되고 왜곡된 인식과 태도 등을 총체적으로 나타내는 말로 쓴다. 본래의 의미에서 서양인들이 가지고 있는 동양에 대한 편견의 의미로 변질된 것이다. 유럽은 18세기부터 제국주의를 앞세워 아시아 국가들을 식민지화하고 노동력을 착취하게 되는데, 이에 따라 동양에 대한 호기심과 지배욕을 투영시켜 주로 서양인의 시각에서 아시아의 이미지를 재구성했다. 이러한 오리엔탈리즘의 반작용으로 나타난 동양의 관점에서 서양을 적대시하거나 비하하는 인식과 태도를 옥시덴탈리즘(Occidentalism)이라고 한다.

018 포모(FOMO ; Fear Of Missing Out)증후군

'고립 공포감'을 뜻하는 포모증후군은 세상의 흐름과 트렌드를 놓치거나 뒤처지는 것에 불안을 느끼는 증후군이다. 다른 사람들이 무엇을 하는지 지속해서 확인하고 싶어 하고, 자신이 다른 이들에 비해 놓치고 있는 것은 없는지 불안해한다. 세상과 연결되기를 강박적으로 원해 SNS에 중독적으로 매달리고 병적으로 인터넷에 집착하기도 한다. 최근에는 암호화폐 투자열풍의 원인 중 하나로 포모증후군이 거론되기도 했다. 암호화폐 투자로 큰 수익을 냈다는 소문이 퍼지면서, 이에 뒤처지지 않으려 투자에 손을 대는 현상으로 해석됐다.

019 소확행

남들이 보기엔 별 것 아닌 것처럼 여길 수 있지만, 소소하더라도 확실하게 행복할 수 있는 삶의 경험을 가리킨다. 무라카미 하루키는 소설 〈랑겔한스섬의 오후〉에서 '소확행'을 언급했다. 소박한 행복을 뜻하는 비슷한 용어로 휘게(Hygge), 라곰(Lagom), 오캄(Au Clame) 등이 있다.

020 월트 디즈니 컴퍼니

1923년 설립된 문화산업 기업으로 세계 최대의 IP(지적재산권) 라이선스를 보유하고 있다. 인수합병도 적극 추진하여, ABC채널, 마블, ESPN, 루카스 필름, 20세기 폭스를 계열사로 두고 있다.

021 거지방

익명의 사람들이 모여 지출내역을 공유하는 카카오톡 오픈채팅방이다. 채팅방별로 운영규칙이 조금씩 다르지만, 지출을 줄이고 절약을 공통목표로 정해 서로의 지출내역을 공개하고 의견을 주고받는 방식으로 운영된다. 불필요한 소비를 한 경우 따끔한 충고나 질책으로 충동구매를 막거나 잘못된 소비습관을 돌아보게 만든다는 점에서 화제가 됐다. 또 소비허락을 구하는 글에 재치와 풍자가 담긴 답변이 이어지는 등 극단적인 소비와 절약을 놀이문화로 재탄생시켰다는 평가를 받는다. MZ세대 사이에서 유행한 거지방은 고물가, 고금리 등으로 어려운 경제상황 속에서 극단적으로 소비를 줄이려는 2030세대의 상황이 반영된 것으로 '지출제로'를 실천하는 무지출챌린지와 비슷하다.

022 홀드백(Holdback)

출시된 영화가 극장 상영을 하다 DVD 판매를 하기까지, 이후 케이블에 방영권을 판매하기까지 등 수익을 거두는 방식을 변환하는 기간을 가리킨다. 넷플릭스 등 OTT 산업의 발달로 이 기간이 점차 짧아지고 있다고 한다. 동의어로 극장원도(Theater Window)가 있다.

023 EGOT

에미상(방송), 그래미상(음반), 아카데미[오스카]상(영화), 토니상(연극·뮤지컬)의 미국 연예 4대상을 통틀어 이르는 말이다. 이들 모두를 받은 이를 EGOT라 부르기도 한다.

024 퓰리처상(Pulitzer Prize)

1917년 미국 한 언론인의 유언에 따라 창립된, 미국에서 가장 권위 있는 보도·문학·음악상으로 2025년에 109회째를 맞는 상이다.

025 레드퀸 효과

레드퀸 효과는 〈이상한 나라의 앨리스〉에서 아무리 뛰어도 제자리인 앨리스에게 여왕인 레드퀸이 앞으로 나가려면 두 배로 더 열심히 뛰어야 한다고 이야기한 데서 유래했으며, 오늘날 쫓고 쫓기는 생태계나 기업의 경쟁구조를 설명하는 용어로 쓰이고 있다.

026 훈민정음 판본

훈민정음의 판본에는 크게 해례본, 언해본이 있고, 그 밖에 예의본이 있다. 실록본은 예의본에 속한다. 이 가운데 완전한 책의 형태를 지닌 해례본은 문화재적인 가치가 높으며 유네스코 세계기록유산과 대한민국 국보로 지정되어 있다.

027 퍼블리시티권

1953년 미국에서 사람의 초상이 갖는 가치에 대한 권리를 인정하였고 이를 퍼블리시티권이라 명명하였다. 광고·영화·TV 등의 새로운 미디어가 생겨나면서 프라이버시권만으로는 개인의 초상으로 인해 발생되는 상업적 이익을 보호할 수 없게 되었기 때문이다. 우리나라에는 퍼블리시티권을 법적 권리로 인정하는 법률이나 대법원 판례는 없으나 연예인의 퍼블리시티권과 관련된 분쟁 및 소송이 급격히 늘어나 이에 대한 논의가 활발히 진행될 예정이다.

028 판소리

① 판소리의 유파

동편제	전라도 동북 지역의 소리, 단조로운 리듬, 짧고 분명한 장단, 씩씩하고 담백한 창법
서편제	전라도 서남 지역의 소리, 부드럽고 애절한 창법, 수식과 기교가 많아 감상적인 면 강조
중고제	경기도와 충청도 지역의 소리, 동편제와 서편제의 절충형, 상하성이 분명함

② 판소리의 3대 요소

창	판소리에서 광대가 부르는 노래이자 소리로, 음악적인 요소
아니리	창자가 한 대목에서 다음 대목으로 넘어가기 전에 장단 없이 자유로운 리듬으로 말하듯이 사설을 엮어가는 것, 문학적인 요소
발림	판소리 사설의 내용에 따라 몸짓으로 하는 것으로, 춤사위나 형용 동작을 가리키는 연극적 요소, 비슷한 말인 '너름새'는 몸짓으로 하는 모든 동작을 의미

③ 판소리 5마당 : 춘향가, 심청가, 흥보가, 적벽가, 수궁가

029 세계 3대 영화제

베니스 영화제·칸 영화제·베를린 영화제

영화제	특징
베니스 영화제 (이탈리아)	• 1932년 창설, 매년 8~9월 열리는 가장 오래된 영화제 • 최고의 작품상에는 '황금사자상'이 수여되고, 감독상에는 '은사자상'이, 남녀 주연상에는 '볼피컵상'이 수여된다. 2012년 김기덕 감독의 피에타가 '황금사자상'을 수상했다.
칸 영화제 (프랑스)	• 1946년 시작되어 매년 5월 개최 • 대상은 '황금종려상'이 수여되며 시상은 경쟁 부문과 비경쟁 부문, 주목할 만한 시선 부문 등으로 나뉜다. • 우리나라는 〈춘향뎐(1999)〉으로 경쟁 부문에 최초 진출했다.
베를린 영화제 (독일)	• 1951년 창설하여 매년 2월 개최 • 최우수 작품상에 수여되는 '금곰상'과, 심사위원 대상·감독상·남녀 배우상 등에 수여되는 '은곰상' 등이 있다.

030 팝아트(Pop Art)

1950년대 영국에서 시작된 팝아트는 추상표현주의의 주관적 엄숙성에 반대하며 TV, 광고, 매스미디어 등 주위의 소재들을 예술의 영역 안으로 받아들인 사조를 말한다. 대중문화 속에 등장하는 이미지를 미술로 수용함으로써 순수예술과 대중예술의 경계를 깨뜨렸다는 평도 있지만, 이를 소비문화에 굴복한 것으로 보는 시선도 있다. 앤디 워홀, 리히텐슈타인 등이 대표적인 작가이다.

031 매스미디어 효과이론

① **강효과 이론** : 매스 커뮤니케이션의 효과가 매우 크다.

탄환이론	• 매스미디어는 고립된 대중들에게 즉각적·획일적으로 강력한 영향을 미침 • 피하주사식이론, 기계적 자극·반응이론 등으로 불림
미디어 의존이론	• 매스미디어-수용자-사회는 3원적 의존관계로 이루어짐 • 매스미디어에 대한 수용자의 의존도가 점점 높아지는 현대 사회에서 매스미디어가 수용자나 사회에 미치는 효과는 매우 큼
모델링이론	• 반두라의 사회적 학습이론을 바탕으로 함 • 수용자들은 매스미디어의 행동양식을 모델로 삼아서 행동하므로, 매스미디어의 영향력은 매우 강력함
침묵의 나선이론	• 인간은 자신의 의견이 사회적으로 지배적인 여론과 일치되면 이를 적극적으로 표현하지만 그렇지 않으면 침묵하는 경향이 있음 • 매스미디어는 지배적인 여론 형성에 큰 영향력을 행사함
문화계발효과이론	• 조지 거브너가 주장한 이론 • 매스미디어가 수용자에게 현실세계에 대한 정보를 제공함으로써 대중들의 관념을 형성시키며 강력한 영향력 행사

② **중효과 이론** : 매스 커뮤니케이션의 효과는 크지도 작지도 않다.

이용과 충족이론	• 인간은 각자의 필요를 충족시키기 위해 매스미디어를 이용하므로 메시지를 받아들일 준비가 된 사람에게만 영향을 끼침 • '사람들이 매스미디어로 무엇을 하느냐'의 관점에서 연구
의제설정이론	• 매스미디어는 특정 주제를 강조함으로써 사회의 이슈를 만들고 대중들의 의제 설정에 기여한다. • 미디어가 중요하게 다루는 것이 대중에게도 중요한 주제가 됨

③ **소효과 이론** : 매스 커뮤니케이션의 효과는 그리 크지 않다.

선별효과이론	• 매스미디어의 효과는 수용자의 능동적 선별에 따라 한정적 • 수용자는 자신의 가치관과 일치하는 메시지는 받아들이지만 그렇지 않으면 별다른 반응을 보이지 않음
2단계 유통이론	• 매스미디어의 영향력은 의견지도자를 거쳐 수용자들에게 전달 • 매스미디어보다 대인 접촉이 더 큰 영향력을 발휘함

032 광고의 종류

종류	설명
PPL 광고 (Products in placement Advertising)	• 영화 · 드라마 등에 특정 제품을 노출시키는 간접광고 • 엔터테인먼트 콘텐츠 속에 기업의 제품을 소품이나 배경으로 등장시켜 소비자들에게 의식 · 무의식적으로 제품을 광고하는 것
티저 광고 (Teaser Advertising)	• 처음에는 상품명을 감추거나 일부만 보여주고 궁금증을 유발하며 서서히 그 베일을 벗기는 방법 • 티저는 '놀려대는 사람'이라는 뜻을 지니며 소비자의 구매의욕을 유발하기 위해 처음에는 상품 광고의 주요 부분을 감추고 점차 공개하는 것이다.
인포머셜 광고 (Infomercial)	• 상품의 정보를 상세하게 제공하여 구매욕구를 유발하는 것 • Information(정보)과 Commercial(광고)의 합성어로, 상품에 관한 정보를 가능한 한 많이 제공함으로써 소비자의 이해를 돕고 관심을 불러일으키는 방법이다.
애드버토리얼 광고 (Advertorial)	• 신문 · 잡지에 기사 형태로 실리는 논설식 광고 • 기사 속에 관련 기업의 주장이나 식견 등을 소개하면서 회사명과 상품명을 표현하는 기사광고이다.
POP 광고 (Point of purchase Advertisement)	• 소비자가 상품을 구매하는 시점에 전개되는 광고 • 포스터나, 옥외간판 등 소비자가 상품을 구입하는 장소 주변에서의 광고를 말하고, 이는 직접적으로 구매를 촉진한다.
멀티스폿 광고 (Multi-spot Advertisement)	동일한 상품에 대해 비슷한 줄거리에 모델만 다르게 써서 여러 편을 한꺼번에 내보내는 방식이다. 한 제품에 대해 여러 편의 광고를 차례로 내보내는 시리즈 광고와 구분된다.
키치 광고 (Kitsch Advertisement)	• 언뜻 보아서는 무슨 내용인지 알 수 없는 광고이다. • 감각적이고 가벼운 것을 좋아하는 신세대의 취향을 만족시킨다.
버추얼 광고 (Virtual Advertising)	• 가상의 이미지를 방송 프로그램에 끼워넣는 '가상광고' • 컴퓨터 그래픽을 이용해 방송 중인 프로그램의 광고의 이미지를 삽입시키는 것으로, 우리나라는 2010년 1월부터 지상파 TV에서 가상광고가 가능해졌다.
비냇 광고 (Vignet Advertising)	한 가지 주제에 맞춰 다양한 장면을 짧게 연속적으로 보여줌으로써 강렬한 이미지를 주는 광고 기법
트레일러 광고 (Trailer Advertising)	• 메인 광고 뒷부분에 다른 제품을 알리는 맛보기 광고 • 한 광고로 여러 제품을 다룰 수 있어 광고비가 절감되지만 주목도가 분산되므로 고가품에는 활용되지 않는다.
더블업 광고 (Double effect of Advertisement)	• 특정 제품을 소품으로 활용하여 홍보하는 광고기법 • '광고 속의 광고'라고도 하며 소비자들에게 무의식 중에 잔상을 남겨 광고효과를 유발한다.
배너 광고 (Banner Advertisement)	• 인터넷 사이트에서 광고내용을 담은 막대 모양의 광고 • 배너 광고를 클릭하면 관련 사이트로 자동 연결되며 방문자 수, 클릭 수 등을 기준으로 광고료가 책정된다.
무드 광고 (Mood Advertisement)	• 분위기에 의한 정서적 효과를 노린 광고 • 여성을 대상으로 한 광고에 많이 사용되며 만족감 · 즐거움 등의 전체적인 분위기를 표현하여 그 분위기를 광고하는 상품에 연결시키는 기법이다.
레트로 광고 (Retrospective Advertising)	과거에 대한 향수를 느끼게 하는 추억 광고

033 저널리즘의 유형

저널리즘의 유형	특 징
가차 저널리즘 (Gotcha journalism)	사안의 맥락과 관계없이 유명인사의 사소한 실수나 해프닝을 흥미위주로 집중 보도하는 저널리즘
경마 저널리즘 (Horse race journalism)	• 경마를 구경하듯 후보자의 여론조사 결과 및 득표상황만을 집중보도하는 선거보도 형태 • 선거에 필요한 본질적인 내용보다는 흥미 위주의 보도
그래프 저널리즘 (Graph journalism)	• 사진 위주로 편집된 간행물 • 사회문제 및 패션·문화 등의 소재를 다룸
뉴 저널리즘 (New journalism)	• 1960년대 이후 기존 저널리즘의 관념을 거부하며 등장 • 속보성·단편성을 거부하고 소설의 기법을 이용해 심층적인 보도 스타일을 보임
블랙 저널리즘 (Black journalism)	숨겨진 사실을 드러내는 취재활동으로, 약점을 이용해 보도하겠다고 위협하거나 특정 이익을 위해 보도하기도 한다.
비디오 저널리즘 (Video journalism)	• 1명의 저널리스트가 소형 장비를 이용해 취재·촬영·편집의 전 과정을 담당하는 유형 • 기동성이 높고 각종 문제를 심도 있게 다룰 수 있어 VJ를 통한 외주 제작의 비율이 증가하는 추세
센세이셔널리즘 (Sensationalism)	스캔들, 범죄 기사 등 대중들의 호기심을 자극하는 내용 위주로 보도하는 형태
스트리트 저널리즘 (Street journalism)	• 시민들이 거리의 기자가 되어 언론에 참여하는 형태로, 시민 저널리즘이라고도 함 • 통신 장비의 발달로 1인 미디어의 영향이 더욱 확대
옐로 저널리즘 (Yellow journalism)	• 독자들의 호기심을 자극하고 끌어들이기 위해 선정적·비도덕적인 보도를 하는 형태 • 황색언론이라고도 하며 범죄·스캔들·가십 등 원시적 본능을 자극하는 흥미위주 소재를 다룸
제록스 저널리즘 (Xerox journalism)	극비 문서를 몰래 복사하여 발표하는 저널리즘으로, 비합법적인 폭로 기사 위주의 보도 형태
체크북 저널리즘 (Checkbook journalism)	• 유명인사들의 스캔들 기사 등과 관련해 언론사가 거액의 돈을 주고 취재원으로부터 제보를 받거나 인터뷰를 하는 것 • 취재경쟁이 과열되면서 발생한 저널리즘으로, 수표 저널리즘이라고도 함
크로니 저널리즘 (Crony journalism)	영향력 있는 인사에 대한 나쁜 뉴스를 무시하는 언론인들의 윤리 부재 및 관행
파라슈트 저널리즘 (Parachute journalism)	• 현지 사정을 잘 모르는 기자가 선입견에 따라 기사를 제공 • 낙하산 저널리즘이라고도 하며 뉴스거리가 있는 어느 곳이라도 가서 즉각적으로 기사를 작성하는 것
팩 저널리즘 (Pack journalism)	• 취재 방법 및 시각이 획일적인 저널리즘으로, 신문의 신뢰도 하락을 불러옴 • 정부 권력에 의한 은밀한 제한 및 강압에 의해 양산됨
퍼블릭 저널리즘 (Public journalism)	• 언론인들이 시민들로 하여금 공동체 문제에 참여하도록 유도하여 민주주의의 활성화에 영향을 끼친 것 • 취재원의 다양화 및 여론의 민주화를 가져옴
포토 저널리즘 (Photo journalism)	사진을 중심으로 시사 문제를 보도하는 저널리즘으로 픽토리얼 저널리즘이라고도 함
하이에나 저널리즘 (Hyena journalism)	권력 없고 힘없는 사람에 대해서 집중적인 매도와 공격을 퍼붓는 저널리즘
하이프 저널리즘 (Hipe journalism)	오락만 있고 정보는 전혀 없는 저널리즘
데이터 저널리즘 (Data journalism)	CAR(Computer Assisted Reporting, 컴퓨터 활용 취재보도)을 통해 엄청난 양의 데이터를 수집한 후 통계적으로 분석해 보도하는 저널리즘

034 러너스 하이(Runner's High)

미국 심리학자 맨델이 1979년 발표한 논문에서 처음 사용한 용어로 '엑서사이즈 하이'라고도 한다. 신체 및 정신적인 측면과 관련이 있으며, 주변의 환경자극이 있는 상태에서 운동을 했을 때 나타나는 신체적인 스트레스로 인해 발생하는 행복감을 말한다. 일정 강도의 운동을 일정 시간 계속하였을 경우 뇌에서 베타 엔도르핀이라는 물질이 나와 마약과 같은 약물을 투여했을 때 나타나는 느낌을 겪는 현상이다.

035 세계 4대 메이저 테니스 대회

4대 메이저대회 모두 국제테니스연맹(ITF)이 관장하며, 이 4개 대회에서 그해에 모두 우승할 경우 그랜드슬램(Grand Slam)을 달성했다고 한다.

대 회	내 용
윔블던 (Wimbledon)	가장 오랜 역사를 지닌 테니스 대회이며 정식명칭은 'All England Tennis Championship'으로 전영 오픈이라는 명칭으로도 사용된다. 1877년 제1회 대회가 개최되었고, 1968년 프로들에게 본격적으로 오픈되었다. 경기는 잔디코드에서 진행된다.
전미 오픈 (US open)	1881년 US National Championships라는 이름으로 시작하여 1965년 US 오픈으로 개칭하였다. 시즌 한 해를 마감하는 매년 9월경 개최되며 총상금이 가장 많은 대회이기도 하다. 경기는 하드코트에서 진행된다.
프랑스 오픈 (French Open)	1891년 출범해서 1968년부터는 프로들에게도 오픈되었다. 경기는 클레이코트에서 진행되며 프랑스 오픈이라는 명칭보다 클레이코트 대회라는 이미지로 더 많이 알려져 있다.
호주 오픈 (Australian Open)	1905년에 개최되었으며 1969년에 프로선수들에게 오픈되었다. 역사가 짧고 상금이 낮아 톱시드의 선수들 참가가 저조한 편이다. 경기는 하드코트에서 진행된다.

036 세이버매트릭스(Sabermetrics)

야구를 통계학·수학적 방법으로 분석하는 방법론을 말한다. 세이버매트릭스는 그동안 수많은 변화를 겪어오면서 단순한 개인의 취미 차원을 넘어서 야구 전반에서 쓰이고 있을 만큼 널리 퍼졌다. 야구선수 출신이 아닌 일반 마니아 팬이 만들어내 수많은 관계자들이 배척했으나 오클랜드 단장 빌리 빈이 이를 적용하여 성공한 것으로 유명하다.

037 올림픽(Olympic)

2년마다 하계 올림픽과 동계 올림픽이 번갈아 열리며, 국제올림픽위원회(IOC)가 감독한다. 1894년에 IOC가 창설되어, 1896년에 그리스 아테네에서 제1회 올림픽이 열렸다. 거의 모든 국가가 참여할 정도로 그 규모면에서 세계 최고의 대회이다.

하계 올림픽			동계 올림픽		
회	연도	개최지	회	연도	개최지
35회	2032	호주 브리즈번			
34회	2028	미국 로스앤젤레스			
33회	2024	프랑스 파리	–	–	–
32회	2020	일본 도쿄			
31회	2016	브라질 리우데자네이루			
30회	2012	영국 런던			
29회	2008	중국 베이징	27회	2034	미국 솔트레이크 시티
28회	2004	그리스 아테네	26회	2030	프랑스 알프스
27회	2000	호주 시드니	25회	2026	이탈리아 밀라노·코르티나담페초
26회	1996	미국 애틀랜타	24회	2022	중국 베이징
25회	1992	스페인 바르셀로나	23회	2018	대한민국 평창
24회	1988	대한민국 서울	22회	2014	러시아 소치
23회	1984	미국 LA	21회	2010	캐나다 밴쿠버
22회	1980	소련 모스크바	20회	2006	이탈리아 토리노
21회	1976	캐나다 몬트리올	19회	2002	미국 솔트레이크시티
20회	1972	독일 뮌헨	18회	1998	일본 나가노
19회	1968	멕시코 멕시코시티	17회	1994	노르웨이 릴레함메르
18회	1964	일본 도쿄	16회	1992	프랑스 알베르빌
17회	1960	이탈리아 로마	15회	1988	캐나다 캘거리
16회	1956	호주 멜버른	14회	1984	유고슬라비아 사라예보
15회	1952	핀란드 헬싱키	13회	1980	미국 레이크플래시드
14회	1948	영국 런던	12회	1976	오스트리아 인스부르크
13회	1944	2차 세계대전으로 무산	11회	1972	일본 삿포로
12회	1940		10회	1968	프랑스 그르노블
11회	1936	독일 베를린	9회	1964	오스트리아 인스부르크
10회	1932	미국 LA	8회	1960	미국 스쿼밸리
9회	1928	네덜란드 암스테르담	7회	1956	이탈리아 코르티나담페초
8회	1924	프랑스 파리	6회	1952	노르웨이 오슬로
7회	1920	벨기에 앤트워프	5회	1948	스위스 생모리츠
6회	1916	1차 세계대전으로 무산	–	1944	2차 세계대전으로 무산
5회	1912	스웨덴 스톡홀름	–	1940	2차 세계대전으로 무산
4회	1908	영국 런던	4회	1936	독일 가르미슈파르텐키르헨
3회	1904	미국 세인트루이스	3회	1932	미국 레이크플래시드
2회	1900	프랑스 파리	2회	1928	스위스 생모리츠
1회	1896	그리스 아테네	1회	1924	프랑스 샤모니

038 월드컵(FIFA World Cup)

클럽이나 소속에 상관없이 오직 선수의 국적에 따른 구분으로 하는 축구 경기이다. 4년마다 개최되는 월드컵은 올림픽과 달리 단일 종목 대회이며, 올림픽은 한 도시를 중심으로 개최되는 반면 월드컵은 한 나라를 중심으로 열린다. 대회 기간 역시 올림픽이 보통 보름 정도이지만 월드컵은 약 한 달 동안 진행된다.

회	연도	개최국	우승국	준우승국
25회	2034	사우디아라비아	-	-
24회	2030	스페인 · 포르투갈 · 모로코		
23회	2026	캐나다 · 멕시코 · 미국		
22회	2022	카타르	아르헨티나	프랑스
21회	2018	러시아	프랑스	크로아티아
20회	2014	브라질	독일	아르헨티나
19회	2010	남아프리카공화국	스페인	네덜란드
18회	2006	독일	이탈리아	프랑스
17회	2002	한국 · 일본	브라질	독일
16회	1998	프랑스	프랑스	브라질
15회	1994	미국	브라질	이탈리아
14회	1990	이탈리아	독일	아르헨티나
13회	1986	멕시코	아르헨티나	독일
12회	1982	스페인	이탈리아	독일
11회	1978	아르헨티나	아르헨티나	네덜란드
10회	1974	서독	서독	네덜란드
9회	1970	멕시코	브라질	이탈리아
8회	1966	잉글랜드	잉글랜드	서독
7회	1962	칠레	브라질	체코
6회	1958	스웨덴	브라질	스웨덴
5회	1954	스위스	서독	헝가리
4회	1950	브라질	우루과이	브라질
3회	1938	프랑스	이탈리아	헝가리
2회	1934	이탈리아	이탈리아	체코
1회	1930	우루과이	우루과이	아르헨티나

039 스쿼시(Squash)

공식적으로는 스쿼시 라켓(Squash Rackets)이라 부르는데 이는 라켓과 다르게 딱딱한 공을 사용하지 않고 '찌그러지는(Squashable)' 소프트볼을 사용한다는 의미이다. 게임은 4면이 벽인 코트에서 두 명이(복식은 네 명) 하며 랠리는 한 선수가 상대방의 공을 받아치지 못하거나 실수를 할 때까지 계속된다.

040 철인 3종경기(트라이애슬론, Triathlon)

인간 체력의 한계에 도전하는 경기로 바다수영(3.9km), 사이클(182km), 마라톤(42.195km) 등 3개 대회 풀코스를 쉬지 않고 이어서 한다. 1978년 하와이에서 처음으로 국제대회가 열렸으며, 2000년 시드니올림픽의 정식 종목으로 채택됐다. 제한 시간은 17시간으로 이 시간 내에 완주하면 '철인(Iron Man)' 칭호가 주어진다.

041 트리플 더블(Triple Double)

농구의 한 경기에서 한 선수가 득점, 어시스트, 리바운드, 스틸, 블록슛 중 두 자리 수 이상의 기록을 세 부문에서 달성하는 것을 말한다. 네 부문에서 달성하면 쿼드러플 더블(Quadruple Double)이라고 하고, 두 개 부문에서 두 자리 수 이상을 달성하는 것은 더블 더블(Double Double)이라고 한다.

042 프리에이전트(FA ; Free Agent)

한국 프로야구의 경우 9시즌 이상 프로야구에서 활약한 선수에게 FA 자격이 주어진다. 단, 타자는 정규경기 수의 2/3 이상을 뛰어야 하고, 투수는 규정이닝의 2/3 이상을 던져야 한 시즌으로 인정된다. 이렇게 9시즌을 보낸 선수는 FA 자격이 주어져 한국 야구위원회에 FA신청을 할 수 있다.

043 해트트릭(Hat trick)

축구나 아이스하키 등의 경기에서 한 선수가 한 게임에서 3득점을 달성하거나 한 팀이 3년 또는 3번의 대회 연속으로 대회 타이틀을 석권했을 때를 칭한다. 20세기 초 영국 크리켓 게임에서 3명의 타자를 연속 아웃시킨 투수에게 새 모자를 주어 명예를 칭송하던 것에서 유래했다.

044 문학의 4대 장르(갈래)

문학은 언어의 형태에 따라 운문문학과 산문문학, 전달 방식에 따라 구비문학과 기록문학으로 나뉘기도 한다. 보통은 4분법에 의해 시·소설·희곡·수필로 구분하고, 4분법에 평론을 더한 5분법, 평론과 시나리오를 더한 6분법을 적용하기도 한다.

[주요 작가와 대표작품]

작가	시대	작품
김동인	1920년대	감자, 배따라기, 운현궁의 봄, 약한 자의 슬픔, 발가락이 닮았다, 광염소나타, 광화사
염상섭		표본실의 청개구리, 만세전, 삼대, 두 파산
현진건		운수 좋은 날, 빈처, 무영탑, 술 권하는 사회
주요섭		사랑 손님과 어머니, 아네모네의 마담, 인력거꾼
이상	1930년대	날개, 오감도, 봉별기, 종생기, 권태
채만식		치숙, 탁류, 태평천하, 레디 메이드 인생
김유정		봄봄, 동백꽃, 금 따는 콩밭
김동리		무녀도, 등신불, 사반의 십자가, 바위
황순원		독 짓는 늙은이, 카인의 후예, 학, 소나기
이효석		메밀꽃 필 무렵, 분녀, 산, 돈, 들

최인훈	1960년대	광장, 회색인, 서유기
이청준		서편제, 병신과 머저리, 축제, 매잡이
김승옥		서울, 1964년 겨울, 무진기행
박경리		토지, 김약국의 딸들, 불신시대
신경림	1970년대	농무, 목계장터, 가난한 사랑 노래
황석영		삼포가는 길, 장길산, 객지, 개밥바라기별
조세희		난장이가 쏘아올린 작은 공
박완서	1980년대	엄마의 말뚝, 나목, 그 많던 싱아는 누가 다 먹었을까
조정래		태백산맥, 아리랑
신경숙		외딴방, 엄마를 부탁해, 풍금이 있던 자리
공지영		고등어, 봉순이 언니, 무소의 뿔처럼 혼자서 가라

045 허생전

〈열하일기〉의 '옥갑야화'에 실려 있는 〈허생전〉은 실학적인 안목으로 사회를 비판하고 근대적 자각 의식을 드러냈으며, 조선 시대 사실주의 소설의 전형을 보여준다. 박지원은 이밖에도 〈호질〉, 〈양반전〉, 〈광문자전〉, 〈예덕선생전〉, 〈민옹전〉, 〈마장전〉, 〈열녀함양박씨전〉, 〈열하일기〉 등의 작품을 남겼다.

046 홍길동전

양반 서얼 출신인 홍길동이 활빈당이라는 집단을 결성하여 관아를 습격하다가 율도국을 건설한다는 내용으로, 임진왜란 후 사회제도의 결함, 특히 적서 차별의 타파와 부패한 정치를 개혁하려는 허균의 혁명적 사상을 작품화하였다.

047 햄릿

셰익스피어 4대 비극 중 하나로 영국의 대문호 셰익스피어가 1601년경에 완성한 5막의 비극이다.

[셰익스피어의 4대 비극]

작품	발표시기	내용
오셀로 (Othello)	1604 (1622 간행)	5막. 장군 오셀로가 아내의 정조를 의심하여 그녀를 죽이지만, 그의 부관 이아고(Iago)의 계략이었음을 알고 자살한다.
맥베스 (Macbeth)	1605~1606	5막. 스코틀랜드의 장군 맥베스가 마녀의 예언에 홀려 던컨 왕을 죽이고 왕위에 오르지만 던컨 왕의 아들 맬컴에게 살해된다.
리어왕 (King Lear)	1608	5막. 맏딸과 둘째 딸의 거짓말에 속아 효성이 깊은 셋째 딸 코델리아를 내쫓은 리어왕이 두 딸의 배신으로 비참하게 죽는다.
햄릿 (Hamlet)	1601	5막. 우유부단한 햄릿은 고민 끝에 부왕을 죽이고 왕위에 오른 숙부에게 복수하지만, 자신도 독이 발린 칼에 찔려 죽는다는 내용이다.

048 세계유산

유네스코는 1972년부터 세계유산협약에 따라 역사적 중요성, 뛰어난 예술성, 희귀성 등을 지니고 인류를 위해 보호해야 할 가치가 있는 유산을 세계유산으로 지정하고 있다. 세계유산은 '문화유산', '자연유산', '복합유산'으로 나누어 관리한다.

구분	등록현황
세계문화유산	석굴암·불국사(1995), 해인사 장경판전(1995), 종묘(1995), 창덕궁(1997), 수원화성(1997), 경주역사유적지구(2000), 고창·화순·강화 고인돌 유적(2000), 조선왕릉(2009), 안동하회·경주양동마을(2010), 남한산성(2014), 백제역사유적지구(2015), 산사 한국의 산지승원(2018), 한국의 서원(2019), 가야고분군(2023)
세계자연유산	제주화산섬과 용암동굴(2007), 한국의 갯벌(2021)

049 세계기록유산

유네스코가 지정하는 세계유산 중 가치가 높다고 인정되는 기록물을 대상으로 지정한다. 인류의 소중한 기록유산을 보존·활용하기 위해 1997년부터 2년마다 국제자문위원회의 심의를 통해 유네스코 사무총장이 선정한다. 무형문화재 가운데 선정되는 세계무형유산과는 구별되며 별도로 관리된다.

구분	등록현황
우리나라 세계기록유산	훈민정음 해례본(1997), 조선왕조실록(1997), 직지심체요절(2001), 승정원일기(2001), 해인사 대장경판 및 제경판(2007), 조선왕조 의궤(2007), 동의보감(2009), 일성록(2011), 5·18 광주 민주화운동 기록물(2011), 난중일기(2013), 새마을운동 기록물(2013), 한국의 유교책판(2015), KBS 특별 생방송 '이산가족을 찾습니다' 기록물(2015), 조선왕실 어보와 어책(2017), 국채보상운동 기록물(2017), 조선통신사 기록물(2017), 4·19 혁명 기록물(2023), 동학농민혁명 기록물(2023), 제주 4·3 기록물(2025), 산림녹화 기록물(2025)
우리나라 세계무형유산	종묘제례 및 종묘제례악(2001), 판소리(2003), 강릉단오제(2005), 강강술래(2009), 남사당놀이(2009), 영산재(2009), 처용무(2009), 제주칠머리당영등굿(2009), 가곡(2010), 대목장(2010), 매사냥(2010), 택견(2011), 줄타기(2011), 한산모시짜기(2011), 아리랑(2012), 김치와 김장문화(2013), 농악(2014), 줄다리기(2015), 제주해녀문화(2016), 씨름(2018), 연등회(2020), 한국의 탈춤(2022), 한국의 장 담그기 문화(2024)

050 국보·보물

보물과 국보는 모두 유형문화재로, '보물'은 건조물·전적·서적·고문서·회화·조각·공예품·고고자료·무구 등의 문화재 중 중요한 것을 문화재청장이 문화재위원회의 심의를 거쳐 지정하고, '국보'는 보물에 해당하는 문화재 중 제작 연대가 오래되고 시대 특유의 제작 기술이 뛰어나며 형태나 용도가 특이한 것을 문화재위원회의 심의를 거쳐 지정한다. 따라서 국보보다 보물이 많다.

구분	1호	2호	3호
국보	서울 숭례문(남대문)	원각사지 10층 석탑	북한산 신라 진흥왕순수비
보물	서울 흥인지문(동대문)	서울 보신각종	대원각사비
사적	경주 포석정지	김해 봉황동 유적	수원화성
무형문화재	종묘제례악	양주 별산대놀이	남사당놀이

051 베른조약

1886년 스위스의 수도 베른에서 체결된 조약으로, 외국인의 저작물을 무단 출판하는 것을 막고 다른 가맹국의 저작물을 자국민의 저작물과 동등하게 대우하도록 한다. 무방식주의에 따라 별도의 등록 없이 저작물의 완성과 동시에 저작권이 발생하는 것으로 보며, 보호 기간은 저작자의 생존 및 사후 50년을 원칙으로 한다.

052 카피레프트(Copyleft)

1984년 리처드 스톨먼이 주장한 것으로 저작권(Copyright, 카피라이트)에 반대되는 개념이며 정보의 공유를 위한 조치이다. 카피레프트를 주장하는 사람들은 지식과 정보는 소수에게 독점되어서는 안 되며 모든 사람에게 열려 있어야 한다고 주장한다.

카피라이트	카피레프트
창작자에게 독점권 권리 부여	저작권 공유 운동
창작의 노고에 대한 정당한 대가 요구	자유로운 정보 이용으로 창작 활성화
궁극적으로 문화 발전을 유도	지식과 정보는 인류 전체의 공동 자산

053 노벨상(Nobel Prizes)

다이너마이트를 발명한 알프레드 노벨의 유산을 기금으로 하여 해마다 물리학·화학·생리의학·경제학·문학·평화의 6개 부문에서 인류 문명의 발달에 공헌한 사람이나 단체를 선정하여 수여하는 상이다. 1901년 제정되어 매년 12월 10일 스웨덴의 스톡홀름에서 시상식이 열리고, 평화상 시상식만 노르웨이의 오슬로에서 열린다. 한국인으로는 2000년 김대중 전 대통령이 노벨평화상을, 2024년에 한강 작가가 노벨문학상을 수상하였다.

054 아카데미상(Academy Awards, OSCAR)

미국 영화계에서 가장 권위 있는 영화상으로 1929년에 시작되었으며, 오스카상으로도 불린다. 전년도에 발표된 미국 영화 및 LA에서 1주일 이상 상영된 외국 영화를 대상으로 우수한 작품과 그 밖의 업적에 대하여 해마다 봄철에 시상한다.

055 토니상(Tony Awards)

매년 미국 브로드웨이에서 상연된 연극과 뮤지컬의 우수한 업적에 대해 수여하는 상으로, 연극의 아카데미상이라고도 불린다. 해마다 5월 하순~6월 상순에 최종 발표와 시상식이 열리고, 연극 부문인 스트레이트 플레이와 뮤지컬 부문인 뮤지컬 플레이로 나뉘어 작품상, 남녀 주연상, 연출상 등이 수여된다.

056 에미상(Emmy Awards)

TV의 아카데미상으로 불리는 이 상은 1948년 창설되어 뉴욕에서 시상식이 개최되며, 미국 텔레비전예술과학아카데미가 주최한다. 본상격인 프라임타임 에미상과 주간 에미상, 로스앤젤레스 지역 에미상, 국제 에미상 등의 부문으로 나누어 수상작을 발표한다.

057 미장센(Mise-en-scene)

몽타주와 상대적인 개념으로 쓰이며, 특정 장면을 찍기 시작해서 멈추기까지 한 화면 속에 담기는 모든 영화적 요소와 이미지가 주제를 드러내도록 하는 것을 말한다. 관객의 능동적 참여를 요구하고, 주로 예술영화에서 강조되는 연출 기법이다.

058 국악의 빠르기

진양조 → 중모리 → 중중모리 → 자진모리 → 휘모리

진양조	가장 느린 장단으로 1장단은 4분의 24박자이다.
중모리	중간 속도로 몰아가는 장단으로, 4분의 12박자이다.
중중모리	8분의 12박자 정도이며 춤추는 대목, 통곡하는 대목 등에 쓰인다.
자진모리	매우 빠른 12박으로, 극적이고 긴박한 대목에 쓰인다.
휘모리	매우 빠른 8박으로, 급하고 분주하거나 절정을 묘사한 대목에 쓰인다.

059 사물놀이

사물놀이는 네 가지 악기, 즉 사물(四物)로 연주하도록 편성된 음악이다. 농민들이 하던 대규모 풍물놀이에서 앞부분에 배치되어 있던 악기 중 꽹과리, 장구, 북, 징의 4가지 악기를 빼서 실내 무대에서도 공연이 가능하도록 새롭게 구성한 것으로, 1970년대 후반에 등장했다. '사물놀이'라는 이름도 그 무렵 만들어진 것이다.

060 음악의 빠르기

라르고(Largo) : 아주 느리고 폭넓게 → 아다지오(Adagio) : 아주 느리고 침착하게 → 안단테(Andante) : 느리게 → 모데라토(Moderato) : 보통 빠르게 → 알레그레토(Allegretto) : 조금 빠르게 → 알레그로(Allegro) : 빠르게 → 비바체(Vivace) : 빠르고 경쾌하게 → 프레스토(Presto) : 빠르고 성급하게

061 르네상스 3대 거장

- **레오나르도 다빈치** : 〈암굴의 성모〉, 〈성모자〉, 〈모나리자〉, 〈최후의 만찬〉 등의 작품을 남겼고, 해부학에서도 큰 업적을 남겼다. 또한 천문학, 물리학, 지리학, 토목학, 병기 공학, 생물학 등 다양한 분야에서 독창적인 연구를 하였으며, 음악에도 뛰어난 재능이 있었다.
- **미켈란젤로** : 작품에 〈최후의 심판〉, 〈천지창조〉 등의 그림과 〈다비드〉 조각이 있으며, 건축가로서 산피에트로 대성당의 설계를 맡기도 하였다.
- **라파엘로** : 아름답고 온화한 성모를 그리는 데에 재능이 뛰어나 미술사에 독자적인 자리를 차지하고 있으며, 조화로운 공간 표현·인체 표현 등으로 르네상스 고전 양식을 확립하였다.

062 비엔날레

이탈리아어로 '2년마다'라는 뜻으로 미술 분야에서 2년마다 열리는 전시 행사를 일컫는다. 세계 각지에서 여러 종류의 비엔날레가 열리고 있지만, 그중에서도 가장 역사가 길며 그 권위를 인정받고 있는 것은 베니스 비엔날레이다.

063 미국의 3대 방송사

NBC (National Broadcasting Company)	1926년 라디오 방송으로 출발하여, 1941년 TV방송을 시작했다. 미국 3대 네트워크 중 가장 오랜 역사를 지니고 있다. 쇼, 영화, 모험 드라마와 사건 취재 등에 강하다.
CBS (Columbia Broadcasting System)	1927년 설립되어 1931년 미국 최초로 TV 정기방송을 시작한 데 이어 1951년 미국 최초로 컬러 TV방송을 도입했다. 대형 스타들을 기용하고 뉴스에 역점을 두며 네트워크 중 우세를 차지하기도 했다.
ABC (American Broadcasting Company)	1943년 설립되어 1948년 처음 TV방송을 시작한 ABC는 1996년 월트디즈니사에 인수되었다. 뉴스로 명성이 높으며 올림픽 중계 등 스포츠에서 강세를 보여왔다.

064 게이트키핑(Gate Keeping)

뉴스가 대중에게 전해지기 전에 기자나 편집자와 같은 뉴스 결정권자(게이트키퍼)가 대중에게 전달하고자 하는 뉴스를 취사선택하여 전달하는 것이다. 객관적 보도의 가능성과 관련한 논의에서 자주 등장한다.

065 오프 더 레코드(Off-the-record)

소규모 집회나 인터뷰에서 뉴스 제공자가 오프 더 레코드를 요구하는 경우, 기자는 그것을 공표하지 않겠다고 약속하고 발언자의 이야기를 정보로서 참고만 할 뿐 기사화해서는 안 된다. 취재기자는 오프 더 레코드를 지키는 것이 기본자세이지만 반드시 지켜야 할 의무는 없다.

066 엠바고(Embargo)

본래 특정 국가에 대한 무역·투자 등의 교류 금지를 뜻하지만 언론에서는 뉴스 기사의 보도를 한시적으로 유보하는 것을 말한다. 즉, 정부 기관 등의 정보 제공자가 뉴스의 자료를 제보하면서 일정 시간까지 공개하지 말 것을 요구할 경우 그때까지 보도를 미루는 것이다. 흔히 '엠바고를 단다'고 말하며 정보 제공자 측과의 관계를 고려하여 되도록 지켜주는 경우가 많다.

067 IPTV(Internet Protocol Television)

초고속 인터넷망을 통해 영화·드라마 등 시청자가 원하는 콘텐츠를 양방향으로 제공하는 방송·통신 융합 서비스이다. 가장 큰 특징은 시청자가 편리한 시간에 원하는 프로그램을 선택해 볼 수 있다는 것이다. TV 수상기에 셋톱박스를 설치하면 인터넷 검색은 물론 다양한 동영상 콘텐츠 및 부가 서비스를 제공받을 수 있다.

068 근대 5종 경기

근대 5종 경기는 원래 병사들의 종합 능력을 테스트할 목적으로 만들어졌다. 오랜 역사를 가진 종목으로 고대 그리스의 올림픽(BC 708년)까지 거슬러 올라간다. 1일 동안 펜싱, 수영, 승마, 복합(사격+육상) 경기 등 5개 종목을 순서대로 진행하며, 각 종목별 기록을 근대 5종 점수로 바꾸었을 때 총득점이 가장 높은 선수가 우승한다. '근대 5종'이라는 이름으로 1912년 제5회 올림픽 경기대회 때부터 정식 종목으로 채택되었다.

069 펀치 드렁크(Punch Drunk)

얼굴을 집중적으로 얻어맞는 권투 선수처럼 뇌에 많은 충격과 손상을 받은 사람에게 주로 나타나는 뇌세포 손상증으로, 정신불안, 혼수상태, 기억상실 등 급성 증세를 보인다. 실어증, 반신불수, 치매, 실인증 등 만성 증세가 나타나기도 하며, 심한 경우에는 목숨을 잃기도 한다.

070 식스맨(Six Man)

시합이 시작되면서부터 플레이하는 다섯 명의 선수를 스타팅 멤버라고 하는데, 이들은 팀에서 가장 실력이 출중하다고 평가되는 선수들로 구성된다. 경기를 하다가 스타팅 멤버의 체력이 떨어지거나 경기 분위기를 바꾸기 위해 다른 선수를 투입하기도 하는데, 이렇게 선수를 교체해야 할 때 대기 선수지만 중요한 순간에 게임에 투입되어 경기를 잘 운영할 수 있는 선수를 식스맨이라 한다.

071 낫아웃(Not Out)

야구에서 공식 명칭은 'Uncaught Third Strike'이다. 대부분 포수가 공을 놓치는 경우에 해당하기 때문이다. 낫아웃은 2스트라이크 이후에 추가로 스트라이크 판정을 받았으나 포수가 이 공을 놓칠 경우(잡기 전에 그라운드에 닿은 경우도 포함)를 가리키며, 이때 타자는 아직 아웃당하지 않은 상태가 되어 1루로 뛸 수 있다. 타자의 스윙 여부와는 상관이 없으며 투수와 타자 모두 삼진으로 기록된다.

072 퍼펙트게임(Perfect Game)

한 명의 투수가 선발로 출전하여 단 한 명의 주자도 출루하는 것을 허용하지 않은 게임을 말한다. 국내 프로야구에서는 아직 달성한 선수가 없으며, 메이저리그에서도 단 23명만이 퍼펙트게임을 기록했다.

073 가린샤 클럽(Garrincha Club)

월드컵 본선에서 골을 넣은 뒤 파울로 퇴장당한 선수들을 말한다. 1962년 칠레 월드컵에서 브라질의 스트라이커 가린샤가 칠레와의 4강전에서 2골을 넣은 뒤 상대 수비수를 걷어차 퇴장당하면서부터 가린샤 클럽이라는 용어가 생겼다.

074 골프(Golf)

골프채(Club)로 공을 쳐서 가장 적은 타수로 홀에 넣는 것으로 순위를 가리는 경기이다. 각 홀마다 승패를 결정하는 매치 플레이(Match Play)와 정규 라운드에서 최소 타수를 기록한 선수가 우승하는 스트로크 플레이(Stroke Play), 각 홀의 1위 선수가 홀마다 걸린 상금을 획득하는 방식인 스킨스 게임(Skins Game)이 있다. 골프채는 골프 클럽(Golf Club)이라고 하는데 한 경기에서 사용할 수 있는 클럽은 14개 이하이며, 상황에 따라 드라이버(Driver), 우드(Wood), 아이언(Iron), 웨지(Wedge), 퍼터(Putter) 등을 사용한다.

075 펜싱(Fencing)

검으로 찌르기, 베기 등의 기술을 사용하여 겨루는 스포츠이다. 유럽에서 유래하였으며, 국제 표준 용어는 모두 프랑스어가 사용된다. 사용하는 검에 따라 플뢰레, 에페, 사브르의 3종류가 있으며, 남녀 개인전과 단체전이 있다.

플뢰레 (Fleuret)	프랑스어의 꽃을 뜻하는 fleur에서 나온 말로 칼날의 끝이 꽃처럼 생겨서 붙여졌다. 플뢰레는 심판의 시작 선언 후 먼저 공격적인 자세를 취한 선수에게 공격권이 주어진다. 공격을 당한 선수는 반드시 방어해야만 공격권을 얻을 수 있으며 유효 타깃은 얼굴, 팔, 다리를 제외한 몸통이다.
에페 (Epee)	창, 검 등을 의미하는 그리스어에서 유래했다. 에페는 먼저 찌르는 선수가 득점을 하게 된다. 마스크와 장갑을 포함한 상체 모두가 유효 타깃이며 하체를 허리 부분부터 완벽하게 가릴 수 있는 에이프런 모양의 전기적 감지기 옷이 준비되어 있다. 에페는 빠르게 찌르는 선수가 점수를 얻지만 1/25초 이내에 서로 동시에 찌를 경우는 둘 다 점수를 얻는다.
사브르 (Sabre)	검이란 뜻으로 베기와 찌르기를 겸할 수 있는 검을 사용한다. 베기와 찌르기가 동시에 가능하다. 유효 타깃은 허리뼈보다 위이며 머리와 양팔도 포함된다.

076 골프 4대 메이저 대회

구분	4대 메이저대회
PGA	• PGA 챔피언십(PGA Championship, 1916) • US 오픈(US Open, 1895) • 브리티시 오픈(British Open, 1860) • 마스터스(Masters, 1930)
LPGA	• AIG 브리티시 여자오픈 • US 여자오픈 • KPMG 위민스 PGA 챔피언십(구 LPGA챔피언십) • ANA 인스퍼레이션(구 크래프트 나비스코 챔피언십)

077 데이비스컵(Davis Cup)

테니스 월드컵이라고도 불리는 세계 최고 권위의 남자 테니스 국가 대항 토너먼트이다. 1900년 미국과 영국의 대결에서 처음 시작되었다. 데이비스는 우승배를 기증한 드와이트 필리 데이비스의 이름에서 따온 것이다. 해마다 지역 예선을 거친 세계 16개 나라가 토너먼트식으로 대전하여 우승국을 결정한다. 데이비스컵 대회는 매년 열리며 우승배인 데이비스컵은 그 해의 우승 국가가 1년간 보관한다. 데이비스컵 보유국을 '챔피언 네이션(Championnation)'이라 한다.

078 세계 4대 모터쇼

프랑크푸르트, 디트로이트, 파리, 도쿄 모터쇼이다. 세계 최초의 모터쇼는 1897년 독일에서 열린 프랑크푸르트 모터쇼이다. 그 후 세계 각국에서 모터쇼를 개최하였는데, 그중에서 1898년 처음 개최된 프랑스의 파리 모터쇼, 1907년 처음 개최된 미국의 디트로이트 모터쇼, 1954년 처음 열린 일본의 도쿄 모터쇼를 통틀어, 세계 4대 모터쇼라고 부른다. 여기에 제네바 모터쇼를 합해 세계 5대 모터쇼로 부르기도 한다.

079 국제올림픽위원회(IOC)

올림픽 운동의 감독 기구이다. IOC는 1894년에 창설되어 올림픽 개최 도시를 선정하며, 각 올림픽 대회마다 열리는 올림픽 종목도 IOC에서 결정한다. IOC 조직과 활동은 올림픽 헌장을 따른다.

080 세계 3대 축구리그

프리미어리그, 세리에 A, 프리메라리가이다. 예전에는 독일의 프로 축구 1부인 분데스리가(Bundesliga)를 포함시켜 4대 리그라고 하였으나 1990년 이후 리그 수준과 선수 공급에 따른 차이가 커지면서 현재는 일반적으로 세계 3대 축구 리그로 부르고 있다.

081 라이더컵(Ryder Cup)

1927년 미국과 영국 대결로 처음 시작돼 현재 유럽, 미국 등에 랭킹 순위가 높은 골퍼들이 국가를 대표해 경기를 치르고 있다. 현재는 2년에 한 번씩 미국과 유럽에서 개최되고 있으며 타이거 우즈, 로리 맥길로이, 필 미켈슨 등 세계적인 골퍼들이 참가했다.

082 선댄스영화제

세계 최고의 권위를 지닌 독립영화제로 미국의 감독 겸 배우 로버트 레드포드가 할리우드의 상업주의에 반발하고 독립영화 제작에 활기를 불어넣기 위해 창설하였다. 코엔 형제의 〈분노의 저격자〉, 쿠엔틴 타란티노의 〈저수지의 개들〉과 같은 영화가 선댄스영화제를 통해 세상에 알려진 작품들이다.

083 교향곡(Symphony)

오케스트라의 합주를 위해 작곡한 소나타이다. 세계 3대 교향곡은 베토벤의 〈운명〉, 슈베르트의 〈미완성 교향곡〉, 차이코프스키의 〈비창〉이다.

084 오페라(Opera)

음악을 중심으로 문학, 연극, 미술적 요소들이 결합된 대규모 종합 무대 예술이다. 이탈리아어로 '작품'을 뜻하며 독창자와 합창자의 노래, 연기, 춤이 무대 위에서 펼쳐진다.

085 스쿠프(Scoop)

경쟁 언론사보다 빠르게 입수하여 독점 보도하는 특종기사를 말한다. 대기업이나 정치권력 등 뉴스 제공자가 숨기고 있는 사실을 정확하게 폭로하는 것과 발표하려는 사항을 빠르게 입수해 보도하는 것 등을 모두 포함한다.

086 미디어렙

방송사의 위탁을 받아 광고주에게 광고를 판매하고 판매 대행 수수료를 받는 회사이다. 이런 대행 체제는 방송사가 광고를 얻기 위해 광고주한테 압력을 가하거나 자본가인 광고주가 광고를 빌미로 방송사에 영향을 미치는 것을 일부 막아주는 장점이 있다.

087 스핀 오프(Spin Off)
기존의 작품에서 파생된 작품을 말한다. 현재는 부수적으로 나오는 부산물 정도로 그 뜻이 넓게 쓰이고 있다. 소설·영화 등의 이야기를 바탕으로 현재의 상황에 맞는 다른 스토리를 만들어내는 것을 말하기도 한다.

088 패럴림픽(Paralympic)
장애가 있는 운동선수가 참가하는 국제 스포츠 대회이다. 하계·동계올림픽을 마친 후 2주 내에 10일간 열리며, 우리나라는 1963년 제3회 이스라엘 텔아비브장애인올림픽 때부터 참가하기 시작했다.

089 르포르타주(Reportage)
프랑스어로 '탐방·보도·보고'를 뜻하는 말로, 약칭하여 '르포'라고도 한다. 르포르타주는 다른 문학 장르에 비해 현실감·생동감이 있는데, 세계적으로 방송은 물론 문학 형식으로도 주목받고 있다.

090 시나리오(Scenario)
영화의 장면, 배우의 동작·대사 등을 적은 문학이다. 주로 대사를 통해 사건이 전개되고 장면(Scene) 단위로 구성되는데, '발단-전개-위기-절정-결말'의 5단계 구성이 일반적이다.

091 시조
고려 중엽에 발생하여 발달해온 우리나라 고유의 정형시이다. 10구체 향가에서 시작하여 고려가요를 거친 민요 등의 영향으로 발생하였다.

092 패러디(Parody)
잘 알려진 원작을 풍자적으로 비틀어 새롭게 만들어내는 문학의 표현양식이다. 새로운 의미를 재창조한 형태로, 권력적 허위의식이나 현실의 억압적 요소를 조롱하거나 비판하려는 의도를 갖고 있다.

093 다다이즘(Dadaism)
1920년대 전반까지 유럽과 미국에서 성행한 반문명적·반전통적 예술운동이다.

094 아포리즘(Aphorism)
명언, 격언, 잠언, 금언 등 교훈을 주는 말 또는 사물의 핵심과 이치를 표현한 문장을 의미한다. 가장 오래되고 유명한 아포리즘은 히포크라테스의 〈아포리즘〉에 나오는 "예술은 길고 인생은 짧다"이다.

095 사실주의(Realism)
현실을 있는 그대로 묘사·재현하려고 하는 문예 사조이다. 현실을 있는 그대로 표현하여 사물의 본질과 내면의 의미를 포착하려는 경향으로, 자연주의의 모태가 되었다.

096 모더니즘(Modernism)

현대문명을 바탕으로 실험적·전위적 경향을 나타내는 문학이다. 대표적인 작가들로는 제임스 조이스, 프란츠 카프카, T. S. 엘리어트, D. H. 로렌스 등이 있다.

097 레미제라블(Les Misérables)

프랑스어로 '비참한 사람들'이라는 뜻인 〈레미제라블〉은 19세기 초 프랑스 민중들의 비참한 삶과 프랑스 혁명을 소재로 한 빅토르 위고의 역사소설이다.

098 삼강오륜(三綱五倫)

유교의 도덕관념에서 기본이 되는 세 가지의 강령과 다섯 가지 실천 덕목이다.
- **삼강** : 군위신강(君爲臣綱), 부위자강(父爲子綱), 부위부강(夫爲婦綱)
- **오륜** : 군신유의(君臣有義), 부자유친(父子有親), 부부유별(夫婦有別), 장유유서(長幼有序), 붕우유신(朋友有信)

099 실학(實學)

17~18세기 조선에서 나타난 실증적·개혁적 학문으로, '실사구시'와 '경세치용'의 학문에 관심을 두었다.

100 제자백가

중국 춘추시대 말기에서 전국시대에 이르는 약 300년 동안에 나타난 여러 학자와 수많은 학파의 총칭이다.

> **+ 알아보기**
> - 유가(공자, 맹자, 순자) : 인(仁)사상을 근본으로, 임금에게 충(忠), 부모에게 효(孝), 형제에게 제(悌)를 강조한다.
> - 도가(노자, 장자) : 허무를 우주의 근원으로 삼고 무위자연(無爲自然)을 주장한다. 예(禮)를 강조하는 유가를 비판하며 정신적 자유의 경지를 강조한다.
> - 묵가(묵자) : '겸애'를 강조하며 만민평등주의와 박애주의 실천을 독려한다.
> - 법가(순자) : 국가를 운영하는 데 있어서 법치주의를 주장하며, 한비자 등이 발전시켰다.

101 소크라테스(Socrates)

문답법을 통한 깨달음, 무지에 대한 자각, 덕과 앎의 일치를 중시하였던 고대 그리스의 대표적 철학자이다.

102 플라톤(Plato)

이데아론을 주장한 그리스 철학자로, 소크라테스의 제자이자 아리스토텔레스의 스승이다. 플라톤의 철학은 중세 기독교철학 및 근현대 사상체계 형성에 중요한 역할을 했다.

103 아리스토텔레스(Aristoteles)

스콜라 철학의 기반이 된 그리스 철학자로, 인간 세계의 원리를 탐구하는 현실주의적 철학을 중요시했고, 삼단논법의 이론적 체계를 완성했다.

104 헬레니즘(Hellenism)
그리스 문화와 오리엔트 문화가 융합하여 형성한 문화로, '헬레니즘'은 '그리스와 같은 문화'라는 뜻이다.

105 계몽주의(Enlightenment)
구시대의 사상과 특권에 반대해 인간적·합리적 자유와 자율을 제창한 사상이다. 17세기 말 영국에서 시작하여 18세기 프랑스에서 활발히 전개되었고, 봉건적·신학적인 사상에서 탈피하여 이성과 인간성을 중시했다.

106 공리주의(Utilitarianism)
사회적 공리성(효용 ; Utility)을 가치 판단의 기준으로 하는 사상이다. 18세기 말부터 19세기 전반에 걸쳐 영국에서 유행하였고, 가치 판단의 기준을 인간의 이익과 행복의 증진에 두었다.

107 불교(Buddhism)
인도의 석가모니를 교조로 삼고 그의 가르침을 따르는 종교이다. 불교의 가장 핵심적인 교리는 고(苦)·집(集)·멸(滅)·도(道) 네 가지 진리로 구성된 사성제이다.

> **➕ 알아보기** 불교의 사성제(四聖諦)
> - 고성제(苦聖諦) : 현실 세계에 존재하는 것 모두 고통이다.
> - 집성제(集聖諦) : 현실 세계에 대한 집착이 고통의 원인이 된다.
> - 멸성제(滅聖諦) : 고통의 원인인 집착과 탐심을 없애고 해탈의 경지에 도달해야 한다.
> - 도성제(道聖諦) : 고통을 멸하기 위한 8가지 방법(팔정도)이 있다.

CHAPTER 06 적중예상문제

정답 및 해설 p.059

01 넷플릭스 이용자가 이용할 콘텐츠 선택에 오랜 시간을 들이는 현상은?

① 넷플릭스족
② 넷플릭스 증후군
③ 넷플릭스 피로
④ 넷플릭스 좀비

02 2024년 파리 올림픽의 마스코트인 프리주(phryge)는 무엇에서 따 온 것인가?

① 모자
② 어린이
③ 새
④ 빵

03 미국의 대표적 사실주의 화가로 도시인들의 고독감과 우울을 잘 표현했으며, 코로나19 시대에 재조명 받은 화가는?

① 로이 리히텐슈타인
② 잭슨 폴록
③ 에드워드 호퍼
④ 키스 해링

04 유럽의 문화예술에서 나타난 동방취미경향이나, 서양의 동양에 대한 왜곡된 인식을 가리키는 말은?

① 낭만주의
② 제국주의
③ 옥시덴탈리즘
④ 오리엔탈리즘

05 트렌드를 놓치거나 소외되는 것에서 불안감을 느끼는 증후군은?

① 라마증후군
② 오셀로증후군
③ 아스퍼거증후군
④ 포모증후군

06 내용은 보도해도 되지만 취재원을 밝혀서는 안 되는 것을 뜻하는 취재용어는?

① 백그라운드브리핑 ② 딥백그라운드
③ 오프 더 레코드 ④ 엠바고

07 다음 중 월트 디즈니 컴퍼니가 인수합병한 회사가 아닌 것은?

① ESPN ② 루카스 필름
③ DC코믹스 ④ ABC

08 다음 중 스포츠 용어 'VAR'과 가장 관련 있는 스포츠 협회/대회는 무엇인가?

① KBL(한국 프로 농구) ② WTF(세계태권도연맹)
③ V-리그(한국 배구 리그) ④ 국제축구연맹(FIFA)

09 영화가 출시된 뒤 극장 상영, DVD 판매, TV·케이블 방영권 판매 등이 기간을 두고 순차적으로 이뤄지며 수익을 낸다. 이 기간을 가리키는 용어는 무엇인가?

① 홀드백(Holdback) ② 모큐멘터리(Mockumentary)
③ 뉴커런츠(New Currents) ④ 레제드라마(Lesedrama)

10 다음 시상식과 시상 장르의 연결이 바르지 않은 것은?

① 토니상 - 연극·뮤지컬 ② 그래미상 - 각본
③ 에미상 - 방송 ④ 오스카상 - 영화

11 광고 효과 중 하나로, 유명 연예인만 기억나고 광고하는 상품은 기억나지 않는 효과는?

① 그림자 효과 ② 후광 효과
③ 피그말리온 효과 ④ 낙인 효과

12 페이스북과 트위터(현 X) 등 SNS를 활용하면서 두각을 나타내고 있으며 창간 6년 만인 2011년 뉴욕타임스를 제치고 홈페이지 방문자 수 1위를 차지한 블로그형 신문은?

① 워싱턴 포스트 ② 허프포스트
③ 월스트리트저널 ④ LA 타임즈

13 아날로그 채널 주파수(6MHz)를 쪼개 지상파 방송사가 사용할 수 있는 채널수를 늘리는 것을 무엇이라고 하는가?

① 시분할다중화(TDM) ② 멀티모드서비스(MMS)
③ 압축다중화(PMSB) ④ 광대역부호분할다중화(WCDM)

14 다음 중 세계 4대 통신사가 아닌 것은?

① AP통신사 ② UPI통신사
③ 로이터통신사 ④ 블룸버그통신사

15 유네스코 세계기록유산에 대한 설명 중 잘못된 것은?

① 인류의 소중한 기록물을 보존하고 적절한 기술을 통해 관리하기 위한 유네스코의 등록제도이다.
② 주로 세계적 가치가 있는 고문서가 대부분이지만 도서나 신문, 포스터 등 기록이 담긴 자료를 비롯해 그림, 지도, 음악 등 비기록 자료와 영상 이미지, 오디오, 비디오 같은 디지털 형태의 데이터도 등록대상이다.
③ 기록유산에 등재되면 유네스코의 보조금과 기술 지원을 받을 수 있다.
④ 유네스코의 세계유산(World Heritage)의 세부종목으로 세계문화유산, 세계무형유산, 세계기록유산이 있다.

16 오락거리만 있고 정보는 전혀 없는 새로운 유형의 뉴스를 가리키는 용어는?

① 블랙 저널리즘(Black Journalism)
② 옐로 저널리즘(Yellow Journalism)
③ 하이프 저널리즘(Hype Journalism)
④ 팩 저널리즘(Pack Journalism)

17 다음 언론사 중 세계적인 언론 재벌 루퍼트 머독의 뉴스코퍼레이션에 속하지 않는 것은?

① 폭스뉴스(미국)
② ESPN(미국)
③ V채널(중국)
④ 더 타임즈(영국)

18 다음 중 우리나라가 보유한 유네스코 세계문화유산이 아닌 것은?

① 경복궁
② 수원화성
③ 해인사장경판전
④ 경주역사 유적지구

19 시리즈의 연속성을 버리고 이야기를 처음부터 다시 만드는 것은?

① 리메이크
② 프리퀄
③ 리부트
④ 스핀오프

20 작곡가와 오페라 작품이 잘못 연결된 것은?

① 라보엠 – 푸치니 ② 라 트라비아타 – 베버
③ 아이다 – 베르디 ④ 니벨룽겐의 반지 – 바그너

21 악장 앞에 〈BWV〉라고 쓰인 곡들의 작곡가는 누구인가?

① 바흐 ② 슈베르트
③ 모차르트 ④ 베토벤

22 다음 중 유네스코 세계기록유산에 등재된 유물이 아닌 것은?

① 용비어천가 ② 조선왕조의궤
③ 훈민정음 해례본 ④ 직지심체요절

23 다음 중 하계올림픽, 동계올림픽, 월드컵 등 3대 스포츠 이벤트를 모두 개최한 국가가 아닌 것은?

① 프랑스 ② 영국
③ 일본 ④ 독일

24 유럽축구에서 한 팀이 한 시즌에 자국리그와 FA(축구협회)컵, UEFA(유럽축구연맹) 챔피언스리그를 석권하는 것을 무엇이라 하는가?

① 사이클링 히트(Cycling Hit)
② 그랜드슬램(Grand Slam)
③ 트리플 플레이(Triple Play)
④ 트레블(Treble)

25 다음과 같은 뜻을 모두 포괄하고 있는 용어는?

- 상대 국가의 항구에 상업용 선박이 드나드는 것을 법으로 명시한 것
- 특정 국가에 대해 모든 부문의 경제 교류를 중단하는 조치
- 시한부 보도 금지

① 모럴 헤저드 ② 엠바고
③ 오프 더 레코드 ④ 온 백그라운드

26 미국 콜롬비아대 언론대학원에서 선정하는 미국 최고 권위의 보도·문학·음악상은?

① 토니상 ② 그래미상
③ 퓰리처상 ④ 템플턴상

27 19세기 낭만주의 시대에 전성기를 구사한 오페라가 처음 시작된 곳은?

① 독일 ② 프랑스
③ 이탈리아 ④ 오스트리아

28 다음 중 스포츠 팀의 전체 소속 선수의 연봉 총액에 상한선을 두는 제도는?

① 드래프트 ② 트라이아웃
③ 샐러리캡 ④ 웨이버 공시

29 미국 브로드웨이에서 연극과 뮤지컬에 대해 수여하는 상은 무엇인가?

① 토니상 ② 에미상
③ 오스카상 ④ 골든글로브상

30 20년 동안 1,000만 부 이상 판매된 조정래 작가의 대하소설 3부작을 작품 내 배경 시대순으로 바르게 연결한 것은?

① 객주, 아리랑, 토지
② 아리랑, 태백산맥, 한강
③ 아리랑, 토지, 한강
④ 혼불, 아리랑, 태백산맥

31 다음 중 이창동 감독의 영화가 아닌 것은?

① 그 섬에 가고 싶다
② 초록물고기
③ 박하사탕
④ 오아시스

32 1970년 소설 〈나목〉으로 데뷔해, 제16회 호암상 예술상까지 수상한 소설가 故박완서의 작품으로 옳지 않은 것은?

① 그 많던 싱아는 누가 다 먹었을까
② 그 산이 정말 거기 있었을까
③ 토지
④ 엄마의 말뚝

33 TV나 라디오에서 한 프로그램이 끝나고 다음 프로그램으로 넘어가는 시간을 뜻하는 방송용어는?

① 스테이션 브레이크
② 스탠바이 프로그램
③ 스폿 영상
④ 리퀘스트 아워

34 다음 광고 용어에 대한 설명으로 옳지 않은 것은?

① POP광고 – 소비자가 상품을 구매하기 전에 대형 광고업체에서 광고물을 제작·게시하여 소비자의 구매를 촉진한다.
② 인포머셜광고 – 상품이나 점포에 대한 상세한 정보를 제공해 소비자의 이해를 돕는 광고기법이다.
③ 키치광고 – 어떤 제품을 알리는 데 있어서 설명보다는 기호와 이미지를 중시하는 광고기법이다.
④ 티저광고 – 핵심부분을 내보이지 않고, 점차 단계적으로 전체 모습을 명확히 해나가는 광고기법이다.

35 다음 중 세계 최대의 통신사는?

① UPI
② AP
③ 로이터
④ AFP

36 다음 중 종합편성채널에 대한 설명 중 틀린 것은?

① 뉴스 보도를 비롯하여 드라마·교양·오락·스포츠 등의 모든 장르를 방송할 수 있다.
② 24시간 종일 방송이 가능하고 중간 광고도 허용된다.
③ 지상파 방송만 시청하는 사람들은 따로 가입하지 않아도 시청이 가능하다.
④ 오락 프로그램을 전체 편성표에서 50% 이내로 편성해야 한다.

37 다음 중 판소리 5마당이 아닌 것은?

① 춘향가
② 수궁가
③ 흥보가
④ 배비장전

38 신문·방송에 관련된 다음 용어 중 설명이 잘못된 것은?

① 커스컴(Cuscom) - 특정 소수의 사람들을 상대로 전달되는 통신체계
② 오프 더 레코드(Off the Record) - 기자회견이나 인터뷰의 경우 발언자의 이야기를 정보로 참고할 뿐 기사화해서는 안 된다는 조건을 붙여 하는 발표
③ 전파 월경(Spill Over) - 방송위성의 전파가 대상지역을 넘어 주변국까지 수신이 가능하게 되는 것
④ 블랭킷 에어리어(Blanket Area) - 어느 시간까지만 보도를 중지하는 시한부 보도중지를 일컫는 말

39 황색 신문(Yellow Journalism)이란 무엇을 의미하는가?

① 비밀리에 배포되는 신문
② 정부의 시책을 극렬하게 비판하는 신문
③ 내용이 저속하고 선정적인 보도를 위주로 하는 신문
④ 컬러 그래픽을 사용한 최신 인쇄시설로 출판하는 신문

40 미디어렙(Media Rep)이란?

① 미디어를 통해 유행하게 된 음악의 하나
② 방송광고판매 대행회사
③ 미디어의 핵심기술을 연구하는 기관
④ 다각경영을 하는 미디어기업의 대표자

41 동대문은 흥인지문이라 하고 남대문은 숭례문이라고 한다. 그렇다면 서대문의 다른 이름은?

① 숙정문 ② 돈의문
③ 창의문 ④ 혜화문

42 세계 골프 4대 메이저 대회 중에서 가장 역사가 오래된 대회는?

① PGA 챔피언십
② US오픈
③ 마스터스오픈
④ 브리티시오픈

43 다음과 관련 있는 것은?

> 추임새, 아니리, 발림, 창, 고수

① 농악
② 판소리
③ 시나위
④ 남사당놀이

44 연극의 3요소가 아닌 것은?

① 무대
② 배우
③ 관객
④ 희곡

45 다음에 제시된 것들과 연관이 있는 인물은 누구인가?

> • 마릴린 먼로
> • 코카콜라 병
> • 캠벨 수프 깡통
> • 팝아트

① 르네 마그리트
② 앤디 워홀
③ 낸시랭
④ 잭슨 폴록

46 다음 중 유럽의 국가와 국가별 프로축구리그의 연결로 옳은 것은?

① 스페인 – 프리미어리그
② 독일 – 분데스리가
③ 이탈리아 – 슈페리가
④ 잉글랜드 – 프리메라리가

47 다음 중 상업영화에 대항하여 독립영화를 다루는 권위 있는 영화제는?

① 칸 영화제
② 아시아 태평양 영화제
③ 부산 국제 영화제
④ 선댄스 영화제

48 중국의 문학가 겸 사상가 루쉰의 작품은 무엇인가?

① 개구리
② 사십일포
③ 붉은 수수밭
④ 아큐정전

49 다음 중 노벨 평화상을 받지 않은 사람은 누구인가?

① 김대중
② 테레사 수녀
③ 마하트마 간디
④ 넬슨 만델라

50 다음의 괄호 안에 공통으로 들어갈 말로 가장 적절한 것은?

> 핫코너란 (   )가 지키는 수비지역을 가리키는 야구용어이다. 대부분의 타자가 오른손잡이이기 때문에 보통 (   )에게 가장 강하고 날카로운 타구가 집중되자 메이저리그 초창기에 핫코너라는 이름을 붙이게 됐다.

① 1루수
② 2루수
③ 3루수
④ 투수

51 빌보드 차트에 관한 설명 중 괄호 안에 들어갈 말로 가장 적절한 것은?

> 빌보드 차트는 미국의 음악잡지 〈빌보드〉에서 발표하는 대중음악의 인기순위이다. 크게 싱글 차트와 앨범 차트로 구분되며 (   ) 35가지의 차트를 발표한다.

① 매일
② 매주
③ 매달
④ 매년

52 다음 중 유네스코 지정 세계무형유산에 등재되지 않은 것은?

① 판소리
② 처용무
③ 회다지소리
④ 매사냥

53 다음 중 4대 뮤지컬이 아닌 것은?

① 오페라의 유령
② 레 미제라블
③ 미스 사이공
④ 아이다

54 다음 중 노벨상에 대한 설명으로 옳은 것끼리 묶인 것은?

> ㉠ 알프레드 노벨의 유산을 기금으로 하여 제정되었다.
> ㉡ 물리학 · 화학 · 생리의학 · 경제학 · 문학 · 평화의 6개 부문에서 수여한다.
> ㉢ 인류 복지와 문명 발달에 기여한 사람에게만 수여한다.
> ㉣ 모든 상은 매년 12월 10일 스톡홀름에서 수여한다.

① ㉠, ㉡
② ㉠, ㉢
③ ㉡, ㉢
④ ㉡, ㉣

55 다음 중 한국 최초의 근대 신문은?

① 한성순보
② 대한매일신보
③ 제국신문
④ 독립신문

56 우리나라 국보 1호와 보물 1호가 바르게 연결된 것은?

	국보 1호	보물 1호
①	숭례문	옛 보신각 동종
②	숭례문	흥인지문
③	경복궁	흥인지문
④	경복궁	북한산 신라 진흥왕 순수비

57 판소리 공연 중 창자가 장단 없이 말로 연기하는 것을 무엇이라 하는가?

① 추임새　　　　　　　　② 아니리
③ 발림　　　　　　　　　④ 너름새

58 투수가 뚜렷한 이유 없이 갑자기 스트라이크를 던지지 못하는 현상은?

① 서번트 증후군　　　　　② 무드셀라 증후군
③ 번아웃 증후군　　　　　④ 스티브 블래스 증후군

59 다음 중 세계 3대 교향곡에 해당하지 않는 것은?

① 운명교향곡　　　　　　② 비창교향곡
③ 주피터교향곡　　　　　④ 미완성교향곡

60 '새로운 물결'이라는 뜻을 지닌 프랑스의 영화 운동으로, 기존의 영화 산업의 틀에서 벗어나 개인적·창조적인 방식이 담긴 영화를 만드는 것은 무엇인가?

① 네오리얼리즘　　　　　② 누벨바그
③ 맥거핀　　　　　　　　④ 인디즈

61 다음에서 설명하는 것은 무엇인가?

> 하나의 주제를 중심으로 몇 개의 단편을 결합하여 전체적인 분위기를 내도록 만든 작품이다. '합승마차 · 합승자동차'라는 뜻에서 유래했으며 책, 영화 등 여러 분야에서 사용된다.

① 옴니버스
② 에피소드
③ 피카레스크
④ 액자식 구성

62 다른 신문사나 방송사보다 특종기사를 먼저 보도하는 것은?

① 엠바고
② 오프 더 레코드
③ 스쿠프
④ 발롱 데세

63 광고에서 친근함을 위해 사용하는 3B가 아닌 것은?

① Baby
② Body
③ Beast
④ Beauty

64 다음 신문 기사에 공통으로 들어갈 사건은?

> • 이 사건 기록물, 유네스코 세계기록유산에 등재되다.
> • 이 사건을 다룬 영화 〈26년〉, 〈변호인〉, 〈택시운전사〉 등이 흥행 돌풍을 일으켰다.

① 4 · 19 혁명
② 5 · 18 민주화운동
③ 6 · 10 민주항쟁
④ 부마민주항쟁

65 다음 중 갈라쇼에 대한 설명으로 옳지 않은 것은?

① 이탈리아 전통 축제 복장인 'Gala'에서 유래했다.
② 공연예술과 피겨스케이팅 분야에서 축하하기 위하여 벌이는 공연을 의미한다.
③ 오프닝 공연으로서의 성격을 지닌다.
④ 피겨스케이팅의 경우 갈라쇼에 서는 선수들은 다양한 프로그램을 자유롭게 선보인다.

66 미국 대통령선거에 출마했던 상원의원 유진 매카시는 언론을 '전화선 위에 앉은 개똥지빠귀'에 비유한 적이 있다. 하나가 날면 다른 새들도 날고 하나가 앉으면 모두 따라서 한 줄로 앉는다는 것이다. 이와 같은 언론의 행태와 가장 관련이 깊은 용어는?

① 옐로 저널리즘
② 팩 저널리즘
③ 퍼블릭 저널리즘
④ 오피니언 저널리즘

67 음악의 빠르기에 대한 설명이 잘못된 것은?

① 아다지오(Adagio) : 아주 느리고 침착하게
② 모데라토(Moderato) : 보통 빠르게
③ 알레그레토(Allegretto) : 빠르고 경쾌하게
④ 프레스토(Presto) : 빠르고 성급하게

68 2년마다 주기적으로 열리는 국제 미술 전시회를 가리키는 용어는?

① 트리엔날레
② 콰드리엔날레
③ 비엔날레
④ 아르누보

69 다음 중 플래시 몹에 대한 설명으로 옳지 않은 것은?

① 불특정 다수의 군중이 모여 약속된 행동을 하는 것이다.
② 2003년 미국 뉴욕에서 처음 시작되었다.
③ 짧은 시간 안에 주어진 행동을 하고 뿔뿔이 흩어진다.
④ 다수의 사람들이 모여 사회적 문제를 일으켜 논란이 되었다.

70 저작권에 반대되는 개념으로 지적 창작물에 대한 권리를 모든 사람이 공유할 수 있도록 하는 것은?

① 베른조약
② WIPO
③ 실용신안권
④ 카피레프트

71 이슬람국가(IS)가 자행했던 문화유적이나 공공시설을 파괴하는 행위를 무엇이라 하는가?

① 다다이즘
② 쇼비니즘
③ 니힐리즘
④ 반달리즘

72 다음의 설명과 관계 깊은 것은?

- 2012년 김연아가 선보인 프리스케이팅 프로그램
- 나폴레옹 집정기의 파리를 배경으로 한 세계 4대 뮤지컬
- 휴 잭맨, 앤 헤서웨이 주연의 영화

① 오페라의 유령
② 레 미제라블
③ 시카고
④ 미스 사이공

73 다음 중 건물의 외벽에 LED 조명을 이용하여 영상을 표현하는 미술기법은?

① 데포르마숑
② 미디어 파사드
③ 실크스크린
④ 옵티컬아트

74 오페라 등 극적인 음악에서 나오는 기악 반주의 독창곡은?

① 아리아
② 칸타타
③ 오라토리오
④ 세레나데

75 처음에는 상품명을 감췄다가 서서히 공개하면서 궁금증을 유발하는 광고 전략을 무엇이라 하는가?

① PPL 광고
② 비넷 광고
③ 트레일러 광고
④ 티저 광고

76 신제품 또는 기업에 대하여 언론이 일반 보도로 다루도록 함으로써 결과적으로 무료로 광고 효과를 얻게 하는 PR의 한 방법은?

① 콩로머천드(Conglomerchant) ② 애드버커시(Advocacy)
③ 퍼블리시티(Publicity) ④ 멀티스폿(Multispot)

77 세계 4대 메이저 테니스 대회 명칭이 아닌 것은?

① 윔블던 ② 전미 오픈
③ 영국 오픈 ④ 프랑스 오픈

78 지상파와 케이블 등 기존 TV 방송 서비스를 해지하고 인터넷 등으로 방송을 보는 소비자를 일컫는 신조어는?

① 다운시프트족 ② 프리터족
③ 그루밍족 ④ 코드커터족

79 스위스에 있는 올림픽 관리 기구는 무엇인가?

① IOC ② IBF
③ ITF ④ FINA

80 골프의 일반적인 경기 조건에서 각 홀에 정해진 기준 타수를 'Par'라고 한다. 다음 중 Par보다 2타수 적은 스코어로 홀인하는 것을 뜻하는 용어는 무엇인가?

① 버디(Birdie) ② 이글(Eagle)
③ 보기(Bogey) ④ 알바트로스(Albatross)

81 권투 선수처럼 뇌에 많은 충격을 받은 사람에게 주로 나타나는 뇌세포 손상증을 일컫는 말은?

① 펀치 드렁크(Punch drunk) ② 신시내티 히트(Cincinnati hit)
③ 더블 헤더(Double header) ④ 샐러리 캡(Salary cap)

82 세계 5대 모터쇼에 포함되지 않는 모터쇼는?

① 토리노 모터쇼 ② 도쿄 모터쇼
③ 제네바 모터쇼 ④ 북미 국제 오토쇼

83 다음 중 우리나라가 보유하고 있는 유네스코 인류무형유산이 아닌 것은?

① 종묘제례악 ② 강릉단오제
③ 시조창 ④ 판소리

84 미국 출신의 무용가로 현대무용의 시조라고 불리는 인물은?

① 이사도라 던컨 ② 루돌프 폰 라반
③ 쿠르트 요스 ④ 피나 바우쉬

85 다음 중 황석영에 대한 설명으로 옳지 않은 것은?

① 1970년 단편소설 〈탑〉이 조선일보 신춘문예에 당선되면서 등단했다.
② 민주화·통일 운동 등의 사회 운동에 참여하면서 정부의 감시를 받고 옥고를 치르기도 하였다.
③ 〈삼포 가는 길〉 등의 단편과 〈장길산〉, 〈무기의 그늘〉, 〈오래된 정원〉 등의 장편을 발표했다.
④ 작품 대부분이 리얼리즘을 바탕으로 하여 사회적 상황에 대한 예리한 시선과 강한 문제의식을 드러낸다.

86 다음 중 알자지라 TV에 대한 설명으로 옳지 않은 것은?

① 사우디아라비아 국왕의 후원으로 개국한 공영 텔레비전 방송국이다.
② '자지라'는 아랍어로 '바다, 섬'을 뜻하며, 중동을 방송 대상으로 삼는다.
③ 아프가니스탄 전쟁을 현지에서 취재해 보도한 유일한 방송사로 명성을 얻었다.
④ 거침없는 보도로 독립성과 저항성을 갖춘 '아랍 세계의 대변자'라는 이미지를 얻었다.

87 다음 중 노벨재단에 대한 설명으로 옳지 않은 것은?

① 노벨재단의 회원은 스웨덴인이거나 노르웨이인이어야 한다.
② 경제학상 수상자에게 주는 상금은 스웨덴 중앙은행에서 부담한다.
③ 생리의학상 이외의 각 부문 시상자는 모두 노르웨이의 노벨위원회에서 결정한다.
④ 평화상 시상식은 노르웨이 오슬로에서, 그 외 부문의 시상식은 스웨덴 스톡홀름에서 열린다.

88 다음 중 기네스북에 대한 설명으로 옳지 않은 것은?

① 영국 맥주회사의 의뢰로 시작하여 출간되고 있으며 종목의 제한은 없다.
② 우리나라에서는 한국기록원이 기록의 공모와 기네스북 등재 등을 대행하고 있다.
③ 출간 첫 해에 영국 최고의 베스트셀러가 되었다.
④ 기록 대상은 최초, 최고, 최다, 최대, 제일 등으로 분류할 수 있는 "우주의 모든 사물과 현상"이다.

89 다음 중 베르디 3대 오페라로 손꼽히는 작품이 아닌 것은?

① 오베르토(Oberto)
② 리골레토(Rigoletto)
③ 일 트로바토레(Il Trovatore)
④ 라 트라비아타(La Traviata)

90 1957년 젊은 기자들이 창립하여 현재는 중견 언론인들로 조직된 언론 연구·친목단체는?

① 한국언론인협회
② 한국기자협회
③ 관훈클럽
④ 한국언론정보학회

91 다음 중 루소에 대한 설명으로 옳지 않은 것은?

① 프랑스 혁명의 주체 세력이 되어 혁명을 직접 지도해 봉건 사회의 종말을 이끌었다.
② 사회문화와 제도는 자연 상태의 선량한 인간을 부자유하고 불행하게 만든다고 보았다.
③ 프랑스의 드니 디드로, 영국의 데이비드 흄 등의 사상가와 논쟁을 벌이며 갈등했다.
④ 소설 '에밀(Emile)'의 종교적 내용 때문에 가톨릭교의 고발로 체포령이 내려져 도피한 바 있다.

92 4대 메이저 대회를 모두 석권하는 것을 무엇이라 하는가?

① 사이클링 히트(Cycling Hit)
② 그랜드 슬램(Grand Slam)
③ 트레블(Treble)
④ 트리플 크라운(Triple Crown)

93 다음 중 작가와 작품의 연결이 맞는 것은?

① 호머 – 오딧세이
② 모파상 – 실낙원
③ 밀턴 – 신곡
④ 헤밍웨이 – 주홍글씨

94 다음 중 가톨릭의 위령 미사 때 드리는 음악으로 우리말 뜻으로는 '진혼곡'에 해당하는 것은?

① 레퀴엠
② 오라토리오
③ 가스펠
④ 인테르메초

95 젊은 인기 연예인을 등장시켜 시청률을 높이는 드라마는 무엇인가?

① 트렌디드라마
② 소프드라마
③ 시트콤
④ 사이코드라마

96 다음 ㉠·㉡과 각각 관련 있는 스포츠 종목으로 바르게 묶인 것은?

> ㉠ 더블헤더 ㉡ 러브게임

① ㉠ : 축구, ㉡ : 골프
② ㉠ : 야구, ㉡ : 농구
③ ㉠ : 배구, ㉡ : 피구
④ ㉠ : 야구, ㉡ : 테니스

97 우리나라 소설문학에 관해 틀린 것은?

① 설화문학, 패관문학에서 발전했다.
② 최초의 근대소설 – 이광수 〈흙〉
③ 최초의 한글소설 – 허균 〈홍길동전〉
④ 최초의 신소설 – 이인직 〈혈의 누〉

98 오페라 형식의 음악을 팝 형식 분위기와 접목시킨 음악을 팝페라라고 한다. 최초의 팝페라 가수는 누구인가?

① 안드레아 보첼리
② 사라 브라이트만
③ 키메라
④ 엠마 샤플린

99 다음 중 우리나라를 유럽에 소개한 최초의 책은?

① 동방견문록
② 하멜표류기
③ 금단의 나라 한국으로의 기행
④ 은둔의 나라 한국

100 다음 중 우리나라 최초의 장편 애니메이션은?

① 홍길동
② 로보트 태권V
③ 블루 시걸
④ 아기공룡 둘리

101 우리나라 최초의 영화작품 묶음으로 맞는 것은?

① 의리적 구투, 춘향전, 임자 없는 나룻배
② 아리랑, 춘향전, 장화홍련전
③ 의리적 구투, 국경, 월하의 맹세
④ 해의 비곡, 풍운아, 들쥐

102 방송의 공공성이 주장되는 가장 주된 근거는 무엇인가?

① 방송의 영향력
② 방송의 역할
③ 전파의 국민 소유권
④ 방송국의 사회적 기능

103 1956년 우리나라에서 최초로 개국한 TV방송국은?

① KORCAD
② DBC
③ JODK
④ TBC

104 다음 중 틀린 내용은?

① 우리나라 최초의 신문은 1896년 창간한 〈독립신문〉이다.
② 일간지 수의 증가는 신문 발행 자유화 조치를 담은 1987년 6·29선언과 맥을 같이 한다.
③ 방송의 날은 9월 3일이고, 신문의 날은 4월 7일이다.
④ 우리나라 잡지의 효시는 재일본 한국 유학생이 1896년 2월 15일 창간한 〈친목회 회보〉다.

105 프레올림픽(Pre-Olympic)이란 무엇인가?

① 장애인올림픽
② 주니어올림픽
③ 올림픽이 열리는 해에 개최지에서 열리는 예비경기
④ 올림픽이 열리기 1년 전에 개최지에서 열리는 예비경기

106 다음 중 2스트라이크 이후에 추가로 스트라이크 판정을 받았으나 포수가 이 공을 놓칠 경우(잡기 전에 그라운드에 닿은 경우도 포함)를 가리키는 말은 무엇인가?

① 트리플 더블
② 낫아웃
③ 퍼펙트게임
④ 노히트노런

107 국문학사에서 장르별로 최초의 작품을 연결한 것이 아닌 것은?

① 최초의 신소설 - 혈의 누
② 최초의 순문예 동인지 - 폐허
③ 최초의 한글소설 - 홍길동전
④ 최초의 한문소설 - 금오신화

108 위성방송의 특성 중 틀린 것은?

① 지상파 방송에 비해 설립 및 운영 경비가 적게 든다.
② 지상파 방송에 비해 화질은 좋으나 음향은 떨어진다.
③ 지상파 방송보다 넓은 지역을 커버한다.
④ 방송위성 또는 통신위성을 이용한다.

109 다음 중 국악의 빠르기가 올바르게 연결된 것은?

① 진양조 – 중모리 – 중중모리 – 자진모리 – 휘모리
② 진양조 – 중모리 – 중중모리 – 휘모리 – 자진모리
③ 중모리 – 진양조 – 자진모리 – 중중모리 – 휘모리
④ 중모리 – 중중모리 – 진양조 – 자진모리 – 휘모리

110 스포츠 실황 중계 등이 날씨 등의 이유로 중계방송이 불가능할 때를 대비하여 따로 준비를 해두는 프로그램은?

① 레인코트 프로그램　　　　② 런닝오더
③ 르포　　　　　　　　　　④ 리퀘스트 프로그램

111 소설을 영화화함으로써 영상이 익숙한 세대들이 책을 친숙하게 여기는 계기가 되고 있으며 출판계에서 새롭게 주목을 받고 있다. 이처럼 이미 출간된 소설이 영화나 드라마로 만들어져 다시 베스트셀러에 오르는 것을 무엇이라 하는가?

① 스크린스페셜　　　　　　② 스크린트렌드
③ 스크린셀러　　　　　　　④ 스크린부머

112 펜싱 경기 중 베기 또는 찌르기를 유효로 하는 경기는?

① 에페　　　　　　　　　　② 플뢰레
③ 사브르　　　　　　　　　④ 사브뢰즈

113 역대 노벨 문학상 수상자가 아닌 사람은?

① 파트리크 모디아노　② 오르한 파묵
③ 윈스턴 처칠　④ 무라카미 하루키

114 숨겨진 사실을 드러내는 것으로 약점을 보도하겠다고 위협하거나 특정 이익을 위해 보도하는 저널리즘은 무엇인가?

① 블랙 저널리즘(Black Journalism)
② 뉴 저널리즘(New Journalism)
③ 팩 저널리즘(Pack Journalism)
④ 하이에나 저널리즘(Hyena Journalism)

115 다음에서 설명하는 영화 기법은?

> '무대에 올린다'란 뜻의 프랑스어로 연극과 영화 등에서 연출가가 무대 위의 모든 시각적 요소들을 배열하는 작업이다.

① 몽타주 기법　② 롱테이크 기법
③ 시퀀스 기법　④ 미장센 기법

116 1970년 베트남 전쟁을 배경으로 한 단편소설 〈탑〉이 조선일보 신춘문예에 당선되면서 본격적인 창작활동을 재개한 황석영의 작품이 아닌 것은?

① 한씨연대기　② 낙타눈깔
③ 개밥바라기별　④ 오래된 농담

117 근대 5종 경기는 기원전 708년에 실시된 고대 5종 경기를 현대에 맞게 발전시킨 것으로 근대올림픽을 창설한 쿠베르탱의 실시로 시작하게 되었다. 이와 관련된 근대 5종 경기가 아닌 것은?

① 마라톤　② 사격
③ 펜싱　④ 승마

118 백남준의 스승으로 알려진 인물은 누구인가?

① 존 케이지
② 구보타 시게코
③ 로이 리히텐스타인
④ 잭슨 폴락

119 언론의 사실적 주장에 관한 보도로 피해를 입었을 때 자신이 작성한 반론문을 보도해줄 것을 요구할 수 있는 권리는 무엇인가?

① 액세스권
② 정정보도청구권
③ 반론보도청구권
④ 퍼블릭액세스

120 다음 중 다산 정약용에 대한 설명으로 틀린 것은?

① 중농주의 실학자로 전제 개혁을 주장했다.
② 수원 화성 건축 당시 기중가설(起重架說)에 따른 도르래를 만들고 이를 이용하여 거중기를 고안했다.
③ 〈목민심서〉, 〈흠흠신서〉, 〈경세유표〉가 3대 저서로 꼽힌다.
④ 신분제도의 모순을 비난하면서 신분의 완전평등을 주장하였다.

121 우리나라 프로야구에 대한 설명 중 틀린 것은?

① 프로야구 출범 첫 해인 1982년 8개 팀이 전기리그와 후기리그로 나뉘어 게임을 치렀다.
② 전두환 정권이 국민들의 정치적 관심을 다른 방향으로 돌리기 위해 시작한 3S(Screen, Sex, Sports)정책의 일환으로 출범되었다.
③ 프로야구 경기는 페넌트레이스, 준플레이오프, 플레이오프, 한국시리즈, 올스타전으로 치러진다.
④ 1999년부터는 8개 팀이 전년도의 성적순으로 양대 리그로 나뉘어 경기에 참가했지만, 2001년부터는 단일리그로 변경되었다.

122 언론을 통해 뉴스가 전해지기 전에 뉴스 결정권자가 뉴스를 취사선택하는 것을 무엇이라고 하는가?

① 바이라인
② 발롱데세
③ 게이트키핑
④ 방송심의위원회

123 다음이 설명하는 것은 무엇인가?

- 단지 배역을 연기하기보다 배역 그 자체가 되는 연기 기술
- 배우의 내면세계를 중시하여 시나리오에 적혀 있는 대사뿐만 아니라 배우 자신으로부터 나오는 즉흥 대사와 돌발적인 행위까지 포함하는 것

① 내러티브(Narrative)　　② 스포일러(Spoiler)
③ 메소드(Method) 연기　　④ 시퀀스(Sequence)

124 HDTV의 비율은 얼마인가?

① 1.58 : 1　　② 1.68 : 1
③ 1.78 : 1　　④ 1.88 : 1

125 다음 〈보기〉를 실시 순서대로 배열한 것으로 올바른 것은?

━━━━━ 보기 ━━━━━
㉠ 위성방송　　㉡ 케이블
㉢ 지상파 DMB　　㉣ IPTV

① ㉠ - ㉡ - ㉢ - ㉣　　② ㉠ - ㉢ - ㉡ - ㉣
③ ㉡ - ㉠ - ㉢ - ㉣　　④ ㉢ - ㉠ - ㉡ - ㉣

126 다음 중 가장 오래된 고전은?

① 〈유토피아〉　　② 〈오딧세이〉
③ 〈역사란 무엇인가〉　　④ 〈군주론〉

127 다음 중 의무재전송해야 하는 채널은?

① KBS2　　② SBS
③ KBS1　　④ JTBC

128 다음 중 시청률조사에 대한 설명으로 틀린 것은?

① 시청률조사는 분단위로 측정된다.
② AGB 닐슨, TNS 미디어에서 조사한다.
③ 간접광고는 방송시간의 100분의 5까지 허용한다.
④ 광고효과 측정을 위해서는 개인 시청률보다 가구당 시청률을 본다.

129 베른조약에 따르면 저작권의 보호 기간은 저작자의 사후 몇 년인가?

① 30년　　　　　　　　　　② 50년
③ 80년　　　　　　　　　　④ 100년

130 국악의 빠르기 중 가장 느린 장단은?

① 휘모리　　　　　　　　　② 중모리
③ 진양조　　　　　　　　　④ 자진모리

131 미국 하버드대학교의 과학잡지사에서 수여하는 상으로 기발한 연구나 업적을 대상으로 하는 상은?

① 이그노벨상
② 프리츠커상
③ 뉴베리상
④ 콜더컷상

132 다음 중 르네상스 3대 화가가 아닌 사람은?

① 레오나르도 다빈치
② 미켈란젤로
③ 피카소
④ 라파엘로

133 광고의 종류에 관한 설명이 잘못 연결된 것은?

① 인포머셜 광고 - 상품의 정보를 상세하게 제공하는 것
② 애드버토리얼 광고 - 언뜻 보아서는 무슨 내용인지 알 수 없는 광고
③ 레트로 광고 - 과거에 대한 향수를 느끼게 하는 회고 광고
④ PPL 광고 - 영화나 드라마 등에 특정 제품을 노출시키는 간접 광고

134 다음 중 야구에서 타자가 투스트라이크 이후 아웃이 되는 상황이 아닌 것은?

① 번트파울
② 헛스윙
③ 파울팁
④ 베이스온볼스

135 물질문화의 급속한 발전을 비물질문화가 따라잡지 못하는 현상은?

① 문화실조
② 문화접변
③ 문화지체
④ 문화충격

136 사진을 통해 자신의 정체성을 드러내는 세대를 뜻하는 신조어는?

① 미닝아웃
② 포토프레스
③ 쓸쓸비용
④ 나포츠족

137 윌리엄 셰익스피어의 희극작품에 해당하지 않는 것은?

① 한여름 밤의 꿈
② 베니스의 상인
③ 햄릿
④ 십이야

138 다음 중 노벨상에서 시상하지 않는 부문은?

① 수학상 ② 생리의학상
③ 화학상 ④ 물리학상

139 소설 〈젊은 베르테르의 슬픔〉을 쓴 작가의 이름은?

① 토마스 만
② 프리드리히 니체
③ 요한 볼프강 폰 괴테
④ 프리드리히 실리

140 예고편의 한 형식으로 영화의 장면을 조금만 보여주거나 전혀 보여주지 않는 것을 뜻하는 용어는?

① 스포일러 ② 틸트업
③ 티저 트레일러 ④ 테일 리더

141 다음 중 국가와 전통의상이 바르게 연결되지 않은 것은?

① 인도 – 사리
② 베트남 – 아오자이
③ 미얀마 – 론지
④ 말레이시아 – 쑤타이

142 우리 전통악기 중 '국악의 바이올린'으로 꼽히는 것은?

① 해금 ② 아쟁
③ 양금 ④ 비파

143 '배부른 돼지보다 배고픈 소크라테스가 낫다'라는 명언으로 유명한 철학자는?

① 제러미 벤담
② 존 스튜어트 밀
③ 플라톤
④ 아리스토텔레스

144 2025년 기준 유네스코 세계유산에 등재되지 않은 것은?

① 조선왕조 의궤
② 가야고분군
③ 국채보상운동 기념물
④ 반구천의 암각화

145 2028년 하계올림픽을 주최하는 도시는?

① 토론토
② 로스앤젤레스
③ 함부르크
④ 암스테르담

146 올림픽에 대한 설명으로 옳지 않은 것은?

① 2026년 동계올림픽은 이탈리아 밀라노, 코르티나담페초에서 열린다.
② 2028년 하계올림픽은 미국 로스엔젤레스에서 열린다.
③ 사격은 근대 5종 경기 중 하나다.
④ 올림픽관리위원회 IOC는 그리스에 본부를 둔다.

147 긴 분량의 영화나 드라마를 요약해 핵심내용만 볼 수 있도록 편집한 콘텐츠는?

① 스트리밍쇼트
② 쇼트무비
③ 패스트무비
④ 팝콘무비

148 문학에서 진부하고 판에 박힌 표현을 가리키는 표현은?

① 클리셰
② 플롯
③ 골계
④ 그로테스크

149 2023년 개봉한 영화 〈서울의 봄〉의 배경이 되는 역사적 사건은?

① 5 · 6 군사정변
② 12 · 12 군사반란
③ 사사오입 개헌
④ 5 · 18 민주화운동

150 이슬람력의 9월에 해당하며, 이슬람교도들이 의무적으로 금식을 하는 신성한 기간은?

① 이드 알 아드하
② 이맘
③ 메카
④ 라마단

CHAPTER 07 한국사·세계사

001 선사시대
문헌 사료가 전혀 존재하지 않는 문자로 기록되기 이전의 시대를 말한다.

구분	특징
구석기	• 약 70만 년 전 • 수렵·어로 생활, 무리·이동 생활 • 뗀석기(주먹도끼·긁개)와 뼈도구 사용, 불의 발견과 이용
신석기	• 기원전 8,000년경 • 농경(밭농사)의 시작, 평등사회, 원시종교 출현 • 간석기와 토기(이른민무늬 토기, 빗살무늬 토기), 가락바퀴 등의 도구 사용

002 고인돌
거대한 바위를 이용해 만들어진 선사시대 거석기념물로 한국 청동기시대의 대표적인 무덤양식이다. 청동기시대에 성행한 무덤 형식의 하나로, 지상에 묘실을 설치한 뒤 그 위에 덮개돌을 올린 북방식과 지하에 묘실을 만들어 그 위에 덮개돌을 놓고 돌을 괴는 남방식으로 구분된다. 고인돌을 세우는 데는 많은 인력이 필요했으므로 고인돌의 주인이 권력과 경제력을 갖춘 지배층이었음을 알 수 있다.

003 8조법
'한서지리지'에 남아 있는 고조선의 기본법이다. 현재 3개 조목만 전해지는 8조법을 통해 고조선이 당시 사유재산을 인정하고 노비가 존재하는 신분제 계급사회로서 개인의 생명을 중시하고, 가부장적인 가족 제도가 확립되었음을 짐작할 수 있다.
- 사람을 죽인 자는 즉시 사형에 처한다.
- 남에게 상처를 입힌 자는 곡물로써 배상한다.
- 남의 재산을 훔친 사람은 노비로 삼고, 용서받으려면 한 사람마다 50만 전을 내야 한다.

004 연맹왕국
고대국가 이전 원시사회에서 부족사회로 발전하면서 한반도에 성립하여 발전된 국가 형태이다.

부여	고구려	옥저	동예	삼한
• 만주 송화강 유역, 5부족 연맹체, 사출도 • 반농, 반목 • 순장, 1책12법, 형사취수제, 우제점법 • 12월 영고	• 동가강 유역 졸본 지방, 5부족 연맹체, 제가회의 • 약탈경제, 부경 • 서옥제, 형사취수제 • 10월 동맹	• 함경도 해안의 평야지대 중심, 군장(읍군과 삼로)이 통치 • 소금, 해산물 풍부, 고구려에 공물 • 민며느리제, 가족공동묘	• 강원도 북부 동해안 중심, 군장(읍군과 삼로)이 통치 • 단궁, 과하마, 반어피 등 생산, 방직기술 발달 • 족외혼, 책화 • 10월 무천	• 한강 이남 지역, 제정분리(군장인 신지, 읍차와 제사장인 천군) • 벼농사, 풍부한 철 생산(낙랑, 일본에 수출) • 두레 • 5월 수릿날, 10월 계절제

005 고대국가의 성립

대내적으로는 중앙집권 국가체제의 기틀을 마련하고, 대외적으로는 활발한 정복활동으로 영토를 확장하였다.

고구려	부여계 유이민과 압록강 유역 토착민을 중심으로 건국하여 옥저를 복속, 낙랑을 압박하였으며 5부 체제 발전 및 고씨 왕위 세습을 통한 중앙집권 국가의 기반 형성
백제	고구려계 유이민과 한강 유역 토착민을 중심으로 건국하여 한 군현과 항쟁, 한강 유역 장악, 율령 반포, 관등제 정비, 관복제 도입을 통한 중앙집권 국가의 기반 형성
신라	유이민 집단(박·석·김)과 경주 토착세력을 중심으로 건국하여 국가 발전의 지연, 낙동강 유역 진출, 왜구 격퇴(호우명그릇) 및 김씨 왕위 세습, 마립간 왕호 사용 등을 통한 중앙집권 국가의 기반 형성
가야	낙동강 하류 변한지역에서 6가야 연맹을 형성하여 농경문화, 철 생산, 중계무역으로 발전하였으나, 금관가야 멸망(532), 대가야 멸망(562)으로 중앙집권 국가로 성립하지 못하고 신라에 흡수됨

006 광개토대왕릉비

광개토대왕의 업적을 기리기 위해 장수왕 2년(414년)에 만주에 세운 비석이다. 광개토대왕이 죽은 후 광개토대왕의 정복 사업과 영토 확장 등의 업적을 기리기 위해 현재의 중국 지린성 지안현 통구 지역에 세운 비석으로, 우리나라에서 가장 큰 비석이다. 한편, 일본은 비문의 '신묘년 기사(신묘년에 왜가 바다를 건너와 백제와 신라를 정복하고 신민으로 삼았다)'를 근거로 하여 임나일본부설을 주장하기도 했다.

007 독서삼품과

신라시대의 관리선발 제도이다. 신라 원성왕 4년에 국학 내에 설치한 일종의 관리 임용 제도이다. 학문적 능력 위주로 관리를 채용하기 위한 것으로, 국학 학생들의 유교 경전 독해 능력을 3등급으로 구분하여 관리의 임용에 적용하였다. 신라 하대로 갈수록 골품제의 폐쇄성과 국학의 중요성이 약해지면서 비중이 점차 줄었지만, 유학 보급에 중요한 역할을 하였다.

008 발해

대조영이 고구려 유민과 말갈족을 연합하여 698년에 건국한 국가이다. 발해는 고구려의 계승국임을 밝히며, 상류 지배층인 고구려 유민이 하류층인 말갈족을 지배했다. 당나라의 제도를 받아들여 3성 6부 체제의 정치조직을 지녔고, 독자적인 연호를 사용하며 '해동성국'이라는 칭호를 얻을 정도로 강성했으나 926년 거란족(요나라)에 의해 멸망당했다.

009 훈요십조

943년(태조 26) 고려 태조 왕건(王建)이 왕실 자손들에게 훈계하기 위해 남겼다고 전하는 열 가지 항목이다.

010 사심관 제도

지방 세력을 견제하기 위해 중앙의 고관이 된 자로 하여금 자기 고향의 사심관이 되게 하는 제도였다. 고려 태조는 지방 통치를 강화하고 지방 호족들을 견제하기 위해 유력 호족 출신의 중앙 관료를 출신 지역의 사심관으로 임명하여 부호장 이하의 관직을 맡게 하는 사심관 제도를 시행하였다. 사심관은 부호장 이하의 향리를 임명할 수 있었으며 그 지역에서 발생한 일에 대해 연대책임을 지도록 하였다.

011 기인 제도

지방 세력의 통제를 위해 호족의 자제를 인질로 수도에 머물게 하는 제도였다. 지방 호족 및 토호의 자제로서 중앙에 볼모로 와서 그 출신 지방의 행정상 고문 구실을 하던 사람이나 그 제도를 이르는 말이다. 고려 태조가 중앙집권을 강화하고 지방 세력을 견제하기 위해 마련한 정책으로 신라의 상수리 제도에서 유래되었다.

012 공음전

고려시대 5품 이상의 관료에게 지급되어 세습이 허용된 토지이다. 5품 이상의 관료들에게 지급한 임야와 토지로 세습이 가능했기 때문에 음서 제도와 함께 문벌귀족의 기득권 유지에 기여하면서 경제적 기반이 되었다.

013 노비안검법

광종 때 양민이었다가 불법으로 노비가 된 사람을 조사하여 해방시켜주는 제도이다. 세금을 내는 양인을 늘려 호족 세력을 약화시키고 왕권을 신장하려 했으나 호족들의 반발로 정착되지 못하였다.

014 상평창

고려시대의 물가조절기관이다. 풍년으로 곡물의 값이 쌀 때 사들이고 흉년에 값을 내려 팔아 물가를 조절하는 기관으로 고려 성종 12년(993년)에 설치되었다. 백성들의 생활을 안정시키기 위해 마련한 제도이며 조선시대에는 선혜청이라는 이름으로 존속·시행되었다.

015 도병마사

고려시대 중요 사안을 심의·결정하던 국가 최고의 회의기관이다. 중서문하성의 재신과 중추원의 고관(추밀)으로 구성되었으며 국방상 중요한 문제와 국가의 정책을 협의·결정하는 기관이었다. 고려 후기에는 원의 간섭하에 도평의사사로 개편되어 국정 전반의 문제를 합의했으며 조선 전기에는 의정부로 개편되었다.

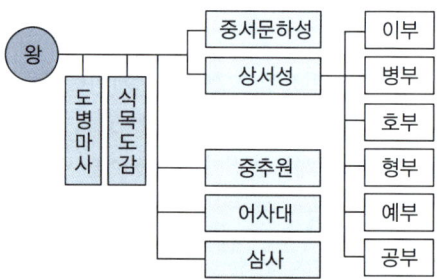

[고려의 중앙 정부 구조]

016 묘청의 난

서경천도를 주장하던 묘청이 개경 문벌귀족에 대해 일으킨 반란이다. 김부식을 중심으로 한 개경세력과 묘청, 정지상을 중심으로 한 서경세력 간의 대립이 발생했다. 서경세력은 서경천도와 칭제건원, 금국정벌을 주장하였으나 받아들여지지 않자 서경에서 반란을 일으켰다. 신채호는 '조선상고사'에서 이 사건을 '조선 천년 역사에서 최고의 사건'이라 말하며 묘청의 서경천도운동을 자주성의 측면에서 높이 평가하였다.

017 교정도감
고려 무신정권기에 최충헌이 세운 정치기관이다. 고려 후기 무신정권 당시 최고 의결 기관으로, 조세 징수권과 관리 감찰 등 국정을 총괄하며 막강한 권력을 지니면서 최씨 정권을 뒷받침하였다.

018 삼별초
무신정권 당시 특수부대로 좌별초, 우별초, 신의군으로 구성되었다. 무신정권 해체 이후 강화도에 있던 고려 조정이 개경으로 환도하면서 몽골과의 강화가 성립되자 삼별초는 이에 반발하여 배중손의 지휘 하에 진도로 이동하여 대몽 항쟁을 전개하였다.

019 중방
무신정권이 성립된 후 권력을 행사하던 상장군과 대장군의 회의기구이다. 집권한 무신들이 문반(文班)과 무반(武班)의 고위관직을 차지한 뒤 중방에 모여 국가의 크고 작은 모든 문제를 공동으로 처리하면서 그 기능과 권한이 확대·강화되었다. 구체적으로 궁성수비와 일반치안을 위한 병력 배치, 형옥치죄권 행사, 도량형 도구의 검사와 통일, 관직의 증감 및 관리의 임면 등의 중요 안건에 대해 논의하였다.

020 직지심체요절
세계 최초의 금속활자본이다. 고려시대에 청주 흥덕사에서 간행된 세계에서 가장 오래된 금속활자본으로 직지심경이라고도 한다. 1377년 간행된 것으로 구텐베르크보다 80년 앞서 있으며 현재 프랑스 국립도서관에 소장되어 있고 2001년 유네스코 기록유산으로 등록되었다.

021 공민왕의 개혁정치
대외적으로 반원 세력을 몰아내고, 대내적으로 왕권을 강화하기 위한 개혁 정책을 추진하였다.

배경	원·명 교체기의 혼란 이용, 주원장의 명 건국(1368)
개혁 방향	• 반원자주정책 : 친원파 숙청(기철), 정동행성 이문소 폐지, 쌍성총관부 공격(유인우)으로 철령 이북의 땅 수복, 관제 복구, 요동 공략(지용수, 이성계), 몽골풍 일소, 원의 침입 격퇴(최영, 이성계) • 왕권강화정책 : 정방 폐지, 전민변정도감 설치(신돈 기용), 과거 제도 정비를 통한 신진사대부의 등용
개혁 실패	• 권문세족의 반발 : 친원파의 도평의사사 장악 및 토지 독점 • 원의 압력과 개혁 추진 세력(신진사대부) 미약으로 왕권 약화 • 홍건적과 왜구의 침입으로 인한 사회 혼란

022 삼국사기와 삼국유사
고려시대에 편찬된 대표적인 역사서이다. 삼국사기는 고려 인종의 명을 받은 김부식 등이 편찬하였는데 이는 현존하는 최고(最古)의 역사서로서 유교적 합리주의 사관에 기초하여 기전체 형식으로 서술되었으며 신라 계승 의식을 많이 반영하고 있다. 반면에 삼국유사는 원 간섭기에 일연이 쓴 역사서로 불교사를 바탕으로 기록되어 왕력과 함께 기이(紀異)편을 두어 고대의 민간 설화나 전래 기록을 수록하였다. 특히 단군을 우리 민족의 시조로 여겨 단군 건국 설화를 수록하였다.

023 경국대전

조선시대 통치의 근간이 된 기본 법전이다. 조선 초의 법전인 '경제육전'의 원전과 속전 및 그 뒤의 법령을 종합해 만든 것으로, 세조가 편찬을 시작하여 성종 대에 완성되었다. 먼저 재정·경제의 기본이 되는 '호전'을 완성한 뒤 '형전'을 완성했으며, 이전·호전·예전·병전·형전·공전 등 6전으로 이루어졌다.

024 과전법

신진사대부의 경제적 기반을 마련한 토지 제도의 개혁을 말한다. 고려 말, 국가 재정의 고갈 문제를 해결하기 위해 권문세족이 불법으로 점유한 토지를 몰수하여 관리들에게 급료로 토지를 분급한 제도로, 경기 지방 토지에 한하여 전·현직 관리에게 지급되었다. 해당 관리는 과전에서 나오는 세금을 거두는 수조권을 부여받았는데, 이는 조선 초 토지 제도의 근간을 이루었다.

025 사화

사림파와 훈구파 사이의 대립으로 사림파가 큰 피해를 입은 4가지 사건을 말한다. 세조 이후 공신들을 중심으로 정치적 실권을 장악하고 중앙집권체제를 강조한 훈구파에 맞서 성리학에 투철한 사족들이 영남과 호서 지방을 중심으로 지방에서 세력 기반을 쌓으며 왕도정치를 강조하였다. 이러한 사림 세력이 성장하여 훈구파를 비판하면서 대립과 갈등을 빚기 시작했다. 양대 세력의 갈등이 네 차례의 사화로 이어지면서 사림파가 큰 피해를 입었다.

무오사화	1498년 (연산군)	• 훈구파와 사림파의 대립 • 연산군의 실정, 세조의 왕위 찬탈을 비판한 김종직의 조의제문 • 유자광, 이극돈
갑자사화	1504년 (연산군)	• 폐비 윤씨 사건이 배경 • 무오사화 때 피해를 면한 일부 훈구 세력까지 피해
기묘사화	1519년 (중종)	• 조광조의 개혁 정치 • 위훈 삭제로 인한 훈구 세력의 반발 • 주초위왕 사건
을사사화	1545년 (명종)	• 인종의 외척 윤임(대윤파)과 명종의 외척 윤원형(소윤파)의 대립 • 명종의 즉위로 문정왕후 수렴청정 • 집권한 소윤파가 대윤파를 공격

026 광해군의 중립외교

임진왜란 이후 여진의 성장으로 후금이 건국되었고 힘이 약화된 명을 위협하면서 전쟁을 선포하였다. 이에 명이 조선에 원군을 요청하자 조선은 명과 후금 사이에서 중립외교 정책을 실시하였고 명을 지원하러 갔던 조선군 사령관 강홍립이 광해군의 밀명으로 후금에 항복하면서 마찰을 피하였다. 이후 계속된 명의 지원 요청을 거절하고 후금과 친선 관계를 추구하였던 중립 외교 정책은 대의명분을 강조한 서인과 남인의 불만을 초래하였고 이후 인조반정의 원인이 되기도 하였다.

027 대동법
방납의 폐단을 시정하기 위하여 공물을 쌀로 바치도록 한 제도를 말한다. 농민의 부담을 줄이고 부족한 국가 재원을 확충하기 위해 광해군 1년(1608년) 대동법을 실시하였고, 토지결수에 따라 공물을 쌀로 징수하였다. 이후 숙종 때에 이르러 평안도와 함경도를 제외한 전국에서 대동법을 시행하였다. 대동법의 실시 이후 국가에서 필요한 물품은 공인이 조달하며, 이를 바탕으로 상품 화폐 경제가 발달하게 되었다.

028 정조의 개혁정치
조선 정조는 영조의 탕평책을 이어받아 적극적인 탕평책을 추진하면서 각종 개혁의 시도를 통해 대통합을 이루기 위한 정책을 실시했다.

> **+ 알아보기** 정조의 개혁정치
> - 탕평책 실시 : 붕당과 신분을 가리지 않고 인재 등용
> - 왕권강화정책 : 초계문신제 실시, 장용영 설치, 규장각 설치 및 육성, 수원 화성 건립
> - 문물제도 정비 : 서얼과 노비에 대한 차별 완화, 육의전을 제외한 시전 상인의 금난전권 폐지(신해통공)

029 균역법
조선 영조 때 백성들의 군역 부담을 덜기 위해 실시한 제도이다. 역을 균등히 한다는 취지에서 만들어진 것으로, 기존의 군포를 2필에서 1필로 줄이는 대신 어업세·선박세 등의 징수로 이를 보충했다. 그러나 점차 농민의 부담이 증가하고 폐단이 나타나면서 19세기 삼정의 문란의 하나로 여러 폐단이 발생하게 되었다.

030 동학
1860년 최제우가 창시한 민족종교이다. 수운(水雲) 최제우가 서학(천주교)에 대항하고자 민간신학에 유(儒)·불(佛)·선(仙)의 교의를 혼합하여 창시하였다. '후천개벽(後天開闢)'과 '인내천(人乃天)'의 사상으로 19세기 조선 후기의 사회불안에 동요하던 민중들에게 급속히 보급되었다. 1894년의 동학혁명에 영향을 주었으며 이후 손병희에 의해 천도교로 개칭되었다.

031 흥선대원군
조선의 왕족이자 정치가로 아들인 고종이 즉위하자 대원군에 봉해지고 섭정을 맡아 고른 인재 등용과 경복궁 중건, 서원 철폐 등 개혁정치를 시행하였다.

032 강화도조약
운요호 사건으로 1876년 일본과 맺어진 불평등 조약이다. 1876년(고종 13년) 2월 강화부에서 조선과 일본 사이에 체결된 조약으로 정식 명칭은 '조일수호조규(朝日修好條規)'이며, '병자수호조약(丙子修好條約)' 혹은 '강화도조약'이라고도 한다. 부산, 인천, 원산 등 3개 항구의 개항과 치외법권의 인정 등 불평등한 내용의 12개조로 구성된 근대 조약을 체결하였다. 이 조약을 맺음으로써 일본, 미국, 영국, 독일, 프랑스 등 열강의 제국주의가 본격적으로 조선에 침입하기 시작했다.

033 임오군란

신식 군대인 별기군에 비해 차별 대우를 받던 구식 군대를 주축으로 일어난 반란이다. 임오군란은 1882년 서울에서 하급군관들과 도시빈민들이 개항 이후 시행된 개화정책과 집권세력에 저항하여 일으킨 사건이다. 조선 정부는 군란의 수습을 위해 청의 원군을 요청하면서 조선의 내정·외교 문제에 적극적으로 간섭하여 청의 종주권이 강화되었다. 일본 정부는 임오군란 시 군인들의 일본 공사관 침입을 빌미삼아 일본 경비병의 주둔 허용과 배상금 지불을 요구하면서 제물포 조약을 체결하게 되었다.

034 동학농민운동 – 집강소

1894년 전봉준이 중심이 되어 일으킨 반봉건·반외세 농민운동이다. 고부 군수 조병갑의 불법착취, 농민 수탈의 강화와 농촌 경제의 파탄, 일본의 침략, 동학교도에 대한 탄압 등을 이유로 확산된 아래로부터의 반봉건적·반침략적 민족운동이다. 동학농민군은 전주성을 점령하는 한편 집강소를 설치하여 12개조의 폐정개혁안을 발표하였으나 우금치 전투에서 관군과 일본의 연합군에 패배했다. 이는 갑오개혁과 청일 전쟁을 유발하는 계기가 되었다.

035 갑오개혁

1894년 일본의 강압으로 실시한 근대적 개혁을 말한다. 일본의 강압으로 정치·경제·사회·문화 전반에 걸쳐 실시한 근대적 개혁으로 근대화의 출발점이 되었으나 보수적 봉건 잔재로 인해 기형적 근대화를 초래했다. 갑오개혁의 홍범 14조에는 청의 종주권 부인과 개국기원 사용, 과거제 폐지 및 노비해방, 신교육령 실시 등의 내용이 포함되어 있다.

036 독립협회

1896년 서재필이 이상재, 윤치호 등 개화지식층과 함께 자주 독립과 내정 개혁을 위해 조직하고 활동한 최초의 정치 단체이다.

037 황성신문

1898년 장지연, 박은식, 남궁억 등이 중심이 되어 창간된 일간 신문이다. 대한제국 때인 1898년 남궁억과 나수연 등이 창간한 일간 신문으로 한자와 한글을 섞어 만들었으며, 국민들을 계몽하고 민족의식을 높이는 데 앞장섰다. 장지연은 을사늑약의 부당함을 알리는 사설 '시일야방성대곡'을 실었다가 구금되고 신문은 정간되기도 하였다가 1910년 결국 폐간되었다.

038 국채보상운동

1907년 일본으로부터 빌린 차관 1,300만 원을 갚기 위한 민족경제 자립운동이다. 일본은 조선정부를 경제적으로 예속하기 위해 차관을 제공했는데, 이를 갚기 위해 서상돈 등이 국채보상기성회를 조직하였다. 대한매일신보, 제국신문, 황성신문 등 언론 기관도 앞장서서 전 국민의 적극적인 참여 속에 국채를 갚으려는 운동이 전개되었으나, 일본 통감부의 압력과 매국적 정치단체인 일진회의 방해로 결국 실패하였다.

039 신민회

1907년 안창호가 박은식·신채호·양기탁 등과 조직한 단체로, 비밀결사를 통해 교육 구국운동, 민중 계몽운동 등에 앞장섰다. 그러나 일제가 조작한 105인 사건으로 인해 해체되었다.

040 일제의 조선 통치 정책

무단통치 → 문화통치 → 민족말살통치

구분	정책 내용
무단통치 (1910년대)	조선총독부 설치(1910년), 헌병경찰의 즉결 처분권, 언론·출판·집회·결사의 자유 박탈, 105인 사건 등을 일으켜 독립운동 탄압, 토지조사사업
문화통치 (1920년대)	3·1 운동 이후 보통 경찰제 실시, 식민 통치를 은폐하기 위한 기만적 정책, 우민화 교육, 친일파 세력 양성을 통한 민족 분열, 산미증식계획 실시(1920~1934년)
민족말살통치 (1930년대 이후)	내선일체, 황국신민화, 창씨개명, 우리말 사용과 국사 교육 금지, 강제징용·징병, 일본군 위안부, 1937년 중일 전쟁 이후 병참기지화 정책으로 물자와 인력 수탈

041 3·1 운동

1919년 일제 식민 지배에 저항하며 일어난 대규모 민족 만세운동이다.
- **배경** : 도쿄 유학생들의 2·8 독립선언 발표, 미국 윌슨 대통령의 민족자결주의 제창
- **과정** : 1919년 3월 1일 탑골공원에서 민족 대표 33인의 이름으로 독립선언서를 발표하고 전국과 외국으로 독립 만세운동이 퍼져나감
- **결과** : 일본의 통치방식이 문화통치로 전환, 대한민국 임시정부 수립에 큰 영향, 민족 주체성의 확인과 독립 문제를 세계에 알림

042 의열단

1919년 11월 만주에서 김원봉을 중심으로 조직되었던 무장 독립운동 단체이다. 신채호가 작성한 '조선 혁명 선언'을 기본 행동 강령으로 하여 독립운동을 전개하였다.

043 미소 공동위원회

모스크바 3국 외상 회의의 결정에 따라 한국의 임시정부 수립을 원조할 목적으로 미소 점령군에 의해 설치되었던 공동위원회이다.

044 대한민국 임시정부

1919년 광복을 위해 중국 상하이에 수립한 임시정부이다. 우리나라 최초의 민주공화정체로서 1대 대통령은 이승만, 2대 대통령은 박은식이었다. 연통제 실시와 군자금 조달, 애국공채 발행, 독립신문 간행 등 독립운동의 중요한 역할을 담당하는 대표기관이었다.

045 신간회

1927년 민족주의 세력과 사회주의 세력이 합작하여 발족한 항일단체이다. 조선의 독립을 위해 좌우익 세력이 합작하여 결성한 항일단체로 민족주의를 표방하면서 단결을 공고히 하였고 기회주의를 배격하였다. 강연회 개최 및 한국어 교육에 대한 연구 활동을 하였으며 1929년 광주학생항일운동이 발생하자 진상 조사단을 파견하고 전국적 항일독립운동으로 확산시키는 등의 지원을 하였다.

046 4·19 혁명

부패한 독재 정권을 학생과 시민의 힘으로 무너뜨린 민주 혁명이다. 1960년에 이승만과 자유당 정권의 3·15 부정선거의 대한 항의로 4·19 혁명이 발발하였다. 그 결과 이승만이 하야하고 수립된 과도 정부는 부정선거를 단행한 자유당 간부들을 구속하였으며, 국회는 내각 책임제와 양원제를 골자로 한 개헌안을 통과시켰다. 이후 구성된 국회를 통해 윤보선이 대통령으로 선출되었고, 장면이 국무총리로 지명되어 장면 내각이 성립되었다.

047 경제개발 5개년 계획

1962년에서 1982년까지 박정희 정부가 경제 발전을 목표로 추진한 정책이다.

제1, 2차 경제개발 5개년 계획	• 경공업 육성, 노동집약적 산업 중심 • 사회간접자본 확충 노력 • 1960년대 말 국제 경기 악화와 원리금 상환 부담으로 위기
제3, 4차 경제개발 5개년 계획	• 중화학 공업 육성, 자본 집약적 산업 중심 • 2차 산업 비중이 1차 산업을 추월 • 고부가가치 산업구조로 개편

048 6월 민주항쟁

1987년 6월에 전국에서 일어났던 범국민적인 민주화 운동이다. 전두환 군사정권의 장기집권을 저지하기 위해 일어난 범국민적 민주화 운동으로 1987년 1월 박종철 고문치사 사건이 발생하고 그해 5월 천주교정의구현사제단에 의해 이 사건이 은폐·축소된 것이 밝혀지면서 시위가 확산되었다. 그러던 중 시위 과정에서 이한열이 심한 부상으로 사경을 헤매게 되면서 산발적으로 전개되던 민주화 투쟁이 전국적으로 확산되었다.

049 남북 정상 회담

1945년 분단 이후 남한과 북한은 세 차례에 걸쳐 정상 회담을 가졌는데 2000년 6월, 2007년 10월, 2018년 4월 남한과 북한의 최고당국자가 직접 만나 남북한의 현안을 포함한 제반문제에 대해 협의하면서 판문점 선언에 합의하였다. 이후 9월에 평양에서 열린 3차 회담의 평양공동선언을 통해 '실질적 종전'을 선언하였다.

050 4대 문명

기원전 3,000년을 전후하여 세계에서 가장 먼저 문명을 이루고 발전시킨 4대 지역을 말한다.

구분	특징	강	공통점
메소포타미아 문명 (기원전 3,500년)	쐐기문자·60진법 사용, 함무라비 법전 편찬, 태음력 제정	티그리스강, 유프라테스강	• 기후가 온화함 • 관개가 용이함 • 토지가 비옥함
이집트 문명 (기원전 3,000년)	폐쇄적 지형, 상형문자·10진법 사용, 피라미드·스핑크스 제작	나일강	
황하 문명 (기원전 3,000년)	동아시아에서 가장 오래된 문명, 갑골문자·달력 사용	황하	
인더스 문명 (기원전 2,500년)	청동기·그림문자 사용, 발달된 도시문명, 엄격한 신분제도	인더스강	

051 십자군 전쟁
중세 서유럽의 그리스도교 국가들이 이슬람교도들로부터 성지를 탈환하기 위해 벌인 전쟁이다. 그리스도교 국가들이 이슬람교도로부터 성지 예루살렘을 회복하기 위해 1096~1270년까지 8차례에 걸쳐 대규모 십자군 원정을 일으켰다. 원정이 거듭되면서 본래의 순수한 목적에서 벗어나 교황권 강화, 영토 확장 등 세속적 욕구를 추구했고 결국 내부 분쟁으로 인해 실패하였다.

052 백년 전쟁
1337~1453년까지 영국과 프랑스 사이에서 벌어진 전쟁이다. 프랑스의 왕위 계승 문제와 플랑드르의 양모 공업을 둘러싼 경제적 문제가 얽혀 영국군이 침입하면서 시작되었다. 초기에는 영국이 우세했으나 1492년 잔다르크의 활약에 힘입어 프랑스가 영토를 회복하였다. 봉건제후와 귀족들이 몰락하고 중앙집권적 국가로 진입하는 계기가 됐다.

053 르네상스
14~16세기 그리스·로마의 고전 문화를 부흥시키고, 개인을 존중하며 인간적인 근대 문화 창조를 주장한 운동이다.

054 종교개혁
16세기 교회의 세속화와 타락에 반발하여 출현한 그리스도교 개혁운동이다. 로마 가톨릭교회가 16세기에 지나치게 세속화되면서 금전적인 목적으로 면죄부를 판매하는 등 타락하자 1517년 독일의 마틴 루터가 이를 비판하는 95개조의 반박문을 발표한 것을 시작으로 종교개혁운동이 일어났다. 이후 스위스의 츠빙글리, 프랑스의 칼뱅 등에 의해 전 유럽으로 퍼졌고 그 결과 가톨릭으로부터 이탈한 프로테스탄트라는 신교가 성립되었다.

055 명예혁명
1688년에서 1689년 사이에 영국에서 일어난 혁명으로, 스튜어트 왕조의 전제 정치를 피를 흘리지 않고 쓰러뜨렸기 때문에 명예혁명이라고 한다. 윌리엄은 의회가 기초한 권리선언을 인정하고 권리장전을 제정, 정식으로 즉위함으로써 사실상 의회가 주권을 쥐는 입헌군주제가 수립되었다.

056 프랑스 혁명
구제도를 타파하고 자유·평등·박애 사회를 건설하기 위해 일어난 시민혁명이다. 1789~1794년 프랑스에서 일어난 시민혁명으로, 당시 절대 왕정이 지배하던 앙시앵 레짐으로 인해 평민들의 불만이 증가하고 있었다. 이에 시민들이 바스티유 감옥을 습격하면서 혁명이 시작됐고 그 결과 새로운 헌법을 정하고 프랑스 공화정이 성립되었다. 프랑스 혁명은 정치권력이 왕족과 귀족에서 시민으로 옮겨진 역사적 전환점이 되었다.

057 산업혁명
18~19세기 영국에서 기술 혁신에 의한 생산성 향상으로 나타난 사회·경제 혁명이다. 자본주의 경제가 확립되었고 자본가와 노동자 계급이 출현했으며 인구의 도시집중화·노동조건 악화 등의 문제가 발생하기도 했다.

058 양무운동

청 말기에 서양 기술의 도입으로 부국강병을 이루고자 한 근대 자강운동이다. 19세기 후반 관료들의 주도하에 이루어진 근대화 운동으로 유럽의 근대기술을 도입하여 난국을 타개하고자 했다. 당시 아편 전쟁과 애로호 사건을 겪으며 서양의 군사적 위력을 알게 된 청조는 서양 문물을 도입하고 군사·과학·통신 등을 개혁함으로써 부국강병을 이루고자 했으나 1894년 청일 전쟁의 패배로 좌절되었다.

059 제1차 세계대전

1914~1918년 유럽 국가와 미국, 러시아 등이 참여한 최초의 세계대전이다. 1914년 사라예보 사건을 계기로 하여 동맹국(독일·오스트리아)과 연합국(프랑스·영국·러시아·이탈리아·일본) 사이에서 벌어진 전쟁으로 대규모 세계대전으로 발전하였다. 4년 4개월간 지속된 전쟁은 독일의 항복과 연합국의 승리로 끝났으며, 연합국과 독일은 1919년 베르사유조약을 맺었다.

060 제2차 세계대전

1939~1945년 유럽, 아시아, 태평양 등지에서 추축국과 연합국 사이에 벌어진 세계전쟁이다. 독일이 폴란드를 침공함으로써 발발하였으며, 3국 조약의 추축국을 이룬 독일·이탈리아·일본과 미국·영국·소련 등 연합국 사이에 벌어진 전쟁이다. 1943년 이탈리아를 항복시킨 연합군은 노르망디 상륙작전으로 프랑스를 해방시키고 1945년 독일의 항복을 받아낸 후 일본에 원폭을 투하하여 2차 세계대전을 승리로 이끌었다. 인류 역사상 가장 많은 인명·재산 피해를 남긴 전쟁으로 전쟁 후 국제연합이 설립되었다.

061 문화대혁명

1966~1976년 마오쩌둥의 주도하에 벌어졌던 중국의 사회적·정치적 투쟁을 말한다. 급진적 경제 개발 정책인 대약진 운동이 실패하고 덩샤오핑 중심의 실용주의파가 부상하자 위기를 느낀 마오쩌둥(모택동)이 부르주아 세력과 자본주의 타도를 위해 대학생·고교생 준군사조직인 홍위병을 조직하고 대중을 동원해 일으킨 정치적 투쟁이다. 이 과정에서 정치적·경제적 혼란이 지속되며 사회가 경직화되었고 마오쩌둥의 죽음과 덩샤오핑의 부활로 1997년 공식 종료되었다.

062 스와라지 운동

1906년 인도의 간디가 영국으로부터의 독립을 위해 일으킨 자치운동이다. 인도에서 간디가 주도한 독립·자치 운동으로, 영국의 지배를 벗어나서 독립을 획득하고자 했다. 영국은 벵골분할령으로 인도에 대한 식민지배를 강화하려 하였고 이에 반발해 인도인의 민족주의 운동과 영국제품·영화에 대한 불매·배척 운동으로 전개되었다.

CHAPTER 07 적중예상문제

정답 및 해설 p.074

01 다음에서 설명하고 있는 삼국시대의 왕은?

- 한반도의 한강 이남까지 영토를 늘렸다.
- 신라의 요청으로 원군을 보내 왜구를 격퇴하였다.
- 후연과 전쟁에서 승리하여 요동지역을 확보하였다.

① 미천왕
② 소수림왕
③ 장수왕
④ 광개토대왕

02 조선시대 이순신 장군은 임진왜란 때 일본군을 물리치는 데 큰 공을 세운 명장이다. 다음 중 이순신 장군이 참전하지 않은 전투는?

① 행주대첩
② 옥포대첩
③ 명량대첩
④ 노량해전

03 다음 자료에 나타난 민족 운동에 대한 설명으로 옳은 것은?

대한 2천만 민중에 서상돈만 사람인가.
단천군 이곳 우리들도 한국 백성 아닐런가.
외인 부채 해마다 이식 불어나니 그 많은 액수 어이 감당하리.
국채 다 갚는 날 오면 기쁘고 즐겁지 않을쏜가.
힘씁시다. 힘씁시다. 우리 단천의 여러분이여.

① 독립협회 설립의 배경이 되었다.
② 황실과 관료들의 주도하에 추진되었다.
③ 대구를 시작으로 전국적으로 퍼져 나갔다.
④ 황국중앙총상회를 중심으로 전개되었다.

04 농지개혁법에 의해 추진된 정책에 대한 설명으로 옳은 것을 〈보기〉에서 고른 것은?

1949년 6월 21일에 공포된 농지개혁법은 농지를 농민에게 적절히 분배함으로써, 농민생활을 향상시키고 국민경제를 발전시키는 것을 목적으로 제정되었다.

● 보기 ●
ㄱ. 소작쟁의가 증가하게 되었다.
ㄴ. 자작농이 늘어나는 계기가 되었다.
ㄷ. 유상매입, 유상분배가 원칙이었다.
ㄹ. 친일파, 일본인의 토지가 몰수되었다.

① ㄱ, ㄴ
② ㄱ, ㄷ
③ ㄴ, ㄷ
④ ㄴ, ㄹ

05 밑줄 그은 '이 섬'에 대한 설명으로 옳은 것을 〈보기〉에서 고른 것은?

우리나라의 가장 동쪽에 위치하고 있는 <u>이 섬</u>은 울릉도로부터 87.4km 떨어져 있으며, 동도와 서도라는 2개의 큰 섬과 여러 개의 작은 섬으로 이루어져 있다. 숙종 때 안용복은 울릉도와 <u>이 섬</u>이 우리 영토임을 일본 막부가 인정하도록 활약하였으며, 1900년에는 대한 제국이 칙령 제41호를 반포하여 우리 영토임을 분명히 하였다.

● 보기 ●
ㄱ. 영국군이 점령하였다가 철수하였다.
ㄴ. 삼별초가 대몽 항쟁을 전개한 곳이다.
ㄷ. 세종실록지리지에 우산(于山)이라고 기록되어 있다.
ㄹ. 러일 전쟁 때 일본이 불법으로 자국 영토로 편입하였다.

① ㄱ, ㄴ
② ㄱ, ㄷ
③ ㄴ, ㄷ
④ ㄷ, ㄹ

06 다음 조항이 포함된 조약에 대한 설명으로 옳지 않은 것은?

> 제1관 조선국은 자주국이며, 일본국과 평등한 권리를 가진다.
> 제4관 조선국은 부산 이외 두 곳의 항구를 개항하고 일본인이 왕래 통상함을 허가한다.
> 제10관 일본국 인민이 조선국이 지정한 각 항구에서 죄를 범할 경우 일본국 관원이 재판한다.

① 일본에게 최혜국 대우를 인정하였다.
② 외국과 맺은 최초의 근대적 조약이다.
③ 원산과 인천을 개항하는 계기가 되었다.
④ 치외법권을 인정한 불평등한 조약이다.

07 다음 설명에 해당하는 서원은?

- 우리나라 최초의 서원이다.
- 최초의 사액서원이다.

① 도산서원　　② 무성서원
③ 병산서원　　④ 소수서원

08 다음에서 설명하는 사단칠정론을 주장한 학자는?

> 사단(四端)이란 맹자가 실천도덕의 근간으로 삼은 측은지심(惻隱之心)·수오지심(羞惡之心)·사양지심(辭讓之心)·시비지심(是非之心)을 말하며, 칠정(七情)이란 〈예기(禮記)〉와 〈중용(中庸)〉에 나오는 희(喜)·노(怒)·애(哀)·구(懼)·애(愛)·오(惡)·욕(慾)을 말한다.

① 율곡 이이　　② 퇴계 이황
③ 화담 서경덕　　④ 다산 정약용

09 다음 괄호 안에 들어갈 인물은 누구인가?

> 〈왕오천축국전〉은 신라 성덕왕(또는 경덕왕) 때 승려 (　　)이/가 인도의 5천축국을 순례하고 그 행적을 적은 여행기이다.

① 지눌　　② 의천
③ 혜초　　④ 혜심

10 다음 중 고려 광종 때 실시한 노비안검법에 대한 설명으로 옳은 것은?

① 지방의 주·현을 단위로 해마다 바치는 공물과 부역의 액수를 정한 법
② 해방된 노비를 다시 노비로 되돌리기 위하여 제정하고 실시한 법
③ 양인이었다가 노비가 된 사람을 다시 조사하여 양인이 될 수 있도록 조처한 법
④ 전국의 노비에게 과거 응시 자격을 부여한 법

11 교육 기관 중 다음 괄호에 들어갈 알맞은 것은?

〈유학 교육 기관의 변천〉
고구려(태학) → 통일 신라(국학) → 고려(국자감) → 조선(   )

① 경당
② 향교
③ 학당
④ 성균관

12 유교를 배움에 있어 가장 기본적이며 대표적인 명서인 경전(經典)을 사서오경(四書五經)이라 한다. 다음 중 사서오경 중 오경에 포함되지 않는 명서는?

① 춘추
② 예기
③ 시경
④ 중용

13 한서지리지에 다음의 법 조항을 가진 나라로 소개되는 국가는?

- 사람을 죽인 자는 즉시 사형에 처한다.
- 남에게 상처를 입힌 자는 곡물로써 배상한다.
- 남의 재산을 훔친 사람은 노비로 삼고, 용서받으려면 한 사람당 50만 전을 내야 한다.

① 고구려
② 고조선
③ 발해
④ 신라

14 삼한시대에 천군이 지배하는 곳으로 국법이 미치지 못하는 신성 지역을 무엇이라 하는가?

① 우가
② 책화
③ 삼로
④ 소도

15 삼국 중 신라의 성장이 가장 늦었던 이유를 다음 보기에서 모두 고르면?

> ㉠ 중국 세력의 침략을 자주 받았다.
> ㉡ 한반도의 동남쪽에 치우쳐 있었다.
> ㉢ 활발한 정복 활동으로 왕권이 약화되었다.
> ㉣ 여러 세력 집단이 연합하여 국가적 통합이 늦었다.

① ㉠, ㉡
② ㉠, ㉢
③ ㉡, ㉢
④ ㉡, ㉣

16 다음과 같은 업적을 남긴 신라의 왕은?

> • 관료전 지급, 녹읍 폐지
> • 진골 귀족 세력의 반란 진압
> • 9주 5소경 체제의 지방 행정 조직 완비

① 무열왕
② 문무왕
③ 신문왕
④ 법흥왕

17 다음 중 발해에 관한 설명으로 옳지 않은 것은?

① 대조영이 고구려 유민과 말갈족을 연합하여 건국했다.
② 당나라의 제도를 받아들여 독자적인 3성 6부체제를 갖췄다.
③ 독자적인 연호를 사용하고 '해동성국'이라는 칭호를 얻었다.
④ 여진족의 세력 확대로 인해 여진족에게 멸망당했다.

18 고려 태조 왕건이 실시한 정책으로 옳지 않은 것은?

① 사심관제도와 기인제도 등의 호족 견제 정책을 실시했다.
② 연등회와 팔관회를 중요하게 다룰 것을 강조했다.
③ 과거제도를 실시하여 신진 세력을 등용했다.
④ '훈요 10조'를 통해 후대의 왕들에게 유언을 남겼다.

19 공민왕의 개혁 정치에 대한 설명으로 옳지 않은 것은?

① 불법적인 농장을 없앴다.
② 원·명 교체의 상황에서 개혁을 추진하였다.
③ 신진 사대부를 견제하기 위해 정방을 설치하였다.
④ 관제를 복구하고 몽골식 생활 풍습을 금지하였다.

20 다음에서 설명하는 세력에 대한 설명으로 옳지 않은 것은?

> 세조가 단종을 몰아내고 왕위에 오르는 일에 협력하거나 지지하였던 공신과 그 자손들이었다.

① 많은 토지와 노비를 소유하였다.
② 조선 건국에 참여한 신진사대부이다.
③ 정치적으로는 중앙 집권을 추구하였다.
④ 지방의 중소 지주 출신으로, 부국강병을 주장하였다.

21 조선시대 4대 사화를 시대 순으로 바르게 연결한 것은?

① 무오사화 → 기묘사화 → 갑자사화 → 을사사화
② 무오사화 → 갑자사화 → 기묘사화 → 을사사화
③ 갑자사화 → 무오사화 → 을사사화 → 기묘사화
④ 갑자사화 → 기묘사화 → 갑자사화 → 을사사화

22 조선시대 기본법전인 〈경국대전〉에 관한 설명으로 옳지 않은 것은?

① 세조가 편찬을 시작하여 성종 대에 완성되었다.
② 조선 초법전인 〈경제육전〉의 원전과 속전 및 그 뒤의 법령을 종합해 만들었다.
③ '형전'을 완성한 뒤, 재정·경제의 기본이 되는 〈호전〉을 완성했다.
④ 이전·호전·예전·병전·형전·공전 등 6전으로 이루어졌다.

23 다음의 설명에 해당하는 조선 후기의 실학자는 누구인가?

- 농민을 위한 제도 개혁을 주장한 중농학파
- 〈목민심서〉, 〈경세유표〉 편찬
- 과학 기술의 발전을 주장하고 실학을 집대성

① 유형원
② 이익
③ 정약용
④ 박지원

24 조선 후기 조세 제도의 개편 내용으로 옳은 것은?

① 대동법은 처음부터 전국적으로 실시하였다.
② 정부는 폐단이 심하였던 공납 제도만 개편하였다.
③ 대동법의 실시로 지주와 농민의 부담이 크게 줄어들었다.
④ 균역법의 시행으로 농민 장정은 1년에 군포 1필을 부담하였다.

25 탕평책에 대한 설명으로 옳지 않은 것은?

① 영조와 정조 때 실시되었다.
② 왕권 강화와 민생 안정에 기여하였다.
③ 당의 인재를 고루 등용하는 정책이었다.
④ 탕평책의 실시로 붕당 정치의 폐단이 근본적으로 해결되었다.

26 조선 후기에 발생한 사건들을 시대 순으로 바르게 나열한 것은?

① 임오군란 → 갑신정변 → 동학농민운동 → 아관파천
② 임오군란 → 아관파천 → 동학농민운동 → 갑신정변
③ 갑신정변 → 임오군란 → 아관파천 → 동학농민운동
④ 갑신정변 → 아관파천 → 임오군란 → 동학농민운동

27 다음 중 홍범 14조에 관한 설명으로 옳지 않은 것은?

① 갑오개혁 이후 정치적 근대화와 개혁을 위해 제정된 국가기본법이다.
② 일본에 의존하는 생각을 끊고 자주독립의 기초를 세울 것을 선포했다.
③ 납세를 법으로 정하고 함부로 세금을 거두어들이지 못하도록 했다.
④ 종실 · 외척의 정치관여를 용납하지 않음으로써 대원군과 명성황후의 정치개입을 배제했다.

28 조선시대 국가의 주요 행사 내용을 그림을 통해 자세하게 기록한 서책은?

① 조선왕조실록
② 승정원일기
③ 조선왕실의궤
④ 일성록

29 시일야방성대곡이 실린 신문은 무엇인가?

① 한성순보
② 황성신문
③ 독립신문
④ 제국신문

30 다음 중 임진왜란 이후 조선의 정세로 옳지 않은 것은?

> 임진왜란으로 수많은 인명이 살상되었으며, 기근과 질병으로 인한 백성들의 유망으로 인구가 크게 줄어들었다. 또한 전국의 많은 논밭이 황무지로 변해 식량 문제가 심각하였으며, 농민의 살림은 물론 나라의 재정까지 어려워졌다.

① 납속책을 확대하였다.
② 공명첩을 발급하였다.
③ 호적을 재정비하였다.
④ 과전법을 제정하였다.

31 다음 중 조선시대의 신분 제도에 대한 설명으로 옳은 것은?

① 서얼은 양반으로 진출하는 데 제한을 받지 않았다.
② 노비의 신분은 세습되지 않았다.
③ 서리, 향리, 기술관은 직역 세습이 불가능했다.
④ 양인 이상이면 과거에 응시할 수 있었다.

32 다음 중 3·1 운동에 관한 설명으로 옳지 않은 것은?

① 2·8 독립선언과 미국 윌슨 대통령의 민족자결주의에 영향을 받았다.
② 1919년 3월 1일 33인의 민족대표가 탑골공원에서 독립선언서를 발표했다.
③ 비폭력 시위에서 인원과 계층이 늘어나면서 폭력투쟁으로 발전하였다.
④ 일본의 통치 방식을 문화통치 방식으로 변화시키는 요인이 되었다.

33 밑줄 친 '북국(北國)'에 대한 설명으로 옳지 않은 것은?

> 원성왕 6년 3월 북국(北國)에 사신을 보내 빙문(聘問)하였다. …(중략)… 요동 땅에서 일어나 고구려의 북쪽 땅을 병합하고 신라와 서로 경계를 맞대었지만, 교빙한 일이 역사에 전하는 것이 없었다. 이때 와서 일길찬 백어(伯魚)를 보내 교빙하였다.

① 감찰기관으로 중정대가 있었다.
② 최고 교육기관으로 태학감을 두었다.
③ 중앙의 정치조직으로 3성 6부를 두었다.
④ 지방의 행정조직으로 5경 15부 62주가 있었다.

34 다음 중 밑줄 친 '그'에 해당하는 왕의 업적으로 옳은 것은?

> 그의 즉위 이후에도 원의 간섭은 여전하였고, 친원파 역시 건재하였다. 하지만 그는 친원파를 완전히 제거할 수 있는 현실적인 힘을 가지고 있지는 못하였다. 때마침 원에서 기황후의 아들이 황태자에 봉해지자, 이러한 추세는 더욱 심해졌다. 이를 계기로 기철의 권력이 그를 압도할 정도로 커졌고 기철의 일족과 친원파의 정치적 지위가 크게 높아졌다.

① 주자감을 세웠다.
② 호포제를 실시하였다.
③ 소격서를 폐지하였다.
④ 전민변정도감을 설치하였다.

35 다음 중 밑줄 친 '그'의 업적으로 옳은 것은?

> 조선 후기의 실학자인 그는 유배지인 강진에서 목민관이 지켜야 할 지침을 밝히는 책을 저술하였다. 그는 이 책의 서문에서 '군자의 학문은 수신이 반이요, 목민이 반이다. … (중략) … 요즈음 목민관들은 이익을 추구하는 데만 급급하고 어떻게 목민해야 할 것인가는 모르고 있다.'라고 하였다.

① 거중기를 설계하였다.
② 인왕제색도를 그렸다.
③ 「북학의」를 저술하였다.
④ 강화학파를 형성하였다.

36 민족의 수난을 밝힌 「한국통사」와 우리의 항일 투쟁을 다룬 「한국독립운동지혈사」를 저술하고, 민족정신을 '혼'으로 파악하여 혼이 담겨 있는 민족사의 중요성을 강조한 인물은?

① 신채호 ② 윤봉길
③ 백남운 ④ 박은식

37 헤이그에서 개최된 만국평화회의에 특사로 파견되어 을사늑약의 불법성과 일제의 무력적 침략 행위의 부당성을 전 세계에 호소하여 국제적 압력으로 이를 파기하려 했던 인물은?

① 김상옥 ② 윤봉길
③ 이회영 ④ 이상설

38 다음 중 신석기 시대의 특징이 아닌 것은?

① 귀족과 평민 등의 계급이 뚜렷이 분화됐다.
② 빗살무늬 토기를 사용했다.
③ 농경문화가 나타나기 시작했다.
④ 강가나 평지에 움막을 짓고 모여 살았다.

39 삼한에 대한 설명으로 옳지 않은 것은?

① 신지, 읍차 등의 제사장이 종교를 담당했다.
② 수릿날, 계절제 등의 제천행사를 개최했다.
③ 일부 국가의 경우 철기 문명이 발달해 철을 화폐로 사용하기도 했다.
④ 크게 마한 · 진한 · 변한의 3개 국가로 이뤄졌으며, 각 국가는 수많은 부족국가로 이뤄진 연맹체였다.

40 다음 중 고구려의 도읍지가 아닌 것은?

① 졸본
② 국내성
③ 위례성
④ 평양성

41 다음 중 백제의 사비 천도 후 신라와의 전투에서 전사한 백제의 왕은?

① 성왕
② 고이왕
③ 의자왕
④ 근초고왕

42 다음 중 굴식돌방무덤으로 제작된 것은?

① 천마총
② 강서대묘
③ 장군총
④ 무령왕릉

43 신라의 화랑이 지키던 계율 세속오계(世俗五戒)를 지은 대사(大師)는?

① 원광
② 원효
③ 의상
④ 자장

44 다음 중 발해의 특징으로 옳지 않은 것은?

① 지배층은 고구려 유민, 피지배층은 말갈족이었다.
② 대조영이 상경용천부를 수도로 삼아 건국했다.
③ 행정구역은 5경 15부 62주가 있었다.
④ 자신들이 고구려의 후예임을 밝혔다.

45 고려를 건국한 태조 왕건에 대한 설명으로 옳지 않은 것은?

① 춘궁기에 백성에게 곡식을 나누어 주고 추수한 후에 갚게 하는 흑창을 설치했다.
② 호족과 정략결혼을 하거나 호족에 성(姓)을 하사함으로써 호족을 포용하려 했다.
③ 최승로의 시무 28조를 받아들여 유교 정치이념을 바탕으로 통치체제를 정비했다.
④ 북진정책의 걸림돌이자 발해를 멸망시킨 거란을 적대시하고, 청천강까지 영토를 확장했다.

46 고려 시대 관료와 군사들에게 복무의 대가로 지급하던 토지제도는?

① 전시과
② 역분전
③ 공음전
④ 과전

47 다음 중 고려 광종의 업적이 아닌 것은?

① '광덕, 준풍'이라는 자주적 연호를 사용했다.
② 노비안검법으로 호족세력을 견제했다.
③ 과거제를 시행해 신진세력을 등용했다.
④ 전시과 제도를 마련해 관리에게 지급했다.

48 고려 시대 문신이었던 이승휴가 지은 역사서는?

① 〈제왕운기(帝王韻紀)〉
② 〈백운소설(白雲小說)〉
③ 〈계원필경(桂苑筆耕)〉
④ 〈동사강목(東史綱目)〉

49 시험 없이도 관리가 될 수 있던 제도는?

① 기인 제도　　　　② 상수리 제도
③ 과거 제도　　　　④ 음서 제도

50 다음 중 조선 세종의 재임기에 발명된 자동 시보장치는?

① 신기전　　　　② 자격루
③ 혼상　　　　　④ 병진자

51 대동법의 시행 결과로 틀린 것은?

① 방납의 폐단이 경감되어 백성들의 생활이 비교적 안정됐다.
② 국가에 관수품을 조달하는 공인이 생겨났다.
③ 토산물 등 사치품에 대한 교역량이 줄었다.
④ 토지를 많이 보유한 양반층의 반발을 샀다.

52 다음 중 갑신정변에 대한 내용으로 옳지 않은 것은?

① 임오군란 이후 급진개화파가 일본의 군사적 지원을 받아 일으켰다.
② 우정총국 개국 축하연 자리에서 일으켰다.
③ 구본신참을 기본정신으로 삼았다.
④ 개화당 정부를 수립하고 14개조 개혁정강을 발표했다.

53 다음 중 흥선대원군에 대한 설명으로 틀린 것은?

① 국가운영에 대한 법을 새로 규정하기 위해 〈속대전〉을 편찬했다.
② 왕실의 권위 회복을 위해 임진왜란 때 불탔던 경복궁을 중건했다.
③ 군정의 문란을 해결하기 위해 호포제를 실시했다.
④ 서양과의 통상수교 반대의지를 알리기 위해 전국 각지에 척화비를 세웠다.

54 독립협회에 대한 설명으로 틀린 것은?

① 러시아의 부산 절영도 조차 요구를 반대했다.
② 만민공동회와 관민공동회를 개최했다.
③ 고종의 퇴위반대운동을 전개해 강제 해산됐다.
④ 중추원 개편을 통해 서구식 입헌군주제 실현을 목표로 했다.

55 일제강점기에 일제의 통치방식이 무단통치에서 문화통치로 바뀌게 된 계기가 된 사건은?

① 3·1 운동
② 2·8 독립선언
③ 국채보상운동
④ 대한민국 임시정부 설립

56 일제강점기 당시 독립운동가로 1932년 일왕의 생일날 거사를 일으킨 인물은?

① 윤봉길
② 이봉창
③ 김원봉
④ 조소앙

57 다음 (가)~(라)를 사건이 일어난 순서대로 옳게 나열한 것은?

(가) 12·12 군사반란
(나) 4·19 혁명
(다) 3·15 부정선거
(라) 4·3 사건

① (나) – (다) – (가) – (라)
② (다) – (나) – (라) – (가)
③ (다) – (라) – (나) – (가)
④ (라) – (다) – (나) – (가)

58 청동기 문화를 배경으로 기원 전 3천 년을 전후해 큰 강 유역에서 발생한 4대 문명에 해당하지 않는 것은?

① 메소포타미아문명
② 잉카문명
③ 황하문명
④ 인더스문명

59 중세 서유럽 문화에 대한 설명으로 옳지 않은 것은?

① 중세에 신학이 학문의 중심이었다.
② 크리스트교를 바탕으로 발전하였다.
③ 기사들의 영웅담이나 사랑을 노래한 기사도 문학이 유행하였다.
④ 비잔티움 양식의 특징을 잘 나타내는 노트르담 성당 등이 건축되었다.

60 다음 글이 설명하고 있는 사건은?

신항로 개척 이후 아시아와 아프리카의 값싼 원료와 상품 시장의 확보로 유럽의 경제가 크게 성장하였다. 근대적 기업이 성장하고 상업 자본이 발달하는 등 근대 자본주의 경제 발달의 발판이 마련되었다.

① 르네상스
② 과학 혁명
③ 상업 혁명
④ 가격 혁명

61 십자군 원정의 결과로 옳지 않은 것은 무엇인가?

① 교황권과 영주의 세력이 강화되었다.
② 동방 무역이 활발해지며 동양에 대한 관심이 높아졌다.
③ 상공업도시가 성장하면서 장원이 해체되었다.
④ 이슬람 문화가 유입되면서 유럽인들의 시야가 확대되었다.

62 르네상스에 대한 설명으로 옳지 않은 것은?

① 자연 과학과 기술이 크게 발달하였다.
② 14세기에 유럽에서 일어난 문예 부흥 운동이다.
③ 이탈리아의 르네상스는 현실 사회와 교회를 비판하는 경향이 강하였다.
④ 고대 그리스·로마의 문화를 부흥시키려고 하였다.

63 미국의 독립 혁명에 대한 설명으로 옳지 않은 것은 무엇인가?

① 보스턴 차 사건을 계기로 시작되었다.
② 프랑스·스페인·네덜란드 등의 지원을 받아 요크타운 전투에서 승리했다.
③ 1783년 파리조약으로 평화 협정을 맺고 영국이 독립을 인정했다.
④ 프랑스 혁명과 달리 영국으로부터 독립하는 것만을 목적으로 하였다.

64 다음 중 원나라에 대한 설명으로 옳지 않은 것은?

① 몽골족이 세운 나라로 몽골어를 공용어로 사용했다.
② 이슬람으로부터 화약과 나침반, 인쇄술을 유입해왔다.
③ 과거제를 폐지하고 강남 지방에 많은 세금을 부과하였다.
④ 홍건적의 난으로 쇠퇴하였으며 명나라에 의해 축출되었다.

65 쑨원이 주장한 삼민주의에 해당하지 않는 것은?

① 민족 ② 민생
③ 민정 ④ 민권

66 다음 중 청 말기 서양 기술의 도입으로 부국강병을 이루고자 한 근대화 운동은 무엇인가?

① 양무운동 ② 태평천국운동
③ 의화단운동 ④ 문화혁명

67 다음 내용과 관련된 지명은 무엇인가?

- 이집트령 수단의 지명
- 종단정책과 횡단정책의 충돌
- 프랑스가 영국에 양보, 영 · 프협상의 완성

① 카이로 ② 가봉
③ 파쇼다 ④ 마다가스카르

68 제2차 세계대전과 관련된 다음의 사건들 중 가장 먼저 일어난 것은?

① 얄타 회담 ② 나가사키 원폭 투하
③ UN 창설 ④ 카이로 회담

69 세계 4대 문명 발상지 중 다음에서 설명하는 것과 관계가 깊은 것은?

쐐기문자, 60진법, 태음력 제정

① 황하 문명 ② 마야 문명
③ 이집트 문명 ④ 메소포타미아 문명

70 다음 중 헬레니즘 문화에 대한 설명으로 옳지 않은 것은?

① 실용적인 자연과학이 발전하였다.
② 알렉산드리아 지방을 중심으로 크게 융성하였다.
③ 신 중심의 기독교적 사고방식을 사상적 기초로 하였다.
④ 인도의 간다라 미술에 상당한 영향을 미쳤다.

71 다음 〈보기〉의 전쟁들을 시대 순으로 바르게 나열한 것은?

㉠ 크림 전쟁	㉡ 십자군 전쟁
㉢ 장미 전쟁	㉣ 종교 전쟁
㉤ 백년 전쟁	

① ㉠ – ㉡ – ㉢ – ㉣ – ㉤
② ㉡ – ㉤ – ㉢ – ㉣ – ㉠
③ ㉢ – ㉣ – ㉤ – ㉡ – ㉠
④ ㉣ – ㉠ – ㉡ – ㉢ – ㉤

72 다음 밑줄 친 사상의 영향으로 일어난 사건은?

몽테스키외, 볼테르, 루소, 디드로 등에 의해 약 반세기에 걸쳐 배양되었고 특히 루소의 문명에 대한 격렬한 비판과 인민주권론이 혁명사상의 기초가 되었다. 기독교의 전통적인 권위와 낡은 사상을 비판하고 합리적인 이성의 계발로 인간생활의 진보와 개선을 꾀하였다.

① 영국에서 권리장전이 승인되었다.
② 칼뱅을 중심으로 종교개혁이 진행되었다.
③ 레닌이 소비에트 정권을 무너뜨렸다.
④ 시민들이 혁명을 통해 새로운 헌법을 정하고 프랑스 공화정이 성립되었다.

73 종교개혁의 발생 배경으로 적절하지 않은 것은?

① 왕권의 약화
② 교황권의 쇠퇴
③ 교회의 지나친 세속화와 극심한 타락
④ 개인의 신앙과 이성을 중시하는 사상의 확대

74 다음 중 시기적으로 가장 먼저 일어난 사건은 무엇인가?

① 청교도 혁명
② 갑오개혁
③ 프랑스 혁명
④ 신해혁명

75 다음의 사상을 바탕으로 전개된 중국의 민족운동으로 옳은 것은?

> • 만주족을 몰아내고 우리 한족 국가를 회복한다.
> • 이제는 평민혁명에 의해 국민 정부를 세운다. 무릇 국민은 평등하게 참정권을 갖는다.
> • 사회·경제 조직을 개량하고 천하의 땅값을 조사하여 결정해야 한다.

① 양무운동
② 신해혁명
③ 의화단 운동
④ 태평천국 운동

76 다음 중 제1차 세계대전 이후의 세계 정세에 대한 설명으로 옳지 않은 것은?

① 얄타 회담에서 전후 국제기구 설립에 합의하였다.
② 독일과 연합국 사이의 강화 조약으로 베르사유 조약이 체결되었다.
③ 세계 평화를 유지하기 위한 최초의 국제평화기구인 국제연맹이 만들어졌다.
④ 전후 문제 처리를 위하여 파리 강화 회의가 개최되었다.

77 국제연합에 대한 설명으로 옳지 않은 것은?

① 미국과 영국의 대서양 헌장을 기초로 결성되었다.
② 안전보장이사회의 상임이사국은 거부권을 행사할 수 있다.
③ 소련과 미국이 참여함으로써 세계 중심 기구로 자리 잡았다.
④ 독일과 일본은 제2차 세계대전을 일으킨 국가로서 가입하지 못하였다.

78 제1·2차 세계대전과 관련하여 열린 국제회담을 순서대로 바르게 나열한 것은?

① 베르사유 조약 – 카이로 회담 – 얄타 회담 – 포츠담 선언
② 카이로 회담 – 얄타 회담 – 포츠담 선언 – 베르사유 조약
③ 얄타 회담 – 포츠담 선언 – 베르사유 조약 – 카이로 회담
④ 포츠담 선언 – 베르사유 조약 – 카이로 회담 – 얄타 회담

무언가를 시작하는 방법은
말하는 것을 멈추고, 행동을 하는 것이다.
- 월트 디즈니 -

PART 2
관계법령

CHAPTER 01 청원경찰법
CHAPTER 02 통합방위법
CHAPTER 03 원자력시설 등의 방호 및 방사능 방재 대책법

CHAPTER 01 청원경찰법

01 청원경찰의 의의와 직무

1. 청원경찰의 의의

(1) 청원경찰법의 목적(법 제1조)

이 법은 청원경찰의 직무·임용·배치·보수·사회보장 및 그 밖에 필요한 사항을 규정함으로써 청원경찰의 원활한 운영을 목적으로 한다.

(2) 청원경찰의 정의(법 제2조)

"청원경찰"이란 다음에 해당하는 기관의 장 또는 시설·사업장 등의 경영자가 경비를 부담할 것을 조건으로 경찰의 배치를 신청하는 경우 그 기관·시설 또는 사업장 등의 경비를 담당하게 하기 위하여 배치하는 경찰을 말한다.
① 국가기관 또는 공공단체와 그 관리하에 있는 중요시설 또는 사업장(제1호)
② 국내 주재 외국기관(제2호)
③ 그 밖에 행정안전부령으로 정하는 중요시설·사업장 또는 장소(제3호)

> **＋ 알아보기** 배치대상(규칙 제2조)
>
> 「청원경찰법」(이하 "법"이라 한다) 제2조 제3호에서 "그 밖에 행정안전부령으로 정하는 중요시설, 사업장 또는 장소"란 다음 각호의 시설, 사업장 또는 장소를 말한다.
> 1. 선박, 항공기 등 수송시설
> 2. 금융 또는 보험을 업(業)으로 하는 시설 또는 사업장
> 3. 언론, 통신, 방송 또는 인쇄를 업으로 하는 시설 또는 사업장
> 4. 학교 등 육영시설
> 5. 「의료법」에 따른 의료기관
> 6. 그 밖에 공공의 안녕질서 유지와 국민경제를 위하여 고도의 경비(警備)가 필요한 중요시설, 사업체 또는 장소

2. 청원경찰의 직무

(1) 직무범위(법 제3조)

청원경찰은 청원경찰의 배치결정을 받은 자(청원주)와 배치된 기관·시설 또는 사업장 등의 구역을 관할하는 경찰서장의 감독을 받아 그 경비구역만의 경비를 목적으로 필요한 범위에서 「경찰관직무집행법」에 따른 경찰관의 직무를 수행한다.

(2) 직무상 주의사항(규칙 제21조)

① 청원경찰이 직무를 수행할 때에는 경비 목적을 위하여 필요한 최소한의 범위에서 하여야 한다.
② 청원경찰은 「경찰관직무집행법」에 따른 직무 외의 수사활동 등 사법경찰관리의 직무를 수행해서는 아니 된다.

(3) 근무요령(규칙 제14조)

① 자체경비를 하는 입초근무자는 경비구역의 정문이나 그 밖의 지정된 장소에서 경비구역의 내부, 외부 및 출입자의 움직임을 감시한다.
② 업무처리 및 자체경비를 하는 소내근무자는 근무 중 특이한 사항이 발생하였을 때에는 지체 없이 청원주 또는 관할 경찰서장에게 보고하고 그 지시에 따라야 한다.
③ 순찰근무자는 청원주가 지정한 일정한 구역을 순회하면서 경비 임무를 수행한다. 이 경우 순찰은 단독 또는 복수로 정선순찰(정해진 노선을 규칙적으로 순찰하는 것을 말한다)을 하되, 청원주가 필요하다고 인정할 때에는 요점순찰(순찰구역 내 지정된 중요지점을 순찰하는 것을 말한다) 또는 난선순찰(임의로 순찰지역이나 노선을 선정하여 불규칙적으로 순찰하는 것을 말한다)을 할 수 있다. 〈개정 2021.12.31.〉
④ 대기근무자는 소내근무에 협조하거나 휴식하면서 불의의 사고에 대비한다.

02 청원경찰의 배치와 임용 등

1. 청원경찰의 배치

(1) 청원경찰의 배치신청(법 제4조)

청원경찰을 배치 받으려는 자는 대통령령(영 제2조)으로 정하는 바에 따라 관할 시·도 경찰청장에게 청원경찰 배치를 신청하여야 한다(법 제4조 제1항).

① **청원경찰의 배치신청 등(영 제2조)**
   청원경찰의 배치를 받으려는 자는 청원경찰 배치신청서에 다음의 서류(㉠ 및 ㉡)를 첨부하여 국가기관 또는 공공단체와 그 관리하에 있는 중요시설 또는 사업장, 국내 주재 외국기관, 그 밖에 행정안전부령으로 정하는 중요시설, 사업장 또는 장소의 소재지를 관할하는 경찰서장을 거쳐 시·도 경찰청장에게 제출하여야 한다. 이 경우 배치장소가 둘 이상의 도(특별시, 광역시, 특별자치시 및 특별자치도를 포함)일 때에는 주된 사업장의 관할 경찰서장을 거쳐 관할 시·도 경찰청장에게 일괄 신청할 수 있다.
   ㉠ 경비구역 평면도 1부
   ㉡ 배치계획서 1부

② **청원경찰 배치신청서 등(규칙 제3조)**
   ㉠ 청원경찰 배치신청서는 별지 제1호 서식에 따른다.
   ㉡ 청원경찰 배치결정 통지 또는 청원경찰 배치불허 통지는 별지 제2호 서식에 따른다.

(2) 배치결정 및 요청(법 제4조)

① 시·도 경찰청장은 청원경찰 배치신청을 받으면 지체 없이 그 배치 여부를 결정하여 신청인에게 알려야 한다(법 제4조 제2항).
② 시·도 경찰청장은 청원경찰의 배치가 필요하다고 인정되는 기관의 장 또는 시설·사업장의 경영자에게 청원경찰을 배치할 것을 요청할 수 있다(법 제4조 제3항).

(3) 배치 및 이동(영 제6조)

① 청원주는 청원경찰을 신규로 배치하거나 이동배치하였을 때에는 배치지(이동배치의 경우에는 종전의 배치지)를 관할하는 경찰서장에게 그 사실을 통보하여야 한다.
② 위의 통보를 받은 경찰서장은 이동배치지가 다른 관할구역에 속할 때에는 전입지를 관할하는 경찰서장에게 이동배치한 사실을 통보하여야 한다.

(4) 배치의 폐지 등(법 제10조의5)

① 청원주는 청원경찰이 배치된 시설이 폐쇄되거나 축소되어 청원경찰의 배치를 폐지하거나 배치인원을 감축할 필요가 있다고 인정하면 청원경찰의 배치를 폐지하거나 배치인원을 감축할 수 있다. 다만, 청원주는 다음 ㉠과 ㉡의 어느 하나에 해당하는 경우에는 청원경찰의 배치를 폐지하거나 배치인원을 감축할 수 없다.
　㉠ 청원경찰을 대체할 목적으로 경비업법에 따른 특수경비원을 배치하는 경우
　㉡ 청원경찰이 배치된 기관·시설 또는 사업장 등이 배치인원의 변동사유 없이 다른 곳으로 이전하는 경우
② 청원주가 청원경찰을 폐지하거나 감축하였을 때에는 청원경찰 배치결정을 한 경찰관서의 장에게 알려야 하며, 그 사업장이 시·도 경찰청장이 청원경찰의 배치를 요청한 사업장일 때에는 그 폐지 또는 감축 사유를 구체적으로 밝혀야 한다.
③ 청원경찰의 배치를 폐지하거나 배치인원을 감축하는 경우 해당 청원주는 배치폐지나 배치인원 감축으로 과원(過員)이 되는 청원경찰 인원을 그 기관·시설 또는 사업장 내의 유사 업무에 종사하게 하거나 다른 시설·사업장 등에 재배치하는 등 청원경찰의 고용이 보장될 수 있도록 노력하여야 한다.

(5) 근무배치 등의 위임(영 제19조)

① 경비업법에 따른 경비업자가 중요시설의 경비를 도급받았을 때에는 청원주는 그 사업장에 배치된 청원경찰의 근무배치 및 감독에 관한 권한을 당해 경비업자에게 위임할 수 있다.
② 청원주는 경비업자에게 청원경찰의 근무배치 및 감독에 관한 권한을 위임한 경우에 이를 이유로 청원경찰의 보수나 신분상의 불이익을 주어서는 아니 된다.

2. 청원경찰의 임용 등

(1) 시 · 도 경찰청장의 승인(법 제5조)

① 청원경찰은 청원주가 임용하되, 임용을 할 때에는 미리 시 · 도 경찰청장의 승인을 받아야 한다(법 제5조 제1항).

② **청원경찰 임용결격사유(법 제5조 제2항)**
국가공무원법 제33조의 어느 하나의 결격사유에 해당하는 사람은 청원경찰로 임용될 수 없다.

> **+ 알아보기** 결격사유(국가공무원법 제33조)
> 다음 각 호의 어느 하나에 해당하는 자는 공무원으로 임용될 수 없다. 〈개정 2024.12.31.〉
> 1. 피성년후견인
> 2. 파산선고를 받고 복권되지 아니한 자
> 3. 금고 이상의 실형을 선고받고 그 집행이 끝나거나(집행이 끝난 것으로 보는 경우를 포함한다) 집행이 면제된 날부터 5년이 지나지 아니한 자
> 4. 금고 이상의 형의 집행유예를 선고받고 그 유예기간이 끝난 날부터 2년이 지나지 아니한 자
> 5. 금고 이상의 형의 선고유예를 받은 경우에 그 선고유예 기간 중에 있는 자
> 6. 법원의 판결 또는 다른 법률에 따라 자격이 상실되거나 정지된 자
> 6의2. 공무원으로 재직기간 중 직무와 관련하여 「형법」 제355조 및 제356조에 규정된 죄를 범한 자로서 300만원 이상의 벌금형을 선고받고 그 형이 확정된 후 2년이 지나지 아니한 자
> 6의3. 다음 각 목의 어느 하나에 해당하는 죄를 범한 사람으로서 100만원 이상의 벌금형을 선고받고 그 형이 확정된 후 3년이 지나지 아니한 사람
>   가. 「성폭력범죄의 처벌 등에 관한 특례법」 제2조에 따른 성폭력범죄
>   나. 「정보통신망 이용촉진 및 정보보호 등에 관한 법률」 제74조 제1항 제2호 및 제3호에 규정된 죄
>   다. 「스토킹범죄의 처벌 등에 관한 법률」 제2조 제2호에 따른 스토킹범죄
> 6의4. 미성년자에 대하여 「성폭력범죄의 처벌 등에 관한 특례법」 제2조에 따른 성폭력범죄 또는 「아동 · 청소년의 성보호에 관한 법률」 제2조 제2호에 따른 아동 · 청소년대상 성범죄를 범한 사람으로서 다음 각 목의 어느 하나에 해당하는 날부터 20년이 지나지 아니한 사람
>   가. 금고 이상의 실형을 선고받고 그 집행이 끝나거나(집행이 끝난 것으로 보는 경우를 포함한다) 집행이 면제된 날
>   나. 금고 이상의 형의 집행유예를 선고받고 그 집행유예가 확정된 날
>   다. 벌금 이하의 형을 선고받고 그 형이 확정된 날
>   라. 치료감호를 선고받고 그 집행이 끝나거나 집행이 면제된 날
>   마. 징계로 파면처분 또는 해임처분을 받은 날
> 7. 징계로 파면처분을 받은 때부터 5년이 지나지 아니한 자
> 8. 징계로 해임처분을 받은 때부터 3년이 지나지 아니한 자
> [2024.12.31. 법률 제20627호에 의하여 2022.11.24. 헌법재판소에서 헌법불합치 결정된 이 조를 개정함.]

③ 청원경찰의 임용자격 · 임용방법 · 교육 및 보수에 관하여는 대통령령으로 정한다(법 제5조 제3항).

(2) 청원경찰의 임용자격 등

① **임용자격(영 제3조)**
  ㉠ 18세 이상인 사람 〈개정 2021.8.24〉
  ㉡ 행정안전부령(규칙 제4조)으로 정하는 다음의 신체조건에 해당하는 사람
    • 신체가 건강하고 팔다리가 완전할 것
    • 시력(교정시력을 포함)은 양쪽 눈이 각각 0.8 이상일 것

② **임용방법 등(영 제4조)**
  ㉠ 청원경찰의 배치결정을 받은 자(청원주)는 그 배치결정의 통지를 받은 날부터 30일 이내에 배치결정된 인원수의 임용예정자에 대하여 청원경찰 임용승인을 시·도 경찰청장에게 신청하여야 한다(영 제4조 제1항).
  ㉡ 청원주가 청원경찰을 임용하였을 때에는 임용한 날부터 10일 이내에 그 임용사항을 관할 경찰서장을 거쳐 시·도 경찰청장에게 보고하여야 한다. 청원경찰이 퇴직하였을 때에도 또한 같다(영 제4조 제2항).

③ **임용승인신청서 등(규칙 제5조)**
  ㉠ 청원경찰의 배치결정을 받은 청원주가 시·도 경찰청장에게 청원경찰 임용승인을 신청할 때에는 청원경찰 임용승인신청서에 그 해당하는 자에 관한 다음의 서류를 첨부해야 한다(규칙 제5조 제1항).
    • 이력서 1부
    • 주민등록증 사본 1부
    • 민간인 신원진술서(「보안업무규정」 제36조에 따른 신원조사가 필요한 경우만 해당한다) 1부
    • 최근 3개월 이내에 발행한 채용신체검사서 또는 취업용 건강진단서 1부
    • 가족관계등록부 중 기본증명서 1부
  ㉡ 신청서를 제출받은 시·도 경찰청장은 전자정부법 제36조 제1항에 따라 행정정보의 공동이용을 통하여 해당자의 병적증명서를 확인하여야 한다. 다만, 그 해당자가 확인에 동의하지 아니할 때에는 해당 서류를 첨부하도록 하여야 한다(규칙 제5조 제2항).

(3) 청원경찰의 신임교육[≒직무수행에 필요한 교육(영 제5조)]

① 청원주는 청원경찰로 임용된 사람으로 하여금 경비구역에 배치하기 전에 경찰교육기관에서 직무수행에 필요한 교육을 받게 하여야 한다. 다만, 경찰교육기관의 교육계획상 부득이하다고 인정할 때에는 우선 배치하고 임용 후 1년 이내에 교육을 받게 할 수 있다.
② 경찰공무원(의무경찰을 포함) 또는 청원경찰에서 퇴직한 사람이 퇴직한 날부터 3년 이내에 청원경찰로 임용되었을 때에는 ①의 교육을 면제할 수 있다.
③ 교육기간(2주)·교육과목·수업시간 및 그 밖에 교육의 시행에 필요한 사항은 행정안전부령(규칙 제6조)으로 정한다.

청원경찰 신임교육과목 및 수업시간표(청원경찰법 시행규칙 [별표 1])

학과별	과목		시간
정신교육	정신교육		8
학술교육	• 형사법 • 청원경찰법		10 5
실무교육	경무	경찰관직무집행법	5
	방범	• 방범업무 • 경범죄 처벌법	3 2
	경비	• 시설경비 • 소방	6 4
	정보	• 대공이론 • 불심검문	2 2
	민방위	• 민방공 • 화생방	3 2
	기본훈련		5
	총기조작		2
	총검술		2
	사격		6
술과	체포술 및 호신술		6
기타	입교 · 수료 및 평가		3
교육시간 합계	–		76

(4) 청원경찰의 직무교육(규칙 제13조)

① 청원주는 소속 청원경찰에게 그 직무집행에 관하여 필요한 교육을 매월 4시간 이상 하여야 한다.
② 청원경찰이 배치된 사업장의 소재지를 관할하는 경찰서장은 필요하다고 인정하는 경우에는 그 사업장에 소속 공무원을 파견하여 직무집행에 필요한 교육을 할 수 있다.

(5) 청원경찰의 복무(법 제5조 제4항)

청원경찰의 복무에 관하여는 「국가공무원법」 제57조(복종의 의무), 제58조 제1항(직장이탈금지), 제60조(비밀엄수의 의무) 및 「경찰공무원법」 제24조(거짓보고 등의 금지)를 준용한다.

(6) 청원경찰의 징계(법 제5조의2)

① 청원주는 청원경찰이 다음에 해당하는 때에는 대통령령(영 제8조)으로 정하는 징계절차를 거쳐 징계처분을 하여야 한다(법 제5조의2 제1항).
  ㉠ 직무상의 의무를 위반하거나 직무를 태만히 한 때
  ㉡ 품위를 손상하는 행위를 한 때
② 관할 경찰서장은 청원경찰이 징계사유의 어느 하나에 해당한다고 인정되면 청원주에게 해당 청원경찰에 대하여 징계처분을 하도록 요청할 수 있다(영 제8조 제1항).

③ 청원경찰에 대한 징계의 종류는 파면, 해임, 정직, 감봉 및 견책으로 구분한다(법 제5조의2 제2항).
　㉠ 정직(停職)은 1개월 이상 3개월 이하로 하고, 그 기간에 청원경찰의 신분은 보유하나 직무에 종사하지 못하며, 보수의 3분의 2를 줄인다(영 제8조 제2항).
　㉡ 감봉은 1개월 이상 3개월 이하로 하고, 그 기간에 보수의 3분의 1을 줄인다(영 제8조 제3항).
　㉢ 견책(譴責)은 전과(前過)에 대하여 훈계하고 회개하게 한다(영 제8조 제4항).
④ 청원경찰의 징계에 관하여 그 밖에 필요한 사항은 대통령령(영 제8조)으로 정한다(법 제5조의2 제3항).
⑤ 청원주는 청원경찰 배치결정의 통지를 받았을 때에는 통지를 받은 날부터 15일 이내에 청원경찰에 대한 징계규정을 제정하여 관할 시·도 경찰청장에게 신고하여야 한다. 징계규정을 변경할 때에도 또한 같다(영 제8조 제5항).
⑥ 시·도 경찰청장은 징계규정의 보완이 필요하다고 인정할 때에는 청원주에게 그 보완을 요구할 수 있다(영 제8조 제6항).

(7) 청원경찰의 표창(규칙 제18조)

시·도 경찰청장, 관할 경찰서장 또는 청원주는 청원경찰에게 다음의 구분에 따라 표창을 수여할 수 있다.
① **공적상** : 성실히 직무를 수행하여 근무성적이 탁월하거나 헌신적인 봉사로 특별한 공적을 세운 경우
② **우등상** : 교육훈련에서 교육성적이 우수한 경우

03 청원경찰경비와 감독

1. 청원경찰경비(법 제6조)

(1) 청원주의 부담경비

청원주는 다음의 청원경찰경비를 부담하여야 한다(법 제6조 제1항).
① 청원경찰에게 지급할 봉급과 각종 수당
② 청원경찰의 피복비
③ 청원경찰의 교육비(교육비는 청원주가 해당 청원경찰의 입교 3일 전에 해당 경찰교육기관에 납부함)
④ 보상금 및 퇴직금

(2) 청원경찰의 보수

① 국가기관 또는 지방자치단체에 근무하는 청원경찰의 보수는 다음에 따라 같은 재직기간에 해당하는 경찰공무원의 보수를 감안하여 대통령령(영 제9조)으로 정한다(법 제6조 제2항).
　㉠ 재직기간 15년 미만 : 순경
　㉡ 재직기간 15년 이상 23년 미만 : 경장
　㉢ 재직기간 23년 이상 30년 미만 : 경사
　㉣ 재직기간 30년 이상 : 경위

② 청원주의 청원경찰에게 지급할 봉급·수당의 최저부담기준액(국가기관 또는 지방자치단체에 근무하는 청원경찰의 봉급·수당은 제외)과 피복비와 교육비 비용의 부담기준액은 경찰청장이 정하여 고시한다(법 제6조 제3항).

③ **국가기관 또는 지방자치단체에 근무하는 청원경찰의 보수(영 제9조)**
  ㉠ 국가기관 또는 지방자치단체에 근무하는 청원경찰의 각종 수당은 「공무원수당 등에 관한 규정」에 따른 수당 중 가계보전수당, 실비변상 등으로 하며, 그 세부 항목은 경찰청장이 정하여 고시한다(영 제9조 제2항).
  ㉡ 보수 산정 시 재직기간은 청원경찰로서 근무한 기간으로 한다(영 제9조 제3항).

④ **국가기관 또는 지방자치단체에 근무하는 청원경찰 외의 청원경찰의 보수(영 제10조)**
  ㉠ 국가기관 또는 지방자치단체에 근무하는 청원경찰 외의 청원경찰의 봉급과 각종 수당은 경찰청장이 고시한 최저부담기준액 이상으로 지급하여야 한다(본문).
  ㉡ 다만, 고시된 최저부담기준액이 배치된 사업장에서 같은 종류의 직무나 유사 직무에 종사하는 근로자에게 지급하는 임금보다 적을 때에는 그 사업장에서 같은 종류의 직무나 유사 직무에 종사하는 근로자에게 지급하는 임금에 상당하는 금액을 지급하여야 한다(단서).

⑤ **보수 산정 시의 경력 인정 등(영 제11조)**
  ㉠ 청원경찰의 보수 산정에 관하여 그 배치된 사업장의 취업규칙에 특별한 규정이 없는 경우에는 다음의 경력을 봉급 산정의 기준이 되는 경력에 산입(算入)하여야 한다(영 제11조 제1항).
    • 청원경찰로 근무한 경력
    • 군 또는 의무경찰에 복무한 경력
    • 수위·경비원·감시원 또는 그 밖에 청원경찰과 비슷한 직무에 종사하던 사람이 해당 사업장의 청원주에 의하여 청원경찰로 임용된 경우에는 그 직무에 종사한 경력
    • 국가기관 또는 지방자치단체에서 근무하는 청원경찰에 대해서는 국가기관 또는 지방자치단체에서 상근으로 근무한 경력
  ㉡ 국가기관 또는 지방자치단체에 근무하는 청원경찰 보수의 호봉 간 승급기간은 경찰공무원의 승급기간에 관한 규정을 준용한다(영 제11조 제2항).
  ㉢ 국가기관 또는 지방자치단체에 근무하는 청원경찰 외의 청원경찰 보수의 호봉 간 승급기간 및 승급액은 그 배치된 사업장의 취업규칙에 따르며, 이에 관한 취업규칙이 없을 때에는 순경의 승급에 관한 규정을 준용한다(영 제11조 제3항).

2. 보상금 및 퇴직금

(1) 보상금(법 제7조)

① 청원주는 청원경찰이 다음의 어느 하나에 해당하게 되면 대통령령(영 제13조)으로 정하는 바에 따라 청원경찰 본인 또는 그 유족에게 보상금을 지급하여야 한다(법 제7조 제1항).
  ㉠ 직무수행으로 인하여 부상을 입거나, 질병에 걸리거나 또는 사망한 경우
  ㉡ 직무상의 부상·질병으로 인하여 퇴직하거나, 퇴직 후 2년 이내에 사망한 경우
② 청원주는 법 제7조에 따른 보상금의 지급을 이행하기 위하여「산업재해보상보험법」에 따른 산업재해보상보험에 가입하거나,「근로기준법」에 따라 보상금을 지급하기 위한 재원(財源)을 따로 마련하여야 한다(영 제13조).

(2) 퇴직금(법 제7조의2)

① 청원주는 청원경찰이 퇴직할 때에는「근로자퇴직급여보장법」에 따른 퇴직금을 지급하여야 한다(본문).
② 다만, 국가기관이나 지방자치단체에 근무하는 청원경찰의 퇴직금에 관하여는 따로 대통령령으로 정한다(단서).

3. 청원경찰의 복제

(1) 제복 착용 및 복제

① 청원경찰은 근무 중 제복을 착용하여야 한다(법 제8조 제1항).
② 청원경찰의 복제는 제복·장구 및 부속물로 구분한다(영 제14조 제1항).
③ 청원경찰의 제복·장구 및 부속물에 관하여 필요한 사항은 행정안전부령(규칙 제9조)으로 정한다(영 제14조 제2항).
④ 청원경찰이 그 배치지의 특수성 등으로 특수복장을 착용할 필요가 있을 때에는 청원주는 시·도 경찰청장의 승인을 받아 특수복장을 착용하게 할 수 있다(영 제14조 제3항).
⑤ 청원경찰은 평상근무 중에는 정모, 근무복, 단화, 호루라기, 경찰봉 및 포승을 착용하거나 휴대하여야 하고, 총기를 휴대하지 아니할 때에는 분사기를 휴대하여야 하며, 교육훈련이나 그 밖의 특수근무 중에는 기동모, 기동복, 기동화 및 휘장을 착용하거나 부착하되, 허리띠와 경찰봉은 착용하거나 휴대하지 아니할 수 있다(규칙 제9조 제3항).
⑥ 가슴표장, 휘장 및 계급장을 달거나 부착할 위치는 별도 8과 같다(규칙 제9조 제4항).

(2) 청원경찰의 제복·장구(裝具) 및 부속물의 종류(규칙 제9조 제1항) 〈개정 2021.12.31.〉

① **제복** : 정모(正帽), 기동모(활동에 편한 모자를 말한다. 이하 같다), 근무복(하복, 동복), 한여름 옷, 기동복, 점퍼, 비옷, 방한복, 외투, 단화, 기동화 및 방한화
② **장구** : 허리띠, 경찰봉, 호루라기 및 포승(捕繩)
③ **부속물** : 모자표장, 가슴표장, 휘장, 계급장, 넥타이핀, 단추 및 장갑

(3) 청원경찰의 제복·장구(裝具) 및 부속물의 형태·규격 및 재질(규칙 제9조 제2항) 〈개정 2021.12.31.〉

① 제복의 형태·규격 및 재질은 청원주가 결정하되, 경찰공무원 또는 군인 제복의 색상과 명확하게 구별될 수 있어야 하며, 사업장별로 통일해야 한다. 다만, 기동모와 기동복의 색상은 진한 청색으로 하고, 기동복의 형태·규격은 별도 1과 같이 한다.
② 장구의 형태·규격 및 재질은 경찰 장구와 같이 한다.
③ 부속물의 형태·규격 및 재질은 다음과 같이 한다.
　㉠ 모자표장의 형태·규격 및 재질은 별도 2와 같이 하되, 기동모의 표장은 정모 표장의 2분의 1 크기로 할 것
　㉡ 가슴표장, 휘장, 계급장, 넥타이핀 및 단추의 형태·규격 및 재질은 별도 3부터 별도 7까지와 같이 할 것

(4) 제복의 착용시기

하복·동복의 착용시기는 사업장별로 청원주가 결정하되, 착용시기를 통일하여야 한다(규칙 제10조).

(5) 대여품과 반납

① 청원경찰에게 지급하는 대여품은 허리띠, 경찰봉, 가슴표장, 분사기, 포승이 있다(규칙 [별표 3]).
② 청원경찰이 퇴직할 때에는 대여품을 청원주에게 반납하여야 한다(규칙 제12조 제2항).
③ 급여품은 반납하지 아니한다.

청원경찰 급여품표(청원경찰법 시행규칙 [별표 2]) 〈개정 2021.12.31.〉

품명	수량	사용기간	정기지급일
근무복(하복)	1	1년	5월 5일
근무복(동복)	1	1년	9월 25일
한여름 옷	1	1년	6월 5일
외투·방한복 또는 점퍼	1	2~3년	9월 25일
기동화 또는 단화	1	단화 1년, 기동화 2년	9월 25일
비옷	1	3년	5월 5일
정모	1	3년	9월 25일
기동모	1	3년	필요할 때
기동복	1	2년	필요할 때
방한화	1	2년	9월 25일
장갑	1	2년	9월 25일
호루라기	1	2년	9월 25일

※ 별도는 생략합니다. 법제처(www.law.go.kr)에서 확인 가능합니다.

4. 감독 등

(1) 감독 및 교육(법 제9조의3)
① 청원주는 항상 소속 청원경찰의 근무상황을 감독하고 근무 수행에 필요한 교육을 하여야 한다.
② 시·도 경찰청장은 청원경찰의 효율적인 운영을 위하여 청원주를 지도하며 감독상 필요한 명령을 할 수 있다.

(2) 감독대상(영 제17조)
관할 경찰서장은 매월 1회 이상 청원경찰을 배치한 경비구역에 대하여 다음의 사항을 감독하여야 한다.
① 복무규율과 근무상황
② 무기의 관리 및 취급사항

(3) 감독자의 지정(규칙 제19조)
① 2명 이상의 청원경찰을 배치한 사업장의 청원주는 청원경찰의 지휘·감독을 위하여 청원경찰 중에서 유능한 사람을 선정하여 감독자로 지정하여야 한다.
② 감독자는 조장, 반장 또는 대장으로 하며, 그 지정기준은 [별표 4]와 같다.

감독자 지정기준(청원경찰법 시행규칙 [별표 4])

근무인원	직급별 지정기준		
	대장	반장	조장
9명까지	-	-	1명
10명 이상 29명 이하	-	1명	2~3명
30명 이상 40명 이하	-	1명	3~4명
41명 이상 60명 이하	1명	2명	6명
61명 이상 120명 이하	1명	4명	12명

(4) 경비전화의 가설(규칙 제20조)
① 관할 경찰서장은 청원주의 신청에 따라 경비를 위하여 필요하다고 인정할 때에는 청원경찰이 배치된 사업장에 경비전화를 가설할 수 있다.
② ①에 따라 경비전화를 가설할 때 드는 비용은 청원주가 부담한다.

(5) 청원경찰의 보고(규칙 제22조)
청원경찰이 직무를 수행할 때에 「경찰관직무집행법」 및 같은 법 시행령에 따라 하여야 할 모든 보고는 관할 경찰서장에게 서면으로 보고하기 전에 지체 없이 구두로 보고하고 그 지시에 따라야 한다.

5. 쟁의행위의 금지, 직권남용금지 및 배상책임 등

(1) 쟁의행위의 금지(법 제9조의4)
청원경찰은 파업, 태업 또는 그 밖에 업무의 정상적인 운영을 방해하는 일체의 쟁의행위를 하여서는 아니 된다.

(2) 직권남용금지 등(법 제10조)
① 청원경찰이 직무를 수행할 때 직권을 남용하여 국민에게 해를 끼친 경우에는 6개월 이하의 징역이나 금고에 처한다.
② 청원경찰 업무에 종사하는 사람은 「형법」이나 그 밖의 법령에 따른 벌칙을 적용할 때에는 공무원으로 본다.

(3) 청원경찰의 불법행위에 대한 배상책임(법 제10조의2)
청원경찰(국가기관이나 지방자치단체에 근무하는 청원경찰은 제외한다)의 직무상 불법행위에 대한 배상책임에 관하여는 「민법」의 규정을 따른다.
* 국가기관이나 지방자치단체에 근무하는 청원경찰의 직무상 불법행위에 대한 배상책임은 「국가배상법」의 규정을 따른다.

6. 권한의 위임

(1) 관할 경찰서장에게 위임(법 제10조의3)
청원경찰법에 따른 시·도 경찰청장의 권한은 그 일부를 대통령령으로 정하는 바에 따라 관할 경찰서장에게 위임할 수 있다.

(2) 권한위임의 내용(영 제20조)
시·도 경찰청장은 다음의 권한을 관할 경찰서장에게 위임한다. 다만, 청원경찰을 배치하고 있는 사업장이 하나의 경찰서 관할구역 안에 있는 경우에 한한다.
① 청원경찰 배치의 결정 및 요청에 관한 권한
② 청원경찰의 임용승인에 관한 권한
③ 청원주에 대한 지도 및 감독상 필요한 명령에 관한 권한
④ 과태료 부과·징수에 관한 권한

7. 면직 및 퇴직

(1) 의사에 반한 면직금지(법 제10조의4)

① 청원경찰은 형의 선고, 징계처분 또는 신체상·정신상의 이상으로 직무를 감당하지 못할 때를 제외하고는 그 의사에 반하여 면직되지 아니한다.
② 청원주가 청원경찰을 면직시켰을 때에는 그 사실을 관할 경찰서장을 거쳐 시·도 경찰청장에게 보고하여야 한다.

(2) 당연 퇴직(법 제10조의6)

청원경찰이 다음의 어느 하나에 해당할 때에는 당연 퇴직된다. 〈개정 2022.11.15.〉

① 제5조 제2항에 따른 임용결격사유에 해당될 때. 다만, 「국가공무원법」 제33조 제2호는 파산선고를 받은 사람으로서 「채무자 회생 및 파산에 관한 법률」에 따라 신청기한 내에 면책신청을 하지 아니하였거나 면책불허가 결정 또는 면책 취소가 확정된 경우만 해당하고, 「국가공무원법」 제33조 제5호는 「형법」 제129조부터 제132조까지, 「성폭력범죄의 처벌 등에 관한 특례법」 제2조, 「아동·청소년의 성보호에 관한 법률」 제2조 제2호 및 직무와 관련하여 「형법」 제355조 또는 제356조에 규정된 죄를 범한 사람으로서 금고 이상의 형의 선고유예를 받은 경우만 해당한다.
② 제10조의5에 따라 청원경찰의 배치가 폐지되었을 때
③ 나이가 60세가 되었을 때. 다만, 그 날이 1월부터 6월 사이에 있으면 6월 30일에, 7월부터 12월 사이에 있으면 12월 31일에 각각 당연 퇴직된다.
[단순위헌, 2017헌가26, 2018.1.25., 청원경찰법(2010.2.4. 법률 제10013호로 개정된 것) 제10조의6 제1호 중 제5조 제2항에 의한 국가공무원법 제33조 제5호에 관한 부분은 헌법에 위반된다.]

8. 휴직 및 명예퇴직(법 제10조의7)

국가기관이나 지방자치단체에 근무하는 청원경찰의 휴직 및 명예퇴직에 관하여는 「국가공무원법」 제71조부터 제73조까지 및 제74조의2를 준용한다.

04 벌칙과 과태료

1. 벌칙(법 제11조)

청원경찰로서 파업, 태업 또는 그 밖에 업무의 정상적인 운영을 방해하는 일체의 쟁의행위를 한 사람은 1년 이하의 징역 또는 1천만원 이하의 벌금에 처한다.

2. 과태료

(1) 500만원 이하의 과태료

① 다음에 해당하는 자에게는 500만원 이하의 과태료를 부과한다(법 제12조 제1항).
　㉠ 시·도 경찰청장의 배치결정을 받지 아니하고 청원경찰을 배치하거나 시·도 경찰청장의 승인을 받지 아니하고 청원경찰을 임용한 자
　㉡ 정당한 사유 없이 경찰청장이 고시한 최저부담기준액 이상의 보수를 지급하지 아니한 자
　㉢ 감독상 필요한 명령을 정당한 사유 없이 이행하지 아니한 자

② ①의 과태료는 대통령령(영 제21조)으로 정하는 바에 의하여 시·도 경찰청장이 부과·징수한다(법 제12조 제2항).

(2) 과태료의 부과기준 등(영 제21조)

① **부가기준 (영 [별표 2])**

위반행위	해당 법조문	과태료 금액
1. 법 제4조 제2항에 따른 시·도 경찰청장의 배치결정을 받지 않고 다음의 시설에 청원경찰을 배치한 경우 　가. 국가중요시설(국가정보원장이 지정하는 국가보안목표시설을 말한다)인 경우 　나. 가목에 따른 국가중요시설 외의 시설인 경우	법 제12조 제1항 제1호	 500만원 400만원
2. 법 제5조 제1항에 따른 시·도 경찰청장의 승인을 받지 않고 다음의 청원경찰을 임용한 경우 　가. 법 제5조 제2항에 따른 임용결격사유에 해당하는 청원경찰 　나. 법 제5조 제2항에 따른 임용결격사유에 해당하지 않는 청원경찰	법 제12조 제1항 제1호	 500만원 300만원
3. 정당한 사유 없이 법 제6조 제3항에 따라 경찰청장이 고시한 최저부담기준액 이상의 보수를 지급하지 않은 경우	법 제12조 제1항 제2호	500만원
4. 법 제9조의3 제2항에 따른 시·도 경찰청장의 감독상 필요한 다음의 명령을 정당한 사유 없이 이행하지 않은 경우 　가. 총기·실탄 및 분사기에 관한 명령 　나. 가목에 따른 명령 외의 명령	법 제12조 제1항 제3호	 500만원 300만원

② 시·도 경찰청장은 위반행위의 동기, 내용 및 위반의 정도 등을 고려하여 과태료 부과기준에 따른 과태료 금액의 100분의 50의 범위에서 그 금액을 줄이거나 늘릴 수 있다. 다만, 늘리는 경우에는 과태료 금액의 상한인 500만원 이상을 초과할 수 없다(영 제21조 제2항).

③ **과태료 부과 고지서(규칙 제24조)**
　㉠ 과태료 부과의 사전 통지는 과태료 부과 사전 통지서에 따른다.
　㉡ 과태료의 부과는 과태료 부과 고지서에 따른다.
　㉢ 경찰서장은 과태료처분을 하였을 때에는 과태료 부과 및 징수 사항을 과태료 수납부에 기록하고 정리하여야 한다.

05 청원경찰의 무기관리 및 경비비치부책

1. 무기휴대

(1) 청원경찰의 무기관리

① **시 · 도 경찰청장** : 청원경찰이 직무를 수행하기 위하여 필요하다고 인정하면 청원주의 신청을 받아 관할 경찰서장으로 하여금 청원경찰에게 무기를 대여하여 지니게 할 수 있다(법 제8조 제2항).

② **청원주** : 「총포 · 도검 · 화약류 등의 안전관리에 관한 법률」에 따른 분사기의 소지허가를 받아 청원경찰로 하여금 그 분사기를 휴대하여 직무를 수행하게 할 수 있다(영 제15조).

③ **무기휴대(영 제16조)**
   ㉠ 청원주가 청원경찰이 휴대할 무기를 대여받으려는 경우에는 관할 경찰서장을 거쳐 시 · 도 경찰청장에게 무기대여를 신청하여야 한다.
   ㉡ 무기대여 신청을 받은 시 · 도 경찰청장이 무기를 대여하여 휴대하게 하려는 경우에는 청원주로부터 국가에 기부채납된 무기에 한정하여 관할 경찰서장으로 하여금 무기를 대여하여 휴대하게 할 수 있다.
   ㉢ 무기를 대여하였을 때에는 관할 경찰서장은 청원경찰의 무기관리상황을 수시로 점검하여야 한다.
   ㉣ 청원주 및 청원경찰은 행정안전부령(규칙 제16조)으로 정하는 무기관리수칙을 준수하여야 한다.

(2) 무기관리수칙(규칙 제16조)

① **청원주의 관리 시 주의사항** : 무기와 탄약을 대여받은 청원주는 다음에 따라 무기와 탄약을 관리해야 한다(규칙 제16조 제1항). 〈개정 2021.12.31.〉
   ㉠ 청원주가 무기와 탄약을 대여받았을 때에는 경찰청장이 정하는 무기 · 탄약 출납부 및 무기장비 운영카드를 갖춰 두고 기록하여야 한다.
   ㉡ 청원주는 무기와 탄약의 관리를 위하여 관리책임자를 지정하고 관할 경찰서장에게 그 사실을 통보하여야 한다.
   ㉢ 무기고 및 탄약고는 단층에 설치하고 환기 · 방습 · 방화 및 총받침대 등의 시설을 갖추어야 한다.
   ㉣ 탄약고는 무기고와 떨어진 곳에 설치하고, 그 위치는 사무실이나 그 밖에 여러 사람을 수용하거나 여러 사람이 오고 가는 시설로부터 격리되어야 한다.
   ㉤ 무기고와 탄약고에는 이중 잠금장치를 하고, 열쇠는 관리책임자가 보관하되, 근무시간 이후에는 숙직책임자에게 인계하여 보관시켜야 한다.
   ㉥ 청원주는 경찰청장이 정하는 바에 따라 매월 무기와 탄약의 관리 실태를 파악하여 다음 달 3일까지 관할 경찰서장에게 통보하여야 한다.

ⓢ 청원주는 대여받은 무기와 탄약이 분실되거나 도난당하거나 빼앗기거나 훼손되는 등의 사고가 발생했을 때에는 지체 없이 그 사유를 관할 경찰서장에게 통보해야 한다.

ⓞ 청원주는 무기와 탄약이 분실되거나 도난당하거나 빼앗기거나 훼손되었을 때에는 경찰청장이 정하는 바에 따라 그 전액을 배상해야 한다. 다만, 전시·사변·천재지변이나 그 밖의 불가항력적인 사유가 있다고 시·도 경찰청장이 인정하였을 때에는 그렇지 않다.

② **청원주의 출납 시 주의사항** : 무기와 탄약을 대여받은 청원주가 청원경찰에게 무기와 탄약을 출납하려는 경우에는 다음에 따라야 한다. 다만, 관할 경찰서장의 지시에 따라 탄약의 수를 늘리거나 줄일 수 있고, 무기와 탄약의 출납을 중지할 수 있으며, 무기와 탄약을 회수하여 집중관리 할 수 있다(규칙 제16조 제2항).

㉠ 무기와 탄약을 출납하였을 때에는 무기·탄약 출납부에 그 출납사항을 기록하여야 한다.

㉡ 소총의 탄약은 1정당 15발 이내, 권총의 탄약은 1정당 7발 이내로 출납하여야 한다. 이 경우 생산된 후 오래된 탄약을 우선하여 출납하여야 한다.

㉢ 청원경찰에게 지급한 무기와 탄약은 매주 1회 이상 손질하게 하여야 한다.

㉣ 수리가 필요한 무기가 있을 때에는 그 목록과 무기장비 운영카드를 첨부하여 관할 경찰서장에게 수리를 요청할 수 있다.

③ **청원경찰의 주의사항** : 청원주로부터 무기 및 탄약을 지급받은 청원경찰은 다음 사항을 준수하여야 한다(규칙 제16조 제3항).

㉠ 무기를 지급받거나 반납할 때 또는 인계인수할 때에는 반드시 "앞에 총" 자세에서 "검사 총"을 하여야 한다.

㉡ 무기와 탄약을 지급받았을 때에는 별도의 지시가 없으면 무기와 탄약을 분리하여 휴대하여야 하며, 소총은 "우로 어깨 걸어 총"의 자세를 유지하고, 권총은 "권총집에 넣어 총"의 자세를 유지하여야 한다.

㉢ 지급받은 무기는 다른 사람에게 보관 또는 휴대하게 할 수 없으며 손질을 의뢰할 수 없다.

㉣ 무기를 손질하거나 조작할 때에는 반드시 총구를 공중으로 향하게 하여야 한다.

㉤ 무기와 탄약을 반납할 때에는 손질을 철저히 하여야 한다.

㉥ 근무시간 이후에는 무기와 탄약을 청원주에게 반납하거나 교대근무자에게 인계하여야 한다.

④ **무기·탄약 지급 제한** : 청원주는 다음의 어느 하나에 해당하는 청원경찰에게 무기와 탄약을 지급해서는 안 되며, 지급한 무기와 탄약은 즉시 회수해야 한다(규칙 제16조 제4항). 〈개정 2021.12.31., 2022.11.10.〉

㉠ 직무상 비위(非違)로 징계대상이 된 사람

㉡ 형사사건으로 조사대상이 된 사람

㉢ 사직 의사를 밝힌 사람

ⓔ 치매, 조현병, 조현정동장애, 양극성 정동장애(조울병), 재발성 우울장애 등의 정신질환으로 인하여 무기와 탄약의 휴대가 적합하지 않다고 해당 분야 전문의가 인정하는 사람

ⓜ 제1호부터 제4호까지의 규정 중 어느 하나에 준하는 사유로 청원주가 무기와 탄약을 지급하기에 적절하지 않다고 인정하는 사람

⑤ **무기 및 탄약의 지급 제한 또는 회수 결정 통지서 및 통보서**

㉠ 청원주는 ④에 따라 무기와 탄약을 지급하지 않거나 회수할 때에는 별지 제5호의2 서식의 결정 통지서를 작성하여 지체 없이 해당 청원경찰에게 통지해야 한다. 다만, 지급한 무기와 탄약의 신속한 회수가 필요하다고 인정되는 경우에는 무기와 탄약을 먼저 회수한 후 통지서를 내줄 수 있다(규칙 제16조 제5항). 〈신설 2022.11.10.〉

㉡ 청원주는 ④에 따라 청원경찰에게 무기와 탄약을 지급하지 않거나 회수한 경우 7일 이내에 관할 경찰서장에게 별지 제5호의3 서식의 결정 통보서를 작성하여 통보해야 한다(규칙 제16조 제6항). 〈신설 2022.11.10.〉

⑥ **무기 및 탄약의 지급 제한 또는 회수의 적정성 판단을 위한 조치** : ⑤의 ㉡에 따라 통보를 받은 관할 경찰서장은 통보받은 날부터 14일 이내에 무기와 탄약의 지급 제한 또는 회수의 적정성을 판단하기 위해 현장을 방문하여 해당 청원경찰의 의견을 청취하고 필요한 조치를 할 수 있다(규칙 제16조 제7항). 〈신설 2022.11.10.〉

⑦ **무기 및 탄약의 지급 제한 사유 소멸 후 지급** : 청원주는 ④의 사유가 소멸하게 된 경우에는 청원경찰에게 무기와 탄약을 지급할 수 있다(규칙 제16조 제8항). 〈신설 2022.11.10.〉

2. 문서와 장부의 비치(규칙 제17조)

(1) 청원주가 비치하여야 할 문서와 장부

청원주는 다음의 문서와 장부를 갖춰 두어야 한다(규칙 제17조 제1항).
① 청원경찰 명부
② 근무일지
③ 근무 상황카드
④ 경비구역 배치도
⑤ 순찰표철
⑥ 무기·탄약출납부
⑦ 무기장비 운영카드
⑧ 봉급지급 조서철
⑨ 신분증명서 발급대장
⑩ 징계 관계철
⑪ 교육훈련 실시부
⑫ 청원경찰 직무교육계획서
⑬ 급여품 및 대여품 대장
⑭ 그 밖에 청원경찰의 운영에 필요한 문서와 장부

(2) 관할 경찰서장이 비치하여야 할 문서와 장부

관할 경찰서장은 다음의 문서와 장부를 갖춰 두어야 한다(규칙 제17조 제2항).
① 청원경찰 명부
② 감독 순시부
③ 전출입 관계철
④ 교육훈련 실시부
⑤ 무기·탄약 대여대장
⑥ 징계요구서철
⑦ 그 밖에 청원경찰의 운영에 필요한 문서와 장부

(3) 시·도 경찰청장이 비치하여야 할 문서와 장부

시·도 경찰청장은 다음의 문서와 장부를 갖춰 두어야 한다(규칙 제17조 제3항).
① 배치결정 관계철
② 청원경찰 임용승인 관계철
③ 전출입 관계철
④ 그 밖에 청원경찰의 운영에 필요한 문서와 장부

(4) 서식의 준용

문서와 장부의 서식은 경찰관서에서 사용하는 서식을 준용한다(규칙 제17조 제4항).

3. 민감정보 및 고유식별정보의 처리(영 제20조의2)

시·도 경찰청장 또는 경찰서장은 다음의 사무를 수행하기 위하여 불가피한 경우 「개인정보보호법」 제23조에 따른 건강에 관한 정보와 같은 법 시행령 제18조 제2호에 따른 범죄경력자료에 해당하는 정보, 같은 영 제19조 제1호 또는 제4호에 따른 주민등록번호 또는 외국인등록번호가 포함된 자료를 처리할 수 있다.
① 법 및 이 영에 따른 청원경찰의 임용, 배치 등 인사관리에 관한 사무
② 법 제8조에 따른 청원경찰의 제복착용 및 무기휴대에 관한 사무
③ 법 제9조의3에 따른 청원주에 대한 지도·감독에 관한 사무
④ 제1호부터 제3호까지의 규정에 따른 사무를 수행하기 위하여 필요한 사무

CHAPTER 01 적중예상문제

정답 및 해설 p.084

01
CHECK
□○△×

청원경찰법 제1조의 내용이다. ( ) 안에 들어갈 용어로 옳은 것은?

청원경찰법은 청원경찰의 직무·임용·배치·보수·( ) 및 그 밖에 필요한 사항을 규정함으로써 청원경찰의 원활한 운영을 목적으로 한다.

① 무기휴대
② 신분보장
③ 사회보장
④ 징계

02
CHECK
□○△×

청원경찰법령상 명시된 청원경찰의 배치대상이 아닌 것은?

① 선박, 항공기 등 수송시설
② 보험을 업으로 하는 시설
③ 「의료법」에 따른 의료기관
④ 「사회복지사업법」에 따른 사회복지시설

03
CHECK
□○△×

청원경찰법령상 청원경찰 배치대상 기관·시설·사업장에 해당하는 것을 모두 고른 것은?

ㄱ. 국내 주재(駐在) 외국기관
ㄴ. 선박, 항공기 등 수송시설
ㄷ. 언론, 통신, 방송을 업으로 하는 시설
ㄹ. 공공의 안녕질서 유지와 국민경제를 위하여 고도의 경비가 필요한 중요한 장소

① ㄱ, ㄴ
② ㄱ, ㄷ, ㄹ
③ ㄴ, ㄷ, ㄹ
④ ㄱ, ㄴ, ㄷ, ㄹ

04 청원경찰법령상 청원경찰의 직무 등에 관한 설명으로 옳지 않은 것은?

① 「경찰관직무집행법」에 따른 직무 외의 수사활동 등 사법경찰관리의 직무를 수행해서는 아니 된다.
② 청원경찰 업무에 종사하는 사람은 「형법」이나 그 밖의 법령에 따른 벌칙을 적용할 때에는 공무원으로 본다.
③ 청원경찰이 직무를 수행할 때 직권을 남용하여 국민에게 해를 끼친 경우에는 6개월 이하의 징역이나 금고에 처한다.
④ 관할 경찰서장은 매달 2회 이상 청원경찰의 복무규율과 근무상황을 감독하여야 한다.

05 청원경찰법령상 청원경찰 등에 관한 설명으로 옳지 않은 것은?

① 청원경찰법은 청원경찰의 원활한 운영을 목적으로 제정되었다.
② 청원경찰은 국내 주재 외국기관에도 배치될 수 있다.
③ 청원경찰은 청원주 등이 경비(經費)를 부담할 것을 조건으로 사업장 등의 경비(警備)를 담당하게 하기 위하여 배치하는 경찰을 말한다.
④ 청원경찰은 청원주와 관할 시·도 경찰청장의 감독을 받아 그 경비구역만의 경비를 목적으로 필요한 범위에서 경찰공무원법에 따른 경찰관의 직무를 수행한다.

06 청원경찰법령상 청원경찰의 직무에 관한 설명으로 옳지 않은 것은?

① 경비구역 내에서의 입초근무, 소내근무, 순찰근무, 대기근무를 수행한다.
② 청원경찰의 배치결정을 받은 자의 지시와 감독에 의해서만 직무를 수행해야 한다.
③ 직무를 수행할 때에는 경비 목적을 위하여 필요한 최소한의 범위에서 해야 한다.
④ 경찰관직무집행법에 따른 직무 외의 수사활동 등의 직무를 수행해서는 아니 된다.

07 청원경찰법령상 청원경찰의 직무에 관한 설명으로 옳은 것은?

① 청원경찰은 청원주와 관할 경찰서장의 감독을 받아 그 경비구역만의 경비를 목적으로 필요한 범위에서 경찰관직무집행법에 따른 경찰관의 직무를 수행한다.
② 청원경찰은 자신이 배치된 기관의 경비뿐만 아니라 그 구역을 관할하는 경찰서장의 명에 따라 관할 경찰서의 경비업무를 보조하여야 한다.
③ 복무에 관하여 청원경찰은 해당 사업장의 취업규칙에 따르지 않는다.
④ 청원경찰은 청원주의 신청에 따라 배치되며, 청원주의 감독을 받는 것이 아니라 배치된 기관·시설 또는 사업장 등의 구역을 관할하는 경찰서장의 감독을 받는다.

08 청원경찰법령상 청원경찰의 직무에 관한 설명으로 옳지 않은 것은?

① 청원경찰은 경비구역만의 경비를 목적으로 필요한 범위에서 경찰관직무집행법에 따른 경찰관의 직무를 수행한다.
② 청원경찰은 경비구역에서 수사활동 등 사법경찰관리의 직무를 수행할 수 있다.
③ 청원경찰의 무기휴대에 필요한 사항은 대통령령으로 정한다.
④ 청원경찰은 청원주와 배치된 기관·시설 또는 사업장 등의 구역을 관할하는 경찰서장의 감독을 받는다.

09 청원경찰법령상 청원경찰의 근무요령에 관한 설명으로 옳은 것은?

① 대기근무자는 소내근무에 협조하거나 휴식하면서 불의의 사고에 대비한다.
② 소내근무자는 근무 중 특이한 사항이 발생하였을 때에는 지체 없이 관할 시·도 경찰청장에게 보고하고 그 지시에 따라야 한다.
③ 순찰근무자는 요점순찰 또는 난선순찰을 하되, 청원주가 필요하다고 인정할 때에는 정선순찰을 할 수 있다.
④ 소내근무자는 경비구역의 정문이나 그 밖의 지정된 장소에서 경비구역의 내부, 외부 및 출입자의 움직임을 감시한다.

10 청원경찰법령상 다음 중 청원경찰의 직무범위와 관련이 없는 내용은?

① 청원경찰은 배치구역 내의 사고 발생 시 범인의 체포 및 수사를 할 수 있다.
② 청원경찰은 청원주가 지정한 일정한 구역을 순회하면서 경비임무를 수행한다.
③ 청원경찰은 경비구역의 정문이나 그 밖의 지정된 장소에서 경비구역의 내부, 외부 및 출입자의 움직임을 감시한다.
④ 청원경찰이 직무를 수행할 때에 경찰관직무집행법 및 같은 법 시행령에 따라 하여야 할 모든 보고는 관할 경찰서장에게 서면으로 보고하기 전에 지체 없이 구두로 보고하고 그 지시에 따라야 한다.

11 청원경찰법령상 청원경찰의 배치에 관한 설명으로 옳은 것은?

① 시·도 경찰청장은 청원경찰 배치신청을 받으면 15일 이내에 그 배치 여부를 결정하여 신청인에게 알려야 한다.
② 청원경찰 배치신청서 제출 시, 배치 장소가 둘 이상의 도(道)일 때에는 주된 사업장의 관할 경찰서장을 거쳐 시·도 경찰청장에게 한꺼번에 신청할 수 있다.
③ 청원경찰의 배치를 받으려는 자는 청원경찰 배치신청서에 경비구역 배치도 1부를 첨부하여 사업장의 소재지를 관할하는 시·도 경찰청장에게 제출하여야 한다.
④ 관할 경찰서장은 청원경찰이 배치된 시설이 축소될 경우 배치인원을 감축할 수 있다.

12 청원경찰법령상 청원경찰 배치에 관한 설명으로 옳은 것은?

① 청원경찰을 배치받으려는 자는 행정안전부령으로 정하는 바에 따라 경찰청장에게 청원경찰 배치를 신청하여야 한다.
② 청원경찰의 배치를 받으려는 자는 청원경찰 배치신청서에 경비구역 평면도 1부와 배치계획서 1부를 첨부하여야 한다.
③ 사회복지법에 따른 사회복지시설은 청원경찰 배치대상이다.
④ 금융 또는 보험을 업(業)으로 하는 시설 또는 사업장은 청원경찰 배치대상이 아니다.

13 청원경찰법령상 청원경찰의 배치 등에 관한 설명으로 옳은 것은?

① 청원경찰을 배치받으려는 자는 법령이 정하는 청원경찰 배치신청서를 경찰청장에게 직접 제출하여야 한다.
② 청원경찰 배치신청서에는 경비구역 평면도와 배치계획서 및 청원경찰경비에 관한 사항이 첨부되어야 한다.
③ 시·도 경찰청장은 청원경찰 배치신청을 받으면 1개월 이내에 그 배치 여부를 결정하여 신청인에게 알려야 한다.
④ 시·도 경찰청장은 청원경찰의 배치가 필요하다고 인정되는 기관의 장에게 청원경찰을 배치할 것을 요청할 수 있다.

14 청원경찰법령상 청원경찰의 배치에 관한 설명으로 옳은 것은?

① 청원경찰법령상 청원경찰이 배치될 수 있는 곳은 국가기관 또는 공공단체와 그 관리하에 있는 중요시설 또는 사업장, 국내주재 외국기관으로 한정된다.
② 시·도 경찰청장은 청원경찰 배치가 필요하다고 인정하는 기관의 장 또는 시설·사업장의 경영자에게 청원경찰을 배치할 것을 요청할 수 있다.
③ 시·도 경찰청장은 배치신청을 받으면 20일 이내에 그 배치 여부를 결정하여 신청인에게 알려야 한다.
④ 청원경찰의 배치를 받으려는 배치장소가 둘 이상의 도(특별시, 광역시, 특별자치시 및 특별자치도를 포함)일 때에는 각 사업장의 관할 경찰서장 간의 협의를 통해 배치신청을 할 시·도 경찰청장을 결정한다.

15 청원경찰법령상 청원경찰의 배치에 관한 설명으로 옳지 않은 것은?

① KBS와 같은 언론사는 청원경찰의 배치대상이 되는 시설에 해당한다.
② 청원경찰의 배치를 받으려는 자는 청원경찰 배치신청서를 사업장의 소재지를 관할하는 경찰서장을 거쳐 시·도 경찰청장에게 제출하여야 한다.
③ 청원경찰의 배치를 받으려는 배치장소가 둘 이상의 도(道)일 때에는 주된 사업장의 관할 경찰서장을 거쳐 시·도 경찰청장에게 한꺼번에 신청할 수 있다.
④ 청원경찰의 배치를 받으려는 자는 청원경찰 배치신청서에 경비구역 평면도 1부 또는 배치계획서 1부를 첨부하여야 한다.

16 청원경찰법령상 청원경찰의 배치 및 임용에 관한 다음의 설명 중 옳은 것은?

① 시·도 경찰청장은 청원경찰의 배치가 필요하다고 인정하는 기관의 장 또는 시설·사업장의 경영자에게 청원경찰을 배치할 것을 요청할 수 있다.
② 청원경찰의 배치를 받으려는 자는 관할 경찰서장에게 문서 또는 구두로 신청하여야 한다.
③ 청원경찰은 청원주가 관할 경찰서장과 협의하여 임용하되, 임용을 할 때에는 미리 경찰청장의 승인을 받아야 한다.
④ 청원주는 청원경찰경비와 청원경찰 또는 그 유족에 대한 보상금 및 청원경찰의 퇴직금의 일부를 부담하여야 한다.

17 청원경찰법령상 다음 중 청원주가 청원경찰을 신규로 배치한 때에는 누구에게 통보해야 하는가?

① 배치지 관할 경찰서장
② 배치지 관할 파출소장
③ 배치지 관할 시 · 도 경찰청장
④ 경찰청장

18 청원경찰법령상 청원경찰에 관한 설명으로 가장 옳지 않은 것은?

① 국가기관 또는 공공단체는 청원경찰법상 청원경찰의 배치대상이 되나, 국내 주재 외국기관은 청원경찰법상 청원경찰의 배치대상이 되지 않는다.
② 청원경찰을 배치받으려는 자는 대통령령으로 정하는 바에 따라 관할 시 · 도 경찰청장에게 청원경찰 배치를 신청하여야 한다.
③ 청원주는 청원경찰을 신규로 배치하거나 이동배치하였을 때에는 배치지(이동배치의 경우에는 종전의 배치지)를 관할하는 경찰서장에게 그 사실을 통보하여야 한다.
④ 국가공무원법상 임용결격사유에 해당하는 사람은 청원경찰로 임용될 수 없다.

19 청원경찰법령상 청원경찰의 배치장소가 둘 이상의 도(특별시, 광역시, 특별자치시 및 특별자치도를 포함한다)일 때에 배치신청서의 제출기관은?

① 주된 사업장의 소재지를 관할하는 시 · 도 경찰청장에게 직접 신청할 수 있다.
② 주된 사업장의 소재지를 관할하는 경찰서장을 거쳐 시 · 도 경찰청장에게 한꺼번에 신청할 수 있다.
③ 주된 사업장의 소재지를 관할하는 경찰서장에게 직접 신청할 수 있다.
④ 주된 사업장의 소재지를 관할하는 시 · 도 경찰청장을 거쳐 경찰청장에게 한꺼번에 신청할 수 있다.

20 청원경찰법령상 청원경찰의 임용 등에 관한 설명으로 옳은 것은?

① 청원경찰은 나이가 58세가 되었을 때 당연 퇴직된다.
② 청원경찰의 복무에 관하여는 「경찰관직무집행법」을 준용한다.
③ 청원경찰은 청원주가 임용하되, 임용을 할 때에는 「경찰공무원법」이 정하는 특별한 경우를 제외하고는 미리 경찰청장의 승인을 받아야 한다.
④ 청원주가 청원경찰을 임용하였을 때에는 임용한 날부터 10일 이내에 그 임용사항을 관할 경찰서장을 거쳐 시·도 경찰청장에게 보고하여야 한다.

21 청원경찰법령상 청원경찰의 임용과 승인에 관한 내용이다. ( ) 안에 들어갈 말로 옳게 짝지어진 것은?

> 청원경찰은 (ㄱ)가(이) 임용하되, 임용을 할 때에는 미리 (ㄴ)의 승인을 받아야 한다.

① ㄱ : 시·도 경찰청장, ㄴ : 청원주
② ㄱ : 경찰청장, ㄴ : 청원주
③ ㄱ : 청원주, ㄴ : 시·도 경찰청장
④ ㄱ : 청원주, ㄴ : 경찰청장

22 청원경찰법령상 청원경찰에 관한 설명으로 옳은 것은?

① 군복무를 마친 55세의 남자는 청원경찰이 될 수 없다.
② 청원경찰의 신체조건으로서 두 눈의 교정시력이 각각 0.2 이상이어야 한다.
③ 금고 이상의 형의 집행유예를 선고받고 그 유예기간이 끝난 날부터 2년이 지나지 아니한 자는 청원경찰로 임용될 수 없다.
④ 청원경찰의 복무와 관련하여 경찰공무원법상의 교육훈련에 관한 규정이 준용된다.

23 청원경찰법령상 청원경찰에 관한 설명으로 옳은 것은?

① 청원경찰의 복무에 관하여는 지방공무원법에 관한 규정을 준용한다.
② 지방자치단체에 근무하는 청원경찰의 직무상 불법행위에 대한 배상책임에 관하여는 민법의 규정을 따른다.
③ 경찰서장은 관할 청원경찰에게 그 직무집행에 필요한 교육을 매월 4시간 이상 하여야 한다.
④ 청원주는 형사사건으로 조사대상이 된 청원경찰에게는 무기와 탄약을 지급해서는 아니 된다.

24 청원경찰법령상 청원경찰에 관한 설명으로 옳은 것은?

① 청원경찰의 복무에 관하여는 국가공무원법상 공무원의 복종의무, 직장이탈금지의무, 비밀엄수의무, 집단행위의 금지의무가 준용되며, 경찰공무원법상의 준용규정은 존재하지 않는다.
② 청원주가 관할 시·도 경찰청장에게 청원경찰 임용승인을 신청할 때 첨부해야 할 서류는 이력서 1부, 주민등록증 사본 1부, 민간인 신원진술서(「보안업무규정」제36조에 따른 신원조사가 필요한 경우에만 해당한다) 1부, 사진 4장의 네 가지 종류이다.
③ 청원주는 청원경찰을 신규로 배치하거나 이동배치하였을 때에는 배치지(이동배치의 경우에는 종전의 배치지)를 관할하는 경찰서장에게 그 사실을 통보하여야 한다.
④ 청원경찰의 임용자격은 20세 이상 50세 미만의 사람으로 한정한다.

25 청원경찰법령상의 내용으로 옳은 것은?

① 청원경찰의 경비는 시·도 경찰청에서 부담한다.
② 청원경찰은 시·도 경찰청장이 임용하며 미리 시설·사업장의 경영자의 승인을 받아야 한다.
③ 법원의 판결 또는 다른 법률에 따라 자격이 정지된 자는 청원경찰로 임용될 수 없다.
④ 경찰청장은 청원경찰 배치가 필요하다고 인정하는 기관의 장 또는 시설·사업장의 경영자에게 청원경찰을 배치할 것을 요청할 수 있다.

26 청원경찰법령상 다음 중 청원경찰에 대한 시·도 경찰청장의 권한이 아닌 것은?

① 청원경찰 배치결정
② 청원경찰의 배치변경 통보접수
③ 청원경찰의 무기휴대 여부 결정
④ 청원경찰 임용승인

27 청원경찰법령상 임용방법 등에 관한 내용이다. (   ) 안에 들어갈 내용을 순서대로 옳게 나열한 것은?

- 청원주는 청원경찰의 배치결정의 통지를 받은 날부터 (   )일 이내에 배치결정된 인원수의 임용예정자에 대하여 청원경찰 임용승인을 시·도 경찰청장에게 신청하여야 한다.
- 청원주가 청원경찰을 임용하였을 때에는 임용한 날부터 (   )일 이내에 그 임용사항을 관할 경찰서장을 거쳐 시·도 경찰청장에게 보고하여야 한다.

① 10, 30
② 15, 30
③ 30, 10
④ 30, 15

28 청원경찰법령상 청원경찰의 교육에 관한 설명으로 옳지 않은 것은?

① 경찰공무원(의무경찰을 포함한다)에서 퇴직한 사람이 퇴직한 날부터 3년 이내에 청원경찰로 임용되었을 때에는 직무수행에 필요한 교육을 면제할 수 있다.
② 청원주는 청원경찰로 임용된 사람으로 하여금 경비구역에 배치하기 전에 경찰교육기관에서 직무수행에 필요한 교육을 받게 하여야 한다. 다만, 경찰교육기관의 교육 계획상 부득이하다고 인정할 때에는 우선 배치하고 임용 후 1년 이내에 교육을 받게 할 수 있다.
③ 청원경찰의 교육과목에는 법학개론, 민사소송법, 민간경비론이 있다.
④ 청원주는 소속 청원경찰에게 그 직무집행에 필요한 교육을 매월 4시간 이상 하여야 한다.

29 청원경찰법령상 직무교육에 관한 내용이다. ( ) 안에 들어갈 내용으로 옳은 것은?

> 청원주는 소속 청원경찰에게 그 직무집행에 필요한 교육을 매월 ( ) 이상 하여야 한다.

① 2시간
② 4시간
③ 6시간
④ 8시간

30 청원경찰법령상 청원경찰에 관한 설명으로 옳지 않은 것은?

① 형법을 적용할 때에는 공무원으로 본다.
② 청원경찰로 임용된 사람은 누구나 반드시 경비구역에 배치되기 전에 교육을 받아야 한다.
③ 관할 경찰서장은 매월 1회 이상 복무규율과 근무상황을 감독하여야 한다.
④ 청원주는 청원경찰을 이동배치하였을 때에는 종전의 배치지 관할 경찰서장에게 그 사실을 통보하여야 한다.

31 청원경찰법령상 교육에 관한 내용이다. ( ) 안에 들어갈 내용이 올바르게 나열된 것은?

> 청원주는 청원경찰로 임용된 사람으로 하여금 경비구역에 배치하기 전에 경찰교육기관에서 직무수행에 필요한 교육( )을 받게 하여야 한다. 다만, 경찰교육기관의 교육계획상 부득이하다고 인정할 때에는 우선 배치하고 임용 후 ( ) 이내에 교육을 받게 할 수 있다.

① 1주 40시간 - 6개월
② 1주 40시간 - 1년
③ 2주 76시간 - 6개월
④ 2주 76시간 - 1년

32 청원경찰법령상 청원경찰의 징계에 관한 설명으로 옳은 것은?

① 징계의 종류는 파면, 해임, 강등, 정직, 감봉 및 견책으로 구분한다.
② 시·도 경찰청장은 징계규정의 보완이 필요하다고 인정할 때에는 청원주에게 그 보완을 요구할 수 있다.
③ 정직은 1개월 이상 3개월 이하로 하고, 보수의 3분의 1을 줄인다.
④ 청원주는 청원경찰 배치결정의 통지를 받았을 때에는 통지를 받은 날부터 10일 이내에 청원경찰에 대한 징계규정을 제정하여야 한다.

33 청원경찰법령상 청원경찰에 대한 징계의 종류가 아닌 것은?

① 직위해제
② 해임
③ 정직
④ 감봉

34 청원경찰법령상 청원경찰의 징계에 관한 설명으로 옳은 것은?

① 청원경찰에 대한 징계의 종류는 파면, 해임, 강등, 정직, 감봉 및 견책으로 구분한다.
② 정직은 1개월 이상 6개월 이하로 하고, 그 기간에 직무에 종사하지 못하며, 보수의 2분의 1을 줄인다.
③ 감봉은 1개월 이상 3개월 이하로 하고, 그 기간에 보수의 3분의 2을 줄인다.
④ 국가기관에 근무하는 청원경찰의 보수는 재직기간 15년 이상 23년 미만인 경우, 경장에 해당하는 경찰공무원의 보수를 감안하여 대통령령으로 정한다.

35 청원경찰법령상 국가기관에 근무하는 청원경찰의 보수는 재직기간에 해당하는 경찰공무원 보수를 감안하여 정한다. 이에 관한 예시로 옳은 것은?

① 16년 : 경장, 20년 : 경장, 25년 : 경사, 32년 : 경사
② 16년 : 순경, 20년 : 경장, 25년 : 경사, 32년 : 경사
③ 16년 : 경장, 20년 : 경장, 25년 : 경사, 32년 : 경위
④ 16년 : 순경, 20년 : 경장, 25년 : 경사, 32년 : 경위

36 청원경찰법령상 청원경찰경비(經費)에 관한 설명으로 옳지 않은 것은?

① 청원경찰경비는 봉급과 각종 수당, 피복비, 교육비, 보상금 및 퇴직금을 말한다.
② 봉급·수당의 최저부담기준액(국가기관 또는 지방자치단체에 근무하는 청원경찰의 봉급·수당은 제외)은 경찰청장이 정하여 고시한다.
③ 국가기관 또는 지방자치단체에 근무하는 청원경찰의 각종 수당은 「공무원수당 등에 관한 규정」에 따른 수당 중 가계보전수당, 실비변상 등으로 한다.
④ 교육비는 청원주가 해당 청원경찰의 입교 7일 전에 청원경찰에게 직접 지급한다.

37 청원경찰법령상 청원경찰의 보수산정에 관하여 그 배치된 사업장의 취업규칙에 특별한 규정이 없는 경우에 봉급 산정의 기준이 되는 경력에 불산입되는 것으로 옳은 것은?

① 군복무한 경력
② 의무경찰에 복무한 경력
③ 청원경찰로 임용되어 근무한 경력
④ 지방자치단체에서 근무하는 청원경찰에 대해서는 지방자치단체에 비상근으로 근무한 경력

38 청원경찰법령상 청원주가 부담해야 하는 청원경찰경비를 모두 고른 것은?

ㄱ. 청원경찰의 교통비
ㄴ. 청원경찰의 피복비
ㄷ. 청원경찰의 교육비
ㄹ. 청원경찰 본인 또는 유족 보상금

① ㄱ, ㄴ, ㄷ
② ㄱ, ㄴ, ㄹ
③ ㄱ, ㄷ, ㄹ
④ ㄴ, ㄷ, ㄹ

39 청원경찰법령상 청원경찰경비 등에 관한 설명으로 옳지 않은 것은?

① 청원경찰에 대한 봉급과 각종 수당은 청원주가 그 청원경찰이 배치된 사업장의 직원에 대한 보수지급일에 청원경찰에게 직접 지급한다.
② 경비원으로 근무하던 사람이 해당 사업장의 청원주에 의하여 청원경찰로 임용된 경우 경비원으로 종사한 경력은 그 배치된 사업장의 취업규칙에 특별한 규정이 없는 경우에는 청원경찰의 봉급산정의 기준이 되는 경력에 산입하여야 한다.
③ 청원경찰이 직무수행으로 인하여 부상을 입은 경우 보상금의 지급주체는 청원주의 산업재해보상보험 가입 여부에 따라 달라지게 된다.
④ 교육비는 청원주가 해당 청원경찰의 입교(入校) 후 해당 청원경찰에게 직접 지급한다.

40 A는 군 복무를 마치고 청원경찰로 2년간 근무하다가 퇴직하였다. 그 후 다시 청원경찰로 임용되었다면 청원경찰법령상 봉급 산정에 있어서 산입되는 경력은?(단, A가 배치된 사업장의 취업규칙에 특별한 규정이 없는 것을 전제로 한다)

① 군복무경력과 청원경찰로 근무한 경력 중 어느 하나만 산입하여야 한다.
② 군복무경력은 반드시 산입하여야 하고, 청원경찰경력은 산입하지 않아도 된다.
③ 군복무경력과 청원경찰의 경력을 모두 산입하여야 한다.
④ 군복무경력은 산입하지 않아도 되고, 청원경찰경력은 산입하여야 한다.

41 청원경찰법령상 청원경찰경비 등에 관한 설명으로 옳지 않은 것은?

① 국가기관 또는 지방자치단체에 근무하는 청원경찰의 보수는 청원경찰법에서 정한 구분에 따라 같은 재직기간에 해당하는 경찰공무원의 보수를 감안하여 대통령령으로 정한다.
② 청원주의 청원경찰에 대한 봉급·수당의 최저부담기준액(국가기관 또는 지방자치단체에 근무하는 청원경찰의 봉급·수당은 제외한다)은 경찰청장이 정하여 고시(告示)한다.
③ 청원주는 청원경찰이 직무수행으로 인하여 부상을 입거나, 질병에 걸리거나 또는 사망한 경우 대통령령으로 정하는 바에 따라 청원경찰 본인 또는 그 유족에게 보상금을 지급하여야 한다.
④ 국가기관이나 지방자치단체에 근무하는 청원경찰의 퇴직금에 관하여는 행정안전부령으로 정한다.

42. 청원경찰법령상 청원경찰경비 등에 관한 설명으로 옳지 않은 것은 몇 개인가?

ㄱ. 청원주는 청원경찰이 퇴직할 때에는 국민연금법에 따른 퇴직금을 지급하여야 한다.
ㄴ. 법령에 따라 청원주는 청원경찰의 피복비를 부담하여야 한다.
ㄷ. 국가기관 또는 지방자치단체에 근무하는 청원경찰의 보수산정 시의 기준이 되는 재직기간은 청원경찰로서 근무한 기간으로 한다.
ㄹ. 국가기관 또는 지방자치단체에 근무하는 청원경찰 외의 청원경찰의 봉급과 각종 수당은 시·도 경찰청장이 고시한 최저부담기준액 이상으로 지급하여야 한다.

① 1개
② 2개
③ 3개
④ 4개

43. 청원경찰법령상 청원주가 청원경찰 본인 또는 그 유족에게 보상금을 지급해야 하는 경우가 아닌 것은?

① 청원경찰이 직무상의 부상·질병으로 인하여 퇴직한 경우
② 청원경찰이 직무수행으로 인하여 부상을 입은 경우
③ 청원경찰이 고의·과실에 의한 위법행위로 타인에게 손해를 가한 경우
④ 청원경찰이 직무수행으로 인하여 사망한 경우

44. 청원경찰법령상 표창에 관한 설명으로 옳지 않은 것은?

① 경찰청장은 성실히 직무를 수행하여 근무성적이 탁월하거나 헌신적인 봉사로 특별한 공적을 세운 청원경찰에게 공적상을 수여할 수 있다.
② 청원주는 성실히 직무를 수행하여 근무성적이 탁월한 청원경찰에게 공적상을 수여할 수 있다.
③ 관할 경찰서장은 헌신적인 봉사로 특별한 공적을 세운 청원경찰에게 공적상을 수여할 수 있다.
④ 시·도 경찰청장은 교육훈련에서 교육성적이 우수한 청원경찰에게 우등상을 수여할 수 있다.

45 청원경찰법령상 국가 또는 지방자치단체의 기관이 아닌 사업장의 청원주가 산업재해보상보험법에 따른 산업재해보상보험에 가입한 경우에 청원경찰이 직무수행 중의 부상으로 인하여 퇴직하였다면 다음 중 옳은 설명은?

① 근로복지공단이 고용노동부장관의 위탁을 받아 산업재해보상보험법에 따른 보상금을 지급하여야 하고, 청원주가 근로자퇴직급여보장법에 따라 퇴직금을 지급하여야 한다.
② 청원주는 근로기준법에 따른 보상금과 국가공무원법에 따른 퇴직금을 지급하여야 한다.
③ 청원주는 근로자퇴직급여보장법에 따른 퇴직금만 지급하면 된다.
④ 청원주는 근로기준법에 따른 보상금과 퇴직금을 모두 지급하여야 한다.

46 청원경찰법령상 청원경찰에 관한 내용으로 옳지 않은 것은?

① 국가기관이나 지방자치단체에 근무하는 청원경찰의 명예퇴직에 관하여는 국가공무원법을 준용한다.
② 청원경찰은 형의 선고, 징계처분 또는 신체상·정신상의 이상으로 직무를 감당하지 못할 때를 제외하고는 그 의사에 반하여 면직되지 아니한다.
③ 청원주가 청원경찰을 면직시켰을 때에는 그 사실을 관할 경찰서장을 거쳐 시·도 경찰청장에게 보고하여야 한다.
④ 청원주는 청원경찰이 퇴직할 때에는 고용보험법에 따른 퇴직금을 지급하여야 한다.

47 청원경찰법령상 청원경찰이 퇴직할 때 청원주에게 반납하여야 하는 것을 모두 고른 것은?

| ㄱ. 허리띠 | ㄴ. 근무복 | ㄷ. 방한화 | ㄹ. 호루라기 |
| ㅁ. 가슴표장 | ㅂ. 분사기 | ㅅ. 포승 | ㅇ. 기동복 |

① ㄱ, ㄷ, ㅁ, ㅇ
② ㄱ, ㅁ, ㅂ, ㅅ
③ ㄴ, ㄷ, ㄹ, ㅇ
④ ㄴ, ㄹ, ㅂ, ㅅ

48 청원경찰법령상 청원경찰의 분사기 및 무기휴대에 관한 설명으로 옳은 것은?

① 관할 경찰서장은 대여한 청원경찰의 무기관리상황을 월 1회 이상 점검하여야 한다.
② 청원경찰은 평상근무 중에 총기를 휴대하지 아니할 때에는 분사기를 휴대하여야 한다.
③ 청원주는 「위험물안전관리법」에 따른 분사기의 소지허가를 받아 청원경찰로 하여금 그 분사기를 휴대하여 직무를 수행하게 할 수 있다.
④ 관할 경찰서장은 청원경찰이 직무를 수행하기 위하여 필요하다고 인정하면 직권으로 청원경찰에게 무기를 대여하여 지니게 할 수 있다.

49 청원경찰법령상 청원경찰의 복제(服制)에 관한 설명으로 옳은 것은?

① 청원경찰의 복제는 제복·장구 및 부속물로 구분하며, 이 가운데 모자표장, 계급장, 장갑 등은 부속물에 해당한다.
② 청원주는 청원경찰이 특수복장을 착용할 필요가 있을 때에는 관할 경찰서장에게 보고하고 특수복장을 착용하게 할 수 있다.
③ 청원경찰의 제복의 형태·규격 및 재질은 시·도 경찰청장이 결정하되, 사업장별로 통일하여야 한다.
④ 청원경찰은 특수근무 중에는 정모, 근무복, 단화, 호루라기, 경찰봉 및 포승을 착용하거나 휴대하여야 한다.

50 청원경찰법령상 청원주의 무기관리수칙에 관한 설명으로 옳은 것은?

① 탄약고는 무기고와 떨어진 곳에 설치하고, 그 위치는 사무실이나 그 밖에 여러 사람을 수용하거나 여러 사람이 오고 가는 시설로부터 인접해 있어야 한다.
② 무기와 탄약을 대여받았을 때에는 시·도 경찰청장이 정하는 무기·탄약 출납부 등을 갖춰 두고 기록하여야 한다.
③ 대여받은 무기와 탄약이 분실되거나 도난당하거나 빼앗기거나 훼손되는 등의 사고가 발생하였을 때에는 지체 없이 그 사유를 관할 경찰서장에게 통보해야 한다.
④ 청원경찰에게 지급한 무기와 탄약은 매월 1회 이상 손질하게 하여야 한다.

51 청원경찰법령상 무기관리수칙에 관한 설명으로 옳지 않은 것은?

① 청원주는 대여받은 무기와 탄약이 분실되거나 도난당하거나 빼앗기거나 훼손되는 등의 사고가 발생하였을 때에는 지체 없이 그 사유를 지방자치단체장에게 통보해야 한다.
② 청원주가 무기와 탄약을 대여받았을 때에는 경찰청장이 정하는 무기·탄약 출납부 및 무기장비 운영카드를 갖춰 두고 기록하여야 한다.
③ 청원주는 수리가 필요한 무기가 있을 때에는 그 목록과 무기장비 운영카드를 첨부하여 관할 경찰서장에게 수리를 요청할 수 있다.
④ 청원주는 사직 의사를 밝힌 청원경찰에게 무기와 탄약을 지급해서는 안 되며, 지급한 무기와 탄약은 즉시 회수해야 한다.

52 다음 중 청원경찰법령상 청원주가 명시적으로 무기와 탄약을 지급해서는 안 되는 사람을 모두 고른 것은?

ㄱ. 직무상 비위로 징계대상이 된 사람
ㄴ. 사직 의사를 밝힌 사람
ㄷ. 형사사건으로 조사대상이 된 사람
ㄹ. 변태적 성벽(性癖)이 있는 사람

① ㄱ, ㄷ
② ㄱ, ㄴ, ㄷ
③ ㄴ, ㄷ, ㄹ
④ ㄱ, ㄴ, ㄷ, ㄹ

53 청원경찰법령상 청원경찰의 무기휴대 등에 관한 설명으로 옳은 것은?

① 청원주는 청원경찰이 직무를 수행하기 위하여 필요하다고 인정하면 관할 경찰서장으로 하여금 청원경찰에게 무기를 대여하여 지니게 할 수 있다.
② 청원주는 청원경찰에게 지급한 무기와 탄약을 매월 1회 이상 손질하게 해야 한다.
③ 시·도 경찰청장이 무기를 대여하여 휴대하게 하려는 경우에는 청원주로부터 국가에 기부채납된 무기에 한정하여 관할 경찰서장으로 하여금 무기를 대여하여 휴대하게 할 수 있다.
④ 청원경찰에게 무기를 대여하였을 때에는 시·도 경찰청장은 청원경찰의 무기관리상황을 수시로 점검해야 한다.

54 청원경찰법령상 청원경찰의 제복착용과 무기휴대에 대한 설명으로 옳지 않은 것은?

① 청원경찰은 근무 중 제복을 착용하여야 한다.
② 청원경찰의 제복·장구 및 부속물에 관하여 필요한 사항은 대통령령으로 정한다.
③ 시·도 경찰청장은 청원경찰이 직무를 수행하기 위하여 필요하다고 인정하면 청원주의 신청을 받아 관할 경찰서장으로 하여금 청원경찰에게 무기를 대여하여 지니게 할 수 있다.
④ 청원경찰의 복제(服制)와 무기휴대에 필요한 사항은 대통령령으로 정한다.

55 청원경찰법령상 무기와 관련된 내용으로 옳지 않은 것은?

① 관할 경찰서장은 무기를 대여하였을 경우 월 1회 정기적으로 무기관리상황을 점검하여야 한다.
② 청원주가 청원경찰이 휴대할 무기를 대여받으려는 경우에는 관할 경찰서장을 거쳐 시·도 경찰청장에게 무기대여를 신청하여야 한다.
③ 시·도 경찰청장은 청원경찰이 직무를 수행하기 위하여 필요하다고 인정하면 청원주의 신청을 받아 관할 경찰서장으로 하여금 청원경찰에게 무기를 대여하여 지니게 할 수 있다.
④ 청원주로부터 무기를 지급받은 청원경찰이 무기를 손질하거나 조작할 때에는 반드시 총구를 공중으로 향하게 하여야 한다.

56 청원경찰법령상 무기와 탄약을 지급받은 청원경찰의 준수사항으로 옳지 않은 것은?

① 무기를 지급받거나 반납할 때 또는 인계인수할 때에는 반드시 "앞에 총" 자세에서 "검사 총"을 하여야 한다.
② 무기와 탄약을 지급받았을 때에는 별도의 지시가 없으면 무기와 탄약을 분리하여 휴대하여야 한다.
③ 지급받은 무기는 다른 사람에게 보관 또는 휴대하게 할 수 없으며 손질을 의뢰할 수 없다.
④ 근무시간 이후에는 무기와 탄약을 관리책임자에게 반납하여야 한다.

57 다음은 청원경찰법령상 청원경찰의 무기휴대에 관한 내용이다. ( ) 안에 들어갈 내용이 바르게 연결된 것은?

> 청원주가 청원경찰의 무기대여를 신청한 경우 신청을 받은 (ㄱ)이 무기를 대여하여 휴대하게 하려는 경우에는 청원주로부터 국가에 기부채납된 무기에 한정하여 (ㄴ)으로 하여금 무기를 대여하여 휴대하게 할 수 있다.

① ㄱ : 경찰청장,　　　ㄴ : 시·도 경찰청장
② ㄱ : 시·도 경찰청장,　ㄴ : 관할 경찰서장
③ ㄱ : 관할 경찰서장,　ㄴ : 시·도 경찰청장
④ ㄱ : 경찰청장,　　　ㄴ : 관할 경찰서장

58 청원경찰법령상 청원주가 비치하여야 할 문서와 장부가 아닌 것은?
① 경비구역 배치도
② 징계 관계철
③ 감독 순시부
④ 교육훈련 실시부

59 청원경찰법령상 관할 경찰서장과 청원주가 공통으로 비치해야 할 문서와 장부에 해당하는 것은?
① 전출입 관계철
② 교육훈련 실시부
③ 신분증명서 발급대장
④ 경비구역 배치도

60 청원경찰법령상 급여품과 대여품에 관한 설명으로 옳은 것은?
① 호루라기, 가슴표장은 청원경찰에게 지급하는 대여품에 해당한다.
② 청원경찰에게 지급하는 대여품은 허리띠, 경찰봉, 분사기, 포승에 한한다.
③ 급여품 중 방한화, 장갑의 사용기간은 2년이다.
④ 청원경찰이 퇴직할 때에는 급여품과 대여품을 청원주에게 반납하여야 한다.

61 청원경찰법령상 청원경찰의 배치 근무인원별 감독자 지정기준으로 옳지 않은 것은?

① 근무인원 7명 : 조장 1명
② 근무인원 37명 : 반장 1명, 조장 5명
③ 근무인원 57명 : 대장 1명, 반장 2명, 조장 6명
④ 근무인원 97명 : 대장 1명, 반장 4명, 조장 12명

62 매월 1회 이상 청원경찰을 배치한 경비구역에 대하여 복무규율과 근무상황, 무기관리 및 취급사항을 감독하여야 하는 사람은?

① 청원주
② 경비업자
③ 관할 파출소장
④ 관할 경찰서장

63 청원경찰법령상 청원경찰에 관한 설명으로 옳지 않은 것은?

① 청원주는 항상 소속 청원경찰의 근무상황을 감독하고, 근무 수행에 필요한 교육을 하여야 한다.
② 청원경찰업무에 종사하는 사람은 형법이나 그 밖의 법령에 따른 벌칙을 적용할 때에는 공무원으로 본다.
③ 국가기관에 근무하는 청원경찰의 직무상 불법행위에 대한 배상책임에 관하여는 민법의 규정을 따른다.
④ 청원경찰법에 따른 시·도 경찰청장의 권한은 그 일부를 대통령령으로 정하는 바에 따라 관할 경찰서장에게 위임할 수 있다.

64 청원경찰법령상 청원경찰의 근무 등에 관한 설명으로 옳지 않은 것은?

① 청원경찰은 형법에 따른 벌칙을 적용할 때에는 공무원으로 간주하지 않는다.
② 청원경찰은 근무 중에는 행정안전부령이 정하는 제복을 착용하여야 한다.
③ 청원경찰이 직무수행 시에 직권을 남용하여 국민에게 해를 끼친 경우에는 6개월 이하의 징역이나 금고에 처한다.
④ 시·도 경찰청장은 직무수행에 필요하면 청원주의 신청을 받아 관할 경찰서장으로 하여금 청원경찰에게 무기를 대여하여 지니게 할 수 있다.

65 청원경찰법령상 청원경찰의 신분 및 직무수행에 관한 설명으로 옳지 않은 것은?

① 청원경찰은 파업, 태업 또는 그 밖에 업무의 정상적인 운영을 방해하는 일체의 쟁의행위를 하여서는 아니 된다.
② 순찰근무자는 단독 또는 복수로 요점순찰을 하되, 청원주가 필요하다고 인정할 때에는 정선순찰 또는 난선순찰을 할 수 있다.
③ 청원경찰은 형의 선고, 징계처분 또는 신체상·정신상의 이상으로 직무를 감당하지 못할 때를 제외하고는 그 의사에 반하여 면직되지 아니한다.
④ 국가기관에 근무하는 청원경찰의 직무상 불법행위에 대한 배상책임은 「국가배상법」의 규정을 따른다.

66 청원경찰법령상 청원경찰이 직무를 수행할 때 직권을 남용하여 국민에게 해를 끼친 경우의 처벌은?

① 6개월 이하의 징역이나 금고
② 2년 이하의 징역이나 금고
③ 1년 이하의 징역이나 금고
④ 3년 이하의 징역이나 금고

67 청원경찰법령상 배상책임과 권한의 위임에 관한 설명으로 옳은 것은?

① 시·도 경찰청장은 청원경찰의 임용승인에 관한 권한을 대통령령으로 관할 경찰서장에게 위임할 수 있다.
② 경비업자가 중요시설의 경비를 도급받았을 때에는 청원주는 그 사업장에 배치된 청원경찰의 근무 배치 및 감독에 관한 권한을 해당 경비업자에게 위임할 수 없다.
③ 공기업에 근무하는 청원경찰의 직무상 불법행위로 인한 배상책임은 국가배상법에 의한다.
④ 국가기관에 근무하는 청원경찰의 직무상 불법행위로 인한 배상책임에 관해서는 민법의 규정에 의한다.

68 청원경찰법령상 청원경찰을 배치하고 있는 사업장이 하나의 경찰서의 관할구역에 있는 경우, 시·도 경찰청장이 관할 경찰서장에게 위임하는 권한으로 명시되지 않은 것은?

① 청원경찰 배치의 결정 및 요청에 관한 권한
② 청원경찰의 임용승인에 관한 권한
③ 무기의 관리 및 취급사항을 감독하는 권한
④ 청원주에 대한 지도 및 감독상 필요한 명령에 관한 권한

69 청원경찰법령상 청원경찰의 퇴직과 면직에 관한 설명으로 옳은 것은?

① 국가기관이나 지방자치단체에 근무하는 청원경찰의 휴직 및 명예퇴직에 관하여는 「국가공무원법」 관련 규정을 준용한다.
② 청원경찰은 65세가 되었을 때 당연 퇴직된다.
③ 청원경찰의 배치폐지는 당연 퇴직사유에 해당하지 않는다.
④ 청원주가 청원경찰을 면직시켰을 때에는 그 사실을 관할 시·도 경찰청장을 거쳐 경찰청장에게 보고하여야 한다.

70 청원경찰법령상 청원경찰의 배치폐지 등에 관한 설명으로 옳지 않은 것은?

① 청원주는 청원경찰을 대체할 목적으로 특수경비원을 배치하는 경우에 청원경찰의 배치를 폐지하거나 배치인원을 감축할 수 없다.
② 청원주가 청원경찰의 배치폐지하였을 때에는 청원경찰 배치결정을 한 경찰관서장에게 알려야 한다.
③ 청원주가 청원경찰의 배치폐지하는 경우에는 배치폐지로 과원(過員)이 되는 그 사업장 내의 유사업무에 종사하게 하는 등 청원경찰의 고용을 보장하여야 한다.
④ 청원주는 청원경찰이 배치된 사업장이 배치인원의 변동사유 없이 다른 곳으로 이전하는 경우에 배치인원을 감축할 수 없다.

71 청원경찰법령상 청원경찰의 퇴직에 관한 설명으로 옳지 않은 것은?

① 임용결격사유에 해당될 때 원칙적으로 당연 퇴직되나, 국가공무원법 제33조 제2호와 제5호의 경우에는 제한적으로 적용된다.
② 청원경찰의 배치가 폐지되었을 때 당연 퇴직된다.
③ 나이가 60세가 되었을 때 당연 퇴직된다.
④ 국가기관이나 지방자치단체에 근무하는 청원경찰의 명예퇴직에 관하여는 「경찰공무원법」을 준용한다.

72 청원경찰법령상 과태료 부과기준 금액이 500만원에 해당하지 않는 경우는?

① 임용결격사유에 해당하지 않는 청원경찰을 시·도 경찰청장의 승인을 받지 않고 임용한 경우
② 시·도 경찰청장의 배치결정을 받지 않고 국가정보원장이 지정하는 국가보안목표시설에 청원경찰을 배치한 경우
③ 정당한 사유 없이 경찰청장이 고시한 최저부담기준액 이상의 보수를 지급하지 않은 경우
④ 시·도 경찰청장의 감독상 필요한 총기·실탄 및 분사기에 관한 명령을 정당한 사유 없이 이행하지 않은 경우

73 청원경찰법령상 청원경찰이 파업, 태업 또는 그 밖에 업무의 정상적인 운영을 방해하는 쟁의행위를 했을 때의 벌칙내용으로 맞는 것은?

① 1년 이하의 징역 또는 500만원 이하의 벌금에 처한다.
② 1년 이하의 징역 또는 1,000만원 이하의 벌금에 처한다.
③ 2년 이하의 징역 또는 500만원 이하의 벌금에 처한다.
④ 2년 이하의 징역 또는 1,000만원 이하의 벌금에 처한다.

74 청원경찰법령상 다음의 위반행위에 따른 과태료 부과기준으로 옳게 짝지어진 것은?

> ㄱ. 시·도 경찰청장의 감독상 필요한 총기·실탄 및 분사기에 관한 명령을 정당한 사유 없이 이행하지 않은 경우
> ㄴ. 시·도 경찰청장의 승인을 받지 않고 국가공무원법상 임용결격사유에 해당하는 청원경찰을 임용한 경우

① ㄱ : 300만원, ㄴ : 400만원
② ㄱ : 400만원, ㄴ : 400만원
③ ㄱ : 400만원, ㄴ : 500만원
④ ㄱ : 500만원, ㄴ : 500만원

75 청원경찰법령상 벌칙 및 과태료에 관한 내용으로 옳지 않은 것은?

① 청원경찰이 직무를 수행할 때 직권을 남용하여 국민에게 해를 끼친 경우 6개월 이하의 징역이나 금고에 처한다.
② 정당한 사유 없이 경찰청장이 고시한 최저부담기준액 이상의 보수를 지급하지 아니한 청원주에게는 500만원 이하의 과태료를 부과한다.
③ 파업, 태업 또는 그 밖에 업무의 정상적인 운영을 방해하는 쟁의행위를 한 자는 1년 이하의 징역 또는 1천만원 이하의 벌금에 처한다.
④ 청원경찰로서 직무에 관하여 거짓으로 보고하거나 통보하는 자에게는 500만원 이하의 과태료를 부과한다.

CHAPTER 02 통합방위법

01 총칙

1. 목적

통합방위법은 적의 침투·도발이나 그 위협에 대응하기 위하여 국가 총력전의 개념을 바탕으로 국가방위요소를 통합·운용하기 위한 통합방위 대책을 수립·시행하기 위하여 필요한 사항을 규정함을 목적으로 한다(법 제1조).

2. 용어의 정의(법 제2조)

(1) 통합방위

적의 침투·도발이나 그 위협에 대응하기 위하여 각종 국가방위요소를 통합하고 지휘체계를 일원화하여 국가를 방위하는 것을 말한다.

(2) 국가방위요소

통합방위작전의 수행에 필요한 다음의 방위전력 또는 그 지원 요소를 말한다. 〈개정 2024.1.16.〉
① 국군조직법 제2조에 따른 국군
② 경찰청·해양경찰청 및 그 소속 기관과「제주특별자치도 설치 및 국제자유도시 조성을 위한 특별법」에 따른 자치경찰기구
③ 소방기본법 제2조 제5호에 따른 소방대
④ 국가기관 및 지방자치단체(①부터 ③까지의 경우는 제외)
⑤ 예비군법 제3조에 따른 예비군
⑥ 민방위기본법 제17조에 따른 민방위대
⑦ 제6조에 따라 통합방위협의회를 두는 직장

(3) 통합방위사태

적의 침투·도발이나 그 위협에 대응하여 다음의 구분에 따라 선포하는 단계별 사태를 말한다.

갑종사태	일정한 조직체계를 갖춘 적의 대규모 병력 침투 또는 대량살상무기 공격 등의 도발로 발생한 비상사태로서 통합방위본부장 또는 지역군사령관의 지휘·통제하에 통합방위작전을 수행하여야 할 사태
을종사태	일부 또는 여러 지역에서 적이 침투·도발하여 단기간 내에 치안이 회복되기 어려워 지역군사령관의 지휘·통제하에 통합방위작전을 수행하여야 할 사태
병종사태	적의 침투·도발 위협이 예상되거나 소규모의 적이 침투하였을 때에 시·도 경찰청장, 지역군사령관 또는 함대사령관의 지휘·통제하에 통합방위작전을 수행하여 단기간 내에 치안이 회복될 수 있는 사태

(4) 통합방위작전

통합방위사태가 선포된 지역에서 통합방위본부장, 지역군사령관, 함대사령관 또는 시·도 경찰청장(작전지휘관)이 국가방위요소를 통합하여 지휘·통제하는 방위작전을 말한다.

(5) 지역군사령관

통합방위작전 관할구역에 있는 군부대의 장성급(將星級) 지휘관 중에서 통합방위본부장이 정하는 사람을 말한다. 다만, 통합방위본부장은 필요하다고 인정하는 때에는 대령급 지휘관 중에서 정할 수 있다. 〈개정 2024.1.16.〉

(6) 침투 및 방호 등

침투	적이 특정 임무를 수행하기 위하여 대한민국 영역을 침범한 상태
도발	적이 특정 임무를 수행하기 위하여 대한민국 국민 또는 영역에 위해를 가하는 모든 행위
위협	대한민국을 침투·도발할 것으로 예상되는 적의 침투·도발 능력과 기도가 드러난 상태
방호	적의 각종 도발과 위협으로부터 인원·시설 및 장비의 피해를 방지하고 모든 기능을 정상적으로 유지할 수 있도록 보호하는 작전 활동

(7) 국가중요시설

공공기관, 공항·항만, 주요 산업시설 등 적에 의하여 점령 또는 파괴되거나 기능이 마비될 경우 국가안보와 국민생활에 심각한 영향을 주게 되는 시설을 말한다.

3. 통합방위태세의 확립 등(법 제3조)

(1) 필요한 시책 마련

① **국가방위요소의 육성 및 통합방위태세의 확립** : 정부는 국가방위요소의 육성 및 통합방위태세의 확립을 위하여 필요한 시책을 마련하여야 한다(제1항).
② **관할구역별 통합방위태세의 확립** : 각 지방자치단체의 장은 관할구역별 통합방위태세의 확립에 필요한 시책을 마련하여야 한다(제2항).

> **+ 알아보기** 통합방위태세의 확립 등(영 제2조)
> ① 각 중앙관서의 장은 「통합방위법」(이하 "법"이라 한다) 제3조 제1항에 따라 국가방위요소의 육성 및 통합방위태세의 확립을 위하여 소관업무와 대통령이 정하는 바에 따라 필요한 시책을 마련하여야 한다.
> ② 각 지방자치단체의 장은 법 제3조 제2항에 따라 관할구역별 통합방위태세의 확립을 위하여 지역군사령관 및 시·도 경찰청장 등 관련 기관과 협의하여 지역 통합방위에 필요한 예규를 작성하는 등 필요한 시책을 마련하여야 한다.

(2) 지원 및 협조

① 각급 행정기관 및 군부대의 장은 통합방위작전을 원활하게 수행하기 위하여 서로 지원하고 협조하여야 한다(제3항).

② 정부는 통합방위사태의 선포에 따른 국가방위요소의 동원 비용을 대통령령으로 정하는 바에 따라 예산의 범위에서 해당 지방자치단체에 지원할 수 있다(제4항).

> **＋ 알아보기** 동원 비용의 지원(영 제4조)
>
> 법 제3조 제4항에 따라 정부가 지방자치단체에 지원할 수 있는 동원 비용의 범위는 다음 각호와 같다.
>   1. 통합방위작전에 동원된 예비군의 급식비
>   2. 그 밖에 중앙협의회에서 의결한 비용

02 통합방위기구 운용

1. 통합방위협의회

(1) 중앙 통합방위협의회(법 제4조)
　① **설치** : 국무총리 소속으로 중앙 통합방위협의회(이하 "중앙협의회")를 둔다(제1항).
　② **구성**
　　㉠ 의장 및 위원 : 중앙협의회의 의장은 국무총리가 되고, 위원은 기획재정부장관, 교육부장관, 과학기술정보통신부장관, 외교부장관, 통일부장관, 법무부장관, 국방부장관, 행정안전부장관, 국가보훈부장관, 문화체육관광부장관, 농림축산식품부장관, 산업통상자원부장관, 보건복지부장관, 환경부장관, 고용노동부장관, 여성가족부장관, 국토교통부장관, 해양수산부장관, 중소벤처기업부장관, 국무조정실장, 법제처장, 식품의약품안전처장, 국가정보원장 및 통합방위본부장과 그 밖에 대통령령으로 정하는 사람이 된다(제2항). [시행 2023.6.5.] 〈개정 2023.3.4.〉

> **＋ 알아보기** 중앙협의회의 위원(영 제5조)
>
> 법 제4조 제2항에서 "대통령령으로 정하는 사람"이란 다음 각호의 어느 하나에 해당하는 사람을 말한다.
>   1. 지방자치단체의 장 중에서 중앙협의회 의장이 위촉하는 사람
>   2. 그 밖에 통합방위에 관한 식견과 경험이 풍부한 사람 중에서 중앙협의회 의장이 임명하거나 위촉하는 사람

　　㉡ 간사 : 중앙협의회에 간사 1명을 두고, 간사는 통합방위본부의 부본부장이 된다(제3항).
　③ **운영**
　　㉠ 심의사항(법 제4조 제4항) 〈개정 2024.1.16.〉
　　　• 통합방위 정책
　　　• 통합방위작전·훈련 및 그에 관한 지침
　　　• 통합방위사태의 선포 또는 해제
　　　• 그 밖에 통합방위에 관하여 대통령령으로 정하는 사항(정부 각 부처 및 관계 기관 간의 통합방위와 관련된 업무의 조정, 동원 비용, 그 밖에 중앙협의회 위원이 제출하는 안건)
　　㉡ 개최 : 중앙협의회의 의장은 마련한 시책의 국가방위요소별 추진 실적을 평가하고 통합방위태세를 확립하기 위하여 중앙 통합방위회의를 연 1회 이상 개최한다(영 제3조 제1항).

ⓒ 참석 대상(영 제3조 제2항)
- 중앙협의회의 의장 및 위원
- 방송통신위원회위원장
- 특별시·광역시·특별자치시·도·특별자치도 통합방위협의회(시·도 협의회)의 의장
- 국가정보원의 지부장
- 경찰청장 및 시·도 경찰청장
- 소방청장 및 소방본부장
- 해양경찰청장 및 지방해양경찰청장
- 군단장급 이상의 군 지휘관
- 지역군사령관 및 함대사령관
- 그 밖에 통합방위본부의 본부장이 선정하는 사람

ⓔ 회의 준비 : 통합방위본부장은 중앙 통합방위회의의 의제, 참석 대상, 개최일시, 장소 및 회의 주관자를 선정하고 회의를 준비한다(영 제3조 제3항).

④ **중앙협의회의 소집 등(영 제7조)**
ⓐ 회의의 소집 : 중앙협의회의 회의는 의장이 필요하다고 인정할 때에 소집한다.
ⓑ 의결정족수 : 중앙협의회의 회의는 통합방위법 시행령에 특별한 규정이 없으면 재적위원 과반수의 출석과 출석위원 과반수의 찬성으로 의결한다.

(2) 지역 통합방위협의회(법 제5조)

① **종류**
ⓐ 특별시·광역시·특별자치시·도·특별자치도 통합방위협의회(시·도 협의회) : 특별시장·광역시장·특별자치시장·도지사·특별자치도지사(시·도지사) 소속으로 특별시·광역시·특별자치시·도·특별자치도 통합방위협의회(시·도 협의회)를 두고, 그 의장은 시·도지사가 된다(제1항).
ⓑ 시·군·구 통합방위협의회 : 시장·군수·구청장(자치구의 구청장) 소속으로 시·군·구 통합방위협의회를 두고, 그 의장은 시장·군수·구청장이 된다(제2항).

② **지역협의회의 심의사항** : 시·도 협의회와 시·군·구 통합방위협의회(지역협의회)는 다음의 사항을 심의한다. 다만, ⓐ 및 ⓒ의 사항은 시·도 협의회에 한한다(제3항). 〈개정 2024.1.16.〉
ⓐ 적이 침투하거나 숨어서 활동하기 쉬운 지역(취약지역)의 선정 또는 해제
ⓑ 통합방위 대비책(지역주민, 학생 등에 대한 안보교육 및 이에 대한 지원 대책에 관한 사항이 포함되어야 함)
ⓒ 을종사태 및 병종사태의 선포 또는 해제
ⓓ 통합방위작전·훈련의 지원 대책으로서 다음의 사항이 포함되어야 한다(영 제8조 제7항).
- 통합방위작전 수행 시 차량, 선박 및 시설 등의 지원 대책
- 예비군, 민방위대 및 지역주민 등의 통합방위작전 및 통합방위훈련 참여를 위한 홍보, 계몽 및 지원 대책
- 취약지역 대비책
- 통합방위작전 및 통합방위훈련의 유공자에 대한 포상 추천

ⓜ 국가방위요소의 효율적 육성·운용 및 지원 대책으로서 다음의 사항이 포함되어야 한다(영 제8조 제8항).
- 지역예비군 중대 사무실의 설치 및 유지에 관한 사항
- 통합방위작전·훈련에 참가한 국가방위요소의 구성원에 대한 사기 앙양 및 민·관·군 간의 유대 강화에 관한 사항

ⓑ 그 밖에 통합방위에 관하여 대통령령으로 정하는 사항

③ **지역협의회의 구성** : 다음에 해당하는 사람으로 구성한다(영 제8조 제1항). 〈개정 2022.11.1.〉
㉠ 해당 지역의 작전책임을 담당하는 군부대의 장
㉡ 해당 지역 국군방첩부대의 장 또는 그 부대원
㉢ 국가정보원의 관계자
㉣ 지방검찰청의 검사장·지청장 또는 검사
㉤ 시·도 경찰청장 또는 경찰서장
㉥ 지방해양경찰청장 또는 해양경찰서장
㉦ 지방교정청장 또는 교정시설의 장
㉧ 지방보훈청장 또는 보훈지청장
㉨ 지방병무청장 또는 병무지청장
㉩ 교육감 또는 교육장
㉪ 지방의회 의장
㉫ 소방본부장 또는 소방서장
㉬ 지역 재향군인회장
㉭ 그 밖에 통합방위에 관한 학식과 경험이 풍부한 사람으로서 지역협의회 의장이 위촉하는 사람

④ **지역협의회의 회의**
㉠ 회의의 개최 : 지역협의회의 회의는 정기회의와 임시회의로 구분하되, 정기회의는 분기마다 한 차례 소집하는 것을 원칙으로 하고, 임시회의는 의장이 필요하다고 인정할 때에 소집한다(영 제8조 제2항 전단).
㉡ 의결정족수 : 지역협의회의 회의는 통합방위법 시행령에 특별한 규정이 없으면 재적위원 과반수의 출석과 출석위원 과반수의 찬성으로 의결한다(영 제8조 제2항 후단).
㉢ 시·도 협의회의 의장 : 마련한 시책의 국가방위요소별 추진 실적을 평가하고 통합방위태세를 확립하기 위하여 지방 통합방위회의를 연 1회 이상 개최하고(영 제3조 제4항), 지역군사령관, 시·도 경찰청장, 국가정보원의 지부장 등 관계 기관의 장과 협의하여 회의를 준비한다(영 제3조 제5항).
㉣ 지역실무위원회의 설치 : 지역협의회의 업무를 효율적으로 처리하기 위하여 지역협의회에 다음의 업무를 담당하는 지역 통합방위 실무위원회(지역실무위원회)를 둔다(영 제8조 제4항).
- 지역협의회의 회의에 부칠 안건의 사전 심의
- 지역협의회 의장이 위임하는 사항의 심의
- 관계 행정기관 간의 통합방위 업무에 관한 협조 및 조정

㉤ 지역실무위원회의 소집 : 지역실무위원회는 분기마다 한 차례 이상 소집하는 것을 원칙으로 하되, 그 구성 및 운영에 필요한 사항은 지역협의회의 심의를 거쳐 지역협의회 의장이 정한다(영 제8조 제5항).
㉥ 통합방위본부장은 지방통합위원회의 준비 및 개최에 필요한 지침을 하달한다(영 제3조 제6항).

(3) 직장 통합방위협의회(법 제6조)

① **설치** : 직장에는 직장 통합방위협의회(직장협의회)를 두고, 그 의장은 직장의 장이 된다(법 제6조 제1항).

② **직장협의회를 두는 직장의 범위** : 직장협의회를 두어야 하는 직장의 범위는 다음과 같다(법 제6조 제2항, 영 제9조).
   ㉠ 중대급 이상의 예비군 부대가 편성된 직장(소대급의 직장예비군 자원이 있는 직장도 원하는 경우에는 직장협의회를 둘 수 있다)
   ㉡ 국가중요시설인 직장

③ **직장협의회의 구성 및 운영 등(영 제10조)**
   ㉠ 구성 : 직장협의회는 해당 직장예비군 부대의 장과 해당 직장의 간부 중에서 의장이 지명하는 사람으로 구성한다(제1항).
   ㉡ 심의사항(제2항)
      • 직장 단위 방위대책 및 그 지원계획의 수립·시행에 관한 사항
      • 직장예비군의 운영·육성 및 지원에 관한 사항
   ㉢ 회의의 소집 및 의결정족수 : 직장협의회의 회의는 정기회의와 임시회의로 구분하되, 정기회의는 분기마다 한 차례 소집하는 것을 원칙으로 하고, 임시회의는 의장이 필요하다고 인정할 때에 소집하며, 회의는 재적위원 과반수의 출석과 출석위원 과반수의 찬성으로 의결한다(제3항).

(4) 협의회의 통합·운영(법 제7조)

중앙협의회, 지역협의회 및 직장협의회는 대통령령으로 정하는 기준에 따라 각각 다음의 기구와 통합·운영할 수 있다.
① 방위협의회
② 중앙민방위협의회 또는 지역민방위협의회

(5) 산업단지협의회(영 제11조)

① **설치** : 같은 산업단지(자유무역지역, 산업단지 및 산업통상자원부장관이 지정하는 중요 산업시설) 내의 직장예비군 자원을 통합하여 예비군 부대를 편성하는 경우에는 해당 산업단지 내에 산업단지 통합방위협의회(산업단지협의회)를 둘 수 있다(제1항).

② **의장 및 위원** : 산업단지협의회를 두는 경우에 의장은 「산업집적활성화 및 공장설립에 관한 법률」, 「자유무역지역의 지정 및 운영에 관한 법률」 또는 「산업입지 및 개발에 관한 법률」 등에 따라 해당 산업단지를 관리하는 대표자가 되고, 위원은 산업단지 예비군 부대의 장, 산업단지 방위 관련 기관의 관계관, 그 밖에 산업단지 내 기업체의 대표 등 의장이 위촉하는 사람으로 한다(제2항).

③ **심의사항(제3항)**
   ㉠ 산업단지 단위의 방위대책 및 그 지원계획에 관한 사항
   ㉡ 산업단지 예비군 부대의 육성·운용 및 경비에 관한 사항

④ **준용규정** : 산업단지협의회의 운영에 관하여는 지역협의회 또는 직장협의회의 관련 규정을 준용한다(제4항).

2. 통합방위본부·통합방위 지원본부 및 합동보도본부 등

(1) 통합방위본부(법 제8조)

① **설치** : 합동참모본부에 통합방위본부를 둔다(제1항). 통합방위본부에는 본부장과 부본부장 1명씩을 두되, 통합방위본부장은 합동참모의장이 되고 부본부장은 합동참모본부에서 군사작전에 대한 기획 등 작전 업무를 총괄하는 참모 부서의 장이 된다(제2항). 〈개정 2024.1.16.〉

② **분장사무(제3항)**
　㉠ 통합방위 정책의 수립·조정
　㉡ 통합방위 대비태세의 확인·감독

> **➕ 알아보기** 통합방위 대비태세의 확인·감독 등(영 제12조)
> ① 통합방위본부는 법 제8조 제3항 제2호에 따른 통합방위 대비태세의 확인·감독을 효과적으로 수행하기 위하여 국가방위요소에 대한 정기검열 또는 지도방문을 매년 한 차례 정기적으로 실시하고, 필요할 때에는 수시검열 또는 지도방문을 실시한다.
> ② 통합방위본부장은 제1항의 검열 또는 지도방문의 실시 결과 통합방위태세의 확립에 현저한 공(功)이 있는 개인, 부대 또는 기관과 법 제8조 제3항 제3호에 따른 통합방위작전 상황의 종합 분석 결과 통합방위작전에 현저한 공이 있는 개인, 부대 또는 기관에 대하여 법 제8조 제4항에 따른 통합방위 실무위원회(이하 "통합방위 실무위원회"라 한다)의 심의를 거쳐 정부에 포상을 건의한다.

　㉢ 통합방위작전 상황의 종합 분석 및 대비책의 수립
　㉣ 통합방위작전, 훈련지침 및 계획의 수립과 그 시행의 조정·통제
　㉤ 통합방위 관계기관 간의 업무 협조 및 사업 집행사항의 협의·조정

③ **통합방위 실무위원회** : 통합방위본부에 통합방위에 관한 정부 내 업무 협조와 그 밖에 통합방위 업무의 원활한 수행을 위하여 통합방위 실무위원회(이하 "실무위원회")를 둔다(법 제8조 제4항).
　㉠ 구성 : 통합방위 실무위원회의 의장은 통합방위본부의 부본부장이 되고, 위원은 다음의 어느 하나에 해당하는 사람으로 한다(영 제13조 제1항).
　　• 통합방위본부장이 지명하는 합동참모본부의 부장급 장교
　　• 각 중앙협의회 위원이 지명하는 소속 국장급 공무원 각 1명
　　• 각 관계 기관의 장이 지명하는 소속 국장급 공무원 각 1명
　㉡ 심의사항(영 제13조 제2항)
　　• 통합방위 대비책
　　• 정부 각 부처 간의 통합방위 업무에 대한 조정
　　• 통합방위 관련 법규의 개정에 관한 사항
　　• 포상 및 문책요구에 관한 사항
　㉢ 회의의 소집 및 의결정족수 : 통합방위 실무위원회 회의는 정기회의와 임시회의로 구분하되, 정기회의는 분기마다 한 차례 소집하는 것을 원칙으로 하고, 임시회의는 의장이 필요하다고 인정할 때에 소집하며, 회의는 재적위원 과반수의 출석과 출석위원 과반수의 찬성으로 의결한다(영 제13조 제3항).
　㉣ 조직 및 운영 등의 결정 : 통합방위법 시행령에서 규정한 사항 외에 통합방위 실무위원회의 조직 및 운영 등에 필요한 사항은 통합방위본부장이 정한다(영 제13조 제4항).

(2) 통합방위 지원본부(법 제9조)

① **설치** : 시·도지사 소속으로 시·도 통합방위 지원본부를 두고, 시장·군수·구청장·읍장·면장·동장 소속으로 시·군·구·읍·면·동 통합방위 지원본부를 둔다(제1항).

② **사무분장** : 시·도 통합방위 지원본부와 시·군·구·읍·면·동 통합방위 지원본부(각 통합방위 지원본부)는 관할지역별로 다음의 사무를 분장한다(제2항).

㉠ 통합방위작전 및 훈련에 대한 지원계획의 수립·시행
㉡ 통합방위 종합상황실의 설치·운영

> **➕ 알아보기**
>
> **제14조(통합방위 종합상황실의 구성(영 제14조)**
> 법 제9조 제2항 제2호에 따른 통합방위 종합상황실은 각 통합방위 지원본부의 상황실과 군·경합동상황실(이하 "합동상황실"이라 한다)로 구성한다.
>
> **통합방위 종합상황실의 설치기준(영 제15조)**
> ① 합동상황실은 각 통합방위 지원본부에 설치하는 것을 원칙으로 하되, 분리하여 설치하는 경우에는 지휘, 통신 및 협조의 용이성과 지역의 특성 등을 고려하여 군부대 또는 국가경찰관서 중 가장 효과적인 장소에 설치하여야 한다.
> ② 인접한 둘 이상의 시·군 또는 자치구를 하나의 군부대나 경찰서가 관할하고 있는 경우에는 해당 시·군 또는 자치구의 합동상황실은 하나의 장소에 통합하여 설치할 수 있다.
>
> **통합방위 종합상황실의 운영기준(영 제16조)**
> ① 통합방위 종합상황실은 통합방위사태가 선포된 때와 통합방위태세의 확립을 위한 주요 훈련을 실시할 때에 운영한다.
> ② 합동상황실은 해당 지역의 작전책임을 담당하는 군부대의 장 또는 해당 지역 국가경찰관서장의 책임하에 운영한다.
> ③ 제1항 및 제2항에서 규정한 사항 외에 통합방위 종합상황실의 운영에 필요한 사항은 지역협의회의 심의를 거쳐 지역협의회 의장이 정한다.

㉢ 국가방위요소의 육성·지원
㉣ 통합방위 취약지역을 대상으로 한 주민신고 체제의 확립
㉤ 그 밖에 대통령령 또는 조례로 정하는 사항

> **➕ 알아보기** 통합방위 지원본부의 사무(영 제17조)
>
> 법 제9조 제2항 제5호에 따른 각 통합방위 지원본부(법 제9조 제1항에 따른 시·도 통합방위 지원본부와 시·군·구·읍·면·동 통합방위 지원본부를 말한다. 이하 같다)의 사무는 다음 각호와 같다.
> 1. 통합방위작전과 관련된 동원 업무의 지원
> 2. 제20조 제2항에 따른 지역 합동보도본부 설치의 지원
> 3. 지역협의회에서 심의·의결한 사항의 시행

③ 각 통합방위 지원본부의 조직과 운영에 필요한 사항은 대통령령으로 정하는 기준에 따라 조례로 정한다(제3항).

> **＋ 알아보기** 통합방위 지원본부의 조직 등에 관한 기준(영 제18조)
> ① 각 통합방위 지원본부는 상황실과 분야별 지원반으로 구성한다.
> ② 제1항에 따른 분야별 지원반은 총괄, 인력·재정 동원, 산업·수송·장비 동원, 의료·구호, 보급·급식, 통신·전산, 홍보 등의 분야로 구성하되, 각 지역별 특성에 적합하도록 조정할 수 있다.
> ③ 각 통합방위 지원본부의 본부장은 특별시·광역시·특별자치시·도·특별자치도·시·군·자치구의 경우에는 부기관장이 되고, 읍·면·동의 경우에는 각각 읍장·면장·동장이 된다.
> ④ 각 통합방위 지원본부는 특별시·광역시·특별자치시·도·특별자치도·시·군·자치구·읍·면·동의 주사무소에 둔다.

(3) 정보센터 및 합동정보조사팀(법 제9조의2)

① **지역단위 정보센터 설치·운영** : 정부 각 기관의 대공(對共)정보업무를 조정·분담하고, 적의 침투·도발 및 적의 정황에 관한 첩보를 수집하며, 정보를 판단하여 지역 작전부대를 지원하기 위하여 국가정보원·군·경찰·지방자치단체 등으로 구성된 지역단위의 정보센터를 비상설 기구로 설치·운영할 수 있다(제1항).

② **합동정보조사팀 설치·운영** : 적의 부대나 요원의 출현, 그 밖의 대공혐의 상황이 발생하였을 때에는 현지의 상황을 조사·분석하고, 체포된 포로에 대하여 일차적으로 신문(訊問)하기 위하여 국가정보원·군·경찰 등 관계 기관 정보원으로 구성된 합동정보조사팀을 설치·운영할 수 있다(제2항).

③ 그 밖에 정보센터 및 합동정보조사팀의 설치·운영 등에 필요한 사항은 대통령령으로 정한다.

> **＋ 알아보기** 정보센터 및 합동정보조사팀의 설치·운영 등(영 제18조의2)
> ① 법 제9조의2 제1항에 따른 정보센터(이하 "정보센터"라 한다) 및 같은 조 제2항에 따른 합동정보조사팀(이하 "합동정보조사팀"이라 한다)은 다음 각호의 구분에 따라 국가정보원장이 설치·운영한다.
>   1. 정보센터: 특별시·광역시·특별자치시·도·특별자치도(이하 이 항에서 "시·도"라 한다) 단위의 정보센터 및 시·군·구(자치구를 말한다. 이하 이 조에서 같다) 단위의 정보센터
>   2. 합동정보조사팀: 중앙 합동정보조사팀, 시·도 단위의 합동정보조사팀 및 시·군·구 단위의 합동정보조사팀
> ② 정보센터 및 합동정보조사팀의 간사기관은 국가정보원이 된다. 다만, 서울특별시와 시·군·구 지역에 설치하는 정보센터 및 합동정보조사팀의 간사기관은 대통령이 달리 정할 수 있다.
> ③ 제1항 및 제2항에서 규정한 사항 외에 정보센터 및 합동정보조사팀의 설치·운영 등에 관한 세부 사항은 대통령이 정한다.

(4) 합동보도본부 등(법 제10조)

① **취재활동의 지원** : 작전지휘관은 대통령령으로 정하는 바에 따라 언론기관의 취재 활동을 지원하여야 한다(제1항).

> **➕ 알아보기** 취재 활동의 지원(영 제19조)
>
> ① 법 제10조 제1항에 따라 취재 활동을 지원하기 위하여 작전지휘관(통합방위본부장, 지역군사령관, 함대사령관 또는 시·도 경찰청장을 말한다. 이하 같다)은 1일 한 차례 이상 통합방위작전의 진행 상황을 법 제10조 제2항에 따른 합동보도본부를 통하여 취재기자단에 제공하여야 한다. 〈개정 2020.12.31.〉
> ② 통합방위작전의 진행 상황에 대한 취재를 원하는 언론기관은 작전지휘관에게 취재기자의 명단을 통보하여야 하며, 작전지휘관은 특별한 사정이 없으면 통보된 취재기자에게 작전지휘관이 정한 식별표지를 제공하여야 한다.
> ③ 작전지휘관은 제2항에 따른 식별표지를 착용한 취재기자에 대하여 작전지휘관이 정한 취재허용지역의 범위에서 자유로운 취재 활동을 보장하여야 한다. 다만, 작전지휘관은 취재 활동이 통합방위작전에 지장을 준다고 인정되는 경우에는 취재 활동을 제한할 수 있다.
> ④ 작전지휘관이 정한 취재허용지역 범위 밖의 지역에서 현장취재를 원하는 취재기자는 작전지휘관의 승인을 받은 후 작전지휘관이 제공하는 안내요원의 안내에 따라 취재하여야 한다. 이 경우 작전지휘관은 선정된 1명 또는 여러 명의 대표자에 대해서만 현장취재를 승인할 수 있다.
> ⑤ 통합방위작전의 상황 및 그 경과에 따라 작전지휘관은 통합방위작전의 효율적인 수행을 위하여 필요한 경우에는 적의 구체적인 침투·도발 행위의 내용과 아군(我軍)의 통합방위작전 상황 등의 내용을 필요한 기간 동안 공개하지 아니할 수 있다.

② **합동보도본부 설치·운영** : 작전지휘관은 통합방위 진행 상황 및 대국민 협조사항 등을 알리기 위하여 필요하면 합동보도본부를 설치·운영할 수 있다(제2항).

③ **작전계획에 관련된 사항 등의 비공개** : 통합방위작전을 수행할 때에 병력 또는 장비의 이동·배치·성능이나 작전계획에 관련된 사항은 공개하지 아니한다. 다만, 통합방위작전의 수행에 지장을 주지 아니하는 범위에서 국민이나 지역 주민에게 알릴 필요가 있는 사항은 그러하지 아니하다(제3항).

03 경계태세 및 통합방위사태

1. 경계태세

(1) 경계태세의 발령 및 해제(법 제11조)

① **경계태세의 발령** : 대통령령으로 정하는 군부대의 장 및 경찰관서의 장(발령권자)은 적의 침투·도발이나 그 위협이 예상될 경우 통합방위작전을 준비하기 위하여 경계태세를 발령할 수 있다(법 제11조 제1항). 대통령령으로 정하는 군부대의 장 및 경찰관서의 장이란 다음의 구분에 따른 사람을 말한다(영 제21조 제1항).

서울특별시 외의 지역	• 연대장급(해군·공군의 경우에는 독립전대장급) 이상의 지휘관 • 경찰서장급 이상의 지휘관
서울특별시 지역	대통령이 정하는 군부대의 장

② **경계태세의 종류(영 제22조)** : 경계태세는 적의 침투·도발 상황을 고려하여 경계태세 3급, 경계태세 2급, 경계태세 1급으로 구분하여 발령할 수 있고, 경계태세 구분에 대한 세부 내용 및 조치사항 등은 대통령이 정한다.

③ **지휘·협조체계의 구축** : 경계태세가 발령된 때에는 해당 지역의 국가방위요소는 적의 침투·도발이나 그 위협에 대응하기 위하여 필요한 지휘·협조체계를 구축하여야 한다(법 제11조 제2항).

④ **경계태세의 해제**
  ㉠ 영 제21조 제1항의 구분에 따른 지휘관이나 군부대의 장(발령권자)은 통신 두절 등 불가피한 사유가 없으면 차상급 지휘관에게 보고한 후 경계태세를 발령하거나 해제하여야 한다(영 제21조 제2항).
  ㉡ 발령권자는 경계태세 상황이 종료되거나 상급 지휘관의 지시가 있는 경우 경계태세를 해제하여야 하고, 통합방위사태가 선포된 때에는 경계태세는 해제된 것으로 본다(법 제11조 제3항).

⑤ **통보 및 보고** : 발령권자는 경계태세를 발령하거나 해제하는 즉시 그 사실을 관할지역 내의 모든 국가방위요소에 통보하고, 통합방위본부장에게 보고하거나 통보한다(영 제21조 제3항).

(2) 경계태세 발령 시의 지휘 및 협조 관계(영 제23조)
  ① **지휘 및 협조 관계의 구분** : 경계태세 1급 발령 시 국가방위요소 간 지휘 및 협조 관계는 다음의 구분에 따른다(제1항).
    ㉠ 경찰관할지역 : 시·도 경찰청장이 지역군사령관으로부터 위임받은 군 작전요소를 작전통제(지휘를 받는 부대, 부서 또는 기관에 통합방위를 위한 작전임무를 부여하고 지시하는 것)하여 군·경 합동작전을 수행한다.
    ㉡ 군관할지역 : 지역군사령관이 시·도 경찰청장으로부터 위임받은 경찰 작전요소를 작전통제하여 군·경 합동작전을 수행한다.
    ㉢ 특정경비지역 : 지역군사령관이 해당 지역의 모든 국가방위요소를 작전통제하여 작전을 수행한다.
    ㉣ 특정경비해역 및 일반경비해역 : 함대사령관이 관할해역의 해양경찰을 작전통제하여 군·경 합동작전을 수행한다.
    ㉤ 해안경계 부대의 장은 선박의 입항·출항 신고기관에 근무하는 해양경찰을 작전통제하여 임무를 수행한다.
    ㉥ 지방자치단체의 장 및 읍·면·동장은 각 통합방위 지원본부를 통하여 작전을 지원한다.
  ② **적의 침투·도발에 대비** : 경계태세 2급 또는 3급 발령 시 국가방위요소는 상호 협조하여 적의 침투·도발에 대비한다(제2항).
  ③ **상호 연계된 각각의 작전계획을 수립** : 지역군사령관, 시·도 경찰청장, 함대사령관, 지방해양경찰청장은 평시(平時)부터 적의 침투·도발에 대비하여 상호 연계된 각각의 작전계획을 수립하여야 한다(제3항).

2. 통합방위사태

(1) 통합방위사태의 선포(법 제12조)
  ① **선포방법** : 통합방위사태는 갑종사태, 을종사태 또는 병종사태로 구분하여 선포한다(제1항).
  ② **통합방위사태의 선포 건의** : 통합방위사태에 해당하는 상황이 발생하면 다음의 구분에 따라 해당하는 사람은 즉시 국무총리를 거쳐 대통령에게 통합방위사태의 선포를 건의하여야 한다(제2항).

- ㉠ 갑종사태에 해당하는 상황이 발생하였을 때 또는 둘 이상의 특별시 · 광역시 · 특별자치시 · 도 · 특별자치도(시 · 도)에 걸쳐 을종사태에 해당하는 상황이 발생하였을 때 : 국방부장관
- ㉡ 둘 이상의 시 · 도에 걸쳐 병종사태에 해당하는 상황이 발생하였을 때 : 행정안전부장관 또는 국방부장관

③ **대통령의 선포** : 대통령은 선포 건의를 받았을 때에는 중앙협의회와 국무회의의 심의를 거쳐 통합방위사태를 선포할 수 있다(제3항).

④ **시 · 도지사에게 선포 건의** : 시 · 도 경찰청장, 지역군사령관 또는 함대사령관은 을종사태나 병종사태에 해당하는 상황이 발생한 때에는 즉시 시 · 도지사에게 통합방위사태의 선포를 건의하여야 한다(제4항).

⑤ **시 · 도지사의 선포** : 시 · 도지사는 선포 건의를 받은 때에는 시 · 도 협의회의 심의를 거쳐 을종사태 또는 병종사태를 선포할 수 있다(제5항).

⑥ **선포사실의 보고** : 시 · 도지사는 을종사태 또는 병종사태를 선포한 때에는 지체 없이 행정안전부장관 및 국방부장관과 국무총리를 거쳐 대통령에게 그 사실을 보고하여야 한다(제6항).

⑦ **선포 이유 등의 공고** : 통합방위사태를 선포할 때에는 그 이유, 종류, 선포 일시, 구역 및 작전지휘관에 관한 사항을 공고하여야 한다(제7항).

⑧ **효력의 상실** : 시 · 도지사가 통합방위사태를 선포한 지역에 대하여 대통령이 통합방위사태를 선포한 때에는 그때부터 시 · 도지사가 선포한 통합방위사태는 효력을 상실한다(제8항).

⑨ **선포 절차(영 제24조)**
- ㉠ 통합방위사태를 선포하는 경우에는 중앙협의회 또는 시 · 도 협의회에서 재적위원 과반수의 출석과 출석위원 3분의 2 이상의 찬성을 얻어야 한다(제1항).
- ㉡ 통합방위사태의 선포권자는 통합방위사태를 선포하는 경우에는 관계 지방자치단체의 장에게 통합방위사태를 선포한 사실을 서면으로 통지하고, 그 사실을 해당 지역의 시 · 군 · 자치구 · 읍 · 면 · 동의 게시판을 통하여 공고하도록 하며, 각 신문 · 방송에 보도되도록 하여야 한다(제2항).

(2) 국회 또는 시 · 도의회에 대한 통고 등(법 제13조)

① **선포사실의 국회 통고** : 대통령은 통합방위사태를 선포한 때에는 지체 없이 그 사실을 국회에 통고하여야 한다(제1항).

② **선포사실의 시 · 도의회 통고** : 시 · 도지사는 통합방위사태를 선포한 때에는 지체 없이 그 사실을 시 · 도의회에 통고하여야 한다(제2항).

③ **소집의 요구** : 대통령 또는 시 · 도지사는 선포사실을 통고를 할 때에 국회 또는 시 · 도의회가 폐회 중이면 그 소집을 요구하여야 한다(제3항).

(3) 통합방위사태의 해제(법 제14조)

① **통합방위사태의 해제 및 공고** : 대통령은 통합방위사태가 평상 상태로 회복되거나 국회가 해제를 요구하면 지체 없이 그 통합방위사태를 해제하고 그 사실을 공고하여야 한다(제1항).

② **중앙협의회와 국무회의의 심의** : 대통령은 통합방위사태를 해제하려면 중앙협의회와 국무회의의 심의를 거쳐야 한다. 다만, 국회가 해제를 요구한 경우에는 그러하지 아니한다(제2항).

③ **대통령에게 통합방위사태의 해제 건의** : 국방부장관 또는 행정안전부장관은 통합방위사태가 평상 상태로 회복된 때에는 국무총리를 거쳐 대통령에게 통합방위사태의 해제를 건의하여야 한다(제3항).

④ **해제사실의 공고 및 보고** : 시·도지사는 통합방위사태가 평상 상태로 회복되거나 시·도의회에서 해제를 요구하면 지체 없이 통합방위사태를 해제하고 그 사실을 공고하여야 한다. 이 경우 시·도지사는 그 통합방위사태의 해제사실을 행정안전부장관 및 국방부장관과 국무총리를 거쳐 대통령에게 보고하여야 한다(제4항).
⑤ **시·도 협의회의 심의** : 시·도지사는 통합방위사태를 해제하려면 시·도 협의회의 심의를 거쳐야 한다. 다만, 시·도의회가 해제를 요구하였을 때에는 그러하지 아니한다(제5항).
⑥ **시·도지사에게 통합방위사태의 해제 건의** : 시·도 경찰청장, 지역군사령관 또는 함대사령관은 통합방위사태가 평상 상태로 회복된 때에는 시·도지사에게 통합방위사태의 해제를 건의하여야 한다(제6항).
⑦ **해제 절차**(영 제24조)
  ㉠ 통합방위사태를 해제하는 경우에는 중앙협의회 또는 시·도 협의회에서 재적위원 과반수의 출석과 출석위원 3분의 2 이상의 찬성을 얻어야 한다(제1항).
  ㉡ 통합방위사태의 해제권자는 통합방위사태를 해제하는 경우에는 관계 지방자치단체의 장에게 통합방위사태를 해제한 사실을 서면으로 통지하고, 그 사실을 해당 지역의 시·군·자치구·읍·면·동의 게시판을 통하여 공고하도록 하며, 각 신문·방송에 보도되도록 하여야 한다(제2항).

04 통합방위작전 및 훈련

1. 통합방위작전

(1) 통합방위작전의 수행(법 제15조)
  ① **통합방위작전의 관할구역**(제1항)

지상 관할구역	특정경비지역, 군관할지역 및 경찰관할지역
해상 관할구역	특정경비해역 및 일반경비해역
공중 관할구역	비행금지공영 및 일반공역

  ② **단계별 통합방위작전의 수행** : 시·도 경찰청장, 지역군사령관 또는 함대사령관은 통합방위 상태가 선포된 때에는 즉시 다음의 구분에 따라 통합방위작전(공군사령관의 경우에는 통합방위 지원 작전)을 신속하게 수행하여야 한다(제2항 본문). 다만, 을종상태가 선포된 경우에는 지역군사령관이 통합방위작전을 수행하고, 갑종사태가 선포된 경우에는 통합방위본부장 또는 지역군사령관이 통합방위작전을 수행한다(제2항 단서).

지역	수행주체
경찰관할지역	시·도 경찰청장
특정경비지역 및 군관할지역	지역군사령관
특정경비해역 및 일반경비해역	함대사령관
비행금지공역 및 일반공역	공군작전사령관

③ **지휘·협조체계의 구축** : 통합방위사태가 선포된 때에는 해당 지역의 모든 국가방위요소는 대통령령으로 정하는 바에 따라 통합방위작전을 효율적으로 수행하기 위하여 필요한 지휘·협조체계를 구축하여야 한다(제3항).
  ㉠ 단계별, 관할지역별 지휘체계 : 통합방위사태의 단계별, 관할지역별 지휘체계는 다음의 구분에 따른다(영 제25조 제1항).

갑종사태가 선포된 때	통합방위본부장 또는 지역군사령관이 모든 국가방위요소를 작전통제하여 통합방위작전을 수행한다.
을종사태가 선포된 때	지역군사령관이 모든 국가방위요소를 작전통제하여 통합방위작전을 수행한다.
병종사태가 선포된 때	• 경찰관할지역 : 시·도 경찰청장이 민방위대 자원 및 지역군사령관으로부터 위임받은 군 작전요소를 작전통제하여 통합방위작전을 수행한다. • 특정경비지역 및 군관할지역 : 지역군사령관이 관할지역 안의 모든 국가방위요소를 작전통제하여 통합방위작전을 수행한다. • 특정경비해역 및 일반경비해역 : 함대사령관이 관할해역 안의 모든 국가방위요소를 작전통제하여 통합방위작전을 수행한다.

  ㉡ 지역 단위 통합방위태세를 확립 : 지방자치단체의 장은 통합방위사태가 선포된 경우 지역군사령관, 함대사령관 및 시·도 경찰청장과 협조하여 국민과 국가방위요소를 연계시키고, 통합방위작전을 지원하는 등 지역 단위 통합방위태세를 확립한다(영 제25조 제2항).
  ㉢ 통합방위작전 계획의 수립·시행 : 작전지휘관은 통합방위작전 전반에 대하여 책임을 지며, 국가방위요소가 통합되고 상호 연계된 각각의 통합방위작전 계획을 수립·시행한다(영 제25조 제3항).
  ㉣ 작전지원의 요청 : 통합방위작전을 수행하는 시·도 경찰청장은 통합방위작전을 효율적으로 수행하기 위하여 필요한 경우 지역군사령관에게 작전지원을 요청할 수 있다(영 제25조 제4항).
  ㉤ 군 작전지원반 편성 : 작전지원을 요청받은 지역군사령관은 군 작전지원반을 편성하여 지원할 수 있다(영 제25조 제5항).
  ㉥ 방호태세의 확립 : 국가중요시설의 관리자는 통합방위사태가 선포된 경우 자체 경비·보안 및 방호를 강화하고, 적의 침투에 대비하여 대비책을 수립·시행하며, 대대(大隊) 단위 지역책임 부대장 및 경찰서장과 협조하여 방호태세를 확립한다(영 제25조 제6항).
  ㉦ 연락관 임명 및 파견 : 행정안전부장관, 국가정보원장, 경찰청장 및 해양경찰청장은 통합방위사태가 선포된 경우 국가방위요소 간 협조체제를 유지하기 위하여 5급 이상의 공무원을 연락관으로 임명하여 통합방위본부 군사상황실에 상주시키고, 그 밖의 관련 기관은 통합방위본부장이 요청하는 경우에 연락관을 파견한다(영 제25조 제7항).
④ **관할구역의 세부 범위 등의 결정** : ①~③에서 규정한 사항 외에 통합방위작전 관할구역의 세부 범위 및 통합방위작전의 시행 등에 필요한 사항은 실무위원회의 심의를 거쳐 통합방위본부장이 정한다(법 제15조 제4항).
⑤ **검문의 실시** : 통합방위작전의 임무를 수행하는 사람은 그 작전지역에서 대통령령(영 제26조)으로 정하는 바에 따라 임무 수행에 필요한 검문을 할 수 있다(법 제15조 제5항).
  ㉠ 수상한 사람에 대한 질문 : 통합방위작전의 임무를 수행하는 사람(작전임무수행자)은 거동이 수상한 사람이나 주위의 사정을 합리적으로 판단하여 거동이 수상하다고 의심할 만한 상당한 이유가 있는 사람을 정지시켜 질문할 수 있다(영 제26조 제1항).

ⓒ 동행의 요구 : 해당 장소에서 질문을 하는 것이 그 질문을 받은 사람에게 불리하거나 교통 또는 통합방위작전에 지장을 준다고 인정될 때에는 질문을 하기 위하여 가까운 검문소나 군부대 또는 국가경찰관서로 동행할 것을 요구할 수 있다(영 제26조 제2항).

　　ⓒ 흉기나 총기 조사 : 작전임무수행자는 질문을 할 때에 상대방이 흉기나 총기를 지니고 있는지를 조사할 수 있다(영 제26조 제3항).

　　ⓔ 동행의 목적과 이유 설명 및 장소 고지 : 작전임무수행자는 질문을 하거나 동행을 요구할 경우 자신의 신분, 소속, 직책 및 성명을 밝히고 그 목적과 이유를 설명하여야 하며, 동행을 요구할 때에는 동행장소를 밝혀야 한다(영 제26조 제4항).

(2) 통제구역 등

① **통제구역의 설정 등(법 제16조)** : 시·도지사 또는 시장·군수·구청장은 다음의 어느 하나에 해당하면 대통령령으로 정하는 바에 따라 인명·신체에 대한 위해를 방지하기 위하여 필요한 통제구역을 설정하고, 통합방위작전 또는 경계태세 발령에 따른 군·경 합동작전에 관련되지 아니한 사람에 대하여는 출입을 금지·제한하거나 그 통제구역으로부터 퇴거할 것을 명할 수 있다(제1항).

　ⓐ 통합방위사태가 선포된 경우

　ⓑ 적의 침투·도발 징후가 확실하여 경계태세 1급이 발령된 경우

② **통제구역의 설정기준 등(영 제27조)**

　ⓐ 통제구역의 설정기준 : 통제구역은 주민의 피해를 최소화하고 통합방위작전의 효율성을 보장할 수 있는 구역으로 설정하되, 그 설정기준은 다음과 같다(제1항).
　　• 교전 등으로 인명·신체에 위해를 줄 수 있는 구역
　　• 교전 상황이 예측되어 작전요원이 아닌 사람의 출입통제가 요구되는 구역
　　• 그 밖에 작전요원이 아닌 사람의 출입으로 통합방위작전에 지장을 줄 우려가 있는 구역

　ⓑ 지역협의회의 심의 : 특별시장·광역시장·특별자치시장·도지사·특별자치도지사·시장·군수 또는 자치구의 구청장(시·도지사 등)은 통제구역을 설정하려면 작전지휘관의 제청을 받아 미리 지역협의회의 심의를 거쳐야 한다(제2항).

　ⓒ 서면 통보 및 사실의 공고 : 시·도지사 등은 통제구역을 설정하였을 때에는 통제구역의 설정기간, 설정구역, 설정사유와 통제구역에서의 금지·제한·퇴거명령의 내용 및 이를 위반한 사람에 대한 벌칙의 내용 등을 구체적으로 밝혀 관할구역 안의 해당 지방자치단체의 장에게 서면으로 통보하고, 통제구역이 있는 시·군·자치구·읍·면·동의 게시판에 그 사실을 공고하며, 각 신문·방송에 보도되도록 하여야 한다(제3항).

2. 훈련

(1) 대피명령(법 제17조)

① **의의** : 시·도지사 또는 시장·군수·구청장은 통합방위사태가 선포된 때에는 인명·신체에 대한 위해를 방지하기 위하여 즉시 작전지역에 있는 주민이나 체류 중인 사람에게 대피할 것을 명할 수 있다(제1항).

② **대피명령의 방법** : 대피명령은 방송·확성기·벽보, 그 밖에 다음의 방법에 따라 공고하여야 한다(제2항, 영 제28조).
  ㉠ 텔레비전·라디오 또는 유선방송 등의 방송
  ㉡ 중앙 및 지방의 일간신문에의 게재
  ㉢ 해당 지방자치단체의 인터넷 홈페이지 개시
  ㉣ 정보통신서비스 제공자의 인터넷 홈페이지 개시
  ㉤ 사회관계망서비스(Social Network Service)에 개시
  ㉥ 전단 살포
  ㉦ 비상연락망을 통한 구두전달
  ㉧ 타종, 경적 또는 신호기의 게양
  ㉨ 휴대전화 긴급메시지

③ **대피명령의 실시 방법 및 절차(영 제29조)**
  ㉠ 시·도지사 등에게 제청 : 대피명령을 실시하려면 작전지휘관은 주민 등의 대피가 필요한 구역을 선정하여 시·도지사 등에게 제청하여야 한다(제1항).
  ㉡ 대피명령의 집행 요청 : 작전지휘관의 제청을 받은 시·도지사 등은 그 적정성을 검토한 후 대피구역을 결정하고, 규정된 방법에 따라 대피명령을 공고한 후 작전지휘관에게 대피명령을 집행하도록 요청하여야 한다(제2항).
  ㉢ 주민 및 체류자의 대피 : 대피명령 집행요청을 받은 작전지휘관은 민·관·경·군 및 예비군 등 국가방위요소를 이용하여 대피구역 안의 주민 및 체류자를 대피시켜야 한다(제3항).
  ㉣ 지시에 따른 신속한 대피 : 대피구역 안의 주민 및 체류자는 물자와 장비를 적이 침투·도발 행위에 이용할 수 없도록 조치한 후 작전지휘관의 지시에 따라 신속히 대피하여야 한다(제4항).

④ **안전대피 방법(영 제30조)**
  ㉠ 안내요원 및 안내선박의 배치 등 : 작전지휘관은 안전대피를 위하여 안전대피 통로·시간·방법 및 구역을 지정한 후, 대피구역 경계선에 안내요원을 배치하고, 해상의 경우에는 안내선박을 배치하거나 통신망을 유지하여야 한다(제1항).
  ㉡ 지시나 신호에 따라 안전구역으로 대피 : 대피구역의 주민 및 체류자는 안내요원의 지시나 안내선박의 신호 또는 통신 지시에 따라 안전구역으로 대피하여야 한다(제2항).
  ㉢ 식별표지 : 안내요원 및 안내선박의 식별을 위한 표지는 작전지휘관이 정하는 바에 따른다(제3항).

(2) 검문소의 운용(법 제18조)

① **검문소의 설치와 협의** : 시·도 경찰청장, 지방해양경찰청장(대통령령으로 정하는 해양경찰서를 포함한다), 지역군사령관 및 함대사령관은 관할구역 중에서 적의 침투가 예상되는 곳 등에 검문소를 설치·운용할 수 있다. 다만, 지방해양경찰청장이 검문소를 설치하는 경우에는 미리 관할 함대사령관과 협의하여야 한다(법 제18조 제1항).

② **검문소의 설치·운용 등(영 제31조)**
  ㉠ 검문소의 설치지역 : 시·도 경찰청장, 지방해양경찰청장, 지역군사령관 및 함대사령관(시·도 경찰청장 등)은 관할구역에서 적의 침투가 예상되는 공항·항만 등 지상과 해상의 교통 요충지에 검문소를 설치·운용할 수 있다. 이 경우 시·도 경찰청장은 필요할 때에는 지역군사령관으로부터 예비군을 지원받아 취약지역에 검문소를 설치·운용할 수 있다(제2항).

ⓒ 통합방위본부장에게 보고 및 통보 : 시·도 경찰청장 등은 경찰과 군의 합동검문소를 설치하거나 폐쇄하려면 미리 통합방위본부장에게 보고하거나 통보하여야 한다(제3항).

ⓒ 유선 및 무선 통신망 구성 및 대비책 마련 : 시·도 경찰청장 등은 합동검문소를 설치하려면 인접지역의 국가경찰관서 및 군부대와 검문소 간의 유선 및 무선 통신망을 미리 구성하고 차단물을 확보하는 등 필요한 대비책을 마련하여야 한다(제4항).

ⓔ 명확한 지휘체계와 적극적인 협조 : 시·도 경찰청장 등은 합동검문소를 설치·운용하는 경우에는 경찰과 군의 각 지휘체계를 명확히 하되, 검문 등의 업무가 원활하고 효과적으로 이루어질 수 있도록 서로 적극적으로 협조하여야 한다(제5항).

(3) 신고(법 제19조)

적의 침투 또는 출현이나 그러한 흔적을 발견한 사람은 누구든지 그 사실을 지체 없이 군부대 또는 행정기관에 신고하여야 한다.

(4) 통합방위훈련(법 제20조)

통합방위본부장은 효율적인 통합방위작전 수행 및 지원에 대한 절차를 숙달하기 위하여 대통령이 정하는 바에 따라 국가방위요소가 참여하는 통합방위훈련을 실시한다.

05 국가중요시설 및 취약지역 관리

1. 국가중요시설의 경비·보안 및 방호(법 제21조)

(1) 자체방호계획의 수립 : 국가중요시설의 관리자(소유자를 포함)는 경비·보안 및 방호책임을 지며, 통합방위사태에 대비하여 자체방호계획을 수립하여야 한다. 이 경우 국가중요시설의 관리자는 자체방호계획을 수립하기 위하여 필요하면 시·도 경찰청장 또는 지역군사령관에게 협조를 요청할 수 있다(제1항).

(2) 방호지원계획의 수립·시행 : 시·도 경찰청장 또는 지역군사령관은 통합방위사태에 대비하여 국가중요시설에 대한 방호지원계획을 수립·시행하여야 한다(제2항).

(3) 경비·보안활동에 대한 지도·감독 : 국가중요시설의 평시 경비·보안활동에 대한 지도·감독은 관계 행정기관의 장과 국가정보원장이 수행한다(제3항).

(4) 국가중요시설의 지정 : 국가중요시설은 국방부장관이 관계 행정기관의 장 및 국가정보원장과 협의하여 지정한다(제4항).

(5) **국가중요시설의 경비·보안 및 방호 업무(영 제32조)** : 국가중요시설의 경비·보안 및 방호를 위하여 국가중요시설의 관리자(소유자를 포함), 시·도 경찰청장, 지역군사령관 및 대대 단위 지역책임 부대장은 다음의 구분에 따른 업무를 수행하여야 한다.

관리자의 경우	• 청원경찰, 특수경비원, 직장예비군 및 직장민방위대 등 방호인력, 장애물 및 과학적인 감시 장비를 통합하는 것을 내용으로 하는 자체방호계획의 수립·시행(이 경우 자체방호계획에는 관리자 및 특수경비업자의 책임하에 실시하는 통합방위법령과 시설의 경비·보안 및 방호 업무에 관한 직무교육과 개인화기를 사용하는 실제의 사격훈련에 관한 사항이 포함) • 국가중요시설의 자체방호를 위한 통합상황실과 지휘·통신망의 구성 등 필요한 대비책의 마련
시·도 경찰청장 및 지역군사령관의 경우	관할 지역 안의 국가중요시설에 대하여 군·경찰·예비군 및 민방위대 등의 국가방위요소를 통합하는 것을 내용으로 하는 방호지원계획의 수립·시행(이 경우 경찰은 경찰서 단위의 방호지원계획을 수립·시행하고 군은 대대 단위의 방호지원계획을 수립·시행)
관리자와 대대 단위 지역책임 부대장 및 경찰서장	국가중요시설의 방호를 위한 역할분담 등에 관한 협정을 체결하고, 자체방호계획 또는 대대 단위나 경찰서 단위의 방호지원계획을 작성하거나 변경하는 때에는 그 사실을 서로 통보

2. 취약지역의 선정 및 관리 등(법 제22조)

(1) **취약지의 선정 및 해제** : 시·도지사는 다음의 어느 하나에 해당하는 지역을 대통령령으로 정하는 바에 따라 연 1회 분석하여 시·도 협의회의 심의를 거쳐 취약지역으로 선정하거나 선정된 취약지역을 해제할 수 있다. 이 경우 선정하거나 해제한 결과를 통합방위본부장에게 통보하여야 한다(법 제22조 제1항).

① 교통·통신시설이 낙후되어 즉각적인 통합방위작전이 어려운 오지 또는 벽지(제1호)
② 간첩이나 무장공비가 침투한 사실이 있거나 이들이 숨어서 활동하기 쉬운 지역(제2호)
③ 적이 저공 침투하거나 저속 항공기가 착륙하기 쉬운 탁 트인 곳 또는 호수(제3호)

> **➕ 알아보기** 탁 트인 곳 또는 호수의 정의(영 제33조)
> 법 제22조 제1항 제3호에 따른 탁 트인 곳 또는 호수는 다음 각호의 기준에 해당하는 것으로 한다.
> 1. 폭 30미터 이상, 길이 250미터 이상(길이 방향으로 전·후에 장애물이 없는 경우에는 길이 200미터 이상을 말한다)의 규모
> 2. 탁 트인 곳의 경사도는 정방향으로 12도 이내, 좌·우측 방향으로 5도 이내
> 3. 호수는 수심 80센티미터 이상

④ 그 밖에 대통령령으로 정하는 지역(제4호)

> **➕ 알아보기** 취약지역의 선정 및 해제 등(영 제34조)
> ① 법 제22조 제1항 제4호에서 "대통령령으로 정하는 지역"이란 해역, 해안 및 섬 등의 지역 중 적이 침투하거나 숨어서 활동하기 쉬운 지역을 말한다.
> ② 지역군사령관, 함대사령관 및 시·도 경찰청장은 매년 관할구역 중 법 제22조 제1항 각호에 해당하는 지역에 대하여 지형의 특성, 적의 침투에 취약한 요소 및 지역개발에 따른 통합방위환경의 변화 실태 등을 검토·분석하여 특별시장·광역시장·특별자치시장·도지사·특별자치도지사(이하 "시·도지사"라 한다)에게 그 내용을 통보하여야 한다. 〈개정 2020.12.31.〉
> ③ 시·도지사는 법 제22조 제1항에 따라 취약지역을 선정하거나 선정된 취약지역을 해제하는 경우에는 제2항에 따라 통보받은 내용 및 그 지역에 대한 자체분석 결과를 고려하고, 시·도 협의회의 심의를 거쳐야 한다.

(2) **취약지역의 선정 및 해제 결과의 통보** : 통합방위본부장은 둘 이상의 시·도에 걸쳐 있거나 국가적인 통합방위 대비책이 필요한 지역을 실무위원회의 심의를 거쳐 취약지역으로 선정하거나 선정된 취약지역을 해제할 수 있다. 이 경우 선정하거나 해제한 결과를 관할 시·도지사에게 통보하여야 한다(법 제22조 제2항).

(3) **취약지역의 통합방위를 위한 대비책의 마련** : 시·도지사는 선정된 취약지역에 장애물을 설치하는 등 취약지역의 통합방위를 위하여 필요한 대비책을 마련하여야 한다(법 제22조 제3항).

(4) **차단시설의 설치 및 출입제한** : 지역군사령관은 취약지역 중 방호 활동이 필요하다고 인정되는 해안 또는 강안에 철책 등 차단시설을 설치하고 대통령령으로 정하는 바에 따라 민간인의 출입을 제한할 수 있다(법 제22조 제4항).
① 지역군사령관이 취약지역에 차단시설을 설치하여 민간인의 출입을 제한하려면 미리 시·도지사에게 그 사실을 통보하여야 하고, 별표의 표지를 철책 등의 차단시설에 300미터 이내의 간격으로 부착하여야 한다(영 제35조 제1항).
② 지역군사령관은 차단시설이 설치된 취약지역에 출입하려는 민간인에 대해서는 인적사항, 출입목적 및 출입지역을 확인하여 출입제한 조치를 할 수 있다(영 제35조 제2항).

(5) **취약지역 통합방위 대비책의 세부 기준** : 취약지역의 통합방위 대비책에 관하여 필요한 사항은 대통령령으로 정하는 기준에 따라 시·도의 조례로 정한다(법 제22조 제5항).

> **➕ 알아보기** 취약지역 통합방위 대비책의 기준(영 제36조)
>
> 법 제22조 제5항에 따라 취약지역의 통합방위 대비책에 관하여 시·도의 조례를 정할 때에는 다음 각호의 사항이 포함되어야 한다. 〈개정 2022.11.1.〉
> 1. 일반적인 사항으로서 다음 각목의 사항
>   가. 취약지역의 도로 개설에 대한 연차계획
>   나. 통합방위작전을 위한 통신망의 확보·유지
>   다. 취약지역 내 주민 신고망의 조직
>   라. 관계 기관과의 협조하에 적 침투전술 및 신고요령에 대한 계몽과 홍보 활동
>   마. 거동이 수상한 사람의 식별 및 신고를 위한 주기적 신고 훈련
>   바. 취약지역에 대한 대민 의료 활동 및 봉사 활동의 실시
> 2. 제33조에 따른 탁 트인 곳에 대해서는 다음 각목의 어느 하나에 해당하는 장애물의 설치. 이 경우 장애물은 통합방위본부장이 정하는 규격에 따르며, 그 운용을 위하여 필요할 때에는 지역군사령관과 협의할 수 있도록 해야 한다.
>   가. 10년생 이상의 입목(立木)
>   나. 모래벙커 또는 연못
>   다. 이동식 장애물(바리케이드, 철침, 1미터 50센티미터 이상 높이의 와이어로프 또는 장애물로서 효과가 있는 차량 등을 말한다)
>   라. 그 밖에 장애물로 활용할 수 있는 체육·문화시설 등의 구조물
> 3. 제33조에 따른 호수에 대해서는 자체적으로 실시하는 수상 순찰활동 등 대비책의 시행

06 보칙 및 벌칙

1. 보칙

(1) 문책 및 시정요구 등(법 제23조)

① **해당자의 명단 통보** : 통합방위본부장은 통합방위 업무를 담당하는 공무원 또는 통합방위작전 및 훈련에 참여한 사람이 그 직무를 게을리하여 국가안전보장이나 통합방위 업무에 중대한 지장을 초래한 경우 등 다음의 경우에는 그 소속 기관 또는 직장의 장에게 해당자의 명단을 통보할 수 있다(제1항).

　㉠ 정당한 사유 없이 통합방위작전 또는 훈련을 기피하여 통합방위작전 또는 훈련에 중대한 지장을 초래한 경우(영 제37조 제1항 제1호)

　㉡ 통합방위작전 또는 훈련에 참여한 사람이 고의로 작전 또는 훈련을 기피하고 통제에 불복하여 훈련 또는 작전에 중대한 지장을 초래하거나 인원, 장비 또는 시설 등 전투력의 손실을 초래한 경우(영 제37조 제1항 제2호)

　㉢ 통합방위작전에 참여한 사람이 고의 또는 중대한 과실로 거짓보고·지연보고, 즉각 대응 미흡 등 대응조치의 부실로 적을 도주하게 하거나 잠적하게 하는 등 통합방위작전의 지연·변경 또는 실패를 초래한 경우(영 제37조 제1항 제3호)

　㉣ 그 밖에 통합방위업무를 담당한 공무원이 그 업무를 게을리하여 통합방위태세에 허점이 생기도록 하는 등 통합방위업무에 중대한 지장을 초래한 경우(영 제37조 제1항 제4호)

② **적절한 조치 및 결과의 통보** : 통보를 받은 소속 기관 또는 직장의 장은 특별한 사유가 없으면 징계 등 적절한 조치를 하여야 하고, 그 결과를 통합방위본부장에게 통보하여야 한다(제2항).

③ **통합방위본부장의 역할**

　㉠ 자체방호계획 및 방호지원계획의 시정 요구 : 통합방위본부장은 국가중요시설에 대한 방호태세 유지를 위하여 필요하면 국가중요시설의 자체방호계획 및 방호지원계획의 시정을 요구할 수 있다(법 제23조 제3항).

　㉡ 문책요구를 위한 조사 실시 : 통합방위본부장은 소속 공무원에게 문책요구를 위하여 필요한 조사를 하게 할 수 있으며, 조사를 위하여 필요한 경우에는 관련자의 소속 기관 또는 관계 기관과의 합동조사를 요구하거나 필요한 자료를 요청할 수 있다(영 제37조 제2항·제3항).

　㉢ 문책요구 여부의 결정 : 통합방위본부장은 조사 결과 등을 보고받으면 통합방위 실무위원회의 심의를 거쳐 해당자에 대한 문책요구 여부를 결정한다(영 제37조 제4항).

2. 벌칙(법 제24조)

(1) 1년 이하의 징역 또는 1천만원 이하의 벌금

통제구역 등에의 출입 금지·제한 또는 퇴거명령을 위반한 사람은 1년 이하의 징역 또는 1천만원 이하의 벌금에 처한다(제1항).

(2) 300만원 이하의 벌금

대피명령을 위반한 사람은 300만원 이하의 벌금에 처한다(제2항).

CHAPTER 02 적중예상문제

정답 및 해설 p.095

01 통합방위법령상 용어에 대한 설명으로 옳지 않은 것은?

① "통합방위"란 적의 침투·도발이나 그 위협에 대응하기 위하여 각종 국가방위요소를 통합하고 지휘체계를 일원화하며 국가를 방위하는 것을 말한다.
② "침투"란 적이 특정 임무를 수행하기 위하여 대한민국 영역을 침범한 상태를 말한다.
③ "방호"란 대한민국을 침투·도발할 것으로 예상되는 적의 침투·도발 능력과 기도가 드러난 상태를 말한다.
④ "통합방위사태"란 적의 침투·도발이나 그 위협에 대응하여 선포하는 단계별 사태를 말한다.

02 통합방위법령상 용어에 대한 설명으로 옳은 것은?

① "통합방위작전"이란 통합방위작전의 수행에 필요한 국군, 경찰청·해양경찰청 및 그 소속 기관과 자치경찰기구, 소방대, 예비군, 민방위대 등의 방위전력 또는 그 지원 요소를 말한다.
② "국가방위요소"란 통합방위사태가 선포된 지역에서 통합방위본부장, 지역군사령관, 함대사령관 또는 시·도 경찰청장이 국가방위요소를 통합하여 지휘·통제하는 방위작전을 말한다.
③ "도발"이란 적이 특정 임무를 수행하기 위하여 대한민국 영역을 침범한 상태를 말한다.
④ "국가중요시설"이란 공공기관, 공항·항만, 주요 산업시설 등 적에 의하여 점령 또는 파괴되거나 기능이 마비될 경우 국가안보와 국민생활에 심각한 영향을 주게 되는 시설을 말한다.

03 통합방위법령상 다음 설명에 해당되는 방위사태는 무엇인가?

> 일부 또는 여러 지역에서 적이 침투·도발하여 단기간 내에 치안이 회복되기 어려워 지역군사령관의 지휘·통제하에 통합방위작전을 수행하여야 할 사태를 말한다.

① 갑종사태 ② 을종사태
③ 병종사태 ④ 긴급사태

04 통합방위법령상 다음 중 국가방위요소에 해당되는 것을 모두 고른 것은?

㉠ 국군조직법에 따른 국군
㉡ 민방위기본법에 따른 민방위대
㉢ 예비군법에 따른 예비군

① ㉠
② ㉠, ㉡
③ ㉡, ㉢
④ ㉠, ㉡, ㉢

05 통합방위법령상 방위태세를 확립하기 위한 방안에 대한 설명으로 옳지 않은 것은?

① 정부는 국가방위요소의 육성 및 통합방위태세의 확립을 위하여 필요한 시책을 마련하여야 한다.
② 각 지방자치단체의 장은 관할구역별 통합방위태세의 확립에 필요한 시책을 마련하여야 한다.
③ 각급 행정기관 및 군부대의 장은 통합방위작전을 원활하게 수행하기 위하여 서로 지원하고 협조하여야 한다.
④ 정부는 통합방위사태의 선포에 따른 국가방위요소의 동원 비용을 지방자치단체의 장이 정하는 바에 따라 예산의 범위에서 해당 지방자치단체에 지원할 수 있다.

06 통합방위법령상 중앙 통합방위협의회가 심의하는 사항이 아닌 것은?

① 통합방위작전·훈련 및 그에 관한 지침
② 정부 각 부처 및 관계 기관 간의 통합방위와 관련된 업무의 조정
③ 통합방위 정책
④ 을종사태 및 병종사태의 선포 또는 해제

07 통합방위법령상 다음 중 지역 통합방위협의회의 심의사항은 모두 몇 개인가?

- 통합방위 정책
- 통합방위 대비책
- 통합방위작전·훈련 및 그에 관한 지침
- 국가방위요소의 효율적 육성·운용 및 지원 대책
- 통합방위사태의 선포 또는 해제

① 1개
② 2개
③ 3개
④ 4개

08 통합방위법령상 중앙 통합방위회의의 참석대상이 아닌 사람은?

① 국가정보원장
② 검찰총장
③ 경찰청장
④ 지방해양경찰청장

09 통합방위법령상의 내용으로 옳지 않은 것은?

① 통합방위법은 적의 침투·도발이나 그 위협에 대응하기 위하여 국가 총력전의 개념을 바탕으로 국가방위요소를 통합·운용하기 위한 통합방위 대책을 수립·시행하기 위하여 필요한 사항을 규정함을 목적으로 한다.
② 통합방위란 적의 침투·도발이나 그 위협에 대응하기 위하여 각종 국가방위요소를 통합하고 지휘체계를 일원화하여 국가를 방위하는 것을 말한다.
③ 대통령 소속으로 중앙 통합방위협의회를 둔다.
④ 시장·군수·구청장(자치구의 구청장을 말한다) 소속으로 시·군·구 통합방위협의회를 두고, 그 의장은 시장·군수·구청장이 된다.

10 통합방위법령상 다음 중 지역 통합방위협의회의 구성원이 아닌 것은?

① 지방법원판사
② 지역 재향군인회장
③ 시·도 경찰청장 또는 경찰서장
④ 소방본부장 또는 소방서장

11 통합방위법령상 지역 통합방위협의회에 대한 설명 중 옳지 않은 것은?

① 시장·군수·구청장(자치구의 구청장) 소속으로 시·군·구 통합방위협의회를 두고, 그 의장은 시장·군수·구청장이 된다.
② 지역협의회의 구성 및 운영 등에 필요한 사항은 대통령령으로 정하는 기준에 따라 조례로 정한다.
③ 지역협의회의 회의는 정기회와 임시회로 구분하되, 정기회는 분기마다 두 차례 소집하는 것을 원칙으로 한다.
④ 지역실무위원회는 분기마다 한 차례 이상 소집하는 것을 원칙으로 하되, 그 구성 및 운영에 필요한 사항은 지역협의회의 심의를 거쳐 지역협의회 의장이 정한다.

12
통합방위법령상 직장 통합방위협의회에 대한 설명 중 옳지 않은 것은?

① 회의는 재적의원 과반수의 출석과 출석위원 3분의 2의 찬성으로 의결한다.
② 직장협의회를 두어야 하는 직장의 범위는 중대급 이상의 예비군 부대가 편성된 직장과 국가중요시설인 직장이다.
③ 직장협의회는 해당 직장예비군 부대의 장과 해당 직장의 간부 중에서 의장이 지명하는 사람으로 구성한다.
④ 직장협의회의 회의는 정기회와 임시회로 구분한다.

13
통합방위법령상 다음 중 통합방위본부의 분장사무가 아닌 것은?

① 통합방위 정책의 수립·조정
② 통합방위 대비태세의 확인·감독
③ 통합방위작전 상황의 종합 분석 및 대비책의 수립
④ 통합방위 종합상황실의 설치·운영

14
통합방위법령상 통합방위본부에 대한 설명 중 옳지 않은 것은?

① 통합방위 실무위원회의 의장은 통합방위본부의 본부장이 된다.
② 통합방위본부에는 본부장 1명과 부본부장 1명씩을 두되, 통합방위본부장은 합동참모의장이 되고 부본부장은 합동참모본부에서 군사작전에 대한 기획 등 작전 업무를 총괄하는 참모 부서의 장이 된다.
③ 통합방위본부에 통합방위에 관한 정부 내 업무 협조와 그 밖에 통합방위 업무의 원활한 수행을 위하여 통합방위 실무위원회를 둔다.
④ 통합방위본부는 통합방위 대비태세의 확인·감독 사무를 분장한다.

15 통합방위법령상 합동보도본부 등에 대한 설명으로 옳은 것은?

① 작전지휘관은 통합방위 진행 상황 및 대국민 협조사항 등을 알리기 위해 합동보도본부를 설치·운영하여야 한다.
② 통합방위작전의 수행에 지장을 주지 아니하는 범위에서 국민이나 지역 주민에게 알릴 필요가 있는 사항은 공개한다.
③ 작전지휘관은 식별표지를 착용한 취재기자에 대해서는 작전지휘관이 정한 취재허용지역의 범위에서의 취재활동을 제한할 수 없다.
④ 언론기관의 취재활동을 지원하기 위한 작전지휘관에는 통합방위본부장, 연대장급 이상의 지휘관 등이 있다.

16 통합방위법령상 합동보도본부의 취재활동 지원에 관한 설명으로 옳지 않은 것은?

① 취재활동을 지원하기 위하여 작전지휘관은 1일 한 차례 이상 통합방위작전의 진행 상황에 대해 합동보도본부를 통하여 취재기자단에 제공하여야 한다.
② 통합방위작전의 진행 상황에 대한 취재를 원하는 언론기관은 작전지휘관에게 취재기자의 명단을 통보하여야 하며, 작전지휘관은 특별한 사정이 없으면 통보된 취재기자에게 작전지휘관이 정한 식별표지를 제공하여야 한다.
③ 통합방위작전의 상황 및 그 경과에 따라 작전지휘관은 통합방위작전의 효율적인 수행을 위하여 필요한 경우에는 적의 구체적인 침투·도발 행위의 내용과 아군의 통합방위작전 상황 등의 내용을 필요한 기간 동안 공개하지 아니할 수 있다.
④ 작전지휘관이 정한 취재허용지역 범위 밖의 지역에서 현장취재를 원하는 취재기자는 작전지휘관의 승인을 받은 후 작전지휘관이 제공하는 안내요원의 안내에 따라 취재하여야 한다. 이 경우 작전지휘관은 선정된 1명의 대표자에 대해서만 현장취재를 승인하여야 한다.

17 통합방위법령상 다음 중 통합방위 지원본부 중 분야별 지원반의 구성 분야에 해당되지 않는 것은?

① 인력·재정 동원
② 산업·수송·장비 동원
③ 행정·경비
④ 의료·구호

18 통합방위법령상의 경계태세에 관한 설명으로 옳은 것은?

① 대통령령으로 정하는 군부대의 장 및 경찰관서의 장은 적의 침투·도발이나 그 위협이 예상될 경우 통합방위작전을 준비하기 위하여 경계태세를 발령하여야 한다.
② 경계태세는 적의 침투·도발 상황을 고려하여 경계태세 3급, 경계태세 2급, 경계태세 1급으로 구분하여 발령할 수 있다.
③ 서울특별시의 경계태세 발령권자는 연대장급 이상의 지휘관, 경찰서장급 이상의 지휘관이다.
④ 경계태세 상황이 종료되더라고 상급지휘관의 지시가 있을 때까지 발령권자는 경계태세를 해제할 수 없다.

19 통합방위법령상 경계태세와 경계태세 발령 시의 지휘협조관계에 대한 설명으로 옳지 않은 것은?

① 경찰관할지역은 시·도 경찰청장이 지역군사령관으로부터 위임받은 군 작전요소를 작전통제(지휘를 받는 부대, 부서 또는 기관에 통합방위를 위한 작전임무를 부여하고 지시하는 것)하여 군·경 합동작전을 수행한다.
② 지역군사령관, 시·도 경찰청장, 함대사령관, 지방해양경찰청장은 경계태세 발령 즉시부터 적의 침투·도발에 대비하여 상호 연계된 각각의 작전계획을 수립하여야 한다.
③ 특정경비지역은 지역군사령관이 해당 지역의 모든 국가방위요소를 작전통제하여 작전을 수행한다.
④ 해안경계 부대의 장은 선박의 입항·출항 신고기관에 근무하는 해양경찰을 작전통제하여 임무를 수행한다.

20 통합방위법령상 다음의 통합방위사태에 해당하는 상황 발생 시 사태의 구분에 따라 통합방위사태의 선포를 건의하여야 하는 사람이 바르게 연결되지 않은 것은?

① 갑종사태에 해당하는 상황 발생 시 - 국방부장관
② 둘 이상의 특별시·광역시·특별자치시·도·특별자치도에 걸쳐 을종사태에 해당하는 상황이 발생하였을 때 - 행정안전부장관
③ 둘 이상의 시·도에 걸쳐 병종사태에 해당하는 상황이 발생하였을 때 - 행정안전부장관 또는 국방부장관
④ 을종사태에 해당하는 상황이 발생한 때 - 시·도 경찰청장, 지역군사령관 또는 함대사령관

21 통합방위법령상 경계태세 및 통합방위사태에 대한 설명 중 옳은 것은?

① 경계태세가 발령된 때에는 해당 지역의 국가방위요소는 적의 침투·도발이나 그 위협에 대응하기 위하여 필요한 지휘·협조체계를 구축하여야 한다.
② 대통령은 통합방위사태를 선포한 때에는 지체 없이 그 사실을 정부에 통고하여야 한다.
③ 대통령은 통합방위사태를 해제하려면 중앙협의회 또는 국무회의의 심의를 거쳐야 한다.
④ 통합방위사태를 선포하거나 해제하는 경우에는 중앙협의회 또는 시·도 협의회에서 재적위원 과반수의 출석과 출석위원 과반수의 찬성을 얻어야 한다.

22 통합방위법령상 통합방위 종합상황실에 관한 설명으로 옳은 것을 모두 고른 것은?

> ㉠ 통합방위 종합상황실은 각 통합방위 지원본부의 상황실과 군·경합동상황실로 구성한다.
> ㉡ 인접한 둘 이상의 시·군 또는 자치구를 하나의 군부대나 경찰서가 관할하고 있는 경우라도 해당 시·군 또는 자치구의 합동상황실은 하나의 장소에 통합하여 설치할 수 없다.
> ㉢ 합동상황실은 해당 지역의 작전책임을 담당하는 군부대의 장 또는 해당 지역 국가경찰관서장의 책임하에 운영한다.
> ㉣ 통합방위 종합상황실은 통합방위사태가 선포된 때와 통합방위태세의 확립을 위한 주요 훈련을 실시할 때에 운영한다.

① ㉠, ㉡
② ㉡, ㉢
③ ㉠, ㉢, ㉣
④ ㉠, ㉡, ㉢, ㉣

23 통합방위법령상 다음의 ( ) 안에 들어갈 내용을 순서대로 바르게 연결한 것은?

> ( ) 또는 ( )은/는 통합방위사태가 평상 상태로 회복된 때에는 ( )을/를 거쳐 ( )에게 통합방위사태의 해제를 건의하여야 한다.

① 국방부장관 – 행정안전부장관 – 국무총리 – 대통령
② 시·도지사 – 시·도 경찰청장 – 국회 – 국방부장관
③ 시·도지사 – 지역군사령관 – 국방부장관 – 국무총리
④ 시·도 경찰청장 – 국방부장관 – 국무총리 – 대통령

24 통합방위법령상 통합방위사태의 해제에 관한 설명으로 옳지 않은 것은?

① 대통령은 통합방위사태가 평상 상태로 회복되거나 국회가 해제를 요구하면 지체 없이 그 통합방위사태를 해제하고 그 사실을 공고하여야 한다.
② 대통령은 국회가 통합방위사태의 해제를 요구한 경우 통합방위사태를 해제하려면 중앙협의회와 국무회의의 심의를 거쳐야 한다.
③ 시·도지사는 통합방위사태가 평상 상태로 회복되거나 시·도의회에서 해제를 요구하면 지체 없이 통합방위사태를 해제하고 그 사실을 공고하여야 한다.
④ 시·도지사는 통합방위사태를 해제하려면 시·도 협의회의 심의를 거쳐야 한다.

25 통합방위법령상 통합방위작전에서의 검문절차에 관한 설명으로 옳은 것은?

① 통합방위작전의 임무를 수행하는 사람은 그 작전지역에서 대통령령으로 정하는 바에 따라 임무 수행에 필요한 검문을 할 수 있다.
② 작전임무수행자가 검문을 할 때에는 주위의 사정과는 상관없이 거동이 수상하다고 의심되는 사람은 무조건 검문하여야 한다.
③ 해당 장소에서 질문을 하는 것이 그 질문을 받은 사람에게 불리하거나 교통 또는 통합방위작전에 지장을 준다고 인정될 때에 질문을 하기 위하여 가까운 검문소나 군부대 또는 국가경찰관서로 동행할 것을 요구할 수는 없다.
④ 작전임무수행자는 질문을 하거나 동행을 요구할 경우 자신의 신분, 소속, 직책 및 성명은 밝히지 않고 목적과 이유만 설명하면 된다.

26 통합방위법령상 다음 중 ( ) 안에 들어갈 내용을 순서대로 나열한 것은?

> 시·도 경찰청장, 지역군사령관 또는 함대사령관은 통합방위사태가 선포된 때에는 즉시 정해진 구분에 따라 통합방위작전(공군작전사령관의 경우에는 통합방위 지원작전)을 신속하게 수행하여야 한다. 다만, (   )가 선포된 경우에는 지역군사령관이 통합방위작전을 수행하고, (   )가 선포된 경우에는 통합방위본부장 또는 지역군사령관이 통합방위작전을 수행한다.

① 갑종사태, 을종사태
② 을종사태, 병종사태
③ 병종사태, 갑종사태
④ 을종사태, 갑종사태

27 통합방위법령상 통합방위사태 선포 시의 지휘 및 협조 관계에 대한 설명 중 옳지 않은 것은?

① 통합방위작전을 수행하는 시·도 경찰청장은 통합방위작전을 효율적으로 수행하기 위하여 필요한 경우 지역군사령관에게 작전지원을 요청할 수 있다.
② 작전지원을 요청받은 지역군사령관은 군 작전지원반을 편성하여 지원해야 한다.
③ 국가중요시설의 관리자는 통합방위사태가 선포된 경우 자체 경비·보안 및 방호를 강화하고, 적의 침투에 대비하여 대비책을 수립·시행한다.
④ 행정안전부장관, 국가정보원장, 경찰청장 및 해양경찰청장은 통합방위사태가 선포된 경우 국가방위요소 간 협조체제를 유지하기 위하여 5급 이상의 공무원을 연락관으로 임명하여 통합방위본부 군사상황실에 상주시킨다.

28 통합방위법령상 통제구역 등에 관한 설명으로 옳은 것은?

① 시·도지사등은 통제구역을 설정하였을 때에는 통제구역의 설정기간, 설정구역, 설정사유와 통제구역에서의 금지·제한·퇴거명령의 내용 및 이를 위반한 사람에 대한 벌칙의 내용 등을 구체적으로 밝혀 관할구역 안의 해당 지방자치단체의 장에게 서면으로 통보하고, 통제구역이 있는 시·군·자치구·읍·면·동의 게시판에 그 사실을 공고하며, 각 신문·방송에 보도되도록 하여야 한다.
② 시·도 경찰청장·지역군사령관이 통제구역을 설정하려면 작전지휘관의 제청을 받아 미리 지역협의회의 심의를 거쳐야 한다.
③ 통제구역은 주민의 피해를 최소화하고 통합방위작전의 효율성을 보장할 수 있는 구역으로 설정하되 교전 등으로 인명·신체에 위해를 줄 수 있는 구역은 배제시킨다.
④ 통제구역 관할의 경찰관서장은 통합방위작전 또는 경계태세 발령에 따른 군·경 합동작전에 관련되지 아니한 사람에 대하여는 출입을 금지·제한하거나 그 통제구역으로부터 퇴거할 것을 명할 수 있다.

29 다음 중 통합방위법령상의 대피명령 방법에 해당되는 것은 모두 몇 개인가?

- 텔레비전·라디오 또는 유선방송 등의 방송
- 중앙 및 지방의 주간신문에의 게재
- 전단 살포
- 비상연락망을 통한 서면전달
- 타종, 경적 또는 신호기의 게양

① 1개 ② 2개
③ 3개 ④ 4개

30 다음은 통합방위법령상의 검문소의 설치·운용 등에 관한 규정의 내용이다. 그 내용의 정오가 바르게 연결된 것은?

- 시·도 경찰청장, 지방해양경찰청장(대통령령으로 정하는 해양경찰서장을 포함한다), 지역군사령관 및 함대사령관은 관할구역 중에서 적의 침투가 예상되는 곳 등에 검문소를 설치·운용하기 위해서는 관할 함대사령관과 미리 협의하여야 한다. ( )
- 시·도 경찰청장등은 경찰과 군의 합동검문소를 설치하거나 폐쇄하려면 미리 통합방위본부장에게 보고하거나 통보하여야 한다. ( )
- 시·도 경찰청장은 필요할 때에는 지역군사령관으로부터 예비군을 지원받아 취약지역에 검문소를 설치·운용할 수 있다. ( )

① ○ – × – ○
② ○ – ○ – ×
③ × – ○ – ○
④ × – × – ○

31 통합방위법령상 검문소의 설치·운용에 관한 설명 중 옳지 않은 것은?

① 시·도 경찰청장등은 경찰과 군의 합동검문소를 설치하거나 폐쇄하려면 사후에 통합방위본부장에게 보고하거나 통보하여야 한다.
② 시·도 경찰청장등은 합동검문소를 설치·운용하는 경우에는 경찰과 군의 각 지휘체계를 명확히 하되, 검문 등의 업무가 원활하고 효과적으로 이루어질 수 있도록 서로 적극적으로 협조하여야 한다.
③ 지방해양경찰청장이 검문소를 설치하는 경우에는 미리 관할 함대사령관과 협의하여야 한다.
④ 시·도 경찰청장등은 합동검문소를 설치하려면 인접지역의 국가경찰관서 및 군부대와 검문소 간의 유선 및 무선 통신망을 미리 구성하고 차단물을 확보하는 등 필요한 대비책을 마련하여야 한다.

32 통합방위법령상 통합방위작전 및 훈련에 대한 설명 중 옳지 않은 것은?

① 통합방위본부장은 효율적인 통합방위작전 수행 및 지원에 대한 절차를 숙달하기 위하여 대통령이 정하는 바에 따라 국가방위요소가 참여하는 통합방위훈련을 실시한다.
② 적의 침투 또는 출현이나 그러한 흔적을 발견한 사람은 누구든지 그 사실을 지체 없이 군부대 또는 행정기관에 신고하여야 한다.
③ 시·도지사 또는 시장·군수·구청장은 적의 침투·도발 징후가 확실하여 경계태세 1급이 발령된 경우 대통령령으로 정하는 바에 따라 인명·신체에 대한 위해를 방지하기 위하여 필요한 통제구역을 설정할 수 있다.
④ 시·도지사 또는 시장·군수·구청장은 통합방위사태가 선포된 때에는 인명·신체에 대한 위해를 방지하기 위하여 즉시 작전지역에 있는 주민이나 체류 중인 사람에게 대피할 것을 명할 수 있다.

33 통합방위법령상 국가중요시설의 경비·보안 등에 관한 설명으로 옳은 것은?

① 국가중요시설의 관리자는 경비·보안 및 방호책임을 지며, 통합방위사태에 대비하여 자체방호계획을 수립할 수 있다.
② 국가정보원장은 통합방위사태에 대비하여 국가중요시설에 대한 방호지원계획을 수립·시행하여야 한다.
③ 국가중요시설은 국방부장관이 관계 행정기관의 장 및 국가정보원장과 협의하여 지정한다.
④ 국가중요시설의 평시 경비·보안활동에 대한 지도·감독은 관계 행정기관의 장과 국무총리가 수행한다.

34 통합방위법령상 국가중요시설의 경비·보안 및 방호에 관한 설명으로 옳지 않은 것은?

① 국가중요시설의 관리자(소유자는 제외)는 경비·보안 및 방호책임을 지며, 통합방위사태에 대비하여 자체방호계획을 수립하여야 한다.
② 시·도 경찰청장 및 지역군사령관의 경우에는 관할 지역 안의 국가중요시설에 대하여 군·경찰·예비군 및 민방위대 등의 국가방위요소를 통합하는 것을 내용으로 하는 방호지원계획을 수립·시행하여야 한다.
③ 국가중요시설의 관리자는 국가중요시설의 자체 방호를 위한 통합상황실과 지휘·통신망의 구성 등 필요한 대비책을 마련하여야 한다.
④ 관리자와 대대 단위 지역책임 부대장 및 경찰서장은 국가중요시설의 방호를 위한 역할분담 등에 관한 협정을 체결하고, 자체방호계획 또는 대대 단위나 경찰서 단위의 방호지원계획을 작성하거나 변경하는 때에는 그 사실을 서로 통보한다.

35 통합방위법령상 밑줄 친 일정한 지역에 해당하지 않는 것은?

> 시·도지사는 일정한 지역을 대통령령으로 정하는 바에 따라 연 1회 분석하여 시·도 협의회의 심의를 거쳐 취약지역으로 선정하거나 선정된 취약지역을 해제할 수 있다.

① 적이 저공 침투하거나 저속 항공기가 착륙하기 쉬운 탁 트인 곳 또는 호수
② 교통·통신시설이 낙후되어 즉각적인 통합방위작전이 어려운 오지 또는 벽지
③ 교전 등으로 인명·신체에 위해를 줄 수 있는 구역
④ 간첩이나 무장공비가 침투한 사실이 있거나 이들이 숨어서 활동하기 쉬운 지역

36. 통합방위법령상 ( ) 안에 들어갈 숫자를 차례대로 나열한 것은?

> **통합방위법 시행령 제33조(탁 트인 곳 또는 호수의 정의)**
> 법 제22조 제1항 제3호에 따른 탁 트인 곳 또는 호수는 다음 각호의 기준에 해당하는 것으로 한다.
> 1. 폭 30미터 이상, 길이 ( )미터 이상(길이 방향으로 전·후에 장애물이 없는 경우에는 길이 200미터 이상을 말한다)의 규모
> 2. 탁 트인 곳의 경사도는 정방향으로 ( )도 이내, 좌·우측 방향으로 5도 이내
> 3. 호수는 수심 ( )센티미터 이상

① 200 - 12 - 90
② 250 - 13 - 80
③ 250 - 12 - 80
④ 200 - 13 - 90

37. 통합방위법령상 취약지역으로 보는 "탁 트인 곳 또는 호수"의 정의이다. 다음 중 ( ) 안에 들어갈 숫자의 합은?

> • 폭 ( )미터 이상, 길이 250미터 이상(길이 방향으로 전·후에 장애물이 없는 경우에는 길이 200미터 이상을 말한다)의 규모
> • 탁 트인 곳의 경사도는 정방향으로 ( )도 이내, 좌·우측 방향으로 5도 이내
> • 호수는 수심 ( )센티미터 이상

① 120
② 121
③ 122
④ 123

38. 통합방위법령상 문책 및 시정요구 등에 대한 설명 중 옳지 않은 것은?

① 통합방위본부장은 통합방위 업무를 담당하는 공무원이 그 직무를 게을리하여 국가안전보장이나 통합방위 업무에 중대한 지장을 초래한 경우에는 그 소속 기관의 장에게 해당자의 명단을 통보하여야 한다.
② 명단의 통보를 받은 소속 기관의 장은 특별한 사유가 없으면 징계 등 적절한 조치를 하여야 하고, 그 결과를 통합방위본부장에게 통보하여야 한다.
③ 통합방위본부장은 소속 공무원에게 문책요구를 위하여 필요한 조사를 하게 할 수 있다.
④ 통합방위본부장은 국가중요시설에 대한 방호태세 유지를 위하여 필요하면 수립된 국가중요시설의 자체방호계획 및 방호지원계획의 시정을 요구할 수 있다.

39 통합방위법령상 직무를 게을리하여 국가안전보장이나 통합방위 업무에 중대한 지장을 초래한 경우에 해당되지 않는 것은?

① 작전지휘관이 정한 취재허용지역 범위 밖의 지역에서 취재를 한 경우
② 통합방위작전 또는 훈련에 참여한 사람이 고의로 작전 또는 훈련을 기피하고 통제에 불복하여 훈련 또는 작전에 중대한 지장을 초래하거나 인원, 장비 또는 시설 등 전투력의 손실을 초래한 경우
③ 통합방위작전에 참여한 사람이 고의 또는 중대한 과실로 거짓보고·지연보고, 즉각 대응 미흡 등 대응조치의 부실로 적을 도주하게 하거나 잠적하게 하는 등 통합방위작전의 지연·변경 또는 실패를 초래한 경우
④ 통합방위업무를 담당한 공무원이 그 업무를 게을리하여 통합방위태세에 허점이 생기도록 하는 등 통합방위업무에 중대한 지장을 초래한 경우

40 통합방위법령상 1년 이하의 징역 또는 1천만원 이하의 벌금에 해당하는 사유를 모두 고른 것은?

㉠ 통합방위사태가 선포된 경우에 출입 금지·제한 또는 퇴거명령을 위반한 경우
㉡ 통합방위사태가 선포된 때 작전지역의 주민이 대피명령을 위반한 경우
㉢ 적의 침투·도발 징후가 확실하여 경계태세 1급이 발령된 경우에 출입 금지·제한 또는 퇴거명령을 위반한 경우

① ㉠
② ㉢
③ ㉠, ㉢
④ ㉡, ㉢

CHAPTER 03 원자력시설 등의 방호 및 방사능 방재 대책법

01 총칙

1. 목적(법 제1조)

방사능방재법은 핵물질과 원자력시설을 안전하게 관리·운영하기 위하여 물리적방호체제 및 방사능재난 예방체제를 수립하고, 국내외에서 방사능재난이 발생한 경우 효율적으로 대응하기 위한 관리체계를 확립함으로써 국민의 생명과 재산을 보호함을 목적으로 한다.

2. 정의(법 제2조)

(1) 핵물질

우라늄, 토륨 등 원자력을 발생할 수 있는 물질과 우라늄광, 토륨광, 그 밖의 핵연료물질의 원료가 되는 물질 중 대통령령으로 정하는 것을 말한다(제1호).

> **➕ 알아보기** 대통령령이 정하는 것(영 제3조)
> 다음 각호의 물질을 말한다.
>   1. 우라늄 233 및 그 화합물
>   2. 우라늄 235 및 그 화합물
>   3. 토륨 및 그 화합물
>   4. 플루토늄(플루토늄 238의 농축도가 80퍼센트 초과한 것을 제외한 플루토늄을 말한다) 및 그 화합물
>   5. 제1호 내지 제4호의 물질이 1 이상 함유된 물질
>   6. 우라늄 및 그 화합물 또는 토륨 및 그 화합물이 함유된 물질로서 제1호 내지 제5호의 물질 외의 물질

(2) 원자력시설

발전용 원자로, 연구용 원자로, 핵연료 주기시설, 방사성폐기물의 저장·처리·처분시설, 핵물질 사용시설, 그 밖에 대통령령으로 정하는 원자력 이용과 관련된 시설을 말한다(제2호).

> **➕ 알아보기** 그 밖에 대통령령이 정하는 원자력이용과 관련된 시설(영 제4조)
>
> 다음 각호의 시설을 말한다.
> 1. 발전용 또는 연구용 원자로의 관계시설
> 2. 열출력 100와트 이상인 교육용원자로 및 그 관계시설
> 3. 대한민국의 항구에 입항 또는 출항하는 외국원자력선(「원자력안전법」 제31조 제1항 각호의 어느 하나에 해당하는 자가 소유하는 선박으로서 원자로를 설치한 선박을 말하며, 군함을 제외한다)
> 4. 18.5 페타베크렐 이상의 방사성동위원소를 생산·판매 또는 사용하는 시설

(3) 물리적방호

핵물질과 원자력시설에 대한 안팎의 위협을 사전에 방지하고, 위협이 발생한 경우 신속하게 탐지하여 적절한 대응조치를 하며, 사고로 인한 피해를 최소화하기 위한 모든 조치를 말한다(제3호).

> **➕ 알아보기** 정의(영 제2조)
>
> ① 이 영에서 사용하는 용어의 정의는 다음과 같다.
> 1. "방호구역"이란 「원자력시설 등의 방호 및 방사능 방재 대책법」(이하 "법"이라 한다) 제2조 제1항 제1호 및 제2호에 따른 핵물질 및 원자력시설(이하 "원자력시설등"이라 한다)을 방호하기 위하여 물리적방벽으로 둘러싸여 있는 구역을 말한다.
> 2. "핵심구역"이라 함은 방호구역 중 사보타주로 인하여 직접 또는 간접적으로 회복할 수 없는 방사선영향을 발생시킬 수 있는 원자력시설등을 방호하기 위하여 설정된 구역을 말한다.
> 3. "물리적방벽"이라 함은 침입을 방지하거나 지연시키고 접근에 대한 통제를 보완하여 주는 울타리·장벽 또는 이와 유사한 장애물을 말한다.

(4) 불법이전

정당한 권한 없이 핵물질을 수수(授受)·소지·소유·보관·사용·운반·개조·처분 또는 분산하는 것을 말한다(제4호).

(5) 사보타주

정당한 권한 없이 방사성물질을 배출하거나 방사선을 노출하여 사람의 건강·안전 및 재산 또는 환경을 위태롭게 할 수 있는 다음의 어느 하나에 해당하는 행위를 말한다(제5호).
① 핵물질 또는 원자력시설을 파괴·손상하거나 그 원인을 제공하는 행위(가목)
② 원자력시설의 정상적인 운전을 방해하거나 방해를 시도하는 행위(나목)

(6) 원자력시설 컴퓨터 및 정보시스템

원자력시설의 전자적 제어·관리시스템 및 「정보통신망 이용촉진 및 정보보호 등에 관한 법률」 제2조 제1항 제1호에 따른 정보통신망을 말한다(제5호의2).

(7) 전자적 침해행위

사용·저장 중인 핵물질의 불법이전과 원자력시설 및 핵물질의 사보타주를 야기하기 위하여 해킹, 컴퓨터바이러스, 논리·메일폭탄, 서비스거부 또는 고출력 전자기파 등의 방법으로 원자력시설 컴퓨터 및 정보시스템을 공격하는 행위를 말한다(제5호의3).

(8) 위협

다음의 어느 하나에 해당하는 것을 말한다(제6호).
① 사보타주(가목)
② 전자적 침해행위(나목)
③ 사람의 생명·신체를 해치거나 재산·환경에 손해를 끼치기 위하여 핵물질을 사용하는 것(다목)
④ 사람, 법인, 공공기관, 국제기구 또는 국가에 대하여 어떤 행위를 강요하기 위하여 핵물질을 취득하는 것(라목)

(9) 방사선비상

방사성 물질 또는 방사선이 누출되거나 누출될 우려가 있어 긴급한 대응 조치가 필요한 상황을 말한다(제7호).

(10) 방사능재난

방사선비상이 국민의 생명과 재산 및 환경에 피해를 줄 수 있는 상황으로 확대되어 국가적 차원의 대처가 필요한 재난을 말한다(제8호).

(11) 방사선비상계획구역

원자력시설에서 방사선비상 또는 방사능재난이 발생할 경우 주민 보호 등을 위하여 비상대책을 집중적으로 마련할 필요가 있어 제20조의2에 따라 설정된 구역으로서 다음의 구역을 말한다(제9호).
① **예방적 보호조치구역** : 원자력시설에서 방사선비상이 발생할 경우 사전에 주민을 소개(疏開)하는 등 예방적으로 주민보호조치를 실시하기 위하여 정하는 구역(가목)
② **긴급보호조치계획구역** : 원자력시설에서 방사선비상 또는 방사능재난이 발생할 경우 방사능영향평가 또는 환경감시 결과를 기반으로 하여 구호와 대피 등 주민에 대한 긴급보호 조치를 위하여 정하는 구역(나목)

(12) 원자력사업자

다음의 어느 하나에 해당하는 자를 말한다(제10호).
① 「원자력안전법」 제10조에 따라 발전용 원자로 및 관계시설의 건설허가를 받은 자(가목)
② 「원자력안전법」 제20조에 따라 발전용 원자로 및 관계시설의 운영허가를 받은 자(나목)
③ 「원자력안전법」 제30조에 따라 연구용 또는 교육용 원자로 및 관계시설의 건설허가를 받은 자(다목)
④ 「원자력안전법」 제30조의2에 따라 연구용 또는 교육용 원자로 및 관계시설의 운영허가를 받은 자(라목)

⑤ 「원자력안전법」 제31조에 따라 대한민국의 항구에 입항(入港) 또는 출항(出港)의 신고를 한 외국원자력선운항자(마목)
⑥ 「원자력안전법」 제35조 제1항에 따라 핵원료물질 또는 핵연료물질의 정련사업(精鍊事業) 또는 가공사업의 허가를 받은 자(바목)
⑦ 「원자력안전법」 제35조 제2항에 따라 사용후 핵연료처리사업의 지정을 받은 자(사목)
⑧ 「원자력안전법」 제45조에 따라 핵연료물질의 사용 또는 소지 허가를 받은 자 중에서 「원자력안전위원회의 설치 및 운영에 관한 법률」 제3조에 따른 원자력안전위원회가 정하여 고시하는 자(아목)
⑨ 「원자력안전법」 제63조에 따라 방사성폐기물의 저장·처리·처분시설 및 그 부속시설의 건설·운영허가를 받은 자(자목)
⑩ 그 밖에 방사성물질, 핵물질 또는 원자력시설의 방호와 재난대책을 수립·시행할 필요가 있어 대통령령으로 정하는 자(차목)

> **알아보기** 대통령령으로 정하는 자(영 제6조)
> 「원자력안전법」 제53조에 따라 방사성동위원소의 생산·판매 또는 사용허가(이하 "생산허가등"이라 한다)를 받은 자 중에서 18.5 페타베크렐 이상의 방사성동위원소의 생산허가등을 받은 자를 말한다. 〈개정 2021.6.8.〉

02 핵물질 및 원자력시설의 물리적방호

1. 물리적방호시책 및 물리적방호체제

(1) 물리적방호시책의 마련(법 제3조)

① 정부는 핵물질 및 원자력시설(이하 "원자력시설등"이라 한다)에 대한 물리적방호를 위한 시책(이하 "물리적방호시책"이라 한다)을 마련하여야 한다(제1항).
② 물리적방호시책에는 다음의 사항이 포함되어야 한다(제2항).
  ㉠ 핵물질의 불법이전에 대한 방호(제1호)
  ㉡ 분실되거나 도난당한 핵물질을 찾아내고 회수하기 위한 대책(제2호)
  ㉢ 원자력시설 등에 대한 사보타주의 방지(제3호)
  ㉣ 전자적 침해행위의 방지(제3호의2)
  ㉤ 원자력시설 등에 대한 사보타주에 따른 방사선 영향에 대한 대책(제4호)
  ㉥ 전자적 침해행위에 따른 방사선 영향에 대한 대책(제5호)

(2) 물리적방호체제의 수립 등(법 제4조)

① 정부는 물리적방호시책을 이행하기 위하여 정기적으로 원자력시설 등에 대한 위협을 평가하여 물리적방호체제를 수립하여야 한다. 이 경우 원자력시설 등에 대한 위협 평가 및 물리적방호체제의 수립에 필요한 사항은 대통령령으로 정한다(제1항).

> **알아보기** 위협평가 및 물리적방호체제의 수립(영 제7조)
>
> ① 법 제4조 제1항에 따라 「원자력안전위원회의 설치 및 운영에 관한 법률」 제3조에 따른 원자력안전위원회는 법 제3조 제1항에 따른 물리적방호시책을 이행하기 위하여 3년마다 다음 각호의 사항을 고려하여 원자력시설 등에 대한 위협을 평가하고 물리적방호체제 설계·평가의 기준이 되는 위협(이하 "설계기준위협"이라 한다)을 설정하여야 한다. 다만, 물리적방호 관련 사고가 발생하거나 발생할 우려가 있다고 판단되는 경우에는 수시로 위협을 평가하고 설계기준위협을 설정할 수 있다.
>   1. 위협의 요인
>   2. 위협의 발생 가능성
>   3. 위협의 발생에 따른 결과
> ② 원자력안전위원회는 제1항에 따라 설정된 설계기준위협을 반영하여 원자력시설 등에 대한 물리적방호체제를 수립하여야 한다.
> ③ 원자력안전위원회는 제1항에 따른 위협평가를 효율적으로 하기 위하여 관계 중앙행정기관의 장에게 협조를 요청할 수 있다. 이 경우 전자적 침해행위의 방지 및 원자력시설 컴퓨터 및 정보시스템의 보안과 관련한 사항에 대해서는 국가정보원장에게 우선적으로 협조를 요청하여야 한다.

② 원자력안전위원회는 물리적방호체제의 수립에 필요하다고 인정하면 관계 중앙행정기관의 장에게 협조를 요청할 수 있다(제2항).

③ 원자력안전위원회는 물리적방호체제의 수립에 필요하다고 인정하면 다음의 자에게 방호 관련 시설·장비의 확보 및 운영 관리 등 대통령령으로 정하는 필요한 조치를 요구하거나 명할 수 있다(제3항).

> **알아보기** 대통령령으로 정하는 필요한 조치(영 제7조 제5항)
>
> 다음 각호의 조치를 말한다.
>   1. 원자력시설 등에 대한 위협에 효과적으로 대처하기 위한 물리적방호관련 시설·장비의 설치·운영관리(원자력사업자에 한한다)
>   2. 원자력시설 등에 대한 위협에 효과적으로 대처하기 위한 물리적방호관련 조직 및 인력의 운영(원자력사업자에 한한다)
>   3. 물리적방호관련 업무를 수행하는 자에 대한 교육 및 훈련
>   4. 원자력안전위원회가 원자력시설 등에 대한 구체적인 위협 정보를 입수한 경우 그에 대한 방호조치
>   5. 원자력시설 등의 물리적방호체제의 설계·운영 및 변경 등이 원자력시설 등의 안전에 미치는 영향의 평가 및 보완조치(원자력사업자에 한정한다)

- ㉠ 방사선비상계획구역의 전부 또는 일부를 관할하는 특별시장·광역시장·특별자치시장·도지사·특별자치도지사(이하 "시·도지사"라 한다)(제1호)
- ㉡ 방사선비상계획구역의 전부 또는 일부를 관할하는 시장·군수·구청장(자치구의 구청장을 말한다)(제2호)
- ㉢ 원자력사업자(제3호)
- ㉣ 대통령령으로 정하는 공공기관, 공공단체 및 사회단체(이하 "지정기관"이라 한다)의 장(제4호)

> **➕ 알아보기** 대통령령으로 정하는 공공기관, 공공단체 및 사회단체(영 제7조 제4항)
>
> 다음 각호의 기관 및 단체를 말한다. 〈개정 2021.12.23.〉
> 1. 방사선비상계획구역의 전부 또는 일부를 관할구역으로 하는 시·도 경찰청 또는 경찰서
> 2. 중앙119구조본부
> 3. 방사선비상계획구역의 전부 또는 일부를 관할구역으로 하는 소방본부 및 소방서
> 4. 방사선비상계획구역의 전부 또는 일부를 관할구역으로 하는 교육청
> 5. 방사선비상계획구역의 전부 또는 일부를 관할구역으로 하는 해양경찰서
> 6. 방사선비상계획구역의 전부 또는 일부를 관할구역으로 하는 지방기상청
> 7. 방사선비상계획구역의 전부 또는 일부를 관할구역으로 하는 보건소
> 8. 방사선비상계획구역의 전부 또는 일부를 관할구역으로 하는 군부대로서 국방부장관이 지정하는 군부대
> 9. 「한국원자력안전기술원법」에 의한 한국원자력안전기술원
> 9의2. 「원자력안전법」 제6조에 따른 한국원자력통제기술원
> 10. 「방사선 및 방사성동위원소 이용진흥법」 제13조의2에 따른 한국원자력의학원
> 11. 「원자력안전법」 제7조의2에 따른 한국원자력안전재단
> 12. 「대한적십자사 조직법」에 의한 대한적십자사
> 13. 그 밖에 원자력안전위원회가 물리적방호체제의 수립에 필요하다고 인정하여 지정하는 기관 및 단체

④ 요청이나 요구를 받은 기관의 장과 사업자는 특별한 사유가 없으면 이에 따라야 한다(제4항).

2. 물리적방호협의회 등

(1) 원자력시설 등의 물리적방호협의회(법 제5조)

① 원자력시설 등의 물리적방호에 관한 국가의 중요 정책을 심의하기 위하여 원자력안전위원회 소속으로 원자력시설 등의 물리적방호협의회(이하 "방호협의회"라 한다)를 둔다(제1항).

② 방호협의회의 의장은 원자력안전위원회 위원장이 되고, 방호협의회의 위원은 기획재정부, 과학기술정보통신부, 국방부, 행정안전부, 농림축산식품부, 산업통상자원부, 보건복지부, 환경부, 국토교통부, 해양수산부의 고위공무원단에 속하는 일반직공무원 또는 이에 상당하는 공무원[국방부의 경우에는 이에 상당하는 장성급(將星級) 장교를 포함한다] 중에서 해당 기관의 장이 지명하는 각 1명과 대통령령으로 정하는 중앙행정기관의 공무원 또는 관련 기관·단체의 장이 된다(제2항).

> **➕ 알아보기** 대통령령으로 정하는 중앙행정기관의 공무원 또는 관련 기관·단체의 장(영 제9조)
>
> 다음 각호의 자를 말한다.
> 1. 국가정보원장이 지명하는 국가정보원 소속 3급 공무원 또는 이에 상당하는 공무원
> 2. 한국원자력통제기술원의 원장

(2) 방호협의회의 운영 등

① **방호협의회의 기능(법 제6조)**

방호협의회는 다음의 사항을 심의한다.
  ㉠ 물리적방호에 관한 중요 정책(제1호)
  ㉡ 물리적방호체제의 수립(제2호)
  ㉢ 물리적방호체제의 이행을 위한 관계 기관 간 협조 사항(제3호)
  ㉣ 물리적방호체제의 평가(제4호)
  ㉤ 그 밖에 물리적방호와 관련하여 의장이 필요하다고 인정하여 회의에 부치는 사항(제5호)

② **의장의 직무 등(영 제8조)**
  ㉠ 원자력시설 등의 물리적방호협의회의 의장은 방호협의회의 업무를 총괄하고 방호협의회를 대표한다(제1항).
  ㉡ 의장이 부득이한 사유로 직무를 수행할 수 없는 때에는 의장이 미리 지명하는 위원이 그 직무를 대행한다(제2항).

③ **방호협의회의 운영(영 제10조)**
  ㉠ 방호협의회 회의는 의장이 필요하다고 인정하는 때에 소집한다(제1항).
  ㉡ 방호협의회의 회의는 재적위원 과반수의 출석과 출석위원 과반수의 찬성으로 의결한다(제2항).
  ㉢ 방호협의회에 간사 1인을 두되, 원자력안전위원회 소속 공무원 중에서 원자력안전위원회 위원장이 지명한다(제3항).
  ㉣ 이 영에서 규정한 것 외에 방호협의회의 운영에 관하여 필요한 사항은 방호협의회의 의결을 거쳐 방호협의회의 의장이 정한다(제4항).

④ **실무방호협의회(영 제11조)**
  ㉠ 방호협의회의 회의에 부쳐질 의안을 검토하고, 관계기관 간의 협조사항을 정리하는 등 방호협의회의 효율적인 운영을 도모하기 위하여 방호협의회에 실무방호협의회를 둔다(제1항).
  ㉡ 실무방호협의회의 의장은 원자력안전위원회 소속 공무원 중에서 물리적방호 관련 업무를 담당하는 국장급 공무원이 되고, 위원은 다음의 자가 된다(제2항).
    • 방호협의회 위원이 소속하는 중앙행정기관의 장이 지명하는 과장 또는 이에 상당하는 공무원[국방부의 경우에는 이에 상당하는 영관(領官)급 장교를 포함한다] 각 1인(제1호)
    • 관련 기관·단체의 임직원 중에서 당해 관련 기관·단체의 장이 지명하는 자 각 1인(제2호)

ⓒ 실무방호협의회의 회의는 실무방호협의회의 의장이 필요하다고 인정할 때에 소집한다(제3항).
　　ⓔ ㉠~ⓒ에서 규정한 것 외에 실무방호협의회의 조직 및 운영에 관하여 필요한 사항은 실무방호협의회의 의결을 거쳐 실무방호협의회의 의장이 정한다(제4항).
⑤ **수당 등(영 제12조)**
　방호협의회 또는 실무방호협의회의 회의에 출석한 위원에 대하여는 예산의 범위 안에서 수당 및 여비를 지급할 수 있다. 다만, 공무원인 위원이 그 업무와 직접 관련하여 회의에 출석하는 경우에는 그러하지 아니하다.

(3) 지역방호협의회(법 제7조)

① 대통령령으로 정하는 원자력시설등이 있는 지방자치단체에 소관 원자력시설등의 물리적방호에 관한 사항을 심의하기 위하여 시·도지사 소속으로 시·도 방호협의회를 두고, 시장·군수·구청장 소속으로 시·군·구 방호협의회를 둔다(제1항).

> **➕ 알아보기**　대통령령이 정하는 원자력시설등(영 제13조)
> 다음 각호의 시설을 말한다.
> 1. 발전용 원자로 및 그 관계시설
> 2. 연구용원자로 중 2메가와트 이상의 출력을 가지는 연구용원자로 및 그 관계시설
> 3. 「원자력안전법」 제2조 제18호에 따른 방사성폐기물의 저장·처리·처분시설 중 사용후 핵연료 저장·처리시설 및 그 부속시설

② 시·도 방호협의회의 의장은 시·도지사가 되고, 시·군·구 방호협의회의 의장은 시장·군수·구청장이 된다(제2항).
③ 시·도 방호협의회 및 시·군·구 방호협의회(이하 "지역방호협의회"라 한다)는 다음의 사항을 심의한다(제3항).
　㉠ 해당 지역의 물리적방호에 관한 중요 정책(제1호)
　㉡ 해당 지역의 물리적방호체제 수립(제2호)
　㉢ 해당 지역의 물리적방호체제 이행을 위한 관계 기관 간 협조사항(제3호)
　㉣ 해당 지역의 물리적방호체제 평가(제4호)
　㉤ 그 밖에 해당 지역의 물리적방호와 관련하여 의장이 필요하다고 인정하여 회의에 부치는 사항(제5호)
④ **지역방호협의회의 구성 및 운영(영 제14조)**
　㉠ 시·도 방호협의회의 위원은 다음과 같다(제1항).
　　• 해당 특별시·광역시·특별자치시·도·특별자치도(이하 "시·도"라 한다)의 행정부시장(특별시의 경우에는 행정(1)부시장을 말한다)·행정부지사(제1호)
　　• 해당 시·도의 원자력시설 등의 물리적방호업무를 담당하는 국장(제2호)
　　• 해당 시·도를 관할구역으로 하는 국가정보원의 지부장(제3호)

- 해당 시 · 도를 관할구역으로 하는 시 · 도 경찰청의 장(제4호)
- 해당 시 · 도의 전부 또는 일부를 관할구역으로 하는 군부대의 지역사령관으로서 국방부장관이 지정하는 자(제5호)
- 해당 시 · 도의 전부 또는 일부를 관할구역으로 하는 해양경찰서장(제6호)
- 해당 시 · 도의 전부 또는 일부를 관할구역으로 하는 원자력시설 등의 물리적방호와 관련이 있는 기관 · 단체의 장 또는 원자력시설등의 물리적방호에 관한 학식과 경험이 있는 자 중에서 시 · 도 방호협의회의 의장이 위촉하는 자(제7호)

ⓒ 시 · 군 · 구 방호협의회의 위원은 다음과 같다(제2항).
- 해당 시 · 군 또는 자치구(이하 "시 · 군 · 구"라 한다)의 부시장 · 부군수 · 부구청장(제1호)
- 해당 시 · 군 · 구의 원자력시설 등의 물리적방호업무를 담당하는 과장(국이 설치되어 있는 경우에는 국장)(제2호)
- 해당 시 · 군 · 구를 관할구역으로 하는 국가정보원의 지부장(제3호)
- 해당 시 · 군 · 구를 관할구역으로 하는 경찰서의 장(제4호)
- 해당 시 · 군 · 구의 전부 또는 일부를 관할구역으로 하는 군부대의 장으로서 국방부장관이 지정하는 자(제5호)
- 해당 시 · 군 · 구의 전부 또는 일부를 관할구역으로 하는 해양경찰파출소장(제6호)
- 해당 시 · 군 · 구의 전부 또는 일부를 관할구역으로 하는 원자력시설 등의 물리적방호와 관련이 있는 기관 · 단체의 장 또는 원자력시설 등의 물리적방호에 관한 학식과 경험이 있는 자 중에서 시 · 군 · 구 방호협의회의 의장이 위촉하는 자(제7호)

ⓒ 시 · 도 방호협의회 및 시 · 군 · 구 방호협의회(이하 "지역방호협의회"라 한다)의 의장은 업무를 총괄하고, 지역방호협의회를 대표한다(제3항).

ⓔ 지역방호협의회의 의장이 부득이한 사유로 직무를 수행할 수 없는 때에는 의장이 미리 지명하는 위원이 그 직무를 대행한다(제4항).

ⓜ 지역방호협의회의 회의는 지역방호협의회의 의장이 필요하다고 인정할 때 소집한다(제5항).

ⓗ 지역방호협의회의 회의는 재적위원 과반수의 출석과 출석위원 과반수의 찬성으로 의결한다(제6항).

ⓢ 지역방호협의회의 회의에 출석한 위원에 대하여는 예산의 범위에서 수당 및 여비를 지급할 수 있다. 다만, 공무원인 위원이 그 업무와 직접 관련하여 회의에 출석하는 경우에는 그러하지 아니하다(제7항).

ⓞ 이 영에서 규정한 것 외에 지역방호협의회의 운영에 관하여 필요한 사항은 지역방호협의회의 의결을 거쳐 지역방호협의회의 의장이 정한다(제8항).

3. 물리적방호 대상 핵물질의 분류 등(법 제8조)

(1) 핵물질의 등급별 분류(법 제8조 제1항)

물리적방호의 대상이 되는 핵물질은 잠재적 위험의 정도를 고려하여 대통령령으로 정하는 바에 따라 등급Ⅰ, 등급Ⅱ 및 등급Ⅲ으로 분류한다.

> **➕ 알아보기** 핵물질의 등급별 분류(영 [별표 1])
>
> | 핵물질 | | 등급 | | |
> |---|---|---|---|---|
> | 물질 | 형태 | 등급Ⅰ | 등급Ⅱ | 등급Ⅲ |
> | 1. 플루토늄 | 미조사(未照射) | 2킬로그램 이상 | 500그램 초과 2킬로그램 미만 | 15그램 초과 500그램 이하 |
> | 2. 우라늄 235 | 우라늄 235의 농축도가 20퍼센트 이상인 미조사 우라늄 | 5킬로그램 이상 | 1킬로그램 초과 5킬로그램 미만 | 15그램 초과 1킬로그램 이하 |
> | | 우라늄 235의 농축도가 10퍼센트 이상 20퍼센트 미만인 미조사 우라늄 | | 10킬로그램 이상 | 1킬로그램 초과 10킬로그램 미만 |
> | | 우라늄 235의 농축도가 천연우라늄의 농축도 초과 10퍼센트 미만인 미조사 우라늄 | | | 10킬로그램 이상 |
> | 3. 우라늄 233 | 미조사 | 2킬로그램 이상 | 500그램 초과 2킬로그램 미만 | 15그램 초과 500그램 이하 |
> | 4. 조사(照射)된 연료 | | | 핵분열성물질 10퍼센트 미만의 감손우라늄, 천연우라늄, 토륨 또는 저농축연료 | |
>
> [비고]
> 1. 이 표에서 "플루토늄"이라 함은 플루토늄 238의 농축도가 80퍼센트를 초과한 것을 제외한 플루토늄을 말한다.
> 2. 이 표에서 "미조사(未照射)"라 함은 원자로 내에서 조사(照射)되지 아니한 물질 또는 1미터 떨어진 지점에서 차폐 없이 시간당 1그레이 미만의 방사선준위를 가진 원자로 안에서 조사된 물질을 말한다.
> 3. 당초 핵분열성 물질을 함유함에 따라 조사 전에 등급Ⅰ 또는 등급Ⅱ로 분류된 조사된 연료는 1미터 떨어진 지점에서 차폐 없이 시간당 1그레이를 초과하는 방사선준위를 가지는 경우 1등급을 감할 수 있다.

(2) 원자력시설 등의 방호요건(법 제8조 제2항)

원자력시설 등의 물리적방호에 관한 다음의 요건은 대통령령으로 정한다.
① 불법이전에 대한 방호 요건(제1호)
② 사보타주에 대한 방호 요건(제2호)
③ 전자적 침해행위에 대한 방호 요건(제3호)

> **알아보기** 원자력시설 등의 방호요건(영 [별표 2]) 〈개정 2021.6.8.〉

1. 사용·저장 중인 핵물질의 불법이전에 대한 방호요건
   가. 등급Ⅲ 핵물질
      1) 등급Ⅲ 핵물질의 사용 및 저장을 위한 구역(이하 "등급Ⅲ 방호구역"이라 한다)에의 접근을 통제할 것
      2) 해당 방호구역의 접근 통제를 위한 수단과 절차는 임의조작이나 위조 등으로부터 보호할 것
      3) 해당 방호구역의 불법침입에 대한 탐지·경비체계 및 대응조치를 수립할 것
      4) 핵물질의 불법이전에 대한 방호비상계획을 수립하고, 해당 시설의 물리적방호업무를 수행하는 자(이하 "방호종사자"라 한다)에 대하여 방호비상훈련을 실시할 것
      5) 방호종사자에 대하여 매년 물리적방호교육을 실시하고, 교육한 내용의 이행에 대한 훈련을 실시할 것
      6) 제17조 제1항에 따른 물리적방호규정 등에 대하여 정기적인 평가를 실시하고, 그 결과를 반영할 것
      7) 핵물질의 인수인계 및 작업보고절차를 마련하여 핵물질의 관리를 철저히 할 것
      8) 해당 방호구역 내에서 핵물질을 이동시킬 때 원자력시설 등의 설계기준위협에 따라 잠금, 봉인 등의 필요한 물리적방호 조치를 적용할 것
      9) 제6호의 방호요건을 적용하여 원자력시설 컴퓨터 및 정보시스템에 대한 보안체계를 수립할 것
   나. 등급Ⅱ 핵물질
      1) 가목 2)부터 9)까지의 방호요건을 충족할 것
      2) 등급Ⅱ 핵물질의 사용 및 저장을 해당 방호구역(이하 "등급Ⅱ 방호구역"이라 한다) 내로 제한할 것
      3) 등급Ⅱ 방호구역은 등급Ⅲ 방호구역 내에 위치할 것
      4) 해당 방호구역 주변에는 불법침입을 탐지할 수 있도록 할 것
      5) 해당 방호구역으로의 출입구를 최소화할 것
      6) 해당 방호구역 내의 차량 출입을 최소화하고, 주차는 지정한 장소로 제한할 것
      7) 해당 방호구역 내 출입의 허용 및 허용된 자의 출입을 최대한 제한하고, 단독출입이 허용되지 않은 사람은 단독출입이 허용된 사람과 동행할 것
      8) 해당 방호구역에 출입하는 사람, 차량 및 반입·반출되는 물품을 검색할 것
      9) 해당 방호구역의 주변에 대하여 충분한 조명 및 시야를 확보할 것
      10) 중앙통제실은 감시, 경비체계 및 군·경찰 등 외부대응인력과의 통신체계를 유기적으로 유지할 것
      11) 중앙통제실은 등급Ⅱ 방호구역 내에 위치해야 하며, 중앙통제실의 출입을 최소화하고 엄격히 통제할 것
      12) 탐지 관련 설비 및 중앙통제실은 비상시 물리적방호를 위하여 독립적인 전원을 갖출 것
      13) 핵물질의 저장과 격납을 위한 열쇠와 잠금장치의 관리 및 기록유지를 철저히 할 것
      14) 핵물질의 불법이전에 대한 방호비상계획을 수립하고 방호종사자와 군·경찰 등 외부대응인력 간의 비상훈련을 정기적으로 실시할 것
      15) 해당 방호구역은 24시간 경계근무를 유지하고, 상시 및 불시 순찰을 실시할 것
   다. 등급Ⅰ 핵물질
      1) 나목 1) 및 같은 목 3)부터 15)까지의 방호요건을 충족할 것
      2) 등급Ⅰ 핵물질의 사용 및 저장을 해당 방호구역(이하 "등급Ⅰ 방호구역"이라 한다) 내로 제한할 것
      3) 등급Ⅰ 방호구역은 등급Ⅱ 방호구역 내에 위치해야 하며, 불법이전에 대한 추가적인 물리적방호 조치를 적용할 것
      4) 해당 방호구역 내에 개인차량의 출입을 금지할 것
      5) 해당 방호구역에의 출입은 2명이 동행, 감시하는 체계를 유지할 것
      6) 해당 방호구역은 일반통행로와 격리시킬 것
      7) 방호비상시에도 중앙통제실의 기능이 유지되도록 할 것

라. 분실·도난 핵물질의 위치추적 및 회수조치
　　1) 핵물질의 분실·도난을 적시에 감지하고 신속히 확인할 수 있는 수단을 갖출 것
　　2) 분실·도난 핵물질을 추적하고 신속히 회수할 수 있는 수단을 갖출 것
2. 운반 중인 핵물질의 불법이전에 대한 방호요건
　가. 공통적인 방호요건
　　1) 핵물질의 운반시간, 횟수 및 기간을 최소화할 것
　　2) 핵물질의 운반시간과 경로 등이 운반할 때마다 다르게 되도록 다양한 방법으로 운반계획을 수립할 것
　　3) 운반종사자는 신원이 확실한 사람으로 제한할 것
　　4) 운반 중 임시저장을 하거나 예상하지 못한 정차가 있을 경우 등급별 방호요건에 준하여 필요한 조치를 할 것
　　5) 운반수단이 변경될 경우에도 핵물질의 등급별 분류에 준하여 필요한 조치를 할 것
　　6) 운반과 관련된 정보의 공유를 최소화하고 기밀성을 유지할 것
　　7) 핵물질을 운반할 경우 외부 대응인력과의 연락체계를 유지할 것
　나. 등급Ⅲ 핵물질
　　1) 인계자는 인수자에게 운반방법 및 운반계획을 사전에 통보할 것
　　2) 운반차량에 대한 검색, 잠금 및 봉인을 철저히 할 것
　　3) 인계자와 인수자는 운반 중 지연상황을 상호 간에 통보할 것
　　4) 운반차량은 1명 이상의 경찰관이 동승한 두 대 이상의 차량으로 호위할 것
　　5) 운반차량에는 무장한 1명의 방호종사자를 동승시킬 것
　다. 등급Ⅰ 및 등급Ⅱ 핵물질
　　1) 나목의 방호요건을 충족할 것
　　2) 운반대상 핵물질은 폐쇄된 화물칸 또는 화물용 컨테이너에 실어 잠금장치로 잠근 후 운반할 것. 다만, 잠금장치로 잠겨져 있거나 봉인처리된 2,000㎏ 이상의 핵물질은 개방형 운반수단으로 운반할 수 있다.
　　3) 핵물질의 운반계획을 수립하고 운반할 때의 물리적방호를 총괄하는 방호종사자(이하 "운반방호책임자"라 한다)는 운반지침서를 소지할 것
　　4) 운반방호책임자는 호위차량, 운반차량 및 운반통제소 간에 상호 통신체계를 유지할 것
　　5) 운반차량에는 무장한 2명의 방호종사자를 동승시킬 것
　　6) 삭제 〈2021.6.8.〉
　　7) 운반 중인 핵물질의 불법이전에 대한 방호비상훈련을 실시할 것
　　8) 운반 중인 핵물질의 불법이전에 대비하여 군·경찰 등 외부 대응인력과의 통신체계를 유지할 것
　라. 분실·도난 핵물질의 위치추적 및 회수조치 : 제1호 라목의 방호요건을 충족할 것
3. 핵물질을 사용·저장하는 원자력시설 및 사용·저장 중인 핵물질의 사보타주에 대한 방호요건
　가. 방호구역 및 핵심구역의 불법침입에 대하여 탐지 체계, 경보 기능 및 방호설비를 갖출 것
　나. 방호구역 및 핵심구역 내의 접근 및 출입구는 최소한으로 유지할 것
　다. 방호구역 및 핵심구역으로의 출입은 최소화하고, 단독출입이 승인되지 않은 사람에 대해서는 단독출입이 승인된 사람이 동행할 것
　라. 사보타주를 방지하기 위하여 방호구역 및 핵심구역에 출입하는 사람, 차량 및 반출입되는 물품을 검색할 것
　마. 핵심구역은 일반통행로와 격리시키고 추가적인 물리적방호 조치를 적용할 것
　바. 핵심구역 내에 개인차량의 출입을 금지할 것
　사. 방호구역에 대하여 지속적인 탐지 및 24시간 경계근무를 유지하고, 상시 및 불시 순찰을 실시할 것
　아. 방호구역의 주변에 대하여 충분한 조명 및 시야를 확보할 것
　자. 방호구역 및 핵심구역 내에 사보타주 방지를 위하여 운전정지 및 유지보수기간 중에 방호조치를 철저히 할 것

차. 핵물질의 저장과 격납을 위한 열쇠와 잠금장치의 관리 및 기록유지를 철저히 할 것
카. 중앙통제실은 감시, 경비체계 및 군·경찰 등 외부대응인력과의 통신체계를 유기적으로 유지할 것
타. 중앙통제실에 대한 출입을 최소화하고 엄격히 통제할 것
파. 방호비상시에 중앙통제실의 기능이 유지될 수 있도록 할 것
하. 탐지 관련 설비 및 중앙통제실은 비상시 물리적방호를 위하여 독립적인 전원을 갖출 것
거. 제6호의 방호요건을 적용하여 원자력시설 컴퓨터 및 정보시스템에 대한 보안체계를 수립할 것
너. 방호종사자에 대하여 매년 물리적방호교육을 실시하고, 교육한 내용의 이행에 대한 훈련을 실시할 것
더. 원자력시설 등의 사보타주에 대한 방호비상계획을 수립하고, 방호종사자와 군·경찰 등 외부대응인력 간의 비상훈련을 정기적으로 실시할 것
러. 가목부터 더목까지의 규정에도 불구하고 사보타주의 잠재적 방사선영향이 원자력안전위원회가 고시하는 수용할 수 없는 방사선영향보다 낮을 경우에는 다음의 요건을 적용할 것
  1) 방호구역에 대한 접근을 통제할 것
  2) 방호구역 접근 통제를 위한 수단과 절차는 임의조작이나 위조 등이 되지 않도록 보호할 것
  3) 방호구역 불법침입에 대한 탐지·경비체계 및 대응조치를 수립할 것
  4) 방호구역의 사보타주에 관한 방호비상계획을 수립하고 해당 시설의 방호종사자를 대상으로 방호비상훈련을 실시할 것
  5) 방호종사자에 대하여 매년 물리적방호 교육을 하고, 교육한 내용에 관한 훈련을 실시할 것
  6) 물리적방호규정 등에 대하여 원자력시설 등의 방호체제를 정기적으로 평가하고, 그 평가 결과에 따라 방호체제에 대한 보완조치를 취할 것
  7) 제6호의 방호요건을 적용하여 원자력시설 컴퓨터 및 정보시스템에 대한 보안체계를 수립할 것
4. 운반 중인 핵물질의 사보타주에 대한 방호요건
  가. 공통적인 방호요건 : 제2호 가목의 방호요건을 충족할 것
  나. 등급Ⅲ 핵물질
    1) 제2호 나목의 방호요건을 충족할 것
    2) 인계자는 운반차량에 대한 사보타주의 방지를 위하여 검색을 철저히 할 것
  다. 등급Ⅰ 및 등급Ⅱ 핵물질 : 제2호 다목 및 제4호 나목 2)의 방호요건을 충족할 것
5. 핵물질을 사용·저장하지 않는 원자력시설의 사보타주에 대한 방호요건
  가. 원자력시설에의 접근을 통제할 것
  나. 원자력시설에의 접근 통제를 위한 수단과 절차는 임의조작이나 위조 등으로부터 보호될 것
  다. 원자력시설의 불법침입에 대한 탐지·경비체계 및 대응조치를 수립할 것
  라. 원자력시설의 사보타주에 대한 방호비상계획을 수립하고 해당 시설의 방호종사자에 대하여 방호비상훈련을 실시할 것
  마. 방호종사자에 대하여 매년 물리적방호 교육을 실시하고 교육한 내용의 이행에 대한 훈련을 실시할 것
  바. 제17조 제1항에 따른 물리적방호규정 등에 대하여 정기적인 평가를 실시하고 그 결과를 반영할 것
  사. 제6호의 방호요건을 적용하여 원자력시설 컴퓨터 및 정보시스템에 대한 보안체계를 수립할 것
6. 전자적 침해행위에 대한 방호요건
  가. 원자력시설 컴퓨터 및 정보시스템에 대한 접근이 다음의 방식으로 통제될 것
    1) 원자력시설 컴퓨터 및 정보시스템상의 정보가 허용된 대상에게만 허용된 방법으로 제공·사용·변경되도록 할 것
    2) 원자력시설 컴퓨터 및 정보시스템을 구성하는 하드웨어가 허용된 대상에게만 허용된 방법으로 설치·변경되도록 할 것
  나. 원자력시설 컴퓨터 및 정보시스템에 대한 물리적·전자적 접근에 필요한 수단과 절차는 임의조작이나 위조 등이 되지 않도록 보호하고 통제할 것

다. 원자력시설 컴퓨터 및 정보시스템에 대한 물리적·전자적 불법접근의 예방·탐지 및 대응체계를 수립할 것
7. 국제운송 중인 핵물질의 불법이전 및 사보타주에 대한 방호요건
   가. 등급Ⅲ 핵물질
      1) 운송수단 간·임시저장소 간 및 운송수단과 임시저장소 간의 핵물질 이동횟수·이동시간을 최소화하는 등 전체 운송시간을 최소화할 것
      2) 핵물질의 운송 시각과 경로 등이 운송할 때마다 다르게 되도록 다양한 방법으로 국제운송계획을 수립할 것
      3) 운송종사자는 신원이 확실한 사람으로 제한할 것
      4) 운송 중 임시저장을 하거나 예상하지 못하게 장기간 정지할 경우 등급별 방호요건에 준하여 필요한 조치를 할 것
      5) 운송수단이 변경될 경우에도 핵물질의 등급별 분류에 준하여 필요한 조치를 할 것
      6) 운송과 관련된 정보의 공유를 최소화하고 기밀성을 유지할 것
      7) 외부 대응인력 및 관계기관과의 연락체계를 유지할 것
      8) 자연재해, 국제분쟁 등 위험이 있는 지역을 피하여 운송 경로를 설정할 것
      9) 핵물질의 등급별 분류에 따라 운송수단 및 잠금장치의 열쇠에 대한 관리절차를 수립할 것
      10) 운송수단 및 핵물질 운송용기에 대한 검색, 잠금 및 봉인을 철저히 할 것
      11) 인계자는 인수자에게 운송방법 및 운송계획을 사전에 통보할 것
      12) 인계자와 인수자는 운송 중 지연상황을 상호 간에 통보할 것
      13) 인수자는 핵물질 수령 시 잠금장치 및 봉인에 대한 점검을 실시할 것
      14) 인계자, 인수자 및 운송자 간의 연락체계를 유지할 것
      15) 국제운송 전에 국제운송방호계획에 따른 방호조치를 점검할 것
      16) 국제운송 시 수출국, 수입국, 경유국 및 환적국의 물리적방호요건을 준수할 것
   나. 등급Ⅰ 및 등급Ⅱ 핵물질
      1) 가목의 방호요건을 충족할 것
      2) 운송대상 핵물질은 폐쇄된 화물칸 또는 화물용 컨테이너에 실어 잠금장치로 잠근 후 운송할 것. 다만, 잠금장치로 잠겨져 있거나 봉인처리된 2,000㎏ 이상의 핵물질은 개방형 운송수단으로 운송할 수 있다.
      3) 핵물질을 운송할 때 물리적방호를 총괄하는 방호종사자(이하 "운송방호책임자"라 한다)는 운송지침서를 소지할 것
      4) 운송방호책임자는 호위인력, 운송인력 및 운송통제소 간에 상호 통신체계를 유지할 것
      5) 인계자와 인수자 간에 계약 및 협정에 따라 물리적방호의 책임소재를 명확히 할 것
      6) 운송을 시작하기 전까지 핵물질 운송에 대한 방호비상훈련을 실시할 것
      7) 운송경로에서 예상되는 위협에 대응할 수 있도록 무장한 인력으로 운송대상 핵물질을 호위하도록 할 것
      8) 군·경찰 등 외부 대응인력과의 통신체계를 유지할 것
      9) 핵물질 또는 운송수단에 대한 감시조치를 취할 것
      10) 운송수단 및 핵물질에 대한 방호비상시 대응을 위한 적절한 지연조치를 취할 것
      11) 도로운송의 경우 전용차량을 이용하여 운송할 것
      12) 철도운송의 경우 전용화물차량을 이용하여 다른 화물과 분리해서 운송하고 잠금 조치를 취할 것
      13) 선박운송 및 항공운송의 경우 통제된 구역에 적재하고 잠금 및 봉인조치를 취할 것
   다. 분실·도난 핵물질의 위치추적 및 회수조치 : 제1호 라목의 방호요건을 충족할 것
8. 제1호부터 제7호까지의 규정에 따른 방호요건에 관한 세부사항은 원자력안전위원회가 정하여 고시한다.

4. 원자력사업자의 책임 등

(1) 물리적방호에 대한 원자력사업자의 책임(법 제9조)

① 원자력사업자는 대통령령으로 정하는 바에 따라 다음의 사항에 대하여 원자력안전위원회의 승인을 받아야 하고, 이를 변경하려는 경우에도 또한 같다. 다만, 총리령으로 정하는 경미한 사항을 변경하려는 경우에는 원자력안전위원회에 신고하여야 한다(제1항).
  ⊙ 제3조 제2항 각호의 사항을 위한 물리적방호 시설·설비 및 그 운영체제(제1호)
  ⓒ 원자력시설 등의 물리적방호를 위한 규정(이하 "물리적방호규정"이라 한다)(제2호)
  ⓒ 핵물질의 불법이전 및 원자력시설 등의 위협에 대한 조치계획(이하 "방호비상계획"이라 한다)(제3호)
  ⓔ 전자적 침해행위에 대한 원자력시설 컴퓨터 및 정보시스템 보안규정(이하 "정보시스템 보안규정"이라 한다)(제4호)

> **➕ 알아보기** 물리적방호규정 등 승인신청(영 제17조)
>
> ① 법 제9조 제1항 각호 외의 부분 본문에 따라 같은 항 각호에 따른 물리적방호 시설·설비 및 그 운영체제, 물리적 방호규정, 방호비상계획 및 정보시스템 보안규정(이하 "물리적방호규정 등"이라 한다)에 대하여 승인을 받으려는 원자력사업자는 이에 관한 승인신청서를 원자력시설 등의 사용개시 5개월 전까지 원자력안전위원회에 제출하여야 한다.
> ② 원자력사업자는 법 제9조 제1항 각호 외의 부분 본문에 따라 물리적방호규정 등을 변경하고자 하는 경우에는 그 변경할 사항과 이유를 적은 변경승인신청서를 원자력안전위원회에 제출하여야 한다.
> ③ 원자력안전위원회는 법 제9조 제1항 각호 외의 부분 본문에 따라 물리적방호규정 등에 대하여 승인 또는 변경승인을 하고자 하는 경우에 당해 원자력시설이 「보안업무규정」 제35조에 따라 보안측정의 대상이 되는 시설에 해당하는 때에는 승인 또는 변경승인 전에 미리 국가정보원장과 협의하여야 한다.

> **➕ 알아보기** 총리령으로 정하는 경미한 사항(규칙 제4조 제1항)
>
> 다음 각호의 사항을 말한다.
>   1. 물리적방호규정 등의 승인을 받은 자의 성명 또는 주소(법인인 경우에는 그 명칭 및 주소와 대표자의 성명)
>   2. 사업소의 명칭 및 소재지

② 제1항 각호의 사항에 대한 작성지침 등 세부기준은 총리령으로 정한다(제2항).

➕ **알아보기** 물리적방호규정 등의 작성지침 등 세부기준(규칙 [별표 1])

1. 물리적방호규정 등의 작성지침
   가. 양적(量的)으로 표현이 가능한 사항은 양적으로 기술할 것
   나. 「보안업무규정」 제2조 제1호에 따른 비밀에 해당하는 사항은 별도로 분리하여 작성할 것
2. 물리적방호규정 등의 작성내용
   가. 법 제9조 제1항 제1호에 따른 물리적방호 시설·설비 및 그 운영체제
      1) 핵물질의 불법이전에 대한 방호를 위한 물리적방호 시설·설비 및 그 운영체제에 관한 사항
         가) 시설·설비의 설치 및 유지·관리
         나) 시설·설비의 운영조직 및 인력
      2) 분실 또는 도난당한 핵물질을 찾아내고 회수하기 위한 물리적방호 시설·설비 및 그 운영체제에 관한 사항
         가) 장비의 설치 및 유지·관리
         나) 운영조직 및 인력
         다) 분실 또는 도난당한 핵물질을 찾아내고 회수하기 위한 절차
      3) 원자력시설 등에 대한 사보타주를 방지하기 위한 물리적방호 시설·설비 및 그 운영체제에 관한 사항
         가) 시설·설비의 설치 및 유지·관리
         나) 시설·설비의 운영조직 및 인력
      4) 원자력시설 등에 대한 사보타주에 따른 방사선 영향에 대한 대책을 위한 물리적방호 시설·설비 및 그 운영체제에 관한 사항
         가) 시설·설비의 설치 및 유지·관리
         나) 시설·설비의 운영조직 및 인력
   나. 법 제9조 제1항 제2호에 따른 물리적방호규정
      1) 원자력시설 등의 물리적방호에 관한 사항
         가) 물리적방호 조직 및 임무
         나) 등급별 핵물질의 특성, 관리방법 및 반입·반출
         다) 물리적방호시설의 설계정보, 설치 및 관리
         라) 방호구역
         마) 출입관리
         바) 경비 및 순찰
         사) 물리적방호 비상 연락체제
         아) 물리적방호 교육 및 훈련
         자) 기록·보고
         차) 문서 및 정보의 관리
         카) 그 밖에 원자력시설 등의 방호에 관한 사항
      2) 운반 중인 핵물질의 물리적방호에 관한 사항
         가) 조직 및 임무
         나) 계획 및 조치
         다) 비상 연락체제
         라) 문서 및 정보의 관리
         마) 국가 간 운반에 관한 사항
         바) 그 밖에 운반 중인 핵물질의 물리적방호에 관한 사항

다. 법 제9조 제1항 제3호에 따른 방호비상계획
　　1) 핵물질의 불법이전 및 원자력시설 등의 위협에 대응하기 위한 조치계획에 관한 사항
　　　가) 조직 및 임무
　　　나) 시설 및 설비
　　　다) 교육 및 훈련
　　　라) 방사선 영향의 최소화 방안
　　　마) 그 밖에 핵물질의 불법이전 및 원자력시설 등의 위협에 대한 조치에 관하여 필요한 사항
　　2) 운반 중인 핵물질의 불법이전 및 위협에 대응하기 위한 조치계획에 관한 사항
　　　가) 조직 및 임무
　　　나) 대응조치 및 대응체제
　　　다) 방사선 영향의 최소화 방안
　　　라) 그 밖에 운반 중인 핵물질의 불법이전 및 위협에 대한 조치에 관하여 필요한 사항
라. 법 제9조 제1항 제4호에 따른 전자적 침해행위에 대한 원자력시설 컴퓨터 및 정보시스템 보안규정
　　1) 전자적 침해행위에 대한 원자력시설 컴퓨터 및 정보시스템 보안 대책에 관한 사항
　　　가) 원자력시설 컴퓨터 및 정보시스템 보안 계획
　　　나) 원자력시설 컴퓨터 및 정보시스템 보안 조직
　　　다) 원자력시설 컴퓨터 및 정보시스템 분석
　　　라) 단계별 보안 전략
　　　마) 기술적·운영적·관리적 보안 조치
　　　바) 보안 조치의 감시 및 취약점 평가
　　　사) 그 밖에 원자력시설 컴퓨터 및 정보시스템의 보안에 관한 사항
　　2) 전자적 침해행위에 대한 원자력시설 컴퓨터 및 정보시스템의 대응조치계획에 관한 사항
　　　가) 전자적 침해행위 대응 조직 및 임무
　　　나) 전자적 침해행위 대응 시설 및 설비
　　　다) 전자적 침해행위 대응 교육 및 훈련
　　　라) 그 밖에 원자력시설 컴퓨터 및 정보시스템의 전자적 침해행위에 대한 대응조치에 필요한 사항
3. 제2호의 항목별 세부작성기준은 원자력안전위원회가 정하여 고시한다.

(2) 군부대 등의 지원 요청(법 제10조)

① 원자력사업자는 원자력시설 등에 대한 위협이 있거나 그러한 우려가 있다고 판단되면 그 원자력시설 등의 방호 또는 분실되거나 도난당한 핵물질의 회수를 위하여 관할 군부대, 경찰관서 또는 그 밖의 행정기관의 장에게 지원을 요청할 수 있다(제1항).

② 지원 요청을 받은 군부대, 경찰관서 또는 그 밖의 행정기관의 장은 특별한 사유가 없으면 요청에 따라야 한다(제2항).

(3) 보고 등(법 제11조)

원자력사업자는 원자력시설 등에 대하여 위협을 받았을 때 또는 관할 군부대, 경찰관서 또는 그 밖의 행정기관의 장에게 지원을 요청하였을 때에는 총리령으로 정하는 바에 따라 원자력안전위원회에 보고하고, 관할 시·도지사 및 시장·군수·구청장에게 이를 알려야 한다.

(4) 검사 등(법 제12조)

① 원자력사업자는 원자력시설 등의 물리적방호에 대하여 대통령령으로 정하는 바에 따라 원자력안전위원회의 검사를 받아야 한다(제1항).

> **➕ 알아보기** 검사(영 제18조)
>
> ① 법 제12조 제1항에 따라 원자력사업자는 다음 각호의 구분에 따라 원자력안전위원회의 검사를 받아야 한다. 〈개정 2021.6.8.〉
>   1. 최초검사 : 핵물질, 방사성물질 또는 방사성폐기물을 원자력시설에 반입하기 전에 해당 원자력시설에 대한 방호에 관한 검사. 다만, 해당 시설 본래의 이용 목적이 아닌 「비파괴검사기술의 진흥 및 관리에 관한 법률」 제2조에 따른 비파괴검사 등을 위하여 방사성물질을 반입하는 경우는 제외한다.
>   2. 정기검사 : 사업소 또는 부지별로 2년마다 해당 원자력시설 등에 대한 방호에 관한 검사
>   3. 운반검사 : 다음 각목의 핵물질의 방호에 관한 검사
>   가. 사업소에서 다른 사업소로 운반하려는 핵물질
>   나. 수출 목적으로 사업소에서 국내 항구 또는 공항까지 운반하려는 핵물질
>   다. 수입 목적으로 국내 항구 또는 공항에서 사업소로 운반하려는 핵물질
>   4. 특별검사 : 다음 각목의 1에 해당하는 경우 당해 원자력시설 등에 대한 물리적방호에 관한 검사
>   가. 원자력시설 등에 물리적방호와 관련한 사고가 발생한 경우
>   나. 법 제9조 제1항 각호 외의 부분 본문의 규정에 따라 물리적방호규정 등에 대한 변경승인을 얻은 경우
> ② 원자력안전위원회는 법 제12조 제1항에 따라 검사를 함에 있어서 국가정보원장의 요청이 있는 경우에는 「보안업무규정」 제35조 또는 제38조의 규정에 의한 보안측정의 실시 또는 보안사고 조사와 연계하여 검사를 할 수 있다.
> ③ 제1항 제1호 또는 제3호에 따른 최초검사 또는 운반검사는 해당 물질의 반입 또는 운반개시 14일 전까지 신청하여야 한다.
> ④ 원자력안전위원회는 제1항 제2호 또는 제4호의 규정에 의한 검사를 하고자 할 때에는 검사자명단·검사일정·검사내용 등이 포함된 검사계획을 검사개시 10일 전까지 원자력사업자에게 통보하여야 한다.
> ⑤ 제1항 각호의 규정에 의한 검사의 방법 등에 관한 세부사항은 원자력안전위원회가 정한다.

> **➕ 알아보기** 최초검사의 신청 등(규칙 제7조)
>
> ① 영 제18조 제3항에 따른 최초검사의 신청은 별지 제5호 서식에 따르고, 운반검사의 신청은 별지 제6호 서식에 따른다.
> ② 삭제 〈2021.6.9.〉
> ③ 제1항에 따른 운반검사의 신청서에는 다음 각호의 서류를 각각 2부씩 첨부해야 한다. 〈개정 2021.6.9.〉
>   1. 운반방호 조직 및 책임자에 관한 서류
>   2. 운반하려는 핵물질의 종류, 수량, 등급, 동위원소 구성에 관한 서류
>   2의2. 운반하려는 핵물질의 포장용기, 적재방법 및 운반수단에 관한 서류
>   3. 운반경로 및 예상 도착시간에 관한 서류
>   4. 운반 중 연락체제에 관한 서류
>   5. 예상되는 사고 및 비상대응체계에 관한 서류
>   6. 삭제 〈2021.6.9.〉
> ④ 영 제18조 제3항에 따라 운반검사를 신청한 자는 그 신청한 사항을 변경하려는 경우에는 별지 제7호 서식의 신청서에 변경신청 이유서를 첨부하여 지체 없이 원자력안전위원회에 제출하여야 한다.

② 원자력안전위원회는 검사 결과 다음의 어느 하나에 해당할 때에는 원자력사업자에게 그 시정을 명할 수 있다(제2항).
  ㉠ 제8조 제2항에 따른 방호 요건을 위반한 사실이 있을 때(제1호)
  ㉡ 제9조 제1항 제1호에 따른 물리적방호를 위한 시설·설비 또는 그 운영체제가 총리령으로 정하는 기준에 미치지 못할 때(제2호)
  ㉢ 물리적방호규정을 위반하였을 때(제3호)
  ㉣ 방호비상계획에 따른 조치가 미흡할 때(제4호)
  ㉤ 정보시스템 보안규정을 위반하였을 때(제4호의2)
  ㉥ 물리적방호규정, 방호비상계획 및 정보시스템 보안규정의 보완이 필요할 때(제5호)
  ㉦ 제9조의2 제1항에 따른 교육을 받지 아니하였을 때(제6호)
  ㉧ 제9조의3 제1항에 따른 물리적방호 훈련을 승인된 계획에 따라 실시하지 아니하였거나 같은 조 제3항에 따른 이행계획에 따라 보완조치를 하지 아니하였을 때(제7호)

(5) 기록과 비치(법 제14조)

원자력사업자는 원자력시설 등의 물리적방호에 관한 사항을 총리령으로 정하는 바에 따라 기록하여 그 사업소마다 갖추어 두어야 한다.

(6) 비밀누설금지 등(법 제15조)

제3조부터 제14조까지의 규정에 따른 직무에 종사하거나 종사하였던 방호협의회(지역방호협의회를 포함한다)의 위원, 공무원 또는 관련 종사자는 그 직무상 알게 된 물리적방호에 관한 비밀을 누설하거나 이 법 시행을 위한 목적 외의 용도로 이용하여서는 아니 된다.

5. 물리적방호 교육 및 훈련

(1) 물리적방호 교육(법 제9조의2)

① 원자력사업자의 종업원 및 원자력안전위원회가 정하여 고시하는 물리적방호와 관련된 단체 또는 기관의 직원은 대통령령으로 정하는 바에 따라 원자력안전위원회가 실시하는 물리적방호에 관한 교육(원자력시설 컴퓨터 및 정보시스템 보안교육을 포함한다)을 받아야 한다(제1항).

> **➕ 알아보기** 물리적방호 교육(영 제17조의2)
> ① 법 제9조의2 제1항에 따른 물리적방호에 관한 교육은 신규교육과 보수교육으로 구분한다.
> ② 원자력안전위원회는 제1항에 따른 교육을 실시하는 경우 교육대상자의 담당 직무별로 실시하여야 한다.
> ③ 삭제 〈2021.6.8.〉

② 원자력안전위원회는 교육을 담당할 교육기관을 지정할 수 있다(제2항).

> **➕ 알아보기** 물리적방호 교육기관의 지정절차(규칙 제5조의4)
>
> ① 교육기관으로 지정받으려는 자는 영 제17조의3 제2항에 따라 별지 제4호의2 서식의 물리적방호 교육기관 지정신청서에 다음 각호의 서류를 첨부하여 원자력안전위원회에 제출해야 한다.
>   1. 교육 시설 및 교육 관련 장비 현황 1부
>   2. 강사 보유 현황 3부
>   3. 교육시행 절차서 또는 규정 3부
> ② 원자력안전위원회는 법 제9조의2 제2항에 따라 교육기관을 지정한 때에는 별지 제4호의3 서식의 물리적방호 교육기관 지정서를 신청인에게 발급해야 한다.
>
> [본조신설 2021.6.9.]

③ ①에 따른 물리적방호 교육의 내용·이수·유예·평가 등에 관한 사항은 총리령으로 정하고, ②에 따른 교육기관의 지정기준 및 지정취소의 기준 등에 관한 사항은 대통령령으로 정한다(제3항).

> **➕ 알아보기** 물리적방호 교육의 이수시간 등(규칙 제5조의2)
>
> ① 법 제9조의2 제1항에 따른 물리적방호 교육(이하 "물리적방호 교육"이라 한다)의 담당직무별 교육대상자가 이수해야 하는 교육시간 및 교육내용은 [별표 1의2]와 같다.
> ② 제1항에 따른 교육대상자가 다음 각호의 교육을 받은 경우에는 교육시간에 상응하는 물리적방호 교육을 해당 연도에 이수한 것으로 본다.
>   1. 물리적방호와 관련된 국내 유관기관에서 시행한 교육으로서 물리적방호 교육의 담당직무별로 이수해야 하는 교육
>   2. 외국기관에서 시행한 교육으로서 물리적방호 교육의 담당직무별로 이수해야 하는 교육내용과 관련된 교육
> ③ 제1항에 따른 교육대상자 중 국내외 파견근무 등 물리적방호 교육을 받기가 곤란한 사유가 있다고 원자력안전위원회가 인정하는 교육대상자는 그 사유가 해소되기 전까지 물리적방호 교육을 유예할 수 있다.
> ④ 제3항에 따라 교육이 유예된 교육대상자는 그 사유가 해소된 후 유예된 물리적방호 교육을 추가로 이수해야 한다.
> ⑤ 제1항부터 제4항까지에서 규정한 사항 외에 물리적방호 교육 대상자의 세부분류, 교육방법 등 물리적방호 교육에 관한 세부 사항은 원자력안전위원회가 정하여 고시한다.
>
> [전문개정 2021.6.9.]

➕ 알아보기 물리적방호 교육 담당직무별 교육대상자가 이수해야 하는 교육시간 및 교육내용(규칙 [별표 1의2])

〈개정 2021.6.9.〉

1. 교육시간

교육대상		교육시간	
		신규교육	보수교육
원자력사업자의 종업원	물리적방호 업무를 담당하는 종업원	물리적방호 업무를 담당하는 종업원으로 지정된 날부터 6개월 이내에 8시간 이상	매년 4시간 이상
	물리적방호 업무를 담당하지 않는 종업원	종업원으로 임용된 날부터 1년 이내에 2시간 이상	매년 2시간 이상
원자력안전위원회가 정하여 고시하는 물리적방호와 관련된 단체 또는 기관의 직원	물리적방호 업무를 담당하는 직원	물리적방호 업무를 담당하는 직원으로 지정된 날부터 6개월 이내에 8시간 이상	매년 4시간 이상
	물리적방호 업무를 담당하지 않는 직원	직원으로 임용된 날부터 1년 이내에 2시간 이상	매년 2시간 이상

2. 교육내용

교육대상		교육내용
원자력사업자의 종업원	물리적방호 업무를 담당하는 종업원	1. 물리적방호 일반사항 2. 물리적방호에 관한 법령 3. 방호비상대응에 관한 사항 4. 물리적방호 체제 및 동향 5. 위협평가에 관한 사항 6. 방호문화 7. 물리적방호 시스템 설계 8. 물리적방호 시설 및 장비 시험·실습 9. 기타 사항
	물리적방호 업무를 담당하지 않는 종업원	1. 물리적방호 일반사항 2. 물리적방호에 관한 법령 3. 방호비상대응에 관한 사항
원자력안전위원회가 정하여 고시하는 물리적방호와 관련된 단체 또는 기관의 직원	물리적방호 업무를 담당하는 직원	1. 물리적방호 일반사항 2. 물리적방호에 관한 법령 3. 방호비상대응에 관한 사항 4. 물리적방호 체제 및 동향 5. 위협평가에 관한 사항 6. 방호문화 7. 물리적방호 시스템 설계 8. 물리적방호 시설 및 장비 시험·실습 9. 기타 사항
	물리적방호 업무를 담당하지 않는 직원	1. 물리적방호 일반사항 2. 물리적방호에 관한 법령 3. 전자적 침해행위 방지에 관한 사항

> **알아보기** 물리적방호 교육의 평가 등(규칙 제5조의3)

① 법 제9조의2 제2항에 따른 물리적방호 교육기관(이하 "교육기관"이라 한다)은 물리적방호 교육을 실시한 때마다 원자력안전위원회가 정하여 고시하는 바에 따라 교육 수강자에 대한 평가를 실시해야 한다.
② 제1항에 따른 평가를 실시한 결과 100점 만점에 70점 이상의 성적을 받으면 해당 과목을 이수하는 것으로 한다.
③ 교육기관이 인터넷 등에 의한 원격교육을 실시하는 경우에는 교육프로그램을 교육대상자 본인이 수강하였는지 여부를 확인할 수 있도록 조치를 마련해야 한다.
④ 교육기관은 물리적방호 교육에 관한 사항을 장부에 기록하여 비치해야 하며, 장부에 기록한 날부터 3년 동안 기록된 사항을 보존해야 한다.
[전문개정 2021.6.9.]

> **알아보기**

물리적방호 교육기관의 지정(영 제17조의3)
① 법 제9조의2 제2항에 따른 교육기관(이하 "교육기관"이라 한다)의 지정기준은 다음 각호와 같다.
  1. 교육대상 인원을 수용할 수 있는 적정한 면적의 교육시설을 갖출 것
  2. 침입탐지장비, 보안검색장비 등 실습교육에 필요한 물리적방호 관련 장비를 갖출 것
  3. 다음 각목의 어느 하나에 해당하는 사람을 강사로 확보할 것
     가. 물리적방호 관련 분야의 면허나 자격증을 소지한 사람
     나. 물리적방호 관련 박사학위를 받은 사람
     다. 물리적방호 관련 업무에 3년 이상 종사한 경력이 있는 사람
     라. 물리적방호 관련 연구기관 또는 전문기관에서 3년 이상 근무한 경력이 있는 사람
  4. 교육대상자별 교육시간·교육내용을 고려한 교육시행 절차서 또는 규정을 갖출 것
② 교육기관으로 지정받으려는 자는 총리령으로 정하는 교육기관 지정신청서를 작성하여 원자력안전위원회에 제출해야 한다.
③ 원자력안전위원회는 제2항에 따른 신청서를 제출한 자가 법인인 경우 「전자정부법」 제36조 제1항에 따른 행정정보의 공동이용을 통하여 신청인의 법인등기사항증명서를 확인해야 한다.
④ 제1항부터 제3항에서 규정한 사항 외에 교육기관의 지정 및 운영에 필요한 세부 사항은 원자력안전위원회가 정하여 고시한다.
[본조신설 2021.6.8.]

물리적방호 교육기관의 지정취소(영 제17조의4)
법 제9조의2 제3항에 따른 교육기관의 지정취소 기준은 다음 각호와 같다.
  1. 거짓이나 그 밖의 부정한 방법으로 교육기관의 지정을 받은 경우
  2. 제17조의3 제1항 각호의 지정기준을 갖추지 못한 경우
  3. 정당한 사유 없이 1년 이상 교육실적이 없는 경우
  4. 교육기관이 교육수행을 포기한 경우
[본조신설 2021.6.8.]

(2) 물리적방호 훈련(법 제9조의3)

① 원자력사업자는 총리령으로 정하는 바에 따라 물리적방호 훈련계획을 수립하여 원자력안전위원회의 승인을 받은 후 이를 시행하여야 한다(제1항).

> **알아보기** 물리적방호 훈련계획의 수립(규칙 제5조의5)
>
> ① 원자력사업자는 법 제9조의3 제1항에 따라 물리적방호 훈련계획을 수립하여 원자력안전위원회에 제출하여야 한다.
> ② 제1항에 따른 물리적방호 훈련계획에는 다음 각호의 사항이 포함되어야 한다.
>   1. 훈련의 기본방향
>   2. 훈련의 종류
>   3. 훈련 종류별 물리적방호 훈련의 목적·대상·내용·방법 및 일정
>   4. 훈련 종류별 물리적방호 훈련의 통제 및 평가에 관한 사항
>   5. 그 밖에 원자력사업자가 물리적방호 훈련에 필요하다고 인정하는 사항
> ③ 물리적방호 훈련계획에 포함되는 원자력사업자별 물리적방호 훈련의 종류 및 방법 등 물리적방호 훈련에 관하여 필요한 사항은 원자력안전위원회가 정하여 고시한다.
> [제5조의4에서 이동] 〈2021.6.9.〉

② 원자력사업자는 물리적방호 훈련을 실시한 후 그 결과를 원자력안전위원회에 보고하여야 한다. 이 경우 원자력안전위원회는 ①에 따라 실시하는 물리적방호 훈련에 대하여 평가할 수 있다(제2항).

③ 원자력안전위원회는 평가 결과 필요하다고 인정하면 원자력사업자에게 물리적방호규정의 보완 등 필요한 조치를 명할 수 있다. 이 경우 원자력사업자는 이에 대한 이행계획 및 조치 결과를 원자력안전위원회에 보고하여야 한다(제3항).

6. 국제협력 등

(1) 핵물질의 국제운송방호(법 제13조)

① 「핵물질 및 원자력시설의 물리적 방호에 관한 협약」의 요건에 따라 국제운송 중인 핵물질이 방호될 것이라는 보장을 관련 국가로부터 받지 아니한 자는 핵물질을 수출하거나 수입할 수 없다(제1항).

② 핵물질을 국제운송하려는 원자력사업자 또는 핵물질의 국제운송을 위탁받은 자는 대통령령으로 정하는 바에 따라 핵물질의 국제운송에 대한 물리적방호를 위한 계획(이하 "국제운송방호계획"이라 한다)에 대하여 원자력안전위원회의 승인을 받아야 하며, 이를 변경하려는 경우에도 또한 같다. 다만, 총리령으로 정하는 경미한 사항을 변경하려는 경우에는 원자력안전위원회에 신고하여야 한다(제2항).

➕ 알아보기   국제운송방호계획의 승인신청 등(영 제18조의2)

① 법 제13조 제2항 본문에 따른 국제운송방호계획(이하 "국제운송방호계획"이라 한다)에 대하여 승인을 받으려는 자는 다음 각호의 구분에 따른 기한까지 총리령으로 정하는 바에 따라 국제운송방호계획 승인 신청서에 관계 서류를 첨부하여 원자력안전위원회에 제출해야 한다.
  1. 수출 목적으로 핵물질을 국제운송하려는 경우 : 국내 항구 또는 공항에서 출발하기 90일 전
  2. 수입 목적으로 핵물질을 국제운송하려는 경우 : 수출국의 항구 또는 공항에서 출발하기 30일 전
  3. 핵물질을 실은 선박이나 항공기가 국내 항구 또는 공항에서 경유·환적(換積)하기 위하여 입항하려는 경우 : 선적(船積)한 국가의 항구 또는 공항에서 출발하기 30일 전
② 법 제13조 제2항 본문에 따라 승인된 국제운송방호계획의 변경승인을 받으려는 자는 총리령으로 정하는 바에 따라 국제운송방호계획 변경승인 신청서에 관계 서류를 첨부하여 원자력안전위원회에 제출해야 한다.
[본조신설 2021.6.8.]

➕ 알아보기

국제운송방호계획의 승인신청 등(규칙 제8조의2)

① 영 제18조의2 제1항에 따른 국제운송방호계획 승인 신청서는 별지 제7호의2 서식과 같다.
② 제1항에 따른 승인 신청서에는 다음 각호의 서류를 각각 2부씩 첨부해야 한다.
  1. 법 제13조 제2항 본문에 따른 국제운송방호계획
  2. 운송 일정과 송하인(送荷人)·운송인·수하인(受荷人)의 임무 및 책임이 명시된 계약서
③ 원자력안전위원회는 법 제13조 제2항 본문에 따라 국제운송방호계획을 승인한 경우에는 별지 제7호의3 서식의 국제운송방호계획 승인서를 신청인에게 발급해야 한다.
[본조신설 2021.6.9.]

국제운송방호계획의 변경승인신청(규칙 제8조의3)

① 영 제18조의2 제2항에 따른 국제운송방호계획 변경승인 신청서는 별지 제7호의4 서식과 같다. 〈개정 2021.12.31.〉
② 제1항에 따른 변경승인 신청서에는 다음 각호의 서류를 첨부해야 한다.
  1. 국제운송방호계획 중 변경되기 전과 변경된 후의 비교표 2부
  2. 국제운송방호계획 승인서
[본조신설 2021.6.9.]

국제운송방호계획의 경미한 사항 변경신고(규칙 제8조의4)

① 법 제13조 제2항 단서에서 "총리령으로 정하는 경미한 사항"이란 다음 각호의 사항을 말한다.
  1. 국제운송방호계획의 승인을 받은 자의 성명 또는 주소(법인인 경우에는 그 명칭 및 주소와 대표자의 성명)
  2. 송하인·운송인·수하인의 성명 또는 주소(법인인 경우에는 그 명칭 및 주소와 대표자의 성명)
② 법 제13조 제2항 단서에 따라 변경신고를 하려는 자는 해당 신고사유가 발생한 날부터 30일 이내에 별지 제7호의5 서식의 국제운송방호계획의 경미한 사항 변경신고서에 다음 각호의 서류를 첨부하여 원자력안전위원회에 제출해야 한다.
  1. 국제운송방호계획 중 변경되기 전과 변경된 후의 비교표 2부
  2. 국제운송방호계획 승인서
[본조신설 2021.6.9.]

③ 국제운송방호계획의 작성에 관한 세부기준은 총리령으로 정한다(제3항). 〈신설 2020.12.8.〉

> **➕ 알아보기**
>
> 국제운송방호계획에 대한 작성지침 등 세부기준(규칙 제8조의5)
>
> 법 제13조 제3항에 따른 국제운송방호계획에 대한 작성지침 등 세부기준은 [별표 1의3]과 같다.
> [본조신설 2021.6.9.]
>
> 국제운송방호계획에 대한 작성지침 등 세부기준(규칙 [별표 1의3]) 〈신설 2021.6.9.〉
>
> 1. 국제운송방호계획의 작성지침
>   가. 다음의 구분에 따른 운송구간에 대하여 국제운송방호계획을 작성할 것
>   1) 수출 목적으로 핵물질을 국제운송하려는 경우 : 국내 항구 또는 공항에서 수입국의 영역에 진입하는 지점까지
>   2) 수입 목적으로 핵물질을 국제운송하려는 경우 : 대한민국의 영역에 진입하는 지점부터 국내 항구 또는 공항까지
>   3) 핵물질을 실은 선박이나 항공기가 국내 항구 또는 공항에서 경유·환적(換積)하기 위하여 입항하려는 경우 : 대한민국의 영역에 진입하는 지점부터 국내 항구 또는 공항까지
>   나. 양적(量的)으로 표현이 가능한 사항은 양적으로 기술할 것
>   다. 「보안업무규정」 제2조 제1호에 따른 비밀에 해당하는 사항은 별도로 분리하여 작성할 것
> 2. 국제운송방호계획의 작성내용
>   가. 운송 일반에 관한 사항
>   1) 조직 및 임무
>   2) 운송경로, 운송횟수 및 운송수단
>   3) 보고체계
>   4) 그 밖에 운송 일반에 관한 사항
>   나. 운송물에 관한 사항
>   1) 운송 핵물질
>   2) 운송 핵물질의 포장 및 적재
>   3) 그 밖에 운송물에 관한 사항
>   다. 운송 중인 핵물질의 물리적방호에 관한 사항
>   1) 방호조직 및 임무
>   2) 물리적방호 조치
>   3) 그 밖에 운송 중인 핵물질의 물리적방호에 관한 사항
>   라. 운송중인 핵물질의 방호비상계획에 관한 사항
>   1) 방호비상 대응조직 및 임무
>   2) 방호비상 대응조치
>   3) 방호비상 대응체계
>   4) 사보타주로 인한 방사선영향의 최소화방안
>   5) 분실·도난 핵물질의 위치추적 및 회수방안
>   6) 그 밖에 운송중인 핵물질의 방호비상계획에 관한 사항
> 3. 제2호의 항목별 세부작성기준은 원자력안전위원회가 정하여 고시한다.

(2) 국제운송방호의 검사 등(법 제13조의2)

① 제13조 제2항 본문에 따라 국제운송방호계획의 승인을 받은 자(이하 "국제운송자"라 한다)는 핵물질의 국제운송방호에 대하여 대통령령으로 정하는 바에 따라 원자력안전위원회의 검사를 받아야 한다 (제1항).

> **+ 알아보기** 국제운송방호의 검사(영 제18조의3)
>
> ① 법 제13조의2 제1항에 따른 국제운송자가 핵물질의 국제운송방호에 대하여 검사를 받으려는 경우에는 다음 각호의 구분에 따른 기한까지 총리령으로 정하는 바에 따라 국제운송방호 검사 신청서에 관계 서류를 첨부하여 원자력안전위원회에 제출해야 한다.
>   1. 수출 목적으로 핵물질을 국제운송하려는 경우 : 국내 항구 또는 공항에서 출발하기 14일 전
>   2. 수입 목적으로 핵물질을 국제운송하려는 경우 : 대한민국의 영역에 진입하기 14일 전
>   3. 핵물질을 실은 선박이나 항공기가 국내 항구 또는 공항에서 경유·환적하기 위하여 입항하려는 경우 : 대한민국의 영역에 진입하기 14일 전
> ② 제1항에 따른 검사의 방법 등에 관한 세부 사항은 원자력안전위원회가 정하여 고시한다.
> [본조신설 2021.6.8.]

> **+ 알아보기** 국제운송방호검사의 신청 등(규칙 제8조의6)
>
> ① 영 제18조의3 제1항에 따른 국제운송방호검사 신청서는 별지 제7호의6 서식에 따른다.
> ② 제1항에 따른 국제운송방호검사 신청서에는 다음 각호의 서류를 각각 2부씩 첨부해야 한다.
>   1. 국제운송방호 조직 및 책임자에 관한 서류
>   2. 국제운송하려는 핵물질의 종류, 수량, 등급, 동위원소 구성에 관한 서류
>   3. 국제운송하려는 핵물질의 포장용기, 적재방법 및 운송수단에 관한 서류
>   4. 국제운송 경로 및 예상 도착일시에 관한 서류
>   5. 국제운송 중 연락체제에 관한 서류
>   6. 국제운송 중 예상되는 사고 및 비상대응체계에 관한 서류
> ③ 법 제13조의2 제1항 및 영 제18조의3 제1항에 따라 국제운송방호검사를 신청한 자가 그 신청한 사항을 변경하려는 경우에는 별지 제7호의7 서식의 국제운송방호검사 변경신청서에 변경사유를 증명할 수 있는 서류를 첨부하여 지체 없이 원자력안전위원회에 제출해야 한다.
> [본조신설 2021.6.9.]

② 원자력안전위원회는 제1항에 따른 검사 결과가 다음 각호의 어느 하나에 해당할 때에는 검사를 받은 국제운송자에게 그 시정을 명할 수 있다(제2항).
  ⊙ 제8조 제2항에 따른 방호 요건을 위반한 사실이 있을 때(제1호)
  ⓒ 국제운송방호계획에 따른 조치가 미흡할 때(제2호)
  ⓒ 국제운송방호계획의 보완이 필요할 때(제3호)

(3) 국제협력 등(법 제13조의3)

① 외교부장관은 범죄의 실행 또는 준비에 대하여 알게 된 정보가 명백하고 그 범죄의 정도가 객관적으로 중대하다고 인정되는 경우에는 「핵테러행위의 억제를 위한 국제협약」, 「핵물질 및 원자력시설의 물리적방호에 관한 협약」 및 그 밖의 국제협약 또는 양자 간 협정에 따라 해당 국제기구 및 관련 국가에 그 내용을 알려야 한다(제1항).
② ①에도 불구하고 외교부장관은 통보가 다른 법률에 위배되거나 대한민국 또는 다른 국가의 안전을 저해할 우려가 있다고 인정하는 경우에는 통보를 하지 아니할 수 있다(제2항).

7. 적용 범위(법 제16조)

이 규정은 평화적 목적에 사용되는 국내의 원자력시설 등과 대한민국으로부터 또는 대한민국으로 국제운송 중인 핵물질에 적용한다.

03 방사능 방재대책

1. 방사능재난 관리 및 대응체제

(1) 방사선비상의 종류(법 제17조)

① 원자력시설 등의 방사선비상의 종류는 사고의 정도와 상황에 따라 백색비상, 청색비상 및 적색비상으로 구분한다(제1항).
② 방사선비상의 종류에 대한 기준, 각 종류별 대응 절차 및 그 밖에 필요한 사항은 대통령령으로 정한다(제2항).

> **➕ 알아보기** 방사선비상의 종류에 대한 기준 및 방사선비상별 대응절차(영 [별표 3]) 〈개정 2021.12.23.〉
>
> 1. 방사선비상의 종류에 대한 기준
>
> | 구분 | 기준 |
> |---|---|
> | 백색비상 | 방사성물질의 밀봉상태의 손상 또는 원자력시설의 안전상태 유지를 위한 전원공급기능에 손상이 발생하거나 발생할 우려가 있는 등의 사고로서 방사성물질의 누출로 인한 방사선영향이 원자력시설의 건물 내에 국한될 것으로 예상되는 비상사태 |
> | 청색비상 | 백색비상에서 안전상태로의 복구기능의 저하로 원자력시설의 주요 안전기능에 손상이 발생하거나 발생할 우려가 있는 등의 사고로서 방사성물질의 누출로 인한 방사선영향이 원자력시설 부지 내에 국한될 것으로 예상되는 비상사태 |
> | 적색비상 | 노심의 손상 또는 용융 등으로 원자력시설의 최후방벽에 손상이 발생하거나 발생할 우려가 있는 사고로서 방사성물질의 누출로 인한 방사선영향이 원자력시설 부지 밖으로 미칠 것으로 예상되는 비상사태 |

2. 방사선비상별 대응절차

구분	대응절차(대응조치)		
	백색비상	청색비상	적색비상
원자력 사업자	1. 법 제21조 제1항 제1호에 따른 원자력안전위원회 등에의 보고 2. 법 제21조 제1항 제3호에 따른 방사능재난등에 관한 정보의 공개 3. 법 제21조 제1항 제4호에 따른 방사선사고 확대 방지를 위한 응급조치 및 응급조치요원 등의 방사선 피폭을 저감하기 위하여 필요한 방사선방호조치 4. 법 제35조 제1항 제5호에 따른 비상대응시설의 운영 5. 제24조에 따른 원자력시설의 부지 내 건물에서 방사능재난등으로 방사능에 오염되거나 방사선에 피폭된 자와 원자력사업자의 종업원 중 방사능에 오염되거나 방사선에 피폭된 자에 대한 응급조치	1. 백색비상란 제1호부터 제4호까지에서 정한 대응조치 2. 법 제20조 제1항에 따른 원자력사업자의 방사선비상계획에 따른 방사능재난 등을 대비하기 위한 조직의 설치·운영 3. 법 제21조 제1항 제5호에 따른 방재요원의 파견, 기술적 사항의 자문, 방사선측정장비 등의 대여 등 지원 4. 제24조에 따른 원자력시설의 부지 내에서 방사능재난등으로 방사능에 오염되거나 방사선에 피폭된 자와 원자력사업자의 종업원 중 방사능에 오염되거나 방사선에 피폭된 자에 대한 응급조치	청색비상란 제1호부터 제4호까지에서 정한 대응조치

원자력안전
위원회
	1. 법 제21조 제1항 제1호에 따른 보고를 받은 경우에 국가방사능방재계획에 따라 이를 관련기관에 통보
	2. 법 제28조 제3항 제1호의 연합정보센터의 설치·운영
		1. 백색비상란 제1호의 대응조치
		2. 방사선비상의 사고 정도와 그 상황이 방사능재난의 선포기준에 해당하여 법 제23조 제1항에 따라 방사능재난 발생을 선포한 경우 다음 각목의 조치
		  가. 국가방사능방재계획에 따라 이를 관련기관에 통보
		  나. 국무총리를 거쳐 대통령에게 방사능재난상황의 개요 등을 보고
		  다. 시·도지사 및 시장·군수·구청장으로 하여금 방사선영향을 받을 우려가 있는 지역 안의 주민에게 방사능재난의 발생상황을 알리게 하고 필요한 대응을 하게 함
		3. 중앙본부의 설치
		4. 현장지휘센터의 설치 및 현장지휘센터 장의 지명
			청색비상란 제1호부터 제4호까지에서 정한 대응조치

		1. 중앙본부의 운영 2. 현장지휘센터의 장에 대한 지휘 3. 기술지원본부, 의료지원본부 및 법 제32조 제3항 전단에 따른 주민보호지원본부의 장에 대한 지휘	청색비상란 제1호부터 제3호까지에서 정한 대응조치
중앙방사능 방재대책 본부장			
행정안전부 장관		법 제32조 제3항 전단에 따른 주민보호지원본부의 설치·운영	청색비상란에 따른 대응조치
현장지휘 센터의 장		1. 현장지휘센터의 운영 2. 법 제28조 제3항 각 호의 연합정보센터, 합동방사선감시센터 및 합동방사선비상진료센터의 설치·운영 3. 법 제29조 제1항 각 호의 권한 행사	청색비상란 제1호부터 제3호까지에서 정한 대응조치
방사선비상 계획구역의 전부 또는 일부를 관할 하는 시·도 지사 및 시 장·군수· 구청장	지역본부의 설치·운영	1. 지역본부의 설치·운영 2. 법 제29조 제1항 제3호부터 제5호까지에 따라 현장지휘센터의 장이 결정한 사항의 시행	청색비상란 제1호 및 제2호의 대응조치

(2) 국가방사능방재계획의 수립 등(법 제18조)

① 원자력안전위원회는 대통령령으로 정하는 바에 따라 방사선비상 및 방사능재난(이하 "방사능재난등"이라 한다) 업무에 관한 계획(이하 "국가방사능방재계획"이라 한다)을 수립하여 국무총리에게 제출하고, 국무총리는 이를 「재난 및 안전관리기본법」 제9조에 따른 중앙안전관리위원회의 심의를 거쳐 확정한 후 관계 중앙행정기관의 장에게 통보하여야 한다(제1항).

㉠ 국가방사능방재계획의 수립(영 제20조)
- 국가방사능방재계획은 5년마다 수립한다(제1항).
- 국가방사능방재계획은 「재난 및 안전관리 기본법」 제22조 제1항에 따른 국가안전관리기본계획과 연계하여 수립하되, 국가방사능방재계획에는 다음의 사항이 포함되어야 한다(제2항).
  - 방사선비상 및 방사능재난(이하 "방사능재난등"이라 한다) 업무의 정책목표 및 기본방향(제1호)
  - 방사능재난등 업무의 추진과제(제2호)
  - 방사능재난등 업무에 관한 투자계획(제3호)
  - 원자력안전위원회가 방사능재난등의 발생을 통보하여야 할 대상기관, 통보의 방법 및 절차(제4호)
  - 그 밖에 방사능재난등 업무에 관하여 필요한 사항(제5호)

ⓒ 국가방사능방재집행계획의 수립(영 제20조의2)
    - 원자력안전위원회는 국가방사능방재계획을 토대로 매년 연도별 집행계획(이하 "국가방사능방재집행계획"이라 한다)을 수립하여야 한다(제1항).
    - 원자력안전위원회는 「재난 및 안전관리 기본법 시행령」 제27조 제1항에 따른 집행계획의 수립·통보시기에 맞추어 국가방사능방재집행계획을 수립하여야 한다(제2항).
  ② 원자력안전위원회는 ①에 따라 확정된 국가방사능방재계획을 방사선비상계획구역의 전부 또는 일부를 관할하는 시·도지사, 시장·군수·구청장에게 통보하여야 한다(제2항).
  ③ 원자력안전위원회와 관계 중앙행정기관의 장은 국가방사능방재계획 중 맡은 사항에 대하여 지정기관의 장에게 통보하여야 한다(제3항).

(3) 지역방사능방재계획 등의 수립 등(법 제19조)

① 방사선비상계획구역의 전부 또는 일부를 관할하는 시·도지사 및 시장·군수·구청장은 통보받은 국가방사능방재계획에 따라 관할구역에 있는 지정기관의 방사능재난 등 관리업무에 관한 계획을 종합하여 시·도 방사능방재계획 및 시·군·구 방사능방재계획(이하 "지역방사능방재계획"이라 한다)을 각각 수립한다(제1항).

> **+ 알아보기** 지역방사능방재계획의 수립(영 제21조)
> ① 원자력안전위원회는 국가방사능방재계획 및 국가방사능방재집행계획을 기초로 법 제19조 제1항에 따른 지역방사능방재계획의 수립지침을 작성하여 국가방사능방재집행계획과 함께 방사선비상계획구역의 전부 또는 일부를 관할하는 특별시장·광역시장·특별자치시장·도지사·특별자치도지사(이하 "시·도지사"라 한다) 또는 시장·군수·구청장(자치구의 구청장을 말한다)에게 통보하여야 한다.
> ② 방사선비상계획구역의 전부 또는 일부를 관할하는 시·도지사 또는 시장·군수·구청장은 법 제19조 제1항에 따라 지역방사능방재계획을 수립할 때에는 국가방사능방재계획, 국가방사능방재집행계획 및 제1항에 따라 통보받은 지역방사능방재계획의 수립지침에 따라야 한다.
> ③ 방사선비상계획구역의 전부 또는 일부를 관할하는 시·도지사 또는 시장·군수·구청장은 「재난 및 안전관리 기본법 시행령」 제29조 제3항에 따른 시·도안전관리계획 및 시·군·구안전관리계획의 수립시기에 맞추어 지역방사능방재계획을 수립하여야 한다.
> ④ 방사선비상계획구역의 전부 또는 일부를 관할하는 시·도지사 또는 시장·군수·구청장은 제3항에 따라 수립한 지역방사능방재계획을 지체 없이 원자력안전위원회에 제출하여야 한다.

② 지역방사능방재계획을 수립한 시·도지사 및 시장·군수·구청장은 이를 원자력안전위원회에 제출하고 관할구역의 지정기관의 장에게 알려야 한다(제2항).
③ 원자력안전위원회는 ②에 따라 받은 지역방사능방재계획에 대하여 행정안전부장관에게 의견을 요청할 수 있다(제3항). 〈신설 2021.6.8.〉
④ 원자력안전위원회는 ②에 따라 받은 지역방사능방재계획이 방사능재난등의 대응·관리에 충분하지 아니하다고 인정할 때에는 해당 지방자치단체의 장에게 그 시정 또는 보완을 요구할 수 있다(제4항). 〈개정 2021.6.8.〉

(4) 원자력사업자의 방사선비상계획(법 제20조)

① 원자력사업자는 원자력시설 등에 방사능재난 등이 발생할 경우에 대비하여 대통령령으로 정하는 바에 따라 방사선비상계획을 수립하여 원자력시설 등의 사용을 시작하기 전에 원자력안전위원회의 승인을 받아야 하고, 이를 변경하려는 경우에도 또한 같다. 다만, 총리령으로 정하는 경미한 사항을 변경하려는 경우에는 이를 원자력안전위원회에 신고하여야 한다(제1항).

> **⊕ 알아보기**
>
> **방사선비상계획의 승인신청(영 제22조)**
>
> ① 원자력사업자는 법 제20조 제1항의 규정에 의하여 다음 각호의 사항을 포함한 방사선비상계획을 수립하고 이에 대한 승인신청서를 원자력안전위원회에 제출하여야 한다.
>   1. 당해 원자력시설의 방사선비상계획구역에 관한 사항
>   2. 방사능재난 등에 대비하기 위한 조직 및 임무에 관한 사항
>   3. 법 제35조 제1항의 규정에 의한 방사능재난대응시설 및 장비의 확보에 관한 사항
>   4. 당해 원자력시설을 고려한 방사선비상의 종류별 세부기준에 관한 사항
>   5. 사고 초기의 대응조치에 관한 사항
>   6. 방사능재난 등의 대응활동에 관한 사항
>   7. 방사능재난 등의 복구에 관한 사항
>   8. 방사능방재 교육 및 훈련에 관한 사항
>   9. 그 밖에 원자력시설 등에 방사능재난등이 발생할 경우를 대비하기 위하여 원자력사업자가 필요하다고 인정하는 사항
> ② 원자력사업자는 법 제20조 제1항 본문의 규정에 의하여 방사선비상계획을 변경하고자 하는 경우에는 그 변경할 사항과 이유를 기재한 변경승인신청서를 원자력안전위원회에 제출하여야 한다.
>
> **경미한 사항의 변경신고(규칙 제12조)**
>
> ① 법 제20조 제1항 단서 및 같은 조 제2항 단서에서 "총리령으로 정하는 경미한 사항"이란 다음 각호의 사항을 말한다.
>   1. 방사선비상계획의 승인을 받은 자의 성명 및 주소(법인인 경우에는 그 명칭 및 주소와 대표자의 성명)
>   2. 사업소의 명칭 및 소재지
>   3. [별표 3]의 방사선비상계획 수립에 관한 세부기준 중 제1호, 제2호 다목·라목, 제5호 가목·나목, 제6호 나목·다목·라목 및 제7호부터 제9호까지의 규정에 따른 기재사항

② 원자력사업자는 방사선비상계획을 수립하거나 변경하려는 경우에는 미리 그 내용을 방사선비상계획구역의 전부 또는 일부를 관할하는 시·도지사, 시장·군수·구청장 및 지정기관의 장에게 알려야 한다. 이 경우 해당 시·도지사, 시장·군수·구청장 및 지정기관의 장은 해당 원자력사업자의 방사선비상계획에 대한 의견을 원자력안전위원회에 제출할 수 있다. 다만, 총리령으로 정하는 경미한 사항을 변경하려는 경우에는 그러하지 아니하다(제2항).

③ 원자력안전위원회는 ①의 단서에 따른 신고를 받은 경우 그 내용을 검토하여 이 법에 적합하면 신고를 수리하여야 한다(제3항).

④ 방사선비상계획의 수립에 관한 세부기준은 총리령으로 정한다(제4항).

> **➕ 알아보기** 방사선비상계획의 수립에 관한 세부기준(규칙 [별표 3])
>
> 1. 해당 원자력시설의 방사선비상계획구역에 관한 사항
>   법 제20조의2 제3항에 따라 해당 원자력시설의 방사선비상계획구역에 대하여 원자력안전위원회의 승인 또는 변경승인을 받은 사항
> 2. 방사능재난 등에 대비하기 위한 조직 및 임무에 관한 사항
>   가. 법 제21조 제1항 제2호에 따른 방사능재난 등에 대비하기 위한 기구의 설치ㆍ운영
>   나. 법 제21조 제1항 제6호에 따른 방사능재난 등에 대비한 업무를 전담하기 위한 인원과 조직 및 임무
>   다. 법 제35조 제1항 제5호에 따른 주제어실ㆍ비상기술지원실ㆍ비상운영지원실ㆍ비상대책실 등 비상대응시설을 운영하기 위한 인원과 조직 및 임무
>   라. 그 밖의 방사능재난 등에 대비하기 위한 조직과 임무에 관한 사항
> 3. 법 제35조 제1항에 따른 방사능재난대응시설 및 장비의 확보에 관한 사항
>   가. 방사선 또는 방사능 감시시설
>   나. 방사선 방호장비
>   다. 방사능오염제거 시설 및 장비
>   라. 방사성물질의 방출량 감시 및 평가시설
>   마. 주제어실ㆍ비상기술지원실ㆍ비상운영지원실ㆍ비상대책실 등 비상대응시설
>   바. 관련 기관과의 비상통신 및 경보시설
>   사. 비상전원설비
> 4. 해당 원자력시설을 고려한 방사선비상의 종류별 세부기준에 관한 사항
>   가. 백색비상의 세부기준
>   나. 청색비상의 세부기준
>   다. 적색비상의 세부기준
> 5. 사고 초기의 대응조치에 관한 사항
>   가. 사고 초기의 비상연락 및 비상소집에 관한 사항
>   나. 법 제21조 제1항 제1호에 따라 방사선비상이 발생한 경우 원자력안전위원회, 관할 특별시장ㆍ광역시장ㆍ특별자치시장ㆍ도지사ㆍ특별자치도지사(이하 "시ㆍ도지사"라 한다) 및 시장ㆍ군수ㆍ구청장에게 하는 최초보고에 관한 사항
>   다. 법 제21조 제1항 제4호에 따른 방사선사고 확대 방지를 위한 응급조치 및 응급조치요원 등의 방사선피폭을 줄이기 위하여 필요한 방사선방호조치에 관한 사항
> 6. 방사능재난 등의 대응활동에 관한 사항
>   가. 방사선비상의 종류별 대응조치
>   나. 법 제21조 제1항 제1호에 따라 방사선비상이 발생한 경우 원자력안전위원회 및 관할 시ㆍ도지사 및 시장ㆍ군수ㆍ구청장에게의 방사선비상의 진행상황 및 그에 대한 대응조치 등의 보고에 관한 사항
>   다. 방사능재난 등의 발생 시 비상통신체제
>   라. 발생한 방사능재난 등에 관한 정보의 공개

마. 사고분석 및 방사선영향 평가
바. 원자력사업자의 종업원 및 원자력시설 부지의 방문자에 대한 보호조치
사. 방사능오염의 제거
아. 방사선 또는 방사능 감시
자. 법 제27조에 따른 지역방사능방재대책본부의 장 및 지정기관의 장이 요청하는 경우 방재요원의 파견, 기술적 사항의 자문, 방사선측정장비 등의 대여 등 지원
차. 방사능재난 등으로 인해 부지에서 방사능에 오염되거나 방사선에 피폭된 사람과 원자력사업자의 종업원 중 방사능에 오염되거나 방사선에 피폭된 사람에 대한 방사선 응급조치
7. 방사능재난 등의 복구에 관한 사항
8. 방사능방재 교육 및 훈련에 관한 사항
　방사능방재 교육 및 훈련의 종류 및 방법 등
9. 그 밖에 원자력시설 등에 방사능재난 등이 발생할 경우를 대비하기 위하여 원자력사업자가 필요하다고 인정하는 사항
※ 방사선비상계획의 수립에 필요한 세부 기술적인 사항은 원자력안전위원회가 정하여 고시한다.

(5) 방사선비상계획구역 설정 등(법 제20조의2)

① 원자력안전위원회는 원자력시설별로 방사선비상계획구역 설정의 기초가 되는 지역(이하 "기초지역"이라 한다)을 정하여 고시하여야 한다. 이 경우 원자력시설이 발전용 원자로 및 관계시설인 경우에는 다음의 기준에 따라야 한다(제1항).
　㉠ 예방적 보호조치구역 : 발전용 원자로 및 관계시설이 설치된 지점으로부터 반지름 3km 이상 5km 이하(제1호)
　㉡ 긴급보호조치계획구역 : 발전용 원자로 및 관계시설이 설치된 지점으로부터 반지름 20km 이상 30km 이하(제2호)
② 원자력사업자는 원자력안전위원회가 고시한 기초지역을 기준으로 해당 기초지역을 관할하는 시·도지사와 협의를 거쳐 다음의 사항을 고려하여 방사선비상계획구역을 설정하여야 한다(제2항).
　㉠ 인구분포, 도로망 및 지형 등 그 지역의 고유한 특성(제1호)
　㉡ 해당 원자력시설에서 방사선비상 또는 방사능재난이 발생할 경우 주민보호 등을 위한 비상대책의 실효성(제2호)
③ 원자력사업자가 방사선비상계획구역을 설정하려는 경우에는 원자력안전위원회의 승인을 받아야 한다. 이를 변경 또는 해제하려는 경우에도 또한 같다(제3항).
④ 원자력사업자는 설정된 방사선비상계획구역을 방사선비상계획의 수립에 반영하여야 한다(제4항).
⑤ ①에 따른 원자력안전위원회의 고시 및 ②에 따른 협의 절차 등에 필요한 사항은 대통령령으로 정한다(제5항).

> **알아보기** 방사선비상계획구역 협의 절차 등(영 제22조의2)
>
> ① 원자력안전위원회는 법 제20조의2 제1항에 따라 원자력시설별로 방사선비상계획구역 설정의 기초가 되는 지역(이하 "기초지역"이라 한다)을 고시하는 경우 열출력 크기 등 원자력시설의 특성에 따라 구분하여 고시할 수 있다.
> ② 원자력사업자는 법 제20조의2 제2항에 따라 방사선비상계획구역을 설정하기 위하여 해당 기초지역을 관할하는 시·도지사와 협의하려는 경우에는 다음 각호의 자료를 해당 시·도지사에게 제출하여야 한다.
>   1. 해당 원자력시설이 설치된 지점으로부터 해당 기초지역 최대 반지름까지의 인구분포
>   가. 해당 원자력시설이 설치된 지점에서 정북방(正北方)을 기준으로 16방위(方位)로 구분한 후 해당 원자력시설이 설치된 지점으로부터 2킬로미터 단위로 분할한 각각의 구역별 인구 수[해당 분할구역에 포함되는 행정구역(「지방자치법」 제3조 제3항에 따른 동·리를 말한다)별 인구 수를 합산하여 산정하되, 하나의 행정구역이 여러 분할구역에 포함되는 경우에는 분할구역별 면적 비율에 따라 인구 수를 산정한다]
>   나. 행정구역별 인구 수
>   2. 해당 원자력시설이 설치된 지점으로부터 해당 기초지역 최대 반지름 이내 지역의 행정구역 및 도로망, 산·하천 등의 지형이 표시된 상세 지도
>   3. 해당 원자력시설의 설치 목적 및 열출력 크기 등 시설 특성
> ③ 제2항에도 불구하고 해당 원자력시설의 기초지역 전부가 해당 원자력시설 부지에 포함되는 경우에는 원자력사업자는 해당 시·도지사에게 이를 증명할 수 있는 자료를 제출함으로써 제2항에 따른 자료 제출을 갈음할 수 있다.
> ④ 원자력사업자가 법 제20조의2 제3항에 따라 원자력안전위원회에 방사선비상계획구역의 승인을 받으려는 경우에는 제2항에 따라 해당 시·도지사에게 제출한 자료와 협의 결과를 증명할 수 있는 자료를 원자력안전위원회에 제출하여야 한다.

(6) 원자력사업자의 의무 등(법 제21조)

① 원자력사업자는 방사능재난 등의 예방, 그 확산 방지 및 수습을 위하여 다음의 조치를 하여야 한다. 다만, 대통령령으로 정하는 소규모 원자력사업자에게는 ⓒ과 ⓑ을 적용하지 아니한다(제1항).
  ㉠ 방사선비상이 발생한 경우 해당 방사선비상계획으로 정한 절차에 따라 원자력안전위원회, 관할 시·도지사 및 시장·군수·구청장에게 보고(제1호)
  ㉡ 방사능재난 등에 대비하기 위한 기구의 설치·운영(제2호)
  ㉢ 발생한 방사능재난 등에 관한 정보의 공개(제3호)
  ㉣ 방사선사고 확대 방지를 위한 응급조치 및 응급조치요원 등의 방사선 피폭을 줄이기 위하여 필요한 방사선방호조치(제4호)
  ㉤ 지역방사능방재대책본부의 장과 지정기관의 장의 요청이 있는 경우 방재요원의 파견, 기술적 사항의 자문, 방사선측정장비 등의 대여 등 지원(제5호)
  ㉥ 방사능재난 등에 대비한 업무를 전담하기 위한 인원과 조직의 확보(제6호)
  ㉦ 그 밖에 방사능재난 등의 대처에 필요하다고 인정하여 대통령령으로 정하는 사항(제7호)

> **알아보기** 소규모 원자력사업자(영 제23조)
>
> 법 제21조 제1항 각호 외의 부분 단서 및 제35조 제1항 각호 외의 부분 단서에서 "대통령으로 정하는 소규모 원자력사업자"란 각각 다음 각호의 원자력사업자를 말한다. 〈개정 2021.6.8.〉
> 1. 법 제2조 제1항 제10호 다목 및 라목에 해당하는 원자력사업자로서 2메가와트 이하의 연구용원자로 및 관계시설과 교육용원자로 및 그 관계시설의 건설 또는 운영허가를 받은 자
> 2. 법 제2조 제1항 제10호 바목에 해당하는 원자력사업자로서 천연우라늄 정련사업(精鍊事業)의 허가를 받은 자 및 우라늄 235의 농축도가 5퍼센트 미만인 핵연료물질의 가공사업의 허가를 받은 자
> 3. 법 제2조 제1항 제10호 사목에 해당하는 원자력사업자로서 연구 또는 시험 목적으로 사용후핵연료처리사업의 지정을 받은 자
> 4. 법 제2조 제1항 제10호 아목에 해당하는 원자력사업자로서 다음 각목의 어느 하나에 해당하는 핵연료물질의 사용 또는 소지허가를 받은 자
>   가. 우라늄 235의 농축도가 5퍼센트 이상이고, 그 무게가 700그램 이하인 핵연료물질
>   나. 우라늄 235의 농축도가 5퍼센트 이하이고, 그 무게가 1,200그램 이하인 핵연료물질
> 5. 법 제2조 제1항 제10호 자목에 해당하는 원자력사업자로서 사용후핵연료의 저장·처리시설의 건설·운영허가를 받은 자를 제외한 방사성폐기물의 저장·처리·처분시설 및 그 부속시설의 건설·운영허가를 받은 자
> 6. 「원자력안전법」 제53조에 따라 방사성동위원소의 생산허가등을 받은 원자력사업자로서 185 페타베크렐 이하의 방사성동위원소의 생산허가등을 받은 자

> **알아보기** 대통령령이 정하는 사항(영 제24조)
>
> 원자력시설의 부지 내에서 방사능재난 등으로 인하여 방사능에 오염되거나 방사선에 피폭된 자와 원자력사업자의 종업원 중 방사능에 오염되거나 방사선에 피폭된 자에 대한 응급조치를 말한다.

② ①의 ㉠ 내지 ㉦의 사항을 시행하기 위한 기술기준 등에 관하여 필요한 사항은 총리령으로 정한다(제2항).

> **알아보기** 응급조치 등(규칙 제14조)
>
> ① 원자력사업자는 법 제21조 제1항 제4호에 따라 방사선사고 확대 방지를 위한 응급조치를 하는 경우에는 영 제22조 제1항 제5호 및 이 규칙 [별표 3] 제5호에 따른 응급조치를 하여야 한다.
> ② 원자력사업자는 법 제21조 제1항 제4호에 따라 응급조치요원 등에 대하여 방사선방호조치를 하는 경우에는 다음 각호의 기준에 따라야 한다.
>   1. 적절한 보호용구의 사용 및 방사선피폭시간의 단축 등을 통하여 응급조치요원 등이 원자력안전위원회가 정하여 고시하는 기준 이상으로 방사선피폭이 되는 것을 방지할 것
>   2. 응급조치 전에 응급조치요원에게 응급조치의 목적, 예상되는 방사선피폭선량 및 잠재적 위험도 등 응급조치의 상황을 알리는 등 원자력안전위원회가 정하여 고시하는 응급조치 절차를 준수할 것

(7) 방사능사고의 신고 등(법 제22조)

① 누구든지 원자력시설 외의 장소에서 방사성물질 운반차량·선박 등의 화재·사고 또는 방사성물질이나 방사성물질로 의심되는 물질을 발견하였을 때에는 지체 없이 원자력안전위원회, 지방자치단체, 소방관서, 경찰관서 또는 인근 군부대 등에 신고하여야 한다(제1항).

② 신고를 받은 원자력안전위원회 외의 기관장은 지체 없이 이를 원자력안전위원회에 보고하여야 한다(제2항).
③ 신고 또는 보고를 한 경우에는 「재난 및 안전관리기본법」 제19조에 따른 신고 또는 통보를 각각 마친 것으로 본다(제3항).

(8) 긴급조치(법 제22조의2)

① 원자력안전위원회는 방사능사고 및 방사능오염확산 또는 그 가능성으로부터 국민의 생명과 건강 또는 환경을 보호하기 위하여 긴급한 조치가 필요하다고 인정하는 경우에는 방사능오염원의 제거, 방사능오염의 확산방지 등을 위하여 필요한 조치를 취할 수 있다(제1항).
② 원자력안전위원회는 중앙행정기관, 지정기관 및 관련 법인·개인에게 긴급조치를 위하여 필요한 사항을 요청하거나 명할 수 있다(제2항).
③ 원자력안전위원회로부터 요청 또는 요구를 받은 자는 특별한 사유가 없으면 이에 따라야 한다(제3항).
④ 긴급조치를 수행하는 자는 그 권한을 나타내는 증표를 지니고 이를 관계인에게 보여주어야 한다(제4항).
⑤ 원자력안전위원회는 긴급조치를 수행하는 자의 업무를 필요한 범위로 한정하여 함부로 타인의 권리를 제한하거나 정당한 업무를 방해하여서는 아니 된다(제5항).

(9) 방사능재난의 선포 및 보고(법 제23조)

① 원자력안전위원회는 다음의 어느 하나에 해당하는 방사능재난이 발생하였을 때에는 지체 없이 방사능재난이 발생한 것을 선포하여야 한다(제1항).
  ㉠ 측정 또는 평가한 피폭방사선량이 대통령령으로 정하는 기준 이상인 경우(제1호)

> **+ 알아보기** 대통령령으로 정하는 기준 이상인 경우(영 제25조 제1항)
> 원자력시설 부지 경계에서 측정 또는 평가한 피폭방사선량이 다음 각호의 어느 하나에 해당하는 경우를 말한다. 〈개정 2021.10.5.〉
> 1. 전신선량을 기준으로 시간당 10 밀리시버트 이상인 경우
> 2. 갑상샘선량을 기준으로 시간당 50 밀리시버트 이상인 경우

  ㉡ 측정한 공간방사선량률 또는 오염도가 대통령령으로 정하는 기준 이상인 경우(제3호)

> **+ 알아보기** 대통령령이 정하는 기준 이상인 경우(영 제25조 제2항)
> 원자력시설 부지 경계에서 측정한 공간방사선량률이 시간당 1 렌트겐 이상인 경우 또는 오염도가 시간당 1 렌트겐 이상에 상당하는 경우를 말한다.

  ㉢ 그 밖에 원자력안전위원회가 방사능재난의 발생을 선포할 필요가 있다고 인정하는 경우(제3호)
② 원자력안전위원회는 방사능재난의 발생을 선포한 경우에는 지체 없이 국무총리를 거쳐 대통령에게 다음의 사항을 보고하여야 한다(제2항).
  ㉠ 방사능재난 상황의 개요(제1호)
  ㉡ 방사능재난 긴급대응조치를 하여야 하는 구역(제2호)
  ㉢ 방사능재난에 대한 긴급대응 조치사항(제3호)

(10) 방사능재난의 발생 통보(법 제24조)

① 원자력안전위원회는 보고를 받거나 방사능재난 발생을 선포한 경우에는 국가방사능방재계획에 따라 이를 관련 기관에 지체 없이 통보하여야 한다(제1항).
② 원자력안전위원회는 방사능재난의 발생을 선포한 경우에는 대통령령으로 정하는 바에 따라 관할 시·도지사 및 시장·군수·구청장으로 하여금 방사선영향을 받거나 받을 우려가 있는 지역의 주민에게 즉시 방사능재난의 발생상황을 알리게 하고 필요한 대응을 하게 하여야 한다(제2항).

> **➕ 알아보기** 방사능재난 발생통보 및 대응(영 제26조)
> ① 원자력안전위원회는 법 제24조 제2항에 따라 관할 시·도지사 및 시장·군수·구청장으로 하여금 방사선영향을 받거나 받을 우려가 있는 지역 안의 주민에게 다음 각호의 사항을 알리도록 해야 한다. 〈개정 2021.12.23.〉
>   1. 원자력시설등의 사고 상태 등 방사능재난 상황의 개요
>   2. 방사능재난 긴급대응조치를 실시하여야 하는 구역
> ② 법 제24조 제2항에 따라 관할 시·도지사 및 시장·군수·구청장이 해야 하는 필요한 대응은 다음 각호와 같다. 〈개정 2021.12.23.〉
>   1. 방사능재난의 피해를 방지하기 위한 주민행동요령의 전파
>   2. 법 제29조 제1항 제3호부터 제5호까지에 따른 결정사항의 시행

(11) 중앙방사능방재대책본부의 설치(법 제25조)

① 원자력안전위원회는 방사능방재에 관한 긴급대응조치를 하기 위하여 그 소속으로 중앙방사능방재대책본부(이하 "중앙본부"라 한다)를 설치하여야 한다(제1항).
② 중앙본부의 장(이하 "중앙본부장"이라 한다)은 원자력안전위원회 위원장이 되며, 중앙본부의 위원은 기획재정부차관, 교육부차관, 과학기술정보통신부차관, 외교부차관, 국방부차관, 행정안전부차관, 농림축산식품부차관, 산업통상자원부차관, 보건복지부차관, 환경부차관, 국토교통부차관, 해양수산부차관, 국무조정실 차장, 식품의약품안전처장, 경찰청장, 소방청장, 기상청장, 해양경찰청장, 행정안전부의 재난안전관리사무를 담당하는 본부장과 대통령령으로 정하는 중앙행정기관의 공무원 또는 관련 기관·단체의 장이 된다(제2항).

> **➕ 알아보기** 대통령령이 정하는 중앙행정기관의 공무원 또는 관련 기관·단체의 장(영 제27조)
> 다음 각호의 자를 말한다.
>   1. 한국원자력안전기술원의 장
>   2. 한국원자력의학원의 장
>   3. 그 밖에 법 제25조 제1항의 규정에 의한 중앙방사능방재대책본부의 장이 방사능방재에 관한 긴급대응 조치를 하기 위하여 필요하다고 인정하여 위촉하는 관련 기관·단체의 장

③ ②에도 불구하고 「재난 및 안전관리 기본법」 제14조 제4항에 따라 국무총리가 중앙대책본부장의 권한을 행사하는 경우에는 중앙본부장은 국무총리가 되고, 중앙본부의 위원은 원자력안전위원회 위원장과 제2항에 따른 위원이 소속된 중앙행정기관 및 기관·단체의 장이 된다(제3항). 〈신설 2021.6.8.〉
④ 중앙본부에 간사 1명을 두되, 원자력안전위원회 소속 공무원 중에서 중앙본부장이 지명하는 사람이 된다(제4항). 〈개정 2021.6.8.〉

⑤ 중앙본부의 운영 등에 필요한 사항은 대통령령으로 정한다(제5항). 〈개정 2021.6.8.〉

> **➕ 알아보기** 중앙본부의 운영(영 제28조)
> ① 중앙본부의 장은 중앙본부를 대표하고, 그 업무를 총괄한다.
> ② 중앙본부장은 방사능방재에 관한 긴급대응조치를 하기 위하여 필요하다고 인정할 때에는 법 제25조 제2항의 규정에 의한 중앙본부의 위원이 참여하는 회의를 소집할 수 있다.
> ③ 다음 각호의 사항에 관하여는 제2항에 따른 중앙본부의 회의의 의결을 거쳐야 한다.
>   1. 방사능재난이 발생한 지역에 대한 긴급 조치사항
>   2. 주민보호를 위한 긴급 지원사항
>   3. 그 밖에 중앙본부장이 방사능방재에 관한 긴급대응조치를 하기 위하여 필요하다고 인정하여 회의에 부치는 사항

(12) 중앙본부장의 권한(법 제26조)

중앙본부장은 방사능재난을 효율적으로 수습하기 위하여 다음의 권한을 가진다. 〈개정 2021.6.8.〉
① 제28조에 따른 현장방사능방재지휘센터의 장에 대한 지휘(제1호)
② 제32조에 따른 방사능방호기술지원본부, 방사선비상의료지원본부 및 주민보호지원본부의 장에 대한 지휘(제2호)
③ 「재난 및 안전관리 기본법」 제15조에 따른 중앙대책본부장의 권한(제3호)
④ 그 밖에 방사능재난의 수습을 위하여 대통령령으로 정하는 권한(제4호)

(13) 지역방사능방재대책본부의 설치(법 제27조)

① 방사선비상계획구역의 전부 또는 일부를 관할하는 시·도지사 및 시장·군수·구청장은 방사선비상의 보고를 받거나 방사능재난의 발생을 통보받은 경우에는 시·도 방사능방재대책본부 및 시·군·구 방사능방재대책본부(이하 "지역본부"라 한다)를 각각 설치하여야 한다(제1항).
② 지역본부의 본부장(이하 "지역본부장"이라 한다)은 각각 시·도지사 또는 시장·군수·구청장이 된다(제2항).
③ 지역본부의 구성·운영 등에 필요한 사항은 대통령령으로 정한다(제3항).

> **➕ 알아보기** 지역본부의 구성 및 운영 등(영 제29조)
> ① 법 제27조 제1항의 규정에 의한 시·도방사능방재대책본부 및 시·군·구방사능방재대책본부(이하 "지역본부"라 한다)의 본부장을 보좌하기 위하여 부본부장 2인을 두되, 부본부장은 부단체장[시·도의 경우 행정부시장(특별시의 경우에는 행정(2)부시장을 말한다)·행정부지사를 말한다]과 지역방사능방재대책본부의 장(이하 "지역본부장"이라 한다)이 위촉하는 지정기관의 장이 된다.
> ② 지역본부에 본부원을 두되, 본부원은 당해 지방자치단체 소속공무원 중에서 지역본부장이 지명하는 자와 지정기관으로부터 파견된 자가 된다.
> ③ 지역본부장은 제19조의 규정에 의한 방사선비상의 종류별로 지역본부의 구성방법을 미리 정하여야 한다.
> ④ 지역본부장은 재난의 수습에 필요한 기능별로 실무반을 설치·운영할 수 있다.
> ⑤ 이 영에서 규정한 것 외에 지역본부의 구성 및 운영에 관하여 필요한 사항은 당해 지역의 지역본부장이 정한다.

(14) 현장방사능방재지휘센터의 설치(법 제28조)

① 원자력안전위원회는 방사능재난 등의 신속한 지휘 및 상황 관리, 재난정보의 수집과 통보를 위하여 발전용 원자로나 그 밖에 대통령령으로 정하는 원자력시설이 있는 인접 지역에 현장방사능방재지휘센터(이하 "현장지휘센터"라 한다)를 설치하여야 한다(제1항).

> **➕ 알아보기** 대통령령으로 정하는 원자력시설(영 제30조 제1항)
>
> 다음 각호의 시설을 말한다.
> 1. 법 제2조 제1항 제2호의 연구용 원자로 중 열출력 2메가와트 이상인 연구용 원자로와 그 관계시설
> 2. 법 제2조 제1항 제2호의 방사성폐기물의 저장·처리·처분시설 중 사용후핵연료 저장·처리시설과 그 부속시설

② 현장지휘센터의 장은 원자력안전위원회 소속 공무원 중에서 원자력안전위원회가 지명하며, 현장지휘센터에는 대통령령으로 정하는 중앙행정기관, 지방자치단체 및 지정기관의 공무원 또는 임직원(이하 "관계관"이라 한다)을 파견한다(제2항).

> **➕ 알아보기** 대통령령으로 정하는 중앙행정기관, 지방자치단체 및 지정기관(영 제30조 제2항)
>
> 다음 각호의 기관을 말한다. 〈개정 2021.12.23.〉
> 1. 교육부
> 2. 과학기술정보통신부
> 3. 국방부
> 4. 행정안전부
> 5. 문화체육관광부
> 6. 산업통상자원부
> 7. 보건복지부
> 8. 여성가족부
> 9. 국토교통부
> 10. 해양수산부
> 11. 식품의약품안전처
> 12. 소방청
> 13. 원자력안전위원회
> 14. 방사선비상계획구역의 전부 또는 일부를 관할구역으로 하는 시·도
> 15. 방사선비상계획구역의 전부 또는 일부를 관할구역으로 하는 시·군·구
> 16. 지정기관

③ 현장지휘센터에는 다음의 기관을 설치·운영한다. 다만, 현장지휘센터가 운영되기 전까지는 원자력안전위원회에 ㉠의 연합정보센터를 설치·운영한다(제3항). 〈개정 2021.6.8.〉
  ㉠ 방사능재난등의 정보를 정확하고 통일적으로 제공하기 위한 연합정보센터(제1호)
  ㉡ 환경 방사선 및 방사능 감시를 위한 합동방사선감시센터(제2호)
  ㉢ 현장 방사선 비상진료 활동을 위한 합동방사선비상진료센터(제3호)

④ ①에 따른 현장지휘센터와 ③에 따른 연합정보센터, 합동방사선감시센터 및 합동방사선비상진료센터의 구성·운영 등에 필요한 사항은 대통령령으로 정한다(제4항). 〈개정 2021.6.8.〉

> **알아보기**
>
> **현장지휘센터의 구성 및 운영(영 제30조)**
>
> ③ 법 제28조 제1항에 따른 현장방사능방재지휘센터(이하 "현장지휘센터"라 한다)의 장은 방사능재난등의 신속한 지휘 및 상황관리, 재난정보의 신속한 수집과 통보를 위하여 기능별로 실무반을 설치·운영할 수 있다. 〈개정 2021.12.23.〉
> ④ 제1항부터 제3항까지에서 규정한 사항 외에 현장지휘센터의 구성과 운영에 필요한 세부 사항은 원자력안전위원회가 정한다. 〈신설 2021.12.23.〉
>
> **연합정보센터 등의 구성 및 운영(영 제31조)**
>
> ① 법 제28조 제3항 제1호의 연합정보센터(이하 "연합정보센터"라 한다)의 장은 같은 조 제2항에 따라 파견된 관계관 중에서 현장지휘센터의 장이 지명한다. 다만, 현장지휘센터가 설치되어 현장지휘센터의 장이 연합정보센터의 장을 지명하기 전까지는 원자력안전위원회 소속 공무원 중에서 원자력안전위원회 위원장이 연합정보센터의 장을 지명한다.
> ② 법 제28조 제3항 제2호의 합동방사선감시센터(이하 "합동방사선감시센터"라 한다)의 장은 같은 조 제2항에 따라 파견된 한국원자력안전기술원 소속 임직원 중에서 현장지휘센터의 장이 지명한다.
> ③ 법 제28조 제3항 제3호의 합동방사선비상진료센터(이하 "합동방사선비상진료센터"라 한다)의 장은 같은 조 제2항에 따라 파견된 한국원자력의학원 소속 임직원 중에서 현장지휘센터의 장이 지명한다.
> ④ 연합정보센터의 장, 합동방사선감시센터의 장 및 합동방사선비상진료센터의 장은 각 센터의 업무를 효율적으로 수행하기 위하여 기능별로 실무반을 구성·운영할 수 있다.
> ⑤ 제1항부터 제4항까지에서 규정한 사항 외에 연합정보센터, 합동방사선감시센터 및 합동방사선비상진료센터의 구성과 운영에 필요한 세부 사항은 원자력안전위원회가 정한다.
> [전문개정 2021.12.23.]

(15) 현장지휘센터의 장의 권한(법 제29조)

① 현장지휘센터의 장은 방사능재난 등의 수습에 관하여 다음의 권한을 가진다(제1항).
  ㉠ 방사능재난 등에 관하여 시·군·구 방사능방재대책본부의 장에 대한 지휘(제1호)
  ㉡ 중앙행정기관, 지방자치단체 및 지정기관에서 파견된 관계관에 대한 임무 부여(제2호)
  ㉢ 대피, 소개(疏開), 음식물 섭취 제한, 갑상샘 방호 약품 배포·복용지시 등 긴급 주민보호조치의 결정(제3호)
  ㉣ 방사능재난 등이 발생한 지역의 식료품과 음료품, 농·축·수산물의 반출 또는 소비통제 등의 결정(제4호)
  ㉤ 「재난 및 안전관리기본법」 제40조부터 제42조까지의 규정에 따른 권한사항에 대한 결정(제5호)
  ㉥ 「재난 및 안전관리기본법」 제51조 제4항에 따른 회전익항공기의 운항 결정(제6호)
  ㉦ 「재난 및 안전관리기본법」 제52조에 따른 방사능재난 현장에서의 긴급구조통제단의 긴급구조활동에 필요한 방사선방호조치(제7호)
② 현장지휘센터에 파견되어 방재활동을 하는 관계관은 현장지휘센터의 장의 지휘에 따른다. 다만, 방사능재난 현장에서 긴급구조활동을 하는 사람은 「재난 및 안전관리기본법」 제52조에 따라 현장지휘를 하는 각급 통제단장의 지휘에 따라야 한다(제2항).

③ 긴급 주민보호조치의 결정기준 등(규칙 제15조)
  ㉠ 대피, 소개(疏開), 음식물 섭취 제한, 갑상샘 방호 약품 배포·복용지시 등 긴급 주민보호조치의 결정기준은 [별표 4]와 같다(제1항). 〈개정 2021.10.19.〉

> **알아보기** 긴급 주민보호조치의 결정기준(규칙 [별표 4]) 〈개정 2021.10.19.〉
>
> 1. 대피·소개 및 갑상샘 방호 약품 배포·복용지시 등의 결정기준
>
> | 긴급 주민 보호 조치 | 결정기준 |
> | --- | --- |
> | 대피 | 10mSv |
> | 소개 | 50mSv |
> | 갑상샘 방호 약품 배포·복용지시 | 100mGy |
> | 일시이주 | 30mSv/처음 1개월, 10mSv/그 다음 1개월 |
> | 영구정착 | 1Sv/평생 |
>
> [비고]
>   1) 결정기준은 유효선량(인체 각 조직간 선량분포에 따른 위험정도를 하나의 양으로 나타내기 위하여 각 조직의 등가선량에 해당조직의 가중치를 곱하여 이를 모든 조직에 대해 합산한 양을 말한다)을 기준으로 한다.
>   2) 대피는 2일을 초과할 수 없다.
>   3) 소개는 1주일을 초과할 수 없다.
>   4) 1개월은 30일을 기준으로 한다.
>   5) 평생은 70년을 기준으로 한다.
>
> 2. 음식물 섭취제한 기준
>
> | 구분 | | 육류·어류·곡물 (Bq/kg) | 야채·과일 (Bq/kg) | 물·우유 (Bq/l) | 유아식품 (Bq/kg) |
> | --- | --- | --- | --- | --- | --- |
> | 방사성 핵종 | 1군: Cs-134, Cs-137, Ru-103, Ru-106, Sr-89 | 2,000 | 1,000 | 200 | 100 |
> | | 2군: I-131, Sr-90 | 1,000 | 500 | 100 | 10 |
> | | 3군: U-235, U-238 | 100 | 100 | 20 | 10 |
> | | 4군: Am-241, Pu-238, Pu-239, Pu-240, Pu-242 | 10 | 10 | 10 | 1 |
> | | 5군: H-3 | | | 100kBq/l | |

  ㉡ 방사선비상 및 방사능재난(이하 "방사능재난등"이라 한다)이 발생한 지역의 식료품과 음료품, 농·축·수산물의 반출 또는 소비통제 등의 결정기준은 [별표 5]와 같다(제2항).

> **알아보기** 식료품과 음료품, 농·축·수산물의 반출 또는 소비 통제 등의 결정기준(규칙 [별표 5])

1. 반출 또는 소비 통제의 결정기준

구분		식료품과 음료품			농·축·수산물 (Bq/kg)
		야채·과일 (Bq/kg)	물·우유 (Bq/ℓ)	유아식품 (Bq/kg)	
방사성핵종	1군	Cs-134, Cs-137, Ru-103, Ru-106, Sr-89	1,000	200	100	2,000
	2군	I-131, Sr-90	500	100	10	1,000
	3군	U-235, U-238	100	20	10	100
	4군	Am-241, Pu-238, Pu-239, Pu-240, Pu-242	10	10	1	10
	5군	H-3	100kBq/ℓ			

2. 반출 또는 소비 통제의 방법
  가. 식료품
    1) 오염된 식료품은 폐기할 것
    2) 오염된 식료품의 판매 및 가공처리를 방지할 것
    3) 오염되지 않은 식료품과의 혼합을 방지할 것
  나. 음료품
    오염된 식수원은 봉쇄 조치할 것
  다. 오염지역의 방목된 젖소로부터 나오는 우유
    1) 남아 있는 방사능농도가 결정기준 미만일 경우에는 치즈 등 다른 식품으로 가공하여 보관할 것
    2) 남아 있는 방사능농도가 결정기준 이상일 경우에는 폐기할 것
  라. 농·축산물 및 가축 사료
    1) 반감기가 짧은 핵종으로 오염된 경우 오염된 농·축산물은 일시 저장하고 확인한 후 사용할 것
    2) 반감기가 긴 핵종으로 오염된 경우에는 폐기할 것

  ⓒ 방사능재난 현장에서의 긴급구조통제단의 긴급구조활동에 필요한 방사선방호조치에 관하여는 법 제14조 제2항을 준용한다. 이 경우 "응급조치요원등"은 "긴급구조통제단의 긴급구조요원"으로 본다(제3항).

(16) 합동방재대책협의회(법 제30조)

 ① 현장지휘센터의 장이 다음에 대한 사항을 결정하려면 관계 중앙행정기관, 지방자치단체 및 지정기관의 관계관으로 구성된 합동방재대책협의회(이하 "합동협의회"라 한다)의 의견을 들어 결정하여야 한다. 이 경우 지역본부장은 결정사항을 시행하여야 한다(제1항).
  ㉠ 대피, 소개(疏開), 음식물 섭취 제한, 갑상샘 방호 약품 배포·복용지시 등 긴급 주민보호조치의 결정
  ㉡ 방사능재난 등이 발생한 지역의 식료품과 음료품, 농·축·수산물의 반출 또는 소비통제 등의 결정
  ㉢ 「재난 및 안전관리기본법」 제40조부터 제42조까지의 규정에 따른 권한사항에 대한 결정
 ② 합동협의회의 구성·운영 등에 필요한 사항은 대통령령으로 정한다(제2항).

> **➕ 알아보기** 합동방재대책협의회(영 제32조)
>
> 법 제30조 제1항의 규정에 의한 합동방재대책협의회의 장은 현장지휘센터의 장이 되며, 위원은 법 제28조 제2항의 규정에 의하여 현장지휘센터에 파견된 공무원 또는 임직원 중에서 각 분야별로 현장지휘센터의 장이 지명한 자가 된다.

(17) 문책 등(법 제31조)

① 현장지휘센터의 장은 제29조 제2항 본문에 따른 지휘에 따르지 아니하거나 부과된 임무를 게을리한 관계관의 명단을 그 소속 기관의 장에게 통보할 수 있다(제1항).

② ①의 통보받은 소속 기관의 장은 관계관의 문책 등 적절한 조치를 하여야 한다(제2항).

(18) 방사능 방재 기술 지원 등(법 제32조)

① 방사능재난이 발생하였을 때에 방사능재난의 수습에 필요한 기술적 사항을 지원하기 위하여 「한국원자력안전기술원법」에 따른 한국원자력안전기술원의 장 소속으로 방사능방호기술지원본부(이하 "기술지원본부"라 한다)를 둔다(제1항).

② 방사능재난으로 인하여 발생한 방사선 상해자 또는 상해 우려자에 대한 의료상의 조치를 위하여 「방사선 및 방사성동위원소 이용진흥법」 제13조의2에 따른 한국원자력의학원의 장 소속으로 방사선비상의료지원본부(이하 "의료지원본부"라 한다)를 둔다(제2항).

③ 제30조 제1항 후단에 따른 결정사항의 시행에 필요한 지원을 하기 위하여 행정안전부장관 소속으로 주민보호지원본부를 둔다. 이 경우 주민보호지원본부의 구성·운영에 필요한 사항은 대통령령으로 정한다(제3항). 〈신설 2021.6.8.〉

> **➕ 알아보기** 주민보호지원본부의 구성 및 운영(영 제32조의2)
>
> ① 법 제32조 제3항 전단에 따른 주민보호지원본부(이하 "주민보호지원본부"라 한다)의 장은 행정안전부 소속 공무원 중에서 행정안전부장관이 지명한다.
> ② 주민보호지원본부의 장은 법 제30조 제1항 후단에 따른 결정사항의 시행에 필요한 지원(이하 "주민보호지원"이라 한다) 업무를 총괄·조정한다.
> ③ 주민보호지원본부의 장은 주민보호지원 업무에 필요하다고 인정하는 경우에는 지정기관의 장과 「재난 및 안전관리 기본법」에 따른 재난관리책임기관의 장에게 그 소속 직원의 파견이나 그 밖에 주민보호지원에 필요한 사항을 요청할 수 있다.
> ④ 주민보호지원본부의 장은 주민보호지원 업무를 효율적으로 수행하기 위하여 기능별로 실무반을 설치·운영할 수 있다.
> ⑤ 제1항부터 제4항까지에서 규정한 사항 외에 주민보호지원본부의 구성과 운영에 필요한 세부 사항은 행정안전부장관이 정한다.
> [본조신설 2021.12.23.]

④ 한국원자력안전기술원의 장은 방사능재난등이 발생할 경우에 대비하여 방사능영향평가 등에 필요한 정보시스템을 구축·운영하여야 한다(제4항). 〈신설 2021.6.8.〉

⑤ 기술지원본부와 의료지원본부의 구성·운영 및 ④에 따른 정보시스템의 구축·운영 등에 필요한 사항은 총리령으로 정한다(제5항). 〈개정 2021.6.8.〉

➕ 알아보기

방사능방호기술지원본부의 구성 및 운영(규칙 제16조)

① 법 제32조 제1항에 따른 방사능방호기술지원본부의 장은 「한국원자력안전기술원법」에 따른 한국원자력안전기술원의 원장이 되고, 방사능방호기술지원본부의 본부원은 방사능방재에 관하여 학식과 경험이 있는 사람 중에서 방사능방호기술지원본부의 장이 지명하거나 위촉하는 사람이 된다.
② 방사능방호기술지원본부의 장은 방사능재난등의 수습에 필요한 기술적 지원업무를 총괄·조정한다.
③ 방사능방호기술지원본부의 장은 현장방사능방재기술지원단을 구성하여 방사능재난등이 발생한 지역에 파견할 수 있다.
④ 제1항부터 제3항까지에서 규정한 것 외에 방사능방호기술지원본부 및 현장방사능방재기술지원단의 구성 및 운영에 필요한 사항은 방사능방호기술지원본부의 장이 정한다.

방사선비상의료지원본부의 구성 및 운영(규칙 제17조)

① 법 제32조 제2항에 따른 방사선비상의료지원본부의 장은 「방사선 및 방사성동위원소 이용진흥법」 제13조의2에 따른 한국원자력의학원의 원장이 되고, 방사선비상의료지원본부의 본부원은 방사선비상의료에 관하여 학식과 경험이 있는 사람 중에서 방사선비상의료지원본부의 장이 지명하거나 위촉하는 사람이 된다.
② 방사선비상의료지원본부의 장은 방사선비상의료지원업무를 총괄·조정한다.
③ 방사선비상의료지원본부의 장은 현장방사선비상의료지원반을 구성하여 방사능재난등이 발생한 지역에 파견할 수 있다.
④ 제1항부터 제3항까지에서 규정한 것 외에 방사선비상의료지원본부 및 현장방사선비상의료지원반의 구성 및 운영에 필요한 사항은 방사선비상의료지원본부의 장이 정한다.

방사능영향평가 정보시스템의 구축·운영(규칙 제17조의2)

① 한국원자력안전기술원의 장은 법 제32조 제4항에 따른 방사능영향평가 등에 필요한 정보시스템(이하 이 조에서 "방사능영향평가 정보시스템"이라 한다)의 효율적인 구축·운영을 위하여 다음 각호의 정보를 수집·분석 및 관리하여야 한다. 〈개정 2021.12.31.〉
  1. 기상정보
  2. 사회지리정보
  3. 원자력시설의 상태에 관한 정보
  4. 환경방사선 감시 및 방사능 분석 결과에 관한 정보
② 한국원자력안전기술원의 장은 매년 12월 31일까지 다음 해의 방사능영향평가 정보시스템의 구축·운영에 관한 계획을 수립하여 원자력안전위원회에 제출하여야 한다.

(19) 방사능재난상황의 해제(법 제33조)

① 중앙본부장은 방사능재난이 수습되면 기술지원본부의 장의 의견을 들어 방사능재난상황을 해제할 수 있다(제1항).
② 방사능재난상황을 해제하였으면 중앙본부장 및 지역본부장은 중앙본부 및 지역본부를 해체한다(제2항).

(20) 민방위기본계획 등과의 관계(법 제34조)

① 방사능방재법에 따른 국가방사능방재계획, 시·도 방사능방재계획 또는 시·군·구 방사능방재계획은 각각 「민방위기본법」 제11조에 따른 기본 계획, 같은 법 제13조에 따른 시·도계획 또는 같은 법 제14조에 따른 시·군·구 계획 중 방사능재난 분야의 계획으로 본다(제1항).
② 방사능방재법에 따른 국가방사능방재계획, 시·도 방사능방재계획 또는 시·군·구 방사능방재계획은 각각 「재난 및 안전관리기본법」 제22조에 따른 국가안전관리기본계획, 같은 법 제24조에 따른 시·도안전관리계획 또는 같은 법 제25조에 따른 시·군·구안전관리계획 중 방사능재난 분야의 계획으로 본다(제2항).
③ 방사능방재법에 따른 중앙본부는 「재난 및 안전관리기본법」 제14조에 따른 중앙재난안전대책본부, 지역본부는 같은 법 제16조에 따른 지역재난안전대책본부로 본다(제3항).

2. 방사능재난 대비태세의 유지

(1) 방사능재난 대응시설 등(법 제35조)

① 원자력사업자는 다음에 해당하는 시설 및 장비를 확보하여야 한다. 다만, 대통령령으로 정하는 소규모 원자력사업자에게는 ㉣과 ㉤을 적용하지 아니한다(제1항). 대통령령으로 정하는 소규모 원자력사업자는 영 제23조를 참고하라.
  ㉠ 방사선 또는 방사능 감시시설(제1호)
  ㉡ 방사선 방호장비(제2호)
  ㉢ 방사능오염제거 시설 및 장비(제3호)
  ㉣ 방사성물질의 방출량 감시 및 평가시설(제4호)
  ㉤ 주제어실, 비상기술지원실, 비상운영지원실, 비상대책실 등 비상대응시설(제5호)
  ㉥ 관련 기관과의 비상통신 및 경보시설(제6호)
  ㉦ 그 밖에 방사능재난의 대처에 필요하다고 인정하여 원자력안전위원회가 정하는 시설(제7호)
② 시설·장비의 기준에 관하여 필요한 사항은 총리령으로 정한다(제2항).

➕ 알아보기 방사능재난대응시설 및 장비의 기준(규칙 [별표 6]) 〈개정 2021.12.31.〉

구분	기준
방사선 또는 방사능 감시시설	방사선누출 또는 방사능오염여부를 주기적으로 확인하고, 방사선누출 또는 방사능오염발생 시 경보기능을 할 수 있을 것
방사선 방호장비	방재요원의 안전한 활동을 위한 방사선 측정장비, 방사선 방호장비는 충분한 여분을 확보할 것
방사능오염제거 시설 및 장비	방사능재난등 발생 시 방사능오염의 측정 및 제거를 할 수 있는 시설 및 장비를 확보할 것
방사성물질의 방출량 감시 및 평가시설	방사성물질의 외부 방출량을 산정하고, 그 영향을 지속적으로 평가할 수 있는 실험실을 갖출 것
주제어실· 비상기술지원실· 비상운영지원실· 비상대책실 등 비상대응시설	1. 주제어실은 부지 내·외에 초기 비상통보, 방사선 사고확대방지를 위한 응급조치를 할 수 있을 것 2. 비상기술지원실은 주제어실 요원이 방사선 사고확대방지를 위한 응급조치와 직접 관련이 없는 업무로부터 벗어나도록 지원하고, 적절한 기술적·행정적 지원을 제공할 수 있을 것 3. 비상운영지원실은 응급보수요원들이 대기할 수 있도록 하고, 주제어실·비상기술지원실·비상대책실요원과의 협조체제를 구축하며, 비상대응활동을 지원할 수 있을 것 4. 비상대책실은 방사능재난등 발생 시 비상대응활동을 종합·조정할 수 있을 것 5. 주제어실·비상기술지원실·비상운영지원실·비상대책실 등은 방사선피폭을 최소화하기 위한 설비를 갖출 것 6. 비상대응시설은 각각의 기능수행에 적합한 공간 등을 확보하고, 운영에 필요한 기기를 갖출 것 7. 비상대응시설은 방사능오염에 대비하여 소개방안을 마련하고 예비시설을 지정할 것
관련기관과의 비상통신 및 경보시설	1. 원자력안전위원회, 방사선비상계획구역의 전부 또는 일부를 관할구역으로 하는 지방자치단체, 영 제7조 제4항에 따른 지정기관과 비상통신을 할 수 있는 시설을 갖출 것 2. 방사능재난등 발생 시 원자력시설 내의 모든 사람들에게 방사능재난등의 발생 사실을 알릴 수 있는 경보시설을 설치할 것 3. 법 제2조 제9호 가목에 따른 예방적보호조치구역에 거주하는 주민에게 방사능재난등의 발생 사실을 알릴 수 있는 경보시설을 설치할 것

(2) 갑상샘 방호 약품 비축·관리 등(법 제35조의2)

① 원자력안전위원회와 방사선비상계획구역의 전부 또는 일부를 관할하는 시·도지사 및 시장·군수·구청장은 국내외 방사능재난등에 대비하여 갑상샘 방호 약품을 비축·관리하여야 한다(제1항).

② 방사선비상계획구역의 전부 또는 일부를 관할하는 시·도지사 및 시장·군수·구청장은 방사능재난등으로부터의 주민보호조치 신속성, 갑상샘 방호 약품 관리의 효율성, 오용 가능성 및 부작용 등을 고려하여 필요하다고 인정하는 경우에는 제29조 제1항 및 제30조 제1항에도 불구하고 원자력안전위원회와의 협의를 거쳐 총리령으로 정하는 특정 지역·연령의 주민 또는 약국 등의 기관을 대상으로 갑상샘 방호 약품을 사전에 배포할 수 있다(제2항).

알아보기 갑상샘 방호 약품 비축 · 관리 등(규칙 제18조의2)

① 법 제35조의2 제1항에 따라 원자력안전위원회와 방사선비상계획구역의 전부 또는 일부를 관할하는 시 · 도지사 및 시장 · 군수 · 구청장(이하 "방사선비상계획구역 관할 시 · 도지사등"이라 한다)이 비축 · 관리해야 하는 갑상샘 방호 약품의 비축 · 관리 기준은 [별표 6의2]와 같다.

② 방사선비상계획구역 관할 시 · 도지사등이 법 제35조의2 제2항에 따라 원자력안전위원회와 갑상샘 방호 약품의 사전배포에 관한 협의를 하려는 경우에는 다음 각 호의 내용이 포함된 사전배포 계획을 수립하여 사전배포 실시 3개월 전까지 원자력안전위원회에 제출해야 한다.
  1. 사전배포하려는 지역에 관한 사항(행정구역, 면적, 인구수)
  2. 사전배포 대상 기관에 관한 사항(기관명, 주소)
  3. 사전배포하려는 갑상샘 방호 약품의 수량
  4. 사전배포하려는 사유
  5. 사전배포 관련 설명 · 안내 대상 인원수 및 설명 · 안내 일정 등 계획

③ 방사선비상계획구역 관할 시 · 도지사등이 법 제35조의2 제2항에 따라 갑상샘 방호 약품을 사전에 배포할 수 있는 지역 · 주민 · 기관 및 갑상샘 방호 약품의 배포수량은 [별표 6의3]과 같다.

알아보기

갑상샘 방호 약품의 비축 · 관리 기준(규칙 [별표 6의2]) 〈신설 2021.10.19.〉

1. 비축기준

구분	최소 비축수량
가. 방사선비상계획구역 관할 시 · 도지사등	방사선비상계획구역(발전용 원자로 및 관계시설의 경우에는 법 제20조의2 제1항에 따른 기초지역의 최대 범위로 한다)에 거주하는 인구 1명당 2회 복용량을 곱한 값에 여유분 20퍼센트를 더한 수량 최소 비축수량 = 인구수 × 2회 복용량(1명당) × 1.2
나. 원자력안전위원회	가목에 따른 최소 비축수량의 50퍼센트에 해당하는 수량

2. 관리기준
  가. 분실방지 및 비상시 신속한 반출이 가능하도록 다른 물품과 분리하여 보관할 것
  나. 갑상샘 방호 약품이 훼손 · 변형 · 변질되지 않도록 법 제35조의2 제4항에 따른 지침에 적합한 환경에 보관할 것
  다. 유효기간이 도래한 갑상샘 방호 약품은 별도로 분리하여 보관 후 폐기할 것
  라. 매 반기 1회 이상 갑상샘 방호 약품 비축 현황을 점검할 것

갑상샘 방호 약품의 사전배포 대상 지역 · 주민 · 기관 및 배포수량(규칙 [별표 6의3]) 〈신설 2021.10.19.〉

1. 갑상샘 방호 약품의 사전배포 대상 지역
  가. 예방적보호조치구역의 일부 또는 전부
  나. 방사선비상계획구역 중 도서(島嶼) · 산간(山間) · 오지(奧地) 등 방사선비상시 갑상샘 방호 약품의 적시 배포가 곤란하여 해당 시 · 도지사 또는 시장 · 군수 · 구청장이 사전배포가 필요하다고 인정하는 지역
2. 갑상샘 방호 약품의 사전배포 대상 주민
  만 40세 미만인 주민과 임산부로서 임신 중인 사람과 모유 수유 중인 사람을 갑상샘 방호 약품의 우선 사전배포 대상으로 하되, 해당 시 · 도지사 및 시장 · 군수 · 구청장은 갑상샘 방호 약품의 비축수량, 사전배포 관리의 효율성 등을 고려하여 그 밖의 주민에 대해서도 사전배포할 수 있다.

3. 갑상샘 방호 약품의 사전배포 대상 기관
  가. 약국
  나. 의료기관(「지역보건법」 제2조 제1호에 따른 지역보건의료기관을 포함한다)
  다. 「영유아보육법」 제2조 제3호에 따른 어린이집
  라. 「유아교육법」 제2조 제2호에 따른 유치원
  마. 「초·중등교육법」 제2조에 따른 학교
  바. 「아동복지법」 제50조에 따른 아동복지시설
  사. 「장애인복지법」 제58조에 따른 장애인복지시설
  아. 그 밖에 방사선비상계획구역 관할 시·도지사등이 주민보호조치의 신속성, 갑상샘 방호 약품 관리의 효율성, 오용 가능성 및 부작용 등을 고려하여 사전배포가 필요하다고 인정하는 기관
4. 갑상샘 방호 약품의 사전배포 수량
  가. 주민 : 1명당 2회 복용량
  나. 기관 : 해당 기관의 정원, 수용·이용 인원 등을 고려하여 해당 지방자치단체의 장과 해당 기관의 장이 합의한 수량

③ ②에 따라 갑상샘 방호 약품을 사전에 배포하려는 경우 해당 지방자치단체의 장은 배포 대상자에게 갑상샘 방호 약품의 보관방법, 부작용, 교환·반납기준 및 방법 등을 설명·안내하고 해당 내용이 기재된 자료를 갑상샘 방호 약품과 함께 배포하여야 한다(제3항).

> **알아보기** 갑상샘 방호 약품 비축·관리 등(규칙 제18조의2)
> ④ 법 제35조의2 제3항에 따른 갑상샘 방호 약품에 관한 설명·안내는 사전배포 전에 개인 또는 다수를 대상으로 대면으로 실시한다. 다만, 질환 등을 원인으로 갑상샘 방호 약품의 배포가 불가능한지를 결정하기 위한 추가 상담은 전화 등 비대면으로 실시할 수 있다.
> ⑤ 법 제35조의2 제3항에 따라 갑상샘 방호 약품에 관한 설명·안내 및 갑상샘 방호 약품을 사전에 배포받으려는 자는 다음 각호의 구분에 따라 관련 서류를 제출하거나 제시해야 한다. 이 경우 제1호 가목의 서류를 제출받은 방사선비상계획구역 관할 시·도지사등은 사전배포에 필요한 사항을 검토·확인한 때에는 해당 서류를 「개인정보보호법 시행령」 제16조에 따른 방법으로 지체 없이 파기해야 한다.
> 1. 주민인 경우 : 다음 각목에 따른 서류의 제출 또는 제시
>   가. 별지 제11호의2 서식의 갑상샘 방호 약품 사전배포 신청서 제출
>   나. 본인을 확인할 수 있는 신분증 제시. 다만, 생계를 같이 하는 「민법」 제779조 제1항에 따른 가족이 대리신청하는 경우에는 가족관계증명서, 주민등록표 등본 등 가족관계를 확인할 수 있는 서류를 함께 제시해야 한다.
> 2. 기관인 경우 : 별지 제11호의3 서식의 갑상샘 방호 약품 사전배포 신청서에 해당 기관의 개설·설립 등에 관한 등록·허가·인가·신고 등을 확인할 수 있는 서류를 첨부하여 제출

④ 원자력안전위원회는 ①부터 ③에 따른 갑상샘 방호 약품의 비축·관리, 사전배포 및 설명·안내에 필요한 지침을 작성하여 해당 지방자치단체의 장 및 제39조 제2항에 따른 국가방사선비상진료센터 등에 배포하여야 한다(제4항).

⑤ 방사선비상계획구역의 전부 또는 일부를 관할하는 시·도지사 및 시장·군수·구청장은 갑상샘 방호 약품 비축·관리 및 사전배포 현황 등에 관한 사항을 총리령으로 정하는 바에 따라 기록·보관하고 원자력안전위원회에 보고하여야 한다(제5항).

> ➕ **알아보기** 갑상샘 방호 약품 비축 · 관리 등(규칙 제18조의2)

⑥ 방사선비상계획구역 관할 시 · 도지사등이 법 제35조의2 제5항에 따라 갑상샘 방호 약품 비축 · 관리 및 사전배포 현황 등에 관한 사항을 기록 · 보관하는 방법은 [별표 6의4]와 같다.
⑦ 방사선비상계획구역 관할 시 · 도지사등이 법 제35조의2 제5항에 따라 원자력안전위원회에 보고해야 하는 사항과 보고 기한 및 방법은 [별표 6의5]와 같다.
[본조신설 2021.10.19.]

> ➕ **알아보기** 갑상샘 방호 약품의 비축 · 관리 및 사전배포 현황 등의 기록 · 보관방법(규칙 [별표 6의4]) 〈신설 2021.10.19.〉

기록사항	기록시기	보존기간
1. 갑상샘 방호 약품의 비축 · 관리 기록 　가. 보관시설의 명칭 및 주소 　나. 담당자 및 연락처 　다. 제조사, 제조일자, 유효기간 　라. 비축수량 　마. 반기별 폐기 약품의 수량 · 제조사 · 제조일자 · 유효기간 및 폐기사유	매 반기 1회 및 비축 중인 갑상샘 방호 약품의 변동이 있을 때	7년
2. 갑상샘 방호 약품의 사전배포 기록 　가. 주민 대상 사전배포 기록 　　1) 사전배포 행정구역 명칭 　　2) 사전배포 인구수 　　3) 사전배포 일자 　　4) 사전배포 주민의 인적사항 및 배포 정보 　　　가) 성명, 연령, 주소, 연락처 　　　나) 해당 주민의 갑상샘 방호 약품 수령 및 설명 · 안내 여부를 확인할 수 있는 기록 　　　다) 사전배포 갑상샘 방호 약품의 수량, 제조일자, 유효기간 　　5) 약품 반납 주민의 인적사항 및 반납 정보 　　　가) 성명, 주소, 연락처 　　　나) 반납약품 사전배포 일자 　　　다) 제조사, 제조일자, 유효기간 　　　라) 반납수량 　　　마) 반납사유 　나. 기관 대상 사전배포 기록 　　1) 기관 명칭 및 주소 　　2) 해당 기관의 종류(학교, 약국 등) 　　3) 기관 담당자 및 연락처 　　4) 사전배포 일자 　　5) 해당 기관의 갑상샘 방호 약품 수령 및 설명 · 안내 여부를 확인할 수 있는 기록 　　6) 사전배포 갑상샘 방호 약품의 수량 · 제조사 · 제조일자 · 유효기간 　　7) 약품 반납 기관의 정보 및 반납 정보 　　　가) 기관 명칭 및 주소 　　　나) 해당 기관의 종류(학교, 약국 등) 　　　다) 기관 담당자 및 연락처 　　　라) 반납약품 사전배포 일자 　　　마) 제조사, 제조일자, 유효기간 　　　바) 반납수량 　　　사) 반납사유	갑상샘 방호 약품을 사전배포할 때	7년

3. 갑상샘 방호 약품의 분실 · 훼손 기록 　가. 비축 · 관리 갑상샘 방호 약품의 분실 · 훼손 기록 　　1) 분실 · 훼손 일자 　　2) 보관시설의 명칭 및 주소 　　3) 분실 · 훼손된 약품의 수량 · 제조사 · 제조일자 　　4) 분실 · 훼손 사유 　나. 사전배포된 갑상샘 방호 약품의 분실 · 훼손 기록 　　1) 분실 · 훼손 일자 　　2) 주민 또는 기관의 구분 　　3) 주민의 성명 · 주소 또는 기관의 명칭 · 주소 　　4) 분실 · 훼손된 약품의 수량 · 제조사 · 제조일자 · 유효기간 　　5) 분실 · 훼손 사유	갑상샘 방호 약품의 분실 · 훼손이 발생한 때	7년

➕ 알아보기 갑상샘 방호 약품의 비축 · 관리 및 사전배포 현황 등의 보고사항, 보고 기한 및 방법(규칙 [별표 6의5]) 〈신설 2021.10.19.〉

1. 보고사항 및 보고기한

보고사항	보고기한
가. 갑상샘 방호 약품의 비축 · 관리 현황 　1) 보관시설의 명칭 및 주소 　2) 담당자 및 연락처 　3) 제조사, 제조일자, 유효기간 　4) 비축수량 　5) 갑상샘 방호 약품의 폐기 기록 　　가) 폐기일자 　　나) 폐기 전 보관시설의 명칭 및 주소 　　다) 폐기 약품의 수량 · 제조사 · 제조일자 　　라) 폐기사유	매 반기 경과 후 45일 이내
나. 갑상샘 방호 약품의 사전배포 현황 　1) 주민 대상 사전배포 　　가) 사전배포 주민수(행정동 · 리 단위로 구분) 　　나) 사전배포 일자, 배포 수량 　　다) 제조사, 제조일자, 유효기간 　2) 기관 대상 사전배포 　　가) 사전배포 기관 명칭 및 주소 　　나) 해당 기관의 종류(학교, 약국 등) 　　다) 기관 담당자 및 연락처 　　라) 사전배포 일자, 배포수량 　　마) 제조사, 제조일자, 유효기간	매 반기 경과 후 45일 이내

다. 갑상샘 방호 약품의 분실·훼손 현황 　1) 비축·관리 갑상샘 방호 약품의 분실·훼손 기록 　　가) 분실·훼손 일자 　　나) 보관시설의 명칭 및 주소 　　다) 분실·훼손된 약품의 수량·제조사·제조일자 　　라) 분실·훼손 사유 　2) 사전배포된 갑상샘 방호 약품의 분실·훼손 기록 　　가) 분실·훼손 일자 　　나) 주민 또는 기관 구분 　　다) 주민의 성명·주소 또는 기관의 명칭·주소 　　라) 분실·훼손된 약품의 수량·제조사·제조일자·유효기간 　　마) 분실·훼손 사유	분실·훼손 인지 후 지체 없이

2. 보고방법
　가. 제1호 가목 및 나목에 따른 보고사항의 경우 시장·군수·구청장은 매 반기 마지막 달의 다음 달 말일까지 해당 시·군·구의 보고사항을 시·도지사에게 보고하고, 시·도지사는 이를 종합한 보고사항을 매 반기 경과 후 45일 이내에 원자력안전위원회에 보고해야 한다.
　나. 제1호 다목에 따른 보고사항의 경우 갑상샘 방호 약품의 분실·훼손을 인지한 해당 지방자치단체의 장은 지체 없이 원자력안전위원회에 보고해야 한다.

⑥ ①부터 ③에 따른 갑상샘 방호 약품의 비축·관리, 사전배포 및 설명·안내 등에 필요한 세부사항은 총리령으로 정한다(제6항).

⑦ ①부터 ③까지 및 ⑥에 따른 갑상샘 방호 약품의 비축·관리, 사전배포, 설명·안내, 제30조 제1항 후단에 따른 지역본부장의 결정사항 시행 및 제46조 제1항 제1호에 따른 지방자치단체 등에 관한 지원에 대하여는 「약사법」 제23조·제44조·제48조 및 제50조를 적용하지 아니한다(제7항).

[본조신설 2021.4.20.]

(3) 방사능방재 교육(법 제36조)

① 원자력사업자의 종업원, 방사선비상계획구역의 전부 또는 일부를 관할하는 시·도지사 및 시장·군수·구청장이 지정한 방사능방재요원, 1차 및 2차 방사선비상진료기관의 장이 지정한 방사선비상진료요원 및 원자력안전위원회가 정하여 고시하는 단체 또는 기관의 직원은 대통령령으로 정하는 바에 따라 원자력안전위원회가 실시하는 방사능방재에 관한 교육을 받아야 한다(제1항).

> **＋ 알아보기** 방사능방재교육(영 제33조)
> ① 법 제36조 제1항에 따른 방사능방재에 관한 교육은 신규교육과 보수교육으로 구분한다.
> ② 원자력안전위원회는 제1항에 따른 교육을 실시하는 경우 화재진압, 긴급구조, 방사능재난관리, 방사선비상진료 및 주민보호 등 교육대상자의 담당 직무별로 실시하여야 한다.
> ③ 제1항 및 제2항에 따른 교육내용·방법 등에 관하여 필요한 사항은 총리령으로 정한다.

> **➕ 알아보기** 방사능방재 교육시간 및 내용(규칙 제19조)
>
> ① 영 제33조 제1항 및 제2항에 따른 방사능방재에 관한 교육(이하 "방사능방재교육"이라 한다)의 교육시간 및 내용은 [별표 7]과 같다. 〈개정 2024.12.24.〉
> ② 방사능방재교육 대상자가 다음 각 호의 교육을 받은 경우에는 교육시간에 상응하는 방사능방재교육을 해당 연도에 이수한 것으로 본다. 〈신설 2024.12.24.〉
>   1. 방사능방재와 관련된 국내 유관기관에서 시행한 교육으로서 방사능방재교육의 담당 직무별로 이수해야 하는 교육
>   2. 외국기관에서 시행한 교육으로서 방사능방재교육의 담당 직무별로 이수해야 하는 교육내용과 관련된 교육
> ③ 방사능방재교육 대상자가 국내외 파견근무 등 방사능방재교육을 받을 수 없는 사유가 있는 경우에는 그 사유가 해소되기 전까지 방사능방재교육을 유예할 수 있다. 〈신설 2024.12.24.〉
> ④ 제1항부터 제3항까지에서 규정한 사항 외에 방사능방재교육 대상자의 세부분류, 교육방법 등 방사능방재교육에 관한 세부 사항은 원자력안전위원회가 정하여 고시한다. 〈신설 2024.12.24.〉

> **➕ 알아보기** 방사능방재교육의 교육시간 및 교육내용(규칙 [별표 7])
>
> 1. 교육시간

교육대상		교육시간	
		신규교육	보수교육
원자력사업자의 종업원	방사능방재업무를 담당하는 종업원	방사능방재업무를 담당하는 종업원으로 임용된 날부터 6개월 이내에 18시간 이상	매년 8시간 이상(3회 이상 보수교육을 이수한 경우에는 매년 2시간 이상)
	방사능방재업무를 담당하지 아니하는 종업원	종업원으로 임용된 날부터 6개월 이내에 4시간 이상	3년마다 2시간 이상
방사선비상계획구역의 전부 또는 일부를 관할구역으로 하는 시·도지사 및 시장·군수·구청장이 지정한 방사능방재요원		방사능방재요원으로 지정된 날부터 6개월 이내에 18시간 이상	매년 8시간 이상
법 제39조 제2항에 따른 1차 및 2차 방사선비상진료기관의 장이 지정한 방사선비상진료요원		방사선비상진료요원으로 지정된 날부터 6개월 이내에 18시간 이상	매년 8시간 이상
원자력안전위원회가 정하여 고시하는 단체 또는 기관의 직원	방사능방재업무를 담당하는 직원	방사능방재업무를 담당하는 직원으로 임용된 날부터 6개월 이내에 8시간 이상	매년 4시간 이상(3회 이상 보수교육을 이수한 경우에는 매년 2시간 이상)
	방사능방재업무를 담당하지 아니하는 직원	직원으로 임용된 날부터 6개월 이내에 2시간 이상	3년마다 2시간 이상

2. 교육내용

교육대상		교육내용
원자력사업자의 종업원	방사능방재업무를 담당하는 종업원	1. 방사능방재에 관한 법령 2. 방사능방재에 관한 일반사항 3. 방사선사고 확대방지를 위한 응급조치에 관한 사항 4. 사고분석 및 평가에 관한 사항 5. 방사선측정 및 방사능감시에 관한 사항 6. 방사선방호조치에 관한 사항 7. 화재진압에 관한 사항 8. 긴급구조에 관한 사항
	방사능방재업무를 담당하지 아니하는 종업원	1. 방사능방재에 관한 법령 2. 방사능방재에 관한 일반사항
방사선비상계획구역의 전부 또는 일부를 관할구역으로 하는 시·도지사 및 시장·군수·구청장이 지정한 방사능방재요원		1. 방사능방재에 관한 법령 2. 방사능방재에 관한 일반사항 3. 방사능재난관리에 관한 사항 4. 방사선측정 및 방사능감시에 관한 사항 5. 방사선방호조치에 관한 사항 6. 주민보호에 관한 사항
법 제39조 제2항에 따른 1차 및 2차 방사선비상진료기관의 장이 지정한 방사선비상진료요원		1. 방사능방재에 관한 법령 2. 방사능방재에 관한 일반사항 3. 방사선방호조치에 관한 사항 4. 방사선비상진료에 관한 사항
원자력안전위원회가 정하여 고시하는 단체 또는 기관의 직원	방사능방재업무를 담당하는 직원	1. 방사능방재에 관한 법령 2. 방사능방재에 관한 일반사항 3. 방사능재난관리에 관한 사항 4. 방사선방호조치에 관한 사항 5. 주민보호에 관한 사항
	방사능방재업무를 담당하지 아니하는 직원	1. 방사능방재에 관한 법령 2. 방사능방재에 관한 일반사항

② 원자력안전위원회는 교육을 담당할 교육기관을 지정할 수 있다(제2항).

③ ①에 따른 방사능방재요원 및 방사선비상진료요원의 지정에 필요한 사항과 ②에 따른 교육기관의 지정기준 및 지정취소의 기준 등에 관한 사항은 대통령령으로 정한다(제3항). 〈개정 2021.6.8.〉

➕ 알아보기

방사능방재요원의 지정 등(영 제34조)

① 법 제36조 제1항의 규정에 의하여 방사선비상계획구역의 전부 또는 일부를 관할구역으로 하는 시·도지사 및 시장·군수·구청장 또는 1차 및 2차 방사선비상진료기관의 장은 방사능방재요원 또는 방사선비상진료요원을 지정한 때에는 그 명단을 원자력안전위원회에 제출하여야 한다. 그 요원을 변경한 때에도 또한 같다.

② 방사선비상계획구역의 전부 또는 일부를 관할구역으로 하는 시·도지사 및 시장·군수·구청장은 법 제36조 제3항의 규정에 의하여 소속 공무원 중에서 방사능방재활동에 필요한 전문지식을 가진 자를 방사능방재요원으로 우선적으로 지정하여야 한다.

방사능방재교육기관의 지정 등(영 제34조의2)

① 법 제36조 제2항에 따른 방사능방재교육기관(이하 "방사능방재교육기관"이라 한다)의 지정기준은 다음 각호와 같다.
  1. 교육대상 인원을 수용할 수 있는 적정한 면적의 교육시설을 갖출 것
  2. 방사선·방사능 계측기, 개인선량계, 방호장구 등 실습교육에 필요한 방사능방재 관련 장비를 갖출 것
  3. 제33조에 따른 교육내용에 적합한 교육프로그램과 운영절차를 갖출 것
  4. 다음 각목의 어느 하나에 해당하는 사람을 강사로 확보할 것
    가. 방사능방재 관련 분야의 면허나 자격증을 소지한 사람
    나. 방사능방재 관련 분야의 박사학위를 받은 사람
    다. 원전 주제어실 운전, 방사선·방사능 방재대책, 방사선비상진료 관련 업무에 3년 이상 종사한 경력이 있는 사람
    라. 원자력안전 관련 연구기관·전문기관 및 방사선비상진료기관에서 3년 이상 근무한 경력이 있는 사람
② 방사능방재교육기관으로 지정받으려는 자는 총리령으로 정하는 바에 따라 지정신청서에 관계 서류를 첨부하여 원자력안전위원회에 제출해야 한다.
③ 제2항에 따른 지정신청서를 받은 원자력안전위원회는 「전자정부법」 제36조 제1항에 따른 행정정보의 공동이용을 통하여 신청인의 법인 등기사항증명서나 사업자등록증명(주민등록번호가 제외된 사업자등록증명을 말한다. 이하 이 항에서 같다)을 확인해야 한다. 다만, 신청인이 사업자등록증명의 확인에 동의하지 않는 경우에는 그 서류를 첨부하도록 해야 한다. 〈개정 2024.4.23.〉
④ 원자력안전위원회는 법 제36조 제2항에 따라 방사능방재교육기관으로 지정받은 자가 다음 각호의 어느 하나에 해당하는 경우에는 지정을 취소할 수 있다. 다만, 제1호에 해당하는 경우에는 지정을 취소해야 한다.
  1. 거짓이나 그 밖의 부정한 방법으로 지정을 받은 경우
  2. 제1항에 따른 지정기준에 미달하게 된 경우
  3. 정당한 사유 없이 교육을 실시하지 않은 경우
⑤ 제1항부터 제4항까지에서 규정한 사항 외에 방사능방재교육기관의 지정과 운영에 필요한 세부 사항은 원자력안전위원회가 정하여 고시한다.
[본조신설 2021.12.23.]

방사능방재교육기관의 지정절차(규칙 제20조)

① 영 제34조의2 제2항에 따라 방사능방재교육기관으로 지정받으려는 자는 별지 제12호 서식의 방사능방재교육기관 지정신청서에 다음 각호의 서류를 첨부하여 원자력안전위원회에 제출해야 한다.
  1. 교육시설 현황 1부
  2. 실습교육에 필요한 방사능방재 관련 장비 현황 1부
  3. 교육프로그램 및 운영절차에 관한 자료 1부
  4. 강사 보유 현황 1부
② 원자력안전위원회는 법 제36조 제2항에 따라 교육기관을 지정한 때에는 별지 제13호 서식의 방사능방재교육기관 지정서를 신청인에게 발급해야 한다.
[전문개정 2021.12.31.]

(4) 방사능방재훈련(법 제37조)

① 원자력안전위원회는 매년 대통령령으로 정하는 바에 따라 관계 중앙행정기관이 함께 참여하는 방사능방재훈련을 실시하여야 한다(제1항). 〈개정 2021.6.8.〉

② 방사선비상계획구역의 전부 또는 일부를 관할하는 시·도지사 및 시장·군수·구청장은 대통령령으로 정하는 바에 따라 방사능방재훈련을 실시하여야 한다(제2항).

> **+ 알아보기** 방사능방재훈련(영 제35조)
>
> ① 원자력안전위원회는 법 제37조 제1항에 따른 방사능방재훈련의 실시에 필요한 방사능방재훈련계획을 수립하여야 한다.
> ② 원자력안전위원회는 제1항에 따라 방사능방재훈련계획을 수립한 때에는 방사능방재훈련에 참여해야 하는 관계중앙행정기관의 장, 방사선비상계획구역의 전부 또는 일부를 관할구역으로 하는 시·도지사, 시장·군수·구청장, 지정기관의 장 및 원자력사업자에게 이를 통보해야 한다. 〈개정 2021.1.5.〉
> ③ 법 제37조 제2항에 따라 방사능방재훈련을 실시하여야 하는 시·도지사 및 시장·군수·구청장은 다음 각 호의 기준에 따라 훈련을 실시하여야 한다. 이 경우 해당 시장·군수·구청장은 시·군·구 방사능방재훈련계획을 훈련 실시 45일 전까지 시·도지사에게 제출하고, 시·도지사는 이를 종합하여 조정한 시·도 방사능방재훈련계획을 훈련 실시 1개월 전까지 원자력안전위원회에 제출하여야 한다.
> 　1. 관할구역에 소재하는 지정기관 및 원자력사업자가 참여하는 방사능방재훈련 : 2년에 1회 이상 실시
> 　2. 교통 통제, 주민 상황전파, 옥내대피·소개(疏開), 방호약품 배포, 구호소 운영 등 주민보호조치 관련사항 중 특정분야에 대한 집중훈련 : 매년 1회 이상 실시
> ④ 원자력안전위원회는 효율적인 훈련 실시를 위하여 필요한 경우 해당 시·도지사와 협의를 거쳐 훈련 일정 등 제3항에 따른 시·도 및 시·군·구 방사능방재훈련계획의 일부를 조정할 수 있다.
> ⑤ 시·도지사 및 시장·군수·구청장은 제3항 각호에 따른 훈련 실시를 위하여 관할구역에 소재하는 지정기관 및 원자력사업자에게 훈련 참여 등 필요한 사항을 요청할 수 있다. 이 경우 요청받은 자는 특별한 사유가 없으면 이에 따라야 한다.
> ⑥ 원자력안전위원회는 법 제37조 제5항 후단에 따라 행정안전부장관과 합동으로 평가를 실시할 때에는 미리 평가의 방법, 일정 등에 관하여 행정안전부장관과 협의해야 한다. 〈신설 2021.12.23.〉

③ 원자력사업자는 총리령으로 정하는 바에 따라 방사능방재훈련계획을 수립하여 원자력안전위원회의 승인을 받아 시행하여야 한다(제3항).

> **+ 알아보기** 방사능방재훈련계획의 수립(규칙 제21조)
>
> ① 원자력사업자는 법 제37조 제3항에 따라 다음 연도의 방사능방재훈련계획을 수립하여 매년 11월 30일까지 원자력안전위원회에 제출하여야 한다.
> ② 제1항에 따른 방사능방재훈련계획에는 다음 각호의 사항이 포함되어야 한다.
> 　1. 훈련의 기본방향
> 　2. 훈련의 종류
> 　3. 훈련 종류별 방사능방재훈련의 목적·내용·방법·일정 및 대상자
> 　4. 훈련 종류별 방사능방재훈련의 통제 및 평가에 관한 사항
> 　5. 그 밖에 원자력사업자가 방사능방재훈련에 필요하다고 인정하는 사항
> ③ 원자력사업자별 방사능방재훈련의 종류 및 방법 등 방사능방재훈련에 관하여 필요한 사항은 원자력안전위원회가 정하여 고시한다.

④ 방사선비상계획구역의 전부 또는 일부를 관할하는 시·도지사 및 시장·군수·구청장은 ②에 따른 방사능방재훈련을 실시하고, 원자력사업자는 ③에 따른 방사능방재훈련을 실시한 후 그 결과를 원자력안전위원회에 보고하여야 한다(제4항). 〈개정 2021.6.8.〉

⑤ 원자력안전위원회는 ② 및 ③에 따라 실시하는 방사능방재훈련에 대하여 평가할 수 있다. 이 경우 ②에 따른 방사능방재훈련에 대하여 평가할 때에는 대통령령으로 정하는 바에 따라 행정안전부장관과 합동으로 평가를 실시하여야 한다(제5항). 〈신설 2021.6.8.〉

⑥ 원자력안전위원회는 ①에 따른 방사능방재훈련의 결과 및 ⑤에 따른 평가 결과 필요하다고 인정하면 해당 시·도지사, 시장·군수·구청장 및 지정기관의 장과 원자력사업자에게 방사능방재계획의 보완 등 필요한 조치를 요구하거나 명할 수 있다. 이 경우 요구 또는 명령을 받은 시·도지사 등은 이를 이행하고, 그 결과를 원자력안전위원회에 보고하여야 한다(제6항). 〈개정 2021.6.8.〉

(5) 검사(법 제38조)

① 원자력안전위원회는 원자력사업자에 대하여 제21조(원자력사업자의 의무 등) 및 제35조부터 제37조(방사능재난 대응시설 등, 갑상샘 방호 약품 비축·관리 등, 방사능방재 교육, 방사능방재훈련)까지에 규정된 사항을 검사할 수 있다(제1항).

> **➕ 알아보기** 검사(규칙 제22조)
> 원자력안전위원회는 법 제38조 제1항에 따라 검사를 하려면 검사자 명단, 검사일정, 검사내용 등이 포함된 검사계획을 검사 개시 10일 전까지 검사를 받을 자에게 알려야 한다.

② 원자력안전위원회는 검사의 결과가 다음의 어느 하나에 해당할 때에는 해당 원자력사업자에게 시정을 명할 수 있다(제2항).
  ㉠ 제21조 제1항 각호의 사항이 같은 조 제2항에 따른 기준에 미치지 못할 때(제1호)
  ㉡ 제35조 제1항 각호에 따른 시설 및 장비가 같은 조 제2항에 따른 기준에 미치지 못할 때(제2호)
  ㉢ 원자력사업자의 종업원이 제36조 제1항에 따른 방사능방재에 관한 교육을 받지 아니하였을 때(제3호)
  ㉣ 제37조 제3항에 따른 방사능방재훈련을 승인된 계획에 따라 실시하지 아니하였을 때(제4호)

(6) 국가방사선비상진료체제의 구축(법 제39조)

① 정부는 방사선피폭환자의 응급진료 등 방사선비상 진료 능력을 높이기 위하여 국가방사선비상진료체제를 구축하여야 한다(제1항).

② 국가방사선비상진료체제는 「방사선 및 방사성동위원소 이용진흥법」 제13조의2에 따른 한국원자력의학원에 설치하는 국가방사선비상진료센터(이하 "비상진료센터"라 한다)와 원자력안전위원회가 전국의 권역별로 지정하는 1차 및 2차 방사선비상진료기관으로 구성된다(제2항).

③ 비상진료센터와 방사선비상진료기관의 기능·운영, 지정기준과 그에 대한 지원 및 지정취소의 기준 등에 관한 사항은 대통령령으로 정한다(제3항). 〈개정 2021.6.8.〉

> **➕ 알아보기** 국가방사선비상진료체제의 구축 등(영 제36조)
>
> ① 원자력안전위원회는 법 제39조 제1항에 따른 국가방사선비상진료체제를 구축하기 위하여 필요한 경우 관계중앙행정기관의 장에게 구조·구급 또는 주민의 보건·의료분야의 자료제공을 요청할 수 있다. 〈개정 2021.12.23.〉
>
> ② 원자력안전위원회는 법 제39조 제2항에 따른 국가방사선비상진료센터, 1차 및 2차 방사선비상진료기관의 운영에 관한 지침을 수립하여 이를 국가방사선비상진료센터의 장, 1차 및 2차 방사선비상진료기관의 장에게 통보해야 한다. 〈개정 2021.12.23.〉
>
> ③ 법 제39조 제3항에 따른 국가방사선비상진료센터, 1차 및 2차 방사선비상진료기관의 기능과 1차 및 2차 방사선비상진료기관의 지정기준은 [별표 4]와 같다. 〈개정 2021.12.23.〉
>
> ④ 법 제39조 제2항에 따른 1차 또는 2차 방사선비상진료기관으로 지정받으려는 자는 총리령으로 정하는 바에 따라 지정신청서에 관계 서류를 첨부하여 원자력안전위원회에 제출해야 한다. 〈신설 2021.12.23.〉
>
> ⑤ 제4항에 따른 지정신청서를 받은 원자력안전위원회는 「전자정부법」 제36조 제1항에 따른 행정정보의 공동이용을 통하여 신청인의 의료기관 개설허가증이나 의료기관 개설신고증명서를 확인해야 한다. 〈신설 2021.12.23.〉
>
> ⑥ 법 제39조 제3항에 따라 국가방사선비상진료센터, 1차 및 2차 방사선비상진료기관에 대하여 지원할 수 있는 사항은 다음 각호와 같다. 〈개정 2021.12.23.〉
> 1. 방사선비상진료요원에 대한 교육·훈련비
> 2. 방사선비상진료용 의료장비·시설 및 그 운영관리비
> 3. 방사선비상시 의료지원에 대한 비용
>
> ⑦ 원자력안전위원회는 법 제39조 제2항에 따라 1차 또는 2차 방사선비상진료기관으로 지정받은 자가 다음 각호의 어느 하나에 해당하는 경우에는 지정을 취소할 수 있다. 다만, 제1호에 해당하는 경우에는 지정을 취소해야 한다. 〈신설 2021.12.23.〉
> 1. 거짓이나 그 밖의 부정한 방법으로 지정을 받은 경우
> 2. 제3항에 따른 지정기준에 미달하게 된 경우
> 3. 정당한 사유 없이 방사선비상진료기관의 업무를 수행하지 않은 경우
>
> ⑧ 제2항 및 제6항에서 규정한 사항 외에 국가방사선비상진료센터, 1차 및 2차 방사선비상진료기관의 운영과 지원에 필요한 세부 사항은 원자력안전위원회가 정한다. 〈신설 2021.12.23.〉

➕ 알아보기 국가방사선비상진료센터, 1차 및 2차 방사선비상진료기관의 기능과 1차 및 2차 방사선비상진료기관의 지정기준(영 [별표 4])

1. 국가방사선비상진료센터, 1차 및 2차 방사선비상진료기관의 기능

구분	기능
국가방사선 비상진료센터	1. 방사선피폭환자의 응급진료 등 방사선비상진료 2. 방사선비상진료요원 및 구조요원에 대한 교육 · 훈련 3. 1차 및 2차 방사선진료기관에 대한 지원 4. 방사선비상진료관련 연구 5. 그 밖에 비상진료센터의 장이 방사선비상진료에 필요하다고 인정하는 방사선비상진료관련 업무
2차 방사선 비상진료기관	1. 방사선피폭환자의 응급진료 등 방사선비상진료 2. 방사선피폭환자에 대한 기록 보존 및 비상진료센터를 경유하여 원자력안전위원회에 보고 3. 필요시 비상진료센터로 환자 이송 4. 방사선비상진료교육 참여
1차 방사선 비상진료기관	1. 방사선피폭환자의 응급진료 등 방사선비상진료 2. 방사선피폭환자에 대한 기록 보존 및 비상진료센터를 경유하여 원자력안전위원회에 보고 3. 필요시 비상진료센터 또는 2차 비상진료기관으로 환자 이송 4. 방사선비상진료교육 참여

2. 1차 및 2차 방사선비상진료기관의 지정기준
    가. 1차 방사선비상진료기관의 지정기준
        (1) 일반기준
            (가) 방사선피폭환자에 대하여 방사선비상진료를 할 수 있는 시설 · 인력 및 장비를 갖출 것
            (나) 방사선피폭환자 외의 환자와 구분하여 방사선피폭환자를 치료할 수 있는 구역을 확보할 것
            (다) 방사선피폭환자의 외래진료가 가능할 것
        (2) 개별기준
            (가) 시설기준

시설	개수	기준
방사선피폭환자 진료구역	1	1병상 이상을 설치할 것
검사실	1	장비기준에 의한 장비를 이용하여 검사를 하기에 충분한 공간을 확보할 것
방사선실 – 일반촬영실	1	
수술실	1	간단한 수술 및 치료를 할 수 있는 1병상을 확보할 것
원무행정실	1	당해 방사선비상진료기관과 별도로 입 · 퇴원 및 의료보험업무를 하는 경우 그에 필요한 면적을 확보할 것
의사당직실	1	의사 2인 이상이 숙식할 수 있는 공간일 것
보호자대기실	1	
주차장		구급차 2대를 포함한 4대 이상의 차량이 동시에 주차할 수 있는 공간을 확보할 것

[비고]
검사실은 당해 방사선비상진료기관의 시설을 이용할 수 있는 경우에는 이를 두지 아니할 수 있음

(나) 인력기준

인력	비고
의사(전문의) 1인 이상	
간호사 3인 이상	

(다) 장비기준

장비명	수량
〈방사선피폭환자 의료관련 장비〉	
개인선량계	3
방사선 방호복	3
방사선 폐기물 수거통	1
표면오염 계측기	1
〈일반 의료관련 장비〉	
심장제세동기(心臟除細動機)	1
인공호흡기	1
주입기(Infusion Pump)	1
이동 X-선 촬영기	1
초음파검사기	1
산부인과 진찰대	1
심전도(ECG) 모니터	1
이동 모니터	1
부착형 흡인기	1
부착형 산소(Wall O_2 unit)	1
혈액가온기(Blood warmer)	1
보온포	1
일반 X-선 촬영기	1
구급차. 다만, 구급차의 운용을 위탁한 경우에는 이를 갖추지 아니할 수 있다.	1

나. 2차 방사선비상진료기관 지정기준
  (1) 일반기준
    (가) 방사선피폭환자에 대하여 방사선비상진료를 할 수 있는 시설·인력 및 장비를 갖출 것
    (나) 방사선피폭환자 외의 환자와 구분하여 방사선피폭환자를 치료할 수 있는 구역을 확보할 것
    (다) 방사선피폭환자의 입원진료가 가능할 것

(2) 개별기준
   (가) 시설기준

시설	개수	기준
방사선피폭환자 진료구역	1	2병상 이상을 설치할 수 있을 것
검사실	1	장비기준에 의한 장비를 이용하여 검사를 하기에 충분한 공간을 확보할 것
방사선실 – 일반촬영실 – CT촬영실 – 필름현상실	 1 1 1	
수술실 – 대수술실 – 소수술실	 1 1	회전익항공기의 착륙장이 있는 경우에는 그 착륙장과 곧 바로 연결될 수 있도록 설치할 것
중환자실의 병상	10	
입원실의 병상	300	
원무행정실	1	당해 방사선비상진료기관과 별도로 입·퇴원 및 의료보험 업무를 하는 경우 그에 필요한 면적을 확보할 것
의사당직실	1	의사 2인 이상이 숙식할 수 있는 공간일 것
보호대기실	1	30인 이상이 동시에 대기할 수 있는 공간을 확보할 것
주차장		구급차 2대를 포함한 4대 이상의 차량이 동시에 주차할 수 있는 공간을 확보할 것

[비고]
검사실, 방사선실 중 CT촬영실, 수술실 중 대수술실, 중환자실 및 입원실은 당해 방사선비상진료기관의 시설을 이용할 수 있는 경우에는 이를 두지 아니할 수 있음

   (나) 인력기준

인력	비고
○ 의사 – 응급의학, 핵의학 또는 방사선종양학 전문의 4인 이상 – 내과 및 피부과 등 방사선 응급환자 치료 관련 전문의 2인 이상	방사능재난 등의 발생시 방사선비상진료관련 전문의 1인 이상이 30분 이내에 도착하여 방사선비상진료가 가능할 것
○ 간호사 – 12인 이상	
○ 그 밖의 인력 – 응급구조사 및 운전기사(구급차 1대당 각 2인 이상) – 방사선 안전관리사	당해 방사선비상진료기관의 실정에 맞게 조정할 수 있음

다. 장비기준

장비명	수량
〈방사선피폭환자 의료관련 장비〉	
개인선량계	6
방사선 방호복	6
방사선 폐기물 수거통	2
표면오염 계측기	2
〈일반 의료관련 장비〉	
심장제세동기(心臟除細動機)	2
인공호흡기	2
주입기(infusion pump)	1
이동 X-선 촬영기	1
초음파검사기(심초음파 가능한 장비)	1
식도위내시경	1
산부인과 진찰대	1
다채널 모니터	1
일반 모니터	1
이동 모니터	1
부착형 흡인기	1
혈액가온기(Blood warmer)	1
보온포	1
CT 촬영기	1
일반 X-선 촬영기	1
혈액성분검사기(CBC검사기)	1
혈액화학검사기	1
동맥혈가스분석기	
요성분검사기	1
혈액은행	1
구급차. 다만, 구급차의 운용을 위탁한 경우에는 이를 갖추지 아니할 수 있다.	1

> **+ 알아보기** 방사선비상진료기관의 지정절차(규칙 제23조)
> ① 영 제36조 제4항에 따라 1차 또는 2차 방사선비상진료기관으로 지정받으려는 자는 별지 제14호 서식의 방사선비상진료기관 지정신청서에 영 [별표 4] 제2호에 따른 지정기준에 적합한지를 확인할 수 있는 서류를 첨부하여 원자력안전위원회에 제출해야 한다.
> ② 원자력안전위원회는 법 제39조 제2항에 따라 1차 또는 2차 방사선비상진료기관을 지정한 때에는 별지 제15호 서식의 방사선비상진료기관 지정서를 신청인에게 발급해야 한다.
> [전문개정 2021.12.31.]

(7) 국제협력 등(법 제40조)

원자력안전위원회는 방사능재난상황이 발생하였을 때에는 「핵사고의 조기통보에 관한 협약」, 「핵사고 또는 방사능긴급사태 시 지원에 관한 협약」 및 그 밖의 국제협약 또는 양자 간 협정에 따라 국제원자력기구 및 관련 국가에 방사능재난 발생의 내용을 알리고 필요하면 긴급원조를 요청하여야 한다.

3. 사후 조치 등

(1) 중장기 방사능영향평가 및 피해복구계획 등(법 제41조)

① 지역본부장은 지역본부를 해체할 때에는 기술지원본부의 장과 협의하여 방사능재난이 발생한 지역의 중장기 방사능영향을 평가하여 피해복구계획을 수립하여야 한다(제1항).
② 지역본부장은 피해복구계획을 수립할 때 중앙본부장과 협의하여야 한다(제2항).

(2) 방사능재난 사후대책의 실시 등(법 제42조)

① 시·도지사, 시장·군수·구청장, 지정기관의 장, 원자력사업자 및 방사능재난의 수습에 책임이 있는 기관의 장은 제33조에 따라 방사능재난상황이 해제되었을 때에는 대통령령으로 정하는 바에 따라 사후대책을 수립하고 시행하여야 한다(제1항).

> **+ 알아보기** 방사능재난사후대책의 실시 등(영 제37조)
> ① 법 제42조 제1항의 규정에 의하여 시장·군수·구청장, 지정기관의 장, 원자력사업자 및 방사능재난의 수습에 책임이 있는 기관(중앙행정기관을 제외한다. 이하 "재난수습책임기관"이라 한다)의 장은 각각 사후대책을 수립하여 시·도지사에게 제출하여야 한다.
> ② 시·도지사는 제1항의 규정에 의하여 제출받은 사후대책을 종합하여 원자력안전위원회와 협의한 후 방사능재난 사후종합대책(이하 "사후종합대책"이라 한다)을 수립하고 이를 시장·군수·구청장, 지정기관의 장, 원자력사업자 및 재난수습책임기관의 장에게 통보하여야 한다.
> ③ 시·도지사, 시장·군수·구청장, 지정기관의 장, 원자력사업자 및 재난수습책임기관의 장은 제2항의 규정에 의하여 통보받은 사후종합대책을 각각 시행하여야 한다.

② 사후대책에는 다음의 사항이 포함되어야 한다(제2항).
　　㉠ 방사능재난 발생구역이나 그 밖에 필요한 구역의 방사성물질 농도 또는 방사선량 등에 대한 조사(제1호)
　　㉡ 거주자 등의 건강진단과 심리적 영향을 고려한 건강 상담과 그 밖에 필요한 의료 조치(제2호)
　　㉢ 방사성물질에 따른 영향 및 피해 극복 방안의 홍보(제3호)
　　㉣ 그 밖에 방사능재난의 확대방지 또는 피해 복구를 위한 조치 등 총리령으로 정하는 사항(제4호)

> **➕ 알아보기** 총리령으로 정하는 사항(규칙 제24조)
> 방사능재난이 발생한 지역의 식료품과 음료품 및 농·축·수산물의 방사능오염 안전성에 따른 유통관리대책에 관한 사항을 말한다.

(3) 재난 조사 등(법 제43조)

① 원자력안전위원회는 방사능재난이 발생한 경우에는 관련된 중앙행정기관, 지방자치단체 및 원자력사업자와 합동으로 방사능재난조사위원회(이하 "조사위원회"라 한다)를 구성하여 재난상황에 대한 조사를 하도록 할 수 있다(제1항). 〈개정 2021.12.28.〉
② 조사위원회는 위원장 1명을 포함한 6명 이상 9명 이하의 위원으로 구성한다(제2항). 〈신설 2021.12.28.〉
③ 조사위원회의 위원장은 원자력안전위원회 위원 중에서 원자력안전위원회 위원장이 지명하는 사람으로 하며, 그 밖의 위원은 다음의 사람으로 한다(제3항). 〈신설 2021.12.28.〉
　　㉠ 원자력안전위원회 위원장이 지명하는 원자력안전위원회 소속 공무원(제1호)
　　㉡ 행정안전부장관이 지명하는 행정안전부 소속 공무원(제2호)
　　㉢ 관련 시·도지사가 지명하는 해당 지방자치단체 소속 공무원(제3호)
　　㉣ 관련 원자력사업자가 지명하는 소속 임직원(제4호)
　　㉤ 방사능재난에 관하여 학식과 경험이 풍부한 사람 중에서 원자력안전위원회 위원장이 위촉하는 사람(제5호)
④ 조사위원회는 재난상황에 대한 조사를 위하여 필요하면 관계 중앙행정기관, 관련 지방자치단체, 원자력사업자, 지정기관을 대상으로 관계 자료의 열람 및 자료제출 등을 요청할 수 있다. 이 경우 요청을 받은 자는 특별한 사유가 없으면 이에 따라야 한다(제4항). 〈신설 2021.12.28.〉
⑤ 조사위원회는 재난상황에 대한 조사가 완료되면 그 결과를 원자력안전위원회에 보고하여야 한다(제5항). 〈신설 2021.12.28.〉
⑥ 조사위원회의 구성·운영 등에 필요한 사항은 대통령령으로 정한다(제6항). 〈개정 2021.12.28.〉

> **➕ 알아보기** 조사위원회 구성 및 운영(영 제38조)
>
> ① 법 제43조 제1항의 규정에 의한 조사위원회(이하 "조사위원회"라 한다)는 위원장 1인을 포함한 6인 이상 9인 이하의 위원으로 구성한다.
> ② 조사위원회의 위원장은 원자력안전위원회 소속 공무원 중에서 원자력안전위원회 위원장이 지명하는 자가 되고, 위원은 다음 각호의 자가 된다.
>   1. 원자력안전위원회의 위원 중에서 원자력안전위원회 위원장이 지명하는 자 1인
>   2. 관련 지방자치단체의 장이 지명하는 소속 공무원 1인
>   3. 관련 원자력사업자가 지명하는 소속 임직원 1인
>   4. 방사능재난에 관하여 학식과 경험이 있는 자 중에서 원자력안전위원회 위원장이 위촉하는 자
> ③ 조사위원회의 회의는 조사위원회의 위원장이 필요하다고 인정할 때 소집한다.
> ④ 조사위원회에 출석한 위원에 대하여는 예산의 범위 안에서 수당 및 여비를 지급할 수 있다. 다만, 공무원인 위원이 그 업무와 직접 관련하여 회의에 출석하는 경우에는 그러하지 아니하다.

04 보칙 및 벌칙

1. 보칙

(1) 보고 · 검사 등(법 제44조)

① 원자력안전위원회는 방사능방재법의 시행을 위하여 필요하다고 인정하면 다음의 자에게 그 업무에 관한 보고 또는 서류의 제출, 제출된 서류의 보완을 명하거나 업무 지도 및 감독을 할 수 있다(제1항).
  ㉠ 시 · 도지사 또는 시장 · 군수 · 구청장(제1호)
  ㉡ 지정기관의 장(제2호)
  ㉢ 원자력사업자(제3호)
  ㉣ 비상진료센터 및 방사선비상진료기관의 장(제4호)
  ㉤ 물리적방호 및 방사능재난에 관한 업무를 수행하는 기관의 장(제5호)
  ㉥ 「원자력안전법」 제15조에 따른 국제규제물자 중 핵물질을 취급하거나 관련 연구를 수행하는 사람 중 대통령령으로 정하는 사람(제6호)

> **➕ 알아보기** 대통령령으로 정하는 사람(영 제39조)
>
> 「과학기술분야 정부출연연구기관 등의 설립 · 운영 및 육성에 관한 법률」에 따른 한국원자력연구원의 장을 말한다. 〈개정 2021.10.5.〉

② 원자력안전위원회는 다음의 어느 하나에 해당하는 경우에는 소속 공무원에게 그 사업소, 서류, 시설 및 그 밖에 필요한 물건을 검사하게 하거나 관계인에게 질문하게 할 수 있으며, 검사를 위한 최소량의 시료(試料)를 수거하게 할 수 있다(제2항).
  ㉠ ①에 따른 보고나 서류의 사실 확인을 위하여 필요한 경우(제1호)
  ㉡ 물리적방호체제의 이행 및 방사능재난의 예방을 위하여 필요하다고 인정하는 경우(제2호)
  ㉢ 방사능방재법에 따른 각종 검사를 하기 위하여 필요한 경우(제3호)
③ 원자력안전위원회는 검사와 질문을 한 결과 방사능방재법,「핵물질 및 원자력시설의 물리적방호에 관한 협약」,「핵사고의 조기통보에 관한 협약」,「핵사고 또는 방사능긴급사태 시 지원에 관한 협약」 및 그 밖의 국제협약 또는 양자 간 협정을 위반하는 사항이 있을 때에는 그 시정을 명할 수 있다(제3항).
④ 검사와 질문을 하는 사람은 그 권한을 나타내는 증표를 지니고 이를 관계인에게 보여 주어야 한다(제4항).

(2) 업무의 위탁(법 제45조)

① 원자력안전위원회는 방사능방재법에 따른 업무 중 다음의 업무를 대통령령으로 정하는 바에 따라 「과학기술분야 정부출연연구기관 등의 설립·운영 및 육성에 관한 법률」에 따른 한국원자력연구원,「방사선 및 방사성동위원소 이용진흥법」 제13조의2에 따른 한국원자력의학원,「한국원자력안전기술원법」에 따른 한국원자력안전기술원,「원자력안전법」에 따른 한국원자력통제기술원 또는 그 밖의 관련 전문기관에 위탁할 수 있다(제1항). 〈개정 2021.4.20., 2021.6.8.〉
  ㉠ 제4조 제1항에 따른 원자력시설등에 대한 위협의 평가(제1호)
  ㉡ 제9조 제1항, 제9조의3 제1항, 제13조 제2항, 제20조 제1항, 제20조의2 제3항 및 제37조 제3항에 따른 승인에 관련된 심사(제2호)
  ㉢ 제9조의2 제1항 및 제36조 제1항에 따른 교육(제3호)
  ㉣ 제9조의3 제2항 및 제37조 제5항에 따른 훈련 평가(제4호)
  ㉤ 제12조 제1항, 제13조의2 제1항 및 제38조 제1항에 따른 검사(제5호)
  ㉥ 제28조 제1항에 따른 현장지휘센터 시설·장비의 구축 및 관리(제6호)
  ㉦ 제35조의2 제1항에 따른 원자력안전위원회의 갑상샘 방호 약품 비축·관리 및 같은 조 제4항에 따른 지침의 작성·보완(제7호)
  ㉧ 제46조 제1항 제1호에 따른 지방자치단체에 대한 갑상샘 방호 약품의 확보·폐기 지원(제8호)
  ㉨ 제46조 제1항 제2호에 따른 지방자치단체에 대한 갑상샘 방호 약품에 관한 설명·안내 지원(제9호)

> **알아보기** 업무의 위탁(영 제40조)

① 원자력안전위원회는 법 제45조 제1항에 따라 다음 각호의 업무를 한국원자력통제기술원에 위탁한다. 〈개정 2021.6.8.〉
   1. 법 제4조 제1항에 따른 원자력시설 등에 대한 위협의 평가
   2. 법 제9조 제1항 및 제9조의3 제1항에 따른 승인과 법 제13조 제2항에 따른 승인·변경승인에 관련된 심사
   3. 법 제9조의2 제1항에 따른 교육에 관한 관리 업무
   4. 법 제9조의3 제2항에 따른 훈련 평가 지원
   5. 법 제12조 제1항 및 제13조의2 제1항에 따른 검사

② 원자력안전위원회는 법 제45조 제1항에 따라 다음 각호의 업무를 한국원자력안전기술원에 위탁한다. 〈개정 2021.6.8., 2021.12.23.〉
   1. 법 제20조 제1항(방사선비상진료에 관한 사항은 제외한다), 제20조의2 제3항 및 제37조 제3항에 따른 승인과 관련된 심사
   1의2. 법 제28조 제1항에 따른 현장지휘센터 시설·장비의 구축 및 관리
   2. 법 제36조 제1항에 따른 교육에 관한 관리업무
   3. 법 제37조 제5항에 따른 훈련 평가 지원(방사선비상진료에 관한 사항은 제외한다)
   4. 법 제38조 제1항에 따른 검사(방사선비상진료에 관한 사항은 제외한다)

③ 원자력안전위원회는 법 제45조 제1항에 따라 다음 각호의 업무를 한국원자력의학원에 위탁한다. 〈신설 2021.10.5., 2021.12.23.〉
   1. 법 제20조 제1항에 따른 승인에 관련된 심사(방사선비상진료에 관한 사항에 한정한다)
   2. 법 제35조의2 제1항에 따른 원자력안전위원회의 갑상샘 방호 약품 비축·관리
   3. 법 제35조의2 제4항에 따른 지침의 작성·보완을 위한 검토
   4. 법 제37조 제5항에 따른 훈련 평가 지원(방사선비상진료에 관한 사항에 한정한다)
   5. 법 제38조 제1항에 따른 검사(방사선비상진료에 관한 사항에 한정한다)
   6. 법 제46조 제1항 제1호에 따른 지방자치단체에 대한 갑상샘 방호 약품의 확보·폐기 지원
   7. 법 제46조 제1항 제2호에 따른 지방자치단체에 대한 갑상샘 방호 약품에 관한 설명·안내 지원

② 원자력안전위원회가 ①에 따라 위탁한 업무에 종사하는 기관 또는 관련 전문기관의 임원 및 직원은 「형법」이나 그 밖의 법률에 따른 벌칙을 적용할 때에는 공무원으로 본다(제4항). 〈개정 2011.7.25.〉

③ 원자력안전위원회는 ①의 각호에 따른 업무수행에 필요한 경비의 전부 또는 일부를 업무를 위탁받은 기관에 출연할 수 있다(제5항). 〈신설 2020.12.8.〉

④ ①에 따라 업무를 위탁받은 기관의 장은 대통령령으로 정하는 바에 따라 위탁받은 업무의 효율적인 수행을 위한 수탁업무처리규정을 정하여 원자력안전위원회의 승인을 받아야 한다. 이를 변경하려는 경우에도 또한 같다(제6항). 〈신설 2020.12.8.〉

> **+ 알아보기**
>
> **수탁업무처리규정의 작성 및 승인(영 제40조의4)**
>
> ① 법 제45조 제6항 전단에 따른 수탁업무처리규정(이하 "수탁업무처리규정"이라 한다)에는 다음 각호의 사항이 포함되어야 한다.
>   1. 수탁업무의 종류
>   2. 수탁업무를 처리하는 시간 및 휴일
>   3. 수탁업무를 처리하는 장소
>   4. 수탁업무 취급자의 선임·해임 및 배치
>   5. 수탁업무 취급방법
>   6. 수탁업무 처리결과의 표시 및 방법
>   7. 수탁업무에 관한 기록의 보존
>   8. 그 밖에 원자력안전위원회가 수탁업무처리규정에 포함할 필요가 있다고 인정하는 사항
> ② 법 제45조 제6항 전단에 따라 수탁업무처리규정을 승인받으려는 자는 수탁업무처리규정 승인 신청서에 수탁업무처리규정안을 첨부하여 원자력안전위원회에 제출해야 한다.
> ③ 법 제45조 제6항 후단에 따라 수탁업무처리규정의 변경승인을 받으려는 자는 다음 각호의 사항을 적은 수탁업무처리규정 변경승인 신청서를 원자력안전위원회에 제출해야 한다.
>   1. 변경 사항
>   2. 변경 일시
>   3. 변경 이유
>
> [본조신설 2021.6.8.]
>
> **민감정보 및 고유식별정보 등의 처리(영 제40조의5)**
>
> 방사선비상계획구역의 전부 또는 일부를 관할하는 시·도지사 및 시장·군수·구청장은 다음 각호의 사무를 수행하기 위하여 불가피한 경우 「개인정보보호법」 제23조에 따른 건강에 관한 정보, 같은 법 시행령 제19조 제1호, 제2호 또는 제4호에 따른 주민등록번호, 여권번호 또는 외국인등록번호나 성명, 주소, 생년월일, 연락처가 포함된 자료를 처리할 수 있다.
> 1. 법 제30조 제1항 후단에 따른 결정사항(법 제29조 제1항 제3호에 따른 갑상샘 방호 약품 배포·복용지시에 관한 결정사항으로 한정한다)의 시행에 관한 사무
> 2. 법 제35조의2 제2항에 따른 갑상샘 방호 약품의 사전 배포에 관한 사무
>
> [본조신설 2021.10.5.]

(3) 원자력안전관리부담금 등(법 제45조의2) – 삭제 〈2025.1.21.〉 [시행일 : 2026.1.1.]

① 원자력안전위원회는 제45조 제1항 각호의 업무를 원활하게 수행하기 위하여 다음의 자(이하 "원자력관계사업자등"이라 한다)에게 원자력안전관리부담금(이하 "부담금"이라 한다)을 부과·징수할 수 있다(제1항).
  ㉠ 제13조 제2항의 승인에 관련된 심사 또는 제13조의2 제1항의 검사를 받는 핵물질의 국제운송을 위탁받은 자(제1호)
  ㉡ 제45조 제1항 제1호부터 제5호까지에 따른 심사·검사·교육 및 평가를 받는 원자력사업자(제2호)
② 부담금의 규모, 산정기준은 원자력관계사업자등이 발생시키는 관련 시설의 방호 및 방사능 방재 수요를 고려하여 대통령령으로 정한다(제2항).

> **➕ 알아보기** 부담금의 산정기준 등(영 제40조의2)
>
> ① 법 제45조의2 제1항 각호의 자(이하 "원자력관계사업자등"이라 한다)에게 부과하는 원자력안전관리부담금(이하 "부담금"이라 한다)의 산정기준은 [별표 4의2]와 같다. 〈개정 2021.12.23.〉
> ② 원자력안전위원회는 제1항에 따라 산정한 해당 연도 부담금의 규모와 산출내용을 다음 연도 1월 31일까지 고시해야 한다. 〈개정 2021.12.23.〉
> ③ 삭제 〈2021.12.23.〉
> [제목개정 2021.12.23.]

> **➕ 알아보기** 부담금의 산정기준(영 [별표 4의2]) 〈개정 2021.12.23.〉
>
> 1. 부담금 산정기준
>
>   업무별 전년도 업무량 × 기준단가
>
> 2. 업무별 전년도 업무량
>   수탁기관이 전년도를 기준으로 해당 업무에 투입한 인원에 근무일수를 곱한 값
>
> 3. 기준단가
>   가. 법 제45조의2 제1항 제1호에 따른 핵물질의 국제운송을 위탁받은 자와 같은 항 제2호에 따른 원자력사업자(법 제2조 제1항 제10호 가목·나목·바목·사목 및 자목에 해당하는 원자력사업자로 한정한다) : 다음 표의 구분에 따른 비목의 단가를 더한 값
>
> | 비목 | 세부내용 | 단가 |
> |---|---|---|
> | 1. 직접인건비 | 수탁기관이 수탁업무의 수행을 위해 투입한 인력에 지급한 인건비 | 「공공기관의 운영에 관한 법률」 제11조에 따라 공시하는 임원 및 운영인력 현황과 인건비 집행 현황에 따른 직원 1명의 근무일 하루당 평균 보수액 |
> | 2. 직접경비 | 수탁기관이 수탁업무에 직접 사용한 경비 | 직접인건비의 84.9%에 해당하는 금액 |
> | 3. 각종 경비 | 직접경비 외에 수탁기관이 수탁업무에 사용한 경비 | 직접인건비의 54.73%에 해당하는 금액 |
>
> 나. 가목 외의 원자력관계사업자등 : 가목 표의 직접인건비 단가 범위에서 원자력안전위원회가 정하여 고시하는 값

③ 그 밖에 부담금의 납부방법 및 납부시기 등에 관한 사항은 대통령령으로 정한다(제3항).

> **➕ 알아보기** 부담금의 납부방법 및 납부시기 등(영 제40조의3)
>
> ① 원자력안전위원회는 법 제45조의2 제1항에 따라 부담금을 징수하려면 그 금액과 함께 산출내용, 납부기한 및 납부장소를 명시하여 원자력관계사업자등에게 고지해야 한다. 〈개정 2021.12.23.〉
> ② 원자력관계사업자등은 다음 각호의 어느 하나의 방법을 선택하여 해당 기한까지 부담금을 납부해야 한다. 〈개정 2021.12.23.〉
> 1. 12회 균등 분할 납부 : 다음 연도 매월 말일까지
> 2. 4회 균등 분할 납부 : 다음 연도 1월 31일, 4월 30일, 7월 31일 및 10월 31일까지
> ③ 부담금은 현금, 신용카드 또는 직불카드 등으로 납부할 수 있다. 〈개정 2021.12.23.〉
> ④ 원자력안전위원회는 원자력관계사업자등이 납부한 부담금이 해당 업무의 변경·취소 등의 사유로 금액 차이가 발생한 경우에는 원자력안전위원회가 정하여 고시하는 바에 따라 부담금을 정산하여 추가로 징수하거나 환급해야 한다. 〈개정 2021.12.23.〉
> [제목개정 2021.12.23.]

④ 원자력안전위원회는 부담금의 규모, 산정기준, 납부방법 및 납부시기 등에 관하여 필요한 사항을 변경하고자 할 때에는 관계 중앙행정기관의 장과 협의하여야 한다(제4항).

[본조신설 2021.6.8.]

(4) 강제징수(법 제45조의3) – 삭제 〈2025.1.21.〉 [시행일 : 2026.1.1.]

① 원자력안전위원회는 원자력관계사업자등이 부담금을 납부기한 내에 납부하지 아니한 경우에는 납부기한 경과 후 7일 이내에 부담금의 납부를 독촉하여야 한다(제1항).

② 부담금 및 체납된 부담금을 납부기한 내에 납부하지 아니한 경우에는 「국세기본법」 제47조의4를 준용하여 가산금을 징수한다(제2항)

③ ①에 따라 독촉장을 발부한 때에는 10일 이상 60일 이내의 납부기한을 주어야 한다(제3항).

④ ①에 따라 독촉장을 받은 자가 그 기한 내에 부담금 및 ②에 따른 가산금을 납부하지 아니한 때에는 원자력안전위원회가 국세 체납처분의 예에 따라 이를 징수할 수 있다(제4항).

[본조신설 2021.6.8.]

(5) 지방자치단체 등에 대한 지원(법 제46조)

① 원자력안전위원회는 다음의 사항에 관하여 필요한 지원을 할 수 있다(제1항). 〈개정 2021.4.20.〉
 ㉠ 지방자치단체가 제35조의2 제1항에 따라 비축·관리하여야 하는 갑상샘 방호 약품의 확보·폐기(제1호)
 ㉡ 지방자치단체가 제35조의2 제3항에 따라 배포하는 갑상샘 방호 약품에 관한 설명·안내(제2호)
 ㉢ 지방자치단체가 제36조에 따라 시행하는 방사능방재 교육(제3호)
 ㉣ 지방자치단체가 제37조에 따라 시행하는 방사능방재훈련(제4호)
 ㉤ 제39조 제2항에 따른 방사선비상진료기관의 운영(제5호)

② 원자력발전소와 폐기시설 등이 있는 지역을 관할하는 시·도지사 및 시장·군수·구청장은 「발전소주변지역 지원에 관한 법률」 제13조에 따라 지원되는 지원금의 일부를 대통령령으로 정하는 바에 따라 제36조 제1항과 제37조 제2항에 따른 교육 또는 훈련에 필요한 시설 및 장비 등의 구입·관리에 사용할 수 있다(제2항).

> **➕ 알아보기** 지원금의 사용(영 제41조)
>
> 법 제46조 제2항의 규정에 의하여 원자력발전소 및 폐기시설 등이 소재한 지역을 관할구역으로 하는 시·도지사 및 시장·군수·구청장은 「발전소주변지역 지원에 관한 법률 시행령」 제27조 제1항의 규정에 의하여 지원되는 주변지역개발기본지원사업의 지원금을 방사능방재교육 또는 훈련에 필요한 시설 및 장비 등의 구입·관리에 사용할 수 있다.

(6) 벌칙 적용에서 공무원 의제(법 제46조의2)

조사위원회의 위원 중 공무원이 아닌 위원은 「형법」 제127조 및 제129조부터 132조까지의 규정을 적용할 때에는 공무원으로 본다.
[본조신설 2021.12.28.]

2. 벌칙

(1) 벌칙(법 제47조)

① 정당한 권한 없이 방사성물질, 핵물질, 핵폭발장치, 방사성물질비산장치 또는 방사선방출장치를 수수·소지·소유·보관·제조·사용·운반·개조·처분 또는 분산하여 사람의 생명·신체를 위험하게 하거나 재산·환경에 위험을 발생시킨 사람은 무기 또는 1년 이상의 징역에 처한다(제1항).

② 방사성물질, 핵물질, 핵폭발장치, 방사성물질비산장치 또는 방사선방출장치에 대하여 「형법」 제329조·제333조·제347조·제350조 및 제355조 제1항의 죄를 저지른 사람은 같은 법 해당 조에서 정한 형의 2분의 1까지 가중한다(제2항).

③ 사보타주 또는 전자적 침해행위를 한 사람은 1년 이상 10년 이하의 징역에 처한다(제3항).

④ 사람, 법인, 공공기관, 국제기구 또는 국가로 하여금 의무 없는 행위를 하게 하거나 권한행사를 방해할 목적으로 다음의 어느 하나에 해당하는 행위를 한 사람은 다음의 구분에 따라 처벌한다(제4항).

㉠ 방사성물질, 핵물질, 핵폭발장치, 방사성물질비산장치 또는 방사선방출장치를 사용하는 행위를 한 사람은 2년 이상의 유기징역에 처한다(제1호).

㉡ 원자력시설 또는 방사성물질 관련 시설(방사성물질을 생산·저장·처리·처분·운송하기 위한 시설 및 수단을 말한다)을 사용하거나 손상시켜서 방사성물질을 유출하는 행위를 한 사람은 무기 또는 3년 이상의 징역에 처한다(제2호).

⑤ 공중(公衆)을 위협할 목적으로 제1항·제3항 또는 제4항에 따른 범죄를 행할 것이라고 사람을 협박한 사람은 7년 이하의 징역 또는 7천만원 이하의 벌금에 처한다(제5항).

⑥ ① 및 ③부터 ⑤까지의 규정에 따른 범죄를 목적으로 한 단체 또는 집단을 구성하거나 그러한 단체 또는 집단에 가입하거나 그 구성원으로 활동한 사람은 다음의 구분에 따라 처벌한다(제6항).

㉠ 수괴(首魁)는 사형, 무기 또는 10년 이상의 징역에 처한다(제1호).

㉡ 간부는 무기 또는 7년 이상의 징역에 처한다(제2호).

㉢ 그 밖의 사람은 2년 이상의 유기징역에 처한다(제3호).

⑦ ① 및 ③부터 ⑤까지의 규정에 따른 범죄에 제공할 목적으로 방사성물질, 핵물질, 핵폭발장치, 방사성물질비산장치 또는 방사선방출장치를 소지 또는 제조한 사람은 10년 이하의 징역에 처한다(제7항).

⑧ ①·③ 또는 ④에 따른 죄를 저질러 사람에게 상해를 입혔을 때에는 무기 또는 3년 이상의 징역에 처한다. 사망에 이르게 하였을 때에는 사형·무기 또는 5년 이상의 징역에 처한다(제8호).

⑨ ①부터 ④까지의 규정에 따른 죄의 미수범은 처벌한다(제9항).

⑩ ①이나 ③에 따른 죄를 저지를 목적으로 예비하거나 음모한 사람은 5년 이하의 징역에 처한다. 다만, 자수하였을 때에는 형을 감경하거나 면제한다(제10항).

(2) 벌칙(법 제48조)

다음의 어느 하나에 해당하는 사람은 10년 이하의 징역에 처한다.

① 제13조 제1항을 위반하여 핵물질을 수출하거나 수입한 자(제1호)

② 제15조를 위반하여 비밀을 누설하거나 목적 외의 용도로 이용한 자(제2호)

(3) 벌칙(법 제49조)

다음의 어느 하나에 해당하는 자는 3년 이하의 징역 또는 3천만원 이하의 벌금에 처한다. 〈개정 2021.6.8.〉

① 제9조 제1항 본문, 제13조 제2항 본문, 제20조 제1항 본문 또는 제37조 제3항을 위반하여 승인 또는 변경승인을 받지 아니한 자(제1호)

② 제11조, 제21조 제1항 제1호, 제37조 제4항, 같은 조 제6항 후단 또는 제44조 제1항을 위반하여 보고를 하지 아니하거나 거짓으로 보고한 자(제2호)

③ 제12조 제1항 또는 제13조의2 제1항을 위반하여 검사를 받지 아니하거나 제38조 제1항 또는 제44조 제2항에 따른 검사를 거부·방해·기피하거나 거짓으로 진술한 자(제3호)

(4) 벌칙(법 제50조)

다음의 어느 하나에 해당하는 자는 1년 이하의 징역 또는 1천만원 이하의 벌금에 처한다. 〈개정 2021.6.8.〉

① 제4조 제3항, 제12조 제2항, 제13조의2 제2항, 제37조 제6항 전단, 제38조 제2항 또는 제44조 제1항·제3항에 따른 명령을 위반한 원자력사업자 또는 핵물질의 국제운송을 위탁받은 자(제1호)

② 제21조 제1항 제4호를 위반하여 응급조치를 수행하지 아니하거나 방사선방호조치를 하지 아니한 원자력사업자(제2호)

(5) 양벌규정(법 제51조)

법인의 대표자나 법인 또는 개인의 대리인, 사용인, 그 밖의 종업원이 그 법인 또는 개인의 업무에 관하여 제49조 또는 제50조의 위반행위를 하면 그 행위자를 벌하는 외에 그 법인 또는 개인에게도 해당 조문의 벌금형을 과(科)한다. 다만, 법인 또는 개인이 그 위반행위를 방지하기 위하여 해당 업무에 관하여 상당한 주의와 감독을 게을리하지 아니한 경우에는 그러하지 아니하다.

(6) 과태료(법 제52조)

① 다음의 어느 하나에 해당하는 자에게는 1천만원 이하의 과태료를 부과한다(제1항).
  ㉠ 제9조 제1항 단서, 제13조 제2항 단서 또는 제20조 제1항 단서를 위반하여 신고를 하지 아니하거나 거짓으로 신고한 자(제1호)
  ㉡ 제14조를 위반하여 기록하지 아니하거나 거짓으로 기록한 자(제2호)
  ㉢ 제20조 제2항 전단을 위반하여 해당 시·도지사, 시장·군수·구청장 및 지정기관의 장에게 알리지 아니하고 방사선비상계획을 수립하거나 변경한 자(제3호)
  ㉣ 제21조 제1항 제6호 또는 제35조 제1항을 위반하여 방사능방재전담조직·인력 또는 방사능재난 대응시설 및 장비를 확보하지 아니한 원자력사업자(제4호)

② 과태료는 대통령령으로 정하는 바에 따라 원자력안전위원회, 시·도지사 또는 시장·군수·구청장이 부과·징수한다(제2항).

> **➕ 알아보기** 과태료의 부과기준(영 [별표 5]) 〈개정 2021.6.8.〉
>
> 1. 일반기준
>   가. 부과권자는 다음의 어느 하나에 해당하는 경우에는 제2호의 개별기준에 따른 과태료의 2분의 1 범위에서 그 금액을 줄일 수 있다. 다만, 과태료를 체납하고 있는 위반행위자의 경우에는 그렇지 않다.
>   1) 위반행위자가 「질서위반행위규제법 시행령」 제2조의2 제1항 각 호의 어느 하나에 해당하는 경우
>   2) 위반행위가 사소한 부주의나 오류로 인한 것으로 인정되는 경우
>   3) 위반행위자가 법 위반상태를 시정하거나 해소하기 위한 노력이 인정되는 경우
>   4) 그 밖에 위반행위의 정도, 위반행위의 동기와 그 결과 등을 고려하여 과태료를 줄일 필요가 있다고 인정되는 경우
>   나. 부과권자는 다음의 어느 하나에 해당하는 경우에는 제2호의 개별기준에 따른 과태료의 2분의 1 범위에서 그 금액을 늘릴 수 있다. 다만, 법 제52조 제1항에 따른 과태료의 상한을 넘을 수 없다.
>   1) 위반의 내용·정도가 중대하여 위협의 발생 가능성이 크다고 인정되는 경우
>   2) 법 위반상태의 기간이 6개월 이상인 경우
>   3) 그 밖에 위반행위의 정도, 위반행위의 동기와 그 결과 등을 고려하여 과태료를 늘릴 필요가 있다고 인정되는 경우
>
> 2. 개별기준
>
> | 위반행위 | 근거 법조문 | 과태료 금액 |
> |---|---|---|
> | 가. 법 제9조 제1항 단서, 제13조 제2항 단서 또는 법 제20조 제1항 단서를 위반하여 신고를 하지 않거나 거짓으로 신고한 경우 | 법 제52조 제1항 제1호 | 500만원 |
> | 나. 법 제14조를 위반하여 기록하지 않거나 거짓으로 기록한 경우 | 법 제52조 제1항 제2호 | 800만원 |
> | 다. 법 제20조 제2항 전단을 위반하여 해당 시·도지사, 시장·군수·구청장 및 지정기관의 장에게 알리지 않고 방사선비상계획을 수립하거나 변경한 경우 | 법 제52조 제1항 제3호 | 600만원 |
> | 라. 법 제21조 제1항 제6호 또는 법 제35조 제1항을 위반하여 방사능방재 전담조직·인력 또는 방사능재난 대응시설 및 장비를 확보하지 않은 경우 | 법 제52조 제1항 제4호 | 1,000만원 |

CHAPTER 03 적중예상문제

정답 및 해설 p.102

01 방사능방재법의 목적으로 가장 관련이 없는 것은?

① 핵물질과 원자력시설을 안전하게 관리·운영
② 물리적방호체제 및 방사능재난 예방체제를 수립
③ 국내외에서 방사능재난이 발생한 경우 효율적으로 대응하기 위한 관리체계를 확립
④ 통합방위 대책을 수립·시행하기 위하여 필요한 사항을 규정

02 방사능방재법령상 용어의 정의로 옳지 않은 것은?

① 원자력시설이란 발전용 원자로, 연구용 원자로, 핵연료 주기시설, 방사성폐기물의 저장·처리·처분시설, 핵물질 사용시설, 그 밖에 대통령령으로 정하는 원자력 이용과 관련된 시설을 말한다.
② 방사능재난이란 방사선비상이 국민의 생명과 재산 및 환경에 피해를 줄 수 있는 상황으로 확대되어 국가적 차원의 대처가 필요한 재난을 말한다.
③ 물리적방호란 침입을 방지하거나 지연시키고 접근에 대한 통제를 보완하여 주는 울타리·장벽 또는 이와 유사한 장애물을 말한다.
④ 방사선비상이란 방사성물질 또는 방사선이 누출되거나 누출될 우려가 있어 긴급한 대응 조치가 필요한 상황을 말한다.

03 방사능방재법령상 용어의 정의 중 '위협'에 해당하지 않는 것은?

① 불법이전
② 전자적 침해행위
③ 사람의 생명·신체를 해치거나 재산·환경에 손해를 끼치기 위하여 핵물질을 사용하는 것
④ 사람, 법인, 공공기관, 국제기구 또는 국가에 대하여 어떤 행위를 강요하기 위하여 핵물질을 취득하는 것

04 방사능방재법령상 용어의 정의 중 정당한 권한 없이 방사성물질을 배출하거나 방사선을 노출하여 사람의 건강·안전 및 재산 또는 환경을 위태롭게 할 수 있는 '사보타주'에 해당하는 행위가 아닌 것은?

① 핵물질 또는 원자력시설을 파괴·손상하거나 그 원인을 제공하는 행위
② 사용·저장 중인 핵물질의 불법이전과 원자력시설 및 핵물질의 사보타주를 야기하기 위하여 해킹 등의 방법으로 원자력시설 컴퓨터 및 정보시스템을 공격하는 행위
③ 원자력시설의 정상적인 운전을 방해하는 행위
④ 원자력시설의 정상적인 운전의 방해를 시도하는 행위

05 방사능방재법령상 원자력사업자에 해당하는 자를 모두 고르면?

> ㉠ 발전용 원자로 및 관계시설의 건설허가를 받은 자
> ㉡ 핵원료물질 또는 핵연료물질의 정련사업 또는 가공사업의 허가를 받은 자
> ㉢ 방사성폐기물의 저장·처리·처분시설 및 그 부속시설의 건설·운영허가를 받은 자
> ㉣ 그 밖에 방사성물질, 핵물질 또는 원자력시설의 방호와 재난대책을 수립·시행할 필요가 있어 대통령령으로 정하는 자

① ㉠, ㉡, ㉢
② ㉠, ㉡, ㉣
③ ㉡, ㉢, ㉣
④ ㉠, ㉡, ㉢, ㉣

06 방사능방재법령상 원자력시설 등에 대한 물리적방호를 위한 시책을 마련해야 하는 주체는?

① 정부
② 시·도지사
③ 지방자치단체장
④ 원자력안전위원회

07 방사능방재법령상 다음 중 물리적방호시책에 포함되어야 하는 사항을 모두 고르면?

㉠ 핵물질의 불법제조에 대한 단속
㉡ 원자력시설등에 대한 사보타주의 방지
㉢ 전자적 침해행위의 방지
㉣ 원자력시설등에 대한 사보타주에 따른 방사선 영향에 대한 대책
㉤ 전자적 침해행위에 따른 방사선 영향에 대한 대책

① ㉠, ㉡, ㉢, ㉣
② ㉠, ㉡, ㉢, ㉤
③ ㉡, ㉢, ㉣, ㉤
④ ㉠, ㉡, ㉢, ㉣, ㉤

08 방사능방재법령상 다음은 위협평가 및 물리적방호체제의 수립에 대한 설명이다. ( ) 안에 들어갈 내용으로 올바른 것은?

「원자력안전위원회의 설치 및 운영에 관한 법률」 제3조에 따른 원자력안전위원회는 법 제3조 제1항에 따른 물리적방호시책을 이행하기 위하여 ( )마다 위협의 요인, 위협의 발생 가능성, 위협의 발생에 따른 결과를 고려하여 원자력시설 등에 대한 위협을 평가하고 물리적방호체제 설계·평가의 기준이 되는 위협(이하 "설계기준위협"이라 한다)을 설정하여야 한다.

① 1년
② 2년
③ 3년
④ 5년

09 방사능방재법령상 물리적방호체제의 수립 등에 관한 설명으로 옳지 않은 것은?

① 원자력안전위원회는 물리적방호시책을 이행하기 위하여 정기적으로 원자력시설 등에 대한 위협을 평가하여 물리적방호체제를 수립하여야 한다.
② 원자력안전위원회는 물리적방호체제의 수립에 필요하다고 인정하면 관계 중앙행정기관의 장에게 협조를 요청할 수 있다.
③ 원자력안전위원회는 물리적방호체제의 수립에 필요하다고 인정하면 원자력사업자에게 방호 관련 시설·장비의 확보 및 운영 관리 등 대통령령으로 정하는 필요한 조치를 요구하거나 명할 수 있다.
④ ②와 ③에 따른 요청이나 요구를 받은 기관의 장과 사업자는 특별한 사유가 없으면 이에 따라야 한다.

10 방사능방재법령상 원자력안전위원회가 물리적방호체제의 수립에 필요하다고 인정할 때 방호 관련 시설·장비의 확보 및 운영 관리 등 필요한 조치를 요구하거나 명할 수 있는 자가 아닌 자는?

① 한전사업자
② 중앙119구조본부
③ 방사선비상계획구역의 전부 또는 일부를 관할하는 시장·군수·구청장
④ 방사선비상계획구역의 전부 또는 일부를 관할하는 특별시장·광역시장·특별자치시장·도지사·특별자치도지사

11 방사능방재법령상 원자력안전위원회가 물리적방호체제의 수립에 필요하다고 인정할 때 방호 관련 시설·장비의 확보 및 운영 관리 등 대통령령으로 정하는 필요한 조치를 요구하거나 명할 수 있는 공공기관, 공공단체 및 사회단체(이하 "지정기관"이라 한다)에 해당되지 않는 기관은?

① 방사선비상계획구역의 전부 또는 일부를 관할구역으로 하는 시·도 경찰청 또는 경찰서
② 방사선비상계획구역의 전부 또는 일부를 관할구역으로 하는 소방본부 및 소방서
③ 방사선비상계획구역의 전부 또는 일부를 관할구역으로 하는 교육청
④ 「원자력안전법」 제6조에 따른 한국원자력안전기술원

12 방사능방재법령상 원자력안전위원회가 물리적방호체제의 수립에 필요하다고 인정할 때 방호 관련 시설·장비의 확보 및 운영 관리 등 대통령령으로 정하는 필요한 조치를 요구하거나 명할 수 있는 공공기관, 공공단체 및 사회단체(이하 "지정기관"이라 한다)에 해당되지 않는 기관은?

① 한국원자력안전기술원
② 한국원자력통제기술원
③ 방사선비상계획구역의 전부 또는 일부를 관할구역으로 하는 군부대
④ 대한적십자사

13 방사능방재법령상 원자력시설등의 물리적방호협의회가 소속된 기관은?

① 원자력안전위원회 ② 국방부
③ 행정안전부 ④ 국토교통부

14 방사능방재법령상 원자력시설등의 물리적방호협의회에 대한 설명으로 옳지 않은 것은?

① 원자력시설등의 물리적방호에 관한 국가의 중요 정책을 심의한다.
② 방호협의회의 의장은 원자력안전위원회 위원장이 된다.
③ 방호협의회의 위원은 교육부의 고위공무원단에 속하는 일반직공무원 중에서 해당 기관의 장이 지명하는 공무원을 포함한다.
④ 방호협의회의 위원이 될 수 있는 고위공무원단에 속하는 일반직 공무원에 상당하는 공무원 중 국방부의 경우에는 이에 상당하는 장성급(將星級) 장교를 포함한다.

15 방사능방재법령상 다음 중 방호협의회의 심의사항이 아닌 것은?

① 물리적방호에 관한 허가 사항
② 물리적방호체제의 수립
③ 물리적방호체제의 이행을 위한 관계 기관 간 협조 사항
④ 물리적방호체제의 평가

16 방사능방재법령상 방호협의회의 운영 등에 관한 설명으로 옳지 않은 것은?

① 원자력시설등의 물리적방호협의회의 의장은 방호협의회의 업무를 총괄하고 방호협의회를 대표한다.
② 방호협의회 회의는 재적위원 과반수의 출석과 출석위원 과반수의 찬성으로 소집한다.
③ 국가정보원장이 지명하는 국가정보원 소속 3급 공무원 또는 이에 상당하는 공무원은 방호협의회의 위원이 된다.
④ 방호협의회에 간사 1인을 두되, 원자력안전위원회 소속 공무원 중에서 원자력안전위원회 위원장이 지명한다.

17 방사능방재법령상 다음 중 지역방호협의회의 심의사항이 아닌 것은?

① 해당 지역의 물리적방호에 관한 중요 정책
② 해당 지역의 물리적방호체제 수립
③ 해당 지역의 물리적방호체제 이행을 위한 관계 기관 간 협조사항
④ 해당 지역의 물리적방호와 관련하여 출석위원 과반수의 찬성으로 필요하다고 인정하여 회의에 부치는 사항

18 방사능방재법령상 다음 중 시·도 방호협의회의 위원에 해당하지 않는 자는?

① 해당 시·도의 행정부시장·행정부지사
② 해당 시·도의 원자력시설등의 물리적방호업무를 담당하는 과장
③ 해당 시·도를 관할구역으로 하는 국가정보원의 지부장
④ 해당 시·도의 전부 또는 일부를 관할구역으로 하는 해양경찰서장

19 방사능방재법령상 지역방호협의회의 구성 및 운영에 관한 설명으로 옳지 않은 것은?

① 지역방호협의회의 의장은 업무를 총괄하고, 지역방호협의회를 대표한다.
② 지역방호협의회의 의장이 부득이한 사유로 직무를 수행할 수 없는 때에는 부의장이 그 직무를 대행한다.
③ 지역방호협의회의 회의는 지역방호협의회의 의장이 필요하다고 인정할 때 소집한다.
④ 지역방호협의회의 회의는 재적위원 과반수의 출석과 출석위원 과반수의 찬성으로 의결한다.

20 방사능방재법령상 물리적방호 대상 핵물질의 등급별 분류로 옳은 것은?

① 플루토늄 등급Ⅰ - 2킬로그램 이상
② 플루토늄 등급Ⅲ - 500그램 초과 2킬로그램 미만
③ 우라늄 233 등급Ⅰ - 5킬로그램 이상
④ 우라늄 233 등급Ⅱ - 1킬로그램 초과 5킬로그램 미만

21 방사능방재법령상 원자력시설등의 물리적방호에 관한 요건에 해당하지 않는 것은?

① 불법이전에 대한 방호 요건
② 사보타주에 대한 방호 요건
③ 전자적 침해행위에 대한 방호 요건
④ 주민 긴급보호조치에 대한 방호 요건

22 방사능방재법령상 국제운송방호계획의 승인신청 등에 관한 설명으로 옳지 않은 것은?

① 국제운송방호계획에 대하여 승인을 받으려는 자는 수출 목적으로 핵물질을 국제운송하려는 경우 국내 항구 또는 공항에서 출발하기 30일 전까지 총리령으로 정하는 바에 따라 국제운송방호계획 승인 신청서에 관계 서류를 첨부하여 원자력안전위원회에 제출해야 한다.
② 국제운송방호계획에 대하여 승인을 받으려는 자는 수입 목적으로 핵물질을 국제운송하려는 경우 수출국의 항구 또는 공항에서 출발하기 30일 전까지 총리령으로 정하는 바에 따라 국제운송방호계획 승인 신청서에 관계 서류를 첨부하여 원자력안전위원회에 제출해야 한다.
③ 승인된 국제운송방호계획의 변경승인을 받으려는 자는 총리령으로 정하는 바에 따라 국제운송방호계획 변경승인 신청서에 관계 서류를 첨부하여 원자력안전위원회에 제출해야 한다.
④ 국제운송방호계획 승인 신청서에는 국제운송방호계획, 운송일정과 송하인(送荷人)·운송인·수하인(受荷人)의 임무 및 책임이 명시된 계약서를 각각 2부씩 첨부해야 한다.

23 방사능방재법령상 국제운송방호의 검사 등에 대한 설명으로 옳지 않은 것은?

① 국제운송자가 핵물질의 국제운송방호에 대하여 검사를 받으려 할 때 수입 목적으로 핵물질을 국제운송하려는 경우에는 대한민국의 영역에 진입하기 14일 전까지 총리령으로 정하는 바에 따라 국제운송방호 검사 신청서에 관계 서류를 첨부하여 원자력안전위원회에 제출해야 한다.
② 핵물질의 국제운송방호에 대한 검사의 방법 등에 관한 세부 사항은 총리령으로 정한다.
③ 국제운송 중 연락체제에 관한 서류는 국제운송방호검사 신청서에 2부씩 첨부해야 하는 서류에 해당한다.
④ 국제운송방호검사를 신청한 자가 그 신청한 사항을 변경하려는 경우 국제운송방호검사 변경신청서에 변경사유를 증명할 수 있는 서류를 첨부하여 지체 없이 원자력안전위원회에 제출해야 한다.

24 방사능방재법령상 사용 · 저장 중인 등급Ⅲ 핵물질의 불법이전에 대한 방호요건으로 옳지 않은 것은?

① 등급Ⅲ 핵물질의 사용 및 저장을 위한 구역(등급Ⅲ 방호구역)에의 접근을 통제할 것
② 해당 방호구역의 접근 통제를 위한 수단과 절차는 임의조작이나 위조 등으로부터 보호할 것
③ 해당 방호구역의 불법침입에 대한 탐지 · 경비체계 및 대응조치를 수립할 것
④ 방호종사자에 대하여 매월 물리적방호교육을 실시하고, 교육한 내용의 이행에 대한 훈련을 실시할 것

25 방사능방재법령상 사용 · 저장 중인 등급Ⅱ 핵물질의 불법이전에 대한 방호요건으로 옳지 않은 것은?

① 핵물질의 인수인계 및 작업보고절차를 마련하여 핵물질의 관리를 철저히 할 것
② 해당 방호구역 내에서 핵물질을 이동시킬 때 원자력시설등의 설계기준위협에 따라 잠금, 봉인 등의 필요한 물리적방호 조치를 적용할 것
③ 등급Ⅱ 방호구역은 등급Ⅰ 방호구역 내에 위치할 것
④ 물리적방호규정등에 대하여 정기적인 평가를 실시하고, 그 결과를 반영할 것

26 방사능방재법령상 사용 · 저장 중인 등급Ⅰ 핵물질의 불법이전에 대한 방호요건으로 옳지 않은 것은?

① 해당 방호구역으로의 출입구를 최소화할 것
② 해당 방호구역에 사람, 차량 및 물품의 반입 · 반출을 금지할 것
③ 탐지 관련 설비 및 중앙통제실은 비상시 물리적방호를 위하여 독립적인 전원을 갖출 것
④ 핵물질의 불법이전에 대한 방호비상계획을 수립하고 방호종사자와 군 · 경찰 등 외부대응인력 간의 비상훈련을 정기적으로 실시할 것

27 방사능방재법령상 운반 중인 핵물질의 불법이전에 대한 공통적인 방호요건이 아닌 것은?

① 운반과 관련된 정보의 공유를 최대화하고 기밀성을 유지할 것
② 핵물질의 운반시간과 경로 등이 운반할 때마다 다르게 되도록 다양한 방법으로 운반계획을 수립할 것
③ 핵물질의 운반시간, 횟수 및 기간을 최소화할 것
④ 운반 중 임시저장을 하거나 예상하지 못한 정차가 있을 경우 등급별 방호요건에 준하여 필요한 조치를 할 것

28 방사능방재법령상 운반 중인 등급Ⅰ 및 등급Ⅱ 핵물질의 불법이전에 대한 방호요건이 아닌 것은?

① 운반방호책임자는 호위차량, 운반차량 및 운반통제소 간에 상호 통신체계를 유지할 것
② 운반차량에는 무장한 1명의 방호종사자를 동승시킬 것
③ 운반 중인 핵물질의 불법이전에 대한 방호비상훈련을 실시할 것
④ 핵물질의 운반계획을 수립하고 운반할 때의 물리적방호를 총괄하는 방호종사자는 운반지침서를 소지할 것

29 방사능방재법령상 핵물질을 사용·저장하는 원자력시설 및 사용·저장 중인 핵물질의 사보타주에 대한 방호요건이 아닌 것은?

① 방호구역 및 핵심구역의 불법침입에 대하여 탐지 체계, 경보 기능 및 방호설비를 갖출 것
② 방호구역 및 핵심구역 내의 접근 및 출입구는 최소한으로 유지할 것
③ 사보타주를 방지하기 위하여 방호구역 및 핵심구역에 출입하는 사람, 차량 및 반출입되는 물품을 검색할 것
④ 방호구역은 일반통행로와 격리시키고 추가적인 물리적방호 조치를 적용할 것

30 방사능방재법령상 다음 중 전자적 침해행위에 대한 방호요건에 해당하는 것을 모두 고른 것은?

> ㄱ. 원자력시설 컴퓨터 및 정보시스템상의 정보가 허용된 대상에게만 허용된 방법으로 제공·사용·변경되도록 할 것
> ㄴ. 원자력시설에의 접근 통제를 위한 수단과 절차는 임의조작이나 위조 등으로부터 보호될 것
> ㄷ. 원자력시설 컴퓨터 및 정보시스템에 대한 물리적·전자적 접근에 필요한 수단과 절차는 임의조작이나 위조 등이 되지 않도록 보호하고 통제할 것
> ㄹ. 원자력시설 컴퓨터 및 정보시스템에 대한 물리적·전자적 불법접근의 예방·탐지 및 대응체계를 수립할 것

① ㄱ, ㄴ
② ㄷ, ㄹ
③ ㄱ, ㄴ, ㄷ
④ ㄱ, ㄷ, ㄹ

31 방사능방재법령상 물리적방호 교육에 관한 설명으로 옳지 않은 것은?

① 원자력사업자의 종업원은 물리적방호와 관련된 단체 또는 기관이 실시하는 물리적방호에 관한 교육을 받아야 한다.
② 물리적방호에 관한 교육은 신규교육과 보수교육으로 구분한다.
③ 원자력안전위원회는 교육을 실시하는 경우 교육대상자의 담당 직무별로 실시하여야 한다.
④ 원자력안전위원회는 물리적방호에 관한 교육을 담당할 교육기관을 지정할 수 있다.

32 방사능방재법령상 물리적방호 교육기관의 지정에 대한 설명으로 옳지 않은 것은?

① 교육기관으로 지정받으려는 자는 총리령으로 정하는 교육기관 지정신청서를 작성하여 원자력안전위원회에 제출해야 한다.
② 원자력안전위원회는 교육기관 지정신청서를 제출한 자가 법인인 경우 전자정부법 제36조 제1항에 따른 행정정보의 공동이용을 통하여 신청인의 법인등기사항증명서를 확인해야 한다.
③ 교육기관의 지정 및 운영에 필요한 세부 사항은 원자력안전위원회가 정하여 고시한다.
④ 교육기관으로 지정받으려는 자는 물리적방호 교육기관 지정신청서에 일정한 서류(교육 시설 및 교육 관련 장비 현황 3부, 강사 보유 현황 3부, 교육시행 절차서 또는 규정 3부)를 첨부하여 원자력안전위원회에 제출해야 한다.

33 방사능방재법령상 물리적방호 교육 등에 관한 설명으로 옳은 것은?

① 원자력사업자의 종업원 및 원자력안전위원회가 정하여 고시하는 물리적방호와 관련된 단체 또는 기관의 직원은 대통령령으로 정하는 바에 따라 원자력안전위원회가 실시하는 물리적방호에 관한 교육(원자력시설 컴퓨터 및 정보시스템 보안교육을 포함한다)을 받아야 한다.
② 물리적방호 교육의 내용·이수·유예·평가 등에 관한 사항은 대통령령으로 정하고, 교육기관의 지정기준 및 지정취소의 기준 등에 관한 사항은 총리령으로 정한다.
③ 정당한 사유 없이 2년 이상 교육실적이 없는 경우 교육기관의 지정취소 기준에 해당한다.
④ 원자력안전위원회는 물리적방호에 관한 교육을 담당할 교육기관을 지정하여야 한다.

34 방사능방재법령상 물리적방호 업무를 담당하는 원자력사업자의 종업원이 받게 될 신규교육시간으로 옳은 것은?

① 종업원으로 임용된 날부터 1년 이내에 2시간 이상
② 종업원으로 임용된 날부터 6개월 이내에 8시간 이상
③ 물리적방호 업무를 담당하는 종업원으로 지정된 날부터 1년 이내에 2시간 이상
④ 물리적방호 업무를 담당하는 종업원으로 지정된 날부터 6개월 이내에 8시간 이상

35 방사능방재법령상 물리적방호 훈련에 관한 설명으로 옳지 않은 것은?

① 원자력사업자는 총리령으로 정하는 바에 따라 물리적방호 훈련계획을 수립하여 원자력안전위원회의 승인 여부와 관계없이 이를 시행할 수 있다.
② 원자력사업자는 물리적방호 훈련을 실시한 후 그 결과를 원자력안전위원회에 보고하여야 한다.
③ ②의 경우 원자력안전위원회는 물리적방호 훈련에 대하여 평가할 수 있다.
④ 원자력안전위원회는 평가 결과 필요하다고 인정하면 원자력사업자에게 물리적방호규정의 보완 등 필요한 조치를 명할 수 있다.

36 방사능방재법령상 물리적방호 교육의 평가 등에 관한 설명으로 옳지 않은 것은?

① 물리적방호 교육기관은 물리적방호 교육을 실시할 때마다 원자력안전위원회가 정하여 고시하는 바에 따라 교육 수강자에 대한 평가를 실시해야 한다.
② 물리적방호 교육기관의 평가 결과가 100점 만점에 70점 이상인 경우 해당 과목을 이수하는 것으로 한다.
③ 교육기관이 인터넷 등에 의한 원격교육을 실시하는 경우 교육프로그램을 교육대상자 본인이 수강하였는지 여부를 확인할 수 있도록 조치를 마련해야 한다.
④ 교육기관은 물리적방호 교육에 관한 사항을 장부에 기록하여 비치해야 하며, 장부에 기록한 날부터 5년 동안 기록된 사항을 보존해야 한다.

37 방사능방재법령상 물리적방호규정등의 작성지침 등 세부기준에서 물리적방호 시설·설비 및 그 운영체제에 대한 작성내용에 해당되는 것을 모두 고르면?

> ㉠ 원자력시설등에 대한 사보타주에 따른 방사선 영향에 대한 대책을 위한 물리적방호 시설·설비 및 그 운영체제에 관한 사항
> ㉡ 핵물질의 불법이전에 대한 방호를 위한 물리적방호 시설·설비 및 그 운영체제에 관한 사항
> ㉢ 분실 또는 도난당한 핵물질을 찾아내고 회수하기 위한 물리적방호 시설·설비 및 그 운영체제에 관한 사항
> ㉣ 원자력시설등에 대한 사보타주를 방지하기 위한 물리적방호 시설·설비 및 그 운영체제에 관한 사항

① ㉠, ㉡, ㉢
② ㉠, ㉢, ㉣
③ ㉡, ㉢, ㉣
④ ㉠, ㉡, ㉢, ㉣

38 방사능방재법령상 물리적방호규정 등의 작성지침 등 세부기준에서 방호비상계획에 대한 작성내용에 해당되지 않는 것은?

① 조직 및 임무
② 시설 및 설비
③ 국가 간 운반에 관한 사항
④ 방사선 영향의 최소화 방안

39 방사능방재법령상 원자력사업자가 받아야 하는 원자력안전위원회의 검사에 대한 설명으로 옳지 않은 것은?

① 최초검사 – 핵물질, 방사성물질 또는 방사성폐기물을 원자력시설에 반입하기 전에 해당 원자력시설에 대한 방호에 관한 검사
② 정기검사 – 사업소 또는 부지별로 3년마다 해당 원자력시설 등에 대한 방호에 관한 검사
③ 운반검사 – 핵물질[㉠ 사업소에서 다른 사업소로 운반하려는 핵물질, ㉡ 수출 목적으로 사업소에서 국내 항구 또는 공항까지 운반하려는 핵물질, ㉢ 수입 목적으로 국내 항구 또는 공항에서 사업소로 운반하려는 핵물질]의 방호에 관한 검사
④ 특별검사 – 원자력시설등에 물리적방호와 관련한 사고가 발생한 경우 또는 물리적방호규정등에 대한 변경승인을 얻은 경우 당해 원자력시설등에 대한 물리적방호에 관한 검사

40 방사능방재법령상 다음은 원자력시설의 물리적방호에 대한 원자력사업자의 책임에 관한 내용이다. 옳지 않은 것은?

① 원자력사업자는 원자력시설등에 대한 위협이 있거나 그러한 우려가 있다고 판단되면 그 원자력시설등의 방호 또는 분실되거나 도난당한 핵물질의 회수를 위하여 관할 군부대, 경찰관서 또는 그 밖의 행정기관의 장에게 지원을 요청할 수 있다.
② 원자력사업자는 원자력시설등에 대하여 위협을 받았을 때 또는 관할 군부대, 경찰관서 또는 그 밖의 행정기관의 장에게 지원을 요청하였을 때에는 대통령령으로 정하는 바에 따라 원자력안전위원회에 보고하고, 관할 시·도지사에게 이를 알려야 한다.
③ 원자력사업자는 원자력시설등의 물리적방호에 대하여 대통령령으로 정하는 바에 따라 원자력안전위원회의 검사를 받아야 한다.
④ 원자력사업자는 원자력시설등의 물리적방호에 관한 사항을 총리령으로 정하는 바에 따라 기록하여 그 사업소마다 갖추어 두어야 한다.

41 방사능방재법령상 원자력사업자는 일정한 핵물질(㉠ 사업소에서 다른 사업소로 운반하려는 핵물질, ㉡ 수출 목적으로 사업소에서 국내 항구 또는 공항까지 운반하려는 핵물질, ㉢ 수입 목적으로 국내 항구 또는 공항에서 사업소로 운반하려는 핵물질)의 경우 원자력안전위원회의 운반검사를 받아야 한다. 이 경우 운반검사 신청서에 첨부해야 할 서류에 해당하지 않는 것은?

① 운반하려는 핵물질의 포장용기, 적재방법 및 운반수단에 관한 서류
② 운반경로 및 예상 도착시간에 관한 서류
③ 운반하려는 핵물질의 종류, 수량, 등급, 동위원소 구성에 관한 서류
④ 그 밖에 운반방호에 필요한 서류

42 방사능방재법령상 국제운송방호계획의 작성내용에 대한 세부기준의 설명으로 옳지 않은 것은?

① 운반물에 관한 사항에는 운송 핵물질, 운송 핵물질의 포장 및 적재, 그 밖에 운반물에 관한 사항이 있다.
② 운송 일반에 관한 사항에는 방호조직 및 임무, 물리적방호 조치, 그 밖에 운송 중인 핵물질의 물리적방호에 관한 사항이 있다.
③ 사보타주로 인한 방사선영향의 최소화방안은 운송 중인 핵물질의 방호비상계획에 관한 사항에 해당한다.
④ 국제운송방호계획의 항목별 세부작성기준은 원자력안전위원회가 정하여 고시한다.

43 방사능방재법령상 원자력안전위원회는 검사 결과 일정한 경우 원자력사업자에게 그 시정을 명할 수 있다. 이에 해당되지 않는 내용은?

① 물리적방호규정을 위반하였을 때
② 물리적방호 교육을 지체하여 실시하였을 때
③ 정보시스템 보안규정을 위반하였을 때
④ 방호비상계획에 따른 조치가 미흡할 때

44 방사능방재법령상 원자력시설등의 방사선비상의 종류에 대한 설명으로 옳지 않은 것은?

① 원자력시설등의 방사선비상의 종류는 사고의 정도와 상황에 따라 백색비상, 청색비상 및 적색비상으로 구분한다.
② 백색비상은 방사성물질의 밀봉상태의 손상 또는 원자력시설의 안전상태 유지를 위한 전원공급 기능에 손상이 발생하거나 발생할 우려가 있는 등의 사고로서 방사성물질의 누출로 인한 방사선영향이 원자력시설의 건물 내에 국한될 것으로 예상되는 비상사태이다.
③ 청색비상은 백색비상에서 안전상태로의 복구기능의 저하로 원자력시설의 주요 안전기능에 손상이 발생하거나 발생할 우려가 있는 등의 사고로서 방사성물질의 누출로 인한 방사선영향이 원자력시설 밖으로 미칠 것으로 예상되는 비상사태이다.
④ 적색비상은 노심의 손상 또는 용융 등으로 원자력시설의 최후방벽에 손상이 발생하거나 발생할 우려가 있는 사고로서 방사성물질의 누출로 인한 방사선영향이 원자력시설 부지 밖으로 미칠 것으로 예상되는 비상사태이다.

45 방사능방재법령상 백색비상일 때 대응절차로 옳지 않은 것은?

① 원자력사업자 – 원자력안전위원회등에의 보고
② 원자력안전위원회 – 보고를 받은 경우에 국가방사능방재계획에 따라 이를 관련기관에 통보
③ 현장지휘센터의 장 – 현장지휘센터의 운영
④ 방사선비상계획구역의 전부 또는 일부를 관할하는 시·도지사 및 시장·군수·구청장 – 지역본부의 설치·운영

46 방사능방재법령상 청색비상일 때 대응절차로 옳지 않은 것은?

① 원자력사업자 – 원자력시설의 부지 내 건물에서 방사능재난 등으로 방사능에 오염되거나 방사선에 피폭된 자와 원자력사업자의 종업원 중 방사능에 오염되거나 방사선에 피폭된 자에 대한 응급조치
② 원자력안전위원회 – 방사능재난 발생을 선포한 경우 국가방사능방재계획에 의하여 이를 관련기관에 통보
③ 현장지휘센터의 장 – 연합정보센터의 설치·운영
④ 방사선비상계획구역의 전부 또는 일부를 관할하는 시·도지사 및 시장·군수·구청장 – 지역본부의 설치·운영

47 방사능방재법령상 적색비상일 때 원자력안전위원회의 대응절차로 옳지 않은 것은?

① 보고를 받은 경우에 국가방사능방재계획에 따라 이를 관련기관에 통보
② 방재요원의 파견, 기술적 사항의 자문, 방사선 측정장비 등의 대여 등 지원
③ 방사선비상의 사고 정도와 그 상황이 방사능재난의 선포기준에 해당하여 방사능 재난 발생을 선포한 경우 시·도지사 및 시장·군수·구청장으로 하여금 방사선영향을 받을 우려가 있는 지역 안의 주민에게 방사능재난의 발생상황을 알리게 하고 필요한 대응을 하게 함
④ 방사선비상의 사고 정도와 그 상황이 방사능 재난의 선포기준에 해당하여 방사능재난 발생을 선포한 경우 국무총리를 거쳐 대통령에게 방사능재난상황의 개요 등을 보고

48 방사능방재법령상 국가방사능방재계획에 포함되어야 할 사항이 아닌 것은?

① 국가방사능방재집행계획의 수립계획
② 방사능재난등 업무의 추진과제
③ 방사능재난등 업무에 관한 투자계획
④ 원자력안전위원회가 방사능재난등의 발생을 통보하여야 할 대상기관, 통보의 방법 및 절차

49 방사능방재법령상 국가방사능방재계획의 수립에 관한 설명으로 옳지 않은 것은?

① 원자력안전위원회는 방사능재난등 업무에 관한 계획(국가방사능방재계획)을 수립하여 국무총리에게 제출한다.
② 국무총리는 이를 국무회의 심의를 거쳐 확정한 후 관계 중앙행정기관의 장에게 통보하여야 한다.
③ 원자력안전위원회는 확정된 국가방사능방재계획을 방사선비상계획구역의 전부 또는 일부를 관할하는 시·도지사, 시장·군수·구청장에게 통보하여야 한다.
④ 원자력안전위원회와 관계 중앙행정기관의 장은 국가방사능방재계획 중 맡은 사항에 대하여 지정기관의 장에게 통보하여야 한다.

50 방사능방재법령상 원자력사업자의 방사선비상계획에 관한 설명으로 옳지 않은 것은?

① 원자력사업자는 원자력시설등에 방사능재난등이 발생할 경우에 대비하여 방사선비상계획을 수립하여 원자력시설등의 사용을 시작하기 전에 원자력안전위원회의 승인을 받아야 한다.
② 원자력사업자는 방사선비상계획을 수립하거나 변경하려는 경우에는 미리 그 내용을 방사선비상계획구역의 전부 또는 일부를 관할하는 시·도지사, 시장·군수·구청장 및 지정기관의 장에게 알려야 한다.
③ ②의 경우 해당 시·도지사, 시장·군수·구청장 및 지정기관의 장은 해당 원자력사업자의 방사선비상계획에 대한 의견을 원자력안전위원회에 제출할 수 없다.
④ 원자력안전위원회는 경미한 사항을 변경하기 위해 신고를 받은 경우 그 내용을 검토하여 방사능방재법에 적합하면 신고를 수리하여야 한다.

51 방사능방재법령상 방사선비상계획에 포함되어야 할 사항으로 적절하지 않은 것은?

① 당해 원자력시설의 방사선비상계획구역에 관한 사항
② 사고 결과의 평가에 관한 사항
③ 당해 원자력시설을 고려한 방사선비상의 종류별 세부기준에 관한 사항
④ 방사능재난등의 복구에 관한 사항

52
방사능방재법령상 방사선비상계획구역 설정에 관한 설명으로 옳지 않은 것은?

① 원자력안전위원회는 원자력시설별로 방사선비상계획구역 설정의 기초가 되는 지역을 정하여 고시하여야 한다.
② 예방적 보호조치구역은 발전용 원자로 및 관계시설이 설치된 지점으로부터 반지름 3km 이상 5km 이하이다.
③ 긴급보호조치계획구역은 발전용 원자로 및 관계시설이 설치된 지점으로부터 반지름 10km 이상 20km 이하이다.
④ 원자력사업자는 원자력안전위원회가 고시한 기초지역을 기준으로 해당 기초지역을 관할하는 시·도지사와 협의를 거쳐 방사선비상계획구역을 설정하여야 한다.

53
방사능방재법령상 원자력사업자가 방사선비상계획구역을 설정할 때 고려하여야 할 사항과 거리가 먼 것은?

① 인구분포
② 도로망 및 지형
③ 발전용 원자로 및 관계시설의 위치
④ 해당 원자력시설에서 방사선비상 또는 방사능재난이 발생할 경우 주민보호 등을 위한 비상대책의 실효성

54
방사능방재법령상 다음 중 소규모 원자력사업자의 의무사항을 모두 고르면?

> ㉠ 방사선비상이 발생한 경우 해당 방사선비상계획으로 정한 절차에 따라 원자력안전위원회, 관할 시·도지사 및 시장·군수·구청장에게 보고
> ㉡ 방사능재난등에 대비하기 위한 기구의 설치·운영
> ㉢ 발생한 방사능재난등에 관한 정보의 공개
> ㉣ 방사선사고 확대 방지를 위한 응급조치 및 응급조치요원 등의 방사선 피폭을 줄이기 위하여 필요한 방사선방호조치
> ㉤ 지역방사능방재대책본부의 장과 지정기관의 장의 요청이 있는 경우 방재요원의 파견, 기술적 사항의 자문, 방사선 측정장비 등의 대여 등 지원
> ㉥ 방사능재난등에 대비한 업무를 전담하기 위한 인원과 조직의 확보

① ㉠, ㉡, ㉢, ㉣
② ㉠, ㉢, ㉣, ㉤
③ ㉠, ㉢, ㉣, ㉥
④ ㉠, ㉡, ㉢, ㉣, ㉤, ㉥

55 방사능방재법령상 방사선비상계획구역 설정에 관한 설명으로 옳지 않은 것은?

① 원자력사업자가 방사선비상계획구역을 설정하려는 경우에는 원자력안전위원회에게 신고하여야 한다.
② 원자력사업자는 설정된 방사선비상계획구역을 방사선비상계획의 수립에 반영하여야 한다.
③ 원자력안전위원회의 고시 및 협의 절차 등에 필요한 사항은 대통령령으로 정한다.
④ 원자력안전위원회는 원자력시설별로 방사선비상계획구역 설정의 기초가 되는 지역을 고시하는 경우 열출력 크기 등 원자력시설의 특성에 따라 구분하여 고시할 수 있다.

56 방사능방재법령상 원자력시설 외의 장소에서 방사성물질 운반차량·선박 등의 화재·사고 또는 방사성물질이나 방사성물질로 의심되는 물질을 발견하였을 때 신고기관으로 적절하지 않은 기관은?

① 원자력안전위원회
② 지방자치단체
③ 보건소
④ 경찰관서 또는 인근 군부대

57 방사능방재법령상 원자력안전위원회가 취할 수 있는 긴급조치에 관한 설명으로 옳지 않은 것은?

① 방사능사고 및 방사능오염확산 또는 그 가능성으로부터 국민의 생명과 건강 또는 환경을 보호하기 위하여 긴급한 조치가 필요하다고 인정하는 경우에 방사능오염원의 제거, 방사능오염의 확산방지 등을 위하여 필요한 조치를 취할 수 있다.
② 원자력안전위원회는 중앙행정기관, 지정기관 및 관련 법인·개인에게 긴급조치를 위하여 필요한 사항을 요청하거나 명할 수 있다.
③ 원자력안전위원회는 긴급조치를 수행하는 자의 업무로 인하여 타인의 권리를 제한할 수 있다.
④ 긴급조치를 수행하는 자는 그 권한을 나타내는 증표를 지니고 이를 관계인에게 보여주어야 한다.

58 방사능방재법령상 원자력안전위원회가 방사능재난의 발생을 선포한 경우에는 지체 없이 국무총리를 거쳐 대통령에게 보고하여야 하는 사항이 아닌 것은?

① 방사능재난 상황의 개요
② 방사능재난등에 대비하기 위한 기구의 설치 · 운영
③ 방사능재난에 대한 긴급대응 조치사항
④ 방사능재난 긴급대응조치를 하여야 하는 구역

59 방사능방재법령상 방사능재난의 발생이 선포된 경우 지역의 주민에게 즉시 방사능재난의 발생상황을 통보하여야 하는 기관은?

① 원자력안전위원회
② 소방청
③ 행정안전부
④ 관할 시 · 도지사 및 시장 · 군수 · 구청장

60 방사능방재법령상 중앙방사능방재대책본부의 설치에 관한 설명으로 옳지 않은 것은?

① 원자력안전위원회는 방사능방재에 관한 긴급대응조치를 하기 위하여 그 소속으로 중앙방사능방재대책본부(이하 "중앙본부"라 한다)를 설치하여야 한다.
② 중앙본부의 장은 원자력안전위원회 위원장이 된다.
③ 행정안전부의 재난안전관리사무를 담당하는 본부장과 대통령령으로 정하는 중앙행정기관의 공무원 또는 관련 기관 · 단체의 장은 중앙본부의 위원이 된다.
④ 중앙본부에 간사 1명을 두되, 중앙본부의 위원 중에서 중앙본부장이 지명하는 사람이 된다.

61 방사능방재법령상 중앙방사능방재대책본부의 운영에 관한 설명으로 옳지 않은 것은?

① 중앙본부의 장(이하 "중앙본부장"이라 한다)은 중앙본부를 대표하고, 그 업무를 총괄한다.
② 중앙본부장은 방사능방재에 관한 긴급대응조치를 하기 위하여 필요하다고 인정할 때에는 중앙본부의 위원이 참여하는 회의를 소집할 수 있다.
③ 방사능재난이 발생한 지역에 대한 긴급 조치사항에 관하여는 중앙본부의 회의의 의결을 거쳐야 한다.
④ 주민보호를 위한 긴급 지원사항에 관하여는 중앙본부의 회의의 의결을 생략할 수 한다.

62 방사능방재법령상 방사능재난을 효율적으로 수습하기 위한 중앙본부장의 권한으로 가장 부적합한 것은?

① 현장방사능방재지휘센터의 장에 대한 지휘
② 방사능방호기술지원본부 및 방사선비상의료지원본부의 장에 대한 지휘
③ 시·군·구 방사능방재대책본부의 장에 대한 지휘
④ 「재난 및 안전관리기본법」 제15조에 따른 중앙대책본부장의 권한

63 방사능방재법령상 현장방사능방재지휘센터의 설치에 관한 설명으로 옳지 않은 것은?

① 원자력안전위원회는 방사능재난등의 신속한 지휘 및 상황 관리, 재난정보의 수집과 통보를 위하여 발전용 원자로나 그 밖에 대통령령으로 정하는 원자력시설이 있는 인접 지역에 현장방사능방재지휘센터를 설치하여야 한다.
② 현장지휘센터의 장은 중앙방사능방재대책본부 소속 공무원 중에서 중앙본부장이 지명한다.
③ 현장지휘센터에는 대통령령으로 정하는 중앙행정기관, 지방자치단체 및 지정기관의 공무원 또는 임직원을 파견한다.
④ 방사능재난등의 정보를 정확하고 통일적으로 제공하기 위한 연합정보센터를 현장지휘센터에 설치·운영한다. 다만, 현장지휘센터가 운영되기 전까지는 원자력안전위원회에 연합정보센터를 설치·운영한다.

64 방사능방재법령상 현장지휘센터의 장의 권한으로 부적합한 것은?

① 대규모재난을 효율적으로 수습하기 위하여 관계 재난관리책임기관의 장에게 행정 및 재정상의 조치 요청
② 중앙행정기관, 지방자치단체 및 지정기관에서 파견된 관계관에 대한 임무 부여
③ 대피, 소개(疏開), 음식물 섭취 제한, 갑상샘 방호 약품 배포·복용지시 등 긴급 주민보호조치의 결정
④ 방사능재난등이 발생한 지역의 식료품과 음료품, 농·축·수산물의 반출 또는 소비 통제 등의 결정

65 방사능방재법령상 현장지휘센터의 장이 합동방재대책협의회의 의견을 들어 결정하여야 하는 사항이 아닌 것은?

① 대피, 소개(疏開), 음식물 섭취 제한, 갑상샘 방호 약품 배포·복용지시 등 긴급 주민보호조치의 결정
② 방사능재난등이 발생한 지역의 식료품과 음료품, 농·축·수산물의 반출 또는 소비통제 등의 결정
③ 중앙행정기관, 지방자치단체 및 지정기관에서 파견된 관계관에 대한 임무 부여
④ 「재난 및 안전관리기본법」 제40조부터 제42조까지의 규정에 따른 권한사항에 대한 결정

66 방사능방재법령상 소규모 원자력사업자가 확보해야 할 방사능재난 대응시설이 아닌 것은?

① 방사선 또는 방사능 감시시설
② 방사선 방호장비
③ 방사능오염제거 시설 및 장비
④ 방사성물질의 방출량 감시 및 평가시설

67 방사능방재법령상 방사능재난대응시설 및 장비의 기준에 대한 설명으로 옳지 않은 것은?

① 방사선 또는 방사능 감시시설 – 방사선누출 또는 방사능오염여부를 주기적으로 확인하고, 방사선누출 또는 방사능오염발생 시 경보기능을 할 수 있을 것
② 방사선 방호장비 – 주민의 안전을 위한 방사선 측정장비, 방사선 방호장비는 충분한 여분을 확보할 것
③ 방사능오염제거 시설 및 장비 – 방사능재난 등 발생 시 방사능오염의 측정 및 제거를 할 수 있는 시설 및 장비를 확보할 것
④ 방사성물질의 방출량감시 및 평가시설 – 방사성물질의 외부 방출량을 산정하고, 그 영향을 지속적으로 평가할 수 있는 실험실을 갖출 것

68 방사능방재법령상 방사능방재 교육에 대한 설명으로 옳지 않은 것은?

① 원자력사업자의 종업원은 원자력안전위원회가 실시하는 방사능방재에 관한 교육을 받지 않아도 된다.
② 방사능방재에 관한 교육은 신규교육과 보수교육으로 구분한다.
③ 원자력안전위원회는 교육을 실시하는 경우 화재진압, 긴급구조, 방사능재난관리, 방사선비상진료 및 주민보호 등 교육대상자의 담당 직무별로 실시하여야 한다.
④ 교육내용·방법 등에 관하여 필요한 사항은 총리령으로 정한다.

69 방사능방재법령상 방사선비상계획구역의 전부 또는 일부를 관할구역으로 하는 시·도지사 및 시장·군수·구청장이 지정한 방사능방재요원의 방사능방재 신규교육시간으로 올바른 것은?

① 방사능방재요원으로 지정된 날부터 6개월 이내에 4시간 이상
② 방사능방재요원으로 지정된 날부터 6개월 이내에 8시간 이상
③ 방사능방재요원으로 지정된 날부터 6개월 이내에 16시간 이상
④ 방사능방재요원으로 지정된 날부터 6개월 이내에 18시간 이상

70 방사능방재법령상 교육대상별 방사능방재교육의 신규교육시간으로 옳게 연결된 것은?

① 원자력사업자의 종업원(방사능방재업무를 담당하는 종업원) – 방사능방재업무를 담당하는 종업원으로 임용된 날부터 6개월 이내에 18시간 이상
② 원자력사업자의 종업원(방사능방재업무를 담당하지 아니하는 종업원) – 방사능방재업무를 담당하는 종업원으로 임용된 날부터 6개월 이내에 8시간 이상
③ 방사선비상계획구역의 전부 또는 일부를 관할구역으로 하는 시·도지사 및 시장·군수·구청장이 지정한 방사능방재요원 – 방사능방재요원으로 지정된 날부터 6개월 이내에 12시간 이상
④ 1차 및 2차 방사선비상진료기관의 장이 지정한 방사선비상진료요원 – 방사선비상진료요원으로 지정된 날부터 6개월 이내에 16시간 이상

71 방사능방재법령상 방사능방재훈련에 관한 설명으로 옳지 않은 것은?

① 원자력안전위원회는 매년 대통령령으로 정하는 바에 따라 관계 중앙행정기관이 함께 참여하는 방사능방재훈련을 실시하여야 한다.
② 방사선비상계획구역의 전부 또는 일부를 관할하는 시·도지사 및 시장·군수·구청장은 대통령령으로 정하는 바에 따라 방사능방재훈련을 실시하여야 한다.
③ 원자력사업자는 대통령령으로 정하는 바에 따라 방사능방재훈련계획을 수립하여 원자력안전위원회의 승인을 받아 시행하여야 한다.
④ 방사선비상계획구역의 전부 또는 일부를 관할하는 시·도지사 및 시장·군수·구청장은 방사능방재훈련을 실시하고, 원자력사업자는 방사능방재훈련을 실시한 후 그 결과를 원자력안전위원회에 보고하여야 한다.

72 방사능방재법령상 방사능방재훈련계획에 포함되어야 하는 사항이 아닌 것은?

① 훈련의 기본방향
② 훈련의 비용
③ 훈련 종류별 방사능방재훈련의 목적·내용·방법·일정 및 대상자
④ 훈련 종류별 방사능방재훈련의 통제 및 평가에 관한 사항

73 방사능방재법령상 원자력안전위원회는 원자력사업자에 대하여 일정한 사항을 검사할 수 있다. 다음 중 이에 해당하는 사항을 모두 고르면?

> ㉠ 원자력사업자의 의무 등(법 제21조)
> ㉡ 방사능재난 대응시설 등(법 제35조)
> ㉢ 방사능방재 교육(법 제36조)
> ㉣ 방사능방재훈련(법 제37조)

① ㉠, ㉡
② ㉡, ㉢
③ ㉡, ㉢, ㉣
④ ㉠, ㉡, ㉢, ㉣

74 방사능방재법령상 국가방사선비상진료체제의 구축에 관한 설명으로 옳지 않은 것은?

① 원자력안전위원회는 방사선피폭환자의 응급진료 등 방사선비상 진료 능력을 높이기 위하여 국가방사선비상진료체제를 구축하여야 한다.
② 국가방사선비상진료체제는 「방사선 및 방사성동위원소 이용진흥법」 제13조의2에 따른 한국원자력의학원에 설치하는 국가방사선비상진료센터와 원자력안전위원회가 전국의 권역별로 지정하는 1차 및 2차 방사선비상진료기관으로 구성된다.
③ 원자력안전위원회는 국가방사선비상진료체제를 구축하기 위하여 필요한 경우 관계중앙행정기관의 장에게 구조·구급 또는 주민의 보건·의료분야의 자료제공을 요청할 수 있다.
④ 원자력안전위원회는 국가방사선비상진료센터, 1차 및 2차 방사선비상진료기관의 운영에 관한 지침을 수립하여 이를 국가방사선비상진료센터의 장, 1차 및 2차 방사선비상진료기관의 장에게 통보해야 한다.

75 방사능방재법령상 방사능재난 사후대책에 포함되어야 하는 사항이 아닌 것은?

① 방사능재난 발생구역이나 그 밖에 필요한 구역의 방사성물질 농도 또는 방사선량 등에 대한 조사
② 거주자 등의 건강진단과 심리적 영향을 고려한 건강 상담과 그 밖에 필요한 의료 조치
③ 방사성물질에 따른 영향 및 피해 극복 방안의 홍보
④ 방사능재난이 발생한 지역의 식료품과 음료품 및 농·축·수산물의 방사능오염 안전성에 따른 판매대책에 관한 사항

76 방사능방재법령상 방사능재난상황의 피해복구 및 사후조치에 관한 설명으로 옳지 않은 것은?

① 지역본부장은 지역본부를 해체할 때에는 기술지원본부의 장과 협의하여 방사능재난이 발생한 지역의 중장기 방사능영향을 평가하여 피해복구계획을 수립하여야 한다.
② 지역본부장은 피해복구계획을 수립할 때 중앙본부장과 협의하여야 한다.
③ 시·도지사, 시장·군수·구청장, 지정기관의 장, 원자력사업자 및 방사능 재난의 수습에 책임이 있는 기관의 장은 방사능재난상황이 해제되었을 때에는 대통령령으로 정하는 바에 따라 사후대책을 수립하고 시행하여야 한다.
④ 원자력안전위원회는 제출받은 사후대책을 종합하여 시·도지사와 협의한 후 방사능재난 사후 종합대책을 수립하고 이를 시장·군수·구청장, 지정기관의 장, 원자력사업자 및 재난수습책임기관의 장에게 통보하여야 한다.

77 방사능방재법 제45조 제1항에 따라 업무를 위탁받은 기관의 장은 대통령령으로 정하는 바에 따라 위탁받은 업무의 효율적인 수행을 위한 수탁업무처리규정을 정하여 원자력안전위원회의 승인을 받아야 하는데, 다음 중 수탁업무처리규정에 포함되는 내용을 모두 고른 것은?

> ㄱ. 수탁업무를 처리하는 시간 및 휴일
> ㄴ. 수탁업무를 처리하는 장소
> ㄷ. 수탁업무 취급자의 선임·해임 및 배치
> ㄹ. 수탁업무 취급방법
> ㅁ. 수탁업무 처리결과의 표시 및 방법
> ㅂ. 수탁업무에 관한 기록의 보존

① ㄷ, ㅁ, ㅂ
② ㄷ, ㄹ, ㅁ, ㅂ
③ ㄴ, ㄷ, ㅁ, ㅂ
④ ㄱ, ㄴ, ㄷ, ㄹ, ㅁ, ㅂ

78 방사능방재법령상 정당한 권한 없이 방사성물질, 핵물질, 핵폭발장치, 방사성물질비산장치 또는 방사선방출장치를 수수·소지·소유·보관·제조·사용·운반·개조·처분 또는 분산하여 사람의 생명·신체를 위험하게 하거나 재산·환경에 위험을 발생시킨 사람에 대한 벌칙은?

① 무기 또는 1년 이상의 징역
② 1년 이상 10년 이하의 징역
③ 2년 이상의 징역
④ 무기 또는 3년 이상의 징역

79 방사능방재법령상 사보타주 또는 전자적 침해행위를 한 사람에 대한 벌칙은?

① 1년 이상의 징역
② 2년 이상의 징역
③ 3년 이상의 징역
④ 1년 이상 10년 이하의 징역

80 방사능방재법령상 핵물질 및 원자력시설의 물리적방호 직무에 종사하거나 종사하였던 방호협의회(지역방호협의회를 포함한다)의 위원, 공무원 또는 관련 종사자가 그 직무상 알게 된 물리적방호에 관한 비밀을 누설하거나 이 법 시행을 위한 목적 외의 용도로 이용한 경우의 벌칙은?

① 1년 이상의 징역
② 2년 이상의 징역
③ 3년 이상의 징역
④ 10년 이하의 징역

81 방사능방재법령상 방사능방재전담조직·인력 또는 방사능재난 대응시설 및 장비를 확보하지 아니한 원자력사업자에게 부과되는 과태료는 얼마인가?

① 500만원
② 600만원
③ 800만원
④ 1,000만원

실패의 99%는
변명하는 습관이 있는 사람들에게서 온다.
- 조지 워싱턴 -

PART 3
최신 시사상식

CHAPTER 01 시사상식 31선

CHAPTER 02 빈출 Awards

CHAPTER 01 시사상식 31선

01 정치·외교·법률

양형기준
형사재판 시 재판부가 형량 결정에 참고할 수 있는 기준

대법원 산하의 양형위원회에서 44개 범죄유형별로 그 특성을 반영해 제정하는 기준이다. 죄질과 피의자의 책임 정도, 범죄예방과 재범방지, 피의자의 사회복귀 등 다양한 면을 고려해 세워
진다. 형사재판에서 판사는 형법에 각 범죄유형별로 규정된 형벌 중에서 징역이나 벌금형 같이 선고할 형의 종류를 선택한다. 그리고 법률에 규정된 바에 따라 형을 가중·감경해 형량을 결정하는데, 이때 참조하는 기준이 '양형기준'이다. 양형기준은 법적 구속력은 없지만, 판사가 양형기준과 다른 형량을 내리려면 반드시 합당한 사유를 판결문에 적어야 한다.

기출문제
다음 중 양형기준에 대한 설명으로 옳은 것은?

① 민사재판에서도 적용된다.
② 헌법재판소 산하의 양형위원회에서 제정한다.
③ 법적 강제성을 띤다.
④ 피의자의 범행동기나 반성여부 등을 고려해 수립된다.

출제기관 뉴스1

양형기준은 대법원 산하의 양형위원회에서 제정하는 것으로, 형사재판에서 판사가 형량을 결정하는 데 참고할 수 있는 기준이다. 피의자의 범행동기나 반성여부 등을 고려해 제정되며, 법적인 강제성은 띠지 않는다.

정답 ④

친족상도례(親族相盜例)
친인척 간에 발생한 재산범죄에 대해 형을 면제하는 특례

8촌 내의 혈족이나 4촌 내 인척, 배우자 간에 발생한 절도·사기죄 등 재산범죄에 대해 형을 면제하거나, 고소하지 않으면 공소를 제기할 수 없는 형법상 특례를 말한다. 1953년 형법 제
정 당시 가족 내부에서 일어난 재산범죄에는 국가가 최대한 개입하지 않는다는 원칙에 의해 도입됐다. 그러나 2024년 6월 헌법재판소가 친족상도례 규정에 헌법불합치 판결을 내리면서 관련조항의 법적용이 중지됐다. 아울러 2024년 4월에는 학대 등 패륜행위를 한 가족에게도 의무적으로 일정유산을 상속하도록 한 현행민법인, 이른바 '유류분' 규정이 헌법에 어긋난다는 헌재 판단이 나오기도 했다.

기출문제
친족 간에 발생한 재산범죄에 대해서는 형을 면제하도록 한 특례는?

① 친족상도례
② 유류분
③ 친고죄
④ 불가벌적 사후행위

출제기관 머니투데이

친족상도례는 친인척, 배우자 간에 발생한 절도·사기죄 등 재산범죄에 대해 형을 면제하거나, 고소하지 않으면 공소를 제기할 수 없는 형법상 특례를 말한다.

정답 ①

법률안 재의요구권
대통령이 국회에서 의결한 법률안을 거부할 수 있는 권리

대통령의 고유권한으로 '법률안 거부권'이라고도 불린다. 대통령이 국회에서 의결한 법률안을 거부할 수 있는 권리다. 즉, "국회가 의결한 이 법률안에는 문제가 있으니 다시 논의하라"
는 의미다. 법률안에 대해 국회와 정부 간 대립이 있을 때 정부가 대응할 수 있는 강력한 수단이다. 대통령은 15일 내에 법률안에 이의서를 붙여 국회로 돌려보내야 하는데, 국회로 돌아온 법률안은 재의결해서 재적의원 과반수 출석과 3분의 2 이상이 찬성해야 확정된다. 엄격한 조건 때문에 국회로 돌아온 법안은 결국 폐기되기 쉽다. 다만 대통령은 이 거부권을 법률안이 아닌 예산안에는 행사할 수 없다.

> **기출문제**
>
> 윤석열 대통령이 취임 후 가장 먼저 거부권을 행사한 법률안은?
>
> ① 간호법안
> ② 양곡관리법 개정안
> ③ 노동조합 및 노동관계조정법 일부 개정법률안
> ④ 방송법 일부개정법률안
>
> **출제기관** 한국폴리텍대학, 한국일보, 국민일보
>
> 윤석열 대통령은 2023년 4월 4일 양곡관리법 개정안에 대해 취임 후 처음으로 법률안 재의요구권을 행사했다.
>
> **정답** ②

권한대행
국가기관 또는 그 구성원의 권한을 다른 국가기관이나 그 구성원이 대행하는 것

어떤 국가기관 또는 그 기관 구성원의 권한을 다른 국가기관이나 그 구성원이 대행하는 것을 말한다. 특히 대통령 권한대행은 대통령이 궐위나 사고 등으로 직무를 더 이상 수행하기 어려
울 때 이를 대신하여 수행하는 직무다. 궐위(闕位)는 대통령이 임기 중 사망, 하야, 탄핵소추 인용으로 파면된 경우가 해당한다. 사고는 중병으로 의식불명에 빠지거나, 국회에서 탄핵소추안이 의결되어 직무를 수행할 수 없는 경우에 해당한다. 우리나라는 먼저 국무총리가 대통령 권한대행을 맡고, 국무총리도 직무수행이 불가능할 때에는 부총리와 부처 장관 등 국무위원들이 법률에 정해진 순서대로 권한대행을 맡는다.

> **기출문제**
>
> 우리나라 대통령의 궐위 시 권한대행을 맡게 되는 국무위원 5순위의 순서를 쓰시오.
>
> **출제기관** MBN
>
> 대통령 권한대행을 맡은 국무총리의 직무수행이 불가능할 경우, 기획재정부 장관, 교육부 장관, 과학기술정보통신부 장관, 외교부 장관, 통일부 장관, 법무부 장관, 국방부 장관, 행정안전부 장관, 국가보훈부 장관 등의 순서로 권한대행을 맡는다.
>
> **정답** 기획재정부 장관, 교육부 장관, 과학기술정보통신부 장관, 외교부 장관, 통일부 장관

디리스킹(De-risking)

중국에 대한 외교적·경제적 의존도를 낮춰 위험요소를 줄이겠다는 서방의 전략

종래까지 미국을 비롯한 서방국가들은 대체로 중국과 거리를 두고 공급망에서 배제하는 '디커플링(De-coupling, 탈동조화)' 전략을 택해왔다. 그러나 2023년에 들어서는 중국과의 긴장을 완화하고 조금 더 유연한 관계로 전환하는 디리스킹 전략을 취하려는 움직임을 보였다. 디리스킹은 '위험제거'를 뜻하는 말로, 지난 2023년 3월 폰데어라이엔 유럽연합 집행위원장이 "세계시장에서 '탈(脫)중국'이란 불가능하고 유럽의 이익에도 부합하지 않는다"면서, "디리스킹으로 전환해야 한다"고 말해 주목받았다. 이는 중국과 경제적 협력관계를 유지하면서도 중국에 대한 과도한 외교·경제적 의존도를 낮춰 위험을 관리하겠다는 의도로 풀이됐다.

기출문제

미국 등 서방이 중국과의 관계를 조금 더 유연하게 풀어가겠다는 외교 전략은?

① 디커플링
② 디리스킹
③ 리커플링
④ 디체인징

출제기관 한겨레

위험 제거를 뜻하는 '디리스킹'은 미국·유럽 등 서방국가들이 중국과 경제적 협력관계를 유지하면서도 중국에 대한 과도한 외교·경제적 의존도를 낮춰 위험을 관리하겠다는 의도를 가진 외교전략이다.

정답 ②

파나마운하

태평양과 대서양을 연결하는 파나마 지협의 운하

중남미의 파나마 지협을 가로질러 건설된 운하로 태평양과 대서양을 연결하는 길이 82km의 운하다. 운하의 건설로 북아메리카 서부와 동부를 오가기 위해 남아메리카를 우회해야 했던 경로를 약 1만 5,000km 줄일 수 있었다. 수에즈운하와 더불어 세계 2대 운하로 꼽힌다. 파나마운하는 1903년 프랑스계 회사로부터 굴착권을 매입한 미국이 건설을 시작해 12년 만에 완공했다. 운하의 운영권은 미국이 갖고 있었으나 파나마는 지속해서 반환을 요구했고, 1977년 파나마운하조약을 체결해 1999년 운영권이 파나마로 이전됐다. 그런데 2025년 제47대 미국 대통령으로 취임한 도널드 트럼프가 다시 운하의 환수 가능성을 거론해 화제가 됐다.

기출문제

파나마운하에 대한 설명으로 틀린 것은?

① 대서양과 태평양을 잇는 운하다.
② 수에즈운하와 함께 세계 양대 운하로 꼽힌다.
③ 1977년 지미 카터 미 행정부 때 운영권이 파나마로 반환됐다.
④ 2024년 재당선된 트럼프 미국 대통령이 운하의 운영권 환수 가능성을 예고했다.

출제기관 한겨레

1977년 미국은 파나마운하의 반환을 지속적으로 요구하던 파나마정부와 조약을 체결했다. 이 조약은 파나마가 영구적 중립을 지키는 조건으로 미국이 운하를 반환한다는 약속을 골자로 했다.

정답 ③

브릭스(BRICS)
브라질·러시아·인도·중국·남아공의 신흥경제 5국을 하나의 경제권으로 묶은 용어

브라질(Brazil), 러시아(Russia), 인도(India), 중국(China), 남아공(South Africa) 등 5국의 영문 머리글자를 딴 것이다. 90년대 말부터 떠오른 신흥경제국으로 매년 정상회의를 개최하고 있다. 2011년에 남아공이 공식회원국으로 가입하면서, 기존 'BRICs'에서 'BRICS'로 의미가 확대됐다. 또한 2023년에는 사우디아라비아와 이란, 아랍에미리트(UAE), 아르헨티나, 이집트, 에티오피아를 새 회원국으로 품으면서, 정식회원국은 11개국으로 늘어났다. 중국과 러시아가 브릭스의 규모를 키워 서방 선진국 모임인 G7의 대항마로 세우려 한다는 분석이 나왔다.

기출문제
신흥경제국 모임인 브릭스에 속하는 국가가 아닌 것은?

① 브라질
② 중국
③ 이스라엘
④ 남아프리카 공화국

출제기관 한국농수산식품유통공사, 조선일보

브릭스라는 명칭은 브라질(Brazil), 러시아(Russia), 인도(India), 중국(China), 남아공(South Africa) 등 신흥경제 5국의 영문 머리글자에서 따왔다.

정답 ③

하마스(HAMAS)
팔레스타인의 민족주의 정당이자 준군사조직

하마스는 팔레스타인의 무장단체이자 정당이다. 'HAMAS'라는 명칭은 '이슬람 저항운동'의 아랍어 첫 글자를 따서 지어졌다. '아마드 야신'이 1987년 창설한 이 단체는 이슬람 수니파 원리주의를 표방하고 있으며, 이스라엘에 저항하고 팔레스타인의 독립을 목표로 무장 저항활동을 펼치고 있다. 이들은 팔레스타인 가자지구와 요르단강 서쪽 지역을 실질 지배하고 있다. 하마스는 이스라엘과의 '팔레스타인 분쟁'의 중심에 서 있는 조직으로 2023년 10월에는 이스라엘을 무력으로 침공하면서 전면전이 시작됐다. 이스라엘정부가 곧 '하마스 섬멸'을 천명하고 가자지구를 공격하면서 수많은 팔레스타인 국민들이 희생됐다.

기출문제
팔레스타인의 무장정파인 하마스에 대한 설명으로 옳지 않은 것은?

① 이란과 같은 종파인 시아파다.
② 팔레스타인의 해방을 목표로 한다.
③ 명칭은 '이슬람 저항운동'이라는 뜻을 담고 있다.
④ 가자지구를 실질적으로 통치하고 있다.

출제기관 뉴시스

팔레스타인의 무장단체이자 정당인 하마스(HAMAS)의 명칭은 '이슬람 저항운동'의 아랍어 첫 글자를 따서 지어졌다. 이 단체는 이슬람 수니파 원리주의를 표방하고 있으며, 이스라엘에 저항하고 팔레스타인의 독립을 목표로 무장 저항활동을 하고 있다. 이들은 팔레스타인 가자지구와 요르단강 서쪽 지역을 실질 지배하고 있다.

정답 ①

02 경제·경영

슈링크플레이션
기업이 제품의 가격은 유지하는 대신 수량·무게를 줄여 가격을 사실상 올리는 것

기업들이 자사 제품의 가격은 유지하고, 대신 수량과 무게·용량만 줄여 사실상 가격을 올리는 전략을 말한다. 영국의 경제학자 '피파 맘그렌'이 제시한 용어로 '줄어들다'라는 뜻의 '슈링크(Shrink)'와 '지속적으로 물가가 상승하는 현상'을 나타내는 '인플레이션(Inflation)'의 합성어다. 한국소비자원의 조사에 따르면 2023년 우리나라 식품업계에서 9개 품목, 37개 상품에서 슈링크플레이션이 확인됐다. 이에 정부는 제품의 포장지에 용량이 변경된 사실을 의무적으로 표기하는 방안을 추진했다.

기출문제

기업이 제품의 가격은 유지하고 수량과 무게 등만 줄이는 전략은?

① 런치플레이션
② 애그플레이션
③ 슈링크플레이션
④ 스킴플레이션

출제기관 연합인포맥스, 조선일보

슈링크플레이션은 기업들이 자사 제품의 가격은 유지하고, 대신 수량과 무게·용량만 줄여 사실상 가격을 올리는 전략을 말한다.

정답 ③

금융투자소득세
금융투자와 관련해 발생한 소득에 대해 과세하는 세제

대주주 여부와 상관없이 주식, 채권, 펀드, 파생상품 등 금융투자로 일정금액(주식 5,000만원, 기타 250만원) 이상의 양도소득이 발생한 경우 20~25%의 비율로 과세하는 제도다. 줄여서 '금투세'라고 한다. 금투세 도입은 본래 2023년 1월부터 이뤄질 예정이었으나, 윤석열 대통령이 대선 당시 금투세 폐지를 공약으로 내걸면서 상황이 변했고, 아울러 기관투자자에게만 유리한 세제라는 개인투자자들의 반발 때문에 결국 여야 합의로 2025년 1월에 시행하는 것으로 유예됐다. 정부·여당은 이후에도 금투세 폐지를 주장하고 나섰고 야당 내에서도 2025년 1월 시행과 추가 유예를 놓고 격론이 벌어졌으나, 2024년 12월 소득세법 개정안이 가결되면서 금융투자소득세는 최종 폐지되었다.

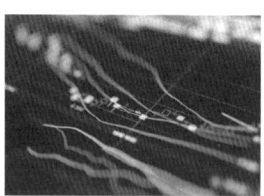

기출문제

금융투자소득세에 대한 설명으로 틀린 것은?

① 2020년 문재인정부에서 도입이 결정됐다.
② 대주주 여부에 따라 세율이 달라진다.
③ 주식의 경우 연간 5,000만원 이상 투자소득을 얻은 투자자에게 부과한다.
④ 윤석열정부는 금투세 폐지를 공약으로 내세웠다.

출제기관 아주경제, 부산광역시 공공기관 통합채용

금융투자소득세는 2020년 문재인정부에서 자본시장 선진화 방안으로 추진돼 도입이 결정됐고, 대주주 여부를 가리지 않고 투자소득에 전면 과세하는 제도다.

정답 ②

밸류업(Value-up)
코리아 디스카운트 대응 방안

대상의 가치를 높이거나 향상시키는 행위를 말하며, 따라서 경영에서는 기업가치를 제고하는 것을 의미한다. 밸류업은 가치평가 수준이 비슷한 외국 상장기업에 비해 우리기업의 가치가 낮게 형성되는 현상인 '코리아 디스카운트'를 극복하기 위한 방편이다. 코리아 디스카운트를 극복하기 위해서는 기업 스스로 체질개선을 통해 밸류업 하려는 노력이 필요하다. 소수의 대주주가 기업이익을 독점하는 지배구조를 개선하고 주주환원정책을 펴는 등 만성적인 저평가를 개선하는 데 힘써야 한다. 2024년 2월 우리나라 금융위원회는 '기업 밸류업 프로그램'을 발표하며, 기업들의 적극적인 밸류업 참여유도를 위해 다양한 세제지원책을 인센티브로 제시하기로 했다.

기출문제
우리나라의 '기업 밸류업 프로그램'에 대한 내용으로 틀린 것은?
① 국무총리 직속인 금융위원회에서 추진하고 있다.
② 우리기업들의 가치가 대체로 고평가되는 가운데 발표됐다.
③ 코리아 디스카운트를 해결하기 위함이다.
④ 기업이 자발적으로 주주환원정책 등을 펴도록 유도한다.

출제기관 코리아헤럴드, 한국일보

금융위원회가 2024년 2월 발표한 '기업 밸류업 프로그램'은 우리나라 기업들의 가치가 고질적으로 저평가되는 코리아 디스카운트를 극복하기 위한 방안의 일환이다.

정답 ②

엔시티피케이션(Enshittification)
온라인플랫폼이 점차 수익창출에 치중함에 따라 플랫폼의 품질이 저하되는 현상

배설물이라는 의미의 'shit'에 접두사 'en(~이 되게 하다)'과 접미사 'fication(~화)'을 합성한 것이다. 사용자 편익과 만족도를 고려하던 페이스북 등 대형 온라인플랫폼이 점차 수익창출에 치중하면서 품질과 사용자경험이 저하되는 현상이다. 미국언어학회가 '2023년 올해의 단어'로 선정했다. 플랫폼이 수익성을 위해 부분 유료화를 실시하고 광고를 늘리면서, 이용자는 불만을 느끼게 되고 플랫폼을 이탈하게 된다. 한편 플랫폼과 관련한 또 다른 신조어에는 '기술(Technology)'과 '반발(Backlash)'을 합성한 '테크래시(Techlash)'가 있다. 대형 플랫폼의 갑질이나 과도한 영향력에 반발이 일어나는 것을 뜻한다.

기출문제
대형 온라인플랫폼이 수익창출에 매달리면서 그 품질이 저하되는 현상은?
① 엔시티피케이션
② 테크래시
③ 게이트 어라운드
④ 테크핀

출제기관 부산광역시 공공기관 통합채용

엔시티피케이션은 페이스북, 인스타그램 같은 대형 플랫폼이 광고 등 수익창출에 치중하면서 품질과 소비자 만족이 저하되는 현상이다.

정답 ①

03 사회

합계출산율
한 여성이 가임기간 동안 낳을 것으로 기대되는 평균 출생아 수

합계출산율이란 인구동향조사에서 15~49세의 가임여성 1명이 평생 동안 낳을 것으로 추정되는 출생아 명수를 통계화한 것이다. 한 나라의 인구 증감과 출산수준을 비교하기 위해 대표적으로 활용되는 지표로서 일반적으로 연령별 출산율의 합으로 계산된다. 2023년 우리나라의 합계출산율은 0.72명으로 역대 최저를 기록했고, 같은 해 4분기에는 0.65명까지 떨어지기도 했다. 2023년 기준 경제협력개발기구(OECD) 회원국 중 합계출산율이 1.00명 미만인 국가는 우리나라가 유일하다.

기출문제

한 여성이 가임기간 동안 낳을 것으로 예상되는 평균 출생아 수를 뜻하는 용어는?

① 합계출산율
② 조출생률
③ 일반출산율
④ 대체출산율

출제기관 한국폴리텍대학, 국민일보

'조출생률'은 1년 동안의 총 출생아 수를 해당년도의 총인구로 나눈 값에 1,000을 곱한 값, '일반출산율'은 1년 동안의 총 출생아 수를 15~49세 여성인구의 수로 나눈 값에 1,000을 곱한 값, '대체출산율'은 한 국가가 인구가 감소하지 않고 유지하는 데 필요한 수준의 출산율을 말한다.

정답 ①

촉법소년
범죄를 저지른 만 10세 이상 14세 미만 청소년

범죄를 저지른 만 10세 이상 14세 미만 청소년으로, 형사책임능력이 없어 형사처벌을 받지 않고, 가정법원의 처분에 따라 보호처분을 받거나 소년원에 송치된다. 최근 들어 아동과 청소년의 범죄가 심각해지고, 이 과정에서 촉법소년 제도를 악용하는 사례도 발생하면서 촉법소년의 연령을 낮추자는 의견이 정치권에서 제기됐다. 지난 2022년 11월 정부는 소년범죄 종합대책을 발표하면서 촉법소년 상한연령을 '만 14세 미만'에서 '만 13세 미만'으로 1살 내리는 형법·소년법 개정안을 추진 중이다. 또 검찰청에 '소년부'를 설치하고 소년범죄 예방·교화를 위한 프로그램도 강화한다고 밝혔다.

기출문제

만 10세~14세 미만으로 형벌에 처할 범법행위를 한 미성년자를 뜻하는 말은?

① 위법소년
② 소년범
③ 촉법소년
④ 우범소년

출제기관 경향신문, 서울공공보건의료재단, 서울시복지재단

촉법소년은 형법에 저촉되는 행위를 한 만 10세 이상 만 14세 미만인 소년, 소녀를 말한다.

정답 ③

딥페이크(Deepfake) 음란물

딥페이크 기술을 활용하여 실제인물의 사진과 다른 이미지를 합성해 만든 음란물

딥페이크(Deepfake)란 '딥러닝(Deep Learning)'과 '페이크(Fake, 가짜)'의 합성어로, 인공지능(AI)이나 얼굴매핑(모델을 사실적으로 보이기 위해 2차원 이미지를 3차원의 굴곡 있는 표면 위로 옮겨 표현하는 것) 기술을 활용해 합성한 영상을 뜻한다. 최근 우리나라에서는 실제인물의 얼굴과 음란물을 정교하게 합성한 딥페이크 음란물이 온라인 메신저인 '텔레그램'에서 대규모로 유통돼 충격을 줬다. SNS에서 일반인의 사진을 무단으로 도용해 음란물을 제작하고 유포했는데, 대학생과 중·고교생, 교사와 여군까지 피해가 사회 전방위로 확산돼 큰 파문이 일었다.

기출문제

얼굴 등 실제 이미지를 AI 기술을 이용해 특정영상에 합성한 편집물은?

① 페이셜 매핑
② 딥페이크
③ 머신러닝
④ 메타버스

출제기관 조선비즈

딥페이크는 실제 이미지를 인공지능이나 얼굴매핑 기술을 활용해 특정영상·이미지와 합성한 편집물을 뜻한다.

정답 ②

조용한 해고(Quiet Cutting)

기업이 직원에게 간접적으로 해고의 신호를 주면서 퇴사하도록 유도하는 것

기업이 직원을 직접 해고하는 대신 간접적으로 해고의 신호를 주는 조치를 말한다. 기업은 장기간 봉급인상 거부, 승진기회 박탈, 피드백 거부 등의 방식으로 조용히 불이익을 주면서 직원들이 스스로 퇴사하도록 유도한다. 이는 팬데믹 이후 확산했던 '조용한 퇴사(Quiet Quitting)'에 대응하는 기업들의 새로운 움직임이다. '조용한 퇴사'란 직장을 그만두지는 않지만 정해진 업무시간과 업무범위 내에서만 일하고 초과근무를 거부하는 노동방식을 말한다. 한편 조용한 해고와 함께 새로운 직무가 생기면 신규직원을 채용하지 않고 기존 근로자의 역할을 전환하거나 단기계약직을 고용하는 '조용한 고용'도 확산하고 있다.

기출문제

다음 중 조용한 해고와 관련이 없는 것은?

① 초과근무 거부
② 좌천
③ 업무배제
④ 부서 재배치

출제기관 머니투데이

조용한 해고는 초과근무를 거부하고 급여수준에 맞는 최소한의 업무를 하는 '조용한 퇴사'에 대한 기업의 대응방식이다. 직접 직원을 해고하는 대신 좌천, 봉급인상 거부, 업무배제 등으로 해고의 신호를 보내는 것이다.

정답 ①

연금개혁

미래에 고갈될 전망인 국민연금에 대한 개혁논의

저출산·고령화의 영향으로 향후 고갈되는 국민연금에 대한 개혁논의다. 윤석열정부는 국민연금 개혁을 천명하고 재정추계 결과를 발표했으나 뚜렷한 개혁안은 제시하지 못했다. 21대  국회에서 공을 이어받은 여야가 '얼마나 내고(보험료율) 얼마나 받을 것인지(소득대체율)' 결정하는 '모수(母數)개혁' 논의를 우선 이어갔으나 결국 흐지부지 되었다. 그리고 22대 국회에 들어 정부가 보험료율을 현행 9%에서 13%로 올리고 40%까지 줄어들게 되어 있는 소득대체율을 43%로 고정하는 내용을 골자로 한 개혁안을 발표했다.

기출문제

연금개혁에서 소득 중 보험요율을 얼마나 산정하고, 또 향후 연금을 얼마나 받을지 결정하는 것을 무엇이라 하는가?

① 요율개혁
② 산정개혁
③ 모수개혁
④ 구조개혁

출제기관 한국경제

'모수개혁'은 보험료율과 소득대체율 등 수치를 개편하는 것을 말한다. 국민연금과 기초연금, 각종 특수직역연금을 통합하는 등 연금구조 자체를 개편하는 것은 '구조개혁'이라 한다.

정답 ③

의대증원갈등

전국 의과대학 입학정원을 늘리는 의료개혁 정책으로 불거진 정부-의사 갈등

윤석열정부는 응급의학과 등 필수의료 붕괴와 열악한 지방의료 문제를 해결하기 위해 의대 입학정원을 크게 늘려 의사수를 확대한다는 계획을 내놓아 의사들과 첨예한 갈등을 겪었다.  전국 대학병원 전공의들이 사직서를 제출하고 병원을 떠나면서, 병원은 극심한 인력난을 겪었다. 정부는 입학정원을 늘리는 동시에, 의료인력을 확충하고 의료사고로 인한 형사처벌 부담을 줄이며, 필수의료수가도 인상하는 등의 내용을 담은 '필수의료 정책 패키지'를 발표했다. 그러나 의사들은 증원계획을 전면 백지화한 후 재논의해야 한다며 물러서지 않았다. 전공의 이탈이 장기화되고, 의정 간의 소통은 이뤄지지 않아 의료대란에 대한 우려가 커졌다.

기출문제

다음 중 의대의 입학정원을 결정하는 권한을 가진 행정부 주체는 누구인가?

① 국무총리
② 대통령
③ 교육부 장관
④ 행정안전부 장관

출제기관 뉴스1, 이투데이, 한국일보

우리나라의 고등교육법상 대학의 입학정원은 사회부총리 겸 교육부 장관이 정하는 바를 따라야 한다.

정답 ③

04 과학

온디바이스 AI
스마트기기에서 인터넷 연결 없이 자체적으로 작동하는 인공지능(AI)

스마트기기에 탑재돼 외부서버나 클라우드에 연결돼 있지 않아도 서비스를 제공할 수 있는 인공지능(AI)을 말한다. '에지(Edge) AI'라고도 불린다. 기존에는 기기에서 수집한 정보를 중앙클라우드 서버로 전송해 데이터와 연산을 지원받아야 했는데, 불안정한 통신상황에서는 서비스 이용이 제한적이라는 한계가 있었다. 온디바이스 AI는 자체적으로 정보를 처리해 인터넷 연결이나 통신상태로부터 자유롭고, 개인정보를 담은 데이터를 외부서버로 전송하지 않아도 된다는 점에서 차세대 기술로 주목받고 있다.

기출문제

외부서버에 연결되지 않고도 스마트기기에서 자체 작동하는 AI는?

① 세컨드 AI
② 생성형 AI
③ 온디바이스 AI
④ 클라우드 AI

[출제기관] SBS

온디바이스 AI는 스마트기기에 자체 탑재돼 외부서버 등 인터넷에 연결돼 있지 않아도 서비스를 제공할 수 있는 인공지능을 말한다.

[정답] ③

위고비(Wegovy)
덴마크 제약회사가 개발한 성인용 비만치료제

덴마크의 제약회사인 노보 노디스크가 2021년 개발한 성인용 비만치료제다. 본래는 제2형 당뇨를 치료하기 위한 약품이었으나, 비만인의 체중감량 효과가 있다는 것이 확인되면서 미국 FDA에서 비만치료제로 승인을 받았다. 이후 미국에서 위고비는 선풍적인 인기를 얻었고, 지난 2024년 10월에는 우리나라에도 정식 출시가 되면서 큰 화제를 불러 일으켰다. 한편 위고비가 근본 목적인 비만 치료가 아닌 단순 다이어트 등의 미용 목적으로 오·남용되면서 부작용을 낳을 수 있다는 우려가 제기되기도 하였다.

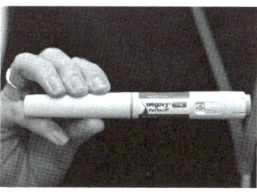

기출문제

덴마크의 제약사 노보 노디스크가 2021년 출시한 성인용 비만치료제의 이름은?

① 위고비
② 삭센다
③ 제니칼
④ 콘트라브

[출제기관] MBN

덴마크 제약사 노보 노디스크가 2021년 출시한 비만치료제의 이름은 '위고비'이다.

[정답] ①

스마트팩토리(Smart Factory)

인간의 개입 없이 전체공정이 정보통신기술로 이뤄지는 지능형 공장

제품의 기획 및 설계단계부터 판매 및 마케팅 등의 모든 공정이 사물인터넷(IoT), 인공지능(AI), 빅데이터와 같은 정보통신기술(ICT)을 적용하여 기업의 생산성과 제품의 품질 등을 높이는 지능형 공장을 의미한다. 모든 공정이 인공지능에 의해 자동화되는 제조업의 혁신이라고도 불린다. 자동화된 공정에서 수집되는 데이터를 활용해 각 공정이 서로 유기적으로 이뤄질 수 있도록 한다. 스마트팩토리의 구체적인 운영 전략은 국가별 제조업의 특성 및 강점, 산업구조 등에 따라 다양한 형태를 갖춘다. 우리정부에서는 4차 산업혁명시대에 맞추어 이를 꾸준히 지원하고 있다.

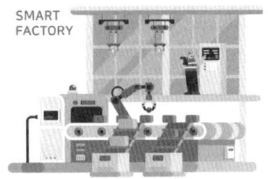

기출문제

제품 생산시스템에 정보통신기술(ICT)을 결합해 생산성을 향상시킨 공장은?

① 스마트팩토리
② IoT팩토리
③ 디지털팩토리
④ ICT팩토리

출제기관 한국폴리텍대학

스마트팩토리는 설계 및 개발, 제조, 물류 등의 제품 생산과정에 정보통신기술(ICT)을 적용해 디지털 자동화 작업이 가능한 지능형 생산공장을 말한다.

정답 ①

큐싱(Qshing)

QR코드로 접속을 유도해 악성코드를 심는 수법의 신종 금융범죄

QR코드(Quick Response Code)와 개인정보 및 금융정보를 낚는다(Fishing)는 의미를 띤 합성어로, 스마트폰이 대중화되면서 새롭게 나타난 금융범죄 수법이다. QR코드에 접속하면 자동으로 악성코드가 심어지게 해 개인정보를 탈취하고 스마트폰을 해킹해 금전적 피해를 입힌다. 정상적인 QR코드를 다른 것으로 바꾸거나 덮어씌운 뒤, 악성링크로 접속을 유도하고 악성앱을 설치하는 등의 방식으로 나타난다. QR코드는 제작이 간단하고 그 형태만으로 진위여부를 판별하기 어렵기 때문에 더욱 심각한 문제가 되고 있다.

기출문제

스마트폰으로 QR코드 접속을 유도해 금융범죄를 벌이는 수법은?

① 스미싱
② 큐싱
③ 파밍
④ 트래킹

출제기관 부산광역시 공무직 통합채용

큐싱은 스마트폰으로 QR코드에 접속하면 자동으로 악성코드가 심어지게 해 금전적 피해를 입히는 범죄수법이다.

정답 ②

HBM(High Bandwidth Memory)
기존 DRAM의 데이터 처리능력을 끌어올린 고대역폭메모리

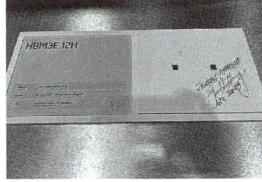

우리나라의 SK하이닉스가 세계 최초로 고안해 양산한 고대역폭메모리로 DRAM을 수직으로 적층해 데이터 처리 속도를 대폭 강화했다. 이러한 적층구조는 기반 면적당 훨씬 높은 데이터 용량을 확보할 수 있게 한다. 인공지능이나 빅데이터처럼 방대한 양의 데이터를 연산·처리해야 하는 첨단 IT기술 구현의 강력한 무기가 되고 있다. SK하이닉스는 2024년 9월 HBM 최대용량 36GB를 구현한 HBM3E 12단 신제품을 세계 최초로 양산하기 시작했다.

기출문제
기존의 DRAM을 수직으로 적층해 데이터 처리 속도를 강화한 메모리의 명칭은?

① HBM
② VDM
③ RAM
④ SRAM

출제기관 한겨레, 한국일보

컴퓨터의 주력 메모리로 사용되는 DRAM을 수직으로 쌓는 방식으로 제작하는 메모리를 HBM(High Bandwidth Memory)라고 한다. '고대역폭메모리'라고도 한다.

정답 ①

도심항공교통(UAM)
전동 수직이착륙기를 활용한 도심교통시스템

기체, 운항, 서비스 등을 총칭하는 개념으로 전동 수직이착륙기(eVTOL)를 활용하여 지상에서 450m 정도의 저고도 공중에서 이동하는 도심교통시스템을 말한다. '도심항공모빌리티'라고도 부르는 도심항공교통은 도심의 교통체증이 한계에 다다르면서 이를 극복하기 위해 추진되고 있다. 도심항공교통의 핵심인 eVTOL은 옥상 등에서 수직이착륙이 가능해 활주로가 필요하지 않으며, 내장된 연료전지와 배터리로 전기모터를 구동해 탄소배출이 거의 없다. 또한 소음이 적고 자율주행도 수월한 편이라는 점 때문에 미래의 도심형 항공교통수단으로 각광받고 있다.

기출문제
다음 중 도심형 항공 교통체계를 의미하는 용어의 약자는?

① UTM
② UAM
③ PAV
④ eVTOL

출제기관 대전도시공사, 전라남도 공무직 통합채용

UAM은 'Urban Air Mobility'의 약자로서 도심형 항공 교통체계를 의미한다.

정답 ②

05 문화·인문학

유네스코 세계유산
유네스코에서 인류의 소중한 문화 및 자연유산을 보호하기 위해 지정한 유산

유엔교육과학문화기구(UNESCO, 유네스코)는 1972년부터 세계유산협약에 따라 인류를 위해 보호해야 할 가치가 있는 유산을 세계유산으로 지정하고 있다. 세계유산은 '문화유산',
'자연유산', '복합유산'으로 나누어 관리한다. 최근 우리나라는 일본 니가타현에 소재한 일제강점기 조선인 강제노역 현장인 '사도광산'의 세계유산 등재를 두고 일본과 마찰을 빚었다. 유네스코는 일본 측에 사도광산의 등재 추천서에 광산의 전체 역사를 반영하고 주변국과 협의를 이뤄오라고 통보했다. 그런데 2024년 7월 우리정부가 일본 측과 협상 중 등재에 동의했고, 그러면서도 '강제성' 표현을 명시하라는 우리정부의 요구를 일본 측이 거부한 것으로 드러나면서 논란이 일었다.

기출문제
다음 중 2024년 기준 세계유산에 등재되지 않은 것은?

① 조선왕조 의궤
② 가야고분군
③ 국채보상운동 기념물
④ 반구천의 암각화

출제기관 부산광역시 공무직 통합채용

울산 '반구천의 암각화'는 선사시대의 생활상이 생생히 기록된 벽화로, 2023년 문화재청(현 국가유산청)이 세계유산 등재에 도전하겠다고 밝혔다. 2024년 6월 유네스코의 현장실사가 마무리됐고, 최종결과는 2025년 7월 세계유산위원회의 등재 심사에서 보고될 예정이다.

정답 ④

국가유산
'문화재'의 새로운 공식명칭

2024년 5월 우리정부는 국제적으로 '유산(heritage)'이라는 개념이 통용되는 기준에 발맞추어, '문화재'라는 용어를 '국가유산'으로 바꾸는 등의 내용을 담은 '국가유산기본법'을 시행
한다고 밝혔다. 이로써 기존 '문화재청'도 '국가유산청'으로 새롭게 출범했다. 국가유산은 '인위적이거나 자연적으로 형성된 국가적·민족적 또는 세계적 유산으로서 역사적·예술적·학술적 또는 경관적 가치가 큰 우리나라의 소중한 유산'을 뜻하고, 크게 문화유산·자연유산·무형유산으로 구분된다.

기출문제
2024년 문화재의 정식명칭이 ( )(으)로 바뀌었고, 문화재청도 ( )청으로 이름을 바꾸었다. ( ) 안에 들어갈 말은?

① 한국유산
② 전통유산
③ 문화유산
④ 국가유산

출제기관 한겨레, 뉴시스

1962년 '문화재보호법'이 제정된 이래 사용되던 문화재라는 용어가 2024년 5월 17일부터 국가유산으로 새롭게 쓰이게 되었다.

정답 ④

소프트파워
인간의 이성 및 감성적 능력을 포함하는 문화적 영향력

소프트파워(Soft Power)란 교육·학문·예술 등 인간의 이성 및 감성적 능력을 포함하는 문화적 영향력을 말한다. 21세기에 들어서며 세계가 군사력을 바탕으로 한 하드파워, 즉 경성국가의 시대에서 소프트파워를 중심으로 한 연성국가의 시대로 접어들었다는 의미로 대중문화의 전파, 특정 표준의 국제적 채택, 도덕적 우위의 확산 등을 통해 커지며 우리나라를 비롯한 세계 여러 나라에서 자국의 소프트파워를 키우고 활용하기 위한 노력을 계속하고 있다.

> **기출문제**
>
> 다음 중 소프트파워에 대한 설명으로 옳지 않은 것은?
>
> ① 하드파워와 대비되는 개념이다.
> ② 문화적 영향력과 관련이 깊다.
> ③ 하버드대 교수 '조지프 나이'가 처음 용어를 사용했다.
> ④ 세계가 경성국가의 시대로 접어들었다는 의미다.
>
> 출제기관 CBS
>
> 소프트파워는 세계의 영향력이 무력을 바탕으로 하는 경성국가의 시대에서 연성국가로 진입하고 있다는 신호다.
>
> 정답 ④

부커상
세계 3대 문학상 중 하나

1969년 영국의 부커사가 제정한 문학상이다. 노벨문학상, 프랑스의 공쿠르 문학상과 함께 세계 3대 문학상 중 하나로, 해마다 영국연방국가에서 출판된 영어소설들을 대상으로 시상해왔다. 그러다 2005년에 영어로 출간하거나 영어로 번역한 소설을 대상으로 상을 수여하는 인터내셔널 부문을 신설했다. 신설된 후 격년으로 진행되다가 2016년부터 영어번역 소설을 출간한 작가와 번역가에 대해 매년 시상하는 것으로 변경했다. 국내작품 중에서는 한강의 〈채식주의자〉가 2016년 인터내셔널 수상작으로 선정되면서 화제를 모았다. 2023년에는 천명관이 〈고래〉로, 2024년에는 황석영이 〈철도원 삼대〉로 인터내셔널 최종후보에 올랐으나 아쉽게도 수상에 이르지는 못했다.

> **기출문제**
>
> 2023년 부커상 인터내셔널 최종후보에 오른 국내 장편소설은?
>
> ① 〈고래〉
> ② 〈채식주의자〉
> ③ 〈저주토끼〉
> ④ 〈대도시의 사랑법〉
>
> 출제기관 전라남도 공무직 통합채용, 뉴스1
>
> 천명관 작가의 장편소설 〈고래〉가 2023년 세계 3대 문학상 중 하나인 영국 부커상 인터내셔널 부문 최종후보에 올라 기대를 모았으나 아쉽게도 수상은 불발됐다.
>
> 정답 ①

06 역사·인물

한강
2024년 노벨 문학상 수상자

우리나라의 소설가·시인으로 2024년 노벨 문학상 수상자다. 1994년 서울신문 신춘문예 소설 부문에 낸 〈붉은 닻〉이 당선되면서 소설가로 데뷔했다. 한강 작가는 죽음과 폭력 등 인
간의 보편적 문제를 시적이고 서정적인 문체로 풀어내는 독창적인 작품세계를 구축했다는 평가를 받는다. 대표작에는 장편소설 〈소년이 온다〉, 〈흰〉, 〈작별하지 않는다〉와 소설집 〈채식주의자〉 등이 있다. 앞서 2016년에는 노벨 문학상과 함께 세계 3대 문학상 중 하나로 꼽히는 부커상의 인터내셔널 부문을 수상하면서 세계적 명성을 얻기도 했다.

> **기출문제**
>
> 다음 중 한강 작가의 소설 작품이 아닌 것은?
>
> ① 채식주의자
> ② 소년이 온다
> ③ 흰
> ④ 서랍에 저녁을 넣어두었다
>
> **출제기관** 한겨레
>
> 〈서랍에 저녁을 넣어두었다〉는 2013년 출간된 한강 작가의 시집이다.
>
> **정답** ④

테일러 스위프트
미국의 싱어송라이터로 시사주간지 〈타임〉이 선정한 '2023년 올해의 인물'

미국의 싱어송라이터로 시사주간지 〈타임〉이 선정한 '2023년 올해의 인물'이다. 이전까지 선정된 다른 연예계 인사와 달리 순수하게 팝스타로서 거둔 성공에 힘입어 선정돼 화제가 됐
다. 2006년 데뷔 이후 빌보드 앨범차트 역사상 가장 많은 연간 1위 자리에 올랐고, 앨범 판매량은 2억장을 돌파했다. 그녀는 국가경제 등 다양한 영역에도 영향력을 끼치고 있는데, 미국 도시 곳곳에서 공연을 열 때마다 수많은 팬들이 몰리면서 지역경제가 일시적으로 활성화되고 물가가 상승하는 현상이 나타나기도 했다. 이런 현상을 두고 스위프트(Swift)와 경제학(Economics)을 합친 '스위프트노믹스'라는 신조어가 만들어졌다.

> **기출문제**
>
> 다음 중 스위프트노믹스와 관련이 없는 것은?
>
> ① 히트플레이션
> ② 디 에라스 투어
> ③ 비욘세 효과
> ④ 펀플레이션
>
> **출제기관** 스튜디오S
>
> 스위프트노믹스는 테일러 스위프트의 공연이 지역경제에까지 큰 영향을 끼치는 것을 의미하며, '디 에라스 투어'는 2023년 시작한 스위프트의 초대형 월드투어 콘서트다. '비욘세 효과' 또한 유명 팝스타 비욘세의 공연이 해당지역의 물가상승에 영향을 준 것에서 유래한 신조어이며, '펀플레이션'은 공연, 스포츠경기 등 오락산업에 쓰는 비용이 치솟는 현상을 말한다. '히트플레이션'은 폭염으로 농작물 작황이 악화돼 식량가격이 상승하는 현상이다.
>
> **정답** ①

라이칭더
대만(중화민국)의 제16대 총통

차이잉원 대만 총통의 뒤를 이어 2024년 1월 새 총통으로 당선된 인물이다. 친미·대만독립 성향인 민주진보당 소속으로 우리나라의 국무총리 격인 행정원장과 부총통, 총통 자리에 모두 올랐다. 2024년 대만 선거는 전 세계 40개국에서 선거가 열리는 '지구촌 선거의 해'의 시작을 알리는 첫 선거이자, 미중갈등이 고조된 가운데 '미중 대리전'의 성격을 띠어 주목을 받았다. 이 선거에서 친미 성향의 라이칭더 총통이 당선됨에 따라 중국으로부터 독립하고자 하는 대만정부의 열망은 더 강해지게 됐다. 아울러 대만과의 친교를 통해 중국을 안보·경제면에서 압박하려는 미국의 향후 전략에도 이목이 쏠렸다. 반면 중국은 국제적으로 누구든 '하나의 중국' 원칙을 어기려는 것은 중국 내정에 간섭하는 행위라며 강하게 반발했다.

기출문제

2024년 1월 중화민국의 새 총통에 당선된 인물은?

① 천수이볜
② 마잉주
③ 차이잉원
④ 라이칭더

출제기관 전자신문

차이잉원 총통과 함께 부총통직을 수행했던 라이칭더가 2024년 1월 새 중화민국 총통에 당선됐다.

정답 ④

CHAPTER 02 빈출 Awards

01 노벨상

수상 부문		생리의학, 물리학, 화학, 경제학, 문학, 평화
주최		스웨덴 왕립아카데미, 노르웨이 노벨위원회
시작 연도		1901년
시상식 장소		스웨덴 스톡홀름(평화상은 노르웨이 오슬로)
시상식 일정		매년 12월 10일
심사	생리의학	카롤린스카 의학연구소
	물리학	스웨덴 왕립과학아카데미
	화학	
	경제학	
	문학	스웨덴 아카데미(한림원)
	평화	노르웨이 노벨위원회

【 2024 수상내역 】

- 노벨평화상

  노벨평화상은 일본의 원폭 생존자 단체이자 핵무기 근절 운동을 펼쳐 온 원폭피해자단체협의회 '니혼 히단쿄'가 받았다. 올해 평화상 선정은 일본 원폭투하 80주년을 한 해 앞두고, 핵무기 사용이 도덕적으로 용납될 수 없다는 점이 강조된 것으로 분석됐다. 아울러 팔레스타인과 우크라이나 등에서 전쟁이 지속되고 핵무기 사용 우려가 커지는 현실에서, 핵군축과 군비 통제의 필요성을 환기시키려는 노벨위원회의 의도로도 해석됐다.

- 노벨생리의학상

  올해 노벨생리의학상 수상자로는 메사추세츠대 의과대학 교수인 빅터 앰브로스와 하버드 의학전문대학원 교수 게리 러브컨이 선정됐다. 이들은 1980년대 후반 2002년 노벨생리의학상 수상자인 생물학자 로버트 호비츠의 연구실에서 '예쁜 꼬마선충'을 연구했다. 이들은 이 연구를 통해 유기체에서 이뤄지는 조직의 발달과 성숙 과정을 규명하고자 했다. 특히 다양한 세포들이 적시에 발달하도록 제어하는 유전자에 관심을 두었고, 선충의 lin-4 마이크로RNA가 lin-14 유전자를 조절한다는 사실을 발견했다.

빅터 앰브로스   게리 러브컨

- 노벨물리학상

노벨물리학상은 프린스턴대 명예교수인 존 홉필드와 토론토대 명예교수인 제프리 힌턴이 수상했다. 이들은 AI 머신러닝(기계학습)의 기초를 확립한 공로를 인정받았다. AI 분야에서 노벨상 수상자가 나온 것은 이번이 처음이다. 노벨위원회는 이들이 '인공신경망을 이용한 머신러닝을 가능케 하는 기반 발견 및 발명'과 관련한 공로를 세운 점을 높게 평가했다. 이들이 인간 뇌에서 뉴런(신경세포) 간의 상호연결이 강해지고 약해지며 학습이 이뤄지는 메커니즘을 모방해, 기계가 데이터를 학습하는 방법을 개발했다고 전했다.

존 홉필드   제프리 힌턴

- 노벨화학상

노벨화학상은 '컴퓨터를 이용한 단백질 설계'에 기여한 워싱턴대 생화학 교수 데이비드 베이커와 단백질 구조를 파악하는 AI 모델 '알파폴드'를 개발한 구글 딥마인드의 데미스 허사비스, 존 점퍼에게 돌아갔다. 노벨위원회는 "베이커 교수가 단백질의 완전히 새로운 종류를 구축하는 위업을 달성했다"고 밝혔다. 이어 "허사비스와 점퍼는 단백질의 복잡한 구조를 예측하는 AI 모델을 개발했다"고 설명했다.

데이비드 베이커   데미스 허사비스   존 점퍼

- 노벨경제학상

노벨경제학상은 국가 간 부의 차이를 연구해 온 다론 아제모을루, 사이먼 존슨 매사추세츠공대 교수와 제임스 A. 로빈슨 시카고대 교수가 수상했다. 이들은 국가 간 불평등과 빈부격차에 주목하는 과정에서 한국의 사례에도 눈을 돌리는 등 '지한파'로 꼽힌다. 아제모을루 교수와 로빈슨 교수는 〈국가는 왜 실패하는가〉의 저자로도 국내에 잘 알려져 있다. 이 책은

다론 아제모을루   사이먼 존슨   제임스 A. 로빈슨

국가의 성공과 실패를 결정짓는 요인을 사회제도에서 찾고 있다. 부인이 한국계 미국인인 존슨 교수는 처남인 제임스 곽과 함께 미국발 경제위기를 불러온 대형은행들의 악마성을 폭로한 책 〈위험한 은행〉을 펴내기도 했다.

- 노벨문학상

소설가 한강이 노벨문학상 수상의 영예를 안았다. 한국인이 노벨상을 수상한 것은 2000년 평화상을 수상한 고(故) 김대중 전 대통령에 이어 두 번째다. 한림원은 그녀의 작품세계를 "역사적 트라우마에 맞서고 인간 삶의 연약함을 드러낸 강렬한 시적산문"이라고 설명했다. 한강은 앞서 2016년에도 소설 〈채식주의자〉로 세계적 권위의 맨부커상 인터내셔널 부문을 수상하면서 국제적으로 이름을 알렸다. 그녀는 죽음과 폭력 등 보편적 인간문제를 시적인 문체로 풀어내는 독창적인 작품세계를 구축했다는 평가를 받는다.

한강

02 세계 3대 영화제

1. 베니스 영화제

개최 장소	이탈리아 베네치아
개최 시기	매년 8월 말~9월 초
시작 연도	1932년

【2024 제81회 수상내역】

- **황금사자상**

  스페인 페드로 알모도바르 감독의 첫 영어 장편영화 〈더 룸 넥스트 도어〉가 최고영예를 안았다. 이 작품은 삶과 죽음, 안락사, 여성의 우정을 다뤘으며, 이번 영화제에서 첫 상영 됐을 때 18분간 기립박수를 받아 화제가 됐다. 알모도바르 감독은 수상소감에서 "깨끗하고 존엄하게 이 세상에 안녕을 고하는 것은 모든 인간의 기본권리라고 믿는다"고 말했다.

〈더 룸 넥스트 도어〉　페드로 알모도바르

- **심사위원대상/감독상**

  심사위원대상은 이탈리아 출신의 마우라 델페로가 감독한 〈베르밀리오〉에 돌아갔다. 이탈리아와 프랑스, 벨기에의 합작영화인 이 작품은 제2차 세계대전의 마지막 해 이탈리아 알프스를 배경으로 일어나는 사건을 그렸다. 감독상은 〈더 브루탈리스트〉를 연출한 브레이디 코베이가 받았다. 제2차 세계대전 이후를 배경으로 헝가리 출신의 한 건축가가 미국에 이주하며 자신의 꿈을 위해 분투하는 이야기를 다룬다.

〈베르밀리오〉　브레이디 코베이

- **남우주연상/여우주연상**

  남우주연상은 프랑스의 자매 감독인 델핀 쿨랭·뮈리엘 쿨랭의 〈더 콰이어트 선〉에 출연한 프랑스의 뱅상 랭동이 차지했다. 극단적 극우주의에 빠져드는 10대 아들로 고민하는 홀아버지를 연기했다. 여우주연상은 〈베이비걸〉에서 젊은 인턴과 불륜에 빠진 여성사업가의 이야기로 과감한 연기를 펼친 니콜 키드먼이 받았다.

뱅상 랭동　니콜 키드먼

2. 칸 영화제

개최 장소	프랑스 남부의 도시 칸
개최 시기	매년 5월
시작 연도	1946년

【 2024 제77회 수상내역 】

- **황금종려상**

  황금종려상은 성노동자 여성을 주인공으로 한 숀 베이커 감독의 영화 〈아노라〉가 수상했다. 그간 작품에서 성소수자, 이민자, 위기가정 아동 등 사회 소수자들을 주인공으로 내세워왔던 숀 베이커의 황금종려상 첫 수상이다. 〈아노라〉는 스트립 댄서로 일하는 여성이 러시아 신흥재벌의 아들과 결혼한 뒤 시부모로부터 결혼생활을 위협당하면서 벌어지는 사건을 그렸다.

〈아노라〉   숀 베이커

- **심사위원대상/감독상**

  심사위원대상은 인도 여성감독 최초로 칸 경쟁부문에 진출한 파얄 카파디아 감독의 〈올 위 이매진 애즈 라이트〉가 수상했고, 감독상은 〈그랜드 투어〉를 감독한 미겔 고메스에게 돌아갔다. 〈올 위 이매진 애즈 라이트〉는 인도 뭄바이에서 간호사로 일하는 세 여성의 삶과 연대를 다뤘다. 〈그랜드 투어〉는 1917년 영국을 배경으로 한 남자가 약혼녀와 결혼하기로 한 날 도망치면서 전개되는 이야기로 약혼녀가 남자를 찾아 아시아 그랜드 투어를 떠나며 벌어지는 일을 그렸다.

〈올 위 이매진 애즈 라이트〉   미겔 고메스

- **남우주연상/여우주연상**

  남우주연상은 요르고스 란티모스 감독의 〈카인즈 오브 카인드니스〉에 출연한 제시 플레먼스가 수상했다. 여우주연상은 심사위원상을 수상한 자크 오디아르 감독의 〈에밀리아 페레즈〉에서 열연한 아드리아나 파즈, 조 샐다나, 셀레나 고메즈, 카를라 소피아 가스콘이 공동 수상해 이례적인 일로 평가되기도 했다.

재시 플레먼스   아드리아나 파즈, 조 샐다나, 카를라 소피아 가스콘, 셀레나 고메즈(왼쪽 위부터 시계방향)

3. 베를린 영화제

개최 장소	독일 베를린
개최 시기	매년 2월 중순
시작 연도	1951년

【 2025 제75회 수상내역 】

- **황금곰상**

    노르웨이 출신의 감독 다그 요한 하우거루드의 작품 〈드림스〉가 최고작품상인 황금곰상을 수상했다. 이 작품은 여교사와 사랑에 빠진 17살 여학생의 이야기를 다룬다.
    심사위원단은 본 작품이 인간 욕망의 원동력과 그 결과를 잘 그려냈으며, 관찰력·카메라·연기의 3박자가 훌륭하게 이뤄졌다고 평했다.

〈드림스〉 　　 다그 요한 하우거루드

- **심사위원대상/감독상**

    심사위원대상은 〈더 블루트레일〉을 연출한 브라질 감독 가브리엘 마스카로가 받았고, 감독상은 〈생식지지〉를 연출한 중국 출신의 곽맹이 수상했다. 〈더 블루트레일〉은 경제회복이라는 미명 아래 노인들을 격리하는 시스템을 만든 브라질을 배경으로, 정부의 눈을 피해 자유를 실현하려는 한 노인의 이야기를 담고 있다. 〈생식지지〉는 1990년대 산업화로 인해 변화하는 중국의 농촌과 도시로 이주하는 농민들의 삶을 다룬 작품이다.

〈더 블루트레일〉 　　 곽맹

- **주연상/조연상**

    주연상은 〈내가 다리가 있으면 널 차버릴 거야〉에서 주인공 '린다' 역으로 열연한 호주 출신의 배우 로즈 번이 수상했다. 조연상은 미국의 작사가 로젠즈 하트의 삶을 그린 리차드 링클레이터 감독의 〈블루 문〉에 출연한 앤드류 스콧이 받았다.

로즈 번 　　 앤드류 스콧

03　부커상

선정 대상	부커상	영어로 창작되어 영국에서 출간된 책
	부커 인터내셔널	영어로 번역되어 영국에서 출간된 책
주최 기관		영국 부커상 재단
개최 장소		영국 런던
개최 시기		매년 5월(부커 인터내셔널) / 매년 11월(부커상)
시작 연도		2005년(부커 인터내셔널) / 1969년(부커상)

2024년 부커상 수상작은 영국의 작가 서맨사 하비의 단편소설 〈오비털(Orbital)〉이다. 136쪽의 짧은 분량의 이 작품은 국제우주정거장(ISS)에서 머무르는 6명의 우주비행사를 주인공으로 한다. 우주공간에서 체류하며 지구를 바라보는 이들의 내면과 일련의 사건들을 통해 기후위기와 인류의 욕망에 관한 메시지를 전한다.

2025년 부커상의 인터내셔널 부문은 인도 작가 바누 무슈타크의 〈하트 램프(Heart Lamp)〉가 수상했다. 작품을 영어로 번역한 인도인 번역가 디파 바스티도 함께 수상의 영예를 안았다. 남인도 가부장적 공동체 여성들의 삶을 그려내고 있는 이 소설집은 무슈타크가 30년 동안 집필한 단편집 소설 중 12편을 묶은 것으로, 인터내셔널 부커상의 최초 단편집 수상 사례가 되었다.

서맨사 하비

바누 무슈타크(왼쪽)와 디파 바스티

시대에듀 최강교수진!

합격에 최적화된 수험서와 최고 교수진의 名品 강의를 확인하세요!

시대에듀만의 경비지도사 수강혜택

1:1 맞춤 학습 제공 + 모바일강의 서비스 제공 + 기출문제 특강 제공

한눈에 보이는 경비지도사 동영상 합격 커리큘럼

1차		2차	
기본이론	과목별 필수개념 수립	기본이론	과목별 필수개념 수립
문제풀이	예상문제를 통한 실력 강화	문제풀이	예상문제를 통한 실력 강화
모의고사	동형 모의고사로 실력 점검	모의고사	동형 모의고사로 실력 점검
기출특강	기출문제를 통한 유형 파악	기출특강	기출문제를 통한 유형 파악
마무리특강	시험 전 최종 마무리	마무리특강	시험 전 최종 마무리

※ 과정별 커리큘럼 및 강사진은 내부사정에 따라 변경될 수 있습니다.

경비지도사
합격을 꿈꾸는 **수험생**들에게...

이론 파악으로 기본 다지기

기출문제 정복으로 실력 다지기

1단계
기본서 + 종합본

시험의 중요개념과
핵심이론을 파악하고
기초를 잡고 싶은 수험생!

2단계
기출문제집

최신 기출문제와 상세한
해설을 통해 학습내용을
확인하고 실전감각을
키우고 싶은 수험생!

2025 채용대비

한국수력원자력(한수원)
청원경찰 선발 필기시험 대비

한국수력원자력 청원경찰

청원경찰교육연구회 편저

제1과목 > 회사상식 + 일반상식
제2과목 > 청원경찰법 + 통합방위법 + 원자력시설 등의 방호 및 방사능 방재 대책법

합격의 모든 것!

한권으로 끝내기
정답 및 해설

시대에듀

PART 1

회사상식 + 일반상식
정답 및 해설

CHAPTER 01　회사상식
CHAPTER 02　정치 · 국제 · 법률
CHAPTER 03　경제 · 경영 · 금융
CHAPTER 04　사회 · 노동 · 환경
CHAPTER 05　과학 · 컴퓨터 · IT
CHAPTER 06　문화 · 예술 · 미디어 · 스포츠
CHAPTER 07　한국사 · 세계사

CHAPTER 01 회사상식

문제편 p.026

01	02	03	04	05	06	07	08	09	10
①	①	④	②	④	②	④	①	②	①
11	12	13	14	15	16	17	18	19	20
④	②	①	④	③	④	④	①	④	④

01   답 ①
ㄱ. (○) 한국수력원자력의 비전은 '탄소중립 청정에너지 리더'이며, 미션은 '친환경 에너지로 삶을 풍요롭게'이다.
ㄴ. (○) 2036 탄소중립 미래상 및 로드맵에서 한국수력원자력은 신재생 설비 용량 9.8GW, 청정수소 생산량 33만 톤, 온실가스 감축 1.1억 톤을 목표로 하고 있다.
ㄷ. (×) 한국수력원자력의 ESG 경영 슬로건은 'Clean Energy로 지속가능한 미래를 선도하는 한국수력원자력'이다.
ㄹ. (×) 한국수력원자력의 핵심가치는 '안전 최우선', '지속 성장', '상호 존중', '사회적 책임' 4가지이다.

02   답 ①
한국수력원자력의 미션은 '친환경 에너지로 삶을 풍요롭게'이며, 비전은 '탄소중립 청정에너지 리더'이다.

03   답 ④
한국수력원자력의 인재상
- 기본에 충실한 인재
- 배려하는 상생 인재
- 글로벌 전문 인재

04   답 ②
2024년 말 기준 한국수력원자력은 국내 총전력량의 약 32.76%를 생산하는 우리나라 최대의 발전회사이다.

05   답 ④
한국수력원자력의 발전설비에는 원자력, 수력·소수력, 양수, 태양광, 풍력 등이 있다.

06   답 ②
우리나라의 원자력발전소는 고리, 신고리, 새울, 한빛, 한울, 신한울, 월성, 신월성 등이 있다.

07   답 ④
2036 중장기 경영 전략방향
- 안전 기반 원전 경쟁력 확보
- 차별적 해외사업 수주
- 그린 융복합 사업 선도
- 지속성장 기반 강화

08   답 ①
발전소 설계의 3가지 원칙
- 다중성 : 같은 기능의 설비를 여러 개 설치해 만일 한 설비의 기능이 상실되어도 다른 설비가 대신할 수 있도록 하는 것
- 다양성 : 한 가지 기능을 수행하기 위해 구성이 다른 계통이나 기기를 두 종류 이상 설치하여 동시 기능 상실을 막는 것
- 독립성 : 기기들이 한 가지 원인에 의해 한꺼번에 기능을 상실하지 않도록 물리적, 전기적으로 분리하여 설치하는 것으로 각 기기를 별도 공간에 설치, 각기 다른 전원을 공급받도록 설계한 것

09   답 ②
탁월함 추구, 끊임없는 개선, 발전적 도전은 지속 성장(Sustainable Growth)의 세부속성이다.

10 정답 ①
총 26기의 원자력 발전소 중 가압중수로형인 월성 2·3·4호기를 제외하고는 모두 가압경수로형 발전소이다.

11 정답 ④
한수원 핵심가치(CORE VALUE)
- 안전 최우선(Safety First)
- 지속 성장(Sustainable Growth)
- 상호 존중(Shared Respect)
- 사회적 책임(Social Responsibility)

12 정답 ②
한국원자력안전기술원은 원자력의 생산 및 이용에 따른 방사선 재해로부터 국민을 보호하고, 공공의 안전과 환경보전을 위해 설립되었다.

13 정답 ①
방사선 비상 3단계
- 1단계 백색비상 : 방사성 물질의 밀봉상태의 손상 또는 원자력시설의 안전상태 유지를 위한 전원공급기능에 손상이 발생하거나 발생할 우려가 있는 등의 사고로서 방사성 물질의 누출로 인한 방사선 영향이 원자력시설의 건물 내에 국한될 것으로 예상되는 비상사태
- 2단계 청색비상 : 백색비상에서 안전상태로의 복구기능의 저하로 원자력시설의 주요 안전기능에 손상이 발생하거나 발생할 우려가 있는 등의 사고로서 방사성 물질의 누출로 인한 방사선 영향이 원자력시설 부지 내에 국한될 것으로 예상되는 비상사태
- 3단계 적색비상 : 노심의 손상 또는 용융 등으로 원자력시설의 최후 방벽에 손상이 발생하거나 발생할 우려가 있는 사고로서 방사성 물질의 누출로 인한 방사선 영향이 원자력시설 부지 밖으로 미칠 것으로 예상되는 비상사태

14 정답 ④
양수발전이란 야간이나 전력이 풍부할 때 아래쪽 저수지의 물을 위쪽 저수지로 퍼 올렸다가 전력이 필요할 때 방수하여 발전하는 수력발전이다. 양수발전은 자연유량, 강수량에 크게 구애받지 않는다.

15 정답 ③
한수원은 한국형 원전인 APR 1400을 아랍에미리트에 총 4기를 건설하기로 했다.

16 정답 ④
고리원전 1호기는 1978년 4월에 상업운전을 시행한 우리나라 최초의 상업용 원자로이다. 2015년 6월 영구 정지가 결정돼 2017년 6월 가동이 정지되었다. 월성원전 1호기는 우리나라 두 번째 원전이자, 국내 첫 번째 중수로원전이라는 점에서 의미가 있다.

17 정답 ④
수력발전은 기동과 정지, 출력조정 시간이 원자력이나 화력 등 기타 전력설비에 비해 빨라 부하변동에 대한 속응성이 우수하므로 첨두부하를 담당하여 양질의 전력공급에 기여하고 있다.

18 정답 ①
① (○) 파리 협정은 2015년 파리에서 채택된 기후 협약으로, 교토 의정서가 만료되는 2020년 이후의 기후변화 대응을 위한 새로운 기후협약이다. 파리 협정은 기존의 기후 협약과 달리 종료시점이 없고, 이산화탄소의 순 배출량 0을 목표로 모든 국가들이 자발적으로 온실가스 감축 목표(NDC)를 설정하고 이행하게 하는 협약이다. 또한 5년마다 국제사회 차원에서 종합적인 이행 상황을 점검하고 감축 목표를 강화하도록 규정하는 등 기존 교토 의정서의 한계를 극복하기 위해 발의된 협약이다.
② (×) 교토 의정서 : 1997년 일본 교토에서 발의된 국제 기후 협약이다. 이는 UN의 기후변화 협약의 구체적인 이행 방안을 제시하는 협약으로, 이산화탄소, 메테인, 아산화질소 등 6가지 온실가스 배출을 제한하며 선진국(Annex I)들에게 법적 구속력이 있는 감축 목표를 설정하고, 국가별로 할당된 온실가스 배출량을 거래할 수 있게 하는 협약이다.
③ (×) 몬트리올 의정서 : 1987년 캐나다 몬트리올에서 체결된 국제 협약으로, 오존층 파괴 물질의 생산과 사용을 규제하는 협약이다. 염화불화탄소, 할론 등 100여 종류의 오존층 파괴 물질을 규제하여 국제적 협력을 통해 환경 문제를 해결할 수 있음을 보여준 사례이다.
④ (×) 유엔 기후변화 협약 : 지구 온난화를 막기 위해 1992년 브라질 리우데자네이루에서 채택된 국제 협약이다. 이 협약의 목적은 온실 가스의 방출을 제한하고 대기 중의 온실가스 농도를 안정화시키는 것으로, 각 나라들이 온실가스 감축을 위한 국가 전략을 수립하고 시행하게 하였다.

19 답 ④

원전 생태계 경쟁력 강화 위한 동반성장, 지역경쟁력 확보 위한 경제협력사업 고도화, 사람 중심의 안전한 일터 조성은 한국수력원자력의 ESG 중 Social(사회)에 관한 추진과제이다.

20 답 ④

방사선 비상

종류	내용
백색비상	방사성물질 밀봉상태의 손상 또는 원자력시설의 안전상태 유지를 위한 전원공급 기능에 손상이 발생하거나 발생할 우려가 있는 등의 사고로서 방사성 물질의 누출로 인한 방사성영향이 원자력시설의 건물 내에 국한될 것으로 예상되는 비상사태
청색비상	백색비상 등에서 안전상태로 복구기능의 저하로 원자력시설의 주요 안전 기능에 손상이 발생하거나 발생할 우려가 있는 등의 사고로서 방사성물질의 누출로 인한 방사선영향이 원자력시설 부지 내에 국한될 것으로 예상되는 비상사태
적색비상	노심의 손상 또는 용융 등으로 원자력시설의 최후방벽에 손상이 발생하거나 발생할 우려가 있는 사고로서 방사성물질의 누출로 인한 방사선영향이 원자력시설 부지 밖으로 미칠 것으로 예상되는 비상사태

CHAPTER 02 정치·국제·법률

문제편 p.050

01	02	03	04	05	06	07	08	09	10
①	④	④	①	②	④	①	②	①	④
11	12	13	14	15	16	17	18	19	20
④	②	①	①	②	①	②	②	④	④
21	22	23	24	25	26	27	28	29	30
②	④	②	①	②	①	④	④	①	③
31	32	33	34	35	36	37	38	39	40
④	④	①	②	②	④	②	①	②	②
41	42	43	44	45	46	47	48	49	50
④	①	②	④	①	②	④	②	③	①
51	52	53	54	55	56	57	58	59	60
④	④	②	④	②	①	①	③	③	④
61	62	63	64	65	66	67	68	69	70
②	③	②	③	①	①	③	②	③	③
71	72	73	74	75	76	77	78	79	80
④	②	③	②	②	④	④	②	④	③
81	82	83	84	85	86	87	88	89	90
①	③	③	③	④	④	②	④	④	①
91	92	93	94	95	96	97	98	99	100
②	①	③	②	④	①	④	②	④	②
101	102	103	104	105	106	107	108	109	110
①	①	④	④	④	④	①	①	①	③
111	112	113	114	115	116	117			
④	④	③	②	①	②	①			

01   답 ①

핵확산금지조약(NPT ; Non Proliferation Treaty)은 핵무기가 무분별하게 제작·사용되는 것을 막기 위해 1966년 유엔총회에서 채택된 조약이다. 핵무기를 갖지 않은 나라가 핵무기를 보유하는 것을 금지하고, 핵무기를 가진 나라가 비보유국에 제공하는 것을 방지하기 위함이다. 우리나라는 1975년 정식 비준국이 되었다. 현재 NPT에서 인정하는 핵보유국은 미국, 영국, 프랑스, 러시아, 중국이다.

02   답 ④

2022년 2월 러시아의 우크라이나 침공 이후, 스웨덴과 핀란드가 70여 년간 계속해 왔던 중립국 지위를 내려놓고 나토 가입을 선언했다.

03 ④
2022년 9월 엘리자베스 2세 여왕의 서거 직후 왕위를 승계한 찰스 3세는 2023년 5월 6일 대관식을 치렀다.

04 ①
국가수사본부에 대한 설명이다. 국가수사본부는 검경 수사권 조정 이후 경찰이 검찰의 지휘 없이 1차적인 수사종결권을 갖게 된 경찰청 산하의 수사조직이다. 참고로 검경 수사권 조정안은 검사 수사지휘권 폐지, 경찰 1차 수사종결권 부여, 검사 직접수사제한 등 검찰의 권한을 분산하는 내용이 핵심이다.

05 ②
쿼드(Quad ; Quadrilateral Security Dialogue)는 미국, 일본, 인도, 호주로 구성된 안보협의체다. 2007년 당시 아베 신조 일본총리의 주도로 시작됐으며 2020년 8월 미국의 제안 아래 공식적인 국제기구로 출범했다. '법치를 기반으로 한 자유롭고 개방된 인도·태평양(FOIP ; Free and Open Indo-Pacific)' 전략의 일환으로 시진핑 중국주석이 이끄는 일대일로를 견제하기 위한 목적도 갖고 있다. 이 때문에 반(反)중국의 성격을 가지고 있는데, 당시 미국은 쿼드를 인도-태평양판 나토(NATO, 북대서양조약기구)로 추진했다.

06 ④
파이브 아이즈(Five Eyes)는 미국, 영국, 캐나다, 호주, 뉴질랜드 등 영어권 5개국이 참여하고 있는 기밀정보 동맹체다. 1946년 미국과 영국이 공산권과의 냉전에 대응하기 위해 비밀 정보교류 협정을 맺은 것이 시초로 1960년에 개발된 에셜론(Echelon)이라는 프로그램을 통해 전 세계 통신망을 취합한 정보를 공유하는 것으로 알려져 있다.

07 ①
터키에서는 이슬람교가 가장 영향력 있는 종교이기는 하나, 1928년부터 헌법상으로 국교를 정하고 있지 않다. 또한 정치와 종교를 분리하는 세속주의 중심의 국가로서 공식적인 이슬람 국가는 아니다. 제도적으로 이슬람 국가임을 표방하는 국가에는 모리타니, 사우디아라비아, 아랍에미리트, 아프가니스탄, 예멘, 파키스탄, 이란, 이라크 등이 있다.

08 ②
수니파 무슬림인 로힝야족은 미얀마의 소수민족으로서 방글라데시에서 강제이주됐고, 미얀마가 영국으로부터 해방한 이후 계층·종교탄압을 받았다. 지난 2021년 3월 22일에는 방글라데시의 로힝야족 난민촌에서 대형화재가 발생해 15명이 사망하고, 약 400명이 실종되는 비극이 일어나기도 했다. 로힝야족은 지난 2017년에 미얀마 군부의 학살과 박해를 피해 방글라데시로 피신하여 정착한 바 있다.

09 ①
쌍궤병행(雙軌竝行)
한반도 비핵화 프로세스와 북미 평화 협정을 진행시키자는 것으로, 중국이 제시한 한반도 핵문제 해결 방안이다.

삼불일한(三不一限)
한중 관계 회복을 위해 중국이 요구한 조건이다. 사드 추가 배치 금지, 미국 MD(미사일 방어체계) 가입 금지, 한·미·일 군사동맹 금지, 배치한 사드의 한계적 사용이 해당한다.

일대일로(一帶一路)
중국을 중심으로 육상·해상 실크로드 주변의 60개국을 포함한 거대 경제권을 구축하려는 중국의 대외 경제 전략이다.

흑묘백묘(黑猫白猫)
1970년대 등소평이 인민을 잘살게 하기 위해선 개혁·개방과 자본주의도 받아들일 수 있다며 꺼낸 말로, '검은 고양이든 흰 고양이든 인민을 잘살게 하면 그만이듯이 공산주의, 자유주의 정책을 구분하지 않겠다'는 의미가 담겨 있다.

10 ④
매니페스토는 선거와 관련하여 유권자에게 확고한 정치적 의도와 견해를 밝히는 것으로, 연설이나 문서의 형태로 구체적인 공약을 제시한다.

11 ④
코테일은 미국 정치에서 인기 있는 공직자나 후보자가 자신의 인기에 힘입어 같은 정당 출신인 다른 후보의 승리 가능성을 높여주는 것을 말한다.

12 ②
댜오위다오, 센카쿠열도, 조어도로 불린다. 중국과 일본, 대만 사이에 영토분쟁이 계속되고 있는 지역이다.

13 🔖 ①
마타도어는 적국 내부를 교란시켜 전의(戰意) 상실, 사기 저하 등을 유발함으로써 국민과 정부, 군대와 국민 간을 이간질할 목적으로 행해지는 흑색선전이다.

14 🔖 ①
형법 제9조에서 14세가 되지 아니한 형사미성년자의 행위는 벌하지 아니한다고 규정되어 있다. 19세 미만의 범죄 또는 범죄자인 소년범(少年犯)은 미성년자이기 때문에 일정한 기준에 따라 형사 처벌을 받지 않거나 보호처분을 받을 수 있다. 9세까지는 '범법(犯法) 소년', 10~13세 소년범은 '촉법(觸法) 소년'이라고 부르며 14세부터는 범죄의 경중에 따라 처벌 정도가 달라진다. 또한 형법을 어길 우려가 있는 10~18세 소년을 '우범(虞犯) 소년'이라고 한다.

15 🔖 ②
로그롤링(Logrolling)은 상호지원을 합의하여 투표거래를 하는 행위로, 의회 내의 로그롤링은 당신이 나의 안건에 대해 찬성 투표를 해주면 내가 당신의 안건에 대해 찬성 투표해 주겠다는 지지 혹은 표의 교환이다.

16 🔖 ①
위헌 법률 심사 제청권은 대법원(사법부)의 권한이다. 헌법재판소에서는 위헌 법률안 심사, 정당 해산 심판, 대통령 등 일정 공무원 탄핵 심판 등을 관장한다.

17 🔖 ②
우리나라가 채택하고 있는 의원내각제적 요소
대통령제와 의원내각제의 차이는 의회의 내각 불신임권과 행정부의 의회 해산권의 존재여부에 있다. 행정부(대통령)의 법률안 제안권, 의원의 내각 각료 겸직 가능, 국무총리제, 국무회의의 국정 심의, 대통령의 국회 출석 및 의사 표시권, 국회의 국무총리·국무위원에 대한 해임 건의권 및 국회 출석 요구·질문권 등이 있다.

18 🔖 ②
절대 강자가 지배하는 세상에서 약자에게 연민을 느끼며 이들이 언젠가는 강자를 이겨 주기를 바라는 현상을 언더독 효과라 한다.

19 🔖 ④
미란다(Miranda)
피통치자가 정치권력에 대해 무조건적으로 신성함과 아름다움을 느끼고 예찬하는 비합리적 상황을 가리키는 말로, 원래 이 말은 셰익스피어의 희곡 〈템페스트〉에 나오는 여주인공 프로스페로의 딸 이름에서 따온 것이다. C. 메리엄에 의하면 정치권력은 자신을 유지하기 위한 수단의 하나로 이와 같은 국민들의 심리적 분위기를 조성하려 다양한 상징을 조작하는데 국가적 영웅의 이야기, 국가기념일, 국기(國旗), 제복 등의 형식을 만들어내는 것이 그 예이다.

20 🔖 ④
컷오프는 방송에서 시청자의 관심을 집중시키기 위해 음악이나 이야기를 갑자기 중단하는 것을 뜻하기도 한다.

21 🔖 ②
밴드왜건 효과(Band Wagon Effect)
선거철 사전 여론조사 등에서 우세한 후보에게 표가 쏠리는 현상으로, 경제 분야에서는 유행에 따라 상품을 구입하는 소비현상을 말한다. 편승 효과·악대차 효과라고도 한다.

22 🔖 ④
먼로 독트린(Monroe Doctrine)은 미국의 제5대 대통령인 제임스 먼로가 주창했던 대외 정책 원칙으로 유럽 열강이 미 대륙에 식민지를 세우거나 정치적으로 간섭하는 것을 거부한다는 내용을 담고 있다. 미국은 독립적인 국가로서 미 대륙 안에서 간섭받지 않는다는 고립주의를 표방한다고 할 수 있다.

23 🔖 ②
김영란법은 원활한 직무수행, 사교·의례·부조 등의 목적으로 제공하는 음식물·선물·경조사비 등은 대통령령으로 정하는 가액 범위 내에서 예외적으로 처벌 대상에서 제외했다. 김영란법 시행령에서 정한 한도는 음식물 5만원, 선물 5만원, 경조사비 5만원(축의금·조의금을 대신하는 화환·조화는 10만원)이다.

24 🔖 ①
② 독수독과 이론
③ 미란다 원칙
④ 형사 피고인의 무죄 추정

25 답 ②
- Broken Window Theory(깨진 유리창 이론) : 건물주가 깨진 유리창을 방치하면 나중에 이 일대가 무법천지로 변한다는 이론으로 작은 무질서를 가볍게 여기면 나중에 심각한 범죄를 불러온다는 의미
- Tragedy of Commons(공공재의 비극) : 사익의 극대화가 공익의 극대화를 가져오지 못하고 공멸하게 되는 비극

26 답 ①
독수독과(毒樹毒果)
고문이나 불법 도청 등 위법한 방법으로 수집한 증거는 증거로 쓸 수 없다는 말로 '독이 있는 나무의 열매도 독이 있다'는 뜻을 가진 법률 용어이다.

27 답 ④
재판부는 재판관 7명 이상의 출석, 출석 과반수의 찬성으로 사건에 관한 결정을 한다. 단, 위헌법률심판, 탄핵심판, 위헌정당해산심판, 헌법소원심판은 재판관 6인 이상의 찬성이 필요하다.

28 답 ④
① 법률안의 재의결 : 재적의원 과반수의 출석과 출석의원 3분의 2 이상의 찬성
② 국무총리·국무위원 해임건의 : 재적의원 과반수의 찬성
③ 헌법개정안 발의 : 재적의원 과반수의 찬성

29 답 ①
① 일사부재의의 원칙을 설명한 것이다.
일사부재의의 원칙
한 번 부결된 안건은 같은 회기 중에 다시 발의하거나 제출하지 못한다는 원칙이다. 소수파에 의한 의사방해를 막기 위한 제도로 헌법상의 원칙이 아니고 국회법상의 원칙이다.
② 국회의원은 현행범을 제외하고 국회의 동의 없이 체포·구금할 수 없다.
③ 임시국회는 대통령 또는 국회 재적의원의 4분의 1 이상의 요구로 열린다.
④ 국회의장은 무기명투표로 선거하되 재적의원 과반수의 득표로 당선된다.

30 답 ③
엽관제는 정치적 충성도에 따라 공직을 부여하는 것이다. 엽관제공무원의 임면(任免)을 당파적 충성이나 정신의 정도에 따라 결정하는 정치적 관행으로, 복수정당제도와 긴밀한 관계를 가지며 정권이 바뀔 때마다 공무원들도 따라서 바뀌는 것을 전제로 한 것이다. 이 경우 관직은 선거에 승리한 정당의 전리품처럼 이해되어, 특정 정당의 정치적 봉사에 대한 보상으로 보았다. 그러므로 엽관주의적 인사행정에서는 정권이 바뀌면 기존의 재직자들은 자리를 내놓아야 한다는 교체임용주의의 관념이 지배적이다. 엽관주의와 정실주의는 오늘날 거의 같은 뜻으로 사용되고 있으나 정실주의가 정치적 요인을 중요시하는 엽관주의보다 넓은 개념으로 인식되고 있다.

31 답 ④
여성의 참정권은 뉴질랜드 1893년, 노르웨이 1913년, 덴마크 1915년, 미국 1920년부터 보장하고 있다.

32 답 ④
의원내각제
- 국회의 다수 의석 정당이 구성하는 내각이 행정권을 가지는 통치제도를 의미한다.
- 정치적 책임에 둔감한 것은 대통령제에 대한 내용이며 의원내각제는 내각 불신임권으로 내각의 잘못에 대해 사퇴하도록 할 수 있는 것과 달리, 대통령제는 잘못에 대해 비판은 할 수 있지만 직접적인 영향력을 행사할 수는 없기 때문에 책임에 민감하지 못할 수 있다는 단점이 존재한다.

33 답 ①
국제원자력기구(IAEA)
원자력의 평화적 이용을 위한 연구와 국제적인 공동 관리를 위하여 설립된 국제연합 기구로, 본부는 오스트리아의 수도 빈(Wien)에 있다. 국제연합 총회 아래 설치된 준 독립기구로서, 전 세계 평화를 위한 원자력의 사용을 촉진·증대하기 위해 노력하며, IAEA의 원조가 군사적 목적으로 이용되지 않도록 보장하는 데 설립목적을 두고 있다. 1970년에 발표된 NPT(핵확산금지조약)에 따라 핵무기 비보유국은 IAEA와 평화적 핵이용 활동을 위한 안전협정을 체결해야 하며, IAEA는 핵무기 비보유국이 핵연료를 군사적으로 전용하는 것을 방지하기 위해 현지에서 직접 사찰할 수 있다. 한국은 설립연도인 1957년에 가입했다.

34 답 ②

구속영장항고제에 대한 설명으로, 독일·프랑스·일본에서 운용 중이나, 우리나라에는 도입되지 않았다.

영장항고제
검찰이 청구한 영장(令狀)을 법원에서 기각한 경우 검찰이 상급 법원에 재심사를 요청하는 제도이다. 즉, 영장청구를 기각한 법원보다 상급 법원에 이에 대한 판단을 다시 요청하는 것으로 독일·프랑스·일본 등에서 사용되고 있다.

35 답 ②

대법원장의 임기는 6년으로 하며, 중임할 수 없다(헌법 제105조 참조).

36 답 ④

현직 시·도지사 및 기초단체장·공무원 등이 예비후보자로 등록하려면 사직해야 한다. 단, 국회의원은 제외된다.

37 답 ②

방공식별구역은 영공과 별개의 개념으로, 국제법적인 근거가 약하다. 따라서 우리나라는 구역 내 군용기의 진입으로 인한 충돌을 방지하기 위해 1995년 한·일 간 군용기 우발사고방지 합의서한을 체결한 바 있다.

38 답 ①

- 남사군도 : 동으로 필리핀, 남으로 말레이시아와 브루나이, 서로 베트남, 북으로 중국과 타이완을 마주하고 있어 6개국이 서로 영유권을 주장하고 있다.
- 북방열도(쿠릴열도) : 러시아연방 동부 사할린과 홋카이도 사이에 위치한 화산열도로 30개 이상의 도서로 이루어져 있다. 러시아와 일본 간의 영유권 분쟁이 일고 있는 곳은 쿠릴열도 최남단의 4개 섬이다.

39 답 ②

대통령직 인수위원회는 대통령 당선인의 원활한 인수를 위한 업무를 담당한다. 대통령 취임 이후 30일까지 존속할 수 있다.

40 답 ②

공직선거에 있어서 후보의 기호는 공직선거법 제150조 투표용지의 정당·후보자의 게재순위 등에 따라 정하게 되며, 무소속 후보자 사이의 게재순위는 공직선거법 제150조 제5항 제3호에 따라 관할선거구 선거관리위원회에서 추첨하여 결정한다.

41 답 ④

게리맨더링
자기 당에 유리하도록 선거구를 변경하는 것을 말한다. 1812년 미국 매사추세츠주의 주지사였던 엘브리지게리가 그리스 신화에 나오는 괴물 샐러맨더와 닮은 선거구를 만든 것을 반대파 평론가들이 빗대어 호칭함으로써 생긴 말이다.

① 서로의 안건에 찬성하기로 합의하여 양쪽 모두의 안건을 통과시키는 행위이다.
② 정치인들이 지역주민에 대한 선심사업을 위해 정부의 예산을 최대한 많이 확보하려는 행위로, 정부예산이 특정 집단이나 특정 선거구의원에게 이롭게 배분되는 현상이다.
③ 표결결과의 가부가 동수인 경우에 의장이 가지는 결정권이다.

42 답 ①

국정조사는 공개를 원칙으로 하고, 비공개를 요할 경우에는 위원회의 의결을 얻도록 하고 있다.

43 답 ②

마타도어에 대한 설명으로 중상모략, 흑백선전, 비밀선전이라고도 하며 투우사를 뜻하는 스페인어 'Matador(마따도르)'에서 유래하였다. '살라미(Salami)'는 조금씩 얇게 썰어 먹는 이탈리아 소시지를 의미하며, 한 번에 목표를 관철시키는 것이 아니라 조금씩 순차적으로 목표를 성취해나가는 방법인 '살라미 전술'과 관련된다.

44 답 ④

이원집정부제
대통령중심제와 내각책임제의 절충식 형태로, 비상시에는 대통령이 행정권을 전적으로 행사하고 평상시에는 총리가 내정 관련 행정권을 행사하며 대통령은 외교 등의 권한만을 가지는 제도이다.

45 답 ①
먼로주의(Monroe Doctrine)
미국의 제5대 대통령 J. 먼로가 의회에 제출한 연례교서에서 밝힌 외교방침으로, 유럽으로부터의 간섭을 받지 않기 위해 선언한 외교정책이다.

46 답 ②
대통령의 탄핵소추 발의는 재적의원 과반수의 찬성이 필요하고, 대통령의 탄핵소추 의결은 재적의원 2/3 이상의 찬성이 필요하다.
① 헌법개정안 의결은 재적의원 2/3 이상의 찬성이 필요하다.
③ 국회의원 제명은 재적의원 2/3 이상의 찬성이 필요하다.
④ 법률안 거부로 인한 재의결은 재적의원 과반수 출석에 출석의원 2/3 이상의 찬성이 필요하다.

47 답 ④
형사소송법 제200조의2(영장에 의한 체포 참고)
체포한 피의자를 구속하고자 할 때에는 체포한 때부터 48시간 이내에 구속영장을 청구하여야 하고, 그 기간 내에 구속영장을 청구하지 아니하는 때에는 피의자를 즉시 석방하여야 한다.

48 답 ②
① 투표결과 가부동수(可否同數)인 경우에 의장이 던지는 결정권 투표 또는 2대 정당의 세력이 거의 같을 때 그 승패를 결정하는 제3당의 투표를 일컫는 말이다.
③ 주로 정치적 의원들이 의회에서 서로의 안건에 대해 찬성 투표를 해주겠다는 지지나 표의 교환 또는 선거운동을 도와주고 그 대가(이권)를 받는 행위 등을 가리키는 말이다.
④ 국제연합에서 채택하고 있는 공개투표방식 중 하나로, 추첨으로 선정된 국가부터 알파벳 순서에 따라 의장이 국가명을 호명하면 해당되는 각국 대표가 찬성ㆍ반대ㆍ기권의 의사를 표시하는 방식으로 진행된다.

49 답 ③
① 각 기업에서 사업부 간의 부문별 M&A 사업조정 등의 구조개편을 일컫는다(→ 빅딜).
② 여러 문제들을 현실적이고 쉬운 것부터 해결해 나가면서 목표지점에 도달하는 것을 말한다(→ 빅뱅).
④ 정치인 또는 고위관료의 측근에서 대변인 역할을 하는 정치홍보전문가로, 입장ㆍ정책을 정리하여 발표하거나 국민을 설득하는 역할을 한다.

50 답 ①
셧 다운(Shut Down)제도
일정한 시각이 지나면 게임 화면에 경고문이 뜨고, 성인 인증을 받지 않은 청소년의 계정에 한해 게임의 접속이 차단되는 시스템이다.
② 회사가 노조 전임자의 임금 지급을 금지하는 것을 원칙으로 하고 대신 노사 공통의 이해가 걸린 업무에 대해서는 일을 한 것으로 인정하여 임금을 지급하는 제도이다.
③ 미국의 대통령이 미국 의회가 갖고 있는 대외무역 관련 협상권을 위임받아 관련 입법절차를 신속히 처리하도록 한 조치인 신속승인절차 또는 일시적 자금난을 겪고 있는 중소기업을 지원해주는 제도를 말한다.
④ 대학에서 우수한 역량을 갖춘 교수의 정년을 보장해주는 제도이다.

51 답 ④
판사는 배심원들이 내린 결정에 반드시 따라야 되는 것이 아니라, 그것을 참고하여 결정을 내린다.

52 답 ④
법률은 특별한 규정이 없는 한 공포한 날로부터 20일을 경과함으로써 효력을 발생한다(헌법 제53조 제7항).

53 답 ②
① 제1심 종국판결에 대하여 불복하여 판결의 취소ㆍ변경을 구하기 위해 상소하는 것을 말한다.
④ 법원이 행정사건에 대하여 정식의 소송절차에 의하여 행하는 사법작용으로, 행정청의 위법한 처분 그밖에 공권력의 행사ㆍ불행사 등으로 인한 국민의 권리 또는 이익의 침해를 구제하고, 공법상의 권리관계 또는 법적용에 관한 다툼을 적정하게 해결하는 것을 그 목적으로 한다.

54 ④
① 경미한 범죄를 저지른 범인에 대해 일정 기간의 형의 선고를 유예하고 그 유예 기간 동안 사고 없이 지내면 형의 선고를 면하게 해주는 제도이다.
② 권리의 실현이 소송의 지연이나 채무자의 재산 은닉 등으로 어려워질 때, 그 권리를 보장하기 위해 분쟁이 타결되거나 강제집행이 가능해질 때까지 잠정적으로 행하여지는 처분을 말한다.
③ 해당 사건에 대한 공소가 적당하지 못하여, 해당 법원의 소송절차를 종결시키는 재판이다.

55 ②
① FAO(유엔식량농업기구) : 세계 여러 나라의 식량과 농산물의 생산, 분배의 개선 등을 목적으로 하는 유엔의 전문기구 중 하나이다.
③ ILO(국제노동기구) : 1919년에 창설되어 사회복지 향상과 노동 조건의 개선 및 노동자의 생활 수준 향상을 목적으로 하는 유엔의 전문기관이다.
④ IEA(국제에너지기구) : 산유국의 공급 감축에 대항하여 세계의 주요 석유소비국들에 의해 만들어진 기구로, 참가국 간에 석유를 긴급 융통하거나 소비의 억제, 대체에너지 개발 등을 목적으로 한다.

56 ①
북방한계선(NLL ; Northern Limit Line)
1953년 정전 직후 클라크 주한 유엔군 사령관이 북한과의 협의 없이 일방적으로 설정한 해상경계선으로, 북한은 1973년부터 서해 5개 섬 주변 수역을 북한 연해라고 주장하며 NLL을 인정하지 않아 빈번히 북방한계선을 침범하면서 남한 함정들과 대치하는 사태가 벌어지곤 했다.

57 ①
① 1993년 8월 4일 고노 요헤이 관방장관이 위안부 문제와 관련, 일본군 및 관헌의 관여와 징집 · 사역에서의 강제를 인정하고 문제의 본질이 중대한 인권 침해였음을 승인하면서 사죄한 것으로 일본 정부의 공식입장이다.
② 1982년 역사교과서 파동 시 미야자와 당시 관방장관이 "일본 정부가 책임지고 교과서 기술을 시정하겠다"고 밝힌 내용으로, 일본은 이에 근거해 교과서 검정 기준에 '근린 제국 (배려) 조항'을 집어넣었다.
③ 1995년 일본이 전후 50년을 맞아 식민지 지배와 침략에 대해 총체적인 사죄와 반성의 뜻을 표명한 것이다.

58 ③
대통령의 임기 말 권력누수 현상을 나타내는 레임덕(Lame Duck)은 집권당이 의회에서 다수 의석을 얻지 못한 경우에 발생하기 쉽다.

59 ③
헌법소원에 대한 설명이다. 헌법 제111조 제1항 제5호는 헌법재판소 관장사항으로 '법률이 정하는 헌법소원'을 규정하고 있다. 헌법소원의 청구기간은 그 사건이 발생한 날로부터 1년 이내, 기본권 침해 사유를 안 날로부터 90일 이내이다.

60 ④
유로존(Eurozone)
유럽연합의 단일화폐인 유로를 국가통화로 도입하여 사용하는 국가나 지역을 통칭한다. 에스토니아, 오스트리아, 벨기에, 키프로스, 핀란드, 프랑스, 독일, 그리스, 슬로바키아, 아일랜드, 이탈리아, 룩셈부르크, 몰타, 네덜란드, 포르투갈, 슬로베니아, 스페인 등 총 17개국이 가입되어 있다.
• 유로존 불참 국가 : 영국, 스웨덴, 덴마크, 체코, 불가리아, 헝가리, 폴란드, 리투아니아, 루마니아, 크로아티아

61 ②
센카쿠열도(중국명 : 다오위다오)는 현재 일본이 실효지배를 하고 있지만 일본과 중국, 대만 간의 영유권 분쟁이 벌어지고 있다.

62 ③
우리나라 대통령의 임기는 5년 단임이며 대통령 선거에 출마하기 위해서는 선거일 현재 5년 이상 국내에 거주해야 한다. 또한 선거 · 당선의 효력에 관하여 이의가 있는 경우 선거일 또는 당선인 결정일부터 30일 이내에 대법원에 소송을 제기할 수 있다.

63 ②
우리나라에서는 이어도 혹은 파랑도라고 부르며 쑤옌자오는 중화권에서 부르는 이름이다. 이어도에는 무인종합 해양과학기지가 있으며 제주지방해양수산청은 1987년 소크트라 암초에 '이어도'라 표기했었다.

64 ③
네포티즘(Nepotism)
'친족 중용(重用)'주의 또는 '족벌 정치'를 이르는 말로, 중세 로마교황들이 자기 사생아를 '조카(Nephew)'라고 부르면서 등용시키는 것에서 유래되었다. 네포티즘은 권력 부패의 온상이자 정실인사의 대명사로 인식되고 있다.

65 ①
요즘처럼 인터넷과 모바일이 발달하여 댓글을 통해 즉각적인 여론을 확인할 수 있는 상황에서 발롱데세가 많아지고 있다.

66 ①
워치콘(Watchcon)은 북한의 군사활동을 감시하는 대북 정보감시태세를 말하며 전투준비태세인 데프콘과는 다른 개념이다.

67 ③
페르소나 논 그라타(Persona non grata)
외교사절 파견 시 상대국의 동의(아그레망)를 요청했을 때, 요청받은 국가가 받아들이기를 거부하는 사람을 가리킨다. 아그레망을 요청받은 국가는 이유를 밝히지 않고 그 사람의 파견을 거부할 수 있다.

68 ②
석패율이란 낙선한 후보자의 득표수를 당선된 후보자의 득표수로 나눈 백분율이며 비율이 높을수록 아깝게 떨어졌다는 것을 의미한다.

69 ③
① 연예인 출신의 정치인 또는 대중적 인지도를 활용하는 정치인
② 사회 이슈에 적극적으로 참여하거나 자신의 의견을 밝히는 연예인
④ 정권의 필요에 의해 발탁된 기술 관료

70 ③
국회의원(4년)+대통령(5년)+감사원장(4년)+대법원장(6년)=19

71 ④
유엔안전보장이사회는 5개 상임이사국(미국, 영국, 프랑스, 중국, 러시아) 및 10개 비상임이사국으로 구성되어 있다. 비상임이사국은 평화유지에 대한 회원국의 공헌과 지역적 배분을 고려하여 총회에서 2/3 다수결로 매년 5개국이 선출되고, 임기는 2년이며, 연임이 불가하다.

72 ②
컨벤션 효과(Convention Effect)
전당대회나 경선행사와 같은 정치 이벤트 직후 대선 후보나 해당 정당의 지지율이 상승하는 효과로, 일반적으로 후보자가 미디어에 집중적으로 노출되면서 지지율이 크게 오른다.

73 ③
지방의회 의원 및 지방자치단체의 장의 피선거권은 18세 이상의 국민에게 있다.

74 ②
포크배럴(Pork barrel)
지역구의 선심사업을 위해 중앙정부의 예산을 남용하는 행위를 의미한다. 정책보조금을 받기 위해 수단과 방법을 가리지 않는 정치인들의 모습이 마치 '농장에서 농장주가 돼지고기통(구유통)에 고기를 던져줄 때 모여드는 노예 같다'는 뜻에서 유래했다.

75 ②
배타적 경제수역은 자국 연안으로부터 200해리까지의 수역에 대해 천연자원의 탐사·개발 및 보존, 해양환경의 보존과 과학적 조사활동 등 모든 주권적 권리를 인정하는 유엔해양법상의 개념이다.

76 ④
한국국제협력단(KOICA)
한국국제협력단은 대한민국의 대외무상협력사업을 주관하는 외교부 산하 정부출연기관이다. 대개 영문 명칭인 코이카(KOICA)로 불린다. 한국국제협력단법에 의해 1991년 4월 1일 설립됐다. 공식 로고에 평화와 봉사를 상징하는 월계수를 그려 넣어 국제협력단이 세계평화와 인류번영에 이바지하고 있음을 나타내고 있다.

77 ④
① 정치세력들이 상호지원을 합의하여 투표거래나 투표담합을 하는 행위
② 구체적인 예산과 실천방안 등 선거와 관련한 구체적 방안을 유권자에게 제시하는 공약
③ 양대 당파의 세력이 비슷하게 양분화된 상황에서 결정적인 역할을 수행하는 사람

78 ②
일본과 러시아는 쿠릴열도 20개 도서 중 4개 섬에 대한 영유권 분쟁을 벌이고 있다. 이 지역은 전후 구소련이 점령한 곳으로, 일본은 러시아에 대해 강력히 반환을 요청하고 있다.

79 ④
친고죄란 피해자의 고소가 있어야 공소할 수 있는 범죄로 사자 명예훼손죄, 모욕죄 등이 해당한다. 협박죄는 반의사불벌죄에 해당하는데, 반의사불벌죄란 피해자가 가해자의 처벌을 원하지 않는다는 의사를 표시하면 처벌할 수 없는 범죄이다.

80 ③
하나의 정당으로 교섭단체를 구성하는 것이 원칙이지만 복수의 정당이 연합해 구성할 수도 있다.

81 ①
- 공법 : 헌법, 형법, 소송법, 행정법, 국제법 등
- 사법 : 민법, 상법 등

82 ③
MDL(Military Demarcation Line, 군사분계선)
두 교전국 간에 휴전협정에 의해 그어지는 군사활동의 경계선으로 한국의 경우 1953년 7월 유엔군 측과 공산군 측이 합의한 정전협정에 따라 규정된 휴전의 경계선을 말한다.

83 ③
그리드락(Gridlock)
일반적으로 정부와 의회를 각각 다른 당이 장악한 여소야대 정국에서 나타나며 정부의 정책이 의회의 반대에 부딪혀 추진되지 못하는 상황을 의미한다. 독단적인 국정운영을 막을 수 있다는 장점이 있는 반면 지나친 견제에 몰두할 경우 정국이 교착 상태에 빠질 수 있다.

84 ③
국회는 헌법개정안이 공고된 날로부터 60일 이내에 의결하여야 하며, 국회의 의결은 재적의원 3분의 2 이상의 찬성을 얻어야 한다(헌법 제130조 제1항 참고).

85 ④
미국-이스라엘 공공정책위원회(AIPAC ; American Israel Public Affairs Committee)에 대한 설명이다.

86 ④
셰일가스
탄화수소가 풍부한 근원암에서 생산되는 천연가스이다. 최근 활발한 개발과 생산이 진행되고 있으나 이로 인한 지하수의 오염과 지구온난화 문제 등이 문제점으로 지적받고 있다.

87 ②
① 대통령의 가까운 지인이나 친구들
③ 내각 안에서도 특히 중요한 소수의 내각

88 ④
소선거구제
후보자 중 1명에게만 투표하고, 가장 많은 득표를 한 사람이 당선하는 방식이다. 군소정당의 난립을 방지하고, 보궐선거를 용이하게 하는 반면 소수당에 불리하고 사표가 많아진다는 단점이 있다.

89 ④
국회에서 단체 교섭에 참가하여 의사진행에 관한 중요한 안건을 협의하기 위하여 의원들이 구성하는 단체를 교섭단체라고 한다. 국회법 제33조에 따르면 국회에 20명 이상의 소속 의원을 가진 정당은 하나의 교섭단체가 된다. 다만, 다른 교섭단체에 속하지 않는 20명 이상의 의원으로 따로 교섭단체를 구성할 수 있다.

90 ①
정당은 국민의 다양한 요구를 집약하여 법률이나 정책을 제안하기는 하나, 직접 정책을 결정하는 것은 아니다.

91 ②
우리나라는 2007년 5월 국내 최초의 이지스함인 '세종대왕함'을 진수한 데 이어 2008년 두 번째 이지스함인 '율곡이이함'을 진수했고, 2012년 '서애류성룡함'과 2024년 정조대왕함까지 총 4척의 이지스함을 보유하고 있다.

92 ①
사드(THAAD)는 미국의 고(高)고도 미사일 방어체계다. 록히드 마틴이 개발한 공중방어시스템으로 미사일로부터 미국의 군사기지를 방어하기 위해 만들었다.

93 ③
국가정보원
국가보안에 관련된 국외 정보 및 국내 정보의 수집·작성·배포 등의 업무를 담당하는 대통령 직속 최고정보기관이다. 원장·차장·기획조정실장이 있으며 이들은 겸직을 할 수 없고, 정당 가입 및 정치활동에 관여하는 것이 금지된다. 서울 서초구 내곡동에 소재하고 있으며 조직과 정원, 예산 규모 등은 비공개 처리된다.

94 ②
헌법재판관 : 9명, 대법관 임기 : 6년, 선거 가능한 법정나이 : 18세 이상

95 ④
6·15 남북공동선언은 김대중 대통령과 김정일 국방위원장이 합의하여 발표한 공동선언이다.

96 ①
살라미 전술
얇게 썰어먹는 이탈리아 소시지 살라미에서 유래한 말로, 북한이 핵협상 단계를 잘게 나누어 하나씩 이슈화한 뒤 국제사회로부터 최대한의 보상을 얻어내려 하는 것처럼 부분별로 문제를 세분화해 쟁점화한 뒤 차례로 대가를 얻어내면서 이익을 극대화한다.

97 ④
헌법재판소는 대법원이 곽노현 전 서울시 교육감에게 유죄 확정 판결을 내렸을 때 적용한 '사후매수죄'조항에 대해 합헌 결정을 내렸다.

98 ②
오픈 프라이머리(Open primary)
'국민참여경선제'라고도 하며 선거후보를 결정하는 예비선거에 참여할 수 있는 자격을 당원에 국한시키지 않고 누구에게나 개방한다. 투표자들은 정당의 성향을 밝히지 않고, 특정 정당의 예비선거에 투표할 수 있다.

99 ④
주요 공직자 임기
- 대통령 : 5년
- 국회의원, 감사원장, 감사위원 : 4년
- 일반법관 : 10년
- 헌법재판소 재판관, 중앙선거관리위원회 위원, 대법관, 대법원장 : 6년
- 검찰총장, 국회의장 : 2년

100 ②
① 빨대효과(Straw Effect) : 고속도로와 같은 교통수단의 개통으로 인해, 대도시가 빨대로 흡입하듯 주변 도시의 인구와 경제력을 흡수하는 현상을 가리키는 말이다.
③ 메기효과(Catfish Effect) : 노르웨이의 한 어부가 청어를 싱싱한 상태로 육지로 데리고 오기 위해 수조에 메기를 넣었다는 데서 유래한 용어다. 시장에 강력한 경쟁자가 등장했을 때 기존의 기업들이 경쟁력을 잃지 않기 위해 끊임없이 분투하며 업계 전체가 성장하게 되는 것을 가리킨다.
④ 헤일로효과(Halo Effect) : 후광효과로, 어떤 대상(사람)에 대한 일반적인 생각이 그 대상(사람)의 구체적인 특성을 평가하는 데 영향을 미치는 현상을 말한다.

101 ①
백서는 정부의 소관사항에 대한 공식 문서다.

102 ①
필리버스터는 의회 안에서 합법적·계획적으로 수행되는 의사진행 방해 행위를 말한다.

103 ④
세계무역기구(WTO)
1995년 출범한 세계무역기구는 1947년 이래 국제 무역 질서를 규율해오던 GATT(관세 및 무역에 관한 일반협정) 체제를 대신한다. WTO는 GATT에 없었던 세계무역분쟁 조정, 관세 인하 요구, 반덤핑규제 등 막강한 법적 권한과 구속력을 행사할 수 있다. WTO의 최고의결기구는 총회이며 그 아래 상품교역위원회 등을 설치해 분쟁처리를 담당한다. 본부는 스위스 제네바에 있다.

104 ④
섀도 캐비닛은 19세기 이후 영국에서 시행되어온 제도로, 야당이 정권획득을 대비하여 총리와 각료로 예정된 내각진을 미리 정해두는 것이다.

105 ④
영국은 1642년부터 일어난 청교도 혁명으로 공화정이 수립됐고, 이후 다시 크롬웰의 독재정치로 왕정으로 돌아갔다가 1688년 명예혁명으로 영국 의회민주주의의 출발을 알리는 권리장전이 선언됐다. 이로써 영국은 세계 최초로 입헌군주국이 되었다. 2월 혁명은 1848년 프랑스에서 일어난 사건으로 프랑스 제2공화국 수립의 계기가 됐다.

106 ④
공소(公訴)란 검사가 형사사건에 대해 법원에 재판을 청구하는 것을 말한다. 공소시효는 어떤 범죄에 대해 일정 기간이 지나면 국가의 형벌권을 소멸시키는 제도로 공소시효가 완성된 이후에는 범죄 사실이 드러나더라도 수사 및 기소의 대상이 되지 않는다. 즉, 수사기관이 범죄를 인지하여도 법원에 재판을 청구할 수 없게 되는 것이다. 다만 살인죄를 포함해 13세 미만의 사람 및 신체적·정신적 장애가 있는 사람을 대상으로 한 강간죄, 강제추행죄, 강간 등 상해·치상죄, 강간 등 살인·치사죄 등에는 공소시효가 적용되지 않는다.

107 ①
중대선거구제는 지역구당 2~5명의 의원을 뽑는 방식이다. 중대선거구제에서는 지역구의 범위가 넓어지는데, 예를 들어 1개 도에 10개의 지역구가 있다면 이를 북부와 남부라는 2개의 커다란 지역구로 통합한다. 지역구마다 2~5명의 의원이 선출되기 때문에 유권자 입장에서는 선택의 폭이 넓어지고, 당선자 선출에 기여하지 못하는 사표(死票)가 줄어든다. 이를 통해 유권자의 정치적 효능감도 커진다. 그러나 유권자의 민의(民意)가 충분히 반영되지 않고, 군소정당의 후보들이 선거판에 난립할 수 있다는 단점도 있다. 지역구가 넓어 선거비용도 비교적 많이 들어간다.

108 ①
그린란드(Greenland)는 덴마크의 자치령으로 유럽과 북미 대륙 사이에 위치한 세계에서 가장 큰 섬이다. 이곳에 사는 원주민을 이누이트(Inuit)라고 하며, 1814년부터 덴마크가 식민지로서 지배하기 시작했다. 국토의 85%가 얼음으로 덮인 척박한 환경이지만, 희토류 등 중요한 희귀자원이 풍부하게 매장된 것으로 알려졌다.

109 ①
우르줄라 폰데어라이엔(Ursula vonder Leyen)은 독일의 의사 출신 정치인이다. 2003년 주의원으로 당선되며 정계에 입문했고, 이후 앙겔라 메르켈 내각에서 가족노인여성청소년부 장관과 노동부 장관, 그리고 2013~2019년에는 독일 최초 민간 출신이자 여성 국방부 장관을 역임했다. 국방부에서 퇴임 후 중도우파 성향의 유럽국민당(EPP) 소속으로 2019년 12월 유럽연합(EU)의 수장인 제13대 집행위원장 자리에 올랐으며, 2024년 7월 연임에 성공했다.

110 ③
장학사는 교육연구사와 함께 특정직에 속하는 교육공무원을 말한다. 교육직 공무원 평교사가 전직 시험에 합격하거나 교감 자격을 가진 교사 또는 현직 교감이 전직하는 경우 임용된다. 행정상 지휘·명령·감독권은 없으나 학교 시찰 등을 통해 교육현장에서의 교육 관련 지도, 조언 등의 업무를 수행한다.

111 ④
현재 우리나라 국회의원 정수는 총 300인으로 지역구 254인과 비례대표 46인으로 구성되어 있다.

112 답 ④

우리나라는 2024년 2월 그동안 외교관계가 없었던 쿠바와 정식 수교를 맺게 됐다. 쿠바는 우리나라의 193번째 수교국으로 1959년 쿠바의 사회주의 혁명 이후 교류가 단절됐었다. 외교부는 쿠바와의 수교를 통해 양국 간 경제협력 확대 및 국내 기업 진출을 위한 제도적 기반을 마련함으로써 실질적인 협력 확대에 기여할 것으로 예상된다고 밝혔다.

113 답 ③

범죄 성립의 3요소에는 구성요건 해당성, 위법성, 책임성이 있다. 어떠한 행위가 범죄로 성립하려면 형법에서 범죄로 규정하고 있는 구성요건에 해당이 되어야 하며, 전체 법질서로부터 위법적인 행위라는 판단이 가능해야 한다. 또 범죄 행위자가 법이 요구하는 공동생활상의 규범에 합치할 수 있도록 의사결정을 할 수 있는 능력인 책임능력을 갖추고 있어야 한다.

114 답 ②

ㄴ. (×) 문재인 전 대통령의 공약이기도 했던 '국민발안제'의 내용으로 당시 국회에서 이와 관련된 헌법 개정안이 발의돼 표결에 부쳐졌으나 의결정족수 부족으로 투표가 성립되지 않아 자동 폐기됐다.

ㄷ. (×) '헌법 제130조 제1항'에 따르면 국회는 헌법 개정안이 공고된 날로부터 60일 이내에 의결하여야 하며, 국회의 의결은 재적의원 3분의 2 이상의 찬성을 얻어야 한다.

115 답 ①

포퓰리즘(Populism)은 대중의 의견을 존중하고, 대중의 이익을 대변하는 방향으로 정치활동을 펼치는 것을 말한다. 또한 재정이나 환경 또는 실현가능성을 고려하지 않고 인기에 따라 '퍼주기식' 정책을 펼치는 대중영합주의 정치를 뜻하기도 한다.

116 답 ②

우리나라 국회의원 선거는 선거구별 1인을 선출하는 소선거구제를 채택하고 있다. 후보자 중 1명에게만 투표하고, 가장 많은 득표를 한 사람이 당선하는 방식이다. 소선거구제는 군소정당의 난립을 방지하고 보궐선거를 용이하게 하는 반면, 소수당에 불리하고 사표가 많아진다는 단점이 있다.

117 답 ①

'OPEC+'는 OPEC(석유수출국기구)의 회원국과 러시아 등 기타 산유국과의 협의체를 말한다. OPEC은 쿠웨이트, 이란, 사우디아라비아 등 중동의 대표적 산유국 5개국이 모여 창립했고, 산유국 간의 공동이익 증진을 위한 행보를 보여왔다. 그러다가 러시아, 멕시코, 말레이시아 같은 비OPEC 산유국들이 성장하면서, 이들이 함께 모여 석유 생산을 논의하는 OPEC+ 체계가 자리잡게 됐다.

CHAPTER 03 경제·경영·금융

문제편 p.093

01	02	03	04	05	06	07	08	09	10
③	①	①	②	②	②	④	③	①	①
11	12	13	14	15	16	17	18	19	20
①	③	②	④	①	①	③	④	①	①
21	22	23	24	25	26	27	28	29	30
④	④	④	①	③	④	③	②	①	④
31	32	33	34	35	36	37	38	39	40
④	③	④	①	②	①	④	③	④	②
41	42	43	44	45	46	47	48	49	50
④	④	③	①	③	③	③	④	③	②
51	52	53	54	55	56	57	58	59	60
④	④	②	②	③	①	①	④	②	④
61	62	63	64	65	66	67	68	69	70
④	②	③	①	②	③	②	②	③	③
71	72	73	74	75	76	77	78	79	80
③	②	④	①	④	①	②	④	③	②
81	82	83	84	85	86	87	88	89	90
②	①	②	④	①	①	③	④	③	②
91	92	93	94	95	96	97	98	99	100
④	①	③	③	③	②	①	③	②	③
101	102	103	104	105	106	107	108	109	110
①	③	④	①	④	①	②	③	④	②
111	112	113	114	115	116	117	118	119	120
①	①	①	③	④	②	④	④	③	①
121	122	123	124	125	126	127	128	129	130
②	②	①	①	③	④	④	④	③	①
131	132	133	134	135	136	137	138	139	140
③	③	④	①	③	③	②	②	④	②
141	142	143	144	145	146	147	148	149	
②	②	②	④	④	③	①	②	①	

01 답 ③
마더팩토리는 고부가가치 기능과 첨단 제조시설을 국내에 남겨 핵심역량을 지키도록 하기 위함이다.

02 답 ①
패닉바잉은 가격상승과 공급부족에 대한 불안으로 과도하게 부동산과 주식, 생필품 등을 매점매석하는 현상이다. 패닉바잉이 일어난 시장은 패닉마켓이라고 한다.

03 답 ①
필요에 따라 산업현상에 단기·임시직으로 고용되는 근로자를 긱워커라고 한다. 또한 이러한 노동형태를 긱이코노미라 하는데, 최근 '배달의 민족' 같은 온라인 플랫폼이 활성화되면서 긱워커들의 노동수요가 늘어나고 있다.

04 답 ②
① 월광족(月光族, moonlight clan) : 매달 받은 월급을 모두 써버린다는 중화권의 젊은 세대
③ 잘파세대 : Z세대와 알파세대를 합친 신조어로, 1990년대 중반 이후 출생한 10~20대 초·중반이 이에 해당한다.
④ BNPL(Buy Now Pay Later) : 신개념 온라인 결제서비스로, 소비자가 가맹점(Retailer)으로부터 상품이나 서비스를 구매하면 소비자 대신 결제업체(BNPL 서비스 제공업체)가 먼저 대금을 가맹점(Retailer)에 전액 지불하고 소비자는 결제업체에 구매 대금을 몇 차례에 걸쳐 분할 납부하는 방식

05 답 ②
① 보틀넥인플레이션 : 생산능력의 증가속도가 수요의 증가속도를 따르지 못함으로써 발생하는 물가상승
③ 디맨드풀인플레이션 : 초과수요로 인하여 일어나는 인플레이션
④ 디스인플레이션 : 인플레이션을 극복하기 위해 통화증발을 억제하고 재정·금융긴축을 주축으로 하는 경제조정정책

06 답 ②
기업의 환경·사회·지배구조를 뜻하는 용어는 ESG다. 기업이 친환경적이고 사회에 공헌하며 투명한 경영구조를 유지하는 것이 기업의 장기적인 성장에 도움이 된다는 의미다.

07 답 ④
최근 금융노마드가 주목받는 이유는 세계적으로 금리가 낮아지면서 개인 소비자가 예적금 상품을 통한 이자 수익을 기대하기가 어려워졌기 때문이다. 이에 사람들은 조금이라도 더 나은 혜택을 받을 수 있는 금융상품을 찾기 시작했다. 또한 초연결사회에 접어들며 여러 금융 기관의 금융상품을 한눈에 살펴보고 비교할 수 있게 되었다. 여기에 인터넷 은행이나 핀테크업 등 새로운 형태의 금융이 등장하면서 시장 내 경쟁은 더욱 치열해졌다.

08 답 ③
① 공모펀드 : 50인 이상의 불특정 다수의 투자자를 대상으로 자금을 모으고 그 자금을 운영하는 펀드
② 인덱스펀드 : 우리나라 종합주가지수인 코스피(KOSPI) 지수와 연동되는 펀드
④ 헤지펀드 : 주식, 채권, 파생상품 등 다양한 상품에 투자해 목표 수익을 달성하는 것을 목적으로 하는 펀드

09 답 ①
더블딥(Double Dip)
경기가 침체국면에서 회복할 조짐을 보이다가 다시 침체국면으로 빠져드는 현상을 말한다. 두 번의 침체의 골을 거쳐 회복기에 접어들기 때문에 W자형 경제구조라고도 불린다.

10 답 ①
모바일 차량 서비스인 우버, 집을 공유하는 에어비앤비, 카셰어링 서비스인 쏘카 등이 공유경제의 대표적인 사례이며, 개인 항공기 대여 서비스인 비스타제트 또한 하늘의 공유경제형 사업 모델이라는 평가를 받고 있다.
체리피커(Cherry Picker)
케이크 위의 몇 개 없는 체리를 집어 먹는 사람처럼 서비스에서 기업의 출혈이 큰 부분만을 골라 사용하는 고객들을 가리키는 말이다. 흔히 '이기적인 소비자'라는 비판적 의미로 쓰인다.

11 답 ①
② IPO(Initial Public Offering) : 기업이 일정목적을 가지고 자사의 주식과 경영 내용을 공개하는 것
③ IR(Investor relations) : 투자자들에게 기업정보를 제공하기 위한 문서
④ PER(Price Earning Ratio) : 주가수익비율(=시장에서 매매되는 특정 회사의 주식가격÷주당 순이익)

12 답 ③

- 갭 투자 : 전세를 안고 하는 부동산 투자이다. 부동산 경기가 호황일 때 수익을 낼 수 있으나 부동산 가격이 위축돼 손해를 보면 전세 보증금조차 갚지 못할 수 있는 위험한 투자이다.
- 레버리지(Leverage) : 대출을 받아 적은 자산으로 높은 이익을 내는 투자 방법이다. '지렛대효과'를 낸다 하여 레버리지라는 이름이 붙었다.

13 답 ②

포트폴리오는 본래 서류가방 또는 자료수집철을 뜻하며 수익을 극대화하기 위해 분산 투자하는 방법이다.
① 지불대금이나 이자의 일부 상당액을 지불인에게 되돌려 주는 일이나 돈
③ 정상 시장에서 형성된 현물가격과 선물가격 간의 차이
④ 주가를 예측하는 기술적 분석의 지표로, 중기 이동평균선이 장기 이동평균선을 아래에서 위로 뚫고 올라가는 현상

14 답 ④

숏 커버링(Short Covering)
공매도(Short Selling)란 말 그대로 '없는 것을 판다'란 뜻으로 주식이나 채권을 가지고 있지 않은 상태에서 매도주문을 내는 것을 말한다. 이렇게 없는 주식이나 채권을 판 후 결제일이 돌아오는 3일 안에 보다 싼 값으로 주식이나 채권을 구해 매입자에게 돌려주면 된다. 약세장이 예상되는 경우 시세차익을 노리는 투자자가 활용하는 방식이다. 그런데 오히려 강세장이 되어 해당 주식이 오를 것 같으면 손해를 보기 전에 빌린 주식을 되갚게 된다. 그렇게 되면 당연히 주식가격은 더 오르게 되는 것이다.

15 답 ①

우리나라의 ○○버거 가격 2,500원을 시장 환율 1,250원으로 나누면 2달러가 나온다. 이는 우리나라의 ○○버거 가격이 미국의 ○○버거 가격보다 0.5달러 싸다는 것, 즉 원화가 저평가되어 있음을 의미한다.

16 답 ①

① 소비자 아이디어를 제품 개발 등에 활용하는 마케팅
② 광고·홍보 활동에 고객들을 직접 주인공으로 참여시켜 벌이는 판매 기법
③ 대기업이 자사의 막강한 영업 조직을 통해 판로가 취약한 영세업체들의 제품을 자사 상표를 붙여 판매하는 새로운 마케팅 기법
④ 상품의 품질과는 상관없이 오로지 상품을 판매할 목적으로 각종 이슈를 요란스럽게 치장해 구설에 오르도록 하거나, 화젯거리로 소비자들의 이목을 현혹시켜 판매를 늘리는 마케팅 기법

17 답 ③

프랜차이즈는 프랑스어의 Franc와 Francher로 '자유를 준다'는 의미이다.
① 주문자 상표 부착생산이라고도 하며, 계약에 따라 상대편의 상표를 붙인 부품이나 완제품을 제조하여 공급하는 일종의 하청부 생산을 의미한다.
② 제조업자 개발생산 또는 제조업자 설계생산(Original Design Manufacturing)이라고 한다. 판매업자(주문자)가 건네준 설계도에 따라 단순히 생산만 하는 OEM방식과는 달리, 판매업자가 요구하는 기술을 자체 개발해서 납품하는 생산방식이다.
④ 외국에서 개발된 제품이나 제조 기술의 특허권 또는 그것의 사용을 허가하는 것을 의미한다.

18 답 ④

수출이 증가하고 수입이 감소해 국제수지가 개선된다.

19 답 ①

윔블던 효과란 윔블던 테니스 대회를 개최하는 것은 영국이지만, 우승은 외국 선수들이 더 많이 한다는 데서 따온 말이다. 즉, 개방된 시장을 외국 기업이 석권하는 현상을 뜻한다.
② 롱테일 법칙 : 인터넷 쇼핑몰에서 비인기 상품이 올리는 매출을 모두 합하면 인기상품 매출만큼 커지는 의외의 현상을 말한다. '우수고객(상품) 20%가 전체 매출의 80%를 만든다'는 파레토 법칙과 반대되는 개념이다.
③ 서킷 브레이커(Circuit Breakers) : 주식거래를 일시적으로 중단하는 제도로, '주식거래중단제도'라고도 하며, 주가가 폭락하는 경우 거래를 정지시켜 시장을 진정시키는 목적으로 도입됐다. 종합주가지수가 전일에 비해 10%를 넘는 상태가 1분 이상 지속되는 경우 모든 주식거래를 20분간 중단시킨다.
④ 스핀 오프(Spin Off) : 기업 경쟁력 강화를 위해 다각화된 기업이 한 회사를 독립시키는 '회사 분할'을 말한다. 회사 분할은 경영 효율성 증진 및 필요 없는 부분을 정리하려는 목적으로 실시한다.

20 답 ①

종합부동산세에 대한 설명으로, 부동산 과다 보유자에 대한 과세 강화와 부동산 투기 억제, 불합리한 지방세체계를 개편하기 위해 2005년에 도입되었다.

21 답 ④

① 경영진들이 회사에서 밀려날 경우 막대한 보상을 받도록 하는 제도
② 우호적인 제3의 매수희망기업을 찾아서 매수 결정에 필요한 정보 등 편의를 제공해주고 매수오퍼를 하는 전략
③ 위협적인 M&A 세력이 나타났을 때 극단적인 방법을 동원해 주가를 높이거나 대상 기업의 매력을 감소시켜 적대적 M&A를 포기하게 만드는 전략

22 답 ④

공동변동환율제는 역내에서는 제한환율제를 채택하고, 역외에 대해서는 공동으로 변동환율제를 채택하는 환율제도이다.

23 답 ④

한계소비성향은 소득의 증가분을 소비의 증가분으로 나눈 값이다.

24 답 ①

탄력성(Elasticity)
경제변수 A가 1% 변화할 때 B가 몇% 변화하는가를 나타내는 수치를 B의 A에 대한 탄력성이라고 한다. 예를 들면 가격변동에 따른 수요량의 변화를 수요의 가격탄력성, 공급량의 변화를 공급의 가격탄력성이라 부른다. 탄력성은 마이너스(-)의 수치를 나타낼 수도 있는데 일반적으로 절대치가 클수록 시장 메커니즘의 기능이 활발하다고 말할 수 있으며, 수요의 가격탄력성의 경우 탄력성이 크면 사치재, 작으면 필수재로 분류하기도 한다.

25 답 ③

환율이 상승하면 수출가격이 낮아져 수출이 증가하고 수입가격이 높아져 수입이 감소한다. 따라서 국제 무역수지가 개선된다. 또한 환율이 올라 동일한 외환과 교환되는 원화가 증가하므로 해외여행비가 증가해 해외여행의 부담이 증가한다.

26 답 ④

트레저 헌터는 가격비교 사이트에서 가격을 비교하고, 다른 구매자들의 사용 경험담을 읽어본 뒤 품질을 꼼꼼히 확인하고 결정한다.
① 다음 세대의 귀족이란 뜻으로 품격과 품위를 갖춘 어린 아이를 이르는 말이다.
② 인터넷의 사용 후기를 참고하여 물건을 구매하는 소비자를 뜻한다.
③ 창조적 소비자를 의미한다. 이들은 단순히 고객 모니터링이나 단발성 이벤트에 수동적으로 참여하는 것을 넘어 기업의 제품 개발, 디자인, 판매 등에 적극적으로 개입한다. 이제 기업 혼자만의 힘으로는 초 단위로 변화하는 시장의 흐름을 감지하고 대응하는 데 역부족인 만큼 소비자의 힘을 빌려 시장의 변화를 읽고 신속히 가치를 창출해야 하며 경영활동에 있어 스피드가 긴요하다.

27 답 ③

할당관세는 물자수급을 원활하게 하기 위하여 특정물품을 적극적으로 수입하거나, 반대로 수입을 억제하고자 할 때 사용된다.

28 답 ②

출구전략
경제에서는 경기를 부양하기 위하여 취하였던 각종 완화정책을 정상화하는 것을 말한다. 경기가 침체하면 기준 금리를 내리거나 재정지출을 확대하여 유동성 공급을 늘리는 조치를 취하는데, 이는 경기가 회복되는 과정에서 유동성이 과도하게 공급됨으로써 물가가 상승하고 인플레이션을 초래할 수 있다. 이에 따라 경제에 미칠 후유증을 최소화하면서 각종 비상조치를 정상화하여 재정 건전성을 강화해 나가는 것을 출구전략이라 한다.

29   답 ①

① 고유가로 수익이 늘어난 기업에 추가로 부과하는 세금으로, 2008년 7월 10일 포르투갈 정부가 고유가로 많은 이익을 내고 있는 석유회사 등에 일명 '로빈후드세'로 불리는 초과이득세를 부과할 계획이라고 밝혀 화제가 되었다. 포르투갈 정부가 도입하는 초과이득세는 유가 급등으로 막대한 수익을 얻은 석유회사에 추가로 세금을 매겨 저소득층 복지지원 재원으로 사용하기 때문에 로빈후드세라는 별칭이 붙었다.
② '치열한 경쟁시장(Red Ocean)'과 '무경쟁 신시장(Blue Ocean)'의 중간상태에 위치하는 시장을 말한다.
③ 교수로 임용된 뒤 일정기간이 지나 연구 성과 등을 심사해 통과한 교수에게는 정년을 보장해 주지만, 탈락하면 퇴출시키는 제도이다.
④ 대규모 기업집단에 속하는 회사가 순자산액의 40%를 초과해 국내회사에 출자할 수 없도록 하는 제도이다.

30   답 ④

사모투자펀드(PEF ; Private Equity Fund)는 소수의 투자자로부터 모은 자금을 주식·채권 등에 운용하는 펀드로, 설립은 가능하지만 설립 주체가 자산운용사로 한정돼 있다.

31   답 ④

필라델피아 반도체지수

필라델피아 증권거래소(www.phlx.com)에서 주요 반도체 기업 16개의 주가를 가중 평균해서 만든 지수 중의 한 가지이다. 또한 필라델피아 증권거래소에서는 이 지수에 대한 지수옵션을 거래하기도 한다.

32   답 ③

양도성예금증서는 은행이 기업이나 개인 또는 다른 은행으로부터 돈을 받고 증서를 발행하는 것이며, 무보증 CD는 기업이 은행에 예금이 없으면서 양도성예금증서를 발행하는 것을 말한다.

33   답 ④

개별계좌별로 관리되다 보니 다른 랩어카운트 상품과의 비교가 불가능하다.

34   답 ①

언더슈팅(Under Shooting)

하락 추세의 최저점마저 이탈하는 급격한 하락이 나오는 구간을 말한다. 반면 정부가 정책적으로 통화를 팽창시키면 환율이 상승하게 되는데, 처음에는 균형 수준 이하로 하락했다가 점차 상승(환율하락)하여 새로운 균형수준에 이르게 되는 상태를 오버슈팅(Over Shooting)이라고 한다.

35   답 ②

같은 가격의 채권이라도 인플레이션이 발생하면 그 가치가 이전에 비해 떨어지므로 채권자가 가장 많은 피해를 본다.

36   답 ①

블랙박스 전략은 신기술을 개발한 기업이 관련된 특허를 출원할 경우 경쟁업체가 이 기술을 참고하여 신기술이 공개되는 것을 막기 위해 아예 특허출원을 하지 않은 채 기술을 숨기는 전략을 말한다. 특허출원으로 인한 수입보다 자신들만이 보유한 기술력으로 시장에서 경쟁하는 것이 더 나은 효과를 얻는다는 판단에서 활용되고 있다.

37   답 ④

민법상의 조합은 2인 이상이 공동으로 출자하여 공동으로 사업을 경영할 것을 약정함으로써 그 효력이 발생한다고 민법 제703조에 규정하고 있는데, 이것은 한 번의 거래 또는 몇 번의 거래로서 사업이 끝나는 프로젝트사업을 공동으로 경영하기 위해서나 공채·사채·주식 등의 유가증권 공동인수를 통해서 사업의 설립을 돕기 위한 증권인수단을 결정할 때 자주 사용된다.

38   답 ③

사외이사제도

회사의 경영을 직접 담당하는 이사 이외에 외부의 전문가들을 이사회 구성원으로 선임하는 제도로 대주주와 관련이 없는 사람들을 이사회에 참가시킴으로써 대주주의 전횡을 방지하려는 데 목적이 있다. 사외이사는 회사의 업무를 집행하는 경영진과도 직접적인 관계가 없기 때문에 객관적인 입장에서 회사의 경영 상태를 감독하고 조언하기도 용이하다. 그러나 미국기업의 경우에서 볼 수 있듯이 한국에 있어서도 사외이사들이 회사의 경영에 대하여 감시활동을 제대로 할 수 있을지 그 실효성을 기대하기는 어렵다는 것이 일반적인 지적이다.

39 ④
채권가격은 채권수익률이 증가할 경우 만기까지의 기간이 길어질수록 큰 폭으로 커진다.

40 ②
은행, 보험, 증권, 저축은행 등의 예금자보호는 예금자보호법을 근거로 하여 예금보험공사가 그 주체로서 보호하는 반면, 새마을금고 예금자보호는 새마을금고법을 근거로 하여 새마을금고중앙회가 주체가 되어 예금자보호를 한다.

41 ④
직접세는 세금을 납부하는 사람(납세자)과 실제 부담하는 사람(담세자)이 같은 조세다. 소득제, 법인세, 상속세, 종합부동산세, 증여세가 있다. 개별소비세는 간접세에 해당한다.

42 ④
자기주식처분이익은 무조건 기타 자본잉여금에 포함한다.

43 ③
적소시장 전략
거의 모든 산업에는 대기업과 충돌을 피하는 시장 일부에 소규모 기업들이 존재하고 있는데, 이 소규모 기업들은 그들의 전문화를 통하여 효과적으로 활동할 수 있고, 주요 기업들이 간과하고 있거나 무시하고 있는 시장적소를 차지하고 있다. 시장 적소화는 소비자와 선호를 구축하여 주요 경쟁자의 공격으로부터 자신을 방어할 수 있도록 한다.

44 ①
한미 FTA 독소조항
래칫 조항, 금융 및 자본시장의 완전개방, 지적재산권 직접규제 조항, 스냅백 조항, 서비스시장의 네거티브방식 개방, 미래의 최혜국 대우 조항, 투자자 – 국가제소권(ISD), 비위반 제소, 정부의 입증책임, 간접 수용에 의한 손실보상, 서비스 비설립권 인정, 공기업 완전민영화 & 외국인 소유 지분 제한 철폐

45 ③
세계에서 영어를 기본적인 공통 언어로 사용하고 있지만, 이것이 달러가 기준통화로 사용되는 이유가 되지는 못한다.

46 ③
최혜국 대우란 통상·항해 조약 등에서 한 국가가 다른 국가에게 부여하는 가장 유리한 대우를 말한다.

47 ③
스폿펀드는 투자신탁회사들이 '일정한 수익률을 올려주겠다'고 가입고객들에게 약속한 후 이 목표수익률을 달성하면 만기 이전이라도 환매수수료 없이 투자자에게 원금과 이자를 돌려주는 초단기 상품이다.
① 저평가된 부동산을 싼 가격으로 매입하기 위해 운용되는 투자기금
② 주가지수에 영향력이 큰 종목들 위주로 펀드에 편입해 펀드 수익률이 주가지수를 따라가도록 운용하는 상품
④ 투자자들이 맡긴 돈을 굴려 수익을 돌려주는 간접투자 상품

48 ④
일본을 대표하는 주가지수는 니혼게이자이 신문사가 발표하는 니케이(Nikkei)지수이고, 항셍(Hang Seng)지수는 홍콩의 대표적 주가지수이다.
① KOSPI(Korea Composite Stock Price Index) : 국내종합주가지수
② Dax(Deutscher Aktien Index) : 독일주가지수
③ Dow-Jones : 미국의 다우존스 사(社)가 '월 스트리트 저널'을 통해 발표하는 주가지수

49 ③
프로토콜 경제는 블록체인 기술을 활용해 여러 경제주체를 연결하는 경제모델이다. 프로토콜은 일정한 규칙을 말하며, 서로 연결된 경제주체들이 정해진 규칙에 따라 공정하게 경쟁하는 것이다. 박영선 전 중소벤처기업부 장관은 2021년 서울시장 보궐선거에 나섰을 당시 프로토콜 경제 정착을 공약한 바 있다.

50 ②
핫머니
국제금융시장을 이동하는 단기자금으로, 각국의 단기금리의 차이·환율의 차이에 의한 투기적 이익을 목적으로 하는 것과 국내통화 불안을 피하기 위한 자본도피 등 2가지가 있다.

51 ④
넛크래커
호두를 양쪽으로 눌러 까는 기계를 말하는데, 외환위기 당시에 한국이 저렴한 비용을 앞세운 중국과 효율적인 기술을 앞세운 일본의 협공을 받아 넛크래커 속에 끼인 호두처럼 되었다는 말에서 유래되었다.

52 ④
블루칩
주식시장에서 재무구조가 건실하고 경기변동에 강한 대형 우량주를 말한다. 오랜 기간 안정적인 이익을 창출하고 수익성·성장성·안정성이 높은 종목으로 비교적 고가이며 시장점유율이 높은 업종 대표주를 뜻한다.
① 중국 정부와 국영기업이 최대주주로 참여해 홍콩에 설립한 우량 중국 기업들의 주식
② 중저가 우량주로 보통 블루칩에 비해 가격이 낮고 업종 내 위상도 블루칩에 못 미치는 종목군
③ 21세기 인터넷 사회의 산업을 대표하는 기업의 주식들로, 인터넷을 근간으로 하는 정보통신주·반도체주·인터넷주 등을 통칭

53 ②
통화의 가치가 평가 절하되면 수입원자재의 가격상승으로 인해 물가가 상승한다.
평가절하(환율인상)의 영향
- 원화표시 외채증가로 원리금 상환부담의 가중
- 수출업체의 채산성 향상으로 수출의 증가
- 수입상품의 가격상승으로 수입의 감소
- 수입원자재 가격상승으로 물가의 상승

54 ②
세이의 법칙(Say's Law) : 공급은 스스로 수요를 창출한다.

55 ③
리디노미네이션은 인플레이션의 기대심리를 억제시키고, 국민들의 거래 편의와 회계장부의 편리화 등의 장점을 갖고 있다.

56 ①
① 일반적으로 좋지 않은 경제상황에서 빠져나갈 때 쓰는 전략으로, 구체적으로는 금리 인상, 은행의 지급준비금 조절 등의 방법이 있다.
② 외부 자금을 지렛대 삼아 자기 자본의 이익률을 높이는 것을 '레버리지(Leverage)'라고 하는데, 이와는 반대로 레버리지를 해소하기 위해 빚을 상환하는 것을 '디레버리지(Deleverage)'라고 한다.
③ 중앙은행이 새로 돈을 찍어내 시중에 통화량을 늘려 유동성을 공급하는 정책을 말한다. 금리를 낮추는 통화정책이 더 이상 금리를 인하할 수 없는 수준에 도달하고, 시중의 자금경색 현상과 경기하강이 멈추지 않는 비정상적인 시장 상황이 지속될 때 추진되는 금융정책이다.
④ 외환 부족 등 유사시 국가 간에 통화를 맞교환하는 것으로, 즉 거래 당사국들이 일정기간 상품이나 금융자산을 상대국의 것과 바꾸는 것을 말한다.

57 ①
② 국민경제에 부정적인 영향을 미칠 우려가 있을 경우에 일시적으로 일정 기간 동안 세율을 조정하여 부과하는 것을 말한다.
③ 국내산업을 보호하고 물가를 안정시킬 목적으로 정부가 국회의 위임을 받아 일정한 범위 내에서 관세율을 가감할 수 있는 권한을 갖는 것을 말한다.
④ 국내의 산업을 보호하고 육성하기 위해 여러 산업의 제품과 동일한 외국의 수입품에 높은 관세를 부과하는 것을 말한다.

58 ④
① 증권사가 다양한 금융상품을 투자고객의 성향에 맞게 한 계좌에 담아 운용해주는 '종합자산관리계좌'를 말한다.
② 주택담보대출 자산을 담보로 발행되는 채권의 일종으로, 발행회사에 문제가 생기더라도 담보자산에서 우선적으로 변제받을 수 있어 안전성이 보장되어 있다.
③ 다수의 금융기관으로 구성된 차관단이 공통의 조건으로 차주에게 일정액을 융자하는 중장기 대출방식을 말한다.

59 ▶ ②
BIS비율
국제결제은행(BIS)이 일반은행에 권고하는 위험자산 대비 자기자본비율로 8% 이상이 합격권이며, 자기자본(자본금+이익잉여금)을 위험자산(전체 대출+투자)으로 나눠 구한다. 8%를 밑돌면 해외에서의 차입과 유가증권발행이 불가능해지는 등 부실은행 취급을 받는다.

60 ▶ ④
기회비용
어느 재화의 여러 용도 중 하나만을 선택한 경우, 포기한 나머지 것들에서 얻을 수 있는 이익의 평가액을 말한다. 즉, 한 품목의 생산으로 인해 다른 품목의 생산 기회를 놓치게 된다는 관점에서, 어떠한 품목의 생산비용을 그것 때문에 생산을 포기한 품목의 가격으로 계산한 것을 말한다.

61 ▶ ④
① 경영자가 예측하기 어렵고 예측했다 하더라도 단기간에 회복하기 어려운 우발적인 사태가 전개될 경우 어떻게 대처할 것인가를 마련하는 위기관리 경영기법이다.
② 특매상품이나 미끼상품으로, 원가보다 싸게 팔거나 기존의 판매가에서 대폭 할인하여 판매하는 상품을 말한다.
③ 시장에서 성공을 거둔 특정한 브랜드를 중심으로 브랜드의 성격과 이미지를 극대화한 매장을 말한다.

62 ▶ ②
블랙프라이데이
미국에서 11월 마지막 목요일 추수감사절의 다음날인 금요일을 일컫는 용어로, 블랙프라이데이는 미국에서 연중 최대의 세일이 진행되고 최대의 쇼핑이 이루어지는 날이다. 블랙프라이데이의 소비는 미국 연간 소비의 약 20%가량을 차지하기도 한다. 우리나라에서는 2004년 노무현 전 대통령에 대한 탄핵이 가결된 후 금융시장이 쇼크 상태에 빠진 것을 지칭한다.

63 ▶ ③
① 경제주체들이 돈을 움켜쥐고 시장에 내놓지 않아 금리를 아무리 낮추어도 실물경제에 아무런 영향을 미치지 못하는 상태
② 일부 경제 전문가들이 미국의 경기회복 전망을 지나치게 낙관적으로 보는 것
④ 중국의 고도성장 이면에 내재되어 있는 내부문제로 인해 지속적인 고도성장을 유지해야만 중국 경제가 붕괴되지 않는다는 뜻에서 국제금융전문가들이 붙인 명칭

64 ▶ ①
정맥산업
더러워진 피를 새로운 피로 만드는 정맥의 구실과 같이 쓰고 버린 제품을 수거해서 산업 쓰레기를 해체·재생·재가공 등 폐기 처리하는 산업이다.

65 ▶ ②
① 식사 후 마시는 커피 한잔을 아낄 경우 기대 이상의 재산을 모을 수 있다는 뜻의 신조어
③ 거품이 많은 카푸치노처럼 실제보다 과대팽창되는 버블경제 효과
④ 특정 지역에 나타나는 현상이나 혜택이 흘러 넘쳐 다른 지역에까지 영향을 미치는 것

데킬라 효과(Tequila Effect)
멕시코의 전통 술인 데킬라를 빌어 표현한 것으로, 한 나라의 경제위기로 인해 주변 국가들이 모두 취한 것처럼 금융·통화 위기가 급속히 확산된다는 의미에서 만들어졌다. 1997년 태국의 외환위기가 필리핀·한국·말레이시아 등에 영향을 끼쳐 우리나라가 IMF에 구제금융을 신청한 것도 데킬라 효과의 하나로 볼 수 있다.

66 ▶ ③
재정절벽이 발생한 경우 세금이 오르고 정부의 지출이 감소해 국민의 세금부담이 늘고, 기업투자와 소비가 위축되면서 전 세계 경제에 충격을 준다.

67 ▶ ②
코즈 마케팅
기업이 일방적으로 기부나 봉사활동을 하는 것에서 나아가 기업이 공익을 추구하면서도 이를 통해 실질적인 이익을 얻을 수 있도록 공익과의 접점을 찾는 것이다. 예를 들어 소비자가 물을 구입하면 수익의 일부가 아프리카 어린이들을 위한 비용으로 기부되는 등 소비자의 구매가 기부활동으로 연결되게 하여 수익과 기부의 접점을 찾는다.

68 답 ②
① 역 파레토법칙이라고도 하며 80%의 비핵심적인 다수가 20%의 핵심 소수보다 더 뛰어난 가치를 창출하는 것
③ 대형사고가 발생하기 전에 반드시 그와 관련된 징후들이 존재한다는 것
④ 공급이 수요를 창출한다는 법칙

69 답 ③
엥겔(Engel)계수
저소득 가계일수록 가계 지출 중 식료품비가 차지하는 비율이 높고, 고소득 가계일수록 식료품비가 차지하는 비율이 낮게 나타나는 것을 엥겔의 법칙이라 한다. 식료품은 필수품이기 때문에 소득 수준과 상관없이 소비되는 동시에 일정 수준 이상은 소비할 필요가 없다. 따라서 엥겔계수는 소득 수준이 높아짐에 따라 점차 감소하는 경향이 있다. 보통 20% 이하이면 상류, 25~30%는 중류, 30~50%는 하류, 50% 이상이면 최하류(극빈생활)로 분류한다.

70 답 ③
① 물가가 지속적으로 하락하고 경제활동이 침체되는 현상
② 물가 상승 현상이 통제를 벗어난 초인플레이션 상태
④ 곡물 가격이 상승하면서 일반 물가도 오르는 현상

71 답 ③
프로젝트 파이낸싱은 회사와 사업을 별도로 분리해 특정 프로젝트의 사업성만을 분석해 자금을 공급하므로 회사의 신용을 보지 않고, 사업주가 충분한 담보 여력이 있어도 아무 소용이 없다.

72 답 ②
그린메일(Green Mail)
M&A 용어로, 경영권이 취약한 대주주에게 보유주식을 높은 가격에 팔아 프리미엄을 챙기는 투자자들을 그린 메일러(Green Mailer)라고 한다. 경영권을 위협하는 수준까지 특정 회사의 주식을 대량으로 사놓고, 기존 대주주에게 M&A를 포기하는 조건으로 일정한 프리미엄을 붙여 주식을 매입하도록 요구하는 행위이다. 때때로 대주주에게 주식을 매입하도록 협박하는 경우가 있는데, 이런 경우 블랙메일(Black Mail)이라 한다. 한편, 핑크메일이란 고용주가 직원에게 보내는 해고통보 메일이다.

73 답 ④
뱅크런(Bank Run)
대규모 예금 인출사태를 의미한다. 금융시장이 불안정하거나 거래은행의 재정상태가 좋지 않다고 판단할 때, 많은 사람들이 한꺼번에 예금을 인출하려고 하면서 은행은 위기를 맞게 된다. 한편, 펀드 투자자들이 펀드에 투자한 돈을 회수하려는 사태가 잇따르는 것은 펀드런이라 한다.

74 답 ①
니치 마케팅
마치 틈새를 비집고 들어가는 것처럼 시장의 빈틈을 공략하는 것으로, 시장 세분화를 통해 특정한 성격을 가진 소규모의 소비자를 대상으로 하여 판매목표를 설정한다. 대량생산, 대량판매로 이루어지는 매스 마케팅과 대립되는 개념이다.

75 답 ④
2~3개 정도의 은행·카드사를 집중 이용하는 사람이 신용등급이 높다.

76 답 ①
① 특정 상품의 수입 급증이 수입국의 경제 또는 국내 산업에 심각한 타격을 줄 우려가 있는 경우 세이프가드를 발동한다.
② 선샤인액트 : 제약사와 의료기기 제조업체가 의료인에게 경제적 이익을 제공할 경우 해당 내역에 대한 지출보고서 작성을 의무화한 제도
③ 리쇼어링 : 해외로 진출했던 기업들이 본국으로 회귀하는 현상
④ 테이퍼링 : 양적완화 정책의 규모를 점차 축소해가는 출구전략

77 답 ②
DTI는 주택담보대출의 연간원리금 상환액과 기타부채의 연간이자 상환액의 합을 연소득으로 나눈 비율이다.

78 ④
생산가능인구는 노동가능인구라고도 불린다. 우리나라의 생산가능인구의 연령기준은 15세에서 64세인데, 급격한 고령화로 생산가능인구수가 빠른 속도로 줄어들고 있는 실정이다. 통계청의 자료에 따르면 지난 2020년 3,738만명 이었던 생산가능인구는 2030년에는 3,381만명으로 감소하고, 2070년에는 1,737만명으로 줄어 2020년의 절반 이하 수준일 것으로 전망됐다.

79 ③
패리티지수
농가가 생산 또는 생활을 위해서 구입하는 재화와 서비스의 변동을 나타내는 것으로, 기준연도의 농가 총 구입가격을 100으로 하여 비교연도(가격결정 시)의 농가 총 구입가격 등락률을 지수로 표시한다. 우리나라에서는 주로 쌀의 고시가격 기준을 계산할 때 사용한다.

80 ②
경제고통지수(Misery Index)
국민들이 느끼는 경제적 삶의 어려움을 계량화해서 수치로 나타낸 것이다. 특정 기간 동안의 물가상승률과 실업률을 합하여 나타낸다. 수치가 높다는 것은 국민이 느끼는 경제적 어려움도 그만큼 크다는 것이며, 수치가 낮다는 것은 경제적 어려움도 적다는 것이다. 우리나라에서는 LG경제연구원에서 물가상승률, 실업률, 어음부도율, 산업생산증가율을 활용하여 경제고통지수를 발표한다.

81 ②
양도성 예금증서(CD ; Certificate of Deposit)
은행이 정기예금에 양도성을 부여한 것으로, 제3자에게 양도가 가능한 무기명 증권이다. 은행에서 발행하고 증권회사와 종합금융회사의 중개를 통해 매매되며 금융시장에서 자유롭게 매매할 수 있다.

82 ①
김치본드는 외국기업이 자금을 조달하기 위해 우리나라에서 달러나 유로화 등의 외화로 발행하는 채권이다. 아리랑 본드는 외국기업이 우리나라에서 원화로 발행하는 외국채이며 양키본드와 사무라이본드, 불독본드 역시 이러한 외국채에 해당한다.

83 ②
소프트 패치(Soft Patch)
경기가 상승하는 국면에서 본격적으로 침체되거나 후퇴하는 것은 아니지만 일시적으로 성장세가 주춤해지면서 어려움을 겪는 현상을 의미한다. 경기가 아주 나쁜 상황은 아니라는 의미에서 이름 붙여졌다.
① 쥐어짤 만큼 어려운 경제상황에서 체감 물가가 올라가는 상태
③ 소프트 패치보다 더 나쁜 경제상황으로, 소프트 패치 국면이 상당기간 길어질 수 있음을 의미
④ 경제가 침체에서 벗어나 조금씩 회복되면서 발전할 조짐을 보이는 것

84 ④
베블런 효과(Veblen Effect)
가격이 오르는데도 일부 계층의 과시욕이나 허영심으로 인해 수요가 줄어들지 않고, 오히려 늘어나는 현상을 의미한다. 가격이 비쌀수록 명품 의류, 다이아몬드 등 고가의 제품이 더 잘 팔리는 것이 대표적인 예이다.

85 ①
오퍼레이션 트위스트(Operation Twist)
장기국채를 사들이고 단기국채를 팔아 장기금리 인하를 유도하는 공개 시장 조작방식이다. 장기금리가 하락하게 되면 기업은 투자를 늘리고, 가계는 새로 주택을 구입하는 등 내수가 활성화된다.

86 ①
레몬마켓은 저급품만 유통되는 시장으로, 불량품이 넘쳐나면서 소비자의 외면을 받게 된다. 피치마켓은 레몬마켓의 반대어로, 고품질의 상품이나 우량의 재화·서비스가 거래되는 시장을 의미한다.

87 ③
애드슈머(Adsumer)는 기업이나 상품의 광고 제작에 직접 의견을 제시하거나 참여하는 소비자를 뜻한다. 광고를 뜻하는 'Advertising'과 소비자를 의미하는 'Consumer'의 합성어다. 광고의 결말을 시청자의 뜻을 반영해 후속광고를 제작하거나, 시청자가 광고를 직접 기획하고, 또는 시청자가 만든 영상을 광고로 쓰기도 한다.

88 ④
디플레이션은 통화량 감소와 물가하락 등으로 인하여 경제활동이 침체되는 현상을 말한다.

89 ③
퍼플 오션(Purple Ocean)
치열한 경쟁이 펼쳐지는 기존의 시장(레드오션)과 성장 잠재력을 지닌 새로운 시장(블루오션)을 조합한 것으로, 포화 상태의 기존 시장에서 새로운 아이디어나 기술 등으로 새로운 시장을 만든다는 의미이다.

90 ②
필립스 곡선(Phillips Curve)
실업률과 임금·물가상승률의 반비례 관계를 나타낸 곡선으로, 실업률이 낮으면 임금이나 물가의 상승률이 높고, 실업률이 높으면 임금이나 물가의 상승률이 낮다는 것이다. 영국의 경제학자 필립스가 찾아낸 법칙으로, 물가안정과 완전고용이라는 두 가지의 목표는 동시에 달성될 수 없고, 어느 한 쪽을 달성하기 위해서는 다른 한 쪽은 희생되어야 함을 의미한다.

91 ④
스톡 옵션(Stock Option)
회사가 임직원들에게 일정기간이 지나면 회사의 주식을 일정부분 매입·처분할 수 있도록 부여한 권한이다. 임직원들의 근로의욕을 고취시키기 위한 일종의 인센티브 제도이며 직급 또는 근속연수를 기준으로 하는 '우리사주조합제도'와 달리 능력 중심으로 실시된다. 우리나라에서는 1997년 4월 증권거래법이 개정되면서 도입되었고, 2000년부터 모든 주식회사로 확대되면서 비상장 기업도 스톡옵션 제도를 활용할 수 있게 되었다.

92 ①
② 컴퓨터로 자료를 내려 받을 때 기업에 대한 홍보 문구나 광고를 끼워 넣어 네티즌들이 이메일이나 다른 전파 가능한 매체를 통해 자발적으로 홍보하도록 하는 방법이다. 컴퓨터 바이러스처럼 확산된다고 하여 이름 붙여졌다.
③ 상품과 관련한 이슈를 만들어 고의적으로 구설수에 휘말리도록 함으로써 소비자들의 관심을 끌고, 판매량을 늘리려는 마케팅 기법이다.
④ 우편발송이나 카달로그 등을 통해 소비자에게 접근하고, 직접 다가가는 마케팅 방식이다.

93 ③
- **기회비용** : 여러 가능성 가운데 하나를 선택했을 때 이로 인해 포기해야 하는 가치에 대한 비용이다. 한정된 생산요소로 다양한 선택의 기회를 제공하기 때문에 발생하며 기업이 투자를 통해 얻는 이윤은 기회비용보다 많아야 한다.
- **매몰비용** : 한 번 비용이 지출되고 계획이 실행된 후에는 매몰되어 다시는 되돌릴 수 없는 비용을 말한다. 이미 투입된 경비나 시간, 노력 등을 나타내며 합리적인 정책 결정의 제약 요인이 된다.

94 ③
마찰적 실업
노동자가 직업을 찾거나 더 나은 직장으로 이동하기 위해 직업을 바꾸는 경우 일시적이고 단발적 원인에 의해 실업이 발생한다. 이는 경기하강이나 계절에 따라 발생하는 경기적·계절적 실업과 구분되며 경기 호황기에도 발생할 수 있다. 노동시장에서의 취업정보 부족이나 노동시장의 정보체계가 비효율적인 경우에 발생하며 고용기회에 대한 정보를 합리적으로 운용함으로써 마찰적 실업을 감소시킬 수 있다.

95 ③
① 정부의 정책을 통해 환경오염으로 인한 사회적 비용을 경제주체들에게 부담하도록 하는 것
② 투기적인 이익을 위해 국제금융시장을 돌아다니는 단기 자금
④ 막대한 수익을 올리는 기업 또는 개인에게 세금을 부과하여 저소득층에게 지원하는 세금

96 ②
캐리 트레이드(Carry Trade)
금리가 낮은 국가에서 빌린 돈으로 수익률이 높을 것으로 예상되는 국가의 주식이나 채권에 투자하는 것이다. 금리가 낮고 통화가치가 추가로 하락할 것으로 예상되는 국가에서 많이 일어나며 낮은 금리로 빌리기 때문에 투자 성공 시 고수익을 거둘 수 있는 반면 위험성이 존재한다.

97 답 ①
유럽 경제권을 담당하는 유럽중앙은행에 대한 설명이다. 유럽중앙은행은 유럽통합에 따라 각 회원국의 개별화폐가 사라지면서 유럽 전체의 통화·금융정책을 담당할 목적으로 설립되었으며 독일에 위치하고 있다.

98 답 ③
캐시카우 사업은 시장점유율이 높아 안정적으로 수익을 창출하지만 성장 가능성은 낮은 사업이다. 스타 사업은 수익성과 성장성이 모두 큰 사업이며, 그 반대가 도그 사업이다. 물음표 사업은 앞으로 어떻게 될지 알 수 없는 사업이다.

99 답 ②
전시효과
소득이 낮은 개인 혹은 개발도상국에서 높은 소비성향을 모방하여 소비지출 수준을 높이는 것으로 시위효과라고도 한다. 이것은 개발도상국이나 후진국의 저축과 자본축적을 저해하는 요인이 된다.
① 물품의 가격 변화가 가져오는 상품의 수요량 변화를 말한다.
③ 자산이 상승하면 소비도 증가하는 효과를 말한다.
④ 사회제도나 규범 등에 근거하여 특정인에 부정적인 낙인을 찍으면 실제로 그렇게 되는 현상을 가리킨다.

100 답 ③
사내유보금은 기업의 당기 이익금 중에서 기업 밖으로 유출된 세금, 배당금 등을 제외하고 회사에 축적된 나머지 금액을 말한다.

101 답 ①
스크루플레이션
스크루(Screw)와 인플레이션(Inflation)의 합성어로 물가 상승으로 인해 소비액이 늘어나 경제지표상에는 경기가 회복되는 것처럼 보일 수 있지만, 실질 구매력은 줄어드는 상태이다.

102 답 ③
어닝 쇼크(Earning Shock)는 기업이 실적을 발표할 때 시장에서 예상했던 것보다 저조한 실적을 발표하는 것을 말한다. 반대로 어닝 서프라이즈(Earning Surprise)는 시장의 예상치를 훨씬 뛰어넘는 깜짝 실적을 말한다.

103 답 ④
영국의 피치 Ratings, 미국의 무디스와 스탠더드 앤드 푸어스(S&P)는 세계 3대 신용평가기관으로서 각국의 정치·경제 상황과 향후 전망 등을 고려하여 국가별 등급을 매겨 국가신용도를 평가한다. D&B(Dun&Bradstreet Inc)는 미국의 상사신용조사 전문기관으로 1933년에 R. G. Dun&Company와 Bradstreet Company의 합병으로 설립되었다.

104 답 ①
재정절벽(Fiscal Cliff)
정부의 재정 지출이 갑작스럽게 줄거나 중단되어 경제에 충격을 주는 현상이다. 미국에서 실시한 각종 세금감면 정책의 시한 종료로 2013년부터 세금 부담이 급증하고 정부의 지출이 자동 삭감되어 재정절벽이 우려됐으나 미국은 여야 합의로 위기를 넘겼다.

105 답 ④
고수익·고위험 펀드로, 일명 하이일드 펀드라고 하며 그레이 펀드라고도 부른다.

106 답 ①
전황
화폐경제가 확대 발전되던 18세기 초부터 19세기 초까지 거의 만성적으로 계속되었고, 1905년 일본에 의한 화폐정리사업 과정에서도 발생하였다. 특히 동전의 주조가 보다 활발하게 이루어지던 18세기 후반에 더욱 심각한 문제로 대두되었다.

107 답 ②
세그먼트 마케팅이란 고객층의 성향에 맞게 제품이나 서비스, 판매방법 등을 다양화하는 마케팅 기법이다.

108 답 ③
차상위 계층이란 기초생활수급자 바로 위의 계층으로, 잠재 빈곤층과 비수급 빈곤층을 합하여 이르는 말이다.

109 답 ④
부동산 관련 세금을 보면, 먼저 취득단계에서는 취득세·등록세, 여기에 붙는 농어촌특별세와 교육세가 있다. 보유단계에서는 재산세와 종합부동산세가 누진세율로 분리 과세되며 여기에 도시계획세와 공동시설세가 붙는다. 처분단계에서 시세차익을 얻었을 때는 양도소득세를 낸다.

110 답 ②
주의(Attention) → 흥미(Interest) → 욕구(Desire) → 기억(Memory) → 행동(Action)

111 답 ①
심리적 불안감과 저항감이 초래된다.

112 답 ①
가상기업(Virtual Corporation) : 동종업체, 협력업체나 경쟁업체간에 전략적 제휴나 합작관계를 맺고 이를 통해 형성하는 기업 네트워크로서 특정목적을 달성한 후에는 해체되는 한시적인 기업형태

113 답 ①
LTV(Loan To Value ratio)
은행들이 주택을 담보로 대출받을 때 적용되는 담보가치 대비 대출가능한도, 즉 '주택담보대출비율'을 말한다.
② DTI(Debt To Income) : '총부채 상환비율'로 금융회사에 갚아야 하는 대출금 원금과 이자가 개인의 연소득에서 차지하는 비중
③ ABS(Asset-Banked Securities) : '자산담보부증권'으로 금융회사나 기업이 보유하고 있는 부동산, 회사채, 대출채권, 외상매출채권 등 각종 자산을 기초자산으로 발행하는 증권
④ LOI(Letter Of Intention) : 투자의향서

114 답 ③
신용경계인
신용대출금을 연체하지는 않았지만 은행이나 신용카드사에서 대출받기 어려운 신용상태(10등급 가운데 7~9등급)에 있는 사람을 가리키는 신조어이다. 신용정보관리대상자(구 신용불량자)는 아니지만 제도권 금융회사에서 대출받지 못하는 금융 소외계층이며, 생활보호대상자 바로 위인 차상위계층과 비슷한 개념이다.

115 답 ④
그린메일전략은 대상기업의 주식을 매수하여 경영권을 인수하는 것이 아니라 대상기업에 위협을 가하여 높은 가격으로 주식을 되파는 행위이다.

116 답 ②
이머징마켓(Emerging Market)
'떠오르는 시장'또는 '신흥시장' 정도로 번역된다. 주로 금융시장, 더욱 좁게는 자본시장 부문에서 새로 급성장하는 시장을 의미할 때 사용된다. 개발도상국 가운데 상대적으로 경제성장률이 높고 산업화가 빨리 진전되고 있는 나라의 증시를 일컫는다.

117 답 ④
중국의 신용 위기, 가상화폐 투기 과열, 부동산 투기 과열 등과 연관이 있는 경제학 용어는 회색 코뿔소이다. 회색 코뿔소는 세계정책연구소의 대표이사 미셸 부커가 2013년 다보스포럼에서 처음 발표한 개념으로, 모두가 알고 있지만 마땅히 해결 방법이 없어 방치하게 되는 위험 요인을 가리킨다. 회색 코뿔소와 반대되는 개념은 블랙 스완이며, 이는 예상하지 못한 위험이 갑작스럽게 나타나 대비하지 못하는 경우를 말한다.

118 답 ④
본원통화는 모든 통화 공급의 기초가 되며, 통화관리정책 수행에 중요한 지표로 사용된다. 중앙은행이 발행한 화폐발행액과 금융기관이 중앙은행에 예치한 지급준비예치금을 합한 것으로 측정한다.

119 답 ③
지니계수는 가로축에 인구의 누적백분율을, 세로축에 저소득층부터 소득의 누적백분율을 놓고 곡선을 그려 계산하며 소득분배 불균형을 측정하는 기준으로 널리 사용된다.

120 답 ①
기업분할이란 하나의 기업이 실질적으로나 법적으로 독립된 두 개 이상의 기업으로 나누어지는 보직 재편방식의 하나로 기업분할의 유형은 주식 배당형(Spin-off), 주식 교환형(Split-off), 모회사 소멸형(Split-up)등 크게 세 가지로 나눌 수 있다.

121 ②
기펜재는 가격이 상승하면 오히려 수요량이 증가하는 재화로 열등재 가운데 소득효과가 대체효과보다 큰 경우에 발생하는 재화이다.

122 ②
가계의 총소비 지출액에서 식료품비가 차지하는 비율로, 소득수준이 높아질수록 식료품관련 지출보다는 식료품 이외의 지출이 급격히 늘어난다는 점에 착안하여 개발됐다.

123 ①
누진세제는 소득재분배의 효과를 가져와 공평의 원칙을 실현한다.

124 ①
인플레이션 갭은 유효수요가 총 공급을 초과한 정도를 나타낸 것으로, 재정지출의 확대는 디스플레이션 갭을 제거하기 위한 정책이다.

125 ③
환율 인상은 자국 화폐가치의 평가절하로서 통화의 대외가치를 내리는 것을 말하는데, 이로 인하여 통화의 대외구매력이 약해지므로 수출상품의 외화표시가격도 내리게 된다. 따라서 수출에는 유리하고 수입에는 불리하다.

126 ④
기펜의 역설(Giffen's Paradox)
한 재화의 가격 하락(상승)이 도리어 그 수요의 감퇴(증가)를 가져오는 현상이다. 예를 들어 쌀과 보리는 서로 대체적인 관계에 있는데, 소비자가 빈곤할 때는 보리를 많이 소비하나, 부유해짐에 따라 보리의 수요를 줄이고 쌀을 더 많이 소비하는 경향이 있다.

127 ④
비트코인은 통화를 발행하고 관리하는 중앙 장치가 존재하지 않는다. 지갑 파일의 형태로 저장되고, 이 지갑에는 각각의 고유 주소가 부여되며, 그 주소를 기반으로 비트 코인의 거래가 이루어진다.

128 ④
세금을 납부하는 사람과 실제로 부담하는 사람이 다른 세금인 간접세에는 부가가치세, 개별소비세, 주세, 관세, 교육세, 기름 값에 붙는 교통세 등이 포함된다.

129 ③
양적 완화 정책의 가장 주요한 수단은 미국 국채를 연방준비제도가 매입하는 것이므로 국채가격이 하락할 이유가 되지는 않는다.

연방준비제도이사회(FRB ; Federal Reserve Board)
- 미국 내 통화정책의 관장, 은행·금융기관에 대한 감독과 규제, 금융체계의 안전성 유지, 미 정부·국민·금융기관 등에 대한 금융 서비스 제공 등의 역할을 한다.
- 1918년에 제정된 연방준비법에 따라 발족되었으며, 본부는 워싱턴에 있다.
- 각 지역 은행장들이 주요 기업가, 경제학자, 시장전문가들의 경제 상황 의견을 종합해 작성하는 베이지 북(Beige Book)을 1년에 여덟 차례 발행한다.

130 ①
유동성 함정(Liquidity Trap)은 금리를 낮추고 통화량을 늘려도 경기가 부양되지 않는 상태를 말한다.

131 ③
리니언시(Leniency)는 담합행위를 한 기업이 자진신고를 할 경우 처벌을 경감하거나 면제하는 제도로 기업들 간의 불신을 자극하여 담합을 방지하는 효과를 얻을 수 있다.

132 ③
시장 예상보다 훨씬 나은 실적이 나왔을 때를 '어닝서프라이즈'라고 하고 실적이 나쁠 경우를 '어닝쇼크'라고 한다. 어닝서프라이즈가 있으면 주가가 오를 가능성이, 어닝쇼크가 발생하면 주가가 떨어질 가능성이 높다.

133 ④
경제활동인구

일정기간 동안 제품 또는 서비스 생산을 담당하여 노동활동에 기여한 인구로, 취업자와 실업자를 합한 수를 말한다. '비경제활동인구'는 만 15세 이상 인구에서 취업자와 실업자를 뺀 것으로, 일자리 없이 구직활동도 하지 않는 사람을 말한다.

134 ①
회사의 종류

- 주식회사 : 주식을 발행하여 여러 사람이 자본투자에 참여할 수 있는 회사
- 합명회사 : 몇 사람이 동업을 하면서 회사를 설립해 회사의 존망을 모든 사원이 함께 책임지는 회사
- 유한회사 : 사원이 일정 금액을 투자해 그 투자금액만큼만 책임지는 회사
- 합자회사 : 일부 사원은 투자 없이(월급사원), 일부 사원은 투자(월급 + 투자 수익)하여 그 투자금액은 손실을 감수해야 하는 형태의 회사(합명회사 + 유한회사 형태)

135 ③
슈링크플레이션(Shrinkflation)은 기업들이 자사 제품의 가격을 유지하는 대신 수량과 무게·용량만 줄여 사실상 가격을 올리는 전략을 말한다. 영국의 경제학자 피파 맘그렌이 제시한 용어로 '줄어들다'라는 뜻의 '슈링크(Shrink)'와 '지속적으로 물가가 상승하는 현상'을 나타내는 '인플레이션(Inflation)'의 합성어다.

136 ③
바이럴 마케팅(Viral Marketing)은 소비자들이 이메일이나 다른 전파 가능한 매체를 통해 자발적으로 제품이나 서비스를 알리도록 유도하는 마케팅을 말한다. 기업이 직접 광고를 하지 않는 대신 소비자의 SNS나 블로그, 카페 등을 활용해 자연스럽게 정보를 제공하고, 이를 이용자들이 자발적으로 퍼뜨리도록 해 홍보 효과를 누리는 것이다.

137 ②
100엔숍은 진열되어 있는 대부분의 상품을 100엔에 판매하는 일본의 소매점이다. 이러한 100엔숍은 일본의 심각한 디플레이션(Deflation) 현상을 상징하는 대표 사례로 꼽힌다.

① 슬로플레이션(Slowflation) : 경기회복 속도가 느린 가운데 물가가 치솟는 현상
③ 슈링크플레이션(Shrinkflation) : 가격은 그대로 유지하는 대신 제품 용량을 줄이는 것
④ 스킴플레이션(Skimpflation) : 물가가 상승하는 것과 반대로 상품 및 서비스의 질이 떨어지는 현상

138 ②
블록딜(Block Deal)은 거래소 시장이 시작하는 전후에 주식을 대량으로 보유한 매도자가 대량으로 구매할 매수자에게 그 주식을 넘기는 거래를 말한다. 한 번에 대량의 주식이 거래될 경우 이로 인한 파동이 시장에 영향을 미치지 않도록 하는 조치다.

139 ④
기저 효과는 어떤 지표를 평가하는 과정에서 기준시점과 비교시점의 상대적 수치에 따라 그 결과가 실제보다 왜곡돼 나타나는 현상을 말한다. 가령 호황기의 경제상황을 기준으로 현재의 경제상황을 비교할 경우, 경제지표는 실제보다 상당히 위축된 모습을 보인다. 반면 불황기가 기준시점이 되면, 현재의 경제지표는 실제보다 부풀려져 개선된 것처럼 보이는 일종의 착시현상이 일어난다. 때문에 수치나 통계작성 주체에 의해 의도된 착시라는 특징을 갖는다.

140 ②
DSR은 'Debt Service Ratio'의 약어로, 우리말로는 '총부채원리금상환비율'이라 한다. 주택 대출의 원리금과 신용 대출, 자동차 할부, 학자금 대출, 카드론 등 모든 대출의 원리금상환액이 수익에서 얼마를 차지하는지를 나타내는 비율로, 낮을수록 대출이 어려워진다.

① DTI : 총소득에서 주택담보 부채의 연간 원리금상환액과 기타 대출의 이자상환액이 차지하는 비율
③ LTV : 담보 물건의 실제 가치 대비 대출금액의 비율
④ DTA : 자산평가액 대비 총부채비율

141 답 ②

유치산업(Infant Industry)은 발달 초기에 놓인 산업으로 성장 가능성은 있지만 아직 경쟁력을 갖추지 못한 산업을 뜻한다. 유치산업에 관해서는 국제경쟁력을 갖출 수 있도록 국가에서 관세나 보조금 정책 등으로 보호 육성해야 한다는 '유치산업 보호론'이 있다.

142 답 ②

디커플링(Decoupling)은 일명 탈동조화 현상으로 한 국가의 경제가 주변의 다른 국가나 세계경제와 같은 흐름을 보이지 않고 독자적인 경제로 움직이는 현상을 말한다. 세계경제는 미국이나 유럽 등 선진국에서 발생한 수요 또는 공급 충격에 큰 영향을 받는 동조화(Coupling) 현상, 점차 다른 나라의 경제상황과 성장에 미치는 영향이 약화되는 디커플링 현상, 동조화 재발생(Recoupling) 현상이 반복된다.

143 답 ②

엔시티피케이션(Enshittification)은 사용자에게 양질의 콘텐츠와 편익을 제공하던 플랫폼이 점차 더 많은 이익을 창출하는 것에 몰두하면서 플랫폼의 품질과 사용자 경험이 모두 저하되는 것을 말한다. 배설물을 뜻하는 'Shit'을 써서 플랫폼의 변질을 꼬집은 용어로 '열화(劣化)'라고도 한다. 플랫폼들이 본래 추구하던 콘텐츠보다 광고나 가짜뉴스 같은 스팸성 게시글이 넘쳐나면서 전체적으로 플랫폼의 질이 떨어지고, 이에 따라 사용자가 이탈하고 있는 현상을 설명하기 위해 제시된 개념이다.

144 답 ④

바이콧(Buycott)은 보이콧(Boycott)에 대비되는 개념으로 스스로 지지하는 브랜드의 상품을 의도적으로 구입하고, 주변에도 구입을 권장하는 행위를 말한다. 환경보호에 나서거나 사회에 선한 영향력을 끼치는 기업의 상품을 적극적으로 구입해, 이러한 기업을 지지하고 더 좋은 영향력을 끼칠 수 있도록 독려하는 것이다.

145 답 ④

한국은행의 주요 기능
- 화폐를 발행하고 환수한다.
- 기준금리 등 통화신용 정책을 수립하고 진행한다.
- 은행 등 금융기관을 상대로 예금을 받고 대출을 해준다.
- 국가를 상대로 국고금을 수납하고 지급한다.
- 외환건전성 제고를 통해 금융안정에 기여하며, 외화자산을 보유 · 운용한다.
- 국내외 경제에 관한 조사연구 및 통계 업무를 수행한다.

146 답 ③

메디치 효과(Medici Effect)란 서로 다른 분야의 요소들이 결합하여 각 요소가 지닌 에너지의 합보다 더 큰 에너지를 분출하는 것을 말한다. 15세기 이탈리아 피렌체의 메디치 가문이 문화, 철학, 과학 등 여러 분야 전문가를 후원하면서 자연스럽게 서로 융합돼 상승 효과가 일어난 데서 유래한 용어다.

147 답 ①

밴드왜건 효과(Bandwagon Effect)는 대중의 유행에 따라 다른 사람이 구매한 것을 똑같이 구매하거나 착용하는 소비현상으로 '편승 효과'라고도 한다. 퍼레이드의 선두에 서는 악대차를 의미하는 '밴드왜건(Bandwagon)'에서 유래한 것으로 미국의 경제학자 하비 라이벤스타인이 발표한 네트워크 효과 중 하나다.

148 답 ②

애덤 스미스는 자신의 대표적 저서인 〈국부론〉을 통해 조세의 4가지 원칙을 내세웠다. 첫째 소득에 따라서 비례적으로 걷어야 할 것(비례성), 둘째 임의대로 징수하는 것이 아닌 확실한 기준이 있을 것(투명성), 셋째 납세자가 편리한 방법으로 납부할 수 있을 것(편의성), 넷째 징수에 드는 행정비용이 저렴할 것(효율성) 등이다.

149 답 ①

컨트리 리스크(Country Risk)란 글로벌 투자자가 한 국가를 상대로 투자를 하려고 할 때 평가하는 투자상대국의 대외신인도를 말한다. 컨트리 리스크는 해당 국가의 정치적 결단이나 금융정책의 실행에 따라 한순간에 크게 좌우될 수 있다. 때문에 투자상대국의 정책적 행보에 큰 손해를 볼 수 있으므로 글로벌 투자자는 컨트리 리스크를 면밀히 검토해야 한다.

CHAPTER 04 사회·노동·환경

문제편 p.145

01	02	03	04	05	06	07	08	09	10
②	②	④	①	②	①	④	③	①	④
11	12	13	14	15	16	17	18	19	20
②	②	②	④	②	③	②	④	③	④
21	22	23	24	25	26	27	28	29	30
④	①	②	③	④	④	①	④	③	②
31	32	33	34	35	36	37	38	39	40
④	③	②	②	②	④	④	④	①	①
41	42	43	44	45	46	47	48	49	50
④	②	①	④	③	①	②	④	③	②
51	52	53	54	55	56	57	58	59	60
②	④	③	④	④	①	②	④	③	②
61	62	63	64	65	66	67	68	69	70
①	②	④	①	①	①	④	②	③	②
71	72	73	74	75	76	77	78	79	80
①	④	④	②	②	④	④	②	③	①
81	82	83	84	85	86	87	88	89	90
②	③	①	③	①	②	④	③	④	②
91	92	93	94	95	96	97	98	99	100
④	①	④	①	②	①	②	②	③	④
101	102	103	104	105	106	107	108	109	110
①	①	①	②	④	①	③	①	④	④
111	112	113	114	115	116	117	118	119	120
②	①	④	③	②	④	④	②	③	④
121	122	123	124	125	126	127	128	129	
①	③	②	③	①	①	④	①	③	

01 답 ②
2023년부터 우리나라도 식품에 유통기한 대신 소비기한을 표시하는 '소비기한 표시제'가 시행됐다.

02 답 ②
인터넷과 미디어를 통해 재미있고 화제가 되는 콘텐츠가 빠르게 전파되는 것을 밈이라고 한다. 한편 밈의 유행을 마케팅에 활용하는 밈 마케팅도 등장했다.

03 답 ④
타인의 심리나 상황을 조작해 그 사람이 스스로를 의심하게 만들어 자존감과 판단력을 약화시킴으로써 타인을 지배하는 행위를 가스라이팅이라고 한다.

04 답 ①
논바이너리는 인간의 성별을 남녀로만 나누는 것에서 벗어나, 남성도 여성도 아닌 제3의 성정체성을 가지는 것을 말한다.

Chapter 04 | 사회·노동·환경 33

05 답 ②
제로웨이스트는 말 그대로 일상에서 쓰레기가 나오지 않도록(Zero Waste) 하자는 캠페인이다. 최근에는 식당에서 음식을 포장할 때 가정에 있는 냄비나 식기 등을 가져가 담아오는 실천사례가 SNS를 통해 확산되고 있다.

06 답 ①
지난 2020년 12월 10일 문재인 대통령은 기후위기해결을 위한 전지구적 실천에 동참하는 취지 아래 '2050 탄소중립 비전(2050 넷제로)' 선언 연설을 했다.

07 답 ④
최저임금위원회의 심의·의결 결과 2025년도에 적용되는 최저임금은 시간급 10,030원으로 정해졌다.

08 답 ③
핏 포 55(Fit for 55)는 유럽연합(EU)의 집행위원회가 2021년 7월 14일 발표한 탄소배출 감축 계획안이다. 이 계획의 핵심은 탄소국경조정제도(CBAM)로서 EU 역내로 수입되는 제품 중 EU에서 생산되는 제품보다 탄소배출량이 많은 제품에 탄소국경세를 부과하는 것이다. 2026년부터 철강·시멘트·비료·알루미늄·전기 등에 단계적으로 제도를 적용하게 된다.

09 답 ①
하인리히 법칙(Heinrich's Law)은 1931년 허버트 W. 하인리히가 펴낸 〈산업재해 예방〉이라는 책에서 소개된 법칙으로, 대형사고 발생 전에 그와 관련된 수많은 경미한 사고와 징후들이 반드시 존재한다는 내용이다. 하인리히 법칙은 노동현장뿐만 아니라 각종 재난사고 등에도 의미가 확장되어 쓰인다.

10 답 ④
파이어족(FIRE)
Financial Independence, Retire Early의 약자이다. 젊었을 때 극단적으로 절약하거나 투자를 통해 노후자금을 빨리 모아 30대, 늦어도 40대에는 퇴직하고자 하는 사람들을 의미한다.

욜로족(YOLO)
You Only Live Once의 줄임말이다. 불확실한 미래보다는 취미, 자기계발 등 자신이 현재 누릴 수 있는 행복을 가장 중시하는 사람을 뜻한다.

로하스족(LOHAS)
건강과 환경을 중시해 친환경적인 제품만을 찾는 이들을 가리킨다.

나오머족
Not Old Multiplayer의 첫 음절을 따서 만든 말이다. 늙지 않는 멀티플레이어라는 뜻으로 육아와 부부관계와 일까지 전부 잘하는 여성을 가리킨다.

11 답 ②
국제앰네스티는 10년간 사형이 집행되지 않을 경우, 사실상의 사형제 폐지국으로 인정한다.

12 답 ②
- 프레카리아트(Precariat) : 저임금 노동에 시달리는 불안정 노동 계급을 가리키는 신조어
- 스프롤(Sprawl) : 도시가 급격하게 발전하면서 도시 주변이 무질서하게 확대되는 현상
- 도시재생 : 낙후된 도시를 부흥시키는 도시 사업

13 답 ②
PTSD(일명 트라우마), 충격 후 스트레스 장애·외상성 스트레스 장애라고도 한다.

14 답 ④
노사쟁의가 일어났을 때 사용자가 자기의 주장을 관철시키기 위해 공장, 작업장을 폐쇄하는 것이 사용자의 유일한 쟁의행위이다.

15 답 ②
② 자동차를 저속 기어로 바꾼다는 뜻에서 유래
① 밖에서 하던 활동을 집 안으로 끌어들이는 성향을 가진 사람들
③ 정규직을 갖지 않고 여러 개의 아르바이트로 생계를 꾸려가는 사람들
④ 건강과 지속적인 성장을 추구하는 생활방식 또는 이를 실천하려는 사람(Lifestyles Of Health And Sustainability)

16 ③
감염 경로는 비슷하다. 독감과 감기는 기침이나 재채기를 할 때 콧물 등 분비물로 오염되거나 인구밀도가 높은 곳에서 공기로 전염된다.

17 ②
프레온가스(CFCs)는 1985년 제정된 몬트리올 의정서에 의해 소비가 제한되어 대부분의 선진국들은 1996년 이미 사용을 중단했으며 개도국들은 2010년 사용이 전면 금지됐다.

18 ④
④ 제노포비아(Xenophobia) : 국가, 민족, 문화 등의 공동체 요소가 다른 외부인에 대한 공포감·혐오를 가리킨다. 현대에는 이주 노동자로 인해 경제권과 주거권에 위협을 받는 하류층에서 자주 관찰된다.
① 호모포비아(Homophobia) : 동성애나 동성애자에게 갖는 부정적인 태도와 감정을 말하며, 각종 혐오·편견 등으로 표출된다.
② 케미포비아(Chemophobia) : 가습기 살균제, 계란, 생리대 등과 관련하여 불법적 화학 성분으로 인한 사회문제가 연이어 일어나면서 생활 주변의 화학제품에 대한 공포감을 느끼는 소비자 심리를 가리킨다.

19 ③
다원적 무지는 쉐프(Scheff)에 의해 제안된 것으로, 많은 사람들이 상호 간 개인적 의견에 대해 의사소통하지 않은 결과 자신이 지배적 의견에 반대되는 소수에 속해 있다고 느끼게 되는 현상이다.

20 ④
PCL-R은 심리훈련을 받은 전문가가 대상자와 면담을 통해 점수를 매기는 것으로 일반인의 자가 진단용으로 만든 것이 아니다. 검사자들은 정신병질에 대해 현존하는 임상적, 경험적 자료를 충분히 접하고, 심리검사와 해석의 기본원리와 한계를 이해하고 있어야 하며, 그들의 검사가 심리검사에 대한 전문가적, 법률적 기준에 따라 수행되는 것을 분명히 해야 한다.

21 ④
대표적인 파워 커플로는 빌 클린턴-힐러리, 토니 블레어-셰리, 데이비드 베컴-빅토리아 부부 등을 들 수 있다.
② 체인지족 : 남편의 실업 때문에 아내가 가정경제를 책임지고 남편은 육아와 가사에 참여하는 부부를 일컫는 말이다.
③ 콘트라섹슈얼 : 결혼이나 육아에 중점을 두는 전통적인 여성상보다는 사회적 성공과 고소득에 중점을 두는 새로운 여성상이다.

22 ①
프라브족(PRAV族)
부가가치를 실현하는 사람들을 뜻하는 신조어이다. 이러한 소비 경향은 영국에서 시작된 움직임으로, 합리적인 소비와 자신만의 가치를 중시하는 실속파를 말한다. 브랜드보다는 최신 유행과 싼 것을 최우선으로 고려하여 구매를 결정하며, 자신만의 개성을 중시한다. 저가의 패션을 선호하지만 싼 가격보다는 상품의 희소가치를 더 중시한다는 점에서 싸구려 패션을 선호하는 차브족(Chav族)과 구별된다.

23 ②
번아웃 증후군은 'Burn out(불타서 없어진다)'에 증후군을 합성한 말로, 힘이 다 소진됐다고 하여 소진 증후군이라고도 한다.
① 리플리 증후군 : 거짓된 말과 행동을 일삼으며 거짓을 진실로 착각하는 증상
③ 스탕달 증후군 : 뛰어난 예술 작품을 감상한 후 나타나는 호흡 곤란, 환각 등의 증상
④ 파랑새 증후군 : 현실에 만족하지 못하고 이상만을 추구하는 병적 증상

24 ③
③은 사회보험에 대한 설명이다.
사회보험
국민에게 발생하는 사회적 위험을 보험방식에 의해 대처함으로써 국민건강과 소득을 보장하는 제도이며, 우리나라에서는 국민연금·건강보험·고용보험·산업재해보험 등을 실시하고 있다.

25 ④
비정규직 관련법에 따르면 비정규직 근로자의 범위에는 기간제 근로자, 단시간 근로자, 파견 근로자가 포함된다.

26 ④
근로기준법에 따르면 15세 미만인 자(초·중등교육법에 따른 중학교에 재학 중인 18세 미만인 자를 포함한다)는 근로자로 채용할 수 없다.

27 ①
노니즘은 영어의 Non-ism에서 유래했으며 원래의 의미는 극단적 금욕주의로, 정신적·육체적 건강에 해로운 음식이나 행동을 철저히 멀리하는 극단적 절제주의를 의미한다.

28 ④
방 안의 코끼리란 누구나 인식하고 있지만, 이를 지적하거나 이야기했을 때 초래될 위험이 두려워 아무도 선뜻 먼저 이야기를 꺼내지 못하는 큰 문제를 비유적으로 이르는 말이다. 방 안에 코끼리가 있는 상황처럼 누구나 알 수 있고 위험한 상황에서도 모르는 척하며 문제 삼지 않는 것이다.

29 ③
유니언 숍
클로즈드 숍과 오픈 숍의 중간 형태로서 고용주는 노동조합 이외의 노동자까지도 자유롭게 고용할 수 있으나, 일단 고용된 노동자는 일정기간 내에 조합에 가입해야 한다.

30 ②
체크오프(Check-off)제도는 노동조합의 안정과 독립을 위한 방법으로, 조합비를 징수할 때 급여에서 일괄 공제하여 조합에 인도하는 제도이다. 조합원 2/3 이상의 동의가 있으면 조합은 그 세력 확보의 수단으로 체크오프의 조항을 둘 수 있다.

31 ④
옥상 녹화는 건물의 옥상이나 지붕에 식물을 심는 것으로, 주변 온도를 낮추어 도시의 열섬 현상을 완화시킨다.

32 ③
폴리스패머는 정치적 홍보나 선동을 위해 인터넷 포털뉴스, SNS를 통해 무차별로 정보를 배포하는 자를 말한다. 또한 SPA는 의류 기획, 디자인, 생산, 판매 등의 전 과정을 제조회사가 맡는 의류 전문점을 말한다.

33 ②
① 차별적 접촉이론 : 미국의 범죄학자 에드윈 H. 서덜랜드의 사회학적 이론으로 특정한 사람이 일탈적 행위유형을 학습하게 되는 이유를 설명한다. 범죄는 일반적인 행위와 마찬가지로 학습을 통해서 익히게 되고, 학습은 주로 친밀한 사람들과의 상호작용을 통해 일어난다고 한다.
③ 낙인이론 : 1960년대에 등장한 범죄학 이론으로, 어떤 사람이 사회구성원들이 일탈 행동이라고 규정한 어떤 행동을 하여, 일탈 행위자로 낙인찍히면 그 사람은 낙인찍힌 대로 범죄자가 된다는 이론이다.
④ 문화지체 현상 : 미국의 사회학자 W. F. 오그번이 주장한 이론으로 급속히 발전하는 물질문화와 비교적 완만하게 변하는 비물질문화 간 변동속도의 차이에서 생겨나는 사회적 부조화현상을 말한다.

34 ②
① 소크라테스가 자기 제자들에게 질문을 던져 자발적으로 결론에 이르도록 한 것처럼 사람들도 자기의 태도에 일관성을 계속 유지하고자 하고, 또 일관성이 유지되기를 심리적으로 압박받는 현상이다.
③ 사람을 비롯한 모든 유기체들이 가지고 있는 생존 본능으로 먹는 행동과 그로 인해 나타나는 결과 사이에는 시간적으로 차이가 있지만 일정한 인과관계가 존재하는데, 특정한 먹을거리의 미각과 뒤에 따르는 결과 사이의 관련성을 학습하는 재능이다.
④ 자신이 모델로 삼고 있던 사람 또는 사회적으로 영향력 있는 유명인 등이 자살할 경우, 그 사람과 자신을 동일시해서 자살을 시도하는 현상으로 '동조자살' 또는 '모방자살'이라고도 한다. 독일의 문호 괴테가 출간한 소설 〈젊은 베르테르의 슬픔〉에서 유래하였다.

35 ②
노령화지수는 14세 이하 인구 대비 65세 이상 노령인구의 비율이다.

36 ④
고령화 사회 : 7% 이상, 고령사회 : 14% 이상, 후기고령 사회·초고령사회 : 20% 이상

37 답 ④

① 프리덤 푸드 : 동물학대방지협회가 심사·평가하여 동물복지를 실현하는 농장에서 생산된 축산제품임을 인증하는 제도
② 탄소발자국 : 개인 또는 단체가 직·간접적으로 발생시키는 온실기체의 총량
③ 그린워시 : 실제로는 환경에 유해한 활동을 하면서 마치 친환경적인 것처럼 광고하는 행위

38 답 ④

국제원자력기구(IAEA)에서 정한 8등급의 분류기준

분류	등급	사례	비고
사고 (Accident)	7	구소련(現 우크라이나) 체르노빌(1986) 일본 후쿠시마(2011)	위험이 시설 외부로 확대된 경우
	6	구소련(現 러시아) 키시팀(1957)	
	5	미국 스리마일 섬(1979) 영국 윈드스케일(1957) 브라질 고이아니아(1987)	
	4	일본 도카이촌(1999)	
사건 (Incident)	3	–	위험이 시설 내부로 국한된 경우
	2	–	
	1	일본 미하마(1991)	
변이 (Deviation)	0	–	안전에 이상이 없는 경우

39 답 ①

요소수는 디젤 차량에서 발생하는 질소산화물(NOx)을 정화하기 위한 물질로, 차량에 설치된 정화장치인 SCR에 사용된다. 배기가스가 지나는 통로에 요소수를 뿌리면 질소산화물이 물과 질소로 환원된다. 2015년에 유럽의 배기가스 규제인 유로6가 국내에 도입되면서, 디젤차량에 반드시 SCR을 탑재하고 요소수 소모 시 보충해야 한다. SCR이 설치된 디젤 차량은 요소수가 없으면 시동이 걸리지 않는 등 운행할 수 없다.

40 답 ①

국민의 기본적인 의무는 국방·납세·교육·근로의 의무가 있다. 한편 국민의 권리인 동시에 의무인 것은 교육·근로·환경보전의 의무가 속한다.

41 답 ④

④ 클로즈드 숍(Closed Shop) : 사용자가 근로자를 고용할 때 노동조합의 가입을 필수조건으로 하는 제도이다. 조합에 가입하겠다는 의사를 밝히지 않은 사람은 고용하지 않고 조합을 탈퇴하거나 제명된 사람은 해고한다.
① 유니언 숍(Union Shop) : 노동조합 가입여부는 채용에 영향을 미치지 않지만 고용이 확정되면 일정기간 내에 반드시 노동조합에 가입해야 한다고 명시한 제도이다.
② 오픈 숍(Open Shop) : 근로자가 노동조합에 대한 가입과 탈퇴를 자신의 의사에 따라 결정할 수 있는 제도로 조합원과 비조합원을 차별하지 않고 동등하게 대우해야 한다.

42 답 ②

콜드 케이스(Cold Case)
단서가 없거나 아예 피해자의 신원조차 파악하지 못한 미해결사건을 뜻한다. 한국에서는 '개구리 소년 실종사건'이 대표적인데 개구리 소년 실종사건은 사건이 발생한 지 11년 6개월 만인 2002년 9월에서야 뒤늦게 유골이 발견됐지만 사망원인조차도 밝혀내지 못한 채 2006년 3월 공소시효가 만료됐다.

43 답 ①

바링허우(八零後)세대
중국에서 덩샤오핑이 1가구 1자녀 정책을 실시한 1980년대에 태어난 세대를 말한다. 중국의 젊은 세대를 대표하는 이들은 외아들 또는 외동딸로 중국의 급속한 경제성장에 따라 물질적 풍요를 누리며 성장했다. 다른 사람에 대한 배려가 부족하고 독선적인 경향을 보이며, 최근 소비패턴을 주도하는 소비주체로 떠올라 중국 및 주변국들의 경제·소비 트렌드를 만들어내고 있다.

44 답 ④
사이코패스는 유전적인 원인으로 인해 잘못을 인지하지 못하지만 소시오패스는 잘못을 알면서도 잘못을 저지르는 반사회적 인격장애이다. 자신의 성공을 위해 수단과 방법을 가리지 않고 나쁜 일을 저지르며, 이에 대한 양심의 가책도 전혀 느끼지 않는 특성을 갖는다.
① 아도니스 증후군 : 남성들이 외모에 집착하는 것을 말한다. 외모를 중시하는 사회 풍조에 따라 타인에게 인정받고 매력적인 사람이 되기 위해 남성들도 외모에 관심을 갖게 되면서 나타난 현상이다.
② 아스퍼거 증후군 : 관심 분야나 활동 분야가 한정되어 있으며 같은 일만 계속 반복하는 증세를 보인다. 사회적인 대인관계에 문제가 생긴다.

45 답 ③
제노비스는 목격자가 많을수록 내가 아닌 다른 사람이 나서겠지라는 생각에 책임감이 덜 느껴져 도움이 필요한 사람에게 먼저 손 내밀기보다 방관하게 되는 심리현상을 말한다.

46 답 ①
생산은 쉽지만 인터넷 환경에서는 정보의 삭제와 파기가 쉽지 않기 때문에 잊혀질 권리를 도입해야 한다는 필요성이 제기되고 있다. 인터넷상에서 특정한 기록을 삭제할 수 있는 권리를 말하며, 자신의 정보가 더 이상 적법한 목적을 위해 필요하지 않을 때 그것을 지울 수 있는 개인의 권리이다.

47 답 ②
넷카시즘은 네티즌(Netizen)과 매카시즘(McCarthyism)의 합성어이며 익명의 인터넷 환경 속에서 어떠한 이슈에 대해 논하다가 특정인에게 가해지는 무차별적인 온라인 폭력으로, 일종의 마녀사냥이다.

48 답 ④
① 텐포켓 : 출산율 저하로 아이를 위해 온 가족이 지갑을 여는 현상
② 골드 키즈(Gold Kids) : 최근의 저출산 현상과 맞물려 왕자나 공주와 같은 대접을 받으며 귀하게 자란 아이들을 의미하는 신조어
③ VIB(Very Important Baby)족 : 한 명의 자녀를 위해 아낌없이 지갑을 여는 부모를 의미하는 신조어
④ 소득 크레바스 : 은퇴 후 국민연금을 받을 때까지 일정 소득이 없는 기간

49 답 ③
PC(정치적 올바름)는 인종과 성별, 성적지향, 직업 등등 소수·사회적 약자에 대한 모든 차별적인 표현을 없애자는 정치사회적 운동이다.

50 답 ②
블랙아웃(Blackout)은 대표적으로 도시나 넓은 지역에서 동시에 전기가 모두 끊기는 최악의 정전사태를 일컫는다.

51 답 ②
리셋 증후군은 컴퓨터가 제대로 작동하지 않을 경우 리셋버튼을 눌러 다시 재부팅하는 기능에서 이름을 따온 질병이다. 실제로 1997년 5월 일본 고베시에서 컴퓨터 게임에 빠진 한 중학생이 리셋 증후군에 걸려 토막살인을 저지른 충격적인 사건이 벌어지기도 했다.

52 답 ④
로하스(LOHAS)
공동체 전체의 더 나은 삶을 위해 소비생활을 건강하고 지속가능한 친환경 중심으로 전개하자는 생활양식·행동양식·사고방식을 뜻한다. 환경보전과 '웰빙'뿐 아니라 건강과 관련된 현재 시점의 개인적 소비행위와 미래에도 지속가능한 경제발전과 소비활동을 연결시키는 데 주안점을 둔다. 이런 점이 사회참여운동으로서 자연의 중요성과 보전의 당위성을 강조하는 친환경주의와 다른 점이라고 할 수 있다. 한국표준협회는 2006년 세계 최초로 로하스 인증제도를 도입했다.

53 답 ③
③ 바람이 적게 불어서 바닷물이 잘 섞이지 않는 경우에 적조현상이 발생한다.
① 적조란 플랑크톤을 비롯한 미생물이 갑자기 대량 번식하여 바다, 강, 호수 등의 색깔이 붉게 변하는 현상인데, 적조를 일으키는 미생물을 대량 번식하게 만드는 물의 부영양화가 가장 큰 원인이다.
② 갯벌에 사는 생물들이 플랑크톤이나 미생물을 먹이로 함으로써 자연 정화 작용을 했었으나, 간척사업 등으로 갯벌이 감소하면서 부영양화가 심해지고 적조도 증가하게 되었다.
④ 기온 변화로 수온이 상승하면 미생물이 더욱 왕성하게 번식하므로 적조현상이 발생한다.

54 답 ④
딘트족(DINT族)은 'Double Income, No Time'의 약어로 맞벌이를 해서 수입은 두 배이지만 업무가 바쁘고, 서로 시간이 없어 소비를 못 하는 신세대 맞벌이 부부를 지칭하는 신조어다.

55 답 ④
유리천장은 충분한 능력을 갖춘 사람이 직장 내 성차별이나 인종 차별 등의 이유로 고위직을 맡지 못하는 상황을 비유적으로 이르는 말이다.

56 답 ①
디지털 노마드
자동차와 최첨단 정보통신기기를 가지고 시공간을 넘나드는 21세기형 신인류를 말한다. '유목민, 정착하지 않고 떠돌아다니는 사람'을 뜻하는 노마드(Nomad)라는 용어를 활용해 붙여진 이름이다. 인터넷, 모바일컴퓨터, 휴대용 통신기기 등 디지털시스템 덕분에 시간적 · 공간적 제약이 자유로워지는 덕분에 인간의 삶이 정착보다는 유목으로 변모해 간다는 것이다.

57 답 ②
① · ③ · ④는 일본의 소셜 네트워크 서비스이다.

58 답 ④
아폴로 신드롬은 경영학자 메러디스 벨빈이 〈팀 경영의 성공과 실패〉라는 책을 통해 도입한 용어로, 한국에서는 〈팀이란 무엇인가〉라는 제목으로 출판되었다. 저자는 아폴로 우주선을 만드는 일과 같이, 어렵고 복잡한 일일수록 명석한 두뇌를 가진 인재들이 필요하지만 실제 사례에서는 뛰어난 자들만 모인 조직은 정치 역학적인 위험을 가지고 있다고 주장하였다.

59 답 ③
우리나라 과자의 과대포장은 오래 전부터 문제가 되어 왔다. 소비자들이 이러한 과대포장을 비꼬아 붙인 이름이 '질소과자'이다.

60 답 ②
사이버 불링(Cyber Bullying)
인터넷과 SNS, 휴대전화 등을 이용해 온라인 공간에서 특정 인물을 괴롭히는 행위이다. 최근 학교 폭력도 인터넷 메신저나 휴대전화 문자메시지를 통해 상대방을 24시간 괴롭히는 사이버 불링의 형태로 나타나고 있다. 한편, 스쿨슈팅은 교내 총기범죄를 의미한다.

61 답 ①
① 샹그릴라 증후군 : 중장년층을 중심으로 노화를 최대한 늦추고 나이에 비해 젊게 살아가려는 욕구가 확산되는 현상
② 스탕달 증후군 : 뛰어난 예술작품을 감상하면서 정신적 충동이나 환각을 경험하는 현상
③ 꾸바드 증후군 : 남편이 임신 중인 아내와 함께 입덧과 같은 증상을 겪는 것
④ 코르사코프 증후군 : 보통 알코올 중독의 결과로 나타나며 시간적 · 공간적 짐작이 어려운 기억력의 장애

62 답 ②
① 게토(Ghetto) : 소수 인종이나 소수 민족 또는 소수 종교집단이 거주하는 도시의 한 구역
③ 토르데시야스(Tordesillas) : 1494년 에스파냐와 포르투갈이 맺은 사상 최초의 기하학적 영토조약
④ 트란스케이(Transkei) : 반투홈랜드 정책에 의해 1976년 10월에 독립이 부여된 최초의 아프리카인 홈랜드

63 답 ④
베르테르 효과
모방 자살 현상을 뜻하는 용어로, 괴테의 소설 〈젊은 베르테르의 슬픔〉에서 주인공 베르테르가 자살하자 그를 모방하는 젊은이들이 급증하면서 이름 붙여졌다.

64 답 ①
유전자변형작물(GMO)
유전자를 조작하여 생산성을 강화한 농산물로, 과학적으로 안전성 검증이 되지 않아 해당 농수산물에 GMO를 표시하는 제도가 생겼다. 한국에서 유통되는 콩 · 콩나물 · 옥수수 등은 GMO가 3% 이상 섞일 경우 반드시 GMO를 표시해야 한다.

65 정답 ①

② 위스타트(We Start) : 저소득층 아이들이 가난의 대물림에서 벗어나도록 복지와 교육의 기회를 제공하는 운동
③ 배리어프리(Barrier Free) : 장애인들의 사회적응을 막는 물리적·제도적·심리적 장벽을 제거해 나가자는 운동
④ 유리천장(Glass Ceiling) : 직장 내에서 사회적 약자들의 승진 등 고위직 진출을 막는 보이지 않는 장벽

66 정답 ①

감축 대상이 되는 가스는 이산화탄소, 메탄, 아산화질소, 불화탄소, 수소화불화탄소, 불화유황 등의 6종이며, 배출량을 줄이지 않는 국가에 대해서는 비관세 장벽을 적용하게 된다.

67 정답 ④

구세군 자선냄비는 1891년 샌프란시스코에서 난파한 배의 생존자를 돕기 위해 시작됐고, 한국에서는 1928년부터 이어지고 있다. 런던에 세계 본영을 두고, 세계 108개 나라에 본영·연대·소대·분대 등의 조직을 운영하고 있다.

68 정답 ②

트윈슈머(Twinsumer)
다른 구매자들의 후기를 읽고 구매를 결정하는 사람들을 트윈슈머라고 한다. 이들은 가격비교 사이트에서 가격을 비교하고 다른 구매자들의 사용 경험담을 읽어본 뒤 품질을 꼼꼼히 확인하고 결정한다. '트윈(Twin)'과 소비자를 의미하는 '컨슈머(Consumer)'의 합성어로 인터넷으로 상품을 구매하고, SNS 활용이 활발해짐에 따라 등장한 소비 흐름이다.

69 정답 ③

D. 리즈먼은 현대사회의 대중을 '고독한 군중'이라 불렀다. 리즈먼은 미국인의 성격과 미국의 사회의식이 어떻게 형성되고 나타나는지 분석하고자 하였다. 또한 인류의 역사적 사회성격을 인구변동과 관련해 전통지향형(Tradition Directed Type), 내부지향형(Inner Directed Type), 외부지향형(Other Directed Type)의 세 가지로 분류하여 사회가 전통지향, 내부지향, 외부지향의 순서로 발전한다고 하였다. 이 중 외부지향형은 또래집단이나 친구집단의 영향에 따라 행동하는 현대인으로 타인들과 격리되지 않으려고 노력하지만 내면적인 고립감에 번민하는 사회적 성격을 가지고 있다. 이러한 외부지향형 성격유형이 '고독한 군중'으로 파악된다.

70 정답 ②

현행 노동조합 및 노동관계조정법은 중앙노동위원회가 직권으로 중재안을 제시하는 것을 '중재재정'으로 규정하고 있는데, 이를 우리 사회에서는 편의상 직권중재라고 지칭한다.

71 정답 ①

사이버 스쿼팅은 인터넷상의 도메인 네임을 무단 점유하는 것이다.

72 정답 ④

① 여피(YUPPIES)족 : 젊은(Young), 도시화(Urban), 전문직(Professional)의 세 머리글자를 딴 'YUP'에서 나온 말이다.
② 니트(NEET)족 : 'Not in Employment, Education or Training'의 머리글자를 조합한 것으로 일을 하지도 않지만 일할 의지도 없는 청년 무직자를 뜻하는 신조어이다.
③ 예티(Yettie)족 : 젊고(Young), 기업가적(Enterpreneurial)이며, 기술에 바탕을 둔(Tech-based) 인터넷 엘리트(Internet Elite)를 말한다.

73 정답 ④

반크(VANK ; Voluntary Agency Network of Korea)
인터넷상에서 한국과 한국인에 대해 바르게 홍보하기 위해 만들어진 사이버 외교사절단으로 온라인을 통해 회원 1명당 5명의 외국인 펜팔 친구를 사귀어 한국의 이미지를 전 세계에 전파하자는 취지로 1999년 출범했다.

74 정답 ②

어퍼머티브 액션(Affirmative Action)
인종이나 경제적 신분 간 갈등을 해소하고 과거의 잘못을 시정하기 위해 특혜를 주는 사회정책이다. 단순히 차별을 철폐하고 공평한 대우를 하는 것보다 좀 더 적극적으로 가산점을 주는 형태로 이루어진다.

75 정답 ②

노로바이러스
비세균성 급성 위장염을 일으키는 바이러스의 한 종류로 굴 등의 조개류에 의한 식중독의 원인이 되기도 하고, 감염된 사람의 분변이나 구토물에 의해 발견되기도 한다. 노로바이러스에 의한 집단 감염은 세계 여러 곳의 학교 등에서 일어나고 노인이나 어린 아이들이 감염되기 쉽기 때문에 주의가 필요하다.

76 답 ④
노블레스 말라드(Noblesse Malade)는 노블레스 오블리주와 반대되는 개념이다. 병들고 부패한 귀족이라는 뜻으로 사회 지도층이 도덕적 의무와 책임을 지지 않고 부정부패나 사회적 문제를 일으키는 것을 말한다.

77 답 ④
노블레스 오블리주가 지도자층의 책임감을 요구하는 것이라면, 리세스 오블리주는 부자들의 부의 독식을 부정적으로 보며 사회적 책임을 강조하는 것을 말한다.

78 답 ②
② 도시생활에 염증을 느낀 노동자가 자신의 출신지인 지방으로 돌아가려 하지만, 출신지에는 고용기회가 적어 상대적으로 구직활동이 편한 근처의 지방도시로 돌아가는 현상을 말한다.
① 대도시에 취직한 타 지방 출신 노동자가 다시 출신지로 되돌아가는 현상이다. 도시생활 부적응·생활비부담·직장의 지방 진출 등이 원인이며, 출신지 근처의 지방도시로 돌아가는 J턴 현상과 구별된다.

79 답 ③
골드 칼라는 아이디어 노동자, 화이트 칼라는 사무직 노동자, 논 칼라는 컴퓨터 작업 세대를 일컫는다.

80 답 ①
② 스마트폰·메신저·인터넷·이메일 등 첨단 정보통신 기술을 바탕으로 긴밀한 네트워크를 이루어 정치·경제·사회 등의 제반 문제에 참여하는 사람들의 집단
③ 대중을 의미하는 'Mass'와 한정됨 또는 유일무이함을 의미하는 'Exclusivity'가 합쳐져서 만들어진 신조어로 특별한 소수를 위한 맞춤형 마케팅 전략
④ 초판에 베스트셀러를 기록한 작가의 후속작의 판매부진이나 신인왕을 받은 야구선수의 다음 시즌 부진 등의 2년차 징크스

81 답 ②
디지털 디바이드
디지털기기의 발전과 이를 제대로 활용하는 사람들은 지식 축적과 함께 소득까지 증가하는 반면, 경제적·사회적인 이유로 디지털기기를 활용하지 못하는 사람은 상대적으로 심각한 정보격차를 느끼게 된다.

82 답 ③
① 열섬현상
② 라니냐현상
④ 빌딩풍해현상
엘니뇨현상
전 지구적으로 벌어지는 대양-대기 간의 기후현상으로, 평년보다 섭씨 0.5도 이상 해수면 온도가 높은 상태가 5개월 이상 지속되는 이상 해류 현상이다. 이 현상이 크리스마스 즈음 해서 발생하기 때문에 작은 예수 혹은 남자 아이라는 뜻에서 유래했다. 엘니뇨가 발생하면 해수가 따뜻해져 증발량이 많아지고, 이로 인해서 태평양 동부 쪽의 강수량이 증가한다. 엘니뇨가 강할 경우 지역에 따라 대규모의 홍수가 발생하기도 하고 다량의 비가 내리기도 하며, 극심한 건조현상을 겪기도 한다.

83 답 ①
② 도시의 무질서한 팽창을 말한다.
③ 프랑스 오픈, 호주 오픈, US 오픈, 윔블던에서 모두 우승한 경우 쓰는 말이다.
④ 눈에 띄는 곳에서 단식투쟁을 하는 것을 말한다.

84 답 ③
① 딩크(DINK)족 : Double Income, No Kids의 준말이다. 자녀 양육에 대한 경제적 부담과 극심한 경제난으로 인해 국내에 딩크족이 늘어나고 있으며 이는 저출산의 원인이 되고 있다.
② 딘트(DINT)족 : Double Income No Time의 준말이다. 맞벌이를 해서 수입은 두 배이지만 업무가 바쁘고, 서로 시간이 없어 소비를 못하는 신세대 맞벌이 부부를 지칭하는 신조어이다. 이들을 겨냥하기 위해 예술 공연이나 쇼핑몰 등이 영업시간을 연장하고 있다.
④ 니트(NEET)족 : Not in Education, Employment or Training의 준말로, 취업 연령의 인구 중에 취업의욕이 전혀 없거나, 의욕은 있지만 일자리를 구하지 못하는 청년들을 말한다. 경제상황이 악화되고 고용환경은 더욱 나빠져 어쩔 수 없이 취업을 포기하는 청년 실업자들이 늘어나고 있는 상황이므로 경제·사회적으로 심각한 문제가 될 수 있다.

85 답 ①
M세대는 모바일 컴퓨팅을 하는 네트워크 세대를 말한다.

86 ②

화이트 칼라 범죄
- 관리자, 지도자의 위치에 있는 화이트칼라 근로자가 자신의 직무상의 지위를 이용해 범하는 범죄를 말한다.
- 컴퓨터 범죄·탈세·경제 법규 위반 등이 있다.
- 계획적이고 교묘한 방법으로 이뤄지며 국가경제를 혼란시킬 정도로 피해가 크다.
- 범죄를 입증할 증거를 인멸하거나, 사회적 지위가 높아서 처벌이 쉽지 않은 경우가 많다.

87 ④

VDT 증후군
브라운관이 부착된 컴퓨터 단말기를 많이 사용함에 따라 장시간 컴퓨터 작업을 하면 눈이 피로해지거나 침침해지고, 시력이 떨어지는 증상이다. 더 심해지면 머리가 아프거나 구토, 불안감 등의 증상이 동반된다. VDT 증후군을 예방하기 위해서는 일정시간 동안 컴퓨터를 사용하고 나면 반드시 휴식을 취해야 한다. 고용노동부는 관련법에 따라 VDT 증후군도 업무상 재해로 보상받을 수 있다고 명시하고 있다.

88 ③

- **하인리히 법칙** : 사고 또는 재난은 발생 전 몇 차례의 징후가 나타나므로 이에 대한 분석과 준비를 통해 예방할 수 있다는 법칙
- **파킨슨의 법칙** : 영국의 행정학자 파킨슨이 사회를 풍자적으로 분석하여 주창한 사회 생태학적인 몇 가지의 법칙
  예 공무원의 수는 업무량의 증가와는 관계없이 증가한다.

89 ④

① 고소공포증
② 기독교혐오증
③ 광장공포증

90 ②

국제노동기구(ILO)는 제1차 세계대전이 끝난 후 1919년 베르사유조약에 따라 설립됐고 우리나라는 1991년 151번째 회원국으로 가입했다.

91 ④

직장폐쇄는 고용주가 노사협상에서 자신들의 뜻을 이루기 위해 일정 기간 직장의 문을 닫는 행위이다. 노동조합의 쟁의행위에 대한 대항수단이므로 노동조합이 쟁의행위를 개시한 이후에만 할 수 있다.

92 ①

좀비족은 대기업이나 조직에서 무사안일에 빠져 있는 사원을 지칭한다.

93 ④

위스타트 운동
복지(Welfare)와 교육(Education)의 영문명의 첫 글자와 출발(Start)의 영문명을 합친 것이다. 저소득층 아이들에게 복지와 교육의 기회를 제공함으로써 보다 동등한 삶의 출발선이 주어지도록 하는 활동으로 지난 2004년 국내에서도 '가난의 대물림을 끊자'는 각계 각층의 뜻이 모아져 사단법인 '위스타트 운동본부'가 만들어졌다.

94 ①

노동쟁의
임금, 근로시간, 복지, 해고 등의 근로조건에 대해 근로자와 고용주 간에 의견 불일치를 보여 발생하는 분쟁을 말한다. 노동쟁의가 벌어질 때에는 한쪽이 상대방에게 서면으로 통보해야 하고, 만약 어느 한쪽이 노동위원회에 노동쟁의 조정을 신청한 경우 위원회는 지체 없이 조정을 시행해야 한다.

노동쟁의의 종류
- 파업 : 근로 거부 행위
- 태업 : 근로를 게을리해 고용주에게 피해를 주는 행위 (사보타주)
- 보이콧 : 회사의 상품 또는 거래관계에 있는 제3자의 상품에 대한 불매운동
- 피케팅 : 플래카드, 피켓, 확성기 등을 사용해 근로자들이 파업에 동참할 것을 호소하는 행위
- 직장폐쇄 : 고용주가 노사협상에서 자신들의 뜻을 이루기 위해 일정기간 직장의 문을 닫는 행위

95 답 ②
노동 3권
- 단결권 : 자주적으로 노동조합을 설립할 수 있는 권리
- 단체교섭권 : 근로자가 근로조건을 유지하거나 개선하기 위해서 단체로 모여 사용자와 교섭할 수 있는 권리이다. 노동조합이 단체교섭권을 들어 합리적인 교섭을 요청할 때 사용자는 정당한 이유 없이 이를 거부하거나 피할 수 없다.
- 단체행동권 : 근로자가 자신의 근로 조건을 유리하게 하기 위해서 단체로 집단적인 행위를 할 수 있도록 한 쟁의권으로 정당한 단체행동권의 행사는 민사상·형사상 책임이 면제된다.

96 답 ①
알선은 노동쟁의의 신고를 접수한 행정관청에서 알선 공무원을 지명해 사건을 해결하는 것을 말하는데, 현행법에서는 폐지되었다.

97 답 ②
유니언 숍(Union Shop)은 노동조합 가입여부는 채용에 영향을 미치지 않지만 고용이 확정되면 일정기간 내에 반드시 노동조합에 가입해야 한다고 명시한 제도이다.

98 답 ②
① 워케이션(Worcation) : 일(Work)과 휴가(Vacation)의 합성어로, 휴가지에서의 업무를 급여가 발생하는 일로 인정해주는 근무형태
③ 허슬 컬쳐(Hustle Culture) : 직장인들이 개인의 생활보다 일을 중시하고 일에 열정적으로 임하는 태도
④ 미닝아웃 : 소비 하나에도 자신의 정치적·사회적 신념을 내비치는 MZ세대의 소비형태

99 답 ③
리우선언은 환경과 개발에 관한 기본원칙을 담은 선언문이다. 교토의정서는 기후변화협약의 구체적 이행방안으로 선진국의 온실가스 감축 목표치를 규정했고, 런던협약은 해양오염방지에 관한 국제협약이다.

100 답 ④
환경영향평가
개발이 환경에 미치는 영향의 정도나 범위를 사전에 예측·평가하고 그 대처 방안을 마련하여 환경오염을 사전에 예방하는 제도

101 답 ①
Green Ban 운동
그린 벨트 안에서의 건설 사업 및 자연·유적을 파괴하는 사업을 거부하는 운동

102 답 ①
업사이클링(Up-cycling)은 쓸모없어진 것을 재사용하는 리사이클링의 상위 개념이다. 즉 자원을 재이용할 때 디자인 또는 활용도를 더해 전혀 다른 제품으로 생산하는 것을 말한다.

103 답 ①
BOD(Biocheminal Oxygen Demand)
물속에 있는 유기물을 측정함으로써 오염물질을 정화시키기 위해 필요한 산소의 양을 알아보는 지표이다. 생화학적 산소요구량이라고도 하며 BOD값이 클수록 오염 정도가 높고, BOD값이 작을수록 깨끗한 물이다.

104 답 ②
비엔나협약은 오존층 보호를 위해 1985년 채택됐으며 습지보호를 위한 협약은 람사르협약이다. 람사르협약의 정식 명칭은 '물새서식지로서 특히 국제적으로 중요한 습지에 관한 협약'으로, 환경올림픽이라고도 불린다. 1971년 2월 이란의 람사르에서 열린 국제회의 때 채택되어 1975년 12월에 발효되었으며, 한국은 1997년 7월 28일에 101번째로 가입했다. 가맹국은 철새의 중계지나 번식지가 되는 습지를 보호할 의무가 있으며 국제적으로 중요한 습지를 1개소 이상 보호지로 지정해야 한다.

105 답 ④
RDD 방식
지역번호와 국번이 제외된 상태에서 전화면접조사가 이루어지며, 별도의 지역에 대한 질의시간이 필요하므로 기존 조사에 비해 조사시간이 길어지고, 이에 따른 추가 비용이 소요된다는 단점이 있다.

106 답 ①

네덜란드의 환경단체인 우르헨다(Urgenda) 재단은 지난 2015년 네덜란드 정부가 기후 위기로부터 국민들을 제대로 보호하지 못한다며, 이는 국가로서의 헌법상 의무를 위반한 것이라 주장하며 소송을 제기했다. 이 소송은 현지 대법원으로까지 진행됐는데, 2020년 12월 대법원은 네덜란드 정부가 기후 변화 위기로부터 시민을 보호할 의무를 다해야 한다며 우르헨다에게 최종 승소판결을 내렸다.

107 답 ③

나고야의정서는 다양한 생물자원을 활용해 생기는 이익을 공유하기 위한 지침을 담은 국제협약이다.

108 답 ①

① CBD는 생물 다양성 협약의 영문 약자이다.
② 람사르 협약 : 물새 서식지로서 특히 국제적으로 중요한 습지에 관한 협약
③ 세계 물포럼(WWF) : 세계 물 문제 해결을 논의하기 위해 3년마다 개최되는 국제회의
④ 교토의정서 : 기후변화협약(UNFCCC)에 따른 온실가스 감축을 이행하기 위한 의정서

109 답 ④

침묵의 나선 이론은 지배적인 여론 형성에 큰 영향력을 행사한다.

110 답 ④

깨진 유리창 이론은 깨진 유리창 하나를 방치해 두면 그 지점을 중심으로 범죄가 확산되기 시작한다는 주장이다.

111 답 ②

① 공직자가 사업을 무리하게 추진하며 자신의 임기 중에 반드시 가시적인 성과를 이뤄내려고 하는 업무 형태로, 님투현상과는 반대개념이다.
③ 사회적으로 필요한 혐오시설이 자기 집 주변에 설치되는 것을 강력히 반대하는 주민들의 이기심이 반영된 현상이다.
④ 지역발전에 도움이 되는 시설이나 기업들을 적극 자기 지역에 유치하려는 현상으로 님비현상과는 반대개념이다.

112 답 ①

② 쿠바드 증후군 : 아내가 임신했을 경우 남편도 육체적·심리적 증상을 아내와 똑같이 겪는 현상
③ 펫로스 증후군 : 가족처럼 사랑하는 반려동물이 죽은 뒤에 경험하는 상실감과 우울 증상
④ 빈둥지 증후군 : 자녀가 독립하여 집을 떠난 뒤에 부모나 양육자가 경험하는 외로움과 상실감

113 답 ④

9인승 이상 12인승 이하의 승합자동차가 고속도로에서 버스전용차로를 이용하기 위해서는 최소 6명 이상이 탑승해야 한다. 이를 위반할 경우 벌점 30점과 승용차는 범칙금 6만 원, 승합차는 7만 원을 부과받게 된다.

114 답 ③

그루밍족(Grooming族)은 패션과 미용에 아낌없이 투자하는 남성을 뜻하는 신조어다. 피부, 두발, 치아 관리는 물론 성형수술까지 마다하지 않으면서 자신을 꾸미는 것에 대한 투자를 아끼지 않는 남성들을 가리킨다. 패션과 외모에 관심이 많은 메트로섹슈얼족의 증가와 함께 자신을 치장하고 꾸미는 것에 큰 관심을 갖는 그루밍족도 늘고 있다.

115 답 ②

국토교통부가 2023년 11월 공공·민간법인이 이용하는 8,000만 원 이상의 업무용 승용차(법인차)에 대해 일반번호판과 구분하기 위해 '자동차 등록번호판 등의 기준에 관한 고시' 개정안을 행정예고함에 따라 2024년부터 대상 차량들은 연두색 번호판을 의무적으로 장착해야 한다. 전용번호판은 법인차에 일반번호판과 구별되는 색상번호판을 배정해 법인들이 스스로 업무용 차량을 용도에 맞게 운영하도록 유도하기 위해 추진된 것으로 세제혜택 등을 위해 법인 명의로 고가의 차량을 구입 또는 리스한 뒤 사적으로 이용하는 문제를 막기 위해 도입됐다.

116 답 ④

프레카리아트(Precariat)는 '불안정하다'라는 의미의 이탈리아어 'Precario'와 노동계급을 뜻하는 독일어 'Proletariat'가 조합된 단어로, 불안정한 고용과 저임금에 시달리는 노동자들을 의미한다. 영국 경제학자 가이 스탠딩은 '엘리트-봉급생활자-연금생활자-프롤레타리아'라는 전통적 계급 아래에 프레카리아트가 존재한다고 말하며, 이들은 평생 불안정한 직업을 전전하고 노동의 가치를 깨닫지 못할 뿐만 아니라 자기계발을 하기도 힘든 계급이라고 설명했다.

117 ④
탄소발자국(Carbon Footprint)은 생산부터 폐기까지 하나의 제품이 발생시키는 이산화탄소 배출 총량을 말한다. 2006년 영국 의회 과학기술처(POST)에서 처음 사용한 용어로 제품 생산 시 발생된 이산화탄소의 총량을 탄소발자국으로 표시하게 함으로써 유래됐다.

118 ②
둠루프(Doom Loop)란 '파멸의 고리'라는 뜻으로 하나의 부정적 행동이나 사고가 연쇄적으로 다른 부분으로까지 악영향을 끼치며 전반적인 상황을 악화시키는 현상을 말한다. 경제상황에서는 하나의 기업이 무너지면 그 충격으로 산업 전체가 몰락하는 현상을 뜻하기도 한다. 2008년 전 세계를 금융위기로 몰아넣었던 '서브프라임 모기지 사태'를 대표적 사례로 꼽을 수 있다.

119 ③
네포 베이비(Nepo Baby)란 족벌주의를 뜻하는 '네포티즘(Nepotism)'과 '아기(Baby)'를 합친 말로, 우리말로 하면 '금수저'를 뜻한다. 부유하고 유명한 부모에게서 태어나 별다른 노력 없이 풍족하고 성공적인 삶을 사는 자녀를 의미하는 말이다. 최근 미국에서는 청년층을 비롯한 대중들이 부모의 후광으로 화려한 삶을 사는 네포 베이비에 대한 반감을 느끼는 것으로 보도되기도 했다.

120 ④
게젤샤프트(Gesellschaft)는 독일의 사회학자 퇴니에스(F. Tonnies)가 주장한 사회유형 중 하나로 인위적으로 계약돼 이해타산적 관계에 얽혀 이루어진 '이익사회'를 일컫는다. 회사나 조합, 정당 같은 계약·조약으로 구성된 사회가 게젤샤프트라고 할 수 있다. 게마인샤프트(Gemeinschaft)는 가족과 친족, 마을 등의 '공동사회'를 의미하며, 게노센샤프트(Genossenschaft)는 '협동사회'로 이익사회와 공동사회의 성질을 모두 띠고 있는 사회를 뜻한다.

121 ①
칼리굴라 효과는 하지 말라고 하면 더 하고 싶어지는, 즉 금지된 것에 끌리는 심리 현상을 말한다. 1979년 로마 황제였던 폭군 칼리굴라의 일대기를 그린 영화 〈칼리굴라〉가 개봉했는데, 미국 보스턴에서 이 영화의 선정성과 폭력성을 이유로 들어 상영을 금지하자 오히려 더 큰 관심을 불러일으킨 데서 유래했다.

122 ③
림보세대는 어려운 경제상황으로 인해 고등교육을 받고도 경력을 쌓지 못한 채 가능성이 없는 일에 내몰리고 있는 청년들을 지칭하는 용어다. 2008년 글로벌 금융위기 이후 전 세계적인 사회현상으로 대두된 개념으로 미국 뉴욕타임스가 2011년 9월 발행한 기사에서 사용하면서 널리 확산됐다. 최근 장기간 이어진 경기침체로 취업난이 지속되면서 고학력자임에도 불구하고 정규직으로 일하지 못하고 계약직이나 아르바이트를 하며 생계를 꾸리는 림보세대가 다시 주목받고 있다.

123 ②
커리어 노마드(Career Nomad)는 '직업'이라는 뜻의 영단어 'Career'와 '유목민'이라는 뜻의 'Nomad'의 합성어로 하나의 조직이나 직무에만 매여 있지 않고 다양한 직장이나 직무를 찾아 일자리를 옮기는 사람을 가리킨다. '잡(Job)노마드'라고도 한다. 최근 불안정한 고용환경과 자기개발을 중시하는 사회적 분위기가 맞물리면서 과거 평생직장이나 평생직업을 선택하던 것에서 벗어나 다양한 경력활동을 추구하는 사람들이 증가하고 있다.

124 ③
로맨스 스캠(Romance Scam)은 주로 SNS상에서 신분을 위장하는 등의 방식으로 이성을 유혹한 뒤, 결혼이나 사업 자금을 명목으로 금전을 갈취하는 사기범죄 수법이다. 신분을 속여 피해자에게 호감을 산 후 거액의 투자를 유도하거나, 사기행각을 저지르도록 강요하기도 한다.

125 ①
퍼레니얼(Perennial) 세대란 자신이 속한 세대가 향유하는 문화나 생활방식에 얽매이지 않고, 다른 세대의 문화도 자유롭게 소비하는 탈세대형 인간을 뜻한다. 퍼레니얼은 원래 '다년생 식물'을 뜻하는데, 마우로 기엔 미국 펜실베이니아대 교수가 이 같은 의미로 재정의하면서 현재의 의미로 확산했다. 평균수명이 늘어나면서 각 세대가 보편적으로 향유하는 문화만을 고집하지 않고, 이를 넘나들며 유연하게 즐기는 사람들이 늘어나고 있다.

126 🗊 ①

베드 로팅(Bed Rotting)은 우리말로 하면 '침대에서 썩기'를 의미한다. 하루 종일 침대에 누워 SNS나 유튜브 등에 시간을 쏟으며 휴식을 취하는 것을 말한다. '집콕'과 유사한 의미로 최대한 다른 이들과의 접촉 없이 스트레스를 받지 않으려는 최근 세태를 반영한 신조어다. 그러나 한편으론 오히려 이러한 베드 로팅이 스마트폰 중독이나 우울감 등을 유발할 수도 있다는 의견도 나오고 있다.

127 🗊 ④

도넛화 현상은 '공동화 현상'이라고도 하며 높은 토지가격, 공해, 교통 등 문제들로 인해 도심에는 주택들이 줄어들고 상업·공공기관 등만이 남게 되는 현상이다. 주거인구의 분포를 보면 도심에는 텅 비어 있고, 외곽 쪽에 밀집돼 있어 도넛 모양과 유사하게 나타난다. 이로 인해 도심의 직장과 교외의 주택 간 거리가 멀어지는 직주분리가 나타나는데, 심해지면 교통난이 가중되고 능률이 떨어져 다시 도심으로 회귀하는 현상이 일어날 수도 있다.

128 🗊 ①

라포(Rapport)는 상담 또는 교육, 의사소통을 바탕으로 구축된 상호 신뢰관계를 뜻하는 말이다. 주로 상담 과정에서 상담자와 내담자 사이에 쌓이는 친근한 인간관계를 지칭할 때 쓰인다. 라포는 공감대 형성과 상호 협조가 필요한 상담·치료·교육과정에서 성공을 이끌어낼 수 있는 필수요소로 꼽힌다.

129 🗊 ③

마찰적 실업이란 구직자·근로자들이 더 좋은 조건을 찾는 탐색행위로 인해 발생하는 실업으로, 고용시장에서 노동의 수요와 공급 간에 소통이 원활하지 않아 발생한다. 근로자들이 자발적으로 선택해서 발생하는 일시적인 실업 유형이므로 자발적 실업에 해당한다. 자발적 실업은 일할 능력과 의사는 있지만 현재의 임금수준이나 복지 등에 만족하지 못하고 다른 곳으로 취업하기 원하여 발생하는 실업을 말한다.

CHAPTER 05 과학·컴퓨터·IT

문제편 p.192

01	02	03	04	05	06	07	08	09	10
③	②	②	②	①	①	④	①	②	④
11	12	13	14	15	16	17	18	19	20
①	②	④	①	③	③	①	④	①	②
21	22	23	24	25	26	27	28	29	30
①	②	②	④	③	③	①	②	④	③
31	32	33	34	35	36	37	38	39	40
①	①	④	②	④	④	④	④	②	③
41	42	43	44	45	46	47	48	49	50
④	②	②	①	③	④	④	①	③	②
51	52	53	54	55	56	57	58	59	60
④	③	①	②	①	④	④	③	①	④
61	62	63	64	65	66	67	68	69	70
①	①	④	④	④	③	①	①	②	①
71	72	73	74	75	76	77	78	79	80
④	④	③	③	②	③	①	②	④	④
81	82	83	84	85	86	87	88	89	90
③	②	②	③	①	②	④	③	②	④
91	92	93	94	95	96	97	98	99	100
①	③	②	①	③	①	②	①	④	①
101	102	103	104	105	106	107	108	109	110
③	②	②	④	②	①	④	③	①	④
111	112	113	114						
③	④	③	①						

01 답 ③

2023년 5월 25일 전남 고흥군 나로우주센터에서 3차 발사에 성공한 한국형 발사체의 이름은 누리호(KSLV-Ⅱ)이다.

02 답 ②

- 알파고(AlphaGo) : 구글의 딥마인드가 개발한 인공지능 바둑 프로그램
- 딥블루(Deep Blue) : IBM에서 개발한 체스에 특화된 인공지능 컴퓨터
- 바드(Bard) : 구글의 대형 언어 모델(LLM)인 LaMDA와 PaLM을 기반으로 하는 인공지능 검색 엔진 서비스

03 답 ②

딥페이크는 인공지능(AI)이나 안면매핑(Facial Mapping) 기술을 활용해 특정영상에 사람의 얼굴을 합성한 편집물을 일컫는다. 특정인의 표정이나 버릇, 목소리, 억양 등을 그대로 흉내내면서 하지도 않은 언행을 한 것처럼 보이게 한다.

04 답 ②

퍼서비어런스는 지난 2021년 2월 18일 화성의 예제로 크레이터에 착륙한 미항국우주국의 15번째 탐사선이다. 화성에 있을지 모를 생명체의 흔적을 찾고, 토양과 암석의 샘플을 채취해 돌아오는 임무를 맡았다.

05 ①

팹리스(Fabless)는 반도체를 직접 생산하지 않고 반도체 설계와 기술개발에만 집중하며 생산은 위탁하는 회사를 말한다. 대표적인 팹리스 업체로는 '엔비디아', '애플', '퀄컴' 등이 있다. 아이디엠(IDM)은 '인텔'이나 '삼성전자'와 같이 생산과 설계를 종합적으로 다루는 회사며, 파운드리(Foundry)는 위탁생산만을 전문으로 한다.

06 ①

데이터 마이닝
통계학적 관점에서 데이터를 찾고 통계상에 나타나는 현상과 흐름을 파악하는 것이다. 빅데이터 기술에 활용된다.

빅데이터
인터넷 등의 발달로 방대한 데이터가 쌓이는 것, 그리고 데이터 처리기술의 발달로 디지털 환경에서 만들어지는 방대한 데이터를 분석해 그 의미를 추출하고 경향을 파악하는 것을 말한다.

딥러닝
인공지능 프로그램이 다양한 데이터를 통해 스스로 머신러닝을 수행할 수 있는 인공신경망을 만드는 것이다. 머신러닝이란 알고리즘을 이용해 데이터를 분석하고 이를 기반으로 판단하는 작업인데, 딥러닝은 알고리즘을 생성하는 것까지 자동화하는 기반을 만든 것이다.

07 ④

블루투스
1994년 스웨덴의 통신 장비 제조사 에릭슨이 개발한 근거리 무선 통신 산업 표준이다. 전 세계 많은 기업들이 무선 장비의 통신 규격으로 사용하고 있으며, 블루투스의 명칭과 로고는 덴마크와 노르웨이를 통일한 왕 하랄드 블라톤의 별칭 '파란 이빨의 왕'에서 따왔다고 한다.

음성인식 AI 프로그램 정리
- 삼성 : 빅스비
- 애플 : 시리
- 구글 : 어시스턴트
- 아마존 : 알렉사
- 네이버 : 클로바

08 ①

ASMR
Autonomous Sensory Meridian Response의 약자이다. 한국어로는 '자율감각 쾌락 반응'이라고 하며, 유튜브 등 멀티미디어 사이트에서 유행하고 있는 콘텐츠로, 주로 청각을 이용하여 시청자들의 쾌감을 유발하는 것이다. 발전한 녹음 장비와 음향 장비를 통해서 콘텐츠 수용자는 콘텐츠 내의 일이 마치 바로 옆에서 일어나고 있는 것처럼 느낄 수 있다.

09 ②

가상화폐
현물 화폐 없이 가상 네트워크에서 전자식으로 발행·계산되는 화폐를 말한다. 화폐 안전성을 위해 블록체인과 같은 보안 방식을 이용하는 것이 특징이다. 대표적으로 비트코인이 있다.

알트코인(Altcoin)
Alternative(대체)와 Coin의 합성어로, 리플·이더리움·라이트코인 등 비트코인 이외의 모든 암호화폐를 통틀어 부르는 말이다. 비트코인의 가치가 지나치게 올랐다는 인식 때문에 암호화폐의 가능성에 주목한 투자자들이 찾는 대체 투자처로 관심을 끌고 있다.

10 ④

퀀텀비트(Quantum Bit)
양자컴퓨터란 기존의 전산 방식의 계산을 양자역학을 이용한 계산 방식으로 바꾸어, 현재 슈퍼컴퓨터의 수억배의 계산속도를 낼 수 있다고 예상되는 미래의 컴퓨터이다. 양자컴퓨터를 구현하기 위해서는 원자를 고정시켜 신호를 저장할 수 있어야 하는데 이렇게 만들어진 양자 정보를 퀀텀비트라 한다.

퀀텀점프(Quantum Jump)
양자역학에서 전자가 주기를 변경할 경우 그 움직임이 도약하듯이 이뤄지는 것을 가리킨다. 경제학에서는 이 개념을 가져와 기업의 실적이 단기간에 비약적으로 호전되는 경우에 사용한다.

11 ①

패킷(Packet)
주로 데이터 통신 분야에서 사용되는 용어로, 네트워크를 통해 전송하기 쉽도록 자른 데이터의 전송단위를 의미한다. 본래는 소포를 뜻하며 데이터 전송 시 송신측과 수신측에 의하여 하나의 단위로 취급되어 전송되는 집합체를 의미한다.

12 ③
멀티태스킹(Multi Tasking)
다중과업화라고도 하며, 컴퓨터 처리 시 동시에 몇 가지 이상의 일을 할 수 있도록 한 고도의 처리방식이다. 컴퓨터 하드웨어의 발달과 함께 처리속도와 메모리용량이 증대되면서 한 대의 컴퓨터로 여러 작업을 동시에 하는 것이 가능해졌다. 오늘날 대부분의 운영체계들은 멀티태스킹을 지원하고 있다.

13 ④
OLED(Organic Light-Emitting Diode)
형광성 유기 화합물에 전류가 흐르면 빛을 내는 발광현상을 이용하여 만든 자체발광형 유기물질로, LCD를 대체할 꿈의 디스플레이로 각광받는다. 화질 반응속도가 빠르고, 동영상 구현 시 잔상이 거의 나타나지 않으며 에너지 소비량도 적다. 뿐만 아니라 높은 화질과 단순한 제조공정으로 인해 가격 경쟁면에서 유리해 휴대전화, 캠코더, PDA 등 각종 전자제품의 액정 소재로 사용된다.

14 ①
바이오의약품을 복제한 약을 말한다. 오리지널 바이오의약품과 비슷한 효능을 갖도록 만들지만 바이오의약품의 경우처럼 동물세포나 효모, 대장균 등을 이용해 만든 고분자의 단백질 제품이 아니라 화학 합성으로 만들기 때문에 기존의 특허받은 바이오의약품에 비해 약값이 저렴하다.

15 ③
디도스(DDoS)
특정 사이트를 마비시키기 위해 여러 대의 컴퓨터가 일제히 공격을 가하는 해킹 수법을 말한다. 특정 컴퓨터의 자료를 삭제하거나 훔치는 것이 목적이 아니라 정당한 신호를 받지 못하도록 방해하는 분산서비스 거부를 말한다. 여러 대의 컴퓨터가 일제히 공격해 대량 접속이 일어나게 함으로써 해당 컴퓨터의 기능이 마비되게 한다.

16 ③
크로마 키(Chroma-key)는 영상 합성 기술로 두 영상의 색상 차이를 이용해 특정한 피사체만을 추출하여 다른 영상에 끼워 넣는 기술이다. 추출하고자 하는 피사체가 사람일 경우, 피부색의 보색인 청색이나 녹색의 배경 앞에 사람을 세워 촬영한 후 배경색을 제거하면 배경이 검게 되고 사람만 남게 된다. 그리고 배경 화면을 따로 촬영하여 추출한 사람의 영상을 합성하는 것이다.

17 ①
가거초 해양과학기지
2009년 10월 13일 이어도에 이은 2번째 해양과학기지인 가거초 해양과학기지가 준공됐다. 전남 가거도 서쪽에 있는 가거초의 수심 15m 아래에 건설된 해양과학기지로, 기상·해양·대기환경 등을 관측하는 임무를 맡고 있다.

18 ②
벤조피렌(Benzopyrene)
5개의 벤젠 고리가 결합한 분자이다. 300℃에서 600℃ 사이에서 불완전 연소를 통해 생성된 물질로 콜타르나 공장의 물질을 태운 후 연기를 내보내는 굴뚝, 자동차의 배기가스(특히 디젤엔진), 담배 연기, 탄 음식의 일부 등에서 나오는 물질이다. 현재는 1급 발암물질로 분류되고 있다.

19 ③
리튬폴리머 전지(Lithium Polymer Battery)
외부전원을 이용해 충전하여 반영구적으로 이용하는 고체 전해질 전지로, 안정성이 높고 에너지 효율성이 높은 차세대 2차 전지이다. 전해질이 고체 또는 젤 형태이기 때문에 전지가 파손되어도 발화하거나 폭발할 위험이 없어 안정적이다. 제조공정이 간단해 대량생산이 가능하며 노트북, 캠코더 등에 주로 사용된다.

20 ②
그리드 컴퓨팅(Grid Computing)
PC나 서버, PDA 등 모든 컴퓨팅 기기를 연결해 컴퓨터 처리능력을 한 곳으로 집중시킬 수 있는 인터넷망이다. 정보 처리 능력을 슈퍼컴퓨터 이상 수준으로 극대화할 수 있으며 빠른 속도로 정보를 처리할 수 있다.

21 ①
방사성 원소는 천연 방사성 원소와 인공 방사성 원소로 나눌 수 있다. 방사선을 방출하고 붕괴하면서 안정한 원소로 변한다. 안정한 원소가 되기 위해 여러 번의 붕괴를 거친다. 천연적인 것으로는 우라늄, 악티늄, 라듐, 토륨 등이 있고, 인공적인 것으로는 넵투늄 등이 있다. 헬륨은 방사성 원소가 아니라 비활성 기체이다.

22 답 ②

- 큐리오시티 : 미국 항공우주국(NASA)의 4번째 화성탐사선으로, 높이 213m, 무게 약 900kg의 대형 탐사선이다. 2012년 8월 화성 표면에 안착했으며 화성 적도지역을 돌아다니며 탐사 연구를 진행한다.
- 힉스 : 우주가 막 탄생했을 때 몇몇 소립자들에 질량을 부여한 것으로 간주되는 힉스입자는 지금까지 관측할 수 없었고, '신의 입자'라고 불려왔다. 하지만 2013년 10월 그 존재가 과학적으로 증명됨으로써 현대 이론물리학에서의 '표준모형'이 완성되었다.

23 답 ②

스스로 빛을 내는 현상을 이용한 디스플레이는 OLED이다.
RFID
생산에서 판매에 이르는 전 과정의 정보를 극소형 IC칩에 내장시켜 이를 무선 주파수로 추적할 수 있도록 함으로써 다양한 정보를 관리하는 차세대 인식기술이다. 실시간으로 사물의 정보와 유통 경로, 재고 현황까지 파악할 수 있어 바코드를 대체할 차세대 기술로 손꼽힌다.

24 답 ④

데이터 마이닝(Data Mining)
기업이 보유하고 있는 대규모의 데이터베이스로부터 정보의 연관성을 파악하고, 새로운 규칙 등을 발견함으로써 중요한 의사결정을 위한 정보로 활용해 기업의 경쟁력을 높이고 이익을 극대화하는 과정이다.

25 답 ③

가상현실기술은 가상환경에 사용자를 몰입하게 하여 실제 환경을 볼 수 없지만 증강현실기술은 실제 환경을 볼 수 있게 하여 현실감을 제공한다.

26 답 ③

세종과학기지가 킹조지섬에 위치해 있다. 장보고기지는 테라노바 만에 있다.

27 답 ①

Bq(베크렐)은 방사능 물질이 방사능을 방출하는 능력을 측정하기 위한 방사능의 국제단위이다.

28 답 ②

지구 자기장의 3요소는 편각, 복각, 수평자력이다. 편각은 지리학적인 자오면과의 각을 말하고, 복각은 자석의 중심을 실로 매달고 자유롭게 움직일 수 있도록 했을 때 자석의 수평면과 이루는 경사를 말한다. 그리고 지구 자기에 의한 어느 점의 자기장 세기에 대한 수평방향의 분력을 수평분력 또는 수평자력이라 한다.

29 답 ④

탄소나노튜브는 엉켜진 다발형태로 존재하기 때문에 수용액에 들어가면 서로 뭉쳐버리는 성질이 있어서 산업현장에 응용하기는 어렵다. 산업적 응용을 위해서는 탄소나노튜브를 고르게 분산시켜 원하는 소재에 흡착시킬 수 있는 기술이 필수적이다.

30 답 ③

가시광선 파장
빨간색(610~700nm), 주황색(590~610nm), 노란색(570~590nm), 초록색(500~570nm), 파란색(450~500nm), 자주색(400~450nm)

31 답 ①

매리너 계획은 금성·화성·수성 등의 탐사 계획이며, 나머지는 달 탐사 계획이다.

32 답 ①

파이어니어 1호는 달 궤도 진입에 실패했고, 1959년 발사된 루나 1호(소련)가 최초로 달 궤도에 진입했다.

33 답 ④

델린저현상
27일 또는 54일을 주기로 10분 내지 수십 분 동안 급격하게 일어나는 단파 통신의 장애 현상이다. 그 원인은 태양면의 폭발에 의하여 생긴 자외선이 전리층 중 E층의 하부를 강하게 이온화시켜 거기에 전파가 흡수되기 때문이다.
① 도시의 급격한 발전과 지가가 치솟으면서 도시 주변이 무질서하게 확대되는 현상
③ 도시 중심부의 상주인구가 감소하고 도시 주변에 인구가 뚜렷하게 증가하는 형상

34 ②
초신성 폭발
어두운 항성이 갑자기 대폭발을 일으켜 엄청난 에너지가 순간적으로 방출되면서 15등급(100만 배)이나 밝아지고 사멸되는 현상으로 이는 갓 태어난 별의 모습처럼 보여서 초신성이라 불린다.

35 ④
마이데이터(Mydata)산업은 일명 신용정보관리업으로 금융데이터의 주인을 금융회사가 아니라 개인으로 정의해, 각종 기관과 기업에 산재하는 신용정보 등 개인정보를 직접 관리하고 활용할 수 있는 서비스다.

36 ④
RFID는 IC칩을 내장해 무선으로 정보를 관리하는 차세대 인식기술이다.

37 ④
미러 사이트(Mirror Site)
'미러(Mirror)'는 자료의 복사본 모음을 뜻하며, 미러 사이트들은 가장 일반적으로 동일한 정보를 여러 곳에서 제공하기 위해, 특히 클라이언트가 요청하는 대량의 안정적인 다운로드를 위해서 만들어진다. 웹 사이트 또는 페이지가 일시적으로 닫히거나 완전히 폐쇄되어도 자료들을 보존하기 위해 만들어진다.

38 ④
①·②·③은 화학적 현상이고, ④는 관성에 의한 현상으로서 물리적 현상이다.

39 ②
트로이목마는 컴퓨터 사용자의 정보를 빼가는 악성 프로그램이며, 스턱스넷(Stuxnet)은 기반 시설의 제어시스템을 감염시키는 것이고, 스네이크는 스마트폰 사용자의 정보를 빼내거나 유료 문자를 임의로 발신하는 방식이다.

40 ③
제로레이팅은 특정한 콘텐츠에 대한 데이터 비용을 이동통신사가 대신 지불하거나 콘텐츠 사업자가 부담하도록 하여 서비스 이용자는 무료로 이용할 수 있게 하는 것을 말한다.

41 ④
크라우드 소싱
군중(Crowd)과 아웃소싱(Outsourcing)의 합성어이다. 경제적 보상을 추구하는 대중들의 웹 협동 작업으로서 기업이나 산업계에서 상품이나 서비스를 생산하기 위해 인터넷으로 대중에게 의견을 수렴하여 제품 개발에 반영하는 것이다. 웹 2.0시대에 UCC가 활발해지면서 더욱 활성화되었다.

42 ②
터치스크린은 일반 모니터의 화면에 터치 패널(Touch Pannel)이라는 장치를 덧붙여서 기능을 발휘하는 것이다. 터치 패널은 상하좌우로 눈에 보이지 않는 적외선이 흐르게 하여 화면에 수많은 사각형 격자가 생기도록 함으로써, 손끝이나 기타 물체로 이 격자에 접촉하면 그 위치를 파악한다.

43 ②
베텔기우스(Betelgeuse)
지구로부터 약 640광년 떨어진 베텔기우스는 오리온자리 사변형의 왼쪽 위 꼭짓점에 위치한 적색의 거대한 별이다. 반지름은 태양의 900배 정도이며 질량은 태양의 20배 정도로, 현재 중력 붕괴 징후를 보이며 질량을 잃고 있다고 알려졌다. 대폭발을 일으키면 지구에서 2개의 태양이 떠 있는 것처럼 보일 수 있지만 폭발의 정확한 시점을 확인할 수 없다.

44 ①
저주파 소음의 범위는 1~20Hz 정도로 귀에는 들리지 않지만 몸으로는 느낄 수 있어 장기간 들을 경우 신체에 이상을 일으킬 수 있다.

45 ③
증강현실
혼합현실이라고도 하며 사용자가 눈으로 보는 현실세계에 가상물체를 겹쳐 보여주는 기술이다. 이것은 컴퓨터 그래픽으로 만들어진 가상환경을 사용하지만 주역은 현실환경이다. 가상현실기술은 가상환경에 사용자를 끌어들여 실제환경을 볼 수 없게 하지만 실제환경과 가상의 객체가 혼합된 증강현실기술은 사용자가 실제환경을 볼 수 있게 하여 보다 나은 현실감과 부가적인 정보를 제공한다.

46 답 ④
가상이동통신망사업자
이동통신서비스를 제공하기 위해 필수적인 주파수를 보유하지 않고, 주파수를 보유하고 있는 이동통신망사업자(MNO ; Mobile Network Operator)의 망을 통해 독자적인 이동통신서비스를 제공하는 사업자이다.

47 답 ④
웜홀(Wormhole)은 블랙홀과 또 다른 블랙홀(화이트홀)을 이어 붙인 통로를 지름길로 이용해, 아주 먼 거리도 가로질러 여행할 수 있다고 추정되는 가설적 공간이다. 웜홀은 이론적으로는 가능하나 안정성 등의 문제 때문에 실제로 존재하고 또 인공적으로 만들 수 있을지에 대해서는 많은 의문이 있다.

48 답 ①
국제천문연맹은 명왕성을 공전궤도가 불규칙하고 크기가 달보다도 작으며 형태가 타원에 가깝다는 등의 이유로 태양계의 행성으로서의 지위를 박탈했다.

49 답 ③
코덱(Codec)은 아날로그 데이터를 디지털로 저장 후 아날로그로 재생하는 기술 또는 장치이다. 주로 음성이나 동영상을 저장하고, 재생하는 데 이용된다.

50 답 ②
OTT는 'Top(셋톱박스)를 통해 제공됨'을 의미하는 것으로, 범용 인터넷을 통해 미디어 콘텐츠를 이용할 수 있는 서비스를 말한다. 넷플릭스는 세계적으로 유명한 OTT 서비스 제공업체이다.

51 답 ④
세계 리튬 매장량의 절반(약 540만 톤)이 볼리비아 서남부의 황무지에 묻혀 있는 것으로 추정되었다. 이로 인해 우리나라를 포함한 중국, 일본 등이 자원 확보를 위해 열띤 경쟁을 벌였다.

52 답 ③
행성의 밝기는 등급의 숫자가 작을수록 밝은 별이다.

53 답 ①
① DRM은 우리말로 디지털 저작권 관리라고 부른다. 허가된 사용자만 디지털 콘텐츠에 접근할 수 있도록 제한해 비용을 지불한 사람만 콘텐츠를 사용할 수 있도록 하는 서비스 또는 정보보호 기술을 통틀어 가리킨다.
② 인터넷에서 그래픽, 음악, 영화 등 다양한 정보를 통일된 방법으로 찾아볼 수 있는 서비스를 의미한다.
③ 인터넷에 접속된 수많은 사용자와 대화하는 서비스이다.
④ 온라인 인맥구축 서비스로 1인 미디어, 1인 커뮤니티, 정보 공유 등을 포괄하는 개념이다.

54 답 ②
TV 방송의 신호규격

컬러TV	NTSC방식	미국식 : 한국, 일본, 캐나다 등
	PAL방식	유럽식 : 독일 텔레푼켄사가 개발. 영국, 호주, 중국, 북한 등
	SECAM방식	프랑스 독자방식 : 러시아 등 동유럽, 터키, 이집트 등
디지털 TV	ATSC방식	미국식, 이동수신이 불리한 반면 잡음에 강하고 HDTV에 유리
	DVB-T방식	유럽방식, 이동수신이 유리한 반면 잡음에 약하고 HDTV에 불리
	ISDB-T방식	일본에서 개발한 디지털 TV 방식

55 답 ①
쿠키
인터넷 웹 사이트의 방문 기록을 남겨 사용자와 웹 사이트 사이를 매개해 주는 정보로서 고객이 특정 홈페이지에 접속할 때 생성되는 정보를 담은 임시 파일로, 크기는 4KB 이하로 작다. 쿠키는 애초 인터넷 사용자들의 홈페이지 접속을 돕기 위해 만들어졌다. 특정 사이트를 처음 방문하면 아이디와 비밀번호를 기록한 쿠키가 만들어지고 다음에 접속했을 때 별도의 절차 없이 사이트에 빠르게 연결할 수 있다.

56 ④
초전도 응용분야
- 에너지분야 : 차세대 초전도 핵융합 외 MHD 발전 등
- 전력분야 : 초전도에너지저장(SMES), 초전도변압기, 초전도케이블, 초전도발전기 등
- 교통분야 : 초전도자기부상열차, 초전도전자추진선박, 초전도전기자동차 등
- 의료·과학분야 : MRI, NMR, 뇌자기검출기, 암치료 사이클로트론, High Field Magnet 등
- 환경·산업분야 : 핵폐기물처리가 가능한 초전도자기분리, 입자가속기 등
- 전자·정보분야 : 초전도슈퍼컴퓨터, SQUID 등

57 ④
①·②·③ 제1법칙(관성의 법칙)

58 ③
초전도 현상
어떤 물질을 절대온도(-273℃)에 가까운 극저온 상태로 냉각시키면 갑자기 전기저항이 없어지는 물리적 현상을 말한다.

59 ①
블랙홀
빛마저도 빨려 들어갈 정도로 중력과 밀도가 무한대에 가깝게 큰 천체이다. 스티븐 호킹이 아인슈타인의 상대성 이론에 근거하여 주장하였다. 행성이 폭발할 때 극단적으로 수축하면서 밀도와 중력이 어마어마하게 커진 천체가 블랙홀이다. 이때 발생한 중력으로부터 빠져나오려면 빛보다 빠른 속력을 가져야 하므로, 빛조차도 블랙홀 안으로 빨려 들어가는 것이다. 만약 지구만한 행성이 블랙홀이 된다면 그 반지름은 겨우 0.9cm로 줄어들게 될 정도로 중력이 크다. 블랙홀이라는 명칭이 붙게 된 이유도 직접 관측할 수 없는 암흑의 공간이기 때문이다.

60 ④
오로라
태양에서 방출된 플라스마의 일부가 지구의 자기장에 이끌려 대기에 진입하면서 공기 중에 있는 분자와 접촉·반응해 빛을 내는 현상이다.

61 ①
행성들은 태양에 가까울수록 공전주기가 짧다. 수성의 공전주기는 87.968435일이다.

62 ①
영국 맨체스터 대학의 안드레 가임 박사와 콘스탄틴 노보셀로 박사는 2004년 세계 최초로 흑연에서 그래핀을 분리해내는 데 성공하여 완벽한 단원자층 그래핀을 얻음으로써 그래핀의 성질을 밝혀냈다. 이에 대한 공로를 인정받아 2010년 노벨 물리학상을 받았다.

63 ④
열역학 제1법칙은 에너지 보존법칙이며, 제2법칙은 엔트로피의 법칙이다.

64 ③
양성자와 중성자가 몇 개씩 결합한 것이고 양의 전하를 띠고 있으며, 양성자와 같은 수의 전자가 둘러싸고 있어 전기적으로 중성의 원자가 된다.

65 ④
공기가 있으면 공기와의 마찰과 부력에 의해 일정한 속도로 낙하할 수 없다.

66 ③
LTE는 4세대에 속하는 전송규격으로 3.9세대로도 분류한다.

67 ①
② 디버깅(Debugging) : 원시프로그램에서 목적프로그램으로 번역하는 과정에서 발생하는 오류를 찾아 수정하는 것
③ 스풀(SPOOL) : 데이터를 주고받는 과정에서 중앙처리장치와 주변장치의 처리 속도가 달라 발생하는 속도 차이를 극복해 지체 현상 없이 프로그램을 처리하는 기술
④ 멀티태스킹(Multitasking) : 한 사람의 사용자가 한 대의 컴퓨터로 2가지 이상의 작업을 동시에 처리하거나, 2가지 이상의 프로그램들을 동시에 실행시키는 것

68 답 ③
웹이란 인터넷의 서비스 가운데 문자·영상·음향·비디오 정보를 한꺼번에 제공하는 멀티미디어 서비스를 말하며 각각의 웹사이트에 들어갈 때 처음에 나타나는 초기 화면이 홈페이지이다.

69 답 ②
② 원시프로그램상의 오류를 찾아 수정하는 작업으로 착오 검색이라고 함
① 데이터, 프로그램이나 문서의 표현 형식이나 배열을 정리하는 것(편집)
③ 데이터 처리장치가 받아들일 수 있는 기호형식에 의하여 데이터를 표현하는 것(부호화)
④ 데이터 집합을 살피는 것(탐색)

70 답 ①
MPEG(Moving Picture Experts Group)
동영상전문가모임으로서 국제표준화기구(ISO)의 기술분과위원회 중의 하나이며, 여기서 제정한 동영상 압축 표준을 MPEG라 하고 이 표준에 맞게 설계된 보드가 MPEG보드이다.

71 답 ④
핵융합에는 1억℃ 이상의 높은 온도가 필요한데, 태양과 같은 별은 그 빛에너지가 핵융합에서 생긴다.

72 답 ④
저체온증의 단계별 체온 기준
- 경증 : 중심체온 33~35℃ 정도의 체온
- 중증도 : 중심체온 29~32℃ 정도로 낮은 체온
- 중증 : 중심체온 28℃ 이하로 체온 범위 하향

73 답 ③
① 립프로깅 : 중간단계의 기술을 뛰어넘어 다음 단계의 기술을 이용하는 현상
② 사이포닝 : 케이블TV가 기존 공중파 방송에 위협을 주는 현상
④ 클리킹 : 리모콘에 의한 텔레비전 시청형태를 지칭하는 말

74 답 ③
구글이 안드로이드를 무료로 이용할 수 있게 하면서 다른 스마트폰 제조업체들이 자체적인 운영체제를 개발하지 않아도 되기 때문에 제품의 출시가 쉬워졌다.

75 답 ②
라틴어로 '언제, 어디에나 있는'을 의미하는 유비쿼터스는 사용자가 시공간의 제약 없이 자유롭게 네트워크에 접속할 수 있는 환경을 말한다.

76 답 ③
플래시 메모리
전원을 끊더라도 데이터가 없어지지 않는 메모리를 말하며, PC의 소형화 등에 꼭 필요한 반도체 소자이다. 전원이 끊어져도 저장된 데이터를 보존하는 기능이 있는 롬과 정보의 입출력이 자유롭다는 장점을 가진 램의 특성을 모두 갖고 있다.

77 답 ①
N스크린
스마트폰·PC·태블릿PC 등 다양한 기기에서 하나의 콘텐츠를 공유할 수 있는 차세대 기술이다.

78 답 ④
① 프롭테크 : 부동산과 기술을 결합한 용어로 정보기술을 결합한 부동산 서비스 산업
② 앱테크 : 어플리케이션과 재테크의 합성어로 스마트폰 앱을 활용해 돈을 버는 것
③ 핀테크 : 금융과 기술의 합성어로 금융과 IT의 융합을 통한 금융서비스 및 산업의 변화

79 답 ④
SRAM은 DRAM보다 몇 배나 더 빠르긴 하지만 가격이 고가이기 때문에 소량만 사용한다.

80 답 ④
도메인 네임의 종류
- co.kr : 영리기관(회사) 또는 개인
- ne.kr : 네트워크
- or.kr : 비영리기관
- re.kr : 연구기관
- ac.kr : 대학 교육기본법 및 교육기관(학교)
- go.kr : 정부, 행정, 입·사법기관

81 답 ③
프리웨어
별도의 라이센스 없이 무료로 배포되는 소프트웨어이며, 사용에 따른 돈을 지불할 필요는 없지만 영리 목적으로는 배포할 수는 없다.

82 답 ②
웨바홀리즘
웹(Web)과 알코올 중독(Alcoholism)의 합성어인 웨바홀리즘은 일상생활에서 정신적·심리적으로 인터넷에 과도하게 의존하는 중독 증세이다. 이들은 인터넷에 접속하지 않으면 불안감을 느끼고 일상생활을 하기 힘들 정도로 힘들어하며 수면부족, 생활패턴의 부조화, 업무능률 저하 등이 나타나기도 한다.

83 답 ②
HTTP(Hyper Text Transfer Protocol)
WWW상에서 클라이언트와 서버 사이에 정보를 주고받는 요청/응답 프로토콜로 인터넷 데이터 통신규약이다. 클라이언트인 웹브라우저가 HTTP를 통해서 서버로부터 웹페이지나 그림 정보를 요청하면, 서버는 이 요청에 응답하여 필요한 정보를 해당 사용자에게 전달하게 된다.

84 답 ③
화재가 발생했을 때 불이 번지지 않게 하기 위해서 차단막을 만드는 것처럼, 네트워크 환경에서도 기업의 네트워크를 보호해주는 하드웨어, 소프트웨어 체제를 '방화벽'이라 한다.

85 답 ①
VAN(Value Add Network)
부가가치통신망이라고 하며, 공중 전기통신사업으로부터 통신회선을 차용하여 독자적인 네트워크로 각종 정보를 문자·영상·음성 등으로 교환하고 정보를 축적 또는 복수로 전송하는 등 단순 통신이 아니라 부가가치가 높은 서비스를 하는 것이다.

86 답 ②
모바일 컨버전스(Mobile Convergence)
휴대전화에 통화, 문자메시지 등의 기본적인 기능 외에 게임기, 카메라, DMB, MP3 등 다양한 기능이 통합돼 있는 것을 말한다. 사람들의 삶을 간편하고 다양하게 만든다는 점에서 긍정적이라고 볼 수 있지만, 한편으로는 기본적인 기능만 필요로 할 뿐 다른 기능에는 관심이 없는 사람들에게는 비용, 사용방법에 있어서 불편함이 따른다.

87 답 ④
망중립성
네트워크사업자가 관리하는 망이 공익을 위한 목적으로 사용돼야 한다는 원칙을 말한다. 통신사업자는 막대한 비용을 들여 망설치를 하여 과부하로 인한 망의 다운을 막으려고 하지만 스마트TV 생산회사들은 이에 대한 고려 없이 제품생산에만 그쳐, 망중립성을 둘러싼 갈등이 불거졌다.

88 답 ③
GI, 즉 혈당지수는 어떤 식품이 혈당을 얼마나 빨리, 많이 올리느냐를 나타내는 수치이다. 예를 들어 혈당지수가 85인 감자는 혈당지수가 40인 사과보다 혈당을 더 빨리 더 많이 올린다. 일반적으로 혈당지수 55 이하는 저혈당지수 식품, 70 이상은 고혈당지수 식품으로 분류한다.

89 답 ②
① 바람에 의해 해파가 형성되어 바람의 방향으로 물이 이동하는 해류
③ 바다에서 해안으로 흐르는 해류
④ 해안으로부터 먼 곳에서 나타나는 해안과 평행한 바닷물의 흐름

90 ④
W(와트)는 단위 시간당 에너지(일률)의 국제단위로 1초에 1J의 일을 하는 일률을 1W라 정한다.

91 ①
질소(N), 산소(O_2) 등의 기체는 가시광선이나 적외선을 모두 통과시키기 때문에 온실효과를 일으키지 않는다. 교토의정서에서 정한 대표적 온실가스에는 이산화탄소(CO_2), 메탄(CH_4), 아산화질소(N_2O), 수소불화탄소(HFCs), 과불화탄소(PFCs), 육불화유황(SF_6) 등이 있다.

92 ③
LPG는 액화하기 쉽고 운반이 편리하고 비용이 저렴한 반면 LNG는 메탄을 주성분으로 하며 액화가 어렵고 비싸다.

93 ②
콜럼비아호(우주왕복선 1호), 챌린저호(우주왕복선 2호), 디스커버리호(우주왕복선 3호), 아틀란티스호(우주왕복선 4호), 엔데버호(우주왕복선 5호)

94 ①
관성의 법칙은 물체가 원래 운동 상태를 유지하고자 하는 법칙이다. 달리던 버스가 갑자기 서면서 몸이 앞으로 쏠리는 것은 관성 때문이다.

95 ③
중력은 물체의 질량에 비례하며, 지구가 물체를 지구 중심 방향으로 끌어당기는 힘이다.

96 ①
영국의 이론물리학자 스티븐 호킹이 1975년 발표한 이론으로, 블랙홀 이론은 아인슈타인의 일반상대성이론을 기반으로 출발하였다.

97 ②
우리나라 최초의 인공위성은 우리별 1호(KITSAT-1)이고, 세계 최초의 인공위성은 스푸트니크 1호이다.

98 ①
뉴턴의 운동 법칙으로는 제1법칙 관성의 법칙, 제2법칙 가속도의 법칙, 제3법칙 작용·반작용의 법칙이 있다. 만유인력의 법칙은 뉴턴의 운동법칙에 포함되지 않는다.

99 ④
구리는 금속성 철로, 희토류가 아니다.

100 ①
정지궤도 위성은 지구와 자전속도가 같아 항상 정지해 있는 것처럼 보인다.

101 ③
태양계는 태양을 중심으로 수성, 금성, 지구, 화성, 목성, 토성, 천왕성, 해왕성의 8개 행성이 태양의 주위를 공전하고 있다. 이외에도 세레스, 명왕성, 에리스 등의 왜소행성과 각 행성의 주위를 돌고 있는 위성, 소행성, 혜성 등이 존재한다. 태양계 전체 질량 중 약 99.85%를 태양이 차지하고 있으며, 행성이 차지하는 비율은 약 0.135% 정도로 아주 작다.

102 ②
지구를 둘러싼 대기 하층을 구성하는 공기는 무색투명한 기체로 생명체가 살아가는 데 꼭 필요한 요소 중 하나다. 공기의 성분은 질소(N_2)가 약 78%, 산소(O_2)가 약 21%, 아르곤(Ar)이 약 0.93%, 이산화탄소(CO_2)가 약 0.04%를 차지하고 있으며, 나머지는 미량의 네온(Ne), 헬륨(He), 크립톤(Kr), 제논(Xe), 오존(O_3) 등으로 이루어져 있다.

103 ②
엘니뇨(El Nino)는 평년보다 섭씨 0.5℃ 이상 해수면 온도가 높은 상태가 5개월 이상 지속되는 현상을 말한다. 주로 열대 태평양 적도 부근의 남미 해안이나 중태평양 해상에서 발생한다. 엘니뇨는 대기순환에 영향을 끼쳐 세계 각 지역에 홍수, 무더위, 가뭄 등 이상기후를 일으킨다.

## 104 	답 ④
비등점(Boiling Point)은 '끓는점'이라고도 부르며, 액체 물질의 증기압이 외부의 압력과 '비등'해져 끓기 시작하는 온도를 뜻한다. 비등점은 물질마다 고유한 값을 갖고 있다. 아울러 비등점은 외부 압력과 관련이 있으므로 기압이 낮은 산 정상 등에서는 낮아지게 된다.

## 105 	답 ②
오존층은 오존을 많이 포함하고 있는 대기층으로 지상 25~30km 사이의 성층권에 위치해 있다. 오존은 태양에서 오는 자외선을 흡수해 산소로 바꾸는 역할을 하는데, 최근 환경오염의 영향으로 오존층에 구멍이 생겨 여러 문제가 발생하고 있다.

## 106 	답 ①
컴퓨터의 디지털 정보를 나타내는 최하위 단위는 비트(Bit)이며 8비트가 모이면 1바이트(Byte)가 된다. 바이트는 더 큰 단위로 확장할 때 2의 10승으로 단위를 묶어 1,024배씩 커지는데 이를 단위로 환산하면, 1,024B=1kB, 1,024kB=1MB, 1,024MB=1GB, 1,024GB=1TB, 1,024TB=1PB가 되는 것이다.

## 107 	답 ④
전자기파란 전기가 흐르며 생기는 전자기장의 주기적 변화로 인한 파동을 의미한다. 전자기파는 저마다 파동이 퍼져나간 거리인 '파장'을 갖게 된다. 이중 사람의 눈에 보이는 범위의 파장을 가진 전자기파를 '가시광선(빛)'이라고 한다. 감마선, 엑스(X)선, 자외선은 가시광선보다 파장이 짧고, 가시광선보다 파장이 긴 전자기파에는 열선이라고도 부르는 적외선이 있다. 한편 적외선보다 파장이 긴 전자기파는 전파다.

## 108 	답 ③
불쾌한 골짜기(Uncanny Valley)는 1970년대 일본의 로봇공학자인 모리 마사히로가 소개한 이론으로, 로봇이나 인형처럼 인간이 아닌 존재가 인간의 외형과 닮아갈 때 어느 정도까지는 호감을 느끼지만, 일정 수준에 도달하면 오히려 불쾌감을 느낀다는 것이다. '인간과 거의 흡사한 모습'과 '인간과 거의 똑같은 모습' 사이에서의 불완전함과 이로 인한 거부감을 느끼게 된다.

## 109 	답 ①
다이옥신(Dioxin)은 본래 산소 원자 2개를 포함하고 있는 분자를 총칭하는 용어였지만, 흔히 우리가 다이옥신이라고 부르는 것은 벤젠 고리에 산소 원자와 염소가 결합된 화학물질로 무색무취의 맹독성 물질을 말한다. 주로 플라스틱, 쓰레기 등을 소각할 때 발생하며 건물 등 인공구조물에 화재가 났을 때도 검출된다. 인체에 노출되면 치명적이며 암, 염소성 여드름, 간 손상, 면역·신경체계 변화, 기형아 등을 유발하고 과다노출 시 사망에까지 이를 수 있다.

## 110 	답 ④
스미싱(Smishing)은 문자메시지를 뜻하는 'SMS'와 낚시를 뜻하는 '피싱(Phishing)'의 합성어로, 인터넷 접속이 가능한 스마트폰의 문자메시지를 이용해 수신자가 문자메시지에 포함된 웹 사이트의 주소를 클릭하면 자동으로 악성코드가 깔리도록 하는 휴대폰 해킹을 뜻한다.

## 111 	답 ③
비료는 작물의 생장을 촉진시키고 토양의 생산성을 높이기 위해 작물이나 토양에 투입하는 영양물질을 말한다. 작물의 생장·생존·번식을 위해 꼭 필요한 16가지 양분(원소) 가운데 작물에 많이 필요한 질소(N)와 인산(P), 칼륨(K)은 일반농지에서 부족하기 쉽고 시비효과가 높아 '비료의 3요소'라고 한다.

## 112 	답 ④
자전이란 천체가 정해진 축을 중심으로 스스로 한 바퀴 회전하는 현상을 말한다. 지구는 남극과 북극을 잇는 가상의 선을 축으로 하여 반시계방향(서 → 동)으로 회전하고 있으며, 24시간에 한 바퀴씩 돌고 있다. 이러한 자전의 영향으로 태양의 빛을 받는 쪽은 낮이 되고, 태양을 등지는 쪽은 밤이 된다. 또한 자전축이 23.5도 기울어진 채 태양 주위를 공전하고 있어서 태양으로부터 받는 에너지의 차이로 인해 봄·여름·가을·겨울의 계절 변화가 나타난다. 인공위성은 지구의 자전 방향과 반대 방향으로 이동하는데, 이 때문에 궤도가 서쪽으로 이동하는 것처럼 보이는 서편현상이 나타난다.

113 답 ③

① 5대 영양소에는 3대 필수 영양소인 탄수화물, 지방, 단백질에 무기질과 비타민이 포함된다.
② 지용성 비타민은 열과 빛에 강해 조리 시 파괴되는 정도가 약하다.
④ 나트륨은 혈압과 관련된 영양소로 너무 적게 먹어도 좋지 않고, 너무 많이 먹어도 좋지 않다.

114 답 ①

태양과 같은 항성(Fixed Star)은 내부의 무수한 수소와 헬륨 원자들의 핵융합을 통해 스스로 고온의 빛을 내고 막대한 에너지를 방출한다. 또 거대질량이 만든 중력으로 고온의 가스구체 형태를 유지한다. 우리은하 안에는 태양과 같은 항성이 약 1,000억 개가 존재할 것으로 추측된다.

CHAPTER 06 문화·예술·미디어·스포츠

문제편 p.240

01	02	03	04	05	06	07	08	09	10
②	①	③	④	④	②	③	④	①	②
11	12	13	14	15	16	17	18	19	20
①	②	②	④	④	③	②	①	③	②
21	22	23	24	25	26	27	28	29	30
①	①	②	④	②	③	③	③	①	②
31	32	33	34	35	36	37	38	39	40
①	③	①	①	②	③	④	④	③	②
41	42	43	44	45	46	47	48	49	50
②	④	②	①	②	②	④	④	③	③
51	52	53	54	55	56	57	58	59	60
②	③	④	①	①	②	②	④	③	②
61	62	63	64	65	66	67	68	69	70
①	③	②	②	③	②	③	③	④	④
71	72	73	74	75	76	77	78	79	80
④	②	②	①	④	③	③	④	①	②
81	82	83	84	85	86	87	88	89	90
①	①	③	①	①	①	③	①	①	③
91	92	93	94	95	96	97	98	99	100
①	②	①	①	①	④	②	③	②	①
101	102	103	104	105	106	107	108	109	110
③	③	①	①	④	②	②	②	①	①
111	112	113	114	115	116	117	118	119	120
③	③	④	①	④	④	①	①	③	④
121	122	123	124	125	126	127	128	129	130
①	③	③	③	③	②	③	①	②	③
131	132	133	134	135	136	137	138	139	140
①	③	②	④	③	②	③	①	③	③
141	142	143	144	145	146	147	148	149	150
④	①	②	④	②	④	③	①	②	④

01 정답 ②
넷플릭스 증후군은 너무 많은 콘텐츠 선택권으로 인해 무엇을 관람할지 선택하지 못하다가, 결국 어떤 것도 보지 못한다는 의미를 가진 신조어다.

02 정답 ①
2024 파리 올림픽의 마스코트인 '프리주(phryge)'는 프랑스 공화국의 강력한 상징인 프리기아 모자에서 유래한다. 프랑스 대혁명 당시 시민군이 쓴 프리기아 모자는 프랑스인들에게 자유의 상징으로 잘 알려져 있다.

03 정답 ③
에드워드 호퍼는 미국의 사실주의 화가로 산업화와 대공황을 겪은 미국 도시인들의 고독감을 주로 그려냈다.

04 정답 ④
오리엔탈리즘은 본래 유럽의 문화예술에 나타난 동방취미 경향을 의미했으나, 현재는 서구인들이 동양에 가진 고정되고 왜곡된 이미지를 일컫는 말로 쓰이고 있다. 2020년 디즈니의 애니메이션 〈뮬란〉이 실사영화로 개봉되었을 때, 서양인으로만 구성된 제작진이 동양문화를 몰이해했다는 오리엔탈리즘으로 비판받은 바 있다.

05 정답 ④
포모증후군은 마케팅 용어이자 사람들의 불안심리를 표현하는 심리용어다. 세상의 흐름에 제외되거나 소외받는 것을 두려워하고 불안해하는 심리상태를 뜻한다. 인터넷과 소셜미디어의 발달로 트렌드와 타인의 일상을 관찰하기 쉬워지면서, 포모증후군에 빠진 사람들이 늘어나고 있다.

06 정답 ②
딥백그라운드(Deep Background)는 취재원을 인터뷰한 내용을 쓸 때 특별한 경우를 제외하고 취재원 정보를 보도하지 않거나 익명으로 보도하는 관례이다. 딥백그라운드는 익명의 제보자를 뜻하는 딥스로트(Deep Throat)의 신변보호를 위해 취재원의 정보를 공개하지 않는다.

07 정답 ③
월트 디즈니 컴퍼니
1923년 설립된 문화산업 기업으로 세계 최대의 IP(지적재산권) 라이선스를 보유하고 있다. 인수합병도 적극 추진하여, ABC채널, 마블, ESPN, 루카스 필름, 20세기 폭스를 계열사로 두고 있다.

08 정답 ④
비디오 판독 시스템
육상과 같은 단순 판정 종목에서는 옛날부터 도입했으나, 야구와 농구 · 축구와 같은 판정 규칙이 복잡한 종목에서는 비교적 늦게 도입되었다. 축구에서도 비디오 판독 시스템인 VAR(Video Assistant Referee)을 도입하였다.

09 정답 ①
홀드백(Holdback)
출시된 영화가 극장 상영을 하다 DVD 판매를 하기까지, 이후 케이블에 방영권을 판매하기까지 등 수익을 거두는 방식을 변환하는 기간을 가리킨다. 넷플릭스 등 OTT 산업의 발달로 이 기간이 점차 짧아지고 있다고 한다. 동의어로 극장윈도(Theater Window)가 있다.

모큐멘터리(Mockumentary)
사건, 인물, 배경까지 전부 픽션이지만 영화로 보일 수 있는 연출을 하지 않아 관객의 입장에서는 다큐멘터리로 보이게끔 하는 장르이다. 관객은 픽션인 걸 알면서도 신선한 재미를 느끼기도 한다. '페이크 다큐멘터리'라고도 한다.

레제드라마(Lesedrama)
무대에 올리는 것이 아니라 독자에게 읽을 것을 목적으로 쓰여진 각본 형식의 문학작품이다.

10 정답 ②
EGOT
에미상(방송), 그래미상(음반), 아카데미[오스카]상(영화), 토니상(연극 · 뮤지컬)의 미국 연예 4대상을 통틀어 이르는 말이다. 이들 모두를 받은 이를 EGOT라 부르기도 한다.

11 정답 ①

① 그림자 효과(Shadow Effect) : 광고에서 유명 인사가 등장할 때 제품 자체의 메시지는 전달되지 않고, 유명인만 전달되어 광고 효과가 줄어드는 현상
② 후광 효과(Halo Effect) : 어떤 대상이나 사람에 대한 일반적인 견해가 그 대상이나 사람의 구체적인 특성을 평가하는 데 영향을 미치는 현상
③ 피그말리온 효과(Pygmalion Effect) : 누군가에 대한 사람들의 믿음이나 기대, 예측이 그 대상에게 그대로 실현되는 현상
④ 낙인 효과(Stigma Effect) : 피그말리온 효과와는 반대로, 다른 사람으로부터 부정적인 낙인을 찍힘으로써 실제 그렇게 되는 현상

12 정답 ②

허프포스트(Huffpost)의 성공비결
- 분야별 전문가를 블로거로 끌어들여 콘텐츠 수준을 높였다.
- 유명인사 중심의 핵심 필진으로 단기간에 지명도를 올렸다.
- 열성 독자를 관리자로 지정해 댓글 관리를 맡겼다.
- 소셜 네트워크 서비스를 유기적으로 결합했다.

13 정답 ②

멀티모드서비스는 1개의 주파수 대역에서 고화질(HD)과 표준화질(SD) 등 비디오채널을 복수로 운영하는 기술이다.

14 정답 ④

세계 4대 통신사
- 로이터(Reuter) : 독일인 로이터가 1851년 영국에서 귀화하여 런던에 설립한 통신사이다. 현재는 전 세계에 통신망을 가지고 국제신문계의 일대 세력을 이루고 있으며 경제통신, 외교기사가 특히 유명하다.
- AP(Associated Press of America) : 신문사 방송국 회원사에 의해 공동관리되는 비영리조합 조직의 미국 연합 통신사이며, 전 세계적인 통신망을 가지고 있다.
- AFP(Agence France Press) : 서유럽적 입장에서 논평과 보도를 하는 프랑스의 국영 통신사로 파리에 본부가 있으며, 제2차 세계대전 중 활동하던 아바스(Havas) 통신사의 후신이다. 전 세계에 100여 개의 지국을 두고 있다.
- UPI(United Press International) : 1958년에 UP가 경영난에 빠진 INS(International News Service)통신사를 병합하여 발족시킨 국제 합동 통신사이다(영리조직). 국내는 물론 전 세계에 통신을 공급하고 있다.

15 정답 ④

세계기록유산은 세계유산과는 별개의 것으로, 별도로 선정·관리된다.

16 정답 ③

① 감추어진 이면적 사실을 드러내는 취재 활동
② 독자들의 관심을 유도하기 위해 범죄, 성적 추문 등의 선정적인 사건들 위주로 취재하여 보도하는 것
④ 취재 방법이나 취재 시각 등이 획일적이어서 개성이나 독창성이 없는 저널리즘

17 정답 ②

스포츠채널 ESPN은 디즈니 계열사이며, 'ESPN스타'는 ESPN과 스타TV가 50 : 50으로 만든 합작회사이다.

18 정답 ①

우리나라 유네스코 세계유산
- 세계문화유산 : 석굴암·불국사, 해인사 장경판전, 종묘, 창덕궁, 수원화성, 경주역사유적지구, 고창·화순·강화 고인돌 유적, 조선왕릉, 안동하회·경주양동마을, 남한산성, 백제역사유적지구, 산사 한국의 산지승원, 한국의 서원, 가야고분군
- 세계기록유산 : 제주화산섬과 용암동굴, 한국의 갯벌

19 정답 ③

리부트(Reboot)는 재시동이라는 의미로 영화 등 콘텐츠의 기존 시리즈를 연속해서 이어가는 대신, 새로운 이야기로 다시 시작하는 것이다. 보통 이야기의 전체적인 배경이나 주요 등장인물들만 그대로 이어가고 세부적인 구성은 새롭게 만든다. 리부트의 대표적 사례는 〈배트맨 시리즈〉로 기존 작품이 4편까지 제작되었다가, 2005년에 크리스토퍼 놀란 감독이 시리즈를 리부트한 〈배트맨 비긴즈〉를 선보인 바 있다.

20 ②

〈라 트라비아타〉 – 베르디, 〈마탄의 사수〉 – 베버

주요 오페라 작곡가와 작품
- 푸치니 : 〈나비부인〉, 〈라보엠〉, 〈토스카〉, 〈투란도트〉
- 베르디 : 〈리골레토〉, 〈라 트라비아타(춘희)〉, 〈아이다〉, 〈오셀로〉
- 모차르트 : 〈피가로의 결혼〉, 〈돈 조반니〉, 〈마적〉
- 바그너 : 〈탄호이저〉, 〈니벨룽겐의 반지〉, 〈트리스탄과 이졸데〉

21 ①

음악가의 작품번호
바흐(BWV), 슈베르트(D), 모차르트(K), 베토벤(WoO), 헨델(HWV), 하이든(Hob), 비발디(R), 드보르작(B)

22 ①

용비어천가 권 3, 4는 2001년 12월 31일 서울유형문화재 제140호로 지정되었다.

우리나라 유네스코 세계기록유산
훈민정음 해례본, 조선왕조실록, 직지심체요절, 승정원일기, 해인사 대장경판 및 제경판, 조선왕조 의궤, 동의보감, 일성록, 5·18 광주 민주화운동 기록물, 난중일기, 새마을운동 기록물, 한국의 유교책판, KBS 특별 생방송 '이산가족을 찾습니다' 기록물, 조선왕실 어보와 어책, 국채보상운동 기록물, 조선통신사 기록물, 4·19 혁명 기록물, 동학농민혁명 기록물, 제주 4·3 기록물, 산림녹화 기록물

23 ②

영국은 동계올림픽을 개최한 적이 없다. 3대 스포츠 이벤트를 모두 개최한 국가로는 미국, 프랑스, 독일, 일본, 이탈리아, 한국, 러시아 등이 있다.

24 ④

① 야구에서 한 선수가 한 게임에서 단타, 2루타, 3루타, 홈런을 순서에 관계없이 모두 쳐낸 것을 말한다.
② 4대 메이저 대회를 모두 석권하는 것을 말한다. 골프의 4대 메이저 대회는 남자의 경우 마스터즈 골프대회, US오픈골프선수권대회, 전영오픈골프선수권대회, 미국PGA선수권대회이며, 여자골프 4대 메이저 대회는 나비스코 선수권대회, LPGA선수권대회, US여자오픈 골프선수권대회, 전영여자오픈골프 선수권대회이다. 테니스의 경우에는 호주오픈테니스 선수권대회, 프랑스오픈테니스 선수권대회, 윔블던테니스대회, US오픈테니스선수권대회를 말한다.
③ 야구경기에서 수비 팀이 연속된 동작으로 3명의 공격 팀 선수를 아웃시키는 플레이를 말한다.

25 ②

① 도덕적 해이를 뜻하며, 사회 각계에서 도덕적 관념이 해이해지는 것을 지칭할 때 쓰인다.
③ 기록에 남기지 않는 비공식 발언이라는 뜻으로, 취재원이 오프 더 레코드를 요구하는 경우에 기자는 그 발언을 공표하지 않겠다고 약속하든지, 이를 거부하든지 결정을 해야 한다.
④ 말이 기사화되지만 사전에 합의된 익명의 출처를 사용하는 것이다. 또한 온 딥 백그라운드(On Deep Background)는 발언이 기사화되지만 어떤 출처도 기재되지 않고 결과는 기자가 책임지는 것을 말한다.

26 ③

퓰리처상
미국의 언론인 퓰리처의 유산으로 제정된 언론·문학상이다. 1917년에 시작되어 매년 저널리즘 및 문학계의 업적이 우수한 사람을 선정하여 19개 부분에 걸쳐 시상한다.
① 1947년에 브로드웨이의 유명한 여배우 앙트와네트 페리를 기념하기 위하여 미국의 극장 기구·극장 및 제작자 연맹 등에 의하여 창설된 상으로 'A. 페리상'이라고도 한다.
② 전 미국 레코드 예술과학아카데미가 1년간의 우수한 레코드와 앨범을 선정해 수여하는 우수 레코드상이다.
④ 1972년 미국의 사업가 템플턴이 창설하여 종교활동의 증진·향상에 기여한 사람에게 주는 상이다.

27 정답 ③
르네상스 시대인 1597년 이탈리아 피렌체에서 오페라가 처음 시작되었다.

28 정답 ③
샐러리캡(Salary Cap)은 팀에 소속된 전체 선수의 연봉 총액에 상한선을 두는 제도로 미국프로농구협회(NBA)에서 먼저 도입됐다. 스포츠 스타들의 몸값이 과도하게 상승하는 것을 막아 구단이 적자로 운영되는 것을 방지하고, 부유한 구단들이 유명 선수를 독점하여 구단끼리의 격차가 지나치게 벌어지는 것을 막기 위함이다.

29 정답 ①
토니상은 연극의 아카데미상이라고 불리며 브로드웨이에서 상연된 연극과 뮤지컬 부문에 대해 상을 수여한다.

30 정답 ②
아리랑은 일제강점기를, 태백산맥은 광복과 한국전쟁시기를, 한강은 1960년대 이후 한국의 현대사를 배경으로 다루었다.

31 정답 ①
이창동 감독은 1993년 〈그 섬에 가고 싶다(감독 박광수)〉의 시나리오 작가 겸 조감독으로 영화계에 입문했고, 2010년 〈시〉로 칸 영화제 각본상을 수상했다.

32 정답 ③
〈토지〉는 소설가 故박경리 작가의 대표작이다.

33 정답 ①
② 공연이나 스포츠 등의 중계가 계획된 시간보다 빨리 끝나거나 방송이 불가능할 경우를 대비해서 미리 준비해 두는 프로그램을 말한다.
③ 프로그램과 프로그램 사이에 들어가는 광고 혹은 프로그램 안내 방송을 말한다.
④ 라디오에서 전화나 우편으로 청취자들의 참여에 의해 진행되는 프로그램을 말한다.

34 정답 ①
POP광고
소비자가 상품을 구입하는 점포에 의해 제작·게시되는 광고로 구매시점광고라고도 한다. 이 광고는 구매시점에서 소비자가 상품에 주목하게 만들고, 구매를 직접적으로 촉진하는 역할을 한다.

35 정답 ②
AP(Asociated Press)는 1848년 뉴욕에서 만들어진 세계 최대의 비영리조합 통신사로 각국의 대표적인 통신사들과 제휴하여 해외 통신사 간의 활동영역을 존중한다.
세계 5대 통신사는 로이터(Reuter), 타스(Tass), 국제합동통신(UPI), 프랑스통신사(AFP), 미국연합통신(AP)이다.

36 정답 ③
지상파 방송국은 국가가 허락한 주파수를 통해 방송이 가능한 반면, 종합편성채널은 케이블TV나 위성TV를 통해서 방송할 수 있으므로 지상파 방송만을 시청하는 가구는 별도로 가입해야 시청이 가능하다.
종합편성채널
2009년 7월 22일 미디어 관련법(방송법, 신문법, IPTV법)이 통과됨에 따라 도입한 것으로 뉴스·교양·드라마·오락 등의 모든 장르를 제공하는 프로그램 공급자이다. 기존의 지상파 방송과의 차이점은 케이블TV나 위성TV의 가입자만 시청이 가능하다는 점과 24시간 방송, 중간 광고의 허용 등이 있다. 프로그램 편성에 있어 오락 프로그램을 전체 프로그램의 50% 이내로 해야 한다는 규정 이외에는 특별한 제한 사항이 없다.

37 정답 ④
판소리 5마당은 춘향가, 심청가, 흥보가, 적벽가, 수궁가이다.

38 정답 ④
엠바고(Embargo)에 대한 설명이며, 블랭킷 에어리어는 난시청지역을 말한다.

39 정답 ③
옐로 저널리즘은 저속하고 선정적인 기사만을 주로 보도하는 저급한 신문이다. 노골적인 사진과 흥미로운 기사 등을 게재해서 독자들의 감각을 자극하여 발행 부수 확장을 노린다.

40 답 ②
미디어렙(Media Rep)
방송광고판매 대행회사로, 방송사를 대신해 방송광고 영업을 해주고 수수료를 받는 회사이다. 방송사가 직접광고영업을 할 경우 광고요금이 급등하거나 광고주의 프로그램 간섭이 이뤄질 수 있기 때문에 이런 폐해를 막기 위해 두는 제도로, 우리나라에서는 1980년 이후 한국방송광고공사(KOBACO)가 이를 수행하고 있다.

41 답 ②
서대문의 다른 이름은 돈의문이며, 북대문의 다른 이름은 숙정문이다.

42 답 ④
④ 1860년 8명의 선수가 12홀 코스인 프레스트 위크 골프 클럽에서 벌인 첫 경기에서 출발하였으며 4대 메이저 대회 중 가장 오래된 역사를 가지고 있다.
① 4대 메이저 대회 중 유일하게 프로만 참가할 수 있는 대회로 1916년 시작되었다.
② 1895년 뉴욕의 뉴포트 CC에서 최초로 개최되었다.
③ 1930년 영국과 미국에서 개최된 오픈과 아마추어 대회를 휩쓴 바비 존스가 친구들과 골프를 즐기기 위해서 설립한 것이 시초로 1935년부터 마스터스로 불리게 되었다.

43 답 ②
판소리
광대의 소리와 그 대사를 총칭하는 민속악의 하나로 조선 중기 이후 평민문화가 발흥하기 시작한 조선 숙종 무렵에 발생하여 남도지방 특유의 곡조를 토대로 발달한, 광대 한 명이 고수 한 명의 장단에 맞추어 일정한 내용을 육성과 몸짓을 곁들여 창극조로 두서너 시간에 걸쳐 부르는 민속 예술형태의 한 갈래이다. 남도의 향토적인 선율을 토대로 진양조·중모리·중중모리·자진모리·휘모리·엇모리·엇중모리 등 일곱 가지 장단에 따라 장단을 변화시키고, 아니리와 발림 등으로 극적인 효과를 높인다.

44 답 ①
- 연극의 3요소 : 배우, 희곡, 관객
- 연극의 4요소 : 배우, 희곡, 관객, 무대

45 답 ②
앤디 워홀
미국 팝아트를 대표하는 화가로 실크스크린을 화면에 전사하는 방법으로 현대문명의 소비문화, 대중적 이미지 등을 표현한 작품을 많이 발표했다. 마릴린 먼로, 엘리자베스 테일러 등 할리우드 여배우들의 사진을 실크스크린으로 나타낸 작품이나 나란히 진열된 캠벨 수프 깡통이 새겨진 작품 등은 그를 상징하는 대표작들이다.
① 르네 마그리트 : 스페인의 살바도르 달리, 독일의 막스 에른스트와 더불어 초현실주의 미술을 대표하는 벨기에 화가이다. 주변에서 볼 수 있는 일상적인 소재를 이용하여 고정관념을 깨뜨리는 발상으로 결합한 작품을 많이 발표했다.
③ 낸시 랭 : 행위예술가로서 독특한 퍼포먼스를 구사하고, 다양한 팝 아트 작품을 발표하면서 세간의 관심과 논란의 대상이 되기도 하였다.
④ 잭슨 폴록 : 추상 표현주의를 대표하는 미국의 화가로 개인의 복잡한 내면을 표현하고자 캔버스에 물감을 마구 뿌리는 액션 페인팅 기법을 창조하여 미술계의 반향을 얻었다. 2006년 11월 경매시장에서 그의 작품 〈No.5〉가 1억 4천만 달러에 낙찰되면서, 세계에서 가장 비싼 그림의 판도가 바뀌어 화제가 되기도 했다.

46 답 ②
① 스페인 – 프리메라리가
③ 이탈리아 – 세리에 A
④ 잉글랜드 – 프리미어리그

47 답 ④
선댄스 영화제
미국의 유타주 파크시티에서 열리는 영화제로, 1970년대 중반 미국의 영화배우 겸 감독인 로버트 레드포드(Robert Redford)가 상업영화에 대항하여 설립하였다.

48 답 ④
①·②·③은 모옌의 소설이다.

49 답 ③
마하트마 간디는 노벨 평화상 후보자에 4번이나 올랐지만 수상하지는 못하였다.

50 답 ③
핫코너란 3루수가 지키는 수비지역으로, 강한 타구가 많이 날아오는 곳이라는 의미를 지니고 있다.

51 답 ②
빌보드 차트
미국에서 발간되는 주간지 〈빌보드지〉에서 발간하는 음악 순위표로, 매주 가장 인기 있는 음악을 선정하여 발표한다. 싱글 앨범을 대상으로 하는 '빌보드 핫 100'과 앨범 판매량으로 순위를 매기는 '빌보드 200'이 가장 유명하며 가수 싸이는 한국 가수로는 최초로 '빌보드 핫 100' 7주간 2위라는 기록을 달성했다.

52 답 ③
우리나라 유네스코 인류무형문화유산
종묘제례 및 종묘제례악, 판소리, 강릉단오제, 강강술래, 남사당놀이, 영산재, 처용무, 제주칠머리당영등굿, 가곡, 대목장, 매사냥, 택견, 줄타기, 한산모시짜기, 아리랑, 김장문화, 농악, 줄다리기, 제주해녀문화, 씨름, 연등회, 탈춤, 장 담그기 문화

53 답 ④
세계 4대 뮤지컬
〈캣츠〉, 〈레 미제라블〉, 〈미스 사이공〉, 〈오페라의 유령〉

54 답 ①
노벨상
다이너마이트를 발명한 스웨덴의 화학자 알프레드 노벨의 유언에 따라 매년 인류 복지에 공헌한 사람 및 단체에 수여하는 상이다. 물리학 · 화학 · 생리의학 · 문학 · 평화 · 경제학의 6개 부문으로 나누어 시상하며 수상식은 매년 12월 10일 스톡홀름에서 열린다. 단, 노벨 평화상은 같은 날 노르웨이의 오슬로에서 시상한다.

55 답 ①
한성순보
1883년에 창간되었던 우리나라 최초의 근대 신문이다. 1882년 박영효 일행이 일본에 머무르면서 대중 계몽을 위한 신문 발간의 필요성을 느낀 뒤 귀국하여 고종에게 신문 발간을 주장하였고, 이후 박문국이 설치되어 신문이 발간됐다. 10일에 한 번씩 발간하는 순보였으며 개화문물, 국방정책 등을 소개하였다.

56 답 ②

구분	국보	보물
1호	숭례문	서울 흥인지문
2호	원각사지 10층 석탑	옛 보신각 동종
3호	북한산 신라 진흥왕 순수비	원각사지 대원각사비
4호	고달사 지승탑	중초사지 당간지주
5호	법주사 쌍사자 석등	중초사지 3층 석탑

57 답 ②
① 판소리에서 소리의 중간에 곁들이는 감탄사
③ 판소리에서 창자가 손 · 발 · 온몸을 움직여 소리나 이야기의 감정을 표현하는 몸짓
④ 발림과 같이 판소리 창자가 소리하는 도중에 하는 얼굴 표정이나 몸짓

58 답 ④
스티브 블래스 증후군
투수가 이유 없이 정신적인 압박 때문에 스트라이크를 던지지 못하는 현상으로, 1973년 메이저리그 피츠버그의 투수 스티브 블래스가 갑자기 스트라이크를 던지지 못하고 1974년 방출돼 은퇴한 것에서 유래한 용어이다.
① 장애를 가지고 있는 사람들이 특정 영역에서 천재성이나 뛰어난 재능을 보이는 증후군
② 추억은 아름답다고 하여 항상 좋은 기억만 남겨두려고 하는 증후군
③ 한 가지 일에 지나치게 몰두하던 사람이 극도의 피로감으로 인해 자기혐오 · 무기력증 등에 빠지는 현상

59 답 ③
세계 3대 교향곡
베토벤의 〈운명교향곡〉, 슈베르트의 〈미완성교향곡〉, 차이코프스키의 〈비창교향곡〉

60 답 ②
누벨바그는 '새로운 물결'이라는 뜻의 프랑스어로, 1958년경부터 프랑스 영화계에서 젊은 영화인들이 주축이 되어 펼친 영화 운동이다. 대표적인 작품으로는 고다르의 〈네 멋대로 해라〉, 트뤼포의 〈어른들은 알아주지 않는다〉 등이 있다.

61 답 ①
② 중심적인 갈등 구조에서 벗어나 어떤 이야기나 사건 사이에 끼어든 짧은 이야기
③ 각각 독립된 여러 개의 이야기를 같은 주제나 인물을 중심으로 모아서 연속적으로 전개하는 구성
④ 문학 작품 등에서 하나의 이야기 속에 또 다른 이야기가 들어 있는 구성

62 답 ③
① 일정 시간까지 뉴스의 보도를 미루는 것
② 보도하지 않는 것을 전제로, 기록에 남기지 않는 비공식 발언
④ 여론의 방향을 탐색하기 위해 정보나 의견을 흘려보내는 것

63 답 ②
광고의 3B
아기(Baby), 동물(Beast), 미인(Beauty)

64 답 ②
1980년 5월 18~27일까지 광주시에서 군사정권의 독재에 저항하여 일어난 5·18 광주민주화운동에 관한 신문기사들이다. 5·18 민주화운동 기록물은 2011년 5월 유네스코 세계기록유산에 등재되었으며 5·18 민주화운동을 소재로 한 영화 〈26년〉, 〈변호인〉, 〈택시운전사〉 등이 흥행 돌풍을 일으켰다.

65 답 ③
갈라쇼(Gala show)
주로 피겨스케이팅과 음악 공연에서 벌이는 규모가 큰 오락행사이다. 갈라쇼에서는 피겨스케이팅 선수들은 다양한 스타일의 프로그램을 자유롭게 선보이며 오프닝으로의 성격을 지니고 있지는 않다.

66 답 ②
팩 저널리즘(Pack journalism), 처널리즘(Churnalism), 허드 저널리즘(Herd journalism) 모두 개성 없이 유사한 뉴스 기사나 신문기사의 행태를 꼬집는 말들이다.

67 답 ③
③ 알레그레토(Allegretto) : 조금 빠르게

68 답 ③
비엔날레는 이탈리아어로 '2년마다'라는 뜻으로, 미술 분야에서 2년마다 열리는 전시 행사를 일컫는다. 가장 역사가 길며 그 권위를 인정받고 있는 것은 베니스 비엔날레이다.

69 답 ④
플래시 몹(Flash Mob)
특정 웹사이트의 접속자가 폭발적으로 증가하는 현상을 의미하는 플래시 크라우드(Flash Crowd)와 스마트 몹(Smart Mob)의 합성어로, 불특정 다수의 사람들이 약속된 장소에 모여 짧은 시간 동안 약속된 행동을 한 뒤 뿔뿔이 흩어지는 행위를 일컫는다. 2003년 미국 뉴욕에서 처음 시작되어 전 세계로 확산되고 있으며 사회적 문제를 일으키지 않고 행위 자체만을 즐긴다.

70 답 ④
카피레프트는 저작권(Copyright)에 반대되는 개념이며 정보의 공유를 위한 조치이다.

71 답 ④
반달리즘(Vandalism)
5세기 초 로마를 침략해 문화를 파괴하고 약탈했던 반달족의 활동에서 유래했으며 문화유적을 파괴하거나 약탈하는 등의 행위를 의미한다.
① 제1차 세계대전 당시 유럽과 미국을 중심으로 일어난 예술운동
② 맹목적·광신적·호전적 애국주의로, 배타적 애국주의를 의미하는 징고이즘과 유사함
③ 도덕규범이나 생활양식 등을 전적으로 부정하는 허무주의

72 답 ②
레 미제라블은 장발장 이야기를 소재로 한 세계 4대 뮤지컬 가운데 하나이다. 앤 헤서웨이, 휴 잭맨 주연의 영화로도 제작돼 큰 사랑을 받았으며 2012년 복귀한 김연아의 프리스케이팅 프로그램 이름이기도 하다.

73 답②
미디어 파사드(Media Facade)에서 파사드는 건물의 외벽을 의미하는 말로, 건물 외벽을 스크린처럼 이용해 영상을 표시하는 미술 기법을 말한다. LED 조명을 건물의 외벽에 설치하여 디스플레이를 구현한다. 옥외광고로도 이용될 수 있어, 통신망을 통해 실시간으로 광고판에 정보를 전달하는 디지털 사이니지(Digital Signage)의 한 종류로 분류된다.

74 답①
② 아리아·중창·합창 등으로 이루어진 대규모 성악곡
③ 성경에 나오는 이야기를 극화한 대규모의 종교적 악극
④ 17~18세기 이탈리아에서 발생한 가벼운 연주곡

75 답④
① 영화나 드라마의 장면에 상품이나 브랜드 이미지를 노출시키는 광고 기법
② 한 주제에 맞춰 다양한 장면을 짧게 보여주면서 강렬한 이미지를 주는 기법
③ 메인광고 뒷부분에 다른 제품을 알리는 맛보기 광고. '자매품'이라고도 함

76 답③
퍼블리시티는 광고주가 회사·제품·서비스 등과 관련된 뉴스를 신문·잡지 등의 기사나 라디오·방송 등에 제공하여 무료로 보도하도록 하는 PR방법이다.

77 답③
세계 4대 메이저 테니스대회 모두 국제테니스연맹이 관장하며, 윔블던, 전미 오픈, 프랑스 오픈, 호주 오픈 4개 대회에서 그 해에 모두 우승할 경우 그랜드 슬램을 달성했다고 한다.

78 답④
코드커터족(Cord Cutters)은 지상파와 케이블 등 기존 TV 방송 서비스를 해지하고 인터넷 등으로 능동적인 방송시청을 하는 소비자군을 말한다.

79 답①
① IOC(International Olympic Committee) : 국제올림픽위원회
② IBF(International Boxing Federation) : 국제복싱연맹
③ ITF(International Tennis Federation) : 국제테니스연맹
④ FINA(Federation Internationale de Natation) : 국제수영연맹

80 답②
기준 타수보다 2타수 적은 스코어로 홀인하는 것을 이글이라 한다.
① 버디 : 기준 타수보다 1타 적은 타수로 홀인하는 것
③ 보기 : 기준 타수보다 1타수 많은 스코어로 홀인하는 것
④ 알바트로스 : 기준 타수보다 3개가 적은 타수로 홀인하는 것

81 답①
펀치 드렁크는 권투 선수처럼 뇌에 많은 손상을 입은 사람들 대부분이 겪는 증상으로 혼수상태, 기억상실, 치매 등의 증세가 나타나며 심한 경우 생명을 잃기도 한다.

82 답①
세계 5대 모터쇼
파리 모터쇼, 프랑크푸르트 모터쇼, 제네바 모터쇼, 북미 국제 오토쇼(디트로이트 모터쇼), 도쿄 모터쇼

83 답③
우리나라 유네스코 인류무형문화유산
종묘제례 및 종묘제례악, 판소리, 강릉단오제, 강강술래, 남사당놀이, 영산재, 처용무, 제주 칠머리당영등굿, 가곡, 대목장, 매사냥, 택견, 줄타기, 한산모시짜기, 아리랑, 김장문화, 농악, 줄다리기, 제주해녀문화, 씨름, 연등회, 탈춤, 장 담그기 문화

84 답①
1878년 미국에서 태어난 이사도라 던컨(Isadora Duncan)은 유럽에서 주로 활동한 여성 무용가다. 그녀는 발레와 같은 고전무용에서 벗어난 자유로운 창작무용으로 명성을 떨쳤다. 고대 그리스 문화에 심취해 주로 영감을 얻어 창작 활동을 했으며, 20세기 현대무용의 시조라고 평가받는다.

85 답 ①
황석영은 1962년 11월 '사상계' 신인문학상에 단편 〈탑〉이 당선되면서 등단했다.

86 답 ①
알자지라 TV는 1996년 11월 카타르의 국왕이 투자하여 수도 도하에서 개국한 민영 위성 텔레비전 방송국이다.

87 답 ③
노벨상 각 부문 수상자 심사기관

구분	노벨상 중 시상 부문
스웨덴 왕립과학원	물리학상, 화학상, 경제학상
스웨덴 카롤린스카의대	생리의학상
스웨덴 아카데미	문학상
노르웨이 노벨위원회	평화상

88 답 ①
기네스북은 영국의 맥주회사 기네스의 경영주 휴 비버가 기록광 맥워터 형제에게 의뢰하여 1955년부터 출간을 시작했으며 기록 대상은 '우주의 모든 사물과 현상'이지만, 술 빨리 마시기처럼 인명을 해칠 수 있거나 소송의 위험이 있는 종목은 기피 대상이다.

89 답 ①
흔히 '오페라의 거인'이라고 평가받는 주세페 베르디(1813~1901)의 30여 편의 오페라 중에서 〈리골레토(1851)〉·〈일 트로바토레(1853)〉·〈라 트라비아타(1853)〉 등을 3대 걸작으로 꼽는다. 〈오베르토(1839)〉는 그의 첫 작품이다.

90 답 ③
관훈클럽은 1957년 언론의 사유를 확립하고 언론인들의 공동이익과 친목을 도모하기 위해 창립된 언론인의 모임이다. 창립 당시에는 일선의 젊은 기자들이 활동을 주도했으나, 현재는 중견 언론인들로 구성되어 있다. 정치·경제인이나 학계 주요 인사들을 초청해 관훈토론회를 여는 것으로 유명하다.

91 답 ①
자유민권 사상가 루소가 죽은 지 약 11년 후인 1789년 7월 프랑스 혁명이 일어났으며, 루소·몽테스키외·볼테르 등의 계몽사상은 프랑스 혁명의 사상적 배경이 되었다.

92 답 ②
그랜드 슬램
4대 메이저 대회를 모두 석권하는 것을 말한다. 골프의 4대 메이저 대회는 남자의 경우 마스터즈골프대회, US 오픈골프 선수권대회, 전영오픈골프 선수권대회, 미국 PGA 선수권대회이며, 여자골프 4대 메이저대회는 나비스코 선수권대회, LPGA선수권대회, US여자오픈골프 선수권대회, 전영여자오픈골프 선수권대회이다. 테니스의 경우에는 호주오픈테니스 선수권대회, 프랑스오픈테니스 선수권대회, 윔블던테니스대회, US오픈테니스 선수권대회를 말한다.

93 답 ①
실낙원 – 밀턴, 신곡 – 단테, 주홍 글씨 – 호손, 무기여 잘 있거라 – 헤밍웨이

94 답 ①
② 오라토리오(Oratorio) : 17~18세기에 가장 성행했던 대규모의 종교적 극
③ 가스펠(Gospel Song) : 19세기 이후 미국과 영국에서 일어난 대중성이 강한 교회 음악
④ 인테르메초(Intermezzo) : 막과 막 사이에 연주되는 기악곡

95 답 ①
트렌디드라마는 젊은 층에 인기 있는 탤런트를 등장시켜 시청률을 높이려는 드라마이다.
② 주부 대상의 드라마. 비누광고가 등장한다는 데서 따온 명칭
③ 상황극 코미디
④ 정신질환의 치료를 목적으로 실시되는 심리극

96 ④
- 더블헤더 : 야구 또는 프로야구 경기에서 모든 경기가 우천 등으로 순연되었을 경우, 그 다음 날에 하루 두 경기를 몰아서 하는 제도를 말한다.
- 러브게임 : 테니스 경기에서 0을 '러브'라고 부른다. 그리고 점수를 한 점도 얻지 못한 경기를 '러브게임'이라고 한다.

97 ②
최초의 근대소설은 이광수의 〈무정〉이다.

98 ③
한국인 김홍희가 키메라라는 예명으로 1984년에 발표한 첫 앨범 〈잃어버린 오페라(The Lost Opera)〉가 유럽에서 선풍적인 인기를 끌면서 데일리 익스프레스지의 칼럼 중 팝페라라는 장르를 개척한 한국에서 온 여왕이라는 헤드라인으로 팝페라라는 용어가 사람들에게 널리 알려졌다.

99 ②
하멜표류기
〈하멜표류기〉에는 제주도에 표착한 네덜란드인 하멜과 그 외 6명이 14년간에 걸친 억류생활 동안 여기저기 끌려 다니면서 겪은 군역·감금·태형·유형·구걸 등의 풍상과 더불어 남북 여러 곳의 풍속과 사정을 견문한 결과가 상세하게 적혀 있다. 이 책은 한국의 존재를 유럽인에게 뚜렷하게 알렸을 뿐 아니라, 당시 한국의 사회실정·풍속·생활 등을 아는 데에도 귀중한 사료가 된다.

100 ①
〈홍길동〉은 1967년 개봉된 한국 최초의 장편 애니메이션이다. 〈로봇 태권V〉는 1976년 1월에 개봉했으며 〈블루시걸〉은 1994년 개봉된 최초의 성인 애니메이션이다.

101 ③
〈의리적 구투〉(1919)는 최초의 실사영화, 즉 연쇄극이고, 〈국경〉(1923)은 최초의 활극영화, 〈월하의 맹세〉(1923)는 최초의 극영화이다.

102 ③
국민이 공유하고 있는 재산의 일부라고 할 수 있는 전파를 특정 단체나 특정인에게 대여, 사용을 금함으로써 방송 공공성은 의무화되고 있다.

103 ①
1956년 RCA 한국대리점(KORCAD)이 영상출력 100W, 호출부호 HLKZ로 텔레비전 방송을 시작한 것이 최초이다.

104 ①
1883년 창간된 한성순보가 우리나라 최초의 신문이다. 독립신문은 우리나라 최초의 민간신문이다.

105 ④
장애인 올림픽은 패럴림픽(Paralympic)이라고 하며 올림픽이 있는 해에 올림픽 개최국에서 개최된다.

106 ②
① 트리플 더블 : 한 선수가 득점, 어시스트, 리바운드, 스틸, 블록슛 중 세 부문에서 2자리 수 이상을 기록하는 것을 가리키는 농구 용어
③ 퍼펙트게임 : 야구에서 투수가 상대팀에게 한 개의 진루도 허용하지 않고 승리로 이끈 게임
④ 노히트노런 : 야구에서 투수가 상대팀에게 한 개의 안타도 허용하지 않고 승리로 이끈 게임

107 ②
최초의 순문예 동인지는 〈창조〉이다.

108 ②
위성방송
단일의 전파로 전국 어디에서나 동시에 방송을 보낼 수 있고, 적도 상공에 정지하기 때문에 실제로 고정된 위치에서 전파를 송출하는 것과 같은 효과를 가짐으로써 별도의 중계시설이 필요 없다. 뿐만 아니라 높은 산이나 고층 빌딩 등에 의한 난시청이 해소되며 지구상의 어떤 재해에도 방해받음이 없이 방송이 가능한 기술상의 장점을 지니고 있다.

109 정답 ①

국악의 빠르기
진양조 → 중모리 → 중중모리 → 자진모리 → 휘모리

진양조	가장 느린 장단으로 1장단은 4분의 24박이다.
중모리	중간 속도로 몰아가는 장단으로, 4분의 12박자이다.
중중모리	8분의 12박자 정도이며 춤추는 대목, 통곡하는 대목 등에 쓰인다.
자진모리	매우 빠른 12박으로, 극적이고 긴박한 대목에 쓰인다.
휘모리	매우 빠른 8박으로, 급하고 분주하거나 절정을 묘사한 대목에 쓰인다.

110 정답 ①

스포츠 실황중계 등이 날씨 등의 이유로 중계방송이 불가능할 때에 이를 대비하여 미리 준비해 두는 프로그램을 레인코트 프로그램이라 하고, 우리나라에서는 스탠바이 프로그램이라고도 한다.

111 정답 ③

스크린셀러
영화를 뜻하는 스크린(Screen)과 베스트셀러(Bestseller)를 합친 신조어로 영화의 흥행 성공으로 주목을 받게 된 소설을 의미한다.

112 정답 ③

③ 베기 또는 찌르기를 유효로 하는 경기이다. 득점 유효부위는 상체(허리부분까지), 얼굴, 양팔 모두 가능하다.
① 전신을 찌르는 것이 가능한 종목으로 상대 선수의 머리에서 발끝까지 모든 부분이 표적이다.
② 찌르기만이 공격으로 인정되며 득점 유효부위는 얼굴, 팔, 다리 빼고 몸통 전부 유효구역이다.

113 정답 ④

무라카미 하루키는 일본의 현대소설가로, 1987년 정통 연애소설 〈노르웨이의 숲〉을 발표해 일본에서만 천만 부 이상의 판매고를 올렸다. 노벨 문학상을 수상한 경력은 없다.
① 프랑스 작가로, 2014년 노벨 문학상을 수상하였다.
② 터키의 소설가·수필가이며 2006년 터키인으로는 최초로 노벨 문학상을 수상했다.
③ 영국의 정치가, 1953년 〈제2차 세계대전〉으로 노벨 문학상을 수상하였다.

114 정답 ①

② 뉴 저널리즘 : 속보성과 단편성을 거부하고 소설의 기법을 이용해 심층적인 보도 스타일을 보이는 저널리즘
③ 팩 저널리즘 : 취재 방법 및 시각이 획일적인 저널리즘으로, 신문의 신뢰도 하락을 불러온다.
④ 하이에나 저널리즘 : 권력 없고 힘없는 사람에 대해서 집중적인 매도와 공격을 퍼붓는 저널리즘

115 정답 ④

① 시간이나 사건의 경과를 나타낼 때 사용하는 영상의 편집된 전환 장면들로 종종 디졸브나 다중노출을 사용한다.
② 숏을 카메라 이동 없이 오랫동안 촬영하는 것이다.
③ 상호연관적인 일정량의 장면으로 구성되어 작품의 클라이맥스로 이어지는 영화의 부정확한 구조 단위이다.

116 정답 ④

황석영의 작품으로는 〈아우를 위하여〉, 〈삼포 가는 길〉, 〈한씨 연대기〉, 〈줄자〉, 〈적수(敵手)〉, 〈낙타눈깔〉, 〈노을의 빛〉, 〈돼지의 꿈〉, 〈장사의 꿈〉, 〈북망〉, 〈멀고도 고적한 곳〉, 〈난장〉, 〈가객〉, 〈장산곶매〉, 〈장길산〉, 〈바리데기〉, 〈개밥바라기별〉 등 여러 편이 있다.

117 정답 ①

근대 5종 경기는 한 경기자가 사격, 펜싱, 수영, 승마, 크로스컨트리(육상) 5종목을 겨루어 종합점수로 순위를 매기는 경기이다.

118 정답 ①

백남준(1932.7.20~2006.1.29)
현대 예술가들 가운데 매우 독창적이고 흥미로운 인물이었다. 1958년 독일에서 존 케이지와의 우연한 만남은 선불교, 신 음악에 대한 관심을 전위 미술로 확장하는 결정적인 계기가 되었다. 퍼포먼스, 비디오 아트의 선구자로 자리 잡은 백남준의 예술은 세계 예술계에 즐거운 혼돈을 불어넣은 실험이었고, 다다이즘 이후의 새로운 변화를 담아낸 의미 있는 작업이었다. 그는 생전에 "내 인생의 하나의 행운은 존 케이지가 완전히 성공하기 전에, 그리고 요제프 보이스가 무명일 때 만난 것이다. 그래서 금세기의 두 연장자와 역경 시대의 동지로서 동등하게 교우를 유지할 수 있었던 것이다"라고 말하기도 했다.

119 ③
① 언론 매체에 자유롭게 접근·이용할 수 있는 권리
② 언론에 대해 정정을 요구할 수 있는 권리로 사실 보도에 한정되며 비판·논평은 해당하지 않는다.
④ 일반인이 직접 제작한 영상물을 그대로 반영하는 것

120 ④
정약용은 양반의 지도나 통솔 없이는 국가가 존립할 수 없다는 신분관을 가지고 있었던 것으로 알려져 있다. 즉, 인간의 본질적 평등에 대해서는 인정했지만 신분 간의 위계질서는 어느 정도 필요한 것으로 보았다.

121 ①
우리나라의 프로야구는 1982년 OB 베어스, MBC 청룡, 해태 타이거즈, 롯데 자이언츠, 삼성 라이온즈, 삼미 슈퍼스타즈의 6개 구단으로 출범했다.

122 ③
게이트키핑은 게이트키퍼가 뉴스를 취사선택하여 전달하는 것으로, 게이트키퍼의 가치관이 작용할 수 있다.

123 ③
메소드 연기
더스틴 호프만, 알 파치노, 로버트 드니로 등을 대표적인 메소드 배우라고 하며, 매 역마다 자신의 실제 성격에 의존하지 않고 인물이 요구하는 삶의 방식을 실제와 같이 모방하여 완벽한 변신을 꾀하는 것이다.

124 ③
고선명텔레비전(HDTV ; High-Definition Television)
과거의 아날로그 전송 방식(NTSC, PAL, SECAM)보다 월등히 향상된 화질로 방송을 시청할 수 있는 텔레비전 방송과 수신이다. 대부분의 HDTV는 그 송·수신이 과거의 방송과 달리 디지털 신호를 통해 이루어지고 있으며, 수직 해상도는 기존 방식의 480, 525 비월주사방식(인터레이스 스캔)보다 월등히 향상된 720순차주사방식(프로그레시브 스캔)(720p), 혹은 1080 비월주사방식(1080i) 등의 해상도를 구현할 수 있다. 또한 화면도 4 : 3이 아닌 1.78 : 1의 비율이다.

125 ③
ⓒ 케이블TV(CATV ; Communication Antenna Television) : 발상지는 미국의 펜실베이니아로, 1948년 난시청 대책으로 동축 케이블을 사용하여 보통의 텔레비전 방송파를 재송신하기 시작한 것이 시초이다.
㉠ 위성방송 : 1974년 미국이 응용기술 위성 ATS-6으로 2.6GHz대로 중계 실험을 한 것이 최초이고, 1976년에 캐나다에서는 통신기술 위성 CTS로 방송 실험을 했다.
ⓒ 지상파 DMB : 2005년 2월 본방송을 개시했다. 지상에서 주파수를 이용하여 프로그램을 전송하며, VHF 12번 채널과 군사용인 8번 채널을 이용한다.
㉣ IPTV(Internet Protocol Television) : 2009년 1월에 출범하며 상용화되었고 광대역(Broadband) 연결상에서 인터넷 프로토콜을 사용하여 소비자에게 디지털 텔레비전 서비스를 제공한다.

126 ②
② 고대 그리스 시인 호메로스의 작품으로 알려진 서사시로 연대는 기원 전 800년경으로 추정된다.
① 토마스 모어의 1516년 작품으로 '유토피아'는 "어디에도 없다"라는 의미로 그가 만든 말이다.
③ 영국의 역사학자이자 국제정치학자 에드워드 카의 저서로 1961년 캠브리지대학 강연에서 발표하였다.
④ 이탈리아 정치이론가 마키아벨리의 저서로 1512년에 집필되었으나 사후인 1532년 출판되었다.

127 ③
의무재전송(Must Carry)
공공성이 강한 방송 프로그램을 다른 매체로 동시에 의무적으로 재전송하는 것으로 우리나라의 경우, 방송법 제78조 규정에 따라 KBS1 TV와 교육방송 TV를 케이블이나 위성방송에서 동시에 재송신하고 있다.

128 ①
시청률조사는 초단위로 측정된다.

129 ②
베른조약은 1886년 스위스의 수도 베른에서 체결된 조약으로, 외국인의 저작물을 무단 출판하는 것을 막고 다른 가맹국의 저작물을 자국민의 저작물과 동등하게 대우하도록 한다. 보호 기간은 저작자의 생존 및 사후 50년을 원칙으로 한다.

130 ③
국악의 빠르기
진양조 → 중모리 → 중중모리 → 자진모리 → 휘모리

131 ①
이그노벨상
1991년 미국 하버드대학교의 유머과학잡지인 〈기발한 연구 연보(The Annals of Improbable Research)〉가 제정한 상으로 '흉내 낼 수 없거나 흉내 내면 안 되는 업적'에 수여되며 매년 진짜 노벨상 수상자가 발표되기 1~2주 전에 시상식이 열린다. 이그노벨상은 상금이 주어지지 않으며 실제 논문으로 발표된 과학업적 가운데 재미있거나 기발한 연구에 수여한다.

132 ③
피카소는 20세기 초 입체파의 대표 화가이다.

133 ②
애드버토리얼 광고
신문·잡지에 기사 형태로 실리는 논설식 광고이다. 신세대의 취향을 만족시키는 것으로 언뜻 보아서는 무슨 내용인지 알 수 없는 광고는 '키치 광고'이다.

134 ④
투스트라이크 이후 번트는 쓰리번트라고 하여 성공하지 못하고 파울이 되면 아웃이 되고, 투스트라이크 이후 헛스윙은 삼진 아웃이 된다. 파울팁은 타자가 스윙을 하여 배트에 살짝 스친 뒤 포수에게 잡히는 공으로 역시 아웃이 된다. 반면 베이스온볼스(Base On Balls)는 볼넷을 의미한다.

135 ③
문화지체(Cultural Lag)는 급속히 발전하는 기술 등의 물질문화를 국가정책이나 개인의 가치관 등의 비물질문화가 따라잡지 못하면서 발생하는 현상을 일컫는다. 미국의 사회학자 'W. F. 오그번'이 주장한 이론이다. 자동차가 발명돼도 교통법규 등의 시민의식은 금방 확립되지 않는 것처럼, 신기술이나 획기적인 발명품이 탄생해도 이와 관련된 윤리의식이나 가치관의 발달은 더디게 일어난다는 것이다.

136 ②
포토프레스(Photopress)란 'Photo(사진)'와 'Express(표현)'의 합성어로 사진을 통해 자신의 정체성을 드러내는 세대를 가리키는 용어. 이들은 사진을 촬영하는 과정 자체를 놀이이자 경험으로 여기기 때문에 단순히 촬영하는 것에서 끝내지 않고 실물사진으로 현상해 소장한다. 또한 이러한 사진을 선별해 소셜네트워크서비스(SNS)에 올려 타인과 공유·소통하기도 한다.

137 ③
영국의 위대한 극작가 윌리엄 셰익스피어의 '5대 희극'으로 꼽히는 작품은 〈한여름 밤의 꿈〉, 〈베니스의 상인〉, 〈십이야〉, 〈말괄량이 길들이기〉, 〈뜻대로 하세요〉다. 반면 〈햄릿〉, 〈오셀로〉, 〈리어왕〉, 〈맥베스〉는 '4대 비극'으로 꼽힌다.

138 ①
노벨상은 다이너마이트를 발명한 스웨덴 발명가 알프레드 노벨의 유산을 기금으로 하여 해마다 물리학·화학·생리의학·경제학·문학·평화의 6개 부문에서 인류문명의 발달에 공헌한 사람이나 단체를 선정하여 수여하는 상이다. 1901년에 제정되어 매년 12월 10일 스웨덴의 스톡홀름에서 시상식이 열리며, 평화상 시상식만 노르웨이의 오슬로에서 열린다.

139 ③
〈젊은 베르테르의 슬픔〉은 독일의 문학가 요한 볼프강 폰 괴테가 쓴 서간체 소설로 당대의 인습적 체제와 귀족사회의 통념에 반대하는 지식인의 우울함과 열정을 그렸다. 베르테르가 다른 사람의 약혼녀인 로테를 사랑하다가 끝내 권총으로 자살한다는 내용으로 당시 이에 공감한 젊은 세대의 자살이 유행하기도 했다.

140 ③
티저 트레일러(Teaser Trailer)는 예고편의 한 형식으로 영화 또는 방송의 장면을 조금만 보여주거나, 전혀 보여주지 않는 것으로 관객의 호기심과 호감을 자극하는 영상물을 의미한다.

141 답 ④
쑤타이는 태국의 전통의상으로 우리나라의 한복처럼 남녀노소에 따라 다른 형태로 입는다. 예복으로서 중요한 행사나 결혼식 등 격식 있는 자리에서 많이 입는다고 한다. 말레이시아의 전통의상은 '바주 꾸룽(Baju Kurung)'이라고 하며, 열대기후와 이슬람 문화의 영향을 받았다.

142 답 ①
해금은 현악기 중 하나로 우리나라에는 고려 예종 때 중국에서 유입됐다고 전해진다. 민간에서는 '깽깽이'나 '깡깡이'라고도 칭한다. 활로 현을 마찰시켜 소리를 내는 찰현악기로 흔히 '국악의 바이올린'이라 불린다. 원통 모양의 울림통에 대나무로 된 기둥을 꽂아 자루로 삼고, 굵은 줄과 가는 줄을 하나씩 기둥 상단의 줄감개에 감아 제작한다. 줄은 명주실로 되어 있다.

143 답 ②
영국의 철학자인 존 스튜어트 밀은 스승인 제러미 벤담과 함께 공리주의를 주장한 대표적 인물이다. 18세기 말부터 19세기 전반에 유행한 공리주의는 사회적 공리성(효용)을 가치판단의 기준으로 하는 사상으로, 밀은 쾌락의 질적 차이를 주장하면서 '배부른 돼지보다 불만족스런(배고픈) 소크라테스가 낫다'라고 하며 정신적 · 고차원적 쾌락을 중요시했다.

144 답 ④
울산 '반구천의 암각화'는 선사 시대의 생활상이 생생히 기록된 벽화로, 2023년 문화재청(현 국가유산청)이 세계유산 등재에 도전하겠다고 밝힌 바 있다. 2024년 6월 유네스코의 현장실사가 마무리됐고, 최종결과는 2025년 7월 세계유산위원회의 등재 심사에서 보고될 예정이다.

145 답 ②
2028년 하계올림픽을 주최하는 도시는 미국 로스앤젤레스(LA)다. 앞서 프랑스 파리와 LA가 2024년 올림픽 개최를 두고 경쟁을 벌였는데, 결과적으로 2024년 올림픽 개최권은 파리가 가져갔고, 이와 동시에 차기 대회 개최는 LA가 따낸 것으로 알려졌다. LA는 이로써 1984년 올림픽 이후 44년 만에 다시 올림픽을 열게 됐다.

146 답 ④
국제올림픽위원회(IOC)는 스위스 로잔에 본부를 둔 국제올림픽기구로 올림픽 대회를 주관하고 있다.

147 답 ③
패스트무비(Fast Movie)는 유튜브 등 영상 콘텐츠 플랫폼에서 영화나 드라마의 내용을 짧게 편집해 주요 핵심내용을 빠르게 볼 수 있도록 만든 콘텐츠를 말한다. 본편을 모두 시청하지 않아도 줄거리를 알 수 있어, 오래 시청해야 하는 콘텐츠를 선호하지 않는 최근 시청자들에게 인기를 끌고 있다. 다만 저작권자에게 허가를 받지 않고 주요 장면을 과도하게 노출하는 경우도 발생하고 있어 저작권 관련 논란도 일고 있다.

148 답 ①
클리셰(Cliché)는 인쇄에서 '연판'을 뜻하는 프랑스어에서 기원했으며, 현재는 문학 · 영화에 등장하는 진부하고 상투적인 표현을 일컫는다. 지나친 클리셰는 극의 전개를 정형화하고 예측 가능하게 만들어 독자와 관객의 흥미를 반감시킨다. 가령 전쟁터에서 수세에 몰린 병사들이 지휘관의 장엄한 연설에 힘을 얻어 승부를 뒤집는다든지, 범죄 현장에서 모든 상황이 끝난 뒤에야 경찰이 도착하는 등의 다양한 클리셰가 존재한다.

149 답 ②
2023년 개봉한 영화 〈서울의 봄〉은 1979년 육군 사조직 '하나회'의 전두환과 노태우가 신군부를 구성해 일으킨 12 · 12 군사반란의 과정과 결과를 담고 있다. 당시 신군부는 군사반란을 성공시킨 뒤 정권장악을 위해 5 · 17 내란을 일으켰다. 이후 내각을 총사퇴시키고, 최규하 대통령을 하야하게 해 전두환 정부를 수립했다.

150 답 ④
라마단(Ramadan)은 이슬람력에서 9월에 해당하며, 아랍어로는 '더운 달'을 의미한다. 이슬람교에서는 이 절기를 대천사 가브리엘이 선지자 무함마드에게 〈코란〉을 가르친 달로 생각해 신성하게 여긴다. 이 기간에 신자들은 일출부터 일몰까지 해가 떠 있는 동안 금식하고 하루 다섯 번의 기도를 드린다.

CHAPTER 07 한국사 · 세계사

문제편 p.283

01	02	03	04	05	06	07	08	09	10
④	①	③	③	④	①	④	②	③	③
11	12	13	14	15	16	17	18	19	20
④	④	②	④	④	③	④	③	③	④
21	22	23	24	25	26	27	28	29	30
②	③	③	④	④	①	②	③	②	④
31	32	33	34	35	36	37	38	39	40
④	②	②	④	①	④	④	①	①	③
41	42	43	44	45	46	47	48	49	50
①	②	①	②	③	②	④	①	④	②
51	52	53	54	55	56	57	58	59	60
③	③	①	③	①	①	④	②	④	④
61	62	63	64	65	66	67	68	69	70
①	③	④	②	③	①	③	④	④	③
71	72	73	74	75	76	77	78		
②	④	①	①	②	①	④	①		

01 답 ④

광개토대왕은 후연, 동부여, 백제 등과의 전쟁에서 승리하고 남으로는 한강 이남 지역, 북으로는 요동 등으로 영토를 넓혔다.
① 미천왕 : 낙랑군, 대방군 등을 정복하였다.
② 소수림왕 : 율령반포, 불교공인 등 내부체제를 정비하였다.
③ 장수왕 : 도읍을 평양으로 옮기는 등 남하정책을 펼쳤다.

02 답 ①

이순신 장군은 옥포대첩, 사천포해전, 당포해전, 1차 당항포해전, 안골포해전, 부산포해전, 명량대첩, 노량해전 등에서 승리했다.

행주대첩
임진왜란 때 행주산성에서 권율이 지휘하는 조선군과 백성들이 일본군을 싸워 크게 이긴 전투이다. 행주대첩은 진주대첩, 한산대첩과 함께 임진왜란 3대 대첩(크게 이긴 전투)으로 불린다.

03 답 ③

국채보상운동(1907)
- 대구에서 시작하여 전국으로 확대, 국채보상기성회 조직 (서상돈 등)
- 각계 각층의 모금 운동 전개, 대한매일신보 · 황성신문 등 언론기관 호응
- 일본의 방해로 실패하였다.

04 답 ③

농지개혁(1950)
- 목적 : 농민적 토지 소유 실현, 지주층에 대한 보상금을 통해 토지자본의 산업자본화
- 특징 : 유상매입, 유상분배
- 의의 : 지주제 폐지, 자영농 증가, 소작쟁의 불식
- 한계 : 농민에 불리(유상분배), 지주에 유리(유상매입)

05　답 ④
'이 섬'은 독도를 나타내는 것으로 ㄱ은 거문도, ㄴ은 진도와 제주도에 해당되는 내용이다.

06　답 ①
최초의 근대적 조약인 강화도 조약(1876)의 조항으로, ①의 최혜국 대우는 조미 수호 통상 조약(1882)에서 처음으로 보장된 바 있다.

07　답 ④
1541년(중종 36)에 풍기군수로 부임한 주세붕이 이듬해에 이곳 출신 유학자인 안향을 배향하기 위해 사묘를 설립하였다가 1543년에 유생교육을 겸비한 백운동서원을 설립한 것이 소수서원의 시초이다.

08　답 ②
이황은 사단이란 이(理)에서 나오는 마음이고 칠정이란 기(氣)에서 나오는 마음이라 하였다. 또한 인간의 마음은 이와 기를 함께 지니고 있지만, 마음의 작용은 이의 발동으로 생기는 것과 기의 발동으로 생기는 것 두 가지로 구분하였다. 즉, 인성(人性)에 있어 본연의 성(性)과 기질(氣質)의 성(性)이 다른 것과 같다고 하여 이른바 주리론적(主理論的) 이기이원론(理氣二元論)을 주장하였다.

09　답 ③
8세기 초에 쓰여진 〈왕오천축국전〉은 세계 4대 여행기로도 손꼽히며 또한 그중에서도 가장 오래된 것이기도 하다. 혜초는 723년부터 727년까지 4년간 인도와 중앙아시아, 아랍을 여행하였다.

세계 4대 여행기
세계 4대 여행기는 혜초의 〈왕오천축국전〉과 13세기 후반에 쓰여진 마르코 폴로의 〈동방견문록〉, 14세기 초반의 오도록의 〈동유기〉, 그리고 14세기 중반의 〈이븐 바투타 여행기〉를 손꼽는데, 혜초의 것이 가장 오래되었다.

10　답 ③
노비안검법
고려 광종 7년(956년) 실시된 법제로서, 원래 노비가 아니었는데 전쟁에서 포로로 잡혔거나, 빚을 갚지 못하여 강제로 노비가 된 자를 이전의 상태로 돌아가게 하는 법이다. 이것은 당시 호족(귀족)의 세력 기반을 억제하면서 왕권을 강화하고 국가 수입 기반을 확대하기 위한 정책이었다.

11　답 ④
고구려 태학, 통일 신라 국학, 고려 국자감 모두 중앙 교육 기관이다.

조선시대 교육 기관
- 초등 교육 기관 : 서당(사립)
- 중등 교육 기관 : 4부 학당(중앙), 향교(지방, 1군 1향교)
- 고등 교육 기관 : 성균관(국립 대학, 고급관리 양성)

12　답 ④
사서는 〈논어〉, 〈맹자〉, 〈대학〉, 〈중용〉을 말하고, 삼경은 〈시경〉, 〈서경〉, 〈역경〉을 말한다. 삼경에 〈춘추〉와 〈예기〉를 합해 오경이라 부른다. 사서오경은 고대 중국의 자연현상과 사회생활의 기록이며, 제왕의 정치, 고대의 가요, 가정생활, 공자가 태어난 노(魯)나라 역사 등의 기록을 담고 있다.

13　답 ②
보기는 고조선의 '8조 금법'의 내용이다. 현재 3개의 조목만 전해지는 8조 금법을 통해 고조선은 사유재산제의 사회로서 개인의 생명 보호를 중시했으며 계급 사회였음을 알 수 있다.

14　답 ④
삼한
삼한은 정치적 지배자인 군장과 제사장인 천군이 지배하는 지역이 구분된 제정분리 사회였다. 그중 소도는 제사장인 천군이 다스리는 곳으로 국법이 미치지 못하는 지역이었기 때문에 죄인들이 숨어도 잡아갈 수 없었다.

15　답 ④
신라는 한반도의 동남쪽에 치우쳐 있어 중국의 선진 문물을 받아들이는 데 불리하였고, 여러 세력 집단이 연합하여 이루어진 나라였기 때문에 체제의 정비와 국가의 통합이 고구려나 백제에 비해 늦었다.

16　답 ③
삼국 통일 후 전제 왕권을 확립한 신문왕의 업적이다.

17　답 ④
발해는 거란족의 세력 확대와 내분 때문에 국력이 약해져 926년 거란족(요나라)에 의해 멸망했다.

18 답 ③
광종(재위 949~975)
과거제도를 시행하여 신진세력을 등용하고 신·구세력의 교체를 꾀하는 한편 노비안검법 실시, 호족과 귀족세력 견제 등 개혁적인 정치를 단행하여 강력한 왕권을 확립했다.

19 답 ③
공민왕의 개혁정치

반원 자주	• 기씨 일족을 비롯한 친원 세력 제거 • 몽골 풍속 금지, 고려의 관제와 복식 회복 • 정동행성의 이문소 폐지, 쌍성총관부 공격(철령 이북의 땅 회복)
왕권 강화	• 정방 폐지 • 신돈 등용 → 전민변정도감 설치 • 유학 교육 강화, 과거 제도 정비 → 신진사대부 등 개혁 세력 양성

20 답 ④
제시문은 훈구 세력에 대한 설명으로, 훈구 세력은 많은 토지와 노비를 소유하였다. 지방의 중소 지주 출신은 사림 세력이다.

21 답 ②
조선시대 사화

구분	발생시기	원인
무오사화	1498년 (연산군)	연산군의 실정, 세조의 왕위 찬탈을 비판한 김종직의 조의제문
갑자사화	1504년 (연산군)	연산군의 모친인 폐비 윤씨의 복위 문제
기묘사화	1519년 (중종)	조광조의 급진적 개혁 정치에 대한 훈구파의 반발
을사사화	1545년 (중종)	왕위 계승문제를 둘러싼 외척의 갈등

22 답 ③
1460년(세조 6) 7월에 먼저 재정·경제의 기본이 되는 호전을 완성했고, 이듬해 7월에는 형전을 완성해 공포·시행했다.

23 답 ③
• 목민심서 : 정약용이 관리들의 폭정을 비판하며 수령이 지켜야 할 지침을 밝힌 책
• 경세유표 : 정약용이 행정기구의 개편과 토지제도·조세제도 등 제도의 개혁 원리를 제시한 책

24 답 ④
① 대동법은 경기도에서 처음 실시된 이래 점차 확대되어 100년 뒤에 황해도에서 실시됨으로써 전국적으로 시행되었다.
② 조선 후기에 조세 제도는 영정법(전세), 대동법(공납), 균역법(군역)으로 개편되었다.
③ 대동법의 실시로 지주의 부담은 늘어났지만, 농민들의 부담은 줄어들었다.

25 답 ④
영·정조의 탕평책은 강력한 왕권으로 붕당 사이의 치열한 다툼을 일시적으로 억누른 것에 불과하였다. 그 결과 정조가 갑작스레 죽은 뒤 왕권이 약해지자 세도 정치가 나타나게 되었다.

26 답 ①

임오군란 (1882)	별기군 창설에 대한 구식 군인의 반발, 청의 내정간섭 초래
갑신정변 (1884)	급진적 개혁 추진, 청의 내정간섭 강화
동학농민운동 (1894)	반봉건·반침략적 민족운동, 우금치 전투에서 패배
아관파천 (1896)	명성황후가 시해당한 뒤 고종과 왕세자가 러시아 공관으로 대피

27 답 ②
홍범 14조
갑오개혁 후 선포된 우리나라 최초의 근대적 헌법이다. 청에 의존하는 것을 끊음으로써 조선에 대한 청나라의 종주권을 부인했고, 종실·외척의 정치개입 배제 및 조세법정주의 등을 담고 있다.

28 ③
조선왕실의궤
조선시대 왕실에서 거행된 여러 가지 의례를 자세하게 기록한 책이다. 왕비·세자 등의 책봉이나 왕실의 혼례와 같은 주요 행사들을 그림 등을 활용해 기록했으며 현재 유네스코 세계기록유산으로 지정되어 있다.

29 ②
시일야방성대곡
을사조약의 부당함을 알리고 을사오적을 규탄하기 위해 장지연이 쓴 논설로, 〈황성신문〉에 게재되었다. 이 논설로 황성신문은 일제에 의해 발행이 정지되기도 했다.

30 ④
임진왜란(1592~1598) 이후 악화된 재정을 확보하기 위해 정부는 납속책·공명첩과 같은 신분 매매를 확대하였고, 호적 정비 및 양전 사업을 실시하였다. '과전법'은 고려 말에서 조선 초까지 운영되었던 토지제도이다.

31 ④
① 서얼은 관직 진출이 제한되었고, ② 노비의 신분은 세습되었고 매매·양도·상속의 대상이었으며, ③ 직역 세습과 신분 안에서 혼인이 가능했다.

32 ②
당초 민족대표 33인은 탑골공원에서 독립선언서를 발표할 예정이었지만 그 장소를 인사동의 태화관으로 옮겨 민족대표 중의 한 명이었던 한용운이 낭독하였다. 탑골공원에 모여 있던 학생들은 따로 독립선언서를 낭독하고 서울역, 서대문 등으로 행진하며 시위를 진행하였다.

33 ②
제시문에서 북국은 발해에 해당한다. 발해의 최고 교육 기관은 주자감이다. 태학감은 신라 경덕왕 때 국학의 이름을 고친 것이다.
① 발해의 감찰 기관은 중정대이다.
③ 발해는 중앙의 정치조직으로 당의 체제를 수용하여 3성 6부제로 정치조직을 정비하였다.
④ 발해는 선왕 때 지방행정조직을 5경 15부 62주로 정비하였다.

34 ④
전민변정도감은 고려 후기 권세가에게 점탈된 토지나 농민을 되찾아 바로잡기 위하여 설치된 임시 개혁기관으로 1269년 원종 때 최초로 설치되었고 그 뒤 충렬왕, 공민왕, 우왕 때에도 각각 설치되었다. 이 중 공민왕이 세운 전민변정도감은 왕권 강화 과정의 하나로 신돈이 주도하였다.
① 주자감은 발해의 교육기관이다.
② 호포제는 흥선대원군의 정책이며, 이를 통해 조세 부과의 형평성이 진전되었다.
③ 소격서 폐지는 중종 때 조광조의 주도로 이루어졌다.

35 ①
거중기를 설계한 인물은 정약용이다. 그는 거중기를 이용, 화성을 축조하여 공사기간을 단축시켰다. 정조 때 벼슬을 지낸 정약용은 신유박해 때 강진으로 유배 생활을 가게 되었고, 이 시기 동안 500여 권의 저술 활동을 하며 실학을 집대성하였다.
② 인왕제색도는 조선 후기의 화가 겸재(謙齋) 정선의 대표작으로 바위산은 선으로 묘사하고, 흙산은 묵으로 묘사하는 기법을 사용하여 진경산수화의 새로운 경지를 이룩하였다.
③ 18세기 실학자인 박제가는 청에 다녀온 후 저술한 「북학의」를 통해 적극적인 청의 문물 수용을 주장하였다.
④ 18세기 초 양명학을 체계적으로 연구하여 강화학파를 형성한 인물은 정제두이다.

36 ④
① 신채호는 대한매일신보에 「독사신론」을 발표하여 근대 민족주의 역사학의 방향을 제시하였다.
② 윤봉길은 한인 애국단 소속으로 훙커우 공원에서 많은 일본군 장성과 고관들을 처단하였다.
③ 백남운은 「조선사회경제사」, 「조선봉건사회경제사」 등을 저술하여 일제의 식민사관을 비판하였다.

37 ④
① 의열단 소속의 김상옥은 종로 경찰서에 폭탄 투척 후 일경과 교전하였다.
② 윤봉길은 한인 애국단 소속으로 훙커우 공원에서 많은 일본군 장성과 고관들을 처단하였다.
③ 이회영은 신민회, 대종교 인사 등과 함께 만주 지역에 최초의 자치기구인 경학사를 설립하였고, 한인의 이주와 정착, 경제력 향상과 항일 의식 고취 등을 목표로 활동하였으며, 신흥 강습소를 설치하였다.

38 정답 ①
계급사회의 특징이 나타나는 것은 청동기 시대부터다.

39 정답 ①
삼한은 신지, 읍차 등의 군장이 정치를 담당하고, 소도의 천군이 제사를 담당하는 제정분리 사회였다. 소도는 신성시되어 범죄자가 소도로 도망올 경우 처벌할 수 없는 풍습이 있었다. 벼농사를 지어 5월에는 수릿날, 10월에는 계절제를 제천행사로 열었다. 변한 등의 경우 철을 생산해 낙랑·일본 등에 수출했으며 철을 화폐로 이용하기도 했다.

40 정답 ③
주몽이 고구려를 건국할 당시 도읍지는 압록강 중류 만주지방의 졸본이었다. 졸본은 높은 산과 계곡이 많아 외적의 침입을 막는 데는 유리했지만 정치·경제·문화 측면에서는 도읍지로 적합하지 않았다. 그래서 2대 왕인 유리왕 시기 온난한 기후와 자원이 풍부한 국내성으로 도읍을 옮기게 됐다. 이후 줄곧 도읍지로서의 역할을 하다가 장수왕 때 중국의 영향력이 커지면서 서북방으로의 영토확장이 사실상 힘들어지자 남진정책을 실시하기 위해 도읍을 평양성으로 다시 옮겼다.

41 정답 ①
백제 성왕은 국가의 중흥을 목적으로 538년 도읍을 웅진에서 사비로 재천도했다. 성왕은 사비 천도로 왕권 강화와 지배질서 확립을 시도했고, 동시에 체제 정비를 추진했다. 천도 후 성왕은 신라와 손잡고 고구려를 공격했으나, 신라의 배신으로 한강 유역을 빼앗기고 말았다. 그리고 성왕은 553년 신라와의 관산성 전투에서 전사했다.

42 정답 ②
굴식돌방무덤은 고대 무덤양식 가운데 하나로 무덤방 옆으로 출입할 수 있는 통로가 있다는 점이 특징이다. 이는 부부를 함께 묻는 풍습이 보편화되면서 먼저 사망한 이를 장사지낸 뒤 배우자를 나중에 함께 묻기 위해 생겨난 구조다. 전한 시기 중국에서 출현해 고대 동아시아 전역에 걸쳐 유행했으며, 우리나라에서는 3~4세기에 고구려와 백제에서, 5세기 말~6세기에는 신라와 가야에서 시간의 간격을 두고 등장했다. 발해의 정혜공주묘, 고구려의 강서대묘가 대표적이다.

43 정답 ①
원광은 신라 진평왕 대의 승려다. 〈여래장경사기〉, 〈대방등여래장경소〉 등의 저술을 남겼으며, 세속오계를 지어 화랑에 정신적 지침을 전수했다.

44 정답 ②
발해는 고구려가 멸망한 뒤 만주·한반도 북부(현 연해주 일대)에 698년 세워진 국가이다. 건국 당시 수도는 동모산 일대였으며, 상경용천부는 멸망 때의 수도이다.

45 정답 ③
고려 태조(왕건)는 고려를 건국한 시조로 불교를 장려하여 연등회·팔관회 등의 불교행사를 장려했으며, 흑창을 설치해 민생을 안정시켰다. 또 왕권 강화책으로 정략결혼과 사성 정책, 역분전 정책을 시행했다. 최승로의 시무 28조를 받아들여 유교 정치이념의 통치체제를 정비한 것은 6대 임금인 성종이다.

46 정답 ②
역분전은 940년(태조 23년) 고려에서 실시된 토지 분급제도로 후삼국 통일전쟁에 대한 포상이자 관인에게 지급하는 급여로서의 직전(職田)의 성격을 동시에 가지고 있다. 이로 인해 단순히 논공행상을 위해 일회성으로 토지를 지급한 것이 아니라 지속성이 있는 급여제도이자 이후 시행된 전시과 제도의 선행 형태로 이해되기도 한다.

47 정답 ④
고려의 광종은 '광덕, 준풍'이라는 자주적 연호를 사용하며 대외적으로 자주권을 선언했고, 노비안검법을 실시해 불법적으로 노비가 된 자들을 평민으로 해방하고 공신과 호족 세력을 약화시켜 국가 조세수입원의 확대를 이루었다. 또한 과거제도를 실시해 유학을 익힌 실력파 신진세력을 등용함으로써 신·구세력의 교체를 도모했다. 관리에게 직역의 대가로 토지를 나눠주는 전시과는 경종 때 처음 시행됐다.

48 정답 ①
〈제왕운기(帝王韻紀)〉는 고려 시대 문신이었던 이승휴가 지은 역사서로 상·하권으로 되어 있으며, 칠언고시의 형태로 저술됐다. 상권에는 중국의 신화부터 하나라, 은나라, 주나라, 한나라를 거쳐 원나라의 흥성기까지의 역사가 기록되어 있다. 하권은 우리나라의 역사서로 고조선부터 삼국, 후삼국을 거쳐 고려의 통일까지를 담고 있다.

49 ④

음서 제도는 고려와 조선에서 시행하던 관리 임용 제도로 고위관리의 비속 친인척에게 과거시험을 생략하고 하급 관직을 주던 것을 말한다. 특히 고려 시대에는 5품 이상 관료의 비속(卑屬)에게 관직을 주어 문벌귀족들이 관직의 세습을 통해 정치적 기득권을 유지하는 것을 합법적으로 보장하는 역할을 하기도 했다. 다만 고려와 조선 모두 음서로 관리가 된 자에게는 관직 임명에 제한을 두어 고위관료로 승진하기 위해서는 과거시험을 치러야 했다.

50 ②

자격루는 1434년 세종의 명으로 장영실, 김조, 이천 등이 제작한 물시계를 말한다. 경복궁 남쪽의 보루각에 설치돼 있던 자격루는 물을 끌어올리는 기관뿐 아니라 정해진 시간이 되면 3개의 인형이 알아서 움직이며 각각 종과 북, 징을 울리도록 개발되어 당시로선 획기적인 자동 시보장치였다. 다만 세종 때 만든 것은 전란과 일제강점기 등을 거치며 사라졌고, 현재 남은 자격루는 중종 때 장영실이 만든 것을 개량한 것이다.

51 ③

대동법은 이원익 등의 주장으로 광해군이 실시한 백성들의 생활안정책이다. 민호(民戶)에 부과하던 토산물을 토지 결수에 따라 쌀, 포목, 돈으로 징수하는 것이다. 이로 인해 국가에 관수품을 조달하는 공인이 나타났고, 상품 수요의 증가와 공인의 활동 때문에 상공업의 발전이 촉진됐다. 효종은 이를 충청·전라 지역까지 확장하여 공납의 폐단을 바로잡으려 했다.

52 ③

1882년 벌어진 임오군란 이후 청의 내정간섭이 심화되자 김옥균·박영효 등 급진개화파는 근대화 추진과 민씨 세력 축출을 위해 일본의 군사적 지원을 받아 1884년 우정총국 개국 축하연 자리에서 갑신정변을 일으켰다. 이후 개화당 정부를 수립하고 14개조 개혁정강을 발표한 후 입헌군주제, 청과의 사대관계 폐지, 능력에 따른 인재등용 등의 개혁을 추진했다. 그러나 청군의 개입과 일본의 군사지원이 약속대로 이뤄지지 않아 3일 만에 실패했다.

53 ①

흥선대원군은 국가의 재정을 확보하기 위해 양반에게도 군포를 부과하는 호포제를 시행했으며, 사창제를 시행하여 환곡의 폐단을 해결하고자 했다. 또한 왕권 강화를 위해 임진왜란 때 불에 타서 방치된 경복궁을 중건했고, 비변사를 폐지한 후 의정부와 삼군부를 부활시켰다. 대외적으로는 전국에 척화비를 세우고, 외세 열강과의 통상수교 거부정책을 확고히 했다. 〈속대전〉은 조선 영조 때 국가운영에 대한 법을 새로 규정하기 위해 〈경국대전〉을 바탕으로 새롭게 변화된 조항을 담아 편찬됐다.

54 ③

갑신정변(1884) 이후 미국에서 돌아온 서재필은 남궁억, 이상재, 윤치호 등과 함께 독립협회를 창립하고 만민공동회와 관민공동회를 개최하여 부산 절영도 조차 요구 반대, 한러은행 개설을 규탄하는 성토, 집회연설 등을 통해 국권·민권신장운동을 전개했다. 또한 중추원 개편을 통한 의회 설립과 서구식 입헌군주제 실현을 목표로 활동했다. 아울러 청의 사신을 맞던 영은문을 헐고 그 자리 부근에 독립문을 건립하기도 했다. 고종의 퇴위반대운동을 전개한 단체는 대한자강회다.

55 ①

일본 도쿄 유학생들이 결성한 조선청년독립단은 1919년 대표 11인을 중심으로 도쿄에서 2·8 독립선언서를 발표했다. 이는 미국 대통령 윌슨이 주창한 민족자결주의의 영향을 받은 것으로, 이후 국내에서도 3·1 운동이 전개돼 민족대표 33인이 독립선언서를 발표하고 국내외에 독립을 선언했다. 3·1운동은 일제가 무단통치를 완화하고 식민지 통치를 문화통치 방식으로 변화시키는 계기가 됐다.

56 ①

일제강점기 독립운동가인 윤봉길 의사는 임시정부의 김구가 창설한 한인애국단에 가입해, 1932년 중국 상하이 홍커우공원에서 열린 일왕의 생일 기념식에 폭탄을 던져 의거했다. 일왕을 사살하지는 못했으나, 일본군 대장과 일본인 거류민단장이 그 자리에서 사망했다. 현장에서 체포된 윤봉길 의사는 사형 선고를 받아 1932년 12월 19일 순국했다.

57 답 ④

- (라) 4·3 사건 : 1947년 3월 1일을 기점으로 1948년 4월 3일 발생한 소요사태 및 1954년 9월 21일까지 제주도에서 발생한 민간인 학살사건
- (다) 3·15 부정선거 : 1960년 3월 15일 이승만 대통령과 자유당이 권력을 유지하기 위해 실시한 부정선거로 4·19혁명이 일어난 원인이 됨
- (나) 4·19 혁명 : 1960년 4월 19일 이승만 정권의 장기집권에 반발해 학생들이 주도하여 일으킨 민주주의 혁명
- (가) 12·12 군사반란 : 1979년 12월 12일 전두환을 중심으로 육군 내 비밀 사조직이었던 하나회가 일으킨 군사 쿠데타

58 답 ②

4대 문명의 비교

구분	발생 시기	강
메소포타미아 문명	기원 전 3500년	티그리스강, 유프라테스강
이집트 문명	기원 전 3000년	나일강
황하 문명		황하강
인더스 문명	기원 전 2500년	인더스강

59 답 ④

중세 서유럽의 문화는 크리스트교를 바탕으로 발달하였다.
④ 중세 서유럽의 대표적인 건축 양식은 고딕 양식이다.

60 답 ③

신항로 개척 이후 나타난 유럽의 상업과 금융업 발달 등의 획기적인 경제 발전을 상업 혁명이라고 한다. 상업 혁명 이후 16~17세기의 유럽 대륙에는 방대한 금과 은이 신대륙으로부터 유입되어 물가를 급격하게 상승시키는 가격 혁명을 불러일으켰다.

61 답 ①

십자군원정
1096~1270년까지 총 8차례의 십자군 원정 과정에서 십자군의 무자비한 살육과 약탈이 발생했으며, 목적 또한 퇴색되어 갔다. 원정 결과 교황권이 쇠퇴하였고 영주의 세력이 약화된 반면 국왕의 권위가 강화되었다.

62 답 ③

르네상스는 14세기에 발생한 인간 중심의 문예 부흥 운동으로, 이탈리아에서 시작되었다.
③ 알프스 이북 르네상스의 특징이다.

63 답 ④

미국 독립 혁명(1775)
영국의 식민지였던 미국 13개 주가 협력하여 영국군에 항전한 것으로, 영국으로부터 독립하는 것이 주된 목적이었으나 절대군주제에 대항하며 자연적 평등과 권리를 주장했다. 민주적인 정치형태를 수립하고자 한 점에서 프랑스 혁명과 유사하다.

64 답 ②

원나라는 몽골족이 세운 나라로, 동서문화 교류에 크게 이바지했다.

원 → 이슬람(서양)	화약, 나침반, 인쇄술 전파
이슬람(서양) → 원	이슬람의 수학과 천문학 유입

65 답 ③

삼민주의(三民主義)
1905년에 쑨원이 제창한 중국 근대 혁명의 기본이념으로, 민족주의·민권주의·민생주의 3원칙으로 이루어져 있다.

66 답 ①

양무운동
당시 아편전쟁과 애로호 사건을 겪으며 서양의 군사적 위력을 알게 된 청조는 서양 문물을 도입하고 군사·과학·통신 등을 개혁함으로써 부국강병을 이루고자 했으나 1894년 청일전쟁의 패배로 좌절되었다.

67 답 ③

파쇼다 사건
1898년 유럽 열강의 아프리카 분할과정에서 영국의 종단정책과 프랑스의 횡단정책이 충돌한 사건이다.

68 ④
카이로 회담은 제2차 세계대전 때 이집트의 카이로에서 개최된 것으로 1943년 11월에 제1차 카이로 회담이, 그해 12월에 제2차 카이로 회담이 열렸다.
① 얄타 회담 : 1945년 2월 4~11일
② 나가사키 원폭 투하 : 1945년 8월 9일
③ UN 창설 : 1945년 10월 24일

69 ④
티그리스강, 유프라테스강 유역을 중심으로 발전한 메소포타미아 문명은 기원전 3500년경에 발전하였다. 쐐기문자와 60진법을 사용하였고 함무라비 법전을 편찬하였으며 태음력을 제정하였다.

70 ③
헬레니즘 문화는 그리스 문화가 오리엔트 문명과 융합되어 형성한 유럽 문화의 2대 조류로, 로마 문화를 일으키고 인도의 간다라 미술을 탄생시켰던 인간 중심의 문화였다.

71 ②
ⓒ 십자군 전쟁 : 11~13세기 중세 서유럽의 그리스도교 국가들이 이슬람교도들로부터 성지를 탈환하기 위해 벌인 전쟁이다.
ⓜ 백년 전쟁 : 1337~1453년 영국과 프랑스 사이에 벌어진 전쟁으로 봉건제후와 귀족들이 몰락하고 중앙집권적 국가로 발전하는 계기가 되었다.
ⓒ 장미 전쟁 : 1455~1485년 영국의 왕위 계승을 둘러싸고 요크 가문과 랭커스터 가문이 대립하며 발생한 내란이다.
ⓔ 종교 전쟁 : 종교개혁(16~17세기) 이후 낭트칙령으로 신앙의 자유를 얻기 전까지 구교와 신교 간의 대립으로 일어난 전쟁이다.
ⓖ 크림 전쟁 : 1853~1856년 러시아와 오스만튀르크, 영국, 프랑스, 프로이센, 사르데냐 연합군이 크림반도와 흑해를 둘러싸고 벌인 전쟁이다.

72 ④
이성과 진보를 강조하는 계몽주의는 프랑스 혁명의 사상적 배경이 되었다. 1789~1794년 프랑스에서 일어난 프랑스 혁명은 정치권력이 왕족과 귀족에서 시민으로 옮겨진 역사적 전환점이 되었다.

73 ①
종교개혁은 16세기 교회의 세속화와 타락에 반발하여 출현한 그리스도교 개혁운동으로 1517년 독일의 마틴 루터가 이를 비판하는 95개조의 반박문을 발표한 것을 시작으로 이후 스위스의 츠빙글리, 프랑스의 칼뱅 등에 의해 전 유럽에 퍼졌고 그 결과 가톨릭으로부터 이탈한 프로테스탄트라는 신교가 성립되었다.

74 ①
① 청교도 혁명(1640~1660년)
③ 프랑스 혁명(1789~1794년)
② 갑오개혁(1894~1896년)
④ 신해혁명(1911년)

75 ②
제시된 내용은 쑨원이 제창하였던 민족주의, 민권주의, 민생주의의 삼민주의를 설명한 것이다. 이 사상을 바탕으로 한 신해혁명은 1911년에 청나라를 멸망시키고 중화민국을 세운 민주주의 혁명이다.

76 ①
제2차 세계대전 이후 얄타 회담에서 전후 국제기구 설립에 합의하면서 국제연합이 창설되었다.

77 ④
국제연합(UN)은 미국의 루스벨트 대통령과 영국의 처칠 총리가 발표한 대서양 헌장(1941년)을 기초로 결성되었다. 제1차 세계대전 후 결성된 국제연맹에 소련과 미국이 불참한 것과 달리 국제연합에는 소련과 미국이 참여함으로써 현재까지 세계 중심 기구의 역할을 하고 있다. 독일, 일본은 제2차 세계대전을 일으킨 국가였지만 국제연합에 가입되어 있다.

78 ①
베르사유 조약(1919) → 카이로 회담(1943) → 얄타 회담(1945.2) → 포츠담 선언(1945.7)

"간절"하면 이루어지는 것이 아니라,
"하면" 이루어지는 것이다.
- 작가 이동영 -

PART 2

관계법령
정답 및 해설

CHAPTER 01   청원경찰법
CHAPTER 02   통합방위법
CHAPTER 03   원자력시설 등의 방호 및 방사능 방재 대책법

CHAPTER 01 청원경찰법

문제편 p.322

01	02	03	04	05	06	07	08	09	10
③	④	④	④	④	②	①	②	①	①
11	12	13	14	15	16	17	18	19	20
②	②	④	②	④	①	①	①	②	④
21	22	23	24	25	26	27	28	29	30
③	③	④	③	③	②	③	③	②	②
31	32	33	34	35	36	37	38	39	40
④	②	①	④	③	④	④	④	④	③
41	42	43	44	45	46	47	48	49	50
④	②	③	①	①	④	②	②	①	③
51	52	53	54	55	56	57	58	59	60
①	②	③	②	①	④	②	③	②	③
61	62	63	64	65	66	67	68	69	70
②	④	③	①	②	①	①	③	①	③
71	72	73	74	75					
④	①	②	④	④					

01 답 ③
이 법은 청원경찰의 직무·임용·배치·보수·사회보장 및 그 밖에 필요한 사항을 규정함으로써 청원경찰의 원활한 운영을 목적으로 한다(법 제1조).

02 답 ④
「사회복지사업법」에 따른 사회복지시설은 청원경찰의 배치대상이 아니다(법 제2조, 동법 규칙 제2조).

03 답 ④
모두 옳다. 국내 주재 외국기관을 국외 주재 국내기관으로 바꿔 오답으로 자주 출제하니 확실하게 알아두어야 한다.

04 답 ④
④ 관할 경찰서장은 매달 1회 이상 청원경찰을 배치한 경비구역에 대하여 복무규율과 근무상황을 감독하여야 한다(영 제17조 제1호).
① 규칙 제21조 제2항
② 법 제10조 제2항
③ 법 제10조 제1항

05 답 ④
④ 청원경찰은 청원주와 배치된 기관·시설 또는 사업장 등의 구역을 관할하는 경찰서장의 감독을 받아 그 경비구역만의 경비를 목적으로 필요한 범위에서 「경찰관직무집행법」에 따른 경찰관의 직무를 수행한다(법 제3조).
① 법 제1조, ② 법 제2조 제2호, ③ 법 제2조

06 답 ②

② 청원경찰은 청원경찰의 배치결정을 받은 자와 배치된 기관·시설 또는 사업장 등의 구역을 관할하는 경찰서장의 감독을 받아 그 경비구역만의 경비를 목적으로 필요한 범위에서 경찰관직무집행법에 따른 경찰관의 직무를 수행한다(법 제3조).
① 규칙 제14조 해석상
③ 규칙 제21조 제1항
④ 규칙 제21조 제2항

07 답 ①

①, ④ 청원경찰은 청원경찰의 배치결정을 받은 자(청원주)와 배치된 기관·시설 또는 사업장 등의 구역을 관할하는 경찰서장의 감독을 받아 그 경비구역만의 경비를 목적으로 필요한 범위에서 경찰관직무집행법에 따른 경찰관의 직무를 수행한다(법 제3조).
② 청원경찰은 자신이 배치된 기관의 경비 목적을 위하여 필요한 최소한의 범위에서 직무를 수행하여야 하므로, 관할 경찰서의 경비업무를 보조하는 업무를 수행해서는 안 된다(법 제3조, 규칙 제21조).
③ 법 제5조 제4항에서 규정한 사항 외에 청원경찰의 복무에 관하여는 해당 사업장의 취업규칙에 따른다(영 제7조).

08 답 ②

② 청원경찰은 경찰관직무집행법에 따른 직무 외의 수사활동 등 사법경찰관리의 직무를 수행해서는 아니 된다(규칙 제21조 제2항).
①, ④ 법 제3조
③ 법 제8조 제3항

09 답 ①

① 대기근무자는 소내근무에 협조하거나 휴식하면서 불의의 사고에 대비한다(규칙 제14조 제4항).
② 업무처리 및 자체경비를 하는 소내근무자는 근무 중 특이한 사항이 발생하였을 때에는 지체 없이 청원주 또는 관할 경찰서장에게 보고하고 그 지시에 따라야 한다(규칙 제14조 제2항).

③ 순찰근무자는 청원주가 지정한 일정한 구역을 순회하면서 경비 임무를 수행한다. 이 경우 순찰은 단독 또는 복수로 정선순찰을 하되, 청원주가 필요하다고 인정할 때에는 요점순찰 또는 난선순찰을 할 수 있다(규칙 제14조 제3항).
④ 자체경비를 하는 입초근무자는 경비구역의 정문이나 그 밖의 지정된 장소에서 경비구역의 내부, 외부 및 출입자의 움직임을 감시한다(규칙 제14조 제1항).

10 답 ①

① 청원경찰은 경찰관직무집행법에 따른 직무 외의 수사활동 등 사법경찰관리의 직무를 수행해서는 아니 된다(규칙 제21조 제2항).
② 규칙 제14조 제3항
③ 규칙 제14조 제1항
④ 규칙 제22조

11 답 ②

② 청원경찰 배치신청서 제출 시, 배치 장소가 둘 이상의 도(특별시, 광역시, 특별자치시 및 특별자치도를 포함한다. 이하 같다)일 때에는 주된 사업장의 관할 경찰서장을 거쳐 시·도 경찰청장에게 한꺼번에 신청할 수 있다(영 제2조 후문).
① 시·도 경찰청장은 청원경찰 배치신청을 받으면 지체 없이 그 배치 여부를 결정하여 신청인에게 알려야 한다(법 제4조 제2항).
③ 청원경찰의 배치를 받으려는 자는 청원경찰 배치신청서에 경비구역 평면도 1부, 배치계획서 1부를 첨부하여 사업장의 소재지를 관할하는 경찰서장을 거쳐 시·도 경찰청장에게 제출하여야 한다(영 제2조 전문).
④ 청원주는 청원경찰이 배치된 시설이 폐쇄되거나 축소되어 청원경찰의 배치를 폐지하거나 배치인원을 감축할 필요가 있다고 인정하면 청원경찰의 배치를 폐지하거나 배치인원을 감축할 수 있다(법 제10조의5 제1항 본문).

12 답 ②

② 영 제2조 전문
① 청원경찰을 배치받으려는 자는 대통령령으로 정하는 바에 따라 관할 시·도 경찰청장에게 청원경찰 배치를 신청하여야 한다(법 제4조 제1항).
③ 사회복지법에 따른 사회복지시설은 청원경찰 배치대상이 아니다.
④ 금융 또는 보험을 업(業)으로 하는 시설 또는 사업장은 청원경찰 배치대상이다(규칙 제2조 제2호).

13 답 ④

④ 법 제4조 제3항
①, ② 청원경찰의 배치를 받으려는 자는 청원경찰 배치신청서에 경비구역 평면도 1부, 배치계획서 1부를 첨부하여 소재지를 관할하는 경찰서장을 거쳐 시·도 경찰청장에게 제출하여야 한다(영 제2조 전문).
③ 시·도 경찰청장은 청원경찰 배치신청을 받으면 지체 없이 그 배치 여부를 결정하여 신청인에게 알려야 한다(법 제4조 제2항).

14 답 ②

시·도 경찰청장은 청원경찰 배치가 필요하다고 인정하는 기관의 장 또는 시설·사업장의 경영자에게 청원경찰을 배치할 것을 요청할 수 있다(법 제4조 제3항).

15 답 ④

경비구역 평면도 1부 또는 배치계획서 1부를 첨부하는 것이 아니라 두 가지 모두를 첨부하여야 한다(영 제2조).

16 답 ①

시·도 경찰청장은 청원경찰 배치가 필요하다고 인정하는 기관의 장 또는 시설·사업장의 경영자에게 청원경찰을 배치할 것을 요청할 수 있다(법 제4조 제3항).

17 답 ①

청원주는 청원경찰을 신규로 배치하거나 이동배치 하였을 때에는 배치지(이동배치의 경우에는 종전의 배치지)를 관할하는 경찰서장에게 그 사실을 통보하여야 한다(영 제6조 제1항).

18 답 ①

국내 주재 외국기관도 법상 청원경찰의 배치대상이다(법 제2조 제2호).

19 답 ②

배치신청서를 주된 사업장의 관할 경찰서장을 거쳐 시·도 경찰청장에게 한꺼번에(일괄) 신청할 수 있다(영 제2조 후문).

20 답 ④

④ 청원주가 청원경찰을 임용하였을 때에는 임용한 날부터 10일 이내에 그 임용사항을 관할 경찰서장을 거쳐 시·도 경찰청장에게 보고하여야 한다(영 제4조 제2항 전문).
① 청원경찰은 나이가 60세가 되었을 때 당연 퇴직된다. 다만, 그 날이 1월부터 6월 사이에 있으면 6월 30일에, 7월부터 12월 사이에 있으면 12월 31일에 각각 당연퇴직된다(법 제10조의6 제3호).
② 청원경찰의 복무에 관하여는 「국가공무원법」 제57조(복종의무), 제58조 제1항(직장이탈금지), 제60조(비밀엄수의무) 및 「경찰공무원법」 제24조(거짓보고 등의 금지)를 준용한다(법 제5조 제4항).
③ 청원경찰은 청원주가 임용하되, 임용을 할 때에는 미리 시·도 경찰청장의 승인을 받아야 한다(법 제5조 제1항).

21 답 ③

청원경찰은 청원주(청원경찰의 배치결정을 받은 자)가 임용하되, 임용을 할 때에는 미리 시·도 경찰청장의 승인을 받아야 한다(법 제5조 제1항).

22 답 ③

③ 「국가공무원법」 제33조의 결격사유에 해당하는 사람은 청원경찰로 임용될 수 없다(법 제5조 제2항). 이에 따라 금고 이상의 형의 집행유예를 선고받고 그 유예기간이 끝난 날부터 2년이 지나지 아니한 자는 청원경찰로 임용될 수 없다(국가공무원법 제33조 제4호).
① 청원경찰의 임용자격으로 나이 요건은 18세 이상이다(영 제3조 제1호). 따라서 군복무를 마친 55세의 남자는 청원경찰이 될 수 있다.
② 청원경찰의 임용자격으로 신체조건은 신체가 건강하고 팔다리가 완전하며, 시력(교정시력을 포함한다)은 양쪽 눈이 각각 0.8 이상일 것이다(규칙 제4조 제2호).
④ 청원경찰의 복무와 관련하여 경찰공무원법 제24조(거짓보고 등의 금지)가 준용될 뿐 제22조(교육훈련)에 관한 규정은 준용되지 않는다.

23 답 ④

④ 규칙 제16조 제4항 제2호
① 청원경찰의 복무에 관하여는 「국가공무원법」 제57조, 제58조 제1항, 제60조 및 「경찰공무원법」 제24조를 준용한다(법 제5조 제4항).
② 국가기관이나 지방자치단체에 근무하는 청원경찰의 직무상 불법행위에 대한 배상책임에 관하여는 국가배상법의 규정을 받게 된다(법 제10조의2 반대해석, 국가배상법 제2조 및 대판 92다47564).
③ 청원주는 소속 청원경찰에게 그 직무집행에 필요한 교육을 매월 4시간 이상 하여야 한다(규칙 제13조 제1항).

24 답 ③

③ 영 제6조 제1항
① 청원경찰의 복무에 관하여는 「국가공무원법」 제57조(복종의무), 제58조 제1항(직장이탈금지), 제60조(비밀엄수의무) 및 「경찰공무원법」 제24조(거짓보고 등의 금지)를 준용한다(법 제5조 제4항).
② 청원주가 청원경찰 임용승인신청서에 첨부해야 할 서류에는 이력서 1부, 주민등록증 사본 1부, 민간인 신원진술서(「보안업무규정」 제36조에 따른 신원조사가 필요한 경우만 해당한다) 1부, 최근 3개월 이내에 발행한 채용신체검사서 또는 취업용 건강진단서 1부, 가족관계등록부 중 기본증명서 1부가 있다.
④ 청원경찰의 임용자격으로 나이 요건은 법령 해석상 18세 이상 60세 미만일 것이 요구된다(법 제10조의6 제3호, 영 제3조 제1호).

25 답 ③

③ 「국가공무원법」 제33조의 결격사유에 해당하는 사람은 청원경찰로 임용될 수 없다(법 제5조 제2항). 이에 따라 법원의 판결 또는 다른 법률에 따라 자격이 상실되거나 정지된 자는 청원경찰로 임용될 수 없다(국가공무원법 제33조 제6호).
① 청원경찰경비는 국가기관 또는 공공단체와 그 관리하에 있는 중요시설 또는 사업장, 국내 주재 외국기관, 그 밖에 행정안전부령으로 정하는 중요시설, 사업장 또는 장소 등의 경영자가 부담한다(법 제2조).
② 청원경찰은 청원주가 임용하되, 임용을 할 때에는 미리 시·도 경찰청장의 승인을 받아야 한다(법 제5조 제1항).
④ 시·도 경찰청장은 청원경찰 배치가 필요하다고 인정하는 기관의 장 또는 시설·사업장의 경영자에게 청원경찰을 배치할 것을 요청할 수 있다(법 제4조 제3항).

26 답 ②

② 청원주는 청원경찰을 신규로 배치하거나 이동배치하였을 때에는 배치지(이동배치의 경우에는 종전의 배치지)를 관할하는 경찰서장에게 그 사실을 통보하여야 한다(영 제6조 제1항). 즉, 청원경찰의 신규배치 및 이동배치(변경배치)의 통보접수는 관할 경찰서장이 한다.
① 시·도 경찰청장은 청원경찰 배치신청을 받으면 지체 없이 그 배치 여부를 결정하여 신청인에게 알려야 한다(법 제4조 제2항).
③ 시·도 경찰청장은 청원경찰이 직무를 수행하기 위하여 필요하다고 인정하면 청원주의 신청을 받아 관할 경찰서장으로 하여금 청원경찰에게 무기를 대여하여 지니게 할 수 있다(법 제8조 제2항). 즉, 시·도 경찰청장이 무기휴대 여부 결정 권한을 가진다.
④ 청원경찰은 청원주가 임용하되, 임용을 할 때에는 미리 시·도 경찰청장의 승인을 받아야 한다(법 제5조 제1항).

27 답 ③

( ) 안에는 순서대로 30, 10이 들어간다.
• 청원경찰의 배치결정을 받은 자(이하 "청원주"라 한다)는 법 제5조 제1항에 따라 그 배치결정의 통지를 받은 날부터 30일 이내에 배치결정된 인원수의 임용예정자에 대하여 청원경찰 임용승인을 시·도 경찰청장에게 신청하여야 한다(영 제4조 제1항).
• 청원주가 청원경찰을 임용하였을 때에는 임용한 날부터 10일 이내에 그 임용사항을 관할 경찰서장을 거쳐 시·도 경찰청장에게 보고하여야 한다. 청원경찰이 퇴직하였을 때에도 또한 같다(영 제4조 제2항).

28 답 ③

청원경찰의 교육과목에는 법학개론, 민사소송법, 민간경비론이 들어가지 않는다.

29 답 ②

청원주는 소속 청원경찰에게 그 직무집행에 필요한 교육을 매월 4시간 이상 하여야 한다(규칙 제13조 제1항).

30 답 ②
경찰교육기관의 교육계획상 부득이하다고 인정할 때에는 우선 배치하고 임용 후 1년 이내에 교육을 받게 할 수 있다(영 제5조 제1항 단서). 또한 경찰공무원(의무경찰을 포함한다) 또는 청원경찰에서 퇴직한 사람이 퇴직한 날부터 3년 이내에 청원경찰로 임용되었을 때에는 교육을 면제할 수 있다(영 제5조 제2항).

31 답 ④
청원주는 청원경찰로 임용된 사람으로 하여금 경비구역에 배치하기 전에 경찰교육기관에서 직무수행에 필요한 교육(2주 76시간)을 받게 하여야 한다. 다만, 경찰교육기관의 교육계획상 부득이하다고 인정할 때에는 우선 배치하고 임용 후 (1년) 이내에 교육을 받게 할 수 있다(영 제5조 제1항, 규칙 제6조·[별표 1]).

32 답 ②
② 영 제8조 제6항
① 청원경찰에 대한 징계의 종류는 파면, 해임, 정직, 감봉 및 견책으로 구분한다(법 제5조의2 제2항).
③ 정직(停職)은 1개월 이상 3개월 이하로 하고, 그 기간에 청원경찰의 신분은 보유하나 직무에 종사하지 못하며, 보수의 3분의 2를 줄인다(영 제8조 제2항).
④ 청원주는 청원경찰 배치결정의 통지를 받았을 때에는 통지를 받은 날부터 15일 이내에 청원경찰에 대한 징계규정을 제정하여 관할 시·도 경찰청장에게 신고하여야 한다(영 제8조 제5항).

33 답 ①
청원경찰에 대한 징계의 종류는 파면, 해임, 정직, 감봉 및 견책으로 구분한다(법 제5조의2 제2항). 직위해제는 청원경찰법령상 징계의 종류에 해당되지 않는다.

34 답 ④
④ 법 제6조 제2항 제2호
① 청원경찰에 대한 징계의 종류는 파면, 해임, 정직, 감봉 및 견책으로 구분한다(법 제5조의2 제2항).
② 정직은 1개월 이상 3개월 이하로 하고, 그 기간에 직무에 종사하지 못하며, 보수의 3분의 2를 줄인다(영 제8조 제2항).
③ 감봉은 1개월 이상 3개월 이하로 하고, 그 기간에 보수의 3분의 1을 줄인다(영 제8조 제3항).

35 답 ③
법 제6조 제2항에 의하면 16년, 20년 재직한 청원경찰의 보수는 경장, 25년 재직한 경우에는 경사, 32년 재직한 경우에는 경위에 해당하는 경찰공무원의 보수를 감안하여 대통령령으로 정한다.

> **청원경찰경비(법 제6조)**
> ② 국가기관 또는 지방자치단체에 근무하는 청원경찰의 보수는 다음 각호의 구분에 따라 같은 재직기간에 해당하는 경찰공무원의 보수를 감안하여 대통령령으로 정한다.
> 1. 재직기간 15년 미만 : 순경
> 2. 재직기간 15년 이상 23년 미만 : 경장
> 3. 재직기간 23년 이상 30년 미만 : 경사
> 4. 재직기간 30년 이상 : 경위

36 답 ④
교육비는 청원주가 해당 청원경찰의 입교(入校) 3일 전에 해당 경찰교육기관에 낸다(규칙 제8조 제3호).

37 답 ④
영 제11조 제1항의 기준에 따를 때, 지방자치단체에서 근무하는 청원경찰의 봉급 산정 시 기준이 되는 경력은 상근(常勤)으로 근무한 경력을 말한다. 따라서 비상근으로 근무한 경력은 불산입한다.

> **보수 산정 시의 경력 인정 등(영 제11조)**
> ① 청원경찰의 보수 산정에 관하여 그 배치된 사업장의 취업규칙에 특별한 규정이 없는 경우에는 다음 각호의 경력을 봉급 산정의 기준이 되는 경력에 산입(算入)하여야 한다.
> 1. 청원경찰로 근무한 경력
> 2. 군 또는 의무경찰에 복무한 경력
> 3. 수위·경비원·감시원 또는 그 밖에 청원경찰과 비슷한 직무에 종사하던 사람이 해당 사업장의 청원주에 의하여 청원경찰로 임용된 경우에는 그 직무에 종사한 경력
> 4. 국가기관 또는 지방자치단체에서 근무하는 청원경찰에 대해서는 국가기관 또는 지방자치단체에서 상근(常勤)으로 근무한 경력

38 ④
청원경찰의 교통비는 청원주가 부담하여야 할 청원경찰경비에 포함되지 않는다(법 제6조 제1항 참조).

> **청원경찰경비(법 제6조)**
> ① 청원주는 다음 각호의 청원경찰경비를 부담하여야 한다.
>   1. 청원경찰에게 지급할 봉급과 각종 수당
>   2. 청원경찰의 피복비
>   3. 청원경찰의 교육비
>   4. 제7조에 따른 보상금 및 제7조의2에 따른 퇴직금

39 ④
④ 교육비는 청원주가 해당 청원경찰의 입교 3일 전에 해당 경찰교육기관에 낸다(규칙 제8조 제3호).
① 규칙 제8조 제1호
② 영 제11조 제1항 제3호
③ 청원주가 보상금의 지급을 이행하기 위하여 「산업재해보상보험법」에 따른 산업재해보상보험에 가입하였다면 지급주체는 고용노동부장관의 위탁을 받은 근로복지공단이 된다. 반면, 청원주가 「근로기준법」상 보상금의 지급을 위해 자체 재원을 따로 마련하였다면 지급주체는 청원주가 된다.

40 ③
영 제11조 제1항의 기준에 따를 때, 사례에서는 군 복무경력과 청원경찰로 근무한 2년 경력이 봉급 산정 시 산입되는 경력에 들어간다.

41 ④
④ 국가기관이나 지방자치단체에 근무하는 청원경찰의 퇴직금에 관하여는 따로 대통령령으로 정한다(법 제7조의2).
① 법 제6조 제2항
② 법 제6조 제3항
③ 법 제7조 제1호

42 ②
제시된 내용 중 옳지 않은 것은 ㄱ과 ㄹ이다.
ㄱ. (×) 청원주는 청원경찰이 퇴직할 때에는 「근로자퇴직급여보장법」에 따른 퇴직금을 지급하여야 한다. 다만, 국가기관이나 지방자치단체에 근무하는 청원경찰의 퇴직금에 관하여는 따로 대통령령으로 정한다(법 제7조의2).
ㄹ. (×) 국가기관 또는 지방자치단체에 근무하는 청원경찰 외의 청원경찰의 봉급과 각종 수당은 경찰청장이 고시한 최저부담기준액 이상으로 지급하여야 한다(영 제10조).
ㄴ. (○) 법 제6조 제1항 제2호
ㄷ. (○) 영 제9조 제3항

43 ③
청원경찰이 고의·과실에 의한 위법행위로 타인에게 손해를 가한 경우는 직무수행성이 부정되기에 보상금을 지급해야 하는 경우에 해당하지 않는다.

> **보상금(법 제7조)**
> 청원주는 청원경찰이 다음 각호의 어느 하나에 해당하게 되면 대통령령으로 정하는 바에 따라 청원경찰 본인 또는 그 유족에게 보상금을 지급하여야 한다.
>   1. 직무수행으로 인하여 부상을 입거나, 질병에 걸리거나 또는 사망한 경우
>   2. 직무상의 부상·질병으로 인하여 퇴직하거나, 퇴직 후 2년 이내에 사망한 경우

44 ①
청원경찰법령상 청원경찰에게 표창을 수여할 수 있는 자는 시·도 경찰청장, 관할 경찰서장 또는 청원주이다(규칙 제18조).

> **표창(규칙 제18조)**
> 시·도 경찰청장, 관할 경찰서장 또는 청원주는 청원경찰에게 다음 각호의 구분에 따라 표창을 수여할 수 있다.
>   1. 공적상 : 성실히 직무를 수행하여 근무성적이 탁월하거나 헌신적인 봉사로 특별한 공적을 세운 경우
>   2. 우등상 : 교육훈련에서 교육성적이 우수한 경우

45 답 ①

- 개정 전 산업재해보상보험법에서는 청원주가 산업재해보상보험법에 따른 산업재해보상보험에 가입한 경우에 보상금은 고용노동부장관이 산업재해보상보험법에 따라 지급하게 된다고 하였으나, 현행 산업재해보상보험법에 따르면 근로복지공단이 고용노동부장관의 위탁을 받아 보험급여의 결정과 지급을 수행한다(산업재해보상보험법 제10조·제11조 제1항 제3호)고 규정하고 있다.
- 청원주는 청원경찰이 퇴직할 때에는 근로자퇴직급여보장법에 따른 퇴직금을 지급하여야 한다. 다만, 국가기관이나 지방자치단체에서 근무하는 청원경찰의 퇴직금에 관하여는 따로 대통령령으로 정한다(법 제7조의2).

46 답 ④

④ 청원주는 청원경찰이 퇴직할 때에는 「근로자퇴직급여보장법」에 따른 퇴직금을 지급하여야 한다. 다만, 국가기관이나 지방자치단체에 근무하는 청원경찰의 퇴직금에 관하여는 따로 대통령령으로 정한다(법 제7조의2).
① 법 제10조의7
② 법 제10조의4 제1항
③ 법 제10조의4 제2항

47 답 ②

청원경찰이 퇴직할 때에는 대여품(허리띠, 경찰봉, 가슴표장, 분사기, 포승)을 청원주에게 반납하여야 한다(규칙 제12조 제2항, [별표 3]). 참고로 급여품(규칙 [별표 2])은 반납대상이 아니다.

48 답 ②

② 청원경찰은 평상근무 중에는 정모, 근무복, 단화, 호루라기, 경찰봉 및 포승을 착용하거나 휴대하여야 하고, 총기를 휴대하지 아니할 때에는 분사기를 휴대하여야 하며, 교육훈련이나 그 밖의 특수근무 중에는 기동모, 기동복, 기동화 및 휘장을 착용하거나 부착하되, 허리띠와 경찰봉은 착용하거나 휴대하지 아니할 수 있다(규칙 제9조 제3항).
① 관할 경찰서장은 대여한 청원경찰의 무기관리상황을 수시로 점검하여야 한다(영 제16조 제3항).
③ 청원주는 「총포·도검·화약류 등의 안전관리에 관한 법률」에 따른 분사기의 소지허가를 받아 청원경찰로 하여금 그 분사기를 휴대하여 직무를 수행하게 할 수 있다(영 제15조).
④ 무기대여 신청을 받은 시·도 경찰청장은 (청원주에게) 무기를 대여하여 (청원경찰에게) 휴대하게 하려는 경우에는 청원주로부터 국가에 기부채납된 무기에 한정하여 관할 경찰서장으로 하여금 무기를 대여하여 휴대하게 할 수 있다(영 제16조 제2항).

49 답 ①

① 청원경찰의 복제(服制)는 제복·장구(裝具) 및 부속물로 구분한다(영 제14조 제1항). 모자표장, 가슴표장, 휘장, 계급장, 넥타이핀, 단추 및 장갑은 부속물에 해당한다(규칙 제9조 제1항 제3호).
② 청원경찰이 그 배치지의 특수성 등으로 특수복장을 착용할 필요가 있을 때에는 청원주는 시·도 경찰청장의 승인을 받아 특수복장을 착용하게 할 수 있다(영 제14조 제3항).
③ 청원경찰의 제복의 형태·규격 및 재질은 청원주가 결정하되, 사업장별로 통일해야 한다(규칙 제9조 제2항 제1호 본문).
④ 청원경찰은 평상근무 중에는 정모, 근무복, 단화, 호루라기, 경찰봉 및 포승을 착용하거나 휴대하여야 한다(규칙 제9조 제3항).

50 답 ③

③ 규칙 제16조 제1항 제7호
① 탄약고는 무기고와 떨어진 곳에 설치하고, 그 위치는 사무실이나 그 밖에 여러 사람을 수용하거나 여러 사람이 오고 가는 시설로부터 격리되어야 한다(규칙 제16조 제1항 제4호).
② 청원주가 무기와 탄약을 대여받았을 때에는 경찰청장이 정하는 무기·탄약 출납부 및 무기장비 운영카드를 갖춰 두고 기록하여야 한다(규칙 제16조 제1항 제1호).
④ 청원경찰에게 지급한 무기와 탄약은 매주 1회 이상 손질하게 하여야 한다(규칙 제16조 제2항 제3호).

51 ①

① 청원주는 대여받은 무기와 탄약이 분실되거나 도난당하거나 빼앗기거나 훼손되는 등의 사고가 발생하였을 때에는 지체 없이 그 사유를 관할 경찰서장에게 통보해야 한다(규칙 제16조 제1항 제7호).
② 규칙 제16조 제1항 제1호
③ 규칙 제16조 제2항 제4호
④ 규칙 제16조 제4항 제3호

52 ②

제시된 내용 중 청원경찰법령상 청원주가 명시적으로 무기와 탄약을 지급해서는 안 되는 사람은 ㄱ, ㄴ, ㄷ이다(규칙 제16조 제4항).

> **무기관리수칙(규칙 제16조)**
> ④ 청원주는 다음 각호의 어느 하나에 해당하는 청원경찰에게 무기와 탄약을 지급해서는 안 되며, 지급한 무기와 탄약은 즉시 회수해야 한다. 〈개정 2022.11.10.〉
> 1. 직무상 비위(非違)로 징계대상이 된 사람
> 2. 형사사건으로 조사대상이 된 사람
> 3. 사직 의사를 밝힌 사람
> 4. 치매, 조현병, 조현정동장애, 양극성 정동장애(조울병), 재발성 우울장애 등의 정신질환으로 인하여 무기와 탄약의 휴대가 적합하지 않다고 해당 분야 전문의가 인정하는 사람
> 5. 제1호부터 제4호까지의 규정 중 어느 하나에 준하는 사유로 청원주가 무기와 탄약을 지급하기에 적절하지 않다고 인정하는 사람
> 6. 삭제 〈2022.11.10.〉

53 ③

③ 영 제16조 제2항
① 시·도 경찰청장은 청원경찰이 직무를 수행하기 위하여 필요하다고 인정하면 청원주의 신청을 받아 관할 경찰서장으로 하여금 청원경찰에게 무기를 대여하여 지니게 할 수 있다(법 제8조 제2항).
② 청원주는 청원경찰에게 지급한 무기와 탄약을 매주 1회 이상 손질하게 해야 한다(규칙 제16조 제2항 제3호).
④ 무기를 대여하였을 때에는 관할 경찰서장은 청원경찰의 무기관리상황을 수시로 점검해야 한다(영 제16조 제3항).

54 ②

② 청원경찰의 제복·장구 및 부속물에 관하여 필요한 사항은 행정안전부령으로 정한다(영 제14조 제2항).
① 법 제8조 제1항
③ 법 제8조 제2항
④ 법 제8조 제3항

55 ①

① 무기를 대여하였을 때에는 관할 경찰서장은 청원경찰의 무기관리상황을 수시로 점검하여야 한다(영 제16조 제3항).
② 영 제16조 제1항
③ 법 제8조 제2항
④ 규칙 제16조 제3항 제4호

56 ④

④ 근무시간 이후에는 무기와 탄약을 청원주에게 반납하거나 교대근무자에게 인계하여야 한다(규칙 제16조 제3항 제6호).
① 규칙 제16조 제3항 제1호
② 규칙 제16조 제3항 제2호 전단
③ 규칙 제16조 제3항 제3호

57 ②

청원주가 청원경찰의 무기대여를 신청한 경우 신청을 받은 시·도 경찰청장이 무기를 대여하여 휴대하게 하려는 경우에는 청원주로부터 국가에 기부채납된 무기에 한정하여 관할 경찰서장으로 하여금 무기를 대여하여 휴대하게 할 수 있다(영 제16조 제2항).

58 답 ③

감독 순시부는 관할 경찰서장이 갖춰 두어야 할 장부이다(규칙 제17조 제2항 제2호).

문서와 장부의 비치(규칙 제17조)

청원주 (제1항)	• 청원경찰 명부 • 근무일지 • 근무 상황카드 • 경비구역 배치도 • 순찰표철 • 무기 · 탄약 출납부 • 무기장비 운영카드 • 봉급지급 조서철 • 신분증명서 발급대장 • 징계 관계철 • 교육훈련 실시부 • 청원경찰 직무교육계획서 • 급여품 및 대여품 대장 • 그 밖에 청원경찰의 운영에 필요한 문서와 장부
관할 경찰서장 (제2항)	• 청원경찰 명부 • 감독 순시부 • 전출입 관계철 • 교육훈련 실시부 • 무기 · 탄약 대여대장 • 징계요구서철 • 그 밖에 청원경찰의 운영에 필요한 문서와 장부
시 · 도 경찰청장 (제3항)	• 배치결정 관계철 • 청원경찰 임용승인 관계철 • 전출입 관계철 • 그 밖에 청원경찰의 운영에 필요한 문서와 장부

59 답 ②

관할 경찰서장과 청원주가 공통으로 비치해야 할 문서와 장부는 청원경찰 명부와 교육훈련 실시부이다. 참고로 관할 경찰서장과 시 · 도 경찰청장이 공통으로 비치해야 할 문서와 장부는 전출입 관계철이다(규칙 제17조).

60 답 ③

③ 규칙 [별표 2] 참고
① 호루라기는 대여품에 해당하지 않고 급여품에 해당한다(규칙 [별표 2 · 3] 참조).
② 대여품에는 허리띠, 경찰봉, 가슴표장, 분사기, 포승이 있다(규칙 [별표 3] 참고).
④ 청원경찰이 퇴직할 때 대여품을 청원주에게 반납하여야 한다(규칙 제12조 제2항).

61 답 ②

청원경찰이 37명 배치된 경우 감독자는 반장 1명, 조장 3~4명을 지정하여야 한다(규칙 [별표 4]).

감독자 지정기준(규칙 [별표 4])

근무인원	직급별 지정기준		
	대장	반장	조장
9명까지	-	-	1명
10명 이상 29명 이하	-	1명	2~3명
30명 이상 40명 이하	-	1명	3~4명
41명 이상 60명 이하	1명	2명	6명
61명 이상 120명 이하	1명	4명	12명

62 답 ④

관할 경찰서장이 매월 1회 이상 청원경찰을 배치한 경비구역에 대하여 복무규율과 근무상황 등을 감독하여야 한다(영 제17조).

63 답 ③

③ 법 제10조의2 반대해석, 국가배상법 제2조 및 대판 92다47564에 의하면, 국가기관이나 지방자치단체에 근무하는 청원경찰의 직무상 불법행위에 대한 배상책임에 관하여는 「국가배상법」의 규정을 따른다.
① 법 제9조의3 제1항
② 법 제10조 제2항
④ 법 제10조의3

64 정답 ①

① 청원경찰 업무에 종사하는 사람은 「형법」이나 그 밖의 법령에 따른 벌칙을 적용할 때에는 공무원으로 본다(법 제10조 제2항).
② 법 제8조 제1항, 영 제14조 제2항
③ 법 제10조 제1항
④ 법 제8조 제2항

65 정답 ②

② 순찰근무자는 단독 또는 복수로 정선순찰을 하되, 청원주가 필요하다고 인정할 때에는 요점순찰 또는 난선순찰을 할 수 있다(규칙 제14조 제3항).
① 법 제9조의4
③ 법 제10조의4 제1항
④ 국가기관이나 지방자치단체에 근무하는 청원경찰의 직무상 불법행위에 대한 배상책임에 관하여는 「국가배상법」의 규정을 따른다(법 제10조의2 반대해석, 국가배상법 제2조 및 대판 92다47564).

66 정답 ①

청원경찰이 직무를 수행할 때 직권을 남용하여 국민에게 해를 끼친 경우에는 6개월 이하의 징역이나 금고에 처한다(법 제10조 제1항).

67 정답 ①

① 법 제10조의3, 영 제20조 제2호
② 경비업자가 중요시설의 경비를 도급받았을 때에는 청원주는 그 사업장에 배치된 청원경찰의 근무 배치 및 감독에 관한 권한을 해당 경비업자에게 위임할 수 있다(영 제19조 제1항).
③ 공기업은 국가기관이나 지방자치단체에 해당하지 않는다. 따라서 공기업에 근무하는 청원경찰의 직무상 불법행위에 대한 배상책임은 민법의 규정에 의한다(법 제10조의2).
④ 국가기관이나 지방자치단체에 근무하는 청원경찰의 직무상 불법행위에 관하여는 국가배상법에 의한다(법 제10조의2 반대해석, 국가배상법 제2조 및 대판 92다47564).

68 정답 ③

무기의 관리 및 취급사항을 감독하는 권한은 청원경찰법령상 관할 경찰서장의 고유권한에 해당한다(영 제17조 제2호).

> **권한의 위임(법 제10조의3)**
> 이 법에 따른 시·도 경찰청장의 권한은 그 일부를 대통령령으로 정하는 바에 따라 관할 경찰서장에게 위임할 수 있다.
>
> **권한의 위임(영 제20조)**
> 시·도 경찰청장은 법 제10조의3에 따라 다음 각호의 권한을 관할 경찰서장에게 위임한다. 다만, 청원경찰을 배치하고 있는 사업장이 하나의 경찰서의 관할구역에 있는 경우로 한정한다.
> 1. 법 제4조 제2항 및 제3항에 따른 청원경찰 배치의 결정 및 요청에 관한 권한
> 2. 법 제5조 제1항에 따른 청원경찰의 임용승인에 관한 권한
> 3. 법 제9조의3 제2항에 따른 청원주에 대한 지도 및 감독상 필요한 명령에 관한 권한
> 4. 법 제12조에 따른 과태료 부과·징수에 관한 권한

69 정답 ①

① 법 제10조의7
② 청원경찰은 60세가 되었을 때 당연 퇴직된다(법 제10조의6 제3호).
③ 청원경찰의 배치폐지는 당연 퇴직사유에 해당한다(법 제10조의6 제2호).
④ 청원주가 청원경찰을 면직시켰을 때에는 그 사실을 관할 경찰서장을 거쳐 시·도 경찰청장에게 보고하여야 한다(법 제10조의4 제2항).

70 정답 ③

③ 청원경찰의 배치를 폐지하거나 배치인원을 감축하는 경우 해당 청원주는 배치폐지나 배치인원 감축으로 과원(過員)이 되는 청원경찰 인원을 그 기관·시설 또는 사업장 내의 유사 업무에 종사하게 하거나 다른 시설·사업장 등에 재배치하는 등 청원경찰의 고용이 보장될 수 있도록 노력하여야 한다(법 제10조의5 제3항).
① 법 제10조의5 제1항 단서 제1호
② 법 제10조의5 제2항 전단
④ 법 제10조의5 제1항 단서 제2호

71 　　　　　　　　　　　답 ④
④ 국가기관이나 지방자치단체에 근무하는 청원경찰의 휴직 및 명예퇴직에 관하여는 「국가공무원법」 제71조부터 제73조까지 및 제74조의2를 준용한다(법 제10조의7).
① 법 제10조의6 제1호
② 법 제10조의6 제2호
③ 법 제10조의6 제3호 본문

72 　　　　　　　　　　　답 ①
① 임용결격사유에 해당하지 않는 청원경찰을 시·도 경찰청장의 승인을 받지 않고 임용한 경우, 과태료 금액은 300만원이다(영 [별표 2] 제2호 나목).
② 영 [별표 2] 제1호 가목
③ 영 [별표 2] 제3호
④ 영 [별표 2] 제4호 가목

73 　　　　　　　　　　　답 ②
파업, 태업 또는 그 밖에 업무의 정상적인 운영을 방해하는 쟁의행위를 한 사람은 1년 이하의 징역 또는 1천만원 이하의 벌금에 처한다(법 제11조).

74 　　　　　　　　　　　답 ④
ㄱ의 경우 총기·실탄 및 분사기에 관한 명령인 경우에는 500만원의 과태료이고, 그 밖의 명령인 경우에는 300만원의 과태료에 해당한다. ㄴ의 경우에는 임용결격사유에 해당하는 청원경찰인 경우에는 500만원의 과태료이고, 임용결격사유에 해당하지 않는 청원경찰인 경우에는 300만원의 과태료에 해당한다(영 [별표 2]).

75 　　　　　　　　　　　답 ④
「경찰공무원법」 제24조(거짓보고 등 금지의무)를 청원경찰의 의무로서 준용하고는 있으나, 위배 시 이를 처벌하는 벌칙 또는 과태료 처분 규정은 존재하지 않는다.

CHAPTER 02 통합방위법

문제편 p.365

01	02	03	04	05	06	07	08	09	10
③	④	②	④	④	④	②	②	③	①
11	12	13	14	15	16	17	18	19	20
③	①	④	①	②	④	③	②	②	②
21	22	23	24	25	26	27	28	29	30
①	③	①	②	①	④	②	①	③	③
31	32	33	34	35	36	37	38	39	40
①	①	③	①	③	③	③	①	①	③

01 답 ③

③ "위협"에 대한 설명이다. "방호"란 적의 각종 도발과 위협으로부터 인원·시설 및 장비의 피해를 방지하고 모든 기능을 정상적으로 유지할 수 있도록 보호하는 작전활동을 말한다(법 제2조 제11호·제12호).
① 법 제2조 제1호
② 법 제2조 제9호
④ 법 제2조 제3호

02 답 ④

④ 법 제2조 제13호
① "국가방위요소"에 대한 설명이다(법 제2조 제2호).
② "통합방위작전"에 대한 설명이다(법 제2조 제4호).
③ "침투"에 대한 설명이다(법 제2조 제9호). "도발"이란 적이 특정 임무를 수행하기 위하여 대한민국 국민 또는 영역에 위해(危害)를 가하는 모든 행위를 말한다(법 제2조 제10호).

03 답 ②

제시문은 을종사태에 대한 설명이다(법 제2조 제7호).

통합방위법상 방위사태(법 제2조)

갑종사태 (제6호)	일정한 조직체계를 갖춘 적의 대규모 병력 침투 또는 대량살상무기 공격 등의 도발로 발생한 비상사태로서 통합방위본부장 또는 지역군사령관의 지휘·통제하에 통합방위작전을 수행하여야 할 사태
을종사태 (제7호)	일부 또는 여러 지역에서 적이 침투·도발하여 단기간 내에 치안이 회복되기 어려워 지역군사령관의 지휘·통제하에 통합방위작전을 수행하여야 할 사태
병종사태 (제8호)	적의 침투·도발 위협이 예상되거나 소규모의 적이 침투하였을 때에 시·도 경찰청장, 지역군사령관 또는 함대사령관의 지휘·통제하에 통합방위작전을 수행하여 단기간 내에 치안이 회복될 수 있는 사태

04 답 ④

㉠, ㉡, ㉢ 모두 국가방위요소에 해당된다.

> **정의(법 제2조)**
> 이 법에서 사용하는 용어의 뜻은 다음과 같다. 〈개정 2024.1.16.〉
>   2. "국가방위요소"란 통합방위작전의 수행에 필요한 다음 각목의 방위전력(防衛戰力) 또는 그 지원 요소를 말한다.
>   가. 「국군조직법」 제2조에 따른 국군
>   나. 경찰청·해양경찰청 및 그 소속 기관과 「제주특별자치도 설치 및 국제자유도시 조성을 위한 특별법」에 따른 자치경찰기구
>   다. 「소방기본법」 제2조 제5호에 따른 소방대
>   라. 국가기관 및 지방자치단체(가목부터 다목까지의 경우는 제외한다)
>   마. 「예비군법」 제3조에 따른 예비군
>   바. 「민방위기본법」 제17조에 따른 민방위대
>   사. 제6조에 따라 통합방위협의회를 두는 직장

05 답 ④

④ 정부는 통합방위사태의 선포에 따른 국가방위요소의 동원 비용을 대통령령으로 정하는 바에 따라 예산의 범위에서 해당 지방자치단체에 지원할 수 있다(법 제3조 제4항).
① 법 제3조 제1항
② 법 제3조 제2항
③ 법 제3조 제3항

06 답 ④

을종사태 및 병종사태의 선포 또는 해제는 지역 통합방위협의회의 심의사항이다(법 제5조 제3항 제3호).

> **중앙 통합방위협의회(법 제4조)**
> ① 국무총리 소속으로 중앙 통합방위협의회(이하 "중앙협의회"라 한다)를 둔다.
> ④ 중앙협의회는 다음 각호의 사항을 심의한다. 〈개정 2024.1.16.〉
>   1. 통합방위 정책
>   2. 통합방위작전·훈련 및 그에 관한 지침
>   3. 통합방위사태의 선포 또는 해제
>   4. 그 밖에 통합방위에 관하여 대통령령으로 정하는 사항
>
> **중앙협의회의 심의사항(영 제6조)**
> 법 제4조 제4항 제4호에서 "대통령령으로 정하는 사항"이란 다음 각호의 사항을 말한다.
>   1. 정부 각 부처 및 관계 기관 간의 통합방위와 관련된 업무의 조정
>   2. 제4조에 따른 동원 비용
>   3. 그 밖에 중앙협의회 위원이 제출하는 안건

07 답 ②

통합방위 정책, 통합방위작전·훈련 및 그에 관한 지침, 통합방위사태의 선포 또는 해제는 중앙 통합방위협의회(중앙협의회)의 심의사항이다(법 제4조 제4항).

> **지역 통합방위협의회(법 제5조)**
> ③ 시·도 협의회와 시·군·구 통합방위협의회(이하 "지역협의회"라 한다)는 다음 각호의 사항을 심의한다. 다만, 제1호 및 제3호의 사항은 시·도 협의회에 한한다. 〈개정 2024.1.16.〉
>   1. 적이 침투하거나 숨어서 활동하기 쉬운 지역(이하 "취약지역"이라 한다)의 선정 또는 해제
>   2. 통합방위 대비책
>   3. 을종사태 및 병종사태의 선포 또는 해제
>   4. 통합방위작전·훈련의 지원 대책
>   5. 국가방위요소의 효율적 육성·운용 및 지원 대책
>   6. 그 밖에 통합방위에 관하여 대통령령으로 정하는 사항

08 　答 ②

국가정보원장은 통합방위법 시행령 제3조 제2항 제1호의 중앙협의회의 위원(통합방위법 제4조 제2항)으로서 중앙 통합방위회의의 참석대상에 해당하나, 검찰총장은 참석 대상에 해당하지 않는다.

> **통합방위회의의 개최 등(법 제3조)**
> ② 중앙 통합방위회의의 참석대상은 다음 각호의 사람으로 한다.
> 1. 중앙협의회의 의장 및 위원
> 2. 방송통신위원회위원장
> 3. 법 제5조 제1항에 따른 특별시·광역시·특별자치시·도·특별자치도 통합방위협의회(이하 "시·도협의회"라 한다)의 의장
> 4. 국가정보원의 지부장
> 5. 경찰청장 및 시·도경찰청장
> 6. 소방청장 및 소방본부장
> 7. 해양경찰청장 및 지방해양경찰청장
> 8. 군단장급 이상의 군(軍) 지휘관
> 9. 지역군사령관 및 함대사령관
> 10. 그 밖에 법 제8조 제1항에 따른 통합방위본부(이하 "통합방위본부"라 한다)의 본부장(이하 "통합방위본부장"이라 한다)이 선정하는 사람

09 　答 ③

③ 국무총리 소속으로 중앙 통합방위협의회(중앙협의회)를 둔다(법 제4조 제1항).
① 법 제1조
② 법 제2조 제1호
④ 법 제5조 제2항

10 　答 ①

지방법원판사는 지역 통합방위협의회(지역협의회)의 구성원이 아니다.

> **지역협의회의 구성 등에 관한 조례의 기준(영 제8조)**
> ① 시·도 협의회 및 법 제5조 제2항에 따른 시·군·구 통합방위협의회(이하 "지역협의회"라 한다)는 다음 각호에 해당하는 사람으로 구성한다. 〈개정 2022.11.1.〉
> 1. 해당 지역의 작전책임을 담당하는 군부대의 장
> 2. 해당 지역 국군방첩부대의 장 또는 그 부대원
> 3. 국가정보원의 관계자
> 4. 지방검찰청의 검사장·지청장 또는 검사
> 5. 시·도 경찰청장 또는 경찰서장
> 6. 지방해양경찰청장 또는 해양경찰서장
> 7. 지방교정청장 또는 교정시설의 장
> 8. 지방보훈청장 또는 보훈지청장
> 9. 지방병무청장 또는 병무지청장
> 10. 교육감 또는 교육장
> 11. 지방의회 의장
> 12. 소방본부장 또는 소방서장
> 13. 지역 재향군인회장
> 14. 그 밖에 통합방위에 관한 학식과 경험이 풍부한 사람으로서 지역협의회 의장이 위촉하는 사람

11 　答 ③

③ 지역협의회의 회의는 정기회와 임시회로 구분하되, 정기회는 분기마다 한 차례 소집하는 것을 원칙으로 한다(영 제8조 제2항).
① 법 제5조 제2항
② 법 제5조 제4항
④ 영 제8조 제5항

12 　答 ①

① 회의는 재적의원 과반수의 출석과 출석위원 과반수의 찬성으로 의결한다(영 제10조 제3항 후단).
② 영 제9조
③ 영 제10조 제1항
④ 영 제10조 제3항 전단

13 　答 ④

통합방위 종합상황실의 설치·운영은 통합방위 지원본부의 분장사무이다(법 제9조 제2항 제2호).

> **통합방위본부(법 제8조)**
> ③ 통합방위본부는 다음 각호의 사무를 분장한다.
> 1. 통합방위 정책의 수립·조정
> 2. 통합방위 대비태세의 확인·감독
> 3. 통합방위작전 상황의 종합 분석 및 대비책의 수립
> 4. 통합방위작전, 훈련지침 및 계획의 수립과 그 시행의 조정·통제
> 5. 통합방위 관계기관 간의 업무 협조 및 사업 집행사항의 협의·조정

14 답 ①
① 통합방위 실무위원회의 의장은 통합방위본부의 부본부장이 된다(영 제13조 제1항).
② 법 제8조 제2항
③ 법 제8조 제4항
④ 법 제8조 제3항 제2호

15 답 ②
② 법 제10조 제3항 단서
① 작전지휘관은 통합방위 진행 상황 및 대국민 협조사항 등을 알리기 위하여 필요하면 합동보도본부를 설치·운영할 수 있다(법 제10조 제2항).
③ 작전지휘관은 식별표지를 착용한 취재기자에 대하여 작전지휘관이 정한 취재허용지역의 범위에서 자유로운 취재 활동을 보장하여야 한다. 다만, 작전지휘관은 취재 활동이 통합방위작전에 지장을 준다고 인정되는 경우에는 취재 활동을 제한할 수 있다(영 제19조 제3항).
④ 언론기관의 취재 활동을 지원하기 위한 작전지휘관에는 통합방위본부장, 지역군사령관, 함대사령관 또는 시·도 경찰청장이 있다(영 제19조 제1항).

16 답 ④
④ 작전지휘관이 정한 취재허용지역 범위 밖의 지역에서 현장취재를 원하는 취재기자는 작전지휘관의 승인을 받은 후 작전지휘관이 제공하는 안내요원의 안내에 따라 취재하여야 한다. 이 경우 작전지휘관은 선정된 1명 또는 여러 명의 대표자에 대해서만 현장취재를 승인할 수 있다(영 제19조 제4항).
① 영 제19조 제1항
② 영 제19조 제2항
③ 영 제19조 제5항

17 답 ③
분야별 지원반은 총괄, 인력·재정 동원, 산업·수송·장비 동원, 의료·구호, 보급·급식, 통신·전산, 홍보 등의 분야로 구성하되, 각 지역별 특성에 적합하도록 조정할 수 있다(영 제18조 제2항).

18 답 ②
② 영 제22조 제1항
① 대통령령으로 정하는 군부대의 장 및 경찰관서의 장은 적의 침투·도발이나 그 위협이 예상될 경우 통합방위작전을 준비하기 위하여 경계태세를 발령할 수 있다(법 제11조 제1항).
③ 서울특별시의 경계태세 발령권자는 대통령이 정하는 군부대의 장이고, 서울특별시 외의 지역의 경계태세 발령권자는 연대장급 이상의 지휘관, 경찰서장급 이상의 지휘관이다(영 제21조 제1항).
④ 발령권자는 경계태세 상황이 종료되거나 상급 지휘관의 지시가 있는 경우 경계태세를 해제하여야 하므로 경계태세 상황이 종료되었다면 경계태세를 해제하여야 한다(법 제11조 제3항).

19 답 ②
② 지역군사령관, 시·도 경찰청장, 함대사령관, 지방해양경찰청장은 평시(平時)부터 적의 침투·도발에 대비하여 상호 연계된 각각의 작전계획을 수립하여야 한다(영 제23조 제3항).
① 영 제23조 제1항 제1호
③ 영 제23조 제1항 제3호
④ 영 제23조 제1항 제5호

20 답 ②
② 둘 이상의 특별시·광역시·특별자치시·도·특별자치도에 걸쳐 을종사태에 해당하는 상황이 발생하였을 때 통합방위사태의 선포를 건의하여야 하는 사람은 국방부장관이다(법 제12조 제2항 제1호).
① 법 제12조 제2항 제1호
③ 법 제12조 제2항 제2호
④ 법 제12조 제4항

21 답 ①
① 법 제11조 제2항
② 대통령은 통합방위사태를 선포한 때에는 지체 없이 그 사실을 국회에 통고하여야 한다(법 제13조 제1항).
③ 대통령은 통합방위사태를 해제하려면 중앙협의회와 국무회의의 심의를 거쳐야 한다(법 제14조 제2항 본문).
④ 통합방위사태를 선포하거나 해제하는 경우에는 중앙협의회 또는 시·도 협의회에서 재적위원 과반수의 출석과 출석위원 3분의 2 이상의 찬성을 얻어야 한다(영 제24조 제1항).

22　답 ③
㉠ (○) 영 제14조
㉡ (×) 인접한 둘 이상의 시·군 또는 자치구를 하나의 군부대나 경찰서가 관할하고 있는 경우에는 해당 시·군 또는 자치구의 합동상황실은 하나의 장소에 통합하여 설치할 수 있다(영 제15조 제2항).
㉢ (○) 영 제16조 제2항
㉣ (○) 영 제16조 제1항

23　답 ①
국방부장관 또는 행정안전부장관은 통합방위사태가 평상상태로 회복된 때에는 국무총리를 거쳐 대통령에게 통합방위사태의 해제를 건의하여야 한다(법 제14조 제3항).

24　답 ②
② 대통령은 통합방위사태를 해제하려면 중앙협의회와 국무회의의 심의를 거쳐야 하지만 국회가 해제를 요구한 경우에는 중앙협의회와 국무회의의 심의를 거치지 않는다(법 제14조 제2항).
① 법 제14조 제1항
③ 법 제14조 제4항 전문
④ 법 제14조 제5항 본문

25　답 ①
① 법 제15조 제5항
② 작전임무수행자가 검문을 할 때에는 거동이 수상한 사람이나 주위의 사정을 합리적으로 판단하여 거동이 수상하다고 의심할 만한 상당한 이유가 있는 사람이어야 한다(영 제26조 제1항).
③ 해당 장소에서 질문을 하는 것이 그 질문을 받은 사람에게 불리하거나 교통 또는 통합방위작전에 지장을 준다고 인정될 때에 질문을 하기 위하여 가까운 검문소나 군부대 또는 국가경찰관서로 동행할 것을 요구할 수 있다(영 제26조 제2항).
④ 작전임무수행자는 질문을 하거나 동행을 요구할 경우 자신의 신분, 소속, 직책 및 성명을 밝히고 그 목적과 이유를 설명하여야 하며, 동행을 요구할 때에는 동행장소를 밝혀야 한다(영 제26조 제4항).

26　답 ④
시·도 경찰청장, 지역군사령관 또는 함대사령관은 통합방위사태가 선포된 때에는 즉시 정해진 구분에 따라 통합방위작전(공군작전사령관의 경우에는 통합방위 지원작전)을 신속하게 수행하여야 한다. 다만, 을종사태가 선포된 경우에는 지역군사령관이 통합방위작전을 수행하고, 갑종사태가 선포된 경우에는 통합방위본부장 또는 지역군사령관이 통합방위작전을 수행한다(법 제15조 제2항).

27　답 ②
② 작전지원을 요청받은 지역군사령관은 군 작전지원반을 편성하여 지원할 수 있다(영 제25조 제5항).
① 영 제25조 제4항
③ 영 제25조 제6항
④ 영 제25조 제7항

28　답 ①
① 영 제27조 제3항
② 시·도지사등은 통제구역을 설정하려면 작전지휘관의 제청을 받아 미리 지역협의회의 심의를 거쳐야 한다(영 제27조 제2항).
③ 통제구역은 주민의 피해를 최소화하고 통합방위작전의 효율성을 보장할 수 있는 구역으로 설정하되, 교전 등으로 인명·신체에 위해를 줄 수 있는 구역 등을 기준으로 한다(영 제27조 제1항 제1호).
④ 시·도지사 또는 시장·군수·구청장은 통합방위사태가 선포된 경우 또는 적의 침투·도발 징후가 확실하여 경계태세 1급이 발령된 경우에 해당하면 대통령령으로 정하는 바에 따라 인명·신체에 대한 위해를 방지하기 위하여 필요한 통제구역을 설정하고, 통합방위작전 또는 경계태세 발령에 따른 군·경 합동작전에 관련되지 아니한 사람에 대하여는 출입을 금지·제한하거나 그 통제구역으로부터 퇴거할 것을 명할 수 있다(법 제16조 제1항).

29 답 ③
통합방위법령상의 대피명령 방법에 해당되는 것은 3개이다.

> **대피명령의 방법(법 제28조)**
> 법 제17조 제2항에서 "대통령령으로 정하는 방법"이란 다음 각호의 방법을 말한다.
> 1. 텔레비전·라디오 또는 유선방송 등의 방송
> 2. 중앙 및 지방의 일간신문에의 게재
> 3. 해당 지방자치단체의 인터넷 홈페이지에 게시
> 4. 「정보통신망 이용촉진 및 정보보호 등에 관한 법률」 제2조 제1항 제3호에 따른 정보통신서비스 제공자의 인터넷 홈페이지에 게시
> 5. 사회 관계망 서비스(Social Network Service)에 게시
> 6. 전단 살포
> 7. 비상연락망을 통한 구두전달
> 8. 타종(打鐘), 경적(警笛) 또는 신호기(信號旗)의 게양
> 9. 휴대전화 긴급 문자메시지

30 답 ③
- (×) 시·도 경찰청장, 지방해양경찰청장(대통령령으로 정하는 해양경찰청장은 포함), 지역군사령관 및 함대사령관은 관할구역 중에서 적의 침투가 예상되는 곳 등에 검문소를 설치·운용할 수 있다. 다만, 지방해양경찰청장이 검문소를 설치하는 경우에는 미리 관할 함대사령관과 협의하여야 한다(법 제18조 제1항).
- (○) 영 제31조 제3항
- (○) 영 제31조 제2항 후문

31 답 ①
① 시·도 경찰청장등은 국가경찰과 군의 합동검문소를 설치하거나 폐쇄하려면 미리 통합방위본부장에게 보고하거나 통보하여야 한다(영 제31조 제3항).
② 영 제31조 제5항
③ 법 제18조 제1항 단서
④ 영 제31조 제4항

32 답 ①
① 통합방위본부장은 효율적인 통합방위작전 수행 및 지원에 대한 절차를 숙달하기 위하여 대통령이 정하는 바에 따라 국가방위요소가 참여하는 통합방위훈련을 실시한다(법 제20조).
② 법 제19조
③ 법 제16조 제1항 제2호
④ 법 제17조 제1항

33 답 ③
③ 법 제21조 제4항
① 국가중요시설의 관리자는 경비·보안 및 방호책임을 지며, 통합방위사태에 대비하여 자체방호계획을 수립하여야 한다(법 제21조 제1항).
② 시·도 경찰청장 또는 지역군사령관은 통합방위사태에 대비하여 국가중요시설에 대한 방호지원계획을 수립·시행하여야 한다(법 제21조 제2항).
④ 국가중요시설의 평시 경비·보안활동에 대한 지도·감독은 관계 행정기관의 장과 국가정보원장이 수행한다(법 제21조 제3항).

34 답 ①
① 국가중요시설의 관리자(소유자를 포함)는 경비·보안 및 방호책임을 지며, 통합방위사태에 대비하여 자체방호계획을 수립하여야 한다(법 제21조 제1항).
② 영 제32조 제2호
③ 영 제32조 제1호 나목
④ 영 제32조 제3호

35 답 ③
교전 등으로 인명·신체에 위해를 줄 수 있는 구역은 취약지역이 아닌 통제구역에 해당한다(영 제27조 제1항 제1호).

> **취약지역(법 제22조 제1항)**
> 시·도지사는 다음 각호의 어느 하나에 해당하는 지역을 대통령령으로 정하는 바에 따라 연 1회 분석하여 시·도 협의회의 심의를 거쳐 취약지역으로 선정하거나 선정된 취약지역을 해제할 수 있다. 이 경우 선정하거나 해제한 결과를 통합방위본부장에게 통보하여야 한다.
> 1. 교통·통신시설이 낙후되어 즉각적인 통합방위작전이 어려운 오지(奧地) 또는 벽지(僻地)
> 2. 간첩이나 무장공비가 침투한 사실이 있거나 이들이 숨어서 활동하기 쉬운 지역
> 3. 적이 저공(低空) 침투하거나 저속 항공기가 착륙하기 쉬운 탁 트인 곳 또는 호수
> 4. 그 밖에 대통령령으로 정하는 지역(해역, 해안 및 섬 등의 지역 중 적이 침투하거나 숨어서 활동하기 쉬운 지역을 말한다)

36   정답 ③

( ) 안에는 순서대로 250, 12, 80이 들어간다.

> **탁 트인 곳 또는 호수의 정의(영 제33조)**
> 법 제22조 제1항 제3호에 따른 탁 트인 곳 또는 호수는 다음 각호의 기준에 해당하는 것으로 한다.
> 1. 폭 30미터 이상, 길이 250미터 이상(길이 방향으로 전·후에 장애물이 없는 경우에는 길이 200미터 이상을 말한다)의 규모
> 2. 탁 트인 곳의 경사도는 정방향으로 12도 이내, 좌·우측 방향으로 5도 이내
> 3. 호수는 수심 80센티미터 이상

37   정답 ③

위 법령을 참고하면 30+12+80=122가 된다.

38   정답 ①

① 통합방위본부장은 통합방위 업무를 담당하는 공무원 또는 통합방위작전 및 훈련에 참여한 사람이 그 직무를 게을리하여 국가안전보장이나 통합방위 업무에 중대한 지장을 초래한 경우에는 그 소속 기관 또는 직장의 장에게 해당자의 명단을 통보할 수 있다(법 제23조 제1항).
② 법 제23조 제2항
③ 영 제37조 제2항
④ 법 제23조 제3항

39   정답 ①

작전지휘관이 정한 취재허용지역 범위 밖의 지역에서 취재를 한 경우는 직무를 게을리하여 국가안전보장이나 통합방위 업무에 중대한 지장을 초래한 경우에 해당되지 않는다.

> **문책요구 등(영 제37조)**
> ① 법 제23조 제1항에서 직무를 게을리하여 국가안전보장이나 통합방위 업무에 중대한 지장을 초래한 경우는 다음 각호의 어느 하나에 해당하는 경우로 한다.
> 1. 정당한 사유 없이 통합방위작전 또는 훈련을 기피하여 통합방위작전 또는 훈련에 중대한 지장을 초래한 경우
> 2. 통합방위작전 또는 훈련에 참여한 사람이 고의로 작전 또는 훈련을 기피하고 통제에 불복하여 훈련 또는 작전에 중대한 지장을 초래하거나 인원, 장비 또는 시설 등 전투력의 손실을 초래한 경우
> 3. 통합방위작전에 참여한 사람이 고의 또는 중대한 과실로 거짓보고·지연보고, 즉각 대응 미흡 등 대응조치의 부실로 적을 도주하게 하거나 잠적하게 하는 등 통합방위작전의 지연·변경 또는 실패를 초래한 경우
> 4. 그 밖에 통합방위업무를 담당한 공무원이 그 업무를 게을리하여 통합방위태세에 허점이 생기도록 하는 등 통합방위업무에 중대한 지장을 초래한 경우

40   정답 ③

㉠·㉢ 통합방위사태가 선포된 경우에 출입 금지·제한 또는 퇴거명령을 위반한 경우, 적의 침투·도발 징후가 확실하여 경계태세 1급이 발령된 경우에 출입 금지·제한 또는 퇴거명령을 위반한 경우에는 1년 이하의 징역 또는 1천만원 이하의 벌금에 처한다(법 제24조 제1항).
㉡ 통합방위사태가 선포된 때 작전지역의 주민이 대피명령을 위반한 경우에는 300만원 이하의 벌금에 처한다(법 제24조 제2항).

CHAPTER 03 원자력시설 등의 방호 및 방사능 방재 대책법

문제편 p.450

01	02	03	04	05	06	07	08	09	10
④	③	①	②	④	①	③	③	①	①
11	12	13	14	15	16	17	18	19	20
④	③	①	③	①	②	④	②	②	①
21	22	23	24	25	26	27	28	29	30
④	①	②	④	③	②	①	②	④	④
31	32	33	34	35	36	37	38	39	40
①	④	①	④	①	④	④	③	②	②
41	42	43	44	45	46	47	48	49	50
④	②	②	③	③	①	②	①	②	③
51	52	53	54	55	56	57	58	59	60
②	③	③	②	①	③	③	②	④	④
61	62	63	64	65	66	67	68	69	70
④	③	②	①	③	④	②	①	④	①
71	72	73	74	75	76	77	78	79	80
③	②	④	①	④	④	④	①	④	④
81									
④									

01   답 ④

방사능방재법의 목적(법 제1조)
방사능방재법은 핵물질과 원자력시설을 안전하게 관리·운영하기 위하여 물리적방호체제 및 방사능재난 예방체제를 수립하고, 국내외에서 방사능재난이 발생한 경우 효율적으로 대응하기 위한 관리체계를 확립함으로써 국민의 생명과 재산을 보호함을 목적으로 한다.

02   답 ③

③은 물리적방벽에 대한 정의이다(영 제2조 제1항 제3호). 물리적방호란 핵물질과 원자력시설에 대한 안팎의 위협을 사전에 방지하고, 위협이 발생한 경우 신속하게 탐지하여 적절한 대응조치를 하며, 사고로 인한 피해를 최소화하기 위한 모든 조치를 말한다(법 제2조 제1항 제3호).

03   답 ①

불법이전은 위협에 해당하지 않는다.

> **정의(법 제2조)**
> ① 이 법에서 사용하는 용어의 뜻은 다음과 같다.
>   6. "위협"이란 다음 각목의 어느 하나에 해당하는 것을 말한다.
>   가. 사보타주
>   나. 전자적 침해행위
>   다. 사람의 생명·신체를 해치거나 재산·환경에 손해를 끼치기 위하여 핵물질을 사용하는 것
>   라. 사람, 법인, 공공기관, 국제기구 또는 국가에 대하여 어떤 행위를 강요하기 위하여 핵물질을 취득하는 것

04 정답 ②

사용·저장 중인 핵물질의 불법이전과 원자력시설 및 핵물질의 사보타주를 야기하기 위하여 해킹, 컴퓨터바이러스, 논리·메일폭탄, 서비스거부 또는 고출력 전자기파 등의 방법으로 원자력시설 컴퓨터 및 정보시스템을 공격하는 행위는 전자적 침해행위에 해당한다(법 제2조 제1항 제5호의3).

05 정답 ④

제시된 사람은 모두 원자력사업자에 해당한다.

> **정의(법 제2조)**
> ① 이 법에서 사용하는 용어의 뜻은 다음과 같다.
>   10. "원자력사업자"란 다음 각목의 어느 하나에 해당하는 자를 말한다.
>   가. 「원자력안전법」 제10조에 따라 발전용 원자로 및 관계시설의 건설허가를 받은 자
>   나. 「원자력안전법」 제20조에 따라 발전용 원자로 및 관계시설의 운영허가를 받은 자
>   다. 「원자력안전법」 제30조에 따라 연구용 또는 교육용 원자로 및 관계시설의 건설허가를 받은 자
>   라. 「원자력안전법」 제30조의2에 따라 연구용 또는 교육용 원자로 및 관계시설의 운영허가를 받은 자
>   마. 「원자력안전법」 제31조에 따라 대한민국의 항구에 입항(入港) 또는 출항(出港)의 신고를 한 외국원자력선운항자
>   바. 「원자력안전법」 제35조 제1항에 따라 핵원료물질 또는 핵연료물질의 정련사업(精鍊事業) 또는 가공사업의 허가를 받은 자
>   사. 「원자력안전법」 제35조 제2항에 따라 사용후 핵연료처리사업의 지정을 받은 자
>   아. 「원자력안전법」 제45조에 따라 핵연료물질의 사용 또는 소지 허가를 받은 자 중에서 「원자력안전위원회의 설치 및 운영에 관한 법률」 제3조에 따른 원자력안전위원회(이하 "원자력안전위원회"라 한다)가 정하여 고시하는 자
>   자. 「원자력안전법」 제63조에 따라 방사성폐기물의 저장·처리·처분시설 및 그 부속시설의 건설·운영허가를 받은 자
>   차. 그 밖에 방사성물질, 핵물질 또는 원자력시설의 방호와 재난대책을 수립·시행할 필요가 있어 대통령령으로 정하는 자

06 정답 ①

정부는 핵물질 및 원자력시설(이하 "원자력시설등"이라 한다)에 대한 물리적방호를 위한 시책(이하 "물리적방호시책"이라 한다)을 마련하여야 한다(법 제3조 제1항).

07 정답 ③

제시된 내용 중 ㉠을 제외한 나머지는 모두 물리적방호시책에 포함되어야 하는 사항이다.

> **물리적방호시책의 마련(법 제3조)**
> ② 물리적방호시책에는 다음 각호의 사항이 포함되어야 한다.
>   1. 핵물질의 불법이전에 대한 방호
>   2. 분실되거나 도난당한 핵물질을 찾아내고 회수하기 위한 대책
>   3. 원자력시설등에 대한 사보타주의 방지
>   3의2. 전자적 침해행위의 방지
>   4. 원자력시설등에 대한 사보타주에 따른 방사선 영향에 대한 대책
>   5. 전자적 침해행위에 따른 방사선 영향에 대한 대책

08 정답 ③

「원자력안전위원회의 설치 및 운영에 관한 법률」 제3조에 따른 원자력안전위원회는 법 제3조 제1항에 따른 물리적방호시책을 이행하기 위하여 3년마다 다음의 사항을 고려하여 원자력시설 등에 대한 위협을 평가하고 물리적방호체제 설계·평가의 기준이 되는 위협(이하 "설계기준위협"이라 한다)을 설정하여야 한다(영 제7조 제1항).

- 위협의 요인
- 위협의 발생 가능성
- 위협의 발생에 따른 결과

09 정답 ①

① 정부는 물리적방호시책을 이행하기 위하여 정기적으로 원자력시설등에 대한 위협을 평가하여 물리적방호체제를 수립하여야 한다(법 제4조 제1항 전문).
② 법 제4조 제2항
③ 법 제4조 제3항 제3호
④ 법 제4조 제4항

10 정답 ①

한전사업자는 법 제4조 제3항 제3호의 원자력사업자 및 동법 시행령 제7조 제4항의 지정기관에 해당하지 않는다. 중앙119구조본부는 영 제7조 제3항 제2호의 지정기관이다.

> **물리적방호체제의 수립 등(법 제4조)**
> ③ 원자력안전위원회는 제1항에 따른 물리적방호체제의 수립에 필요하다고 인정하면 다음 각호의 자에게 방호 관련 시설·장비의 확보 및 운영 관리 등 대통령령으로 정하는 필요한 조치를 요구하거나 명할 수 있다.
> 1. 방사선비상계획구역의 전부 또는 일부를 관할하는 특별시장·광역시장·특별자치시장·도지사·특별자치도지사(이하 "시·도지사"라 한다)
> 2. 방사선비상계획구역의 전부 또는 일부를 관할하는 시장·군수·구청장(자치구의 구청장을 말한다. 이하 같다)
> 3. 원자력사업자
> 4. 대통령령(영 제7조 제4항)으로 정하는 공공기관, 공공단체 및 사회단체(이하 "지정기관"이라 한다)의 장

11 정답 ④

「원자력안전법」 제6조에 따른 한국원자력통제기술원이 설문의 지정기관에 해당한다.

> **위협평가 및 물리적방호체제의 수립(영 제7조)**
> ④ 법 제4조 제3항 제4호에서 "대통령령으로 정하는 공공기관, 공공단체 및 사회단체"란 다음 각호의 기관 및 단체(이하 "지정기관"이라 한다)를 말한다. 〈개정 2021.12.23.〉
> 1. 방사선비상계획구역의 전부 또는 일부를 관할구역으로 하는 시·도 경찰청 또는 경찰서
> 2. 중앙119구조본부
> 3. 방사선비상계획구역의 전부 또는 일부를 관할구역으로 하는 소방본부 및 소방서
> 4. 방사선비상계획구역의 전부 또는 일부를 관할구역으로 하는 교육청
> 5. 방사선비상계획구역의 전부 또는 일부를 관할구역으로 하는 해양경찰서
> 6. 방사선비상계획구역의 전부 또는 일부를 관할구역으로 하는 지방기상청
> 7. 방사선비상계획구역의 전부 또는 일부를 관할구역으로 하는 보건소
> 8. 방사선비상계획구역의 전부 또는 일부를 관할구역으로 하는 군부대로서 국방부장관이 지정하는 군부대
> 9. 「한국원자력안전기술원법」에 의한 한국원자력안전기술원(이하 "한국원자력안전기술원"이라 한다)
> 9의2. 「원자력안전법」 제6조에 따른 한국원자력통제기술원(이하 "한국원자력통제기술원"이라 한다)
> 10. 「방사선 및 방사성동위원소 이용진흥법」 제13조의2에 따른 한국원자력의학원(이하 "한국원자력의학원"이라 한다)
> 11. 「원자력안전법」 제7조의2에 따른 한국원자력안전재단
> 12. 「대한적십자사 조직법」에 의한 대한적십자사
> 13. 그 밖에 원자력안전위원회가 물리적방호체제의 수립에 필요하다고 인정하여 지정하는 기관 및 단체

12 정답 ③

방사선비상계획구역의 전부 또는 일부를 관할구역으로 하는 군부대로서 국방부장관이 지정하는 군부대가 지정기관에 해당된다(영 제7조 제4항 제8호).

13 정답 ①

원자력시설등의 물리적방호에 관한 국가의 중요 정책을 심의하기 위하여 원자력안전위원회 소속으로 원자력 시설등의 물리적방호협의회(이하 "방호협의회"라 한다)를 둔다(법 제5조 제1항).

14 정답 ③

방호협의회의 위원은 기획재정부, 과학기술정보통신부, 국방부, 행정안전부, 농림축산식품부, 산업통상자원부, 보건복지부, 환경부, 국토교통부, 해양수산부의 고위공무원단에 속하는 일반직공무원 또는 이에 상당하는 공무원[국방부의 경우에는 이에 상당하는 장성급(將星級) 장교를 포함한다] 중에서 해당 기관의 장이 지명하는 각 1명과 대통령령으로 정하는 중앙행정기관의 공무원 또는 관련 기관·단체의 장이 된다(법 제5조 제2항).

15 답 ①

물리적방호에 관한 허가 사항은 방호협의회의 심의사항에 해당하지 않는다.

> **방호협의회의 기능(법 제6조)**
> 방호협의회는 다음 각호의 사항을 심의한다.
> 1. 물리적방호에 관한 중요 정책
> 2. 물리적방호체제의 수립
> 3. 물리적방호체제의 이행을 위한 관계 기관 간 협조사항
> 4. 물리적방호체제의 평가
> 5. 그 밖에 물리적방호와 관련하여 의장이 필요하다고 인정하여 회의에 부치는 사항

16 답 ②

② 방호협의회 회의는 의장이 필요하다고 인정하는 때에 소집한다(영 제10조 제1항).
① 영 제8조 제1항
③ 영 제9조 제1호
④ 영 제10조 제3항

17 답 ④

해당 지역의 물리적방호와 관련하여 의장이 필요하다고 인정하여 회의에 부치는 사항이 심의사항에 해당한다(법 제7조 제3항 제5호).

> **지역방호협의회(법 제7조)**
> ③ 시·도 방호협의회 및 시·군·구 방호협의회(이하 "지역방호협의회"라 한다)는 다음 각호의 사항을 심의한다.
> 1. 해당 지역의 물리적방호에 관한 중요 정책
> 2. 해당 지역의 물리적방호체제 수립
> 3. 해당 지역의 물리적방호체제 이행을 위한 관계 기관 간 협조사항
> 4. 해당 지역의 물리적방호체제 평가
> 5. 그 밖에 해당 지역의 물리적방호와 관련하여 의장이 필요하다고 인정하여 회의에 부치는 사항

18 답 ②

해당 시·도의 원자력 시설등의 물리적방호업무를 담당하는 국장이 시·도방호협의회의 위원에 해당된다(영 제14조 제1항 제2호).

> **지역방호협의회의 구성 및 운영(영 제14조)**
> ① 법 제7조 제1항에 따른 시·도 방호협의회의 위원은 다음 각호와 같다.
> 1. 해당 특별시·광역시·특별자치시·도·특별자치도(이하 "시·도"라 한다)의 행정부시장(특별시의 경우에는 행정(1)부시장을 말한다)·행정부지사
> 2. 해당 시·도의 원자력시설등의 물리적방호업무를 담당하는 국장
> 3. 해당 시·도를 관할구역으로 하는 국가정보원의 지부장
> 4. 해당 시·도를 관할구역으로 하는 지방경찰청의 장
> 5. 해당 시·도의 전부 또는 일부를 관할구역으로 하는 군부대의 지역사령관으로서 국방부장관이 지정하는 자
> 6. 해당 시·도의 전부 또는 일부를 관할구역으로 하는 해양경찰서장
> 7. 해당 시·도의 전부 또는 일부를 관할구역으로 하는 원자력시설등의 물리적방호와 관련이 있는 기관·단체의 장 또는 원자력시설등의 물리적방호에 관한 학식과 경험이 있는 자중에서 시·도 방호협의회의 의장이 위촉하는 자

19 답 ②

② 지역방호협의회의 의장이 부득이한 사유로 직무를 수행할 수 없을 때에는 의장이 미리 지명하는 위원이 그 직무를 대행한다(영 제14조 제4항).
① 영 제14조 제3항
③ 영 제14조 제5항
④ 영 제14조 제6항

20 답 ①

영 제15조, 영 [별표 1] 참조
② 플루토늄 등급Ⅲ – 15그램 초과 500그램 이하
③ 우라늄 233 등급Ⅰ – 2킬로그램 이상
④ 우라늄 233 등급Ⅱ – 500그램 초과 2킬로그램 미만

21 정답 ④

주민 긴급보호조치에 대한 방호 요건은 방사능방재법이 규정하는 원자력시설등의 물리적방호에 관한 요건에 해당하지 않는다(법 제8조 제2항).

> **물리적방호 대상 핵물질의 분류 등(법 제8조)**
> ② 원자력시설등의 물리적방호에 관한 다음 각호의 요건은 대통령령으로 정한다.
>   1. 불법이전에 대한 방호 요건
>   2. 사보타주에 대한 방호 요건
>   3. 전자적 침해행위에 대한 방호 요건

22 정답 ①

① 국제운송방호계획에 대하여 승인을 받으려는 자는 수출 목적으로 핵물질을 국제운송하려는 경우 국내 항구 또는 공항에서 출발하기 90일 전까지 국제운송방호계획 승인 신청서에 관계 서류를 첨부하여 원자력안전위원회에 제출해야 한다(영 제18조의2 제1항 제1호).
② 영 제18조의2 제1항 제2호
③ 영 제18조의2 제2항
④ 규칙 제8조의2 제2항

23 정답 ②

② 핵물질의 국제운송방호에 대한 검사의 방법 등에 관한 세부 사항은 원자력안전위원회가 정하여 고시한다(영 제18조의3 제2항).
① 영 제18조의3 제1항 제2호
③ 규칙 제8조의6 제2항 제5호
④ 규칙 제8조의6 제3항

24 정답 ④

방호종사자에 대하여 매년 물리적방호교육을 실시하고, 교육한 내용의 이행에 대한 훈련을 실시할 것(영 [별표 2] 제1호 가목 5))

> **원자력시설등의 방호요건(영 [별표 2])**
> 1. 사용·저장 중인 핵물질의 불법이전에 대한 방호요건
>   가. 등급Ⅲ 핵물질
>   1) 등급Ⅲ 핵물질의 사용 및 저장을 위한 구역(이하 "등급Ⅲ 방호구역"이라 한다)에의 접근을 통제할 것
>   2) 해당 방호구역의 접근 통제를 위한 수단과 절차는 임의조작이나 위조 등으로부터 보호할 것
>   3) 해당 방호구역의 불법침입에 대한 탐지·경비체계 및 대응조치를 수립할 것
>   4) 핵물질의 불법이전에 대한 방호비상계획을 수립하고, 해당 시설의 물리적방호업무를 수행하는 자(이하 "방호종사자"라 한다)에 대하여 방호비상훈련을 실시할 것
>   5) 방호종사자에 대하여 매년 물리적방호교육을 실시하고, 교육한 내용의 이행에 대한 훈련을 실시할 것
>   6) 제17조 제1항에 따른 물리적방호규정등에 대하여 정기적인 평가를 실시하고, 그 결과를 반영할 것
>   7) 핵물질의 인수인계 및 작업보고절차를 마련하여 핵물질의 관리를 철저히 할 것
>   8) 해당 방호구역 내에서 핵물질을 이동시킬 때 원자력시설등의 설계기준위협에 따라 잠금, 봉인 등의 필요한 물리적방호 조치를 적용할 것
>   9) 제6호의 방호요건을 적용하여 원자력시설 컴퓨터 및 정보시스템에 대한 보안체계를 수립할 것

25 정답 ③

등급Ⅱ 방호구역은 등급Ⅲ 방호구역 내에 위치할 것(영 [별표 2] 제1호 나목 3))

> **원자력시설등의 방호요건(영 [별표 2])**
> 1. 사용 · 저장 중인 핵물질의 불법이전에 대한 방호요건
>   나. 등급Ⅱ 핵물질
>   1) 가목 2)부터 9)까지의 방호요건을 충족할 것
>   2) 등급Ⅱ 핵물질의 사용 및 저장을 해당 방호구역(이하 "등급Ⅱ 방호구역"이라 한다) 내로 제한할 것
>   3) 등급Ⅱ 방호구역은 등급Ⅲ 방호구역 내에 위치할 것
>   4) 해당 방호구역 주변에는 불법침입을 탐지할 수 있도록 할 것
>   5) 해당 방호구역으로의 출입구를 최소화할 것
>   6) 해당 방호구역 내의 차량 출입을 최소화하고, 주차는 지정한 장소로 제한할 것
>   7) 해당 방호구역 내 출입의 허용 및 허용된 자의 출입을 최대한 제한하고, 단독출입이 허용되지 않은 사람은 단독출입이 허용된 사람과 동행할 것
>   8) 해당 방호구역에 출입하는 사람, 차량 및 반입 · 반출되는 물품을 검색할 것
>   9) 해당 방호구역의 주변에 대하여 충분한 조명 및 시야를 확보할 것
>   10) 중앙통제실은 감시, 경비체계 및 군 · 경찰 등 외부대응인력과의 통신체계를 유기적으로 유지할 것
>   11) 중앙통제실은 등급Ⅱ 방호구역 내에 위치해야 하며, 중앙통제실의 출입을 최소화하고 엄격히 통제할 것
>   12) 탐지 관련 설비 및 중앙통제실은 비상시 물리적방호를 위하여 독립적인 전원을 갖출 것
>   13) 핵물질의 저장과 격납을 위한 열쇠와 잠금장치의 관리 및 기록유지를 철저히 할 것
>   14) 핵물질의 불법이전에 대한 방호비상계획을 수립하고 방호종사자와 군 · 경찰 등 외부대응인력 간의 비상훈련을 정기적으로 실시할 것
>   15) 해당 방호구역은 24시간 경계근무를 유지하고, 상시 및 불시 순찰을 실시할 것

26 정답 ②

해당 방호구역에 출입하는 사람, 차량 및 반입 · 반출되는 물품을 검색할 것(영 [별표 2] 제1호 다목 1))

> **원자력시설등의 방호요건(영 [별표 2])**
> 1. 사용 · 저장 중인 핵물질의 불법이전에 대한 방호요건
>   다. 등급Ⅰ 핵물질
>   1) 나목 1) 및 같은 목 3)부터 15)까지의 방호요건을 충족할 것
>   2) 등급Ⅰ 핵물질의 사용 및 저장을 해당 방호구역(이하 "등급Ⅰ 방호구역"이라 한다) 내로 제한할 것
>   3) 등급Ⅰ 방호구역은 등급Ⅱ 방호구역 내에 위치해야 하며, 불법이전에 대한 추가적인 물리적방호 조치를 적용할 것
>   4) 해당 방호구역 내에 개인차량의 출입을 금지할 것
>   5) 해당 방호구역에의 출입은 2명이 동행, 감시하는 체계를 유지할 것
>   6) 해당 방호구역은 일반통행로와 격리시킬 것
>   7) 방호비상시에도 중앙통제실의 기능이 유지되도록 할 것

27 정답 ①

운반과 관련된 정보의 공유를 최소화하고 기밀성을 유지할 것(영 [별표 2] 제2호 가목 6))

> **원자력시설등의 방호요건(영 [별표 2])**
> 2. 운반 중인 핵물질의 불법이전에 대한 방호요건
>   가. 공통적인 방호요건
>   1) 핵물질의 운반시간, 횟수 및 기간을 최소화할 것
>   2) 핵물질의 운반시간과 경로 등이 운반할 때마다 다르게 되도록 다양한 방법으로 운반계획을 수립할 것
>   3) 운반종사자는 신원이 확실한 사람으로 제한할 것
>   4) 운반 중 임시저장을 하거나 예상하지 못한 정차가 있을 경우 등급별 방호요건에 준하여 필요한 조치를 할 것
>   5) 운반수단이 변경될 경우에도 핵물질의 등급별 분류에 준하여 필요한 조치를 할 것
>   6) 운반과 관련된 정보의 공유를 최소화하고 기밀성을 유지할 것
>   7) 핵물질을 운반할 경우 외부 대응인력과의 연락체계를 유지할 것

28 ②

운반차량에는 무장한 2명의 방호종사자를 동승시킬 것(영 [별표 2] 제2호 다목 5))

> **원자력시설등의 방호요건(영 [별표 2])**
> 2. 운반 중인 핵물질의 불법이전에 대한 방호요건
>   다. 등급 I 및 등급 II 핵물질
>   1) 나목의 방호요건을 충족할 것
>   2) 운반대상 핵물질은 폐쇄된 화물칸 또는 화물용 컨테이너에 실어 잠금장치로 잠근 후 운반할 것. 다만, 잠금장치로 잠겨져 있거나 봉인처리된 2,000kg 이상의 핵물질은 개방형 운반수단으로 운반할 수 있다.
>   3) 핵물질의 운반계획을 수립하고 운반할 때의 물리적방호를 총괄하는 방호종사자(이하 "운반방호책임자"라 한다)는 운반지침서를 소지할 것
>   4) 운반방호책임자는 호위차량, 운반차량 및 운반통제소 간에 상호 통신체계를 유지할 것
>   5) 운반차량에는 무장한 2명의 방호종사자를 동승시킬 것
>   6) 삭제 〈2021.6.8.〉
>   7) 운반 중인 핵물질의 불법이전에 대한 방호비상 훈련을 실시할 것
>   8) 운반 중인 핵물질의 불법이전에 대비하여 군·경찰 등 외부 대응인력과의 통신체계를 유지할 것

29 ④

핵심구역은 일반통행로와 격리시키고 추가적인 물리적방호 조치를 적용할 것(영 [별표 2] 제3호 마목)

> **원자력시설등의 방호요건(영 [별표 2])**
> 3. 핵물질을 사용·저장하는 원자력시설 및 사용·저장 중인 핵물질의 사보타주에 대한 방호요건
>   가. 방호구역 및 핵심구역의 불법침입에 대하여 탐지체계, 경보 기능 및 방호설비를 갖출 것
>   나. 방호구역 및 핵심구역 내의 접근 및 출입구는 최소한으로 유지할 것
>   다. 방호구역 및 핵심구역으로의 출입은 최소화하고, 단독출입이 승인되지 않은 사람에 대해서는 단독출입이 승인된 사람이 동행할 것
>   라. 사보타주를 방지하기 위하여 방호구역 및 핵심구역에 출입하는 사람, 차량 및 반출입되는 물품을 검색할 것
>   마. 핵심구역은 일반통행로와 격리시키고 추가적인 물리적방호 조치를 적용할 것
>   바. 핵심구역 내에 개인차량의 출입을 금지할 것
>   사. 방호구역에 대하여 지속적인 탐지 및 24시간 경계근무를 유지하고, 상시 및 불시 순찰을 실시할 것
>   아. 방호구역의 주변에 대하여 충분한 조명 및 시야를 확보할 것
>   자. 방호구역 및 핵심구역 내에 사보타주 방지를 위하여 운전정지 및 유지보수기간 중에 방호조치를 철저히 할 것
>   차. 핵물질의 저장과 격납을 위한 열쇠와 잠금장치의 관리 및 기록유지를 철저히 할 것
>   카. 중앙통제실은 감시, 경비체계 및 군·경찰 등 외부 대응인력과의 통신체계를 유기적으로 유지할 것
>   타. 중앙통제실에 대한 출입을 최소화하고 엄격히 통제할 것
>   파. 방호비상시에 중앙통제실의 기능이 유지될 수 있도록 할 것
>   하. 탐지 관련 설비 및 중앙통제실은 비상시 물리적방호를 위하여 독립적인 전원을 갖출 것
>   거. 제6호의 방호요건을 적용하여 원자력시설 컴퓨터 및 정보시스템에 대한 보안체계를 수립할 것
>   너. 방호종사자에 대하여 매년 물리적방호교육을 실시하고, 교육한 내용의 이행에 대한 훈련을 실시할 것
>   더. 원자력시설 등의 사보타주에 대한 방호비상계획을 수립하고, 방호종사자와 군·경찰 등 외부대응인력 간의 비상훈련을 정기적으로 실시할 것
>   러. 가목부터 더목까지의 규정에도 불구하고 사보타주의 잠재적 방사선영향이 원자력안전위원회가 고시하는 수용할 수 없는 방사선영향보다 낮을 경우에는 다음의 요건을 적용할 것
>   1) 방호구역에 대한 접근을 통제할 것
>   2) 방호구역 접근 통제를 위한 수단과 절차는 임의 조작이나 위조 등이 되지 않도록 보호할 것
>   3) 방호구역 불법침입에 대한 탐지·경비체계 및 대응조치를 수립할 것
>   4) 방호구역의 사보타주에 관한 방호비상계획을 수립하고 해당 시설의 방호종사자를 대상으로 방호비상훈련을 실시할 것
>   5) 방호종사자에 대하여 매년 물리적방호 교육을 하고, 교육한 내용에 관한 훈련을 실시할 것
>   6) 물리적방호규정등에 대하여 원자력시설등의 방호체제를 정기적으로 평가하고, 그 평가 결과에 따라 방호체제에 대한 보완조치를 취할 것
>   7) 제6호의 방호요건을 적용하여 원자력시설 컴퓨터 및 정보시스템에 대한 보안체계를 수립할 것

30 답 ④

ㄴ은 핵물질을 사용·저장하지 않는 원자력시설의 사보타주에 대한 방호요건에 해당한다(영 [별표 2] 제5호 나목).

> **원자력시설등의 방호요건(영 [별표 2])**
> 6. 전자적 침해행위에 대한 방호요건
>   가. 원자력시설 컴퓨터 및 정보시스템에 대한 접근이 다음의 방식으로 통제될 것
>   1) 원자력시설 컴퓨터 및 정보시스템상의 정보가 허용된 대상에게만 허용된 방법으로 제공·사용·변경되도록 할 것
>   2) 원자력시설 컴퓨터 및 정보시스템을 구성하는 하드웨어가 허용된 대상에게만 허용된 방법으로 설치·변경되도록 할 것
>   나. 원자력시설 컴퓨터 및 정보시스템에 대한 물리적·전자적 접근에 필요한 수단과 절차는 임의조작이나 위조 등이 되지 않도록 보호하고 통제할 것
>   다. 원자력시설 컴퓨터 및 정보시스템에 대한 물리적·전자적 불법접근의 예방·탐지 및 대응체계를 수립할 것

31 답 ①

① 원자력사업자의 종업원 및 원자력안전위원회가 정하여 고시하는 물리적방호와 관련된 단체 또는 기관의 직원은 대통령령으로 정하는 바에 따라 원자력안전위원회가 실시하는 물리적방호에 관한 교육(원자력시설 컴퓨터 및 정보시스템 보안교육을 포함한다)을 받아야 한다(법 제9조의2 제1항).
② 영 제17조의2 제1항
③ 영 제17조의2 제2항
④ 법 제9조의2 제2항

32 답 ④

④ 교육 시설 및 교육 관련 장비 현황은 3부가 아닌 1부를 첨부하여야 한다(규칙 제5조의4 제1항 제1호).
① 영 제17조의3 제2항
② 영 제17조의3 제3항
③ 영 제17조의3 제4항

33 답 ①

① 법 제9조의2 제1항
② 물리적방호 교육의 내용·이수·유예·평가 등에 관한 사항은 총리령으로 정하고, 교육기관의 지정기준 및 지정취소의 기준 등에 관한 사항은 대통령령으로 정한다(법 제9조의2 제3항).
③ 정당한 사유 없이 1년 이상 교육실적이 없는 경우가 교육기관의 지정취소 기준에 해당한다(영 제17조의4 제3호).
④ 원자력안전위원회는 물리적방호에 관한 교육을 담당할 교육기관을 지정할 수 있다(법 제9조의2 제2항).

34 답 ④

물리적방호 교육 담당직무별 교육대상자가 이수해야 하는 교육시간(규칙 [별표 1의2] 제1호)

교육대상	교육시간	
	신규교육	보수교육
원자력사업자의 종업원 (물리적방호 업무를 담당하는 종업원)	물리적방호 업무를 담당하는 종업원으로 지정된 날부터 6개월 이내에 8시간 이상	매년 4시간 이상
원자력사업자의 종업원 (물리적방호 업무를 담당하지 않는 종업원)	종업원으로 임용된 날부터 1년 이내에 2시간 이상	매년 2시간 이상

35 답 ①

① 원자력사업자는 총리령으로 정하는 바에 따라 물리적방호 훈련계획을 수립하여 원자력안전위원회의 승인을 받은 후 이를 시행하여야 한다(법 제9조의3 제1항).
②·③ 법 제9조의3 제2항
④ 법 제9조의3 제3항 전문

36 답 ④

④ 장부에 기록한 날부터 3년 동안 기록된 사항을 보존해야 한다(규칙 제5조의3 제4항).
① 규칙 제5조의3 제1항
② 규칙 제5조의3 제2항
③ 규칙 제5조의3 제3항

37 답 ④

제시된 내용은 모두 물리적방호 시설·설비 및 그 운영체제에 대한 작성내용에 해당한다.

> **물리적방호규정등의 작성지침 등 세부기준(규칙 [별표 1])**
> 2. 물리적방호규정등의 작성내용
>   가. 법 제9조 제1항 제1호에 따른 물리적방호 시설·설비 및 그 운영체제
>   1) 핵물질의 불법이전에 대한 방호를 위한 물리적방호 시설·설비 및 그 운영체제에 관한 사항
>   가) 시설·설비의 설치 및 유지·관리
>   나) 시설·설비의 운영조직 및 인력
>   2) 분실 또는 도난당한 핵물질을 찾아내고 회수하기 위한 물리적방호 시설·설비 및 그 운영체제에 관한 사항
>   가) 장비의 설치 및 유지·관리
>   나) 운영조직 및 인력
>   다) 분실 또는 도난당한 핵물질을 찾아내고 회수하기 위한 절차
>   3) 원자력시설등에 대한 사보타주를 방지하기 위한 물리적방호 시설·설비 및 그 운영체제에 관한 사항
>   가) 시설·설비의 설치 및 유지·관리
>   나) 시설·설비의 운영조직 및 인력
>   4) 원자력시설등에 대한 사보타주에 따른 방사선영향에 대한 대책을 위한 물리적방호 시설·설비 및 그 운영체제에 관한 사항
>   가) 시설·설비의 설치 및 유지·관리
>   나) 시설·설비의 운영조직 및 인력
>   5) 삭제 〈2016.11.28.〉

38 답 ③

'국가 간 운반에 관한 사항'은 운반 중인 핵물질의 물리적방호에 관한 사항으로 물리적방호규정의 작성내용에 해당한다(규칙 [별표 1] 제2호 나목 2) 마)).

> **물리적방호규정등의 작성지침 등 세부기준(규칙 [별표 1])**
> 2. 물리적방호규정등의 작성내용
>   다. 법 제9조 제1항 제3호에 따른 방호비상계획
>   1) 핵물질의 불법이전 및 원자력시설등의 위협에 대응하기 위한 조치계획에 관한 사항
>   가) 조직 및 임무
>   나) 시설 및 설비
>   다) 교육 및 훈련
>   라) 방사선 영향의 최소화 방안
>   마) 그 밖에 핵물질의 불법이전 및 원자력시설등의 위협에 대한 조치에 관하여 필요한 사항
>   2) 운반 중인 핵물질의 불법이전 및 위협에 대응하기 위한 조치계획에 관한 사항
>   가) 조직 및 임무
>   나) 대응조치 및 대응체제
>   다) 방사선 영향의 최소화 방안
>   라) 그 밖에 운반 중인 핵물질의 불법이전 및 위협에 대한 조치에 관하여 필요한 사항
>   3) 삭제 〈2016.11.28.〉

39 답 ②

정기검사는 사업소 또는 부지별로 2년마다 실시하는 해당 원자력시설등에 대한 방호에 관한 검사이다(영 제18조 제1항 제2호).

> **검사(영 제18조)**
> ① 법 제12조 제1항에 따라 원자력사업자는 다음 각호의 구분에 따라 원자력안전위원회의 검사를 받아야 한다. 〈개정 2021.6.8.〉
>   1. 최초검사 : 핵물질, 방사성물질 또는 방사성폐기물을 원자력시설에 반입하기 전에 해당 원자력시설에 대한 방호에 관한 검사. 다만, 해당 시설 본래의 이용 목적이 아닌 「비파괴검사기술의 진흥 및 관리에 관한 법률」 제2조에 따른 비파괴검사 등을 위하여 방사성물질을 반입하는 경우는 제외한다.
>   2. 정기검사 : 사업소 또는 부지별로 2년마다 해당 원자력시설등에 대한 방호에 관한 검사
>   3. 운반검사 : 다음 각목의 핵물질의 방호에 관한 검사
>   가. 사업소에서 다른 사업소로 운반하려는 핵물질
>   나. 수출 목적으로 사업소에서 국내 항구 또는 공항까지 운반하려는 핵물질
>   다. 수입 목적으로 국내 항구 또는 공항에서 사업소로 운반하려는 핵물질
>   4. 특별검사 : 다음 각목의 1에 해당하는 경우 당해 원자력시설등에 대한 물리적방호에 관한 검사
>   가. 원자력시설등에 물리적방호와 관련한 사고가 발생한 경우
>   나. 법 제9조제1항 각호외의 부분 본문의 규정에 따라 물리적방호규정등에 대한 변경승인을 얻은 경우

40 답 ②

② 원자력사업자는 원자력시설등에 대하여 위협을 받았을 때 또는 관할 군부대, 경찰관서 또는 그 밖의 행정기관의 장에게 지원을 요청하였을 때에는 총리령으로 정하는 바에 따라 원자력안전위원회에 보고하고, 관할 시·도지사 및 시장·군수·구청장에게 이를 알려야 한다(법 제11조).
① 법 제10조 제1항
③ 법 제12조 제1항
④ 법 제14조

41 답 ④

④는 구법의 내용이며, 2021.6.9. 규칙 개정으로 삭제되었다(규칙 제7조).

> **최초검사의 신청 등(규칙 제7조)**
> ① 영 제18조 제3항에 따른 최초검사의 신청은 별지 제5호 서식에 따르고, 운반검사의 신청은 별지 제6호 서식에 따른다.
> ② 삭제 〈2021.6.9.〉
> ③ 제1항에 따른 운반검사의 신청서에는 다음 각호의 서류를 각각 2부씩 첨부해야 한다. 〈개정 2021.6.9.〉
> 1. 운반방호 조직 및 책임자에 관한 서류
> 2. 운반하려는 핵물질의 종류, 수량, 등급, 동위원소 구성에 관한 서류
> 2의2. 운반하려는 핵물질의 포장용기, 적재방법 및 운반수단에 관한 서류
> 3. 운반경로 및 예상 도착시간에 관한 서류
> 4. 운반 중 연락체제에 관한 서류
> 5. 예상되는 사고 및 비상대응체계에 관한 서류
> 6. 삭제 〈2021.6.9.〉

42 답 ②

방호조직 및 임무, 물리적방호 조치, 그 밖에 운송 중인 핵물질의 물리적방호에 관한 사항은 '운송 중인 핵물질의 물리적방호에 관한 사항'에 해당한다(규칙 [별표 1의3] 제2호 가목 및 다목 참조).

> **국제운송방호계획에 대한 작성지침 등 세부기준(규칙 [별표 1의3])**
> 2. 국제운송방호계획의 작성내용
>   가. 운송 일반에 관한 사항
>   1) 조직 및 임무
>   2) 운송경로, 운송횟수 및 운송수단
>   3) 보고체계
>   4) 그 밖에 운송 일반에 관한 사항
>   나. 운송물에 관한 사항
>   1) 운송 핵물질
>   2) 운송 핵물질의 포장 및 적재
>   3) 그 밖에 운송물에 관한 사항
>   다. 운송 중인 핵물질의 물리적방호에 관한 사항
>   1) 방호조직 및 임무
>   2) 물리적방호 조치
>   3) 그 밖에 운송 중인 핵물질의 물리적방호에 관한 사항
>   라. 운송중인 핵물질의 방호비상계획에 관한 사항
>   1) 방호비상 대응조직 및 임무
>   2) 방호비상 대응조치
>   3) 방호비상 대응체계
>   4) 사보타주로 인한 방사선영향의 최소화방안
>   5) 분실·도난 핵물질의 위치추적 및 회수방안
>   6) 그 밖에 운송중인 핵물질의 방호비상계획에 관한 사항
> 3. 제2호의 항목별 세부작성기준은 원자력안전위원회가 정하여 고시한다.

43 답 ②

물리적방호 교육을 받지 아니하였을 때 원자력사업자에게 그 시정을 명할 수 있다(법 제12조 제2항 제6호).

> **검사 등(법 제12조)**
> ① 원자력사업자는 원자력시설등의 물리적방호에 대하여 대통령령으로 정하는 바에 따라 원자력안전위원회의 검사를 받아야 한다.
> ② 원자력안전위원회는 제1항에 따른 검사 결과 다음 각 호의 어느 하나에 해당할 때에는 원자력사업자에게 그 시정을 명할 수 있다.
>   1. 제8조 제2항에 따른 방호 요건을 위반한 사실이 있을 때
>   2. 제9조 제1항 제1호에 따른 물리적방호를 위한 시설·설비 또는 그 운영체제가 총리령으로 정하는 기준에 미치지 못할 때
>   3. 물리적방호규정을 위반하였을 때
>   4. 방호비상계획에 따른 조치가 미흡할 때
>   4의2. 정보시스템 보안규정을 위반하였을 때
>   5. 물리적방호규정, 방호비상계획 및 정보시스템 보안규정의 보완이 필요할 때
>   6. 제9조의2 제1항에 따른 교육을 받지 아니하였을 때
>   7. 제9조의3 제1항에 따른 물리적방호 훈련을 승인된 계획에 따라 실시하지 아니하였거나 같은 조 제3항에 따른 이행계획에 따라 보완조치를 하지 아니하였을 때

44 답 ③

③ 청색비상은 백색비상에서 안전상태로의 복구기능의 저하로 원자력시설의 주요 안전기능에 손상이 발생하거나 발생할 우려가 있는 등의 사고로서 방사성물질의 누출로 인한 방사선영향이 원자력시설 부지 내에 국한될 것으로 예상되는 비상사태이다(영 [별표 3] 제1호).
① 법 제17조 제1항
②·④ 영 [별표 3] 제1호

45 답 ③

현장지휘센터의 장이 현장지휘센터를 운영하는 것은 '청색비상-적색비상'일 때이다(영 [별표 3] 제2호).

> 참고 405~406p 2. 방사선비상별 대응절차

46 답 ①

원자력사업자가 원자력시설의 부지 내 건물에서 방사능재난 등으로 방사능에 오염되거나 방사선에 피폭된 자와 원자력사업자의 종업원 중 방사능에 오염되거나 방사선에 피폭된 자에 대한 응급조치를 하는 것은 '백색비상'일 때이다. 원자력사업자는 '청색비상'일 때에는 원자력시설의 부지 내에서 방사능재난 등으로 방사능에 오염되거나 방사선에 피폭된 자와 원자력사업자의 종업원 중 방사능에 오염되거나 방사선에 피폭된 자에 대한 응급조치를 한다(영 [별표 3] 제2호).

> 참고 405~406p 2. 방사선비상별 대응절차

47 답 ②

방재요원의 파견, 기술적 사항의 자문, 방사선 측정장비 등의 대여 등 지원은 적색비상일 때 '원자력사업자'의 대응에 해당한다(영 [별표 3] 제2호).

> 참고 405~406p 2. 방사선비상별 대응절차

48 답 ①

① 원자력안전위원회는 국가방사능방재계획을 토대로 매년 연도별 집행계획(이하 "국가방사능방재집행계획"이라 한다)을 수립하여야 한다(영 제20조의2 제1항).
②·③·④ 영 제20조 제2항의 국가방사능방재계획에 포함된다.

> **국가방사능방재계획의 수립(영 제20조)**
> ② 국가방사능방재계획은 「재난 및 안전관리 기본법」 제22조 제1항에 따른 국가안전관리기본계획과 연계하여 수립하되, 국가방사능방재계획에는 다음 각호의 사항이 포함되어야 한다.
>   1. 방사선비상 및 방사능재난(이하 "방사능재난등"이라 한다) 업무의 정책목표 및 기본방향
>   2. 방사능재난등 업무의 추진과제
>   3. 방사능재난등 업무에 관한 투자계획
>   4. 원자력안전위원회가 방사능재난등의 발생을 통보하여야 할 대상기관, 통보의 방법 및 절차
>   5. 그 밖에 방사능재난등 업무에 관하여 필요한 사항

49 답 ②

② 국무총리는 국가방사능방재계획을 「재난 및 안전관리기본법」 제9조에 따른 중앙안전관리위원회의 심의를 거쳐 확정한 후 관계 중앙행정기관의 장에게 통보하여야 한다(법 제18조 제1항 후단).
① 법 제18조 제1항 전단
③ 법 제18조 제2항
④ 법 제18조 제3항

50 답 ③

③·② 원자력사업자는 방사선비상계획을 수립하거나 변경하려는 경우에는 미리 그 내용을 방사선비상계획구역의 전부 또는 일부를 관할하는 시·도지사, 시장·군수·구청장 및 지정기관의 장에게 알려야 한다. 이 경우 해당 시·도지사, 시장·군수·구청장 및 지정기관의 장은 해당 원자력사업자의 방사선비상계획에 대한 의견을 원자력안전위원회에 제출할 수 있다(법 제20조 제2항 본문).
① 법 제20조 제1항 본문 전단
④ 법 제20조 제3항

51 답 ②

방사선비상계획에 포함되어야 할 사항(영 제22조 제1항)
- 당해 원자력시설의 방사선비상계획구역에 관한 사항
- 방사능재난 등에 대비하기 위한 조직 및 임무에 관한 사항
- 방사능재난대응시설 및 장비의 확보에 관한 사항
- 당해 원자력시설을 고려한 방사선비상의 종류별 세부기준에 관한 사항
- 사고 초기의 대응조치에 관한 사항
- 방사능재난 등의 대응활동에 관한 사항
- 방사능재난 등의 복구에 관한 사항
- 방사능방재 교육 및 훈련에 관한 사항
- 그 밖에 원자력시설 등에 방사능재난 등이 발생할 경우를 대비하기 위하여 원자력사업자가 필요하다고 인정하는 사항

52 답 ③

③ 긴급보호조치계획구역은 발전용 원자로 및 관계시설이 설치된 지점으로부터 반지름 20km 이상 30km 이하이다(법 제20조의2 제1항 후문 제2호).
① 법 제20조의2 제1항 전문
② 법 제20조의2 제1항 후문 제1호
④ 법 제20조의2 제2항

53 답 ③

발전용 원자로 및 관계시설의 위치는 원자력사업자가 방사선비상계획구역을 설정할 때 고려해야 할 사항에 해당하지 않는다.

방사선비상계획구역 설정 등(법 제20조의2)
② 원자력사업자는 원자력안전위원회가 고시한 기초지역을 기준으로 해당 기초지역을 관할하는 시·도지사와 협의를 거쳐 다음 각호의 사항을 고려하여 방사선비상계획구역을 설정하여야 한다.
1. 인구분포, 도로망 및 지형 등 그 지역의 고유한 특성
2. 해당 원자력시설에서 방사선비상 또는 방사능재난이 발생할 경우 주민보호 등을 위한 비상대책의 실효성

54 답 ②

소규모 원자력사업자에게는 ⓒ과 ⓑ을 적용하지 아니한다(법 제21조 제1항).

원자력사업자의 의무 등(법 제21조)
① 원자력사업자는 방사능재난등의 예방, 그 확산 방지 및 수습을 위하여 다음 각호의 조치를 하여야 한다. 다만, 대통령령으로 정하는 소규모 원자력사업자에게는 제2호와 제6호를 적용하지 아니한다.
1. 방사선비상이 발생한 경우 해당 방사선비상계획으로 정한 절차에 따라 원자력안전위원회, 관할 시·도지사 및 시장·군수·구청장에게 보고
2. 방사능재난등에 대비하기 위한 기구의 설치·운영
3. 발생한 방사능재난등에 관한 정보의 공개
4. 방사선사고 확대 방지를 위한 응급조치 및 응급조치요원 등의 방사선 피폭을 줄이기 위하여 필요한 방사선방호조치
5. 제27조에 따른 지역방사능방재대책본부의 장과 지정기관의 장의 요청이 있는 경우 방재요원의 파견, 기술적 사항의 자문, 방사선측정장비 등의 대여 등 지원
6. 방사능재난등에 대비한 업무를 전담하기 위한 인원과 조직의 확보
7. 그 밖에 방사능재난등의 대처에 필요하다고 인정하여 대통령령으로 정하는 사항

55 답 ①
① 원자력사업자가 방사선비상계획구역을 설정하려는 경우에는 원자력안전위원회의 승인을 받아야 한다(법 제20조의2 제3항 전문).
② 법 제20조의2 제4항
③ 법 제20조의2 제5항
④ 영 제22조의2 제1항

56 답 ③
누구든지 원자력시설 외의 장소에서 방사성물질 운반차량·선박 등의 화재·사고 또는 방사성물질이나 방사성물질로 의심되는 물질을 발견하였을 때에는 지체 없이 원자력안전위원회, 지방자치단체, 소방관서, 경찰관서 또는 인근 군부대 등에 신고하여야 한다(법 제22조 제1항).

57 답 ③
③ 원자력안전위원회는 긴급조치를 수행하는 자의 업무를 필요한 범위로 한정하여 함부로 타인의 권리를 제한하거나 정당한 업무를 방해하여서는 아니 된다(법 제22조의2 제5항).
① 법 제22조의2 제1항
② 법 제22조의2 제2항
④ 법 제22조의2 제4항

58 답 ②
방사능재난등에 대비하기 위한 기구의 설치·운영은 원자력사업자의 의무이다(법 제21조 제1항 본문 제2호).

> **방사능재난의 선포 및 보고(법 제23조)**
> ② 원자력안전위원회는 제1항에 따른 방사능재난의 발생을 선포한 경우에는 지체 없이 국무총리를 거쳐 대통령에게 다음 각호의 사항을 보고하여야 한다.
> 1. 방사능재난 상황의 개요
> 2. 방사능재난 긴급대응조치를 하여야 하는 구역
> 3. 방사능재난에 대한 긴급대응 조치사항

59 답 ④
원자력안전위원회는 방사능재난의 발생을 선포한 경우에는 대통령령으로 정하는 바에 따라 관할 시·도지사 및 시장·군수·구청장으로 하여금 방사선영향을 받거나 받을 우려가 있는 지역의 주민에게 즉시 방사능재난의 발생상황을 알리게 하고 필요한 대응을 하게 하여야 한다(법 제24조 제2항).

60 답 ④
④ 중앙본부에 간사 1명을 두되, 원자력안전위원회 소속 공무원 중에서 중앙본부장이 지명하는 사람이 된다(법 제25조 제4항).
① 법 제25조 제1항
② 법 제25조 제2항 전단
③ 법 제25조 제2항 후단

61 답 ④
④ 주민보호를 위한 긴급 지원사항도 중앙본부의 회의의 의결을 거쳐야 한다(영 제28조 제3항 제2호).
① 영 제28조 제1항
② 영 제28조 제2항
③ 영 제28조 제3항 제1호

62 답 ③
③ 시·군·구 방사능방재대책본부의 장에 대한 지휘는 현장지휘센터의 장의 권한에 속한다(법 제29조 제1항 제1호).
①·②·④는 중앙본부장의 권한에 해당한다(법 제26조).

> **중앙본부장의 권한(법 제26조)**
> 중앙본부장은 방사능재난을 효율적으로 수습하기 위하여 다음 각호의 권한을 가진다. 〈개정 2021.6.8.〉
> 1. 제28조에 따른 현장방사능방재지휘센터의 장에 대한 지휘
> 2. 제32조에 따른 방사능방호기술지원본부, 방사선비상의료지원본부 및 주민보호지원본부의 장에 대한 지휘
> 3. 「재난 및 안전관리 기본법」 제15조에 따른 중앙대책본부장의 권한
> 4. 그 밖에 방사능재난의 수습을 위하여 대통령령으로 정하는 권한

63　답 ②

② 현장지휘센터의 장은 원자력안전위원회 소속 공무원 중에서 원자력안전위원회가 지명한다(법 제28조 제2항 전단).
① 법 제28조 제1항
③ 법 제28조 제2항 후단
④ 법 제28조 제3항 제1호

64　답 ①

①은 「재난 및 안전관리기본법」 제15조에 따른 중앙대책본부장의 권한에 속한다(법 제26조 제3호).
②·③·④ 법 제29조 제1항 제2호 내지 제4호

> **현장지휘센터의 장의 권한(법 제29조)**
> ① 현장지휘센터의 장은 방사능재난등의 수습에 관하여 다음 각호의 권한을 가진다. 〈개정 2021.4.20.〉
> 1. 방사능재난등에 관하여 제27조에 따른 시·군·구 방사능방재대책본부의 장에 대한 지휘
> 2. 제28조 제2항에 따라 중앙행정기관, 지방자치단체 및 지정기관에서 파견된 관계관에 대한 임무 부여
> 3. 대피, 소개(疏開), 음식물 섭취 제한, 갑상샘 방호약품 배포·복용지시 등 긴급 주민 보호 조치의 결정
> 4. 방사능재난등이 발생한 지역의 식료품과 음료품, 농·축·수산물의 반출 또는 소비 통제 등의 결정
> 5. 「재난 및 안전관리기본법」 제40조부터 제42조까지의 규정에 따른 권한사항에 대한 결정
> 6. 「재난 및 안전관리기본법」 제51조 제4항에 따른 회전익항공기의 운항 결정
> 7. 「재난 및 안전관리기본법」 제52조에 따른 방사능재난 현장에서의 긴급구조통제단의 긴급구조활동에 필요한 방사선방호조치

65　답 ③

③은 현장지휘센터의 장이 합동방재대책협의회의 의견을 들어 결정할 사항에 해당하지 않는다(법 제29조 제1항 제2호).

> **합동방재대책협의회(법 제30조)**
> ① 현장지휘센터의 장이 제29조 제1항 제3호·제4호 및 제5호에 대한 사항을 결정하려면 관계 중앙행정기관, 지방자치단체 및 지정기관의 관계관으로 구성된 합동방재대책협의회(이하 "합동협의회"라 한다)의 의견을 들어 결정하여야 한다. 이 경우 지역본부장은 결정사항을 시행하여야 한다.

66　답 ④

④는 소규모 원자력사업자가 확보해야 할 방사능재난 대응시설이 아니다.

> **방사능재난 대응시설 등(법 제35조)**
> ① 원자력사업자는 다음 각호에 해당하는 시설 및 장비를 확보하여야 한다. 다만, 대통령령으로 정하는 소규모 원자력사업자에게는 제4호와 제5호를 적용하지 아니한다.
> 1. 방사선 또는 방사능 감시 시설
> 2. 방사선 방호장비
> 3. 방사능오염 제거 시설 및 장비
> 4. 방사성물질의 방출량 감시 및 평가 시설
> 5. 주제어실, 비상기술지원실, 비상운영지원실, 비상대책실 등 비상대응 시설
> 6. 관련 기관과의 비상통신 및 경보 시설
> 7. 그 밖에 방사능재난의 대처에 필요하다고 인정하여 원자력안전위원회가 정하는 시설

67　답 ②

방사선 방호장비 : 방재요원의 안전한 활동을 위한 방사선 측정장비, 방사선 방호장비는 충분한 여분을 확보할 것(규칙 [별표 6])

> 참고 423p 방사능재난대응시설 및 장비의 기준(규칙 [별표 6])

68　답 ①

① 원자력사업자의 종업원, 방사선비상계획구역의 전부 또는 일부를 관할하는 시·도지사 및 시장·군수·구청장이 지정한 방사능방재요원, 1차 및 2차 방사선비상진료기관의 장이 지정한 방사선비상진료요원 및 원자력안전위원회가 정하여 고시하는 단체 또는 기관의 직원은 대통령령으로 정하는 바에 따라 원자력안전위원회가 실시하는 방사능방재에 관한 교육을 받아야 한다(법 제36조 제1항).
② 영 제33조 제1항
③ 영 제33조 제2항
④ 영 제33조 제3항

69 답 ④
방사선비상계획구역의 전부 또는 일부를 관할구역으로 하는 시·도지사 및 시장·군수·구청장이 지정한 방사능방재요원의 방사능방재 교육시간(규칙 [별표 7] 제1호)
- 신규교육 : 방사능방재요원으로 지정된 날부터 6개월 이내에 18시간 이상
- 보수교육 : 매년 8시간 이상

70 답 ①
② 방사능방재업무를 담당하는 종업원으로 임용된 날부터 6개월 이내에 4시간 이상
③ 방사능방재요원으로 지정된 날부터 6개월 이내에 18시간 이상
④ 방사선비상진료요원으로 지정된 날부터 6개월 이내에 18시간 이상

> 참고 429~430p 방사능방재교육의 교육시간 및 교육내용(규칙 [별표 7])

71 답 ③
③ 원자력사업자는 총리령으로 정하는 바에 따라 방사능방재훈련계획을 수립하여 원자력안전위원회의 승인을 받아 시행하여야 한다(법 제37조 제3항).
① 법 제37조 제1항
② 법 제37조 제2항
④ 법 제37조 제4항

72 답 ②
훈련의 비용은 방사능방재훈련계획에 포함되어야 하는 사항이 아니다.

> 방사능방재훈련계획의 수립(규칙 제21조)
> ② 제1항에 따른 방사능방재훈련계획에는 다음 각호의 사항이 포함되어야 한다.
> 1. 훈련의 기본방향
> 2. 훈련의 종류
> 3. 훈련 종류별 방사능방재훈련의 목적·내용·방법·일정 및 대상자
> 4. 훈련 종류별 방사능방재훈련의 통제 및 평가에 관한 사항
> 5. 그 밖에 원자력사업자가 방사능방재훈련에 필요하다고 인정하는 사항

73 답 ④
제시된 내용은 모두 원자력안전위원회가 원자력사업자에게 대하여 검사할 수 있는 사항이다.

> 검사(법 제38조)
> ① 원자력안전위원회는 원자력사업자에 대하여 제21조(원자력사업자의 의무 등) 및 제35조부터 제37조(방사능재난 대응시설 등, 갑상샘 방호 약품 비축·관리 등, 방사능방재 교육, 방사능방재훈련)까지에 규정된 사항을 검사할 수 있다.

74 답 ①
① 정부는 방사선피폭환자의 응급진료 등 방사선비상 진료 능력을 높이기 위하여 국가방사선비상진료체제를 구축하여야 한다(법 제39조 제1항).
② 법 제39조 제2항
③ 영 제36조 제1항
④ 영 제36조 제2항

75 답 ④
방사능재난이 발생한 지역의 식료품과 음료품 및 농·축·수산물의 방사능오염 안전성에 따른 유통관리대책에 관한 사항이 사후대책에 포함되어야 하는 사항이다.

> 방사능재난 사후대책의 실시 등(법 제42조)
> ② 제1항에 따른 사후대책에는 다음 각호의 사항이 포함되어야 한다.
> 1. 방사능재난 발생구역이나 그 밖에 필요한 구역의 방사성물질 농도 또는 방사선량 등에 대한 조사
> 2. 거주자 등의 건강진단과 심리적 영향을 고려한 건강 상담과 그 밖에 필요한 의료 조치
> 3. 방사성물질에 따른 영향 및 피해 극복 방안의 홍보
> 4. 그 밖에 방사능재난의 확대방지 또는 피해 복구를 위한 조치 등 총리령으로 정하는 사항(방사능재난이 발생한 지역의 식료품과 음료품 및 농·축·수산물의 방사능오염 안전성에 따른 유통관리대책에 관한 사항을 말한다)

76 　답 ④

④ 시·도지사는 제출받은 사후대책을 종합하여 원자력안전위원회와 협의한 후 방사능재난 사후종합대책을 수립하고 이를 시장·군수·구청장, 지정기관의 장, 원자력사업자 및 재난수습책임기관의 장에게 통보하여야 한다(영 제37조 제2항).
① 법 제41조 제1항
② 법 제41조 제2항
③ 법 제42조 제1항

77 　답 ④

제시된 내용은 모두 수탁업무처리규정에 포함되는 사항에 해당한다(영 제40조의4 제1항).

> **수탁업무처리규정의 작성 및 승인(영 제40조의4)**
> ① 법 제45조 제6항 전단에 따른 수탁업무처리규정(이하 "수탁업무처리규정"이라 한다)에는 다음 각호의 사항이 포함되어야 한다.
> 1. 수탁업무의 종류
> 2. 수탁업무를 처리하는 시간 및 휴일
> 3. 수탁업무를 처리하는 장소
> 4. 수탁업무 취급자의 선임·해임 및 배치
> 5. 수탁업무 취급방법
> 6. 수탁업무 처리결과의 표시 및 방법
> 7. 수탁업무에 관한 기록의 보존
> 8. 그 밖에 원자력안전위원회가 수탁업무처리규정에 포함할 필요가 있다고 인정하는 사항

78 　답 ①

정당한 권한 없이 방사성물질, 핵물질, 핵폭발장치, 방사성물질비산장치 또는 방사선방출장치를 수수·소지·소유·보관·제조·사용·운반·개조·처분 또는 분산하여 사람의 생명·신체를 위험하게 하거나 재산·환경에 위험을 발생시킨 사람은 무기 또는 1년 이상의 징역에 처한다(법 제47조 제1항).

79 　답 ④

사보타주 또는 전자적 침해행위를 한 사람은 1년 이상 10년 이하의 징역에 처한다(법 제47조 제3항).

80 　답 ④

핵물질 및 원자력시설의 물리적방호 직무에 종사하거나 종사하였던 방호협의회(지역방호협의회를 포함한다)의 위원, 공무원 또는 관련 종사자가 그 직무상 알게 된 물리적방호에 관한 비밀을 누설하거나 이 법 시행을 위한 목적 외의 용도로 이용한 경우 10년 이하의 징역에 처한다(법 제48조 제2호).

81 　답 ④

방사능방재전담조직·인력 또는 방사능재난 대응시설 및 장비를 확보하지 아니한 원자력사업자에게는 1,000만원의 과태료가 부과된다(영 [별표 5] 제2호 라목).

과태료 개별기준(영 [별표 5] 제2호)	
위반행위	과태료 금액
가. 법 제9조 제1항 단서, 제13조 제2항 단서 또는 법 제20조 제1항 단서를 위반하여 신고를 하지 않거나 거짓으로 신고한 경우	500만원
나. 법 제14조를 위반하여 기록하지 않거나 거짓으로 기록한 경우	800만원
다. 법 제20조 제2항 전단을 위반하여 해당 시·도지사, 시장·군수·구청장 및 지정기관의 장에게 알리지 않고 방사선비상계획을 수립하거나 변경한 경우	600만원
라. 법 제21조 제1항 제6호 또는 법 제35조 제1항을 위반하여 방사능방재전담조직·인력 또는 방사능재난 대응시설 및 장비를 확보하지 않은 경우	1,000만원

가장 빠른 지름길은

지름길을 찾지 않는 것이다.

– 다산 정약용 –

2025 시대에듀 한국수력원자력(한수원) 청원경찰 한권으로 끝내기

개정10판1쇄 발행	2025년 06월 25일(인쇄 2025년 05월 29일)
초 판 발 행	2015년 07월 20일(인쇄 2015년 07월 07일)
발 행 인	박영일
책 임 편 집	이해욱
저　　　자	청원경찰교육연구회
편 집 진 행	이재성 · 백승은
표지디자인	조혜령
편집디자인	손설이 · 이다희
발 행 처	(주)시대고시기획
출 판 등 록	제10-1521호
주　　　소	서울시 마포구 큰우물로 75 [도화동 538 성지 B/D] 9F
전　　　화	1600-3600
팩　　　스	02-701-8823
홈 페 이 지	www.sdedu.co.kr
I S B N	979-11-383-9338-6 (13320)
정　　　가	32,000원

※ 이 책은 저작권법의 보호를 받는 저작물이므로 동영상 제작 및 무단전재와 배포를 금합니다.
※ 잘못된 책은 구입하신 서점에서 바꾸어 드립니다.

한국수력원자력 청원경찰

한권으로 끝내기

정답 및 해설

정성을 다해 만든 경비지도사 도서들을
꿈을 향해 도전하는 수험생 여러분들께 드립니다.

도서 및 동영상 강의 안내
1600 - 3600
www.sdedu.co.kr

관계법령+기출지문 완벽 공략

꼼꼼하게 실전 마무리

고난도 문제로 완전 정복

경비지도사 합격

3단계
관계법령집 + 핵지총

관계법령과 기출지문을
달달달 외우면서 완벽히
공략하고 싶은 수험생!

4단계
최종점검 FINAL모의고사

모의고사를 통해 기출문제를
보완하고 시험 전 완벽한
마무리를 원하는 수험생!

5단계
고득점 심화 모의고사

고난도의 심화 모의고사를 통해
실력을 최종 점검하고 확실하게
합격하고 싶은 수험생!

※ 본 도서의 세부 구성 및 이미지는 변동될 수 있습니다.

시대에듀 경비지도사 독자지원 네이버카페

경비지도사 독자지원카페

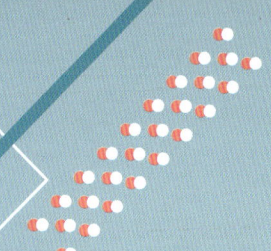

https://cafe.naver.com/sdsi

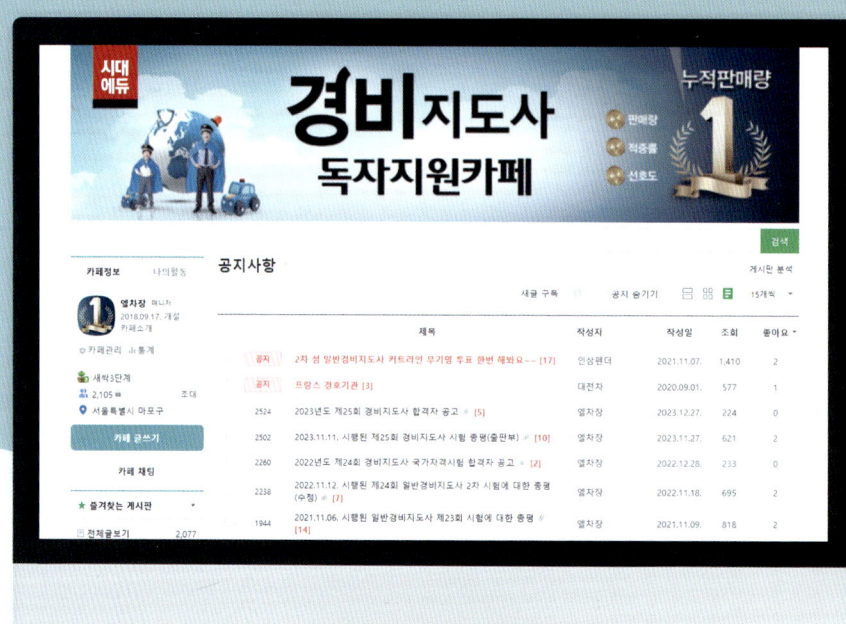

혜택 1
**정상급 교수진의 명품강의!
시대에듀가 독자님의 학습을
지원해드립니다.**

- 시험/자격정보
- 출제경향 및 합격전략
- 무료 기출문제 해설 특강(회원가입 필요)

혜택 2
**시대에듀 경비지도사 편집팀이
독자님과 함께 소통하며 궁금증을
해결해드리겠습니다.**

- 과목별 독자문의 Q&A
- 핵심요약/정리자료
- 과년도 기출문제
- 최신 법령정보
- 도서 정오표/추록
- DAILY TEST